教育部高等学校道路运输与工程教学指导分委员会"十三五"规划教材

Jiaotong Yunshuxue
交通运输学

（第3版）

邵春福　主　编
胡大伟　姜秀山　副主编

人民交通出版社股份有限公司
北京

内 容 提 要

本书为教育部高等学校道路运输与工程教学指导分委员会"十三五"规划教材。全书内容包括：交通运输概论、交通运输系统概述、水路运输系统、铁路运输系统、公路及汽车运输系统、城市交通系统、民用航空运输系统、管道运输系统、客货运输组织、集装箱运输、邮政和邮件运输，共11章。

本书可作为高等学校交通运输和交通工程专业的教材，也可供从事交通运输、交通工程工作的技术人员学习参考。

图书在版编目(CIP)数据

交通运输学/邵春福主编. —3 版. —北京：人民交通出版社股份有限公司,2022.7(2024.8重印)
ISBN 978-7-114-17995-2

Ⅰ.①交… Ⅱ.①邵… Ⅲ.①交通运输学—高等学校—教材 Ⅳ.①F50

中国版本图书馆 CIP 数据核字(2022)第 091955 号

书　　　名：	交通运输学(第3版)
著　作　者：	邵春福
责任编辑：	时　旭
责任校对：	赵媛媛
责任印制：	刘高彤
出版发行：	人民交通出版社股份有限公司
地　　　址：	(100011)北京市朝阳区安定门外外馆斜街3号
网　　　址：	http://www.ccpcl.com.cn
销售电话：	(010)59757973
总　经　销：	人民交通出版社股份有限公司发行部
经　　　销：	各地新华书店
印　　　刷：	北京市密东印刷有限公司
开　　　本：	787×1092　1/16
印　　　张：	26
字　　　数：	614 千
版　　　次：	2011 年 3 月　第 1 版
	2017 年 12 月　第 2 版
	2022 年 7 月　第 3 版
印　　　次：	2024 年 8 月　第 3 版　第 3 次印刷　总第 12 次印刷
书　　　号：	ISBN 978-7-114-17995-2
定　　　价：	69.00 元

(有印刷、装订质量问题的图书，由本公司负责调换)

第3版前言

为深入贯彻落实《国家中长期教育改革和发展规划纲要（2010—2020年）》及国务院关于《统筹推进世界一流大学和一流学科建设总体方案》（国发〔2015〕64号），根据教育部《关于中央所属高校深化教育教学改革的指导意见》（教高〔2016〕2号）及教育部、科技部《关于加强高等学校科技成果转移转化工作的若干意见》（教技〔2016〕3号），进一步提高（道路）交通运输本科专业核心课程教材的质量，打造高质量、高水平的精品教材，充分发挥教材建设在人才培养过程中的基础性作用，教育部高等学校道路运输与工程教学指导分委员（简称教指委）启动了"十三五"规划教材的编写申报工作。经过各高校老师申报及材料初审、专家评审和教指委秘书处审定，（道路）交通运输专业有9本教材通过编写大纲审批，被列为教指委第一批"十三五"规划教材。

本书是在《交通运输学（第2版）》的基础上，根据我国交通运输发展实践及近年来我国交通科技发展的新成就，重新整理编写而成。全书结合我国交通运输领域发展的新形势、新理论、新技术和新要求进行全面修订，供交通运输类专业人才培养使用，并从内容上力求深入浅出，文字力求通俗易懂。

我国著名交通运输专家胡思继教授作为本书初版和第2版的主编，对全书结构进行了精心设计，为编写呕心沥血，并在生前安排了本书的修订工作。在此，谨以此第3版对胡思继教授表示崇高敬意和衷心感谢！

参加本书修订工作的执笔人员有（按目录先后顺序）：北京交通大学邵春福（第一、二、六章）；上海海事大学周德全、真虹（第三章）；上海海事大学张永锋、真虹（第十章）；北京交通大学姜秀山（第四、九章）；长安大学胡大伟（第五章）；中国民航大学王永刚（第七章）；中国石油大学宫敬（第八章）；邮政科学研究规划院彭浪、尹文杰（第十一章）。

限于编者的理论和业务水平，文中难免有不妥之处，衷心希望读者不吝指正。

编　者

2022年3月

目录

第一章　交通运输概论 ·· 1
　第一节　交通运输的基本概念 ·· 1
　第二节　交通运输发展史 ·· 3
　第三节　交通运输业的意义 ·· 10
　复习思考题 ·· 14

第二章　交通运输系统概述 ·· 15
　第一节　交通运输系统组成 ·· 15
　第二节　交通运输的构成要素 ·· 16
　第三节　交通运输方式的技术经济和运营特征 ·· 18
　复习思考题 ·· 23

第三章　水路运输系统 ··· 24
　第一节　船舶与水路运输系统的基础设施 ·· 24
　第二节　船舶运行组织 ··· 32
　第三节　港口装卸组织 ··· 40
　第四节　船舶营运指标 ··· 51
　第五节　港口营运指标 ··· 56
　第六节　航道与港口通过能力 ·· 69
　复习思考题 ·· 77

第四章　铁路运输系统 ··· 78
　第一节　铁路运输系统的基础设施 ··· 78
　第二节　铁路运输业务 ··· 81
　第三节　铁路机车车辆运用指标 ·· 88
　第四节　铁路运输列车编组计划 ·· 96
　第五节　铁路列车运行图 ··· 108
　第六节　铁路运输能力 ··· 118
　第七节　高速铁路列车运行组织 ·· 124
　复习思考题 ·· 133

第五章　公路及汽车运输系统　134

第一节　公路运输系统的基础设施　134
第二节　公路通行能力　142
第三节　公路运输业务　150
第四节　车辆利用指标体系　158
第五节　货运车辆行驶路线　172
第六节　拖挂运输组织　180
第七节　长途汽车运输组织　189
复习思考题　208

第六章　城市交通系统　209

第一节　城市交通的发展及其特征　209
第二节　城市轨道交通系统　213
第三节　城市道路交通系统　225
第四节　城市交通管理　234
第五节　城市公共汽车运行组织　245
第六节　城市公共交通定额指标　255
复习思考题　263

第七章　民用航空运输系统　264

第一节　民用飞机及民航运输系统基础设施　264
第二节　民用航空运输运营组织　276
第三节　民用航空管理体系　297
复习思考题　306

第八章　管道运输系统　307

第一节　管道运输系统概述　307
第二节　管道输送工艺　315
第三节　管道运输生产运行控制与管理　328
第四节　管道运输系统规划设计　335
复习思考题　336

第九章　客货运输组织　337

第一节　综合客运枢纽旅客运输组织　337
第二节　货物运输过程组织　342
复习思考题　353

第十章　集装箱运输 354
第一节　集装箱及其种类 354
第二节　集装箱运输系统 361
第三节　集装箱运输组织 374
第四节　国际集装箱多式联运和陆桥运输 382
复习思考题 390

第十一章　邮政和邮件运输 391
第一节　概述 391
第二节　邮政运输网络 392
第三节　邮政作业设备的自动化与智能化 400
复习思考题 402

参考文献 403

第一章 交通运输概论

第一节 交通运输的基本概念

一、运输

"运输"这一词语在日常生活、专业领域和科学研究中运用得十分广泛。对于运输(Transportation),《辞海》中的解释为:"人和物的载运和输送";《不列颠百科全书》中的解释为:"将物品与人员从一地运送到另一地及完成这类运送的各种手段";《简明大英百科全书》中的解释为:"将货品与人从一地运送到另一地及完成这类运送的各种手段";《大美百科全书》中的解释为:"运输即把人或物体从一地方搬运到另一地方"。综上各项相类似的解释,可以说,运输是指借助交通网络及其设施和运载工具,通过一定的组织管理技术,实现人与物空间位移的一种经济活动和社会活动。可见,运输作为一项经济活动和社会活动的四要素是:交通网络及其设施、运载工具、组织管理技术和运输对象——人与物(管道线网及其设施既具有装载运输对象的功能,又是实现运输对象流动位移的动力,所以,在管道运输中"交通网络及其设施"和"运载工具"两项要素已融于"管道线网及其设施"之中)。在经济和社会生活中发生的人与物的空间位移几乎无所不在,但运输只能指具备相关要素的人与物的空间位移。例如,经济活动中的输电、供暖、供气和电信传输的信息等,虽然也产生物的位移,但都已拥有独立于交通网络及其设施之外的专用传输系统,不再依赖于人们一般公认的交通运输工具,它不完整地具备运输四要素,因此不属于运输的范围;又如,一些由运载工具改作他用的特种移动设备(特种车辆、船舶和飞机等)行驶所发生的人与物的位移,虽然利用了交通网络及其设施,但因运载工具安装了多种为完成特种任务所需的设备,其行驶的直接目的是完成某项特定工作,而不是为了完成人与物的位移,故不完整地具备运输四要素,也不属于运输的范围。此外,在工作单位、家庭周围、建筑工地由运输工具所完成的人与物的位移,由某种工作性质所引起的位移,在娱乐场所人的位移,也都因不完整地具备运输四要素,而不属于运输的范围。

二、交通

《辞海》对交通的解释为:"各种运输和邮电通信的总称,即人和物的转运和输送,语言、文字、符号、图像等传递和播送"。我国第一部大百科全书《中国大百科全书·交通卷》对交通的解释则为:"交通包括运输和邮电两个方面。运输的任务是输送旅客和货物。邮电是邮政和电信的总称,邮政的任务是传递信件和包裹,电信的任务是传送语言、符号和图像。"可以看出,运输、邮政、电信的共同特点都有传递之意,它与我国春秋时期齐国管仲所撰《管子·度地》中"山川涸落,天气下,地气上,万物交通"及晋代陶潜所撰《桃花源记》中"阡陌交通,鸡犬相闻",认为交通是"彼此相通或往来通达"的论述相近。在《不列颠百科全书》等世界著名百科全书中,除《简明大英百科全书》把 Transportation 一词翻译为"交通运输",采用运输的解释外,还没有独立的"交通"条目。但是,随着科学技术的发展,伴随而来的专业化物质传输系统的形成,使得人们对运输这一概念的认识逐步深化,不仅已经不把输电、供电、供暖、供气等形成的物质位移列入运输的范围,而且也不再把语言、文字、符号、图像等形式的信息传输列入运输的范围。据此,从专业角度出发,一般可以认为交通是指"通过一定的组织管理技术,实现运载工具在交通网络上流动的一种经济活动和社会活动"。交通作为一项经济活动和社会活动的三要素是:交通网络及其设施、运载工具和组织管理技术。需要指出的是,在这里,运输对象人与物融合于运载工具之中。事实上,随着社会的进步、经济的发展、物资的位移、人员的流动,运载工具(交通工具)也越来越多地被使用,因此,"交通"的含义习惯于特指"交通工具在交通网络上的流动"。根据交通网络范围的不同,交通可分为全国交通、区域交通和城市交通。同时,需要指出的是,交通一词在很多场合是专指城市,即交通工具在城市交通网络上的流动,且侧重于指城市的道路交通。

三、交通与运输的关系

从对交通与运输两个概念的论述中可以看出,交通强调的是运载工具(交通工具)在交通线网(交通网络)上的流动情况,而与交通工具上所运载人员与物资的有无和多少没有关系。运输强调的是运载工具上运载人员与物资的多少、位移的距离,而并不特别关心使用何种交通工具和运输方式。交通量与运输量这两项指标的概念最能说明这一点。例如,在公路运输中,公路交通量是指单位时间内(例如 1 昼夜或 1h)通过某路段道路的车辆数,它与运输对象无关,若说某路段的昼夜交通量是 5000 辆车,这 5000 辆车都是空车或都是重车,或空重都有,都不会使交通量有任何改变。运输量则不同,它是指一定时期内运送人员或物资的数量。空车行驶不产生运输量,或即使都是重载,但如果运输对象在每一车辆上的数量不同,所产生的总运输量也会不同。在铁路运输中,行车量与运输量的关系也是如此。

显然,交通与运输反映的是同一事物的两个方面,或者说是同一过程的两个方面。这同一过程就是运载工具在交通线网上的流动;两个方面指的是:交通关心的是运载工具的流动情况(流量的大小、拥挤的程度),运输关心的是流动中运载工具上的运载情况(载人与物的有无与多少,将其输送了多远的距离)。在有载时,交通的过程同时也就是运输的过程。从这个意义上讲,由交通与运输构成的一些词语中,有一部分是可以相互替换使用的,如交通线与运输线,交通部门与运输部门,交通系统与运输系统等。因此,可以说,运输以交通为前提,没有交通就不存在运输;没有运输的交通,也就失去了交通存在的必要。交通仅是一种手段,而运输才是最终的目的。交通与运输既相互区别,又密切相关,统一在一个整体之中。

四、交通运输和交通运输系统

根据交通、运输的意义及交通与运输关系的分析,可以将交通运输这一概念的意义概括为:运载工具在交通线网上流动和运载工具上运载人员与物资在两地之间位移这一经济活动和社会活动的总称。随着对交通与运输及两者相互关系认识的深化,人们看到了交通与运输既相互区别又密切联系,认识到其中任一概念都不能包括交通与运输的全部内容。而交通运输同时表明了同一过程的两个方面。

应该指出,交通运输业的产品是在一定的时间期限内,利用一种或多种交通运输工具,实现顾客所需要的人与物的空间位移。每一个位移都有起点和终点,只有实现了从起点到终点的全部运输过程,才算完成一次完整的运输。当社会对交通运输业的需求超过任何一种交通运输方式单独具有的优势领域时,就难以由其中一种交通运输方式来实现完整的运输过程,这就要求两种或两种以上的交通运输方式进行协作。通过联合运输组织管理技术,实现交通运输方式之间的协调配合,以达到比单独由一种交通运输方式来实现运输过程更好的效果。因此,交通运输也可以定义为以交通网络及设施和运载工具为依托,以现代联合运输组织管理技术和信息技术为基础,以便捷、安全、高效和经济为目标,通过一种或多种交通运输方式的协调配合,组织实现客货运输过程的经济活动和社会活动。当运输过程通过多种交通运输方式的协调配合组织实现时,也可以称之为综合运输。

借以组织实现交通运输功能的运输管理系统称为交通运输系统。或者说,以交通网络及设施和运载工具为依托,以现代联合运输管理技术和信息技术为基础,以便捷、安全、高效和经济为目标,通过一种或多种交通运输方式的协调配合,组织实现客货运输过程的运输组织管理系统称为交通运输系统。

第二节 交通运输发展史

一、世界交通运输发展简史

自有人类以来,即有运输。因为运输是人类获取食物、衣服、居室材料、器具以及武器的手段,故交通运输发展的历史与人类文明的发展史密切相关。早期的人类,在进入文明时期之前,以其本身作为运输的工具,即以肩扛、背驮或以头顶作为运输方式。随着时间的推移,人们方知驯养牛、马、骆驼、狗、象等动物可以驮运或拉曳重物以减轻人类本身的负担,并增加运输的数量。其后,人们发明了马鞍、牛轭等器具,因其能充分利用动物的力量增进运输的效能,使运输的发展进入文明时代。随后,轮轴的发明、车辆的出现更是揭开了现代陆路运输发展的序幕。

在水路运输方面,木筏是早期人类使用的工具。由此可知,人类从一开始就知道,水路运输是最方便的运输方式,木头的浮力可以为运输所用。美洲的印第安人与北美的因纽特人甚至知晓挖空木头可以增加浮力的道理,因而曾制造出十分精良的独木舟作为水上运输工具。在我国周朝或其前就已出现了独木舟,春秋时期的吴国已能制造出乘载92人的中型木船,到了汉武帝刘彻时期,还建造了能乘载千余人的大木船。而后,人类又逐渐认识到在舟、筏之上装架动物的皮可以利用风力作为航行的助力,于是就有了帆船的雏形。简言之,在文明初始之际,人类已制造出简单的车辆与帆船作为陆上与水上的交通运输工具。除此之外,我国还修建了历史上最早的大运河,改善了航路。

进入文明时期之后,帆船首先得到改良。船帆改用编织物制造,船身也有了较佳的设备,在船身之下还有骨架结构作为支撑。同时,船具的装置方法也有了改进。到了公元元年前后,罗马的双桅船不但能够载许多乘客,而且能装运1000多吨玉米和酒之类的货物,有的罗马桨船甚至曾远航至印度。陆路运输方面，我国在秦朝就已自国都咸阳铺设驿道通达各地。在欧洲，罗马人也有极为重要的贡献，他们广铺道路，其范围不仅限于意大利境内，甚至连西欧、小亚细亚以及北非都有他们铺设的道路。此外，他们还发明了可使四轮马车回转的前轴及车把，促进了马车运输的发展。

总之，在文明时代的早期，人类的货物运输及贸易主要利用帆船、固定车轴的简陋车辆及骆驼商队而进行，人员的运输方式则以骑乘动物为主。遇有战争，在陆上使用战车，在海上则使用带桨帆船的战舰作为战争工具。

进入中世纪，交通运输工具并无大的改进。其中值得一提的是10世纪中期人们发明了马颈项圈，后来证实它较之先前惯用的木轭，更能充分利用牛、马的力量为运输所用。海运方面，最重要的发明则是罗盘。在罗盘发明之前，中国人、腓尼基人、埃及人、希腊人、罗马人都只能在近海之内沿海岸线航行，才能把握方位。虽然当时也有天测航法，但这一方法在天空布有乌云时便失去效用，因而并不可靠。罗盘发明之后，人类才真正步入了海上运输时代。

进入近代以后，机械化运输开始出现。但在18世纪之前，受道路路面崎岖不平的影响，两轮马车仍然是当时最主要的陆上运输工具。到了18世纪中叶，道路改进了，四轮马车才成为陆上运输的重要工具。

19世纪以后，不但交通运输的技术进步了、运输方式改变了、运载工具增加了，同时，交通运输的领域也扩大了。下面分述水路、铁路、公路、航空和管道运输的发展简况。

1. 水路运输

1765年，詹姆士·瓦特发明了蒸汽机，蒸汽机于19世纪初被应用于水路运输，从此开始了海上运输的机械化时代。1807年，富尔敦将他所发明的汽船"克莱蒙脱"号展示于哈德逊河，证明了使用蒸汽机的汽船可以在海上及内河航行。1833年，一艘名叫"皇家威廉"号的加拿大汽船首次横渡了大西洋。其后的50年内，汽船的发展一日千里。船身由木制变成铁造，进而又变成钢制，早期的明轮推进器于19世纪中叶被螺旋桨推进器所取代。1854年、1897年，第一个复合往复式蒸汽机及蒸汽涡轮机先后均由英国人首次成功地应用于轮船航行。进入20世纪后，蒸汽涡轮机取代了蒸汽机，先应用于客轮，然后又应用于货轮。

2. 铁路运输

1730年前后，英国的煤矿开始用木轨和有轮缘车轮的车辆运送煤和矿石。后因为在行驶中木轮与路面铺板摩擦，磨损严重，遂改用铁车轮。可是铁车轮又损伤铺板，所以又把铺板改为铁板，而后又发展成棒形，这就是最初的铁轨。1776年，英国的雷诺兹首次制成凹形铁轨。1789年，英国的杰索普提出在车轮上装上轮缘的方案，这样就用不着防备脱轨的铁轨凸缘了。这时的铁轨形状已接近I字形。

促使铁路获得巨大发展的是蒸汽机的发明和锻铁铁轨的出现。1804年，英国的特里维西克制成了牵引货车在铁轨上行驶的机车。1825年，英国的乔治·斯蒂芬森在斯克顿和达林顿之间铺设了世界上第一条客货两用的公共铁路。1830年，英国开始用双头轨。1831年，美国人设计了现在使用的平底铁轨，并在英国首次制造。到了1855年，已经能用钢来制造钢轨了，其形状和长度与现在的钢轨相似，对铁路的发展起到了很大作用。

到了19世纪，英国、美国和西欧各国都进入了铁路建设高潮期，横贯美国大陆的铁路就是在这个时期建成的。这种形势也影响到其他一些国家,到 19 世纪后半期,已扩展到非洲、南美洲和亚洲各国。从此,铁路成了陆地交通的主要工具。但美国早期的铁路运输,由于铁路线不长且资本金不足,只起到弥补水路运输不足的作用,直到 1850 年左右,美国人才清楚地意识到,唯有铁路运输才能确保美国大量资源的运输。其后,他们广借外债,兴建铁路。40 年后,全美国境内,由东到西、由南到北,已为铁路网所密布。

在第二次世界大战以前,蒸汽机车在功率与效能两方面都获得了长足的进步,直到战后才被柴油动力所取代。但除了内燃机车外,铁路的发展还受自动车钩、空气制动机及是否采用标准轨距等因素的影响。进入 20 世纪后,铁路运输完成的改进技术包括焊接的无缝钢轨、机械化铁路养护设备、电子中央控制系统、闭塞信号系统以及自动化的列车运行控制系统等。尽管有了这一系列技术上的重大进步,但自第一次世界大战之后,铁路运输还是无法避免来自小汽车与货车公路运输的冲击。

高速铁路是现代高新技术的集成、铁路现代化的标志,具有安全、快速、正点、舒适、环保等诸多优点,它集中反映了一个国家铁路线路结构、列车牵引动力、高速运行控制、高速运输组织和经营管理等方面的技术进步,也体现了一个国家的科技和工业水平。为提高与公路运输竞争的优势,在长途城际铁路旅客运输方面,日本于 1964 年首先推出了运行速度高达 200km/h 以上的高速铁路系统——新干线高速铁路,铁路开始进入高速铁路的时代。自从 1964 年新干线开通以来,高速铁路经历了三个发展阶段。当时的东海道新干线最高速度为 210km/h。随着高速铁路网的扩展,列车速度随后又提高到 300km/h。法国 TGV 是欧洲最先发展的高速铁路系统,自 1981 年起陆续改进,地中海高速线的运行速度可达 350km/h。联邦德国自 1988 年开始运营高速铁路系统,运行速度为 250~280km/h。此外,西班牙、意大利等国也相继建成了部分高速铁路。世界上一次建成线路最长(全长 1318km)、标准最高(设计时速 350km)的我国京沪高速铁路于 2008 年 4 月 5 日全线开工修建,2011 年 6 月 30 日建成通车,京沪间行程只需 5h。

在大、中城市,轨道交通系统被公认为是解决城市交通问题最有效的现代化交通运输方式之一。第二次世界大战前,全世界仅有 10 多个城市设有轨道交通系统,目前,已有超过 170 个城市拥有轨道交通系统。

1) 高速铁路发展的初级阶段(20 世纪 60 年代至 20 世纪 80 年代末期)

自 1964 年日本建成世界上第一条高速铁路(东京至大阪高速铁路)以来,世界上建设并投入运营的高速铁路有:日本的上越、东北、山阳和东海道新干线;法国的大西洋 TGV 线、东南 TGV 线;德国的汉诺威至维尔茨堡高速新线;意大利的罗马至佛罗伦萨线。除北美洲外,世界上经济技术最发达的日本、法国、德国和意大利,共同推动了高速铁路发展,带来高速铁路的第一次建设高潮。

2) 高速铁路网建设的发展阶段(20 世纪 80 年代末期至 20 世纪 90 年代中期)

日本和法国在高速铁路建设中取得的成就,影响了其他很多国家。20 世纪 80 年代末,世界各国对高速铁路的高度关注和研究,酝酿了高速铁路的第二次建设高潮。1991 年,瑞典开通了 X2000 型号的摆式列车;1992 年,西班牙引进德国、法国两国的技术,建成了马德里至塞维利亚高速铁路;1994 年,英国和法国,通过吉利海峡隧道连接在一起,这是第一条高速铁路国际连接线。同期,日本已完成新干线路网骨干结构的建设,高速铁路路网建设向全国普及发展;法国和德国在大规模修建高速铁路的同时,实施既有线路的改造。1991年,欧洲议会批准了泛欧高速铁路路网的规划,并提出在各国边境地区实施15个关键项目,有助于欧洲各国独立高速线路间联网。

3)高速铁路建设研究的高潮阶段(20世纪90年代中期至今)

20世纪90年代中期形成了高速铁路建设研究的高潮。这次高潮波及大洋洲、北美洲、亚洲以及整个欧洲,形成了铁路交通领域的一场复兴运动。自1992年以来,荷兰、英国、澳大利亚、韩国、俄罗斯和我国台湾地区,均先后开始建设高速铁路新干线。2008年,我国技术含量最高、投资规模最大、具有世界领先水平的京沪高速铁路开工建设,开启了中国高速铁路快速发展的新时代。

截至2020年底,国际铁路联盟(UIC)公布的世界高速铁路里程见表1-1。

世界高速铁路里程表(单位:km)　　　　表1-1

国家或地区	运营	国家或地区	运营
中国	38207	美国	735
日本	3041	中国台湾	354
西班牙	2859	波兰	224
法国	2734	比利时	209
德国	1571	瑞士	144
意大利	921	荷兰	120
土耳其	704	英国	113
韩国	893	奥地利	48

3. 公路运输

德国人于1887年首先将汽油发动机成功地应用于道路车辆,大约8年后,美国开始发展汽车。这种新型交通工具的问世,在实践中显示了突出的优越性——机动、灵活、方便、快速、直达,因此为人们广泛采用。它的发展速度远快于水路运输和铁路运输。

公路运输发展过程大体上经历了三个阶段。第一阶段,从19世纪末到第一次世界大战前是初期发展阶段。这一时期汽车数量不多,公路也不够发达,公路运输还只是铁路、水路运输的辅助手段,承担部分短途客货运输任务。第二阶段,两次世界大战期间是发展中期。第一次世界大战结束后,汽车生产和公路建设发展很快,道路网规模越来越大,质量不断提高。随着小客车数量的大量增加,汽车逐渐成为人们的主要交通工具。货运方面,由于运输条件的改善,公路运输的优越性逐渐显示出来,它不仅成为短途运输的主要工具,而且在长途运输中也开始具备了与铁路、水路运输竞争的实力。第三阶段,从第二次世界大战结束至今,是公路运输发展的新时期。70多年来,欧美、日本、中国等国家和地区先后建成了规模较大的沟通全国城乡的公路网,并以跨越各主要城市、具有较高标准的国家干线公路网作为骨架,保证长途直达运输畅通无阻;建成了高速公路网;实现了筑路养路机械化并向自动化迈进;形成完整的汽车工业体系,生产力和技术水平大为提高。这一切都为公路运输的进一步发展创造了条件。

4. 航空运输

在古代,人们曾尝试过模仿鸟类飞行,但是都以失败告终。最先把这一梦想变成现实的是1782年法国的蒙高菲亚兄弟。他们把羊毛、稻草和麦秆燃烧时产生的轻气体充进球形的袋子,利用气球的浮力飞了起来。1783年,人类第一次成功地搭乘气球在巴黎郊外飞行了约10km。

法国的吉法尔在1852年研制了功率大、质量轻、可装在气球上的蒸汽机,往指定方向飞行得以成功。

德国的利林塔尔研究了利用翼的升力在空中自由操纵的问题。根据对翼的正确认识,进而想到用重力和风力作动力,在1850年发明了没有发动机的飞机,这就是最初的滑翔机。

美国的莱特兄弟用双翼滑翔机实现了飞行的稳定性和操纵性,积累了充足的飞行经验,并研制成功可装在滑翔机上的轻型汽油发动机。1903年第一次实现了用螺旋桨作动力飞行,这就是飞机的雏形。此后,飞机不断改进,1914年在美国首次开辟了从坦帕到圣彼得斯堡的定期航班。在第一次世界大战后的1919年,又开设了从伦敦到巴黎的定期航班。此外,随着飞机以及飞机用的航空发动机技术的不断改进和完善,飞机的运载能力、航程和速度不断提高,也推进了世界范围航空网的形成。

第二次世界大战后,基于在战争中军用飞机的发展技术,民航机也广泛采用了航程大的四发动机飞机,从而使横跨大西洋和太平洋的航线愈加活跃,并开辟了从欧洲通过亚洲大陆南部沿岸直达远东的新航线。1959年,随着喷气式客机的应用,又新辟了从欧洲经过北极飞往远东的航线,大幅度缩短了飞行时间。而后,1967年又开辟了从欧洲到远东这两点间最短距离的航线——飞过西伯利亚。航空港的建设、大型喷气客机的就航和飞行技术的发展,对这一时期民航事业的发展起了很大作用。

5. 管道运输

管道运输是历史最短的一种运输方式。在美国人开发宾夕法尼亚州油田之后不久,人们于1865年开始利用管道来运输石油。但在此后50年间,美国油管运输的发展非常缓慢,主要是由于管道运输的发展影响了铁路运输企业以及载货汽车企业的利益,因此,铁路运输企业不允许在铁道之下埋设油管。进入20世纪之后,由于大量油田的发现,油管运输才成为一种重要的运输方式。此外,管道运输的发展也与汽车的普及和内燃机的发展有密切的关系。从1971年后,油管运输的货物已不限于原油以及汽油等油类产品,甚至可采用煤浆管道来运送煤炭或石灰。

早期所使用的油管都是口径小、管壁厚的重铁管,它的缺点是容易腐蚀或破裂。第二次世界大战后,改用口径大、管壁薄的轻管,结果证实了轻管的实用性更好,轻管的应用使油管运输的输油量大大增加。此外,压油技术也日新月异,早期所用蒸汽推动的往复式压油机,后来改成柴油发动机推动的压油机。第二次世界大战以后,进一步采用可以遥控的、由电力推动的离心式压油机,不但节省了人力,同时也减少了管道上的加压站数量。

二、我国现代交通运输发展的新格局

1840年,英帝国主义发动鸦片战争,用炮舰打开中国大门,迫使清朝政府签订不平等的《南京条约》之后,现代交通运输也随之在我国出现。最初先是轮船和水上航运业,继而火车和铁路、汽车和公路陆续出现,后又有民用飞机和空中航线的开辟,即先后由单一的水上运输,逐渐发展成为具有水、陆、空多种交通运输方式的交通运输系统。

但是，经过100多年发展之后形成的旧中国交通运输系统的基本状况是规模小，缺乏系统性。

（1）线路少、质量差、不成网。到1949年，全国交通线路总长（包括台湾地区在内）不过18.39万km，这不仅无法同当时的欧美工业发达国家相比，而且也大大落后于同期经济发展水平也较低的印度。交通线路大都互不连接，不能成网，这不仅表现在不同交通运输方式之间，也存在于同一交通运输方式之中。此外，交通运输技术设施的质量和水平也十分低下，例如，铁路钢轨类型多达100多种，没有信号设备的车站占1/3，没有闭塞设备的区间占72%；公路缺少统一的技术标准，路况差，木桥与渡口多，无路面公路占60%以上；内河航道多处于自然状态，水深1m以上的航道只有2.42万km，还不到内河航道里程的1/3；沿海和内河轮驳船既小又旧。

（2）运量规模小、运输效率低、经济效益差。以1949年全国交通运输业的情况为例，当年实际完成的客运量为1.37亿人次，旅客周转量为155亿人·km，分别相当于1979年京广线一条铁路所完成相应数量的95%和32%；当年实际完成货运量为1.61亿t、货物周转量为55亿t·km，也只分别相当于1990年辽宁一个省所完成相应数量的22.8%和22.3%。运输效率指标方面，以铁路为例，货物列车平均牵引总质量为800t左右，还不及当前水平的1/4，列车行驶速度也只有20km/h。经营效益方面，以当时最大的航运企业——招商局为例，在1911—1936年，除第一次世界大战期间的某些年份因各帝国主义国家忙于战争，其营业略有盈利外，其他多数年份均为亏损。

（3）交通运输业大都为帝国主义和官僚资本所控制。如前所述，旧中国的现代交通运输业是伴随着帝国主义的入侵出现的，其建设、经营和管理自然紧紧地为其所控制。与此同时，当时的中国统治者，为了自身利益和统治的需要，通过官僚资本与帝国主义勾结，也控制了一部分交通运输业。而真正由民族资本修建和经营的铁路不过375km；民族轮船航运业也只在第一次世界大战期间，因帝国主义暂时放松了对中国航运市场的控制，才有了小规模的发展。

（4）地理分布不均衡。现代交通运输线路的开拓与兴起，始于沿海地区的水运航线，继而通过内河航道的开辟及铁路与公路的修建，才逐渐向资源丰富的内陆地区延伸和发展。旧中国的现代交通运输线在地理上的分布，也遵循这一发展规律，大多集中在沿海地区及其附近的东部和东北部地区。而像西藏等边远地区，当时还没有任何现代交通运输线路和运输工具，运输几乎全靠人力和畜力的原始交通方式来完成。

新中国成立以来，我国的交通运输系统经过70多年，尤其是最近30多年的不断改造和建设，已经有了很大进步和发展。交通运输设施和装备成倍增加，运输能力得以加强；技术状况明显改善，运输服务质量大大提高；客、货运输量大幅增长，运输效率和运输效益显著提高，建立和发展结构合理的交通运输系统的技术条件得到了明显改善。

截至2020年底，我国交通运输系统的运网规模已经达到1499.33万km（表1-2）。铁路已经覆盖所有省、直辖市、自治区，"八纵八横"的铁路路网基本形成；通公路的乡（镇）和建制村分别占全国乡（镇）和建制村总数的99.97%和99.70%以上，"五纵七横"国道主干线贯通；民航初步形成了以北京、上海、广州等国际门户城市为中心，在国内联结了全国多数城市的、四通八达、干线与支线相结合的，在国际上联结世界主要国家和地区的较为完整的航空运输网络系统;水路运输方面已形成了以长江、珠江、淮河和京杭大运河、黑龙江、松花江等水系为骨架的内河航运网,以环渤海地区、长三角地区和珠三角地区港口群体为主的沿海航运网,以及通达世界各主要港口的远洋运输航运网;初步建成四大能源战略通道以及横跨东西、纵贯南北、覆盖全国、连通海外的输送石油和天然气的管道网络。

运网规模表(单位:万 km)   表1-2

年份(年)	铁路		公路		内河航道里程	民航航线里程	管道里程	总计
	总里程	高速铁路里程	总里程	高速公路里程				
1952	2.29	—	—	—	1.31	—	—	—
1980	5.33	—	88.33	—	10.85	19.53	0.87	124.91
2000	6.87	—	140.27	1.60	11.93	150.29	2.47	311.83
2008	7.97	0.01	373.02	6.03	12.28	246.18	5.83	651.31
2014	11.18	1.67	446.39	11.19	12.63	463.72	10.57	955.68
2015	12.10	1.90	457.73	12.35	12.70	531.70	12.00	1026.23
2020	14.6	3.82	519.81	16.10	12.77	942.63	13.42	1499.33

交通运输系统运输结构调整取得了成效,过度依赖铁路的运输结构有了明显改善(表1-3)。

交通运输系统运输结构分析表   表1-3

年份(年)	旅客周转量(%)					货物周转量(%)					
	总计	铁路	公路	水路	民航	总计	铁路	公路	水路	民航	管道
1952	100	80.90	9.13	9.87	0.10	100	78.98	1.90	19.14	—	—
1980	100	60.63	31.98	5.66	1.73	100	47.54	6.35	42.02	0.01	4.08
2000	100	36.97	54.29	0.82	7.92	100	30.91	13.86	53.68	0.11	1.44
2008	100	33.28	54.07	0.32	12.33	100	23.80	12.32	61.81	0.11	1.96
2015	100	39.81	35.75	0.24	24.20	100	13.35	32.60	51.61	0.12	2.32
2020	100	42.94	24.11	0.17	32.78	100	15.10	29.77	52.36	0.12	2.65

显然,我国交通运输系统建设已取得了重要成就,但与发展目标相比还有一定差距,它仍是一个建设中和发展中的交通运输系统。

三、我国高速铁路发展现状及规划

我国高速铁路建设和发展,是在既有线六次提速改造基础上,通过国家快速客运网规划和建设的。2008年4月18日,京沪高速铁路正式开工。这是迄今为止,我国技术含量最高、投资规模最大、具有世界领先水平的一条高速铁路。正线全长约1318km,设计时速380km,初期运营速度300km/h,全线共设置23个客运车站。京沪高速铁路建设坚持自主创新,立足高起点、高标准,瞄准世界先进水平,历经前期引进消化吸收再创新的过程,形成具有中国自主知识产权的高速铁路技术体系,初步掌握了世界顶级高速铁路客车的设计与制造关键技术,开启了中国铁路高速新时代。2008年8月1日,我国第一条世界一流水平的高速铁路——京津城际铁路通车运营,时速350km。京津城际铁路通过购买技术、增强自主创新能力为主的途径,对核心技术全面引进消化吸收,取得了我国第一条时速350km的高速铁路实现商业运行的重大成果。

继京津城际铁路、京沪高速铁路建成之后，一大批高速铁路相继开通建成，以"四纵四横"为骨架的高速铁路客运网基本形成，连接环渤海、长江三角洲、珠江三角洲、长株潭、成渝以及中原城市群、武汉城市圈、关中城镇群、海峡西岸城镇群等经济发达和人口稠密地区，并将在区域内建设城际客运系统，覆盖区域内主要城镇。

2019年9月，中共中央、国务院发布《交通强国建设纲要》，提出了分两步走的发展战略，即到2035年，基本建成交通强国，到21世纪中叶，全面建成人民满意、保障有力、世界前列的交通强国。2021年2月，中共中央、国务院发布《国家综合立体交通网规划纲要》，要求到2035年，建成国家综合立体交通网，形成"678"国家综合立体交通网主骨架，其中铁路运营里程达20万km，高速铁路运营里程达7万km，实现全国县级行政中心60min上铁路、地市级行政中心45min上高速铁路的铁路网络服务水平。

因地制宜、科学确定高速铁路建设标准。高速铁路主通道规划新增项目原则采用时速250km及以上标准（地形地质及气候条件复杂困难地区可以适当降低），其中沿线人口城镇稠密、经济比较发达、贯通特大城市的铁路可采用时速350km标准。区域铁路连接线原则采用时速250km及以下标准。城际铁路原则采用时速200km及以下标准。

"678"国家综合立体交通网主骨架，即6条主轴、7条走廊和8条通道。6条主轴是指京津冀—长三角、京津冀—粤港澳、京津冀—成渝、长三角—粤港澳、长三角—成渝、粤港澳—成渝；7条走廊是指京哈走廊、京藏走廊、大陆桥走廊、西部陆海走廊、沪昆走廊、成渝昆走廊、广昆走廊；8条通道是指：绥满通道、京延通道、沿边通道、福银通道、二湛通道、川藏通道、湘桂通道和厦蓉通道。

第三节　交通运输业的意义

交通运输是文明社会从混乱走向有序所需要的工具之一，它深入人类社会的方方面面。从经济、环境、国家统一和国防各个方面来看，交通运输无疑是世界上最重要的行业。离开交通运输，小到不可能经营一家杂货铺，大到不可能打赢一场战争。生活越复杂，也就越离不开交通运输。因此，经常有人将交通运输对国家和社会的功能与重要性比喻为人体的血管，它是人体输送养分、保存活力与维持生命的管道。

一、交通运输的经济意义

1. 交通运输的空间效用和时间效用

假定某地需要某种商品，条件是该商品要低于某一价格，如图1-1所示。该商品在A地生产，产地价为P_C。需要该种商品的是B地，而两地间的距离为AB。在B地，人们对该商品愿意付出的最高价为P_E。如果采用效率较低的交通运输系统，商品从A地到B地，需要运费C_H。其中CD部分为固定成本，DH斜线的斜率代表每千米所需运费。这样，商品运到B地后的价格是P_H，超过了B地可接受的价格限度P_E。

现在假定改进了交通运输系统，使每千米运输费用降低，运输可变成本改为DJ，此时商品在B地的价格可降到P_J，即低于预期的最高价P_E。这样，在A地连续生产的这种商品就可以进入 B 地市场。

因此,A、B 两地间运费的降低,使得这种商品产生了空间效用。原先使用低效率的交通运输方式时,货物不能在 B 地市场出售,因此不能实现其价值。现在效率较高的交通运输方式创造了空间效用,使货物能在 B 地出售。

降低运输费用可以鼓励市场向远处供货者采购货物,而不一定在当地生产。由于图 1-1 中的固定成本是不变的,因此,长距离运输降低运费的影响要比短距离运输大得多。如果一个供货者能够在其价格构成中多包容一部分运输费用,那就可以用来增大送货距离,扩大市场的区域范围,而后者扩大的比率将超过运距增加的比率。如图 1-2 所示,一个生产者能够将其产品运出 100km,以竞争性价格出售,其相应的市场范围就是图中小圆所包容的面积。如果他能使运费减少一半,那就可用同样的费用把供货距离增大 1 倍,即延长到 200km,这时的市场范围就扩大到大圆所包容的面积,即扩大到 4 倍。

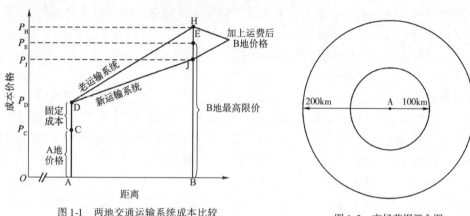

图 1-1　两地交通运输系统成本比较　　　图 1-2　市场范围概念图

时间效用这一概念和空间效用紧密相关。对某一特定商品的需求,往往只限于一定的时间范围。如果某种商品上市时,市场已经不需要,那它就不具有价值。例如,万圣节前夕(指 10 月 31 日)孩子穿着的化妆服,只在一年之中的特定时间内有需求。万圣节一过,这种商品对持有者来说就没有价值了。高效率的运输保证商品在需用的时间送到适当的地点,从而创造了时间效用。例如,生产用的原料、水果和圣诞节玩具等全部要求在特定时间内运到一定地点,否则价值就会降低。

对于运送具有一定保存期限的易腐烂商品来说,运输速度就是一个关键性因素。假定图 1-2 中的小圆代表目前按某一速度运输所能供应的市场范围,若运输速度加快 1 倍,潜在市场范围就可扩大到 4 倍。

运输还能使商品的经济价值发挥更大的效用。高效的现代化交通运输方式促使地区生产专业化,形成大规模生产,并使竞争扩大和地产增值。地区专业化要求商品在效率最高的地区内进行生产。每个国家、地区或城市都会有最适合它的资本、劳动力和原料条件的生产和服务领域,但任何地区又都不可能生产它所需要的全部商品。因此,需要利用运输手段把最适合 A 地生产的商品送到 B 地,再从 B 地运回适合于该地生产的其他不同产品。这一概念和"比较利益"原理密切联系。该原理设想在某一地区专门生产具有最大利益的产品,或者说不利条件最小的产品。当不同地区生产某两种商品的成本率不相同时,进行专业分工生产可以使双方都得到好处。

地区专业化可因大规模生产而相得益彰，但如果不采用高效的交通运输网，规模经济、高效生产和低廉的制造设施等有利条件可能带来的好处就会丧失。因为生产用的原料和零件要从别处运来，而制成品必须能以合理的运费运到一定区域以外。地区专业化的前提在于高效生产的大批量产品是远离产地的地区所需要的。显然，如果不能通过交通运输系统有效地把产品送到需要这种商品的远处，该地区的比较利益和大规模生产的好处就难以得到体现。

高效的运输也能使消费者因竞争加剧而得到好处。要是没有运输，当地的企业就可以高价出售自己生产的低质产品，而运输则可扩大产品销售范围，这样当地企业就必须以最有效的方式生产商品，否则，外地的竞争者将进入市场，将顾客吸引过去。交通运输条件的改进能使附近地区或得到运输服务的地区的地价增值，从而促进该地区的经济发展，如今郊区中心区的地价升高就是例证。郊区居民既可得到在邻近城市工作和娱乐的便利，又可利用公共交通网回到田园式的郊区居住，以避开城市的烦扰，可以兼得城乡之利。这些地区地价的增高，正是因交通改进而使生活方式得到改善的反映。

2. 交通运输的经济活动分析

从经济的角度来说，实际上交通运输学是研究人类所需资源分配的一门科学，其中的所需是指人们心中的需求，资源是满足需求的工具，分配是满足需求的行动，是三者之间的关系带动了人类的经济活动，即生产、交换和消费。生产者取得资源才能生产，产品由产地运至市场才能进行交易，消费者由市场交易取得财富才能消费，而不管是生产要素的取得，还是产品的交易与消费，都需要运输的配合。

在生产方面，交通运输有助于降低生产成本。迅速方便的交通运输，可使生产者以比过去更低的运费从更远的地方购置所需的各种原料、雇佣所需的工人，因而可直接降低生产成本，促进资源开发与有效利用。发达的交通运输使边远地区的可及性提高，致使该地区资源可以得到有效的开发与利用，促进经济的区域分工。交通运输的发展使得社会结构由自给自足变为互通有无，各地区可就其天然资源的有利条件，生产该地区最有利的产品，根据需要扩充生产规模。交通运输的空间效用使生产企业不但可以从各地取得所需的廉价原料，还可以使产品突破空间的阻碍，送达更远的需求者手中，需求增加可促使生产规模的扩充，以享受规模经济的利益。

在交换方面，交通运输有助于降低产品价格。区域分工及大规模生产，再加上大量的运输，使产品的直接成本和间接成本得以降低，致使产品可以更低廉的价格出售，增加产品的市场竞争能力，稳定物价水平。迅速而廉价的运输，使得各地区各种产品的供需尽量保持平衡，避免各地出现供过于求或供不应求的现象，使各地物价得以维持在一个稳定的水准之上，扩大市场范围，促进国际贸易。发达的交通运输使生产者生产的产品能迅速地送达国内及世界各地市场，使产品的销售网遍及国内甚至全球的每一个角落成为可能。

在消费方面，交通运输有助于减轻消费者的负担。迅速、便捷的交通运输使消费者可以获得物美价廉的各种产品，因而可减轻消费负担，扩大消费范围。方便、低廉的交通运输使生产者与消费者的相对距离缩短，以致消费者可以用到原来无法用到的远地产品，可消费原来享受不起的产品，使消费产品的种类和数量大大增加，提高消费水平。消费者的消费负担因交通运输的发达而减轻,并可扩大消费范围,使得消费者有能力去消费更多更好的产品,使消费水平得以提高,并可创造消费欲望。

在分配方面,交通运输有助于土地价值的提高和国土开发。随着交通运输的发展,可及性提高,土地逐渐得以开发,原来荒芜的土地变良田,原来只适合种植农作物的农田变成工业用地,土地利用程度和土地价值因而得以提高,从而促进人口分布的优化。交通运输便利,使人口流动变得容易,致使人口分布发生变化,可提高企业利润水平。企业因交通运输的发达,一方面可降低原材料取得的成本,另一方面又可降低产品推销成本,从而提高利润。

综上所述,良好的交通运输条件能促进生产要素的流动,便于形成规模经济和提高效率,从而刺激经济的增长;能促进消费,扩大企业获取资源和产品的范围;能使厂家扩展其产品销售范围,由此促成地区专业分工和规模经济,并使消费者能有更多的机会选择价廉物美的商品。

二、交通运输的国家意义

古代人们多傍水而居,形成部落,各部落间则以步行及水道互相沟通,逐渐形成文化。例如,埃及文化起源于尼罗河,印度文化起源于恒河,我国文化起源于黄河。而文化的进一步发展更与交通运输有关,例如便利的交通运输条件可增加学生求学的机会,使教育得以普及,同时也促进了地区间的文化交流。

交通运输使人们得以便利地往来接触,促进相互间的沟通与了解,并推动科学文化的发展,因此,历史上常把交通运输视为国家、社会形成与团结统一的一个因素。如1862年美国国会就联合太平洋铁路建设所需取得的广大土地完成立法工作,其所持的理由就是由铁路使各地方联成一体,可进而推进全国团结统一。故当时有句谚语:"但求国家能建设铁路,以后铁路自能建设国家"。了解到交通运输对国家社会团结统一的重要性,进而特别重视交通建设,在我国也不乏先例。早在秦始皇时,就已"筑驿道"从首都咸阳通达全国各地,并规定"车同轨、轨同距",将全国的交通设施建设予以标准化。孙中山先生的"实业计划",究其内容实际上就是一部"交通建设计划",而其计划精神,无疑着眼于促进全国的团结统一及国防力量的增强。

国防是维护国家生存所不能缺少的重要一环,所以,即使在和平时期,也应该保持足以防卫国家安全的国防力量,而交通运输正是国防力量中非常重要的组成部分。"兵贵神速",优良的交通运输系统,使人员和物资能快速集中运送,是克敌制胜的重要因素。军事实践表明,"失去联络线,虽胜犹败",不论军事之攻守行动,保持运输补给网络的完整灵活都是必需的,军事史学家著作中也都一再提起过,拿破仑与希特勒两人攻俄战役失败的重要原因之一就是交通运输补给未能有效配合。

三、交通运输对环境的影响

交通运输实现重大经济意义和国家意义,是需要代价的。交通运输对环境所造成的污染和自然资源的消耗正是这种代价的重要部分。尽管大多数人仍认为交通运输的利远大于弊,但今后的环境问题将成为正确评估产业利益和社会代价两者得失的主要因素。

交通运输与环境问题是指交通运输给环境带来的影响,如汽车、火车、飞机、轮船等运输工具的排气对大气的污染、噪声和振动,船舶排水和事故造成的水域污染,水路运输线路和运输设施对环境等因素的影响等。在交通运输对环境的影响中,有益的甚少,有害的却很多,这些有害影响构成了交通公害。

有别于自然灾害,公害对相当范围内的人的健康和生活环境带来危害。公害一般包括大气污染、噪声、振动、水质污染、土壤污染、恶臭、地面下沉、放射性辐射、日照危害和电波危害等,而交通公害是其中很重要的内容。

复习思考题

1. 试述运输的四要素及运输、交通的基本概念。
2. 试述运输与交通两个概念的区别及关系。
3. 试述交通运输、综合运输与交通运输系统的基本概念。
4. 简述交通运输发展史和交通运输业的意义。

第二章 交通运输系统概述

第一节 交通运输系统组成

如前所述,以交通网络及设施和运载工具为依托,以现代交通运输管理技术和信息技术为基础,以便捷、安全、高效和经济为目标,组织实现客货的运输工程管理系统称为交通运输系统。

按交通运输方式划分,交通运输系统由水路、公路、铁路、航空和管道五种基本交通运输方式的运输系统,以及仓储公司、旅行社、邮政包裹服务部门、物流公司和运输承包公司等多种服务于交通运输运营的运输代理商组成,如图 2-1 所示。

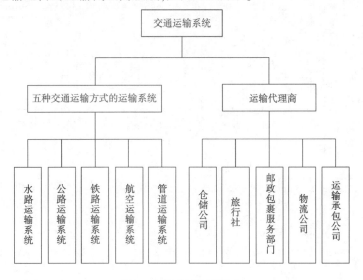

图 2-1 交通运输系统组成

根据其服务性质及所服务对象不同,交通运输系统大致又可分为城际运输及城市运输两大系统,而城际运输又可分为国内运输与国际运输两个子系统。各个子系统分别由各种交通运输方式提供不同的运输服务,其结构如图 2-2 所示。其中,城市运输系统中的铁路及水路运输系统,由于其服务对象大部分为旅客,所以不再依客货运输性质分成更小的系统。同样,管道运输系统仅适用于货物运输,所以也不再分类。

按系统功能构建划分,交通运输系统一般包括:

(1)以高等级公路、铁路客运专线和民航为依托的城际快速客货运输系统。

(2)以干线公路、水路和铁路大宗货物运输通道为依托的重载货物运输系统。

(3)以干线公路、水路和铁路干线为依托的集装箱运输系统。

(4)以管道、水路和铁路为依托的油气运输系统。

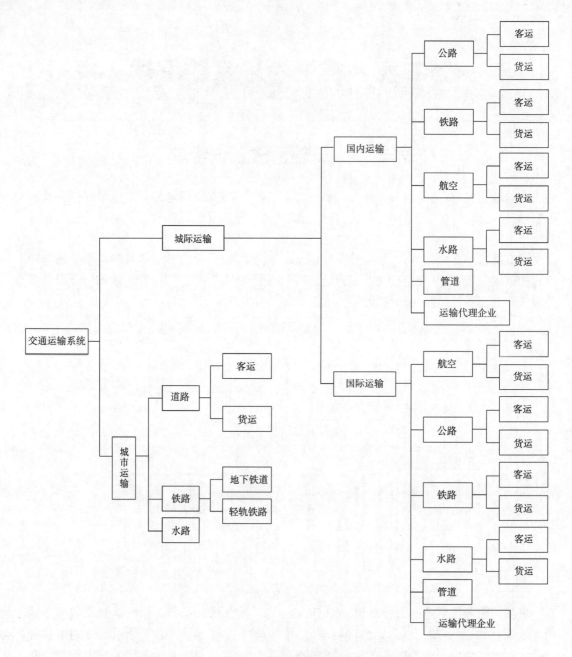

图 2-2　交通运输系统结构

第二节　交通运输的构成要素

虽然在某些特殊情况下，人们还可以看到诸如流水运木、肩挑背负、牲畜载运等简单原始的运输方式，但现代化的交通运输则必须依托运载工具、通路、场站、动力、通信、经营管理人员和经营机构等要素的配合，且运输经营成功与否，服务质量能否令人满意，也取决于构成要素能否发挥其应有的功能，以及彼此能否密切配合。

一、运载工具

运载工具的功能在于容纳和保护被运送的人与货。早期的运载工具多是天然的,且本身兼具动力来源,如人、牛、马、骆驼等。现代化的运载工具则大多数是人造的,如汽车、火车、轮船、飞机等,其中有的运载工具与动力完全分离,如铁路的货车、海上的驳船、集装箱拖车等;有的则与动力同体,如汽车、飞机、轮船和高速铁路动车组等。理想的运载工具应具备结构简单、安全、轻巧、易于操纵管理、造价低、宽敞舒适、耐用、故障少、易维修、容量大、振动小、耗用能源少、污染少等特性。

二、通路

通路是指交通运输网络中,连接运输始发地与到达地,供运输工具安全、便捷运行的线路。通路有些是自然形成的,如航空运输航线、水路运输的江河湖泊、海洋的航路;有些则是人工修建的专门设施,如铁路、公路、运河、管道等。良好的通路应具备安全可靠、建造及维护费用低、便于迅速通行及运转、不受自然气候及地理条件影响、使用寿命长、距离短等条件。

三、场站

场站是指运载工具出发、经过和到达的地点,为运载工具到发停留、客货集散装卸、售票待运服务、运载工具维修与管理、驾驶及服务人员休息以及运输过程中转接驳等场所。理想的场站应具备地理位置合理、设备优良齐全、交通便利、自然气候条件良好、场地宽广等条件。

四、动力

古老的运载工具动力都是自然的,如人力、兽力、风力等,现代的运载工具动力则都是人造的,如蒸汽机、内燃机、电动机、核能发动机等,利用空气、煤、水、石油、电力、核燃料等能源燃烧运转作用,产生推动运载工具运行所需的动力。良好的动力设备应具备构造简单、操作方便、维修容易、成本低、能源价廉且获取方便及使用效率高等条件。

五、通信

通信设备的功能在于使工作人员能迅速准确掌握运输服务的进展情况,遇有突发事故时能迅速处理,以确保运输持续与安全,提高运输服务质量与运输效率。良好的运输通信设备应具备设备优良、传输迅速、操作简便、维修容易等条件。

六、经营管理人员和经营机构

运载工具、通路、场站、动力和通信都属于交通运输的硬件要素。实际上,具备了这些设施,还无法从事运输服务,更不足以成功地经营运输业务。一切管理事务的原动力和中心都在于人,所以,交通运输的构成要素中,人是最重要的一个构成要素。只有驾驶人员、机械维修人员、运载工具上的服务人员(如列车员、飞机航班乘务员等),以及许多其他业务管理与经营人员参与运输服务过程,才能使硬件交通运输构成要素或设施真正发挥作用。管理人员及运输企业组织的功能,在于建立规章与制度,以有效运用所有的运输设备,充分发挥运输设备能力,以期达到企业的经营目标,并充分发挥交通运输系统的功能,满足社会的运输需求,促成经济发展、社会和文化进步,增强国防力量。良好的管理与组织,必须具备一定的组织体系与制度完整、分工合理、调度指挥灵活等条件。

第三节　交通运输方式的技术经济和运营特征

交通运输方式的特征是在各种交通运输方式间相比较而言的,它可以从技术经济与运输生产组织以及经营管理两个方面来论述。

一、铁路运输

1. 铁路运输的技术经济特征

1) 适应性强

依靠现代科学技术,铁路几乎可以在任何需要的地方修建,可以全年全天候不停地运营,受地理和气候条件的限制很少,具有较好的连续性,且适合于长短途旅客和各类不同质量与体积货物的双向运输。

2) 运输能力大

铁路是通用的可用于运输大宗货物的运输方式,能够承担大量的运输任务。铁路运输能力取决于列车载质量和每昼夜线路通过的列车对数。每一列列车载运货物的能力远比汽车和飞机大得多;双线铁路每昼夜通过的货物列车可达百余对,因而其货物运输能力每年单方向可超过1亿t,重载运煤专线甚至可实现更大的运输能力。

3) 安全性好

随着先进技术的发展,铁路运输的安全程度越来越高。特别是在近20年间,许多国家铁路广泛采用了电子计算机和自动控制等高新技术,安装了列车自动停车、列车自动操纵、设备故障和道口故障报警、灾害防护报警等装置,有效地防止了列车冲突事故和旅客伤亡事故的发生,大大减轻了行车事故的损害程度。众所周知,在各种现代化交通运输方式中,按所完成客、货运周转量计算的铁路运输事故率是很低的。

4) 列车运行速度较高

常规铁路的列车运行速度一般为60~80km/h,部分常规铁路列车运行速度高达140~160km/h,高速铁路上运行的旅客列车运行速度可达210~350km/h。1990年5月18日,法国TGV高速客车动车组试验时曾创造了515.3km/h的世界纪录。

5) 能耗小

铁路运输轮轨之间的摩擦阻力小于汽车和地面之间的摩擦阻力,铁路机车车辆单位功率所能牵引的质量约比汽车高10倍,因而铁路单位运量的能耗要比汽车运输少得多。

6) 环境污染程度小

工业发达国家社会及经济与自然环境之间的平衡受到了严重的破坏,其中交通运输业在某些方面起了主要作用。对空气和地表的污染最为明显的是汽车运输,而喷气式飞机、超声速飞机的噪声污染则更为严重。相比之下,铁路运输对环境和生态平衡的影响程度较小,特别是电气化铁路的影响更小。

7)运输成本较低

在运输成本中,固定资产折旧费占比较大,而且与运输距离长短、运量的大小密切相关。运距越长、运量越大,单位成本越低。一般来说,铁路的单位运输成本比公路运输和航空运输要低得多,有的甚至比内河航运还低。

2. 铁路运输的生产组织和经营管理特征

1)车路一体

一般来说,铁路的线路与车辆同属于铁路运输企业。因而,投资额巨大的铁路建设,须自行购地、铺设铁路线路和修建站场,购置机车车辆与车站设备,也远比其他交通运输方式复杂,而且铁路设施的维护费用相当巨大。

2)以列车为客、货运输的基本输送单元

铁路运输组织的基本输送单元为由若干客车或货车连挂而成的车列及机车组成的旅客列车或货物列车。这种组织方式可大大提高铁路的运输能力,构成大运输量的运输通道。

3)具有优越的外部导引技术

铁路运输最初采用凸出的钢轨与轮缘,完全是出于设计上的需要,这种外部引导技术的发明,在当今仍被认为是交通运输界了不起的成就。这是因为:

(1)自然的控制。由于运输需求随着各项活动的增加而增多,于是常常发生交通拥堵的现象,使得航空运输要规定航路,因而要发明导向设备;公路运输要建立规章,设置交通警察,并指定优先路向,以防止肇事。但是,铁路运输因钢轨特性而享有专用路权,仅凭一对钢轨的导引技术,列车便可沿既定线路行驶。

(2)自动的操作。近代工业发展的过程,第一步是以机械力代替人力,第二步是以机器减轻人工作业的负担。但是铁路因导向原理,可以立刻进入第二步。铁路车轮的导向,只有一个变数(方向),而公路要两个变数(方向及转弯),航空要三个变数(方向、上下及转弯)。因此,铁路因最早使用导引技术,而为实现自动化操纵的发展提供了最为良好的条件,也促进了铁路运输自动化的发展。

4)运输设备不能移转

铁路运输基础设施,如路基、站场、房舍,不仅用途专一,而且不能移转,一旦停业,其所耗资金不能转让或回收,从而成为沉没成本。

二、公路运输

1. 公路运输的技术经济特征

1)技术经营性能指标好

由于不断采用新技术和改进汽车结构,汽车的技术经济水平有很大提高,主要表现在动力性能的提高和燃料消耗的降低。动力性能提高,可以保证较高的行车速度和一定的爬坡能力。此外,为降低运输费用,目前世界各国普遍采用燃料经济性较好的柴油机作动力,货运运输能耗为 $3.4L/(100t \cdot km)$,我国1996年为 $4.5L/(100t \cdot km)$,2006年为 $5.92L/(100t \cdot km)$,而汽油消耗则为 $6.22L/(100t \cdot km)$。

2) 货损货差小,安全性、舒适性不断提高

随着人民生活水平的提高,货物结构中高价值的生活用品,如家用电器、日用百货、鲜活易腐货物等比重的增加,对货物运输质量和送达及时性等提出了更高的要求。对于高价货物而言,汽车运价虽高,但在总成本中所占的比例较小,而且可以从减少货损货差、及时供应市场中得到补偿。随着公路网的发展和高速公路的建设,公路等级不断提高,混合行驶的车道越来越少,而且汽车的技术性能与安全装置也大为改善。因此,公路运输的安全性也大大提高。此外,长途公共汽车结构的不断改进,大大减缓了行驶中的振动与颠簸,而且普遍安装了空调设备及有助于减轻旅客疲劳的设备,如广播、电视等,旅客乘坐比较舒适。

3) 送达快

由于公路运输灵活方便,可以实现"门到门"的直达运输,一般不需要中途倒装,因而其送达速度快,有利于保证货物的质量和提高运输货物的时间价值,加速流动资金的周转。快速是乘客对于客运的另一个重要要求。在短途运输中,汽车客运的送达速度一般高于铁路。在运距相同时,依托高速公路的长途汽车客运送达速度也往往高于普通铁路。

4) 原始投资少,资金周转快,回收期短

汽车购置费低,原始投资回收期短。美国有关资料表明:公路货运企业每收入1美元仅需投资 0.72 美元,而铁路则需投资 2.7 美元。公路运输的资本每年周转三次,铁路运输资本则需 3~4 年才周转一次。

5) 单位运输成本较高,且污染环境

公路运输,尤其是长途运输,单位运输成本要比铁路和水路运输成本高,且对环境的污染较铁路和水路运输严重。

2. 公路运输的生产组织和经营管理特征

1) 车路分离

世界各国公路的建设与养护,通常都由政府列入预算,运输企业一般不直接负担其资本支出。

2) 灵活机动

汽车行驶不受轨道的限制,且其一般以车为基本输送单元,故高度灵活。既可作为其他交通运输方式的接运工具,也可以组织直达运输。

3) 可实现"门到门"的运输服务

汽车可进入市区、进入场库,既可承担全程运输任务,实现"门到门"运输,也可以辅助其他交通运输方式,实现"门到门"运输。

4) 经营简易

若私人经营汽车运输业,可采用小规模方式,甚至一人一车也可以经营,即使经营失利,也可以出卖车辆,不用承担较大的经营风险。

三、水路运输

水路运输是指由船舶、航道和港口等组成的交通运输系统。按其航行的区域,可分为远洋运输、沿海运输和内河运输三种类型。远洋运输通常是指无限航区的国家间运输,沿海运输指在国内沿海区域各港口间进行的运输,内河运输则指在江、河、湖泊及人工水道上从事

的运输。前两种又统称为海上运输。

1. 水路运输的技术经济特征

1) 运输能力大

在海上运输中,目前世界上最大的超巨型油船的载重吨达 55 万 t 以上,集装箱船箱位已达 20000TEU 以上,矿石船载重吨达 40 万 t,巨型邮轮总吨位已超过 22 万 t。海上运输利用天然航道,若条件许可,可随时改造为最有利的航线。

2) 运输成本低

尽管水运的站场费用很高,但因其运载量大,运程较远,因而单位成本较低。美国沿海运输成本只有铁路的 1/8 左右。

3) 投资少

海上运输航道的开发几乎不需要支付费用,内河虽然有时需要花费一定费用以疏浚河道,但比修筑铁路的费用少得多。据初步测算,开发内河航道每千米投资仅为铁路旧线改造的 1/5 或新线建设的 1/8,而且航道建设还可与兴修水利和电站相结合,收到综合效益。

4) 劳动生产率高

由于船舶运载量大,配备船员少,因而其劳动生产率较高。一艘载质量为 20 万 t 的油船一般只需配备 40 名船员,平均每人运送货物 5000t。

5) 航速低

由于大型船舶体积大,相应水流阻力也大,因此航速一般较低。低速行驶所需克服的阻力小,能够节约燃料;航速增大所需克服的阻力直线上升。例如航速从 5km/h 增加到 30km/h,所受的阻力将增大 35 倍。一般船舶行驶速度只能达到 30km/h 左右(冷藏船可达 40km/h,集装箱船可达 40~60km/h)。

2. 水路运输的生产组织和经营管理特征

1) 便于利用

水路不论海洋、内河或湖泊,都是自然通路,便于利用。与水路运输相比,铁路、公路等其他交通运输方式修建与维护费用较高。

2) 不受海洋阻隔

在地理上,铁路列车和汽车遇海洋一般无法越过,船舶则不受海洋阻隔。飞机虽可飞越海洋,但续航能力没有船舶大,成本也远比水路运输高。

3) 创办较容易

水路运输经营规模可小至一艘船,航路为天然水上道路,无须支付使用代价,一切岸上设备也都由政府投资修建;造船或购船,不但可分期付款,还可抵押贷款;运费可预先收取,故其营运及组织规模可采用逐次扩充方式,且许多国家对于航运业有各种支持奖励政策,故创办较容易。

4) 国际竞争激烈

海洋运输具有国际性,船舶航行于公海,可自由来往,故营运竞争十分激烈。

5) 差异性大

因海洋的宽深不同,船舶大小因之而异,其性能亦各不相同。此外,物资的流通、船舶的往返与沿线停靠码头的顺序,都有变动的可能性。

四、航空运输

1. 航空运输的技术经济特征

1) 高科技性

航空运输的运载工具主要是飞机,飞机本身就是高科技的象征。先进的飞机是先进的科学技术及其产品的结晶,航空运输系统的每个部门无不涉及高科技领域。可以说,航空运输的发展水平反映了一个国家科学技术和国民经济的发展水平。

2) 高速性

高速性是航空运输与其他交通运输方式相比最明显的特征,现代喷气式飞机的速度一般为 900km/h 左右,比火车快 3~10 倍,比海轮快 20~25 倍。

3) 高度的机动灵活性

航空运输不受地形地貌、山川河流的限制,只要有机场并有航路设施保证,即可开辟航线,如果使用直升机,其机动性更大。

4) 安全可靠性和舒适性

随着科学技术的发展,空中飞机不如地面交通安全的错误认识正在逐渐被修正。据国际民航组织统计,每人亿公里乘客的死亡人数已从 1965 年的 0.34 人下降到 1984 年的 0.02 人。随着宽体飞机的使用,航空运输的舒适性也有了很大程度的提高。客舱宽敞、色调和谐、空气清新、噪声小、起降平稳,机内餐食供应质量不断提高,视听娱乐设备先进,地面服务周到,这些都为乘客创造了舒适的旅行环境。

5) 建设周期短、投资少、回收快

一般来说,修建机场比修建铁路和公路的周期短、投资少,若经营好,投资回收也快。

6) 运输成本高

在各种交通运输方式中,航空的运输成本最高。如 2006 年,我国航空运输主营业务的成本为 6967 元/万换算吨公里,比铁路的 10 倍还多。

2. 航空运输的生产组织和经营管理特征

1) 飞行距离远

现代飞机已实现了超声速飞行,且可飞越高山大洋,适于长距离的快速运输。

2) 飞机与机场分离

供客、货上下的飞机场由政府修建设置,凡经营航空运输业者,只需购置飞机,即可营运。

3) 适用范围广泛

飞机,尤其是直升机,不但可为客、货运输提供服务,而且还可为邮政、农业、渔业、林业、救援、工程、警务、气象、旅游及军事等方面提供方便。

4) 具有环球性及国际性

航空运输业是属于环球多国籍的运输形式,且具有跨国服务的特征,故须考虑提供国际化的服务与合作关系。为此,国际民航组织制定了各种法规、条例、公约来统一和协调各国航空公司的飞行活动和经营活动。

五、管道运输

管道运输是输送流体货物的一种运输方式。它随着石油工业发展而兴起,并随着石油、天然气等燃料需求的增加而迅速发展,逐渐形成沟通能源产地、加工场所及消费者之间的输送工具。管道不仅可以修建在一国之内,还可连接国际甚至洲际,成为国际、洲际能源调剂的大动脉。

1. 管道运输的技术经济特征

1) 运量大

一条管径为 720mm 的管道每年可以运送易凝高黏原油 2000 多万 t,一条管径 1200mm 的原油管道年输油量可达 1 亿 t。

2) 占用土地少

管道埋于地下,只有泵站、首末站需占用一些土地,总体来说占地很少,并可从河流、湖泊、铁路、公路下部穿过,也可以翻越高山,横穿沙漠,一般不受地形与坡度的限制,易取捷径,因而也可缩短运输里程。此外,由于管道埋于地下,基本不受气候的影响,故可以长期稳定运行。

3) 投资少,自动化水平高,运营费用低

管道输送流体能源,主要依靠间隔为 60~70km 设置的增压站提供压力能,设备比较简单,易于就地实现自动化和进行集中遥控。先进的管道增压站已可以做到完全无人值守,由于节能和高度自动化,用人较少,运营费用大大降低。管道沿线不产生噪声,漏失污染少,有利于保护环境。但一旦油田产量递减或干枯,则该段原油管道即报废,不能像其他运载工具那样可移往别处,且自管道投产之日起,管内即充满所输运的货物,直到停止运行之日止,有一部分货物将长期积存在管道中,其费用占用了部分运输成本。

2. 管道运输的生产组织和经营管理特征

1) 生产与运输一体化

管道运输属专用运输,其生产与运销混为一体。如炼油厂的生产产品可经管道直接运送到消费者手中。

2) 上门服务

管道运输可从工厂经干线、支线,直接运到用户,中间无须任何间接的搬运,可做到上门服务。

3) 生产高度专业化

管道运输是在液体类货物运输中最具高度专业化的运输形式,需要装设专门的管道及相关设施。

4) 作业自动化

管道运输的动力是引力及机械力,因此,其作业过程的操作均需实现自动化。

复习思考题

1. 试述按不同特征划分的交通运输系统组成。
2. 试述交通运输的构成要素。
3. 试比较分析五种交通运输方式的技术经济特征和运营特征。

第三章 水路运输系统

第一节 船舶与水路运输系统的基础设施

一、船舶种类与特点

船舶有多种分类方式,可按用途、航行区域、航行状态、推进方式、动力装置和船体材料及船体数目等分类。按用途分类,作为军事用途的称为舰艇或军舰;而用于交通运输、渔业、工程及研究开发的称为民用船舶。在民用船舶中,运送货物与旅客的船舶称为运输船,它是民用船舶中的主要部分。

1. 货船

货船是运送货物的船舶的统称,一般不载旅客,若附载旅客,不超过 12 人。

1) 杂货船

杂货船(图 3-1)又分为普通型杂货船与多用途杂货船。杂货船运送的单件货物,最小的为几十千克,最大的可达几百吨。它的航线遍布内河和大海,到达的港口也大小不等。排水量从几吨到几万吨。海上杂货船载质量(船舶装载的载荷质量)在 2000~15000t 之间;航速 12~18kn(1kn = 1n mile/h,1n mile = 1.852km);货舱通常分为 2~3 层,便于分票单装货和避免挤压;货舱按船的大小及装货方便需要有 1~6 个不等。每个货舱的甲板上有舱口及吊杆,吊杆起重能力为几吨,而吊重大件货的重型吊杆负荷可达 500t。机舱大多在船的艄后与尾部。由于普通型杂货船装卸效率低,逐渐出现一些多用途船,它既可装杂货,又可装散货、集装箱,甚至滚装货,以提高揽货能力与装卸效率,提高营运经济性。

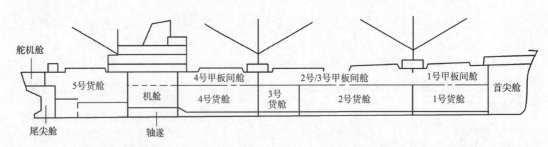

图 3-1 杂货船

2) 散货船

散货船是专门运输谷物、矿砂、煤炭及散装水泥等大宗散装货物的船舶。由于它具有运货量大、运价低等特点,目前在各类船舶的总吨位中占据第二位。散货船的特点是:单层甲板,尾机型,船体肥胖,航速较低,因常有专用码头装卸,船上一般不设装卸货设备,如图 3-2

所示。通常载质量为 3 万 t 左右，满足通过巴拿马运河限制的巴拿马型船（Panamax），载质量一般为 5 万~8 万 t，最大载质量也有近 40 万 t 的，如韩国 1987 年建成的散货船，最大载质量达 36.5 万 t。由于散货船常为单程运输，为使船舶有较好的空载性能，压载水量较大，常在货舱两侧设有斜顶边水舱，在舭部有斜底边舱。为了解决散货船的单向运输问题，开辟货源，出现了一些新型散货船，如矿—散—油船，大舱口的散货船，浅吃水肥大型船，散货—汽车联运船与自卸散货船等。

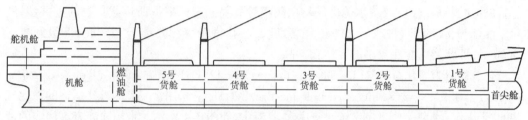

图 3-2　散货船

3）集装箱船

集装箱船是载运规格统一的标准货箱货船，如图 3-3 所示。集装箱船具有装卸效率高、经济效益好等优点，因而得到迅速发展。集装箱运输的发展是交通运输现代化的重要标志之一。根据国际标准化组织（International Organization for Standardization, ISO）公布的统一规格，集装箱一般都使用 20ft（1ft = 0.3048m）和 40ft 两种，它们的长、宽、高分别为（8ft × 8ft × 20ft）和（8ft × 8ft × 40ft）两种，20ft 的集装箱被定为标准箱（Twenty-foot Equivalent Unit, TEU）。集装箱船的特点是船型尖瘦（方形系数小），舱口尺寸大，便于装卸。舱内有导轨与水平桁材组成的格栅结构，便于垂直装卸集装箱。船舷是双层壳，用以补偿大舱口对抗扭强度的不利影响。舷边双层壳舱可分上下两层，供压载用。通常船上无装卸设备，由码头装卸，以提高装卸效率。由于甲板上装集装箱，船舶重心高，受风面积大，常需压载，以确保足够稳定性。为提高经济效益，船速较高，一般为 20~33kn。集装箱船按装箱多少分为第一代、第二代、第三代等，载箱数大致分别为 1000TEU、2000TEU 及 3000TEU，现已发展到第五代、第六代集装箱船，载箱数为 5000TEU 以上，而近几年 2 万 TEU 以上的集装箱船舶已经出现。

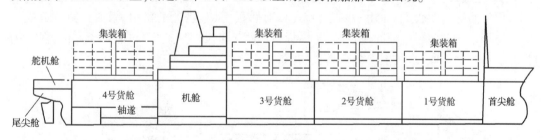

图 3-3　集装箱船

4）液货船

运送散装液体的船统称为液货船，如油船、液体化学品船和液化气船等。由于液体散货的理化性质差别很大，因此，运送不同液货的船舶，其构造与特性均有很大差别。

油船一般只有一层甲板。由于防污染的要求，国际海事组织（International Maritime Organization, IMO）已明确规定从 1996 年 6 月 6 日以后交付使用的载质量为 5000t 以上的油船要求双壳与双层底。载质量在 600~5000t 之间的油船要求双层底，每舱容积不超过

700m³。油船的机舱、住舱及上层建筑均在尾部,以便防火与输油管道布置。露天甲板上有纵通全船的步桥。油船没有大货舱口,只有油气膨胀舱口,并设有水密舱口盖。油舱载货吨位是各类船舶中最大的,最大的达55万t。装原油的载货吨位一般比装成品油的大,沿海油轮航速一般为12~15kn,远洋油轮为15~17kn。

液体化学品船是专门运输有毒、易挥发及属危险品的化学液体的船舶。除双层底外,货舱区均为双层壳结构,货舱有透气系统和温度控制系统,根据需要还设有惰性气体保护系统。货舱区与机舱、住舱及淡水舱之间均由隔离舱分隔开来。根据所运载货物的危害性,液体化学品船分为Ⅰ、Ⅱ、Ⅲ级。Ⅰ级船危害性最大,其货舱容积要小于1250m³;Ⅱ级则要小于3000m³;Ⅲ级装危险性较小的液体化学品。

液化气船分为液化石油气(Liquefied Petroleum Gas,LPG)船,液化天然气(Liquefied Natural Gas,LNG)船和液化化学气(Liquefied Chlorine Gas,LCG)船。采用常温加压方式运输的液化气体,装载于固定在船上的球形或圆筒形的耐压容器中,如图3-4所示。采用冷冻方式运输的液化气体,装入耐低温的特种钢材制成的薄膜式或球式容器内,外面包有绝热材料,并装有冷冻系统。加压式适用于小型船舶,载质量在4000t以上的船舶以冷冻方式运输较多。此外,还有一种低温低压式液化气船,又称半冷冻式液化气船,它是采用一定压力使气体冷却液化的。

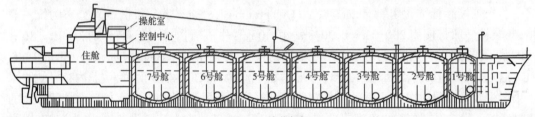

图3-4 液化气船

5)滚装船

滚装船(Roll on and Roll off Ship,Ro-Ro Ship)类似于汽车与火车渡船,它将载货的车辆连货带车一起装船(图3-5),到港后一起开出船外。这种船适用于装卸繁忙的短程航线,也有向远洋运输发展的趋势。滚装船具有多层甲板,主甲板下通常是纵通的无横舱壁的甲板间舱,甲板间舱高度较大,适用于装车;首尾设有跳板,供车辆上下船用;船内有斜坡道或升降机,便于车辆在多层甲板间舱行驶;主甲板以下两舷多设双层船壳;机舱位于尾部,多采用封闭式;从侧面看,吃水线上部分很高,没有舷窗。

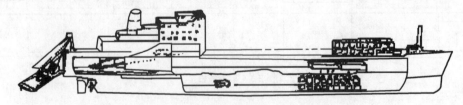

图3-5 滚装船

2. 客船

根据《国际海上人命安全公约》规定,凡载客12人以上的船舶,均须按客船规范要求来建造与配置设备及人员。客船的建造具有以下特点:

(1)快速性。快速性要求客船具有较好的线形,推进器具有较高的效率。

(2) 安全性能好。除保证船舶强度以外,还要保证船舶具有良好的稳定性、抗沉性、防火结构及其他安全设施。

(3) 耐波性能好。为保证旅客有较平稳的旅行环境,客船要具有较好的耐波性。

(4) 操纵性能好。为改善船舶的操纵性,客船选择先进的舵型、性能良好的主机遥控装置,一般采用双螺旋桨,并尽可能地增加螺旋桨轴的间距。现代豪华客船,船长超过300m,具有较大的侧受风面积,同时为保证良好的操纵性,还在首位设有侧推装置。图3-6所示为海上行驶的客船。

图3-6 客船

客船主要包括传统客船和邮轮。

1) 传统客船

传统客船主要指航行于江河湖泊的传统载客船,载客量大,停靠频繁,多在浮码头通过舷门装卸小量件杂货和邮件。主体结构较单薄,如果航段流速小于3m/s,可不设双层底。一般有两层甲板,干舷较低,因航段应变方便所以安全要求较海船低。上层建筑多延及首尾并向舷外挑伸以增大载客面积。客船多为双桨双舵或三舵。

2) 邮轮

邮轮,过去通常叫作邮船,现代意义上的邮轮所代表的是一种全新的旅游消费理念和特殊的旅游方式。邮轮主要有国际邮轮、地区邮轮、海岸线邮轮与内河邮轮几种。衡量邮轮规模的大小,常以排水量(吨位,GRT)与载客量(Pax Opacity)两个指标表示,且以载客量为主。载客量小于500人的为小型邮轮;500~1000人的为中型邮轮;1000~2000人的为大型邮轮;超过2000人的为特大邮轮。

3. 驳船

驳船常指靠拖船或推船带动且为单甲板的平底船。上层建筑简单,一般无装卸货设备,也有的驳船自己有动力装置,称为自航驳。驳船主要用于沿海、内河或港内驳运货物,往往用于转驳那些由于吃水等原因不便进港靠泊的大型货船的货物,或组成驳船队运输货物。驳船具有结构简单、造价低廉、管理维护费用低、可航行于浅狭水道、编组灵活等特点。因此,它在内河运输中占重要地位。

4. 其他船舶

除了上述各种船舶外,还有渡船、工程船、半潜船和工作船等几种船舶。渡船是指往返于内河、水库、海峡、岛屿与陆地或岛屿之间从事短途渡运旅客、货物与车辆的船舶。渡船分为普通渡船与车辆渡船。车辆渡船分为汽车渡船与火车渡船。渡船一般要求甲板宽敞、稳性好、操纵灵活、旅客及车辆上下方便。有些渡船首尾均有推进器与舵,以便两头都可靠离。工程船是从事水上专门工程技术业务的船舶总称,包括挖泥船、起重船、浮船坞、救捞船、布设船、打桩船等。半潜船也称半潜式母船,通过本身压载水的调整,把装货甲板潜入水中,以便将所要承运的特定货物从指定位置浮入半潜船的装货甲板上,将货物运到指定位置。工作船是指为航行服务或进行其他专业工作的船舶,包括破冰船、领航船、供应船、消防船、测量船、航标船、交通船、浮油回收船、拖船和推船、钻探船、科学考察船和深潜船等。

二、船舶设备与装置

为使船舶正常运送货物与旅客,现代船舶除了船体以外,还需要一系列的设备与装置,包括船体舾装设备、船舶动力装置、船舶电气设备、船舶管系、船舶冷藏、空调及通风等。

1. 船体舾装设备

1)舵设备

舵设备是用于控制船舶方向的装置,它主要由舵、舵机、传动装置及操纵装置等部分组成。驾驶人员操纵舵轮或手柄,或有自动舵发出信号,通过传动装置带动舵机,由舵机带动舵的转动来控制船舶方向。舵的设计原则使舵产生的转船力矩最大,而转舵所需要的力矩最小。通常舵装在船尾螺旋桨后,远离船舶转动中心,使舵产生转船力矩的力臂最长,而且使螺旋桨排出的水流作用于舵上,增加舵效。

2)锚设备

锚设备由锚、锚链和锚机三部分组成。锚用于协助制动,操纵船舶或船舶在锚地停泊。锚利用它在海底的抓力(一般为锚重的4~5倍)和锚链与海底表面的摩擦力来制动船舶。常见的锚分为有挡锚、无挡锚及大抓力锚。商船常用的锚为无挡锚中的霍尔锚,一般在船艏左右各布置一只锚,成为主锚。较大船舶还有备锚和装在尾部的尾锚。锚链用于连接锚与船体,当锚链在海底时,也可增加固定船舶的拉力。它由链环、卸扣、旋转链环和连接环组成。锚链的大小用链环的断面直径表示。锚链的长度以节为单位,每节为27.5m,一般左右舷锚链各为12节。锚机主要用于收锚或缓慢放锚用。目前商船上采用卧式锚机,两边通常还带动两个系缆绞盘用于收绞系缆。

3)系泊设备

船舶的主要停泊方式是系泊,即用分布在舷侧的缆绳将船舶固定在码头边。缆绳有尼龙缆、钢丝绳与棕绳。目前用得最多的是尼龙缆。除了缆绳外,系泊船上还需要带缆桩、导缆装置、绞缆机与卷缆车。较先进的船上卷缆车本身有动力,用于收绞缆绳。

4)起货设备

起货设备是用于装卸货物的机械。液体货物用输送泵与管路;散装货物用传送带或抓斗;件货则用吊杆或起重机。吊杆是起货设备,由吊杆、起重柱(或桅)、起货机、钢丝绳、滑车、吊钩等组成。吊杆负荷一般不超过10t,重吊杆负荷最大几百吨。起重机将起货设备与起货机械合为一体。目前船上一般使用的是单臂式起重机,俗称克令吊,通常布置在船的首尾线上,也有全部布置在船舷一侧。负荷小的为几十吨,大的可达500t。船上除克令吊外还有门式起重机。

5)救生设备

为了保证人命安全,当船舶发生海难事故需要弃船时,要为船员准备足够的救生工具,包括救生艇、救生筏、救生圈及救生衣等。

除了上述设备外,船舶舾装设备还有消防设备、舱盖、水密门、窗等。

2. 船舶动力装置

船舶动力装置是保证船舶推进及其他需要提供各种能源的全部动力设备的总称。有的将它扩大为满足航行、各种作业、人员的生活和安全等需要所设置的全部机械、设备和系统的总称。船舶动力装置由推进装置、辅助装置、船舶管系、甲板机械与自动化设备组成。

1) 推进装置

推进装置又称主动装置,它是为保证船舶航行速度而设置的所有设备的总称,是船舶动力装置中最主要的部分,包括主机、传动设备、轴系和推进器。主机发出动力,通过传动设备及轴系驱动器产生推力,使船舶克服阻力航行。根据主机形式不同,船舶动力装置可分为蒸汽动力装置、燃气动力装置和核动力装置。根据运动方式的不同,分为柴油机(往复式)与燃气轮机(回转式)动力装置两种。目前民用船舶使用内燃机最普遍。柴油机具有热效率高、起动迅速、安全可靠、质量轻、功率范围大等优点。在大、中型民用船舶上使用的柴油机有大型低速和大功率中速两大类。船舶动力装置由于工作条件的特殊性,要求工作可靠、经济、机动性好、续航能力长等。

2) 辅助装置

辅助装置是产生除推进装置所需要能量以外的其他各种能量的设备,包括船舶电站、辅助锅炉装置和压缩空气系统。它们分别产生电能、蒸汽和压缩空气,供全船使用。

3) 船舶管系

船舶管系是指为了某一专门用途而设置的输送流体(液体或气体)的成套设备。按用途可分为:

(1) 动力系统。它是为主、辅机安全运转服务的管系,有燃油、润滑油、海水、淡水、蒸汽、压缩空气等系统。

(2) 船舶系统:又称辅助系统,它是为船舶航行安全与人员生活服务的系统,如压载、舱底水、消防、通风、饮用水、空调等系统。

4) 甲板机械

甲板机械是为保证船舶航向、停泊及装卸货物所设置的机械设备,如锚机、舵机、起货机等。

5) 自动化设备

自动化设备用以实现动力装置的远距离操纵与集中控制,以改善船员工作条件,提高工作效率及减少维修工作。自动化设备主要由对主、辅机及其他机械设备进行遥控、自动调节、监测、报警的设备组成。

三、港口及其陆上设施

1. 港口水域设施

港口是一个国家或地区的门户,是水陆运输的衔接点,又是货物的集散地。按其用途划分,一般可分为商港、渔港、军港等。由于商港的主要功能是集散旅客与货物,因此对港口的基本要求是:一方面要有良好的水域,保证进出港船舶航行安全;另一方面要有功能齐全的陆上设施与机制健全、运行灵活的管理机构,以保证高效、安全地集散旅客与货物。港口的水域包括港池、锚地与航道。

1) 港池

港池一般指码头附近的水域。它需要有足够深度与宽广的水域,供船舶靠离码头操作。对于河港或与海相连的河港,一般不需要修筑防浪堤坝,如上海黄浦江内的各港区和天津海河口的港口。对于开敞海岸港口,如烟台、青岛、大连等,为了阻挡海上风浪与泥沙的影响,保持港内水面的平静与水深,必须修筑防波堤。防波堤的形状与位置根据港口的自然环境而确定。港池要保持足够的水深,以保证最大吃水的进港船舶靠泊;港池要有足够宽广的水域,使船舶有足够的操纵余地。

2) 锚地

锚地是供船舶抛锚候潮、等候泊位、避风、办理进出口手续、接受船舶检查或过驳装卸等停泊的水域。锚地要有足够的水深,使抛锚船舶即使由于较大风浪引起升沉与摇摆时仍有足够的富余水深。锚地的底质一般为平坦的沙土或亚泥土,使锚具有较大的抓力,而且远离礁石、浅滩等危险区。锚地离进出港航道要有一定距离,以不影响船舶进出港口为准,但又不能离进出口航道太远,以便于船舶进出港操作。过驳装卸的锚地不仅要考虑锚泊大船的回旋余地,还要考虑到过驳小船与装卸作业的安全。锚地水域面积的大小根据港口进出口船舶艘次与风浪、潮水等统计数据而定。

3) 航道

本书中,航道指的是船舶进出港航道。为保证安全通航,航道必须有足够的水深与宽度,弯曲度不能过大。为了避免搁浅、擦浅而造成船舶、生命财产损失与环境污染,船舶在航行时必须在龙骨线以下保持足够的富余水深。船舶航行时留有富余水深的原因有两个:①实际水深与预报水深不一致;②船舶运动时吃水增加。在考虑船舶富余水深的同时,除上述因素外,还需考虑船舶所装货物的危险程度、海底底质等因素。如对油轮、液化气或其他危险品货物运输船舶,必须适当增加富余水深,以保证船舶安全与水域环境不受污染。如海底为坚硬岩石,则富余水深要留得多一些;而海底为淤泥,富余水深可以留得少一些。

确定航道宽度要考虑下列因素:船舶航行时由于风、流的影响,航迹带宽度要比船宽大,一般是2.0~4.5倍船宽。若是双向航道,船舶对遇、追越或平行航行均存在船间效应,其中包括不同的相对位置,产生不同的吸引力、排斥力、向内力矩与向外力矩。这种力与力矩也经常是造成船舶碰撞的原因。在设计航道宽度时要增加一个船宽。由于船舶贴近航道边航行时,会因岸壁效应产生吸引力,因此富余水深小,吸力大;船舶方形系数大,吸力大。根据上述三因素,典型的双向航道为通航船舶宽度的8倍,单向航道为通航船舶宽度的5倍。从航行安全考虑,航道弯度即航道转向角一般不大于30°,转弯半径不小于通航船舶船长的3~5倍,两次转向之间的直航距离要大于通航船舶船长的6倍。如通航船舶的船速较大,风压与流速较大,则转弯半径与直航距离都要增加。除了上述估算结果得出的标准外,还要考虑通航船舶载货的危险程度。

2. 港口陆上设施

为保证船舶所运载货物的流通,港口要有配套的铁路、道路、仓库与堆场、港口机械、给排水与供电系统。

1) 港口铁路

由于我国海港集中在东部沿海,腹地纵深大,铁路运输是货物集疏的重要手段。合理配置港口铁路,对扩大港口的通过能力具有重要意义。完整的港口铁路应包括港口车站、分区车场、码头和库场的装卸线,以及连接各部分的港口铁路区间正线、联络线和连接线等。港口车站负责港口列车到发、交接、编解集结;分区车场负责管辖范围内码头、库场的车组到发、编组及取送;港口铁路区间正线用于连接铁路网接轨站与港口车站;装卸线承担货物的装卸作业;联络线连接分区车场与港口车站;连接线连接分车场与装卸线。港口铁路一般采用国家标准轨距(1435mm),以便于与铁路网接轨。

2) 港口道路

港口道路可分为港内道路与港外道路。港内道路由于通行重型货车与流动机械,因此,对道路的轮压、车宽、纵坡与转弯半径等方面都有特殊要求。港内道路行车速度较低,一般为 15km/h 左右。港外道路是港区与城市道路、公路连接的通道。若通行一般的运输车辆,其功能及技术条件与普通道路相同。

3) 仓库与堆场

(1) 仓库。港口是车辆换装的地方,也是货物的集散地。出口货物需要在港口集聚成批等候装船;进口货物需要检查、分类或包装,等候散发与转运。因此,港口必须具有足够容量的仓库与堆场,以保证其吞吐能力。港口仓库按仓库所在位置分为前方仓库和后方仓库。前方仓库位于码头的前沿地带,用于临时存储准备装船与从船上卸下的货物;后方仓库用于较长期存储货物,位于离码头较远处。按结构与用途划分,港口仓库可分为普通仓库和特种仓库(筒仓、油罐等)。普通仓库用于堆放杂货,也有堆放粮食或化肥等散装货物。筒仓主要用于存储散装水泥与粮食等。油罐主要用于存储油类等液体货物。随着海上油田的开采,还出现了大型海上油库。

(2) 堆场。根据码头作业的情况和使用经验,将堆场分成三个区域:码头前沿区、前方堆场和后方堆场。

码头前沿区:一般情况下,仅作为流动起重运输机械、门式起重机和火车的通道及货物的装卸场地。

前方堆场:对于有门式起重机的码头,按门式起重机吊臂可伸到的范围确定宽度,一般为 18m 或 23m。

后方堆场:指上述区域以外的堆场。

堆货场地可分为件杂货堆场与散货堆场,集装箱码头堆场可作为件杂货堆场的特例。其特点是载荷大,场地基础需要加固处理。

4) 港口机械

港口装卸机械是完成港口货物装卸的重要手段,用于完成船舶与车辆的装卸,货物的堆码、拆垛与转运等。港内流动装卸机械有较大型的轮胎起重机、履带式起重机、浮式起重机、各种装卸搬运机械,如叉式装卸车、单头车、索引车等;大型船舶装卸机械有门式起重机、移动式装船机、斗轮式卸船机、集装箱起重机等;各种连续输送机械有带式输送机、斗式提升机、气力输送机和螺旋输送机。随着水上交通运输的发展,适应船舶与码头的大型专业化发展的需要,港口机械的大型、高速和专业化是一个发展方向。但有时为了克服单一效能的专用码头设备不能充分发挥其效率的缺点,也出现了以集装箱作业为主的多用途门座起重机、多用途装卸桥等。此外,装卸机械与一般工业装备一样,标准化、系列化、自动化、安全可靠与减少污染均是其发展方向。

5）港口给水与排水系统

港口给水系统的任务是为船舶和港口的生产、生活、环境保护与消防提供用水，根据不同用途的需要提供不同的水量、水压与水质。港口排水系统的任务是及时地排除港区的生产用水、生活污水及地面雨水，对有害的污水必须进行净化处理，达到环境保护的要求后才能排放，以防止对环境水域的污染。

6）港口供电

港口供电的对象主要是装卸机械、维修设备、港口作业的辅助设施、照明、通信与导航设施等。

7）船舶基地

为了保证港口生产与安全，需要有各种辅助船舶，如拖轮、供水船、燃料供应船、起重船、垃圾船、巡逻艇、搜救船等。

8）港口通信与助航设施

港口通信系统是保证港口和船舶高效与安全生产的重要手段。目前已广泛应用的有各类有线、无线通信与计算机网络通信等手段，主要用于港口生产、调度、安全保障等方面。

3. 航标

为了保证进出口船舶的航行安全，每个港口、航线附近的海岸均有各种助航设施。航标的主要功能是：①定位（为航行船舶提供定位信息）；②警告（提供碍航物及其他航行警告信息）；③交通指示（根据交通规则指示航行方向）；④指示特殊区域（锚地、测量作业区、禁区等）。按照设置地点，航标可分为沿海航标与内河航标。沿海航标建立在沿海和河口地段，引导船舶沿海航行及进出港口与航行。它分为固定航标和水上浮动航标两种。固定航标设在岛屿、礁石、海岸，包括灯塔、灯桩、立标；水上浮动航标是浮在水面上，用锚或沉锤、链牢固地系留在预定海床上的标志，包括灯船与浮标。内河航标是设在江、河、湖泊、水库航道上的助航标志，用以标示内河航道的方向、界限与碍航物，为船舶航行指示安全航道。它由航行标志、信号标志和专用标志三类组成。按照工作原理分类，有视觉航标、音响航标与无线电航标。视觉航标包括灯塔、灯桩、立标、灯浮标、浮标、灯船、系碇设备和导标，用其颜色、外形、灯光（包括颜色、闪光间隔与次数、射程、光弧范围及高度）来指示方向、位置及其他含义。音响航标一般指的是雾天信号，即下雾时按照规定的莫斯信号作为识别特征发出的音响信号，一般听程仅为几海里。音响航标根据工作原理分为气雾号、电雾号与雾情探测器，气雾号用压缩空气驱动发声，电雾号以电能驱动发声，雾情探测器能自动测量能见度并开启电雾号。无线电航标包括雷达反射器、雷达指向标、雷达应答器、无线电指向标。从广义上讲，所有的无线电导航系统都可称为航标，因为它能协助船舶获取位置信息。

第二节 船舶运行组织

一、船舶运输组织的基本要求

船舶的运行组织，是指航运企业根据已揽取到或即将揽取到的运输对象和航运企业控制的运力情况,综合考虑船舶生产过程中各个环节及与其他运输方式的协调配合,对船舶生产活动所作出的全面计划与安排。做好这项工作的基本要求是强调运输的经济性、及时性、协调性和安全性。

商船运输生产的基本单元是航次。按惯例,客船、货船或驳船"自上航次终点港卸完所载货物(或下完旅客)时起,至本航次终点港卸完所载货物(或下完旅客)时止,计为本航次的时间。"航次时间由航行时间、停泊时间以及其他时间组成,在这三项时间里要完成基本作业和辅助作业两类作业。装卸货物、上下旅客、船舶航行属于基本作业;装卸货准备、办理船货进出港手续和燃物料、淡水供应等属于辅助作业。认真分析航次中各项作业的协调性、经济性和安全性,合理安排各个环节是提高运输效率、保证运输质量的关键。

船舶运输组织以实现运输对象的流向、流量、时间、质量要求为目的,以船舶运行环境为客观约束条件。船舶运行的主要环境参数包括:

(1)航线总距离和港口间各区段的距离(单位:海上运输用海里,内河运输采用千米)。

(2)各港平均装卸时间定额,反映航线上各港口的平均装卸效率和组织管理水平。

(3)航线沿途水文气象条件及适航性,如风浪参数、海况、航道尺度等。

这些参数对船舶运行组织有着直接的影响,做船舶运行计划前应充分分析研究,在船舶运行中也要密切关注其变化,适时作出必要的调整。

近年来,在船舶运输组织方面出现了两个新特点:

(1)随着单船装载能力的提高,船舶运行组织的重要性更加突出。例如,目前最大集装箱船舶载箱量已经超过23000TEU。大型船舶不仅因其本身投资巨大,航行成本高,而且因其装载量大,每耽误一天就意味着有大量的资金损失。因此,要求对这种大型船用科学、精确的方法组织运输。

(2)物流概念的提出使运输组织优化的着眼点从运输工具转到运输对象。也就是说,应站在更高的层次、在更大的范围内,以运输对象运输全过程的优化为目标组织安排各个运输工具。这就使水路运输环节的船舶运输组织更加复杂化,要适应现代物流系统发展的需要,要求组织者有系统分析的能力。

二、班轮运输组织

1. 班轮运输特点

班轮运输又称定期船运输,是指固定船舶按照公布的船期表在固定航线和固定港口间运行的运输组织形式。从事班轮运输的船舶称为班轮。班轮对所有托运人提供货运空间,不论船舶是否被装满都要按计划日期起航。保证班期是班轮运输组织的核心工作。船舶按船期表公布时间驶离港口的程度可用准班率 K 表达:

$$K = \frac{n_0 - n_1}{n_0} \times 100\% \tag{3-1}$$

式中:n_0——一定时期内(年、月)计划航次数;

n_1——同一时期内脱班(即不按时抵离港口)的航次数。

班轮主要承运件杂货。件杂货物价格高,且多为轻货,平均积载因数在 $2 \sim 3 m^3/t$ 范围内。这就要求有较快的运送速度和较大的舱容。传统的杂货班轮承运包装、外形、质量千差万别的散件形式杂货,致使船舶在港停泊时间过长,严重影响了船舶的营运效率,增加了船舶运输成本。为了改变这种落后状态,20世纪60年代后期,件杂货成组化得到了迅速的发展,其中以集装箱化最为突出。目前,许多航线上的杂货装箱率已达70%~80%。

在班轮航线上营运的船舶包括传统的杂货船、多用途船、集装箱船和滚装船。以集装箱船、多用途船和普通杂货船为主,滚装船多用在短距离的近海班轮航线上(如大连—烟台线)。

2. 班轮航线设置

国际上班轮航线有许多种布局形式,但最基本、最常见的有传统多港口挂靠航线、干线配支线航线、多角航线、单向环球航线、小陆桥航线及大陆桥航线等几种。

影响班轮公司航线选择的最主要因素是货源,或准确地讲是航线经济效益;其次是港口的自然条件和社会、政治因素。为了选定合适的航线,必须做货源调查及港口调查。货源调查一般分为两种,即短期货源调查与长期货源调查。前者是指对各待选航线目前货物流向与流量的调查,后者是指对航线沿途上有关国家的经济与贸易发展总趋势进行调查与预测。一般来说,选定的航线要有足够的货源,并且从长远角度看有很好的发展前景。班轮航线货流方面的特征可以用以下4个参数描述:

(1)港间货流量(Q),是指一定时期内两港间的货流量。

(2)航线货流总量($\sum Q_{ij}$),是指一定时期内该航线上各港间的货运量总和。

(3)运输方向不平衡系数(ρ_d),运输方向不平衡系数等于运量较小方向的货流量(Q_m)与运量较大方向的货流量(Q_f)的比值,其计算公式为:

$$\rho_d = \frac{Q_m}{Q_f} \tag{3-2}$$

式中,$0 \leqslant \rho_d \leqslant 1$,$\rho_d$越小说明航线上的往返运量越不平衡。

(4)运输时间不平衡系数(ρ_t),运输时间不平衡系数等于最繁忙时期的货流量(Q_{max})与平均货流量(Q_e)的比值,其计算公式为:

$$\rho_t = \frac{Q_{max}}{Q_e} \tag{3-3}$$

式中,$\rho_t \geqslant 1$,ρ_t越大说明运量沿时间分布的波动幅度越大。

3. 班轮船期表的编制

1)往返航次时间计算

往返航次时间是一艘班轮由始发港起航,经中途港、目的港返回到始发港再起航所经历的时间,或称为船舶周转周期。往返航次时间计算的依据是航线总距离、船舶航速、港口装卸效率和在港装卸货物的数量及其他可能发生的耗时因素(如进出港减速航行,通过运河等)。往返航次时间的计算公式为:

$$t_r = \frac{L}{v} + \sum \left(\frac{Q_1 + Q_d}{\overline{M}} \right) \tag{3-4}$$

式中：t_r——船舶往返航次时间或周转期，d；
　　　L——航线总距离，n mile；
　　　$\bar{v}$——船舶平均航行速度，考虑了进出港航行和过运河、船闸等因素，n mile/d；
　　　Q_1、Q_d——航线沿途各港装货量与卸货量，t；
　　　$\bar{M}$——航线沿途各港的总平均装卸效率，t/d。

2）航线配船数计算

一条班轮航线上需要配置船舶的艘数通常要由货运需求（量的多少及发到船频率）、单船装载能力和往返航次时间等因素决定，其计算公式为：

$$m = \frac{t_r \cdot Q_{\max}}{\alpha_d \cdot D_d \cdot T} \tag{3-5}$$

式中：m——航线配船数，艘；
　　　$Q_{\max}$——运量较大航向的年货物发运量，t；
　　　α_d——船舶载质量利用率（发航装载率）；
　　　D_d——船舶额定净载质量，t；
　　　T——平均每艘船舶年内营运时间，d。

计算出 m 后，若 m 不为整数，则应将 m 取为整数。在具体计算时，要注意运量在往返方向上的不平衡性。如果航线由一家班轮公司独自经营，可按上边计算的 m 值决定配船数量，取大于 m 的最小整数；如果航线上有多家公司同时经营，则各公司配船数取决于本公司的实力和货运量占有份额。

3）航线发船间隔计算

发船间隔（t_i）是指一个班次的船舶驶离港口后，直至下一班次的船舶再次驶离该港的间隔时间。它可由船舶往返航次时间及航线配船数确定，即：

$$t_i = \frac{t_r}{m} = \frac{\alpha_d \cdot D_d \cdot T}{Q_{\max}} \tag{3-6}$$

班轮的发船间隔必须具有一定的规律性，以便于记忆。如常以月、旬、周、天、时等单位为发船间隔时间。所以，对于按上式计算得到的发船间隔时间，还要按照规律性的要求加以调整。

4）到发时间计算与调整

在以上计算的基础上，结合沿途各港的具体情况，先分别计算出相邻两港之间各航段的航行时间和在各港的停泊时间，然后根据始发港发船时间依次推算出船舶到、离各港的时间。当沿途各港所在地的时差不同时，在船期表上应给出船舶到发的当地时间。为此，需要将上述未考虑时差而计算出的各港到发时间加上或减去各港所在地与始发港所在地之间的时差。向东行为加，向西行为减。当航线上有几艘船舶运行时，后续船舶在各港的到发时间依次相差一个发船间隔时间。

班轮船期表是以表格的形式反映船舶在位置和时间上运行程序的文件，其主要内容包括船名、航次编号、始发港、中途港和终点港的港名、到达和驶离各港的时间。根据前述四步的计算结果可编制船期表。表3-1列出了一种格式的船期表。

表 3-1 船　期　表

东方海外(OOCL)船期表					
船名	航次	宁波	釜山	上海	长滩
VSL	VOY	NINGBO	BUSAN	SHANGHAI	LONGBEACH
OOCL UTAH	055	02.16–02.16	02.22–02.22	02.25–02.25	03.14–03.14
OOCL LONDON	091	02.27–02.27	02.24–02.24	03.03–03.03	03.19–03.19
OOCL TOKYO	1119	03.05–03.05	03.10–03.10	03.03–03.03	03.23–03.23
OOCL TAIPAI	1117	03.23–03.23	04.25–04.25	03.25–03.25	04.07–04.07

资料来源:2022年东方海外(OOCL)PCC1船期表。

集装箱班轮运输组织与传统班轮相比最大的特点是船舶大型化、高速化,船舶在港停泊时间短,船舶周转快,需要专门对集装箱进行调度与跟踪管理。

4. 班轮联盟

班轮联盟是指班轮公司之间在运输服务领域航线和挂靠港口互补、船期协调、舱位互租以及在运输辅助服务领域信息互享、共建共用码头和堆场、共用内陆物流体系而结成的各种联盟。在全球经济增速放缓、世界贸易增长量下滑等因素的直接影响下,国际集装箱运输市场出现了总体变冷的趋势。班轮企业在确立核心伙伴的基础上扩大合作规模,通过联营或参与联盟的方式提高企业效益成为航运公司的必然选择。

随着班轮联盟的发展,联盟合作形式正在朝着多样化转变,合作深度和广度不断提升,已经由舱位租赁、舱位互换扩展到联合派船、网络重组、内陆运输合作等形式。

班轮联盟大都没有常设的强有力的专门管理机构,具体运作多通过联盟成员间的双向协议进行,联盟成员间的沟通和信任是维护班轮联盟稳定的重要基础。

三、不定期船运输组织

1. 不定期船运输特点

船东随时根据货主的需求在时间、地点和内容上发生的变化,组织船舶运输的一种营运方式称为不定期船运输。不定期船的主要运输对象是货物本身价格较低的大宗散货,如煤炭、矿石、粮食、铝矾土、石油、石油产品及其他农、林产品和少部分干杂货。这些货物难于负担很高的运输费用,但对运输速度和运输规则性方面要求不高,不定期船运输正好能以较低的营运成本满足它们对低廉运价的要求。在不定期船市场上成交的租船合同形式主要有光船租船合同、期租合同、程租合同、连续航次租船合同、包运合同等。

光船租船的特征是:船舶出租人只提供一艘空船,合同期一般较长;承租人负责配备船员、任命船长,并负担船员的工资及伙食费等;承租人负责船舶调度和安排营运,并负担一切营运费用;租金按船舶的装载能力和租期长短计算。

定期租船的特征是:船舶出租人负责配备船员,负担船员工资、伙食费等;承租人负责船舶调度和营运组织工作;航次费用,如燃油费、港口费等均由承租人负担;租金按船舶的装载能力和租期长短计算。

航次租船的特征是:船舶出租人负责运输组织工作,并负担船舶的营运费、燃料费、港口费等;按装载货物的数量或按船舶总载质量吨位及航线(或航程)计收运费。

2. 光船租赁

光船租赁又称为船壳租船、光船租船,简称光租,是指船舶出租人提供一艘不包括船员在内的船舶出租给船舶承租人使用一段时间,并由承租人支付租金的一种租船方式。

光船租船的主要特点是:

(1)标的船舶为没有配备船员的"光船"。

(2)承租人负责配备船员并负担船员的工资等。

(3)承租人负责船舶的调度、营运并负担除船舶保险之外的一切费用。

(4)合同中通常载明船舶担保物权问题、船舶设备仪器如何负担等条款。

(5)承租人为了方便营运标的船舶,通常可以在租期内更改船壳油漆颜色、烟囱标志、船名、国籍等。

3. 航次租船

航次租船的主要依据是航次经济性,航次经济性根据货源情况和装卸港、航线情况进行航次估算。所谓航次估算,是指船舶经营者根据各待选航次的货运量、运费率、停靠港口、船舶特性及航线参数等有关资料,估算各航次的航次收入、航次成本和航次每天净收益,从而预知某个航次是否盈利。特别是当有多个航次货载机会时,根据估算结果,经营者就可作出最有利的决策,即选择单位时间净收益最大的航次签订运输合同。因此,航次估算是船东或经营人进行航次租船决策的基础,它被广泛地应用在不定期船的运输组织中。一艘船某航次每天的净收益($E_{天}$)可以按下式计算:

$$E_{天} = \frac{E_{航次入} - E_{航次出}}{T_{航次}} - E_{天出} \tag{3-7}$$

式中:$E_{航次入}$、$E_{航次出}$——航次净收入和航次费用;

$T_{航次}$——该航次时间,d;

$E_{天出}$——每天营运费用。

航次经济性的优劣通常用每天净收益指标来衡量。一般来说,每天净收益大的航次自然对船东具有较大的吸引力,但单纯的盈利数字高低并不是唯一决定性的因素,有时还要注意到船主喜欢的航行方向,或考虑到下一航次易于获得货载的港口位置等其他因素。

4. 船舶期租

在期租过程中,通常船舶出租人负有保证船舶适航性的义务,并基于此收取一定的租金。因此,期租保本费率就是每一载货吨位、每一个月分摊的船舶出租人为提供适航船舶和船员所发生的全年所有费用,又称船舶期租租金基价,记做 H/B(Hire Base),即:

$$H/B = \frac{E_{船东}}{Q_{总} \cdot T_{月}} \tag{3-8}$$

式中:$E_{船东}$——船东每年的总费用,通常应包括船舶资本费、维修费、保险费、船员工资、燃润料费及应分摊的管理费等;

$Q_{总}$——船舶总载货吨位;

$T_{月}$——船舶年营运月数,是指一年内能出租给租船人实际使用的月数,国外航运公司通常以全年 11.5 个月(或 350d)计算;这一数值的大小取决于船龄及船舶的技术状况。

如以 C/B (Charter Base) 表示期租租金费率,则期租船舶的经营盈亏值为:

$$\begin{cases} 船舶每月每载货吨位盈亏值 = C/B - H/B \\ 船舶每月盈亏值 = (C/B - H/B) \times DW \end{cases} \quad (3-9)$$

式中:DW——待出租的船舶载货吨位。

对船东来说,他只要把世界各地报来的期租租金费率 C/B 与他的具体船舶的期租租金基价 H/B 进行比较,就可得知是否有利可图。若:

$C/B > H/B$,出租盈利;

$C/B = H/B$,出租不赔不赚;

$C/B < H/B$,出租亏损。

显然,租价超过租金基价越多,盈利就越大。反过来说,租金基价越低的船舶,在市场上的竞争能力就越强。

5. 船舶闲置

在航运市场上,货运量的需求随着世界经济的发展和贸易量的变化经常发生变化,而作为供给的船舶吨位一旦形成,一般是比较稳定的。因此,在运输需求与实有运力之间常会出现不平衡的现象,导致运价上下波动。当货少船多,运价下跌时,船舶盈利逐渐减少、保本、甚至出现亏损,企业被迫就要考虑封存(闲置)一部分运力,以减少亏损,调整供需关系,使运价回升。尽管发生亏损就意味着运输收入不能抵偿运输成本,但也并不能一亏损就草率地将船舶封存起来。因为虽然亏损,但仍有一部分收入可抵偿营运成本的支出。而船舶封存起来以后,仍需要发生一定的维持费用,如资本费(折旧费)、看守费用、保险费、维护费等,称其为封存成本或闲置成本。虽然船舶的闲置成本相比其营运成本数额大为减小,但这些成本却得不到任何来自船舶自身的补偿。权衡这两种状态的经济得失,可以得出船舶封存的经济条件:

船舶营运亏损额 < 船舶封存成本,应继续营运;

船舶营运亏损额 = 船舶封存成本,应视其他情况而定(称为封存点或封存界限);

船舶营运亏损额 > 船舶封存成本,应停航封存。

在日常的经营工作中,为简便、直接地判别,可将上述亏损额与封存成本之间的比较转换为费率之间的比较,以便根据市场运费率的高低,直接作出反应。

1)对于承租船舶

因为达到封存点时,航次亏损额 = 航次总成本 - 航次运费收入 = 在航次时间内的封存成本。所以,航次运费收入 = 航次总成本 - 在航次时间内的封存成本,因而有:

$$f_I = \frac{(K_f + K_V - K_I) \cdot t_V}{Q_{总}} \quad (3-10)$$

式中:f_I——封存点所对应的运费费率,元/t;

t_V——承租航次时间,d;

K_f——船舶每营运天固定成本,元/d;

K_V——船舶航次中平均每天变动成本(此项有时不与时间相关),元/d;

K_I——船舶封存时每天封存成本,元/d。

当市场上承租费率 $f > f_1$ 时,尽管可能亏损,但继续营运在经济上看也是合适的;当 $f < f_1$ 时,从经济性上看,船舶应封存。

2) 对于期租船舶

因为当达到封存点时有:期租保本费率 - 期租租金费率 = 每月每载货吨位封存成本,即:

$$H/B - C/B = \frac{K_1 \cdot 30}{DW}$$

所以,封存成本费率为:

$$(C/B)_I = H/B - \frac{K_1 \cdot 30}{DW} = \frac{(K_f - K_1) \cdot 30}{DW} \tag{3-11}$$

当市场期租租金费率 $C/B > (C/B)_I$ 时,尽管船舶营运可能出现亏损,但继续营运还是合适的;只有当 $C/B < (C/B)_I$ 时才可以说船舶继续营运已失去了经济意义。

6. 其他船舶组织形式

国际上其他的国际运输船舶的营运方式还包括小众化的航次期租(Time Charter on Trip Basis,TCT)等。

四、邮轮运行组织

1. 邮轮运输的特点

邮轮运输是指邮轮经营者以自有或者租赁的邮轮,提供海上旅客运输服务以及为完成这些服务而围绕所载旅客开展的相关活动。其按照相对固定的航线,在一段时期内,按一定的频率发班。邮轮航线是构成邮轮经济空间结构的重要组织形式,具有轴线的特征,主要表现为作为旅游目的地的邮轮港口以节点的形式联系起来。

邮轮航线由邮轮始发港(母港)挂靠港、邮轮目的地,以及将这些节点连接起来的海上航程构成。它是提供给游客选择的商品,航线种类越多,代表邮轮公司所提供的旅游产品以及服务越丰富。按照邮轮航行路径来划分,可以将邮轮航线划分为单程邮轮航线、双程邮轮航线、环形邮轮航线和组合型邮轮航线四种。

2. 邮轮航线的设置

在邮轮旅游中,游客选择航线经常要比选择邮轮更加困难,5~12d 的航程一般最受欢迎。因此,如何设计一条符合公司战略的、能够吸引游客的航线,对于一个邮轮公司来说至关重要。从外在角度考虑,应根据海洋环境及气候情况和目标旅游区域的整体发展水平及布局,设计一条安全、环保、可持续发展的航线;从内在角度考虑,应根据其本身的创新性、科学性、合理性、安全性等特点设计出一条与其他航线存在差异的、能够吸引乘客的航线。

1) 邮轮航线设置的核心要素

在充分掌握邮轮旅客需求的基础上,邮轮航线设置的核心主要包括邮轮航线运营成本、邮轮航次时间、邮轮母港选择与停靠港选择等。

(1) 邮轮航线运营成本。港口设施和港口成本是航线设计时考虑的重要变量。在开辟航线时,邮轮公司必须明确的问题是:"对乘客和邮轮来说,访问港是否有良好的服务设施,费用是否合理"。因此,船舶吨税和港口规费(包括引航移泊费、带缆系泊费、船舶港务费、船舶代理费、客运代理费等)在很大程度上决定了邮轮港口是否被纳入航线排程之中。此外，燃油成本和消费者出行成本也是邮轮公司在设计航线时需考虑的重要因素。

(2)邮轮航次时间。邮轮航次时间主要包括销售时间与航行时间。邮轮船票的销售周期一般很长，通常能达到一年之久。依靠较长的销售周期，邮轮公司可以实行更为弹性的动态定价和舱位控制策略，从而获得更高的收益。在航程设计时，邮轮公司特别关注停靠港停留时间与海上航行时间的平衡，来保证邮轮旅客的满意度达到最佳。

(3)邮轮母港选择。在邮轮公司母港选择方面，港口的船舶服务水平、自然条件、乘客服务水平、基础设施、城市旅游吸引力和港口收费标准是邮轮公司母港选择的最重要指标。此外，邮轮母港的可达性、港口成本、政治稳定性、航班密集性与可靠性、游客设施、邮轮接待能力、安全性、是否接近航线、港口城市旅游服务、交通衔接、政府政策等因素是母港选择考虑的重要变量。

(4)停靠港选择。停靠港的基本条件包括基本接待设施、规章制度、通关政策、拥堵性、安全性、环境及气候、岸上观光产品等因素。其中，岸上观光(shore excursions)活动尤为重要。一方面，岸上旅游活动是邮轮乘客选择航线的重要考量指标，也是邮轮航线吸引度的重要体现；另一方面，岸上产品销售也是邮轮公司收益的重要来源。很多情况下，邮轮公司会通过登船前和航行中的广告宣传和促销活动，并利用捆绑销售、提前销售、船上销售等手段来推销岸上产品以获得收益。

2)邮轮航线设置的流程

在充分考虑航线设置的核心要素之后，按照航线设计的流程，对邮轮航线进行布置安排。

(1)明确开辟航线的基本条件。开辟航线的基本条件包括自然条件、地理因素、航线沿途港口状况等。

(2)航线竞争分析。主要分析在该航线上目前已经存在的同类公司及其经营能力、投放运力状况和可能的竞争力度等。

(3)可选方案的拟定。方案要细化到航线的类型、挂港、班期和配船等。

(4)方案评价。最常用的方案评价法是净现值法，从经济角度对航线进行评价。

第三节　港口装卸组织

港口装卸组织是港口企业管理的一个重要组成部分。港口装卸组织是从接待车、船开始，至送走车、船为止为一个生产周期。车流、船流连续不断地到达，并经过装卸之后离去，因此，港口企业的装卸组织是为车、船服务的，一个周期连一个周期循环地进行着。港口装卸组织就是研究从车、船到达开始，在港进行装卸等各项作业，以及货物在不同运输方式之间完成的换装组织过程。

装卸组织得合理与否，对提高效率、节约装卸成本起着重要作用。所谓科学、合理的装卸组织过程，就是通过组织工作，使港口企业在保证人身安全和货运质量的前提下，使整个装卸过程各个环节相互衔接，协调配合，保证企业资源、空间、时间都得到最合理利用，使整个装卸过程获得最佳经济效益。

港口企业装卸组织过程,按其程序可划分为组织准备过程、基本装卸过程、辅助生产过程和生产服务过程四个阶段。

(1)组织准备过程。组织准备过程是指基本生产活动之前,港内所进行的全部技术准备和组织准备工作,主要包括编制出装卸作业计划,并且根据计划完成货物操作过程及装卸工艺的确定;装卸地点、库场、接运工具的确定与准备,装卸机械的准备和货运文件的准备等。

(2)基本装卸过程。基本装卸过程就是货物在港内所进行的装卸过程,又称货物的换装过程,系指货物从进港到出港所进行的全部作业的综合,是直接完成船、车货物的装卸过程。它包括卸船过程、装船过程、卸车过程、装车过程、库场作业过程、港内运输以及其他生产性作业等。

货物在港内储存期间,根据需要可进行库场之间搬运,这类作业应视为一个独立操作过程,但货物在同一库场内的倒垛、转堆属库场内整理性质,与翻舱、散货的拆、倒、灌、绞包、摊晒货物等同属装卸辅助作业,均不计为操作过程。

为了便于抓好各环节之间的衔接与配合,达到装卸工作机械化和合理的劳动组织,以实现港口生产全面质量管理,港口又将操作过程划分为若干个工序。

工序是组成港口基本生产过程的最小单元,是指在一个完整的操作过程中,能起独立作用的部分。通常港口的作业过程可划分为以下几个工序。

①舱底作业工序:包括装船和卸船时在舱内的摘挂钩、拆码货组、拆码垛及平舱、清舱等全部作业。

②起落舱作业工序:包括装船和卸船时船舱到岸、岸到船舱、船舱到车辆、车辆到船舱以及船舱到船舱的作业。

③水平搬运作业工序:包括码头、库场、车辆之间水平搬运作业。

④车内作业工序:包括装卸车时的上、下搬动,做关、拆关,车内的拆码垛作业。

⑤库内作业工序:包括库场内的拆码垛、拆码货组、供喂料作业。

在既定的作业工序中,完成1t货物的操作,计作1个工序吨,使用机械操作的计算机械作业工序吨,使用人力操作的计算人力操作工序吨,工序吨的计算是衡量机械化程度的重要依据。

在进行基本装卸过程中,要使组成操作过程的各装卸工序的生产能力协调一致,否则,整个操作过程的装卸效率将受到最薄弱环节的装卸作业工序能力的制约。因此,所谓保证基本装卸过程的协调性和连续性,就是要保证其他非主导工序向主导工序协调,以保证主导工序的连续性。所谓主导工序,是指对整个装卸作业过程起主导作用的工序,例如在库(场)作业过程中,其主导工序就是指卸船(或装船)机械的效率。

(3)辅助生产过程。辅助生产过程是保证基本生产过程正常进行所必须完成的各种辅助性生产活动。它包括装卸机械的维修、装卸工属具的加工制造与管理、港口各项设施的维修和动力供应等。此外,在一条船或一列车装卸结束后所需进行的码头、库场整理工作等均属辅助生产活动。

(4)生产服务过程。生产服务过程是指为保证基本生产过程和辅助生产过程顺利开展所进行的各种服务性活动。它包括理货业务、仓储业务、计量业务。为船舶服务的生产服务过程有技术供应、生活必需品供应、燃物料和淡水供应、船舶检验与修理和压舱水的处理等;

为货主服务的生产服务过程有货物鉴定、检验、包装等。此外，还有集装箱清洗与检修、港内垃圾与污水处理等。在港口生产过程中，服务性生产活动也是港口生产活动不可缺少的组成部分。

在装卸组织时，既要组织好基本装卸过程，也应组织好其他三个过程，特别值得注意的是，在组织过程中，不但要注意物质（即各项设备）的组织，而且要抓好信息的组织。在港口生产过程中，由于信息不畅通而产生的生产中断，在总的中断时间中占有很大的比例。例如，未能在船舶到港前收到船舶积载图，港口无法提前做好准备工作；外贸出口货虽然到港，但由于某些手续没有办妥而不得不退关的现象也时有发生。

一、港口装卸组织的基本原则

港口装卸工作比一般工业企业生产更为复杂，影响因素也多。科学、合理地组织装卸过程，就是要通过良好的组织工作，使整个过程的各个环节相互衔接、协调配合，保证人力、物力、空间和时间得到最充分、最合理的利用，以达到最佳经济效果。为此，在组织过程中必须遵循以下几个方面的原则。

（1）连续性。港口装卸组织的连续性主要表现为：

①港口装卸组织是以运输工具为对象的，因此，只有对运输工具从进港开始、直到完成了全部作业之后，到将货物运出港为止，才算结束了港口的生产过程。因此，作业一旦开始，就要保证作业的连续性。但这并不意味着所有的作业都必须连续进行，主要是要保证关键作业连续进行。例如，一艘海船有若干个舱口，在组织作业时，只要保证重点舱装卸作业的连续性，至于其他非重点舱的装卸作业则不一定要求连续进行，但要注意非重点舱的结束作业时间不得晚于重点舱的结束作业时间。

②一艘船舶的装卸，一般都由若干条作业线组成，而一条装卸作业线又是由若干个作业工序按照一定的程序连接起来的，某一工序的中断将引起整个作业线的中断。为保证装卸作业线的连续性，必须保证各作业工序的能力与协调。

③港口装卸组织的连续性还应表现为四个阶段之间、各个过程之间组织平行作业或合理安排顺序，以避免在作业过程中由于衔接不好而使生产作业中断。

④根据港口生产活动的不平衡性特点，港口企业要具备一定的生产后备能力，而生产后备能力在任务非高峰期间是以闲置状态存在的，因此，不能要求港口所有资源都处于连续工作状态，特别是港口的主要生产资源——泊位，肯定会有一定的工作中断时间，这种情况是允许的。

⑤港口装卸组织的连续性还表现为货物在港作业的连续性，也就是要最大限度地缩短货物在港停留时间，尽快实现其使用价值。

（2）协调性。港口装卸组织的协调性，是指港口生产各主要环节之间、作业线上各作业工序之间，在生产能力上，也即在人员、设备等各个方面配合得当，同时，还要保证装卸各种运输工具之间配合得当。虽然在港口，装卸船舶是其主要任务，但也不应忽视对其他运输工具的装卸组织工作。因为，对其他运输工具的装卸同样占据了港口企业的很大一部分资源，如果组织得不好、配合不当，将会导致资源的浪费；而且，对其他运输工具的装卸，若组织得不好，也将会影响到船舶的装卸。

(3)均衡性。港口装卸组织的均衡性,是指在相同的间隔时间内下达的任务均衡,同时,也包括各个阶段、各个作业工序所完成的任务相同(或相接近)或稳步上升。由于港口装卸组织受多种因素的制约,有自然的、政治的、经济的以及技术等原因的影响,因而在不同时期生产任务都有可能发生变化,导致不均衡。除此之外,由于港口并不是孤立存在的,一般总是与若干个港口相联系着,即使对某个港口、某种货物的发运是均衡的,几个港口的装卸点合在一起也可能会引起对方港口的生产任务不均衡。因此,组织好港口生产过程的均衡性是生产过程组织水平的集中表现,能给港口企业带来良好的经济效果,能避免前松后紧,防止赶任务,防止货损、货差、设备损坏,有利于安全生产和保持企业的正常秩序。

(4)经济性。港口装卸组织的经济性,是指在组织港口生产过程中不仅要考虑生产效率,而且还要全面考虑其经济效益,这也是港口管理由生产型转为经营型的重要标志。为此,在船舶装卸时间相等的条件下,应该尽量采用装卸成本低的装卸工艺方案;在货物堆存的库场比较分散时,要通过方案比较确定船舶是否应该移泊等。在这里,既要避免片面加速运输工具的装卸而不考虑港口企业经济效益的倾向,同时也要避免片面追求港口企业的经济效益而损害社会效益的倾向。

港口装卸组织中的连续性、协调性、均衡性和经济性是相互联系的,只有四个方面都抓好了,才能算真正组织好港口企业的装卸组织过程。

此外,要实现港口装卸组织,同样需要做到以下几点。

(1)保持港口畅通,加速车、船、货的周转。港口是运输网络上的各种运输工具之间换装点,港口的畅通是保证各条运输线路畅通的关键。如果港口发生堵塞,就会在各条运输线路上立即反映出来,并将引起连锁性的反应,因此,保持港口畅通是生产组织的首要任务。只有港口畅通无阻,才能够保证车、船、货物的加速周转。

(2)保证按期、按时、安全优质地完成车、船装卸任务。车、船装卸是货物在港口实现换装的中心环节,也是生产过程组织的主要任务。它通过各种作业计划落实到具体的车、船、班组,当港口出现任务不平衡时,首先应当保证重点物资的运输和重点船舶的装卸。

(3)充分合理运用港口资源和一切技术手段完成生产任务。在港口生产组织中,如何使投入的物化劳动和活劳动消耗最少是一项重要任务,因为它是关系到港口经济效益高低的主要原因。所以,无论是生产过程的空间组织,还是生产过程的时间组织,都应该把提高港口经济效益、不断降低装卸成本放到重要的地位。

(4)加强港口装卸组织相关的各部门间的合作。装卸组织的另一项重要任务是与港口生产过程有密切关系的各个部门(铁路、航运、外贸、货主等)之间的组织配合与全面协作,是保证港口生产顺利进行不可缺少的条件。因为港口生产过程从输入到输出以及各个生产环节,都涉及港、航、路、货等各个部门在技术、经济、管理、组织上的联系,因此,没有它们之间的配合与协作,港口装卸组织也难以实现。

二、港口装卸工艺

装卸工艺是港口生产的基础,属于工业工程的范畴,工业工程学着重研究以生产流水线为中心的整个企业的现场管理,其追求的目标在于杜绝生产中的一切浪费,提高劳动生产率,降低成本。正因为如此,加强科学管理必须从装卸工艺管理抓起。由于装卸工艺对货物的装卸、堆存提出了安全、质量、效率、经济的全方位要求,因此,实现装卸工艺规范化既是现场管理的基本要求,又是文明生产的主要内容。

港口装卸工艺实施的主体是码头装卸组织,而典型码头主要包括集装箱码头和干散货码头。

1. 集装箱码头装卸工艺

伴随着海上集装箱运输的飞速发展,在整个集装箱运输过程中,集装箱码头在加速车船周转、提高货运速度、降低整体运输成本等方面起着十分重要的作用。因此,应以合理和经济的原则,选择集装箱码头装卸工艺。集装箱码头的装卸工艺有几种典型的系统:底盘车系统、跨运车系统、门式起重机系统及混合型系统。

1)底盘车系统

码头的前沿采用岸边集装箱装卸桥承担船舶的装卸作业,进口集装箱由装卸桥直接卸到底盘车上,集装箱牵引车将载有集装箱的底盘车拖到堆场停放,出场时集装箱牵引车将载有集装箱的底盘车从堆场上直接拖出港区。出口集装箱由集装箱牵引车将载有集装箱的底盘车从港区停放在堆场上,装船时再由集装箱牵引车将载有集装箱的底盘车从堆场拖到码头前沿,由岸边集装箱装卸桥将箱吊装上船。该系统的主要特点是,集装箱在码头堆场的整个停留期间均放置在底盘车上。

2)跨运车系统

码头前沿采用岸边集装箱装卸桥承担船舶的装卸作业,跨运车承担码头前沿与堆场之间的水平运输,以及堆场的堆码和进出场车辆的装卸作业。即"船到场"作业是由装卸桥将集装箱从船上卸到码头前沿,再由跨运车将集装箱搬运至码头堆场的指定箱位;"场到场""场到集装箱拖运车""场到货运站"等作业均由跨运车承担(图 3-7)。

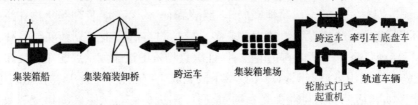

图 3-7 装卸桥—跨运车工艺流程示意图

3)轮胎式门式起重机系统

轮胎式门式起重机系统的码头前沿采用岸边集装箱装卸桥承担船舶的装卸作业,轮胎式门式起重机承担码头堆场的装卸和堆码作业,从码头前沿至堆场、堆场内箱区间的水平运输由集装箱货运车完成。轮胎式门式起重机一般可跨 6 列和 1 列集装箱货运车车道,堆高为 3~5 层集装箱。轮胎式门式起重机设有转向装置,能从一个箱区移至另一个箱区进行作业,适用于陆地面积较小的码头。我国大部分集装箱码头采用这种工艺系统。

4)轨道式门式起重机系统

轨道式门式起重机系统与轮胎式门式起重机系统相比,堆场机械的跨距更大,堆高能力更强。轨道式门式起重机可堆积 4~5 层集装箱,可跨 14 列甚至更多列集装箱。轨道式门式起重机系统适用于场地面积有限、集装箱吞吐量较大的水陆联运码头。

5）跨运车—门式起重机混合系统

从经济性和装卸性能的观点来看，前4项工艺系统方案各有利弊，目前世界上有些港口采用了前述工艺方案的混合系统，即跨运车—门式起重机混合系统，其主要特点是：

（1）船边的装卸由岸边集装箱装卸桥承担。

（2）进口集装箱的水平运输、堆码和交货装车由跨运车负责完成。

（3）出口箱的货场与码头前沿之间的水平运输由集装箱半挂车完成，货场的装卸和堆码由轨道式（或轮胎式）门式起重机完成。由于混合系统能充分发挥各种机械的特点，扬长避短，更加趋于合理和完善，目前世界上已有不少码头采用了这种方案。

6）自动化码头装卸系统

近年来，随着自动化码头的快速发展，自动化码头装卸工艺逐渐得到重视。目前世界上已经投产或在建的自动化集装箱码头装卸工艺主要为"双小车岸桥+自动导引运输车+自动化轨道式起重机"和"单小车岸桥+跨运车+自动化轨道式起重机"等装卸工艺系统（图3-8）。

图3-8 上海洋山集装箱自动化码头

2. 干散货码头装卸工艺

由于煤炭、铁矿石等干散货运输具有流向单一的特点，因此，可以按照物料的进出口流向，将煤炭、矿石等干散货的装卸工艺系统分为陆运进港、水运出港的出口装卸工艺以及水运进港、陆运出港的进口装卸工艺。

1）干散货码头出口装卸工艺流程

干散货码头出口装卸工艺主要由卸（火）车作业、堆场作业和装船作业三个工艺环节组成，三个环节主要涉及的机械及流程如图3-9所示。

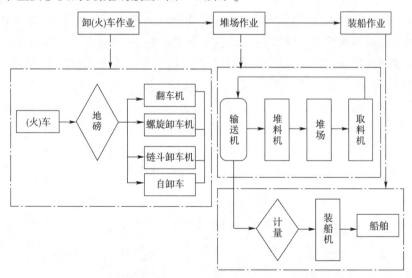

图3-9 卸（火）车作业、堆场作业和装船作业主要涉及的机械及流程

干散货的出口装卸工艺流程主要有（火）车—堆场、堆场—船、驳和（火）车—船、驳。

（1）（火）车—堆场。这一操作过程主要是（火）车运抵后，由卸车机械将散货物料从

(火)车中卸至固定带式输送机,通过固定带式输送机系统输送至堆场的地面系统堆料或至地下坑道系统存料。地面系统中,主要通过堆取合一或者堆取分开的方式进行堆取料机,地下坑道系统通过堆料机进行堆料。(火)车—堆场装卸工艺图如图3-10所示。

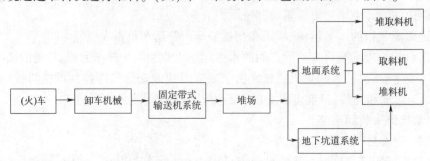

图3-10　(火)车—堆场装卸工艺图

(2)堆场—船、驳。这一操作过程主要通过取料机或堆取料机从码头堆场取料,然后通过高架带式输送机和转接塔,到达装船机,再通过定机移船或定船移机装入船舱。堆场—船、驳装卸工艺图如图3-11所示。

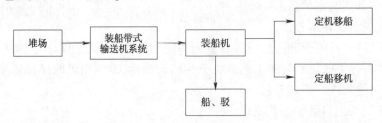

图3-11　堆场—船、驳装卸工艺图

(3)(火)车—船、驳。(火)车—船,即直取作业。(火)车装载着散货物料进入码头卸车线,通过卸车机系统卸下散货物料,卸下的散货物料不进入码头堆场,直接通过高架带式输送机的水平运输和转接塔的转接进入装船系统装船,这一作业过程省去了散货物料进入堆场和堆场取料这些操作环节,货物在码头的通过效率很高,但由于大型散货装船码头的卸车机和装船机的小时作业效率都很高,要实行这样的直取作业,就要求(火)车到达和船舶到达的时间配合非常准确,因为(火)车不可能等船,船也不可能等(火)车,而且(火)车必须由若干列,等待连续卸车,才能满足一条船的装船货物数量需求。要满足这样的船货衔接非常困难,所以一般情况下,经(火)车装运入港的散料货物,卸车首先要进入堆场,然后再从堆场取料装船,因此,这种直取操作过程不经常使用。(火)车—船、驳装卸工艺图如图3-12所示。

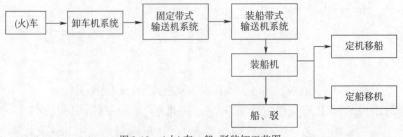

图3-12　(火)车—船、驳装卸工艺图

2) 干散货码头进口装卸工艺流程

干散货码头进口装卸工艺主要由卸船作业、堆场作业和装车作业三个工艺环节组成。干散货的进口工艺流程可分为船—堆场的进场作业、船—驳船的水—水中转作业和场—车的装车作业。三个环节主要涉及的机械及流程如图3-13所示。

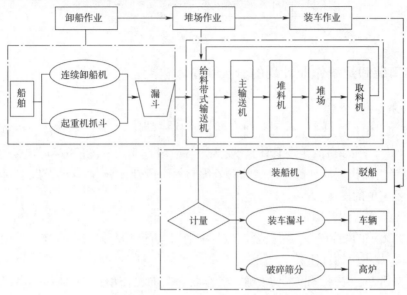

图3-13　卸船作业、堆场作业和装车作业主要涉及的机械及流程

（1）船—堆场。进场作业主要通过卸船机机械系统对到港船舶进行卸船作业，将散货物料转至接运带式输送机，接运带式输送机与堆场带式输送机衔接，散货物料再经过堆场带式输送机运至堆场堆料。一般情况下，进场作业需要经多条带式输送机转接才可实现，货物进堆场后经过一段时间地堆存再进行出场作业，或经流程实施水路装船出运，再或者经流程实施铁路装车转运作业，或实施平面运输使用汽车进行公路运输。实施流程作业的带式输送机运输系统多数处于封闭状态，使散货物料的扬尘减少。船—堆场进场作业工艺流程如图3-14所示。

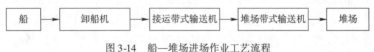

图3-14　船—堆场进场作业工艺流程

（2）船—驳船。船—驳船作业即散货物料不进入堆场，直接装入其他船舶的作业，也即水—水中转或过驳作业。我国南方沿海的主要煤炭卸船码头，卸下的煤炭经常由驳船通过内河运往使用地，所以这些码头经常会有煤炭的过驳作业发生。铁矿石方面，水—水中转作业也是大型铁矿石卸船码头常见的流程作业，实施水—水中转的国内二程船一般在3000 t以上5万 t以下，从沿海港口转运至长江港口和其他内河港口或其他沿海港口。船—驳船作业一般使用码头卸船设备卸货后，通过集中控制的带式输送机系统，主要是接运带式输送机和装驳带式输送机装运至驳船（图3-15）。

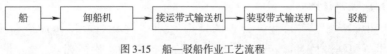

图3-15　船—驳船作业工艺流程

(3)场—车。装车作业流程主要先通过堆场的取料机械从堆场取料,然后通过堆场高架带式输送机进入火车装车平台,通常为成列的装车漏斗,然后通过装车漏斗进行自流式装车(图3-16)。

图3-16 场—车作业工艺流程

三、港口装卸组织作业计划的分类和基本内容

1. 计划分类

港口装卸组织作业计划是港口企业计划的具体执行计划,它以企业计划为总目标,结合各阶段(月、旬、日、工班)的生产具体情况,规定各阶段作业的具体任务和实施办法。

港口装卸组织作业计划都是以装卸对象编制的阶段性计划,通常涉及以下内容:

(1)船舶泊位的安排;

(2)装卸工艺流程的确定;

(3)根据确定的装卸工艺流程,合理地分配港口生产资源,确定各项作业的生产进度、安全质量要求以及相应的责任者;

(4)根据船方、货方的有关要求,确定与作业有关的协作单位,向他们提出协作要求,以保证装卸作业的顺利进行。

目前的港口装卸组织作业计划一般分为月度生产作业计划、周度生产作业计划和昼夜生产作业计划。其中,月度生产作业计划主要由吞吐量计划和装卸工作计划组成;吞吐量计划是依据港口综合通过能力和月度货源组织落实情况而编制的,反映月度进出港口的各类货物的数量并以此确定港口月度生产任务。装卸工作计划是在吞吐量计划确定后编制的,集中反映港口装卸作业以及与装卸作业有关的各项工作的数量与质量指标,目的是保证吞吐量计划的顺利完成。

周度生产作业计划是月度生产作业计划的具体化,考虑每周的船舶到港情形,具体安排各公司的周度装卸任务,根据本周度来港船舶资料基本确定船舶的装卸货种、数量、流向与作业泊位,并初步确定船舶在港装卸停泊时间。通过周度生产作业计划,较早发现月度生产作业计划在均衡性等方面存在的问题,便于港口各级领导及时采取调整措施。此外,周度生产作业计划也是航运部门安排运力、调整船舶到港密度的依据。

昼夜生产作业计划是港口各级生产调度部门组织和指挥生产的主要依据,也是协调港口内部各生产环节、协调港口与其他有关单位的配合,保证港口尽可能连续均衡生产的重要手段。该计划不但对车、船的装卸顺序、作业地点、操作方法等作了明确规定,而且对每艘船、每辆车的作业方法,使用机械设备、劳动力配备等方面作了详细安排,对昼夜各工班装卸的数量以及船舶车辆作业完工时间等也作了具体规定。

2. 港口月度生产计划

港口月度生产计划是年度生产计划的具体化,是为了保证年度生产计划任务的完成而编制的。它主要包括港口月度吞吐量计划和港口月度装卸工作计划。

1）港口月度吞吐量计划

港口月度货物吞吐量计划，由港口计划部门会同生产调度及货运商务等部门，根据月度货物托运计划、月度外贸进出口船货计划（外轮到港计划）、各航运企业的船舶运力资料，以及港口码头泊位、仓库堆场、机械设备、劳动和集疏运能力等资料，经综合平衡后编制。

港口月度吞吐量计划中规定的主要内容有分货种、分流向、航线的货物吞吐量和旅客发运量。货物吞吐量的货类构成及其主要流向，反映了地区之间的经济联系、腹地生产配置以及对外贸易的情况，也反映出港口在国内、外物资交流中的地位和作用。

港口月度生产计划既是编制港口月度生产方案和其他作业计划的依据，又是年度计划与作业计划之间承上启下的纽带。因此，只有确定了月度生产计划，才使港口与航运、铁路、货主之间建立起严密的协作关系。

在编制计划之前，应进行运输形势分析，并对上月计划完成情况、原因和问题进行分析研究，找出工作中的强弱环节，以便编制计划时参考。计划的编制必须按程序进行，编制计划所依据的各项数字，应具有可比性。

2）港口月度装卸工作计划

港口月度装卸工作，是港口为保证完成月度吞吐量计划任务而对港口装卸作业所做的计划安排，并确定企业为保证企业吞吐量计划的完成，各方面工作应达到的水平。

港口月度装卸计划由港口计划部门或调度部门编制，包含的计划指标较多，各港也不尽相同。它的主要指标有按自然吨或吞吐量计算的生产任务、按操作吨计算的装卸工作量及一系列反映效率及港口生产要素利用程度的指标等。

3. 港口昼夜生产作业计划

港口昼夜生产作业计划是港口生产作业计划体系中最基本也是最具体的计划，港口生产经营企业的周度、月度以及年度生产计划的完成，都有赖于每个昼夜生产作业计划的完成；另外，由于港口生产具有多环节、多工序、涉及面广和情况多变等特点，所以编制港口昼夜生产作业计划就显得特别重要而又比较复杂，要成功地编制好港口昼夜生产作业计划需要准确掌握以下资料：

(1) 上级指示、相关单位的协作情况和船方、货主要求等；

(2) 货物资料，包括货种、数量、流向等；

(3) 船舶资料，包括船型、到港时间、装卸设备、船舶积载情况等；

(4) 集疏运工具的供应情况，包括集疏运列车、货车以及驳船等运输工具的到港密度与载货量；

(5) 水文气象，包括天气、海浪、潮汐等情况；

(6) 港口自身的实际情况，包括码头泊位能力、机械设备的备有量、库场堆存能力以及员工的素质和出勤情况等。

一些港口生产经营企业根据生产作业需要，将昼夜生产作业计划再进一步细分为工班生产计划，更详细地给出了在一个工班时间内，港口生产经营企业生产组织的安排方式。在该工班生产计划中，详细地规定了该工班各泊位上作业的船舶、需要完成的装卸集装箱数量（分40ft和20ft集装箱）、每小时各船舶完成的装卸量（船时量）、作业的路线和所使用的设备，特别是在任务书中列出了作业中应注意的工作事项。

四、装卸组织调度方法与过程控制

1. 港口调度工作的任务和要求

港口装卸组织调度是港口生产运作管理系统的核心,其主要任务落实在调度岗位。港口装卸组织调度工作的质量直接影响到企业的经济效益,所以做好港口装卸组织调度工作已成为港口生产经营成功的关键。港口装卸组织调度的任务归纳起来有以下几点。

(1) 根据国家的有关法律、政策和企业领导的指示、到港车船和货物以及自身的码头专业化程度等情况,与航运、铁路、物资、货主、商检、海关等港外有关单位密切联系,加强协作配合,使装卸作业连续不断地进行。

(2) 根据货源、运输工具、机械设备、仓库场地以及劳动力等情况,配置生产作业线,具体确定采用何种装卸操作方法、选用机械类型、配备劳动力和确定作业起止时间等。

(3) 掌握生产作业情况及其进度,预见和及时发现生产调度中的不平衡现象,采取事前计划、过程控制和事后补救相结合的方法,以保证正常的生产秩序。

鉴于上述港口装卸组织调度任务,提出以下对港口装卸组织调度工作的要求:

(1) 预见性。预见包括两个方面,一是采取预控措施,消除港口生产中的隐患;二是事先准备,对关键环节采取有效的应急措施。有了预见性才能保证港口调度工作的主动性。

(2) 计划性。计划是为达到既定目标而预先规定的工作进度及其措施,计划性是港口调度工作的基础和依据。

(3) 集中性。为了有效地维护港区生产经营的统一领导,保证生产资源合理配置,以及生产活动有条不紊地正常进行,在港口采用集中管理方法是必要的。当然,这种集中管理的有效性有赖于港口两层管理之间的协调性。

(4) 及时性。对生产中存在的问题要迅速查明,信息反馈要及时,解决问题要果断。

(5) 经常性。生产一开始,就必须不间断地进行调度、协调和平衡,这正是港口现场调度指挥系统的工作。

(6) 全面性。既要全面掌握港区内部人、财、物的资源配置和装卸组织作业计划等情况,又要及时掌握各协作单位与港口生产密切相关的信息。

2. 港口生产调度的方法

我国港口生产调度工作主要是通过编制生产作业计划、召开各类生产调度会议以及现场调度指挥来开展的。

1) 港口生产调度会议制度

港口生产调度会议制度是根据港口生产经营的特点和要求确立的,是做好港口生产调度工作的重要保障,其作用在于:

(1) 协调港、航、车、货等各方面的联系与配合,保证装卸运输的顺利进行。

(2) 通过各种生产会议布置港口的月度、旬度和昼夜等生产作业计划。

(3) 检查和总结各生产作业计划的完成情况以及安全质量情况。

(4) 抓好重点船、重点舱和重点货的装卸任务。

由于港口生产调度会议是围绕着港口生产作业计划的制订、布置和生产作业计划完成情况的反馈而召开的,所以港口生产调度会议也相应划分为月度生产会议、周度生产会议和每日生产会议(包括交接班会、生产计划预编会和生产会等);另外,根据港口特殊的装卸任务也可临时召开一些生产会议。

港口生产调度会议制度与港口生产管理中的调度机构相对应,而港口的生产调度机构的设置又与港口生产经营企业管理机构的设置相一致,港口生产经营企业管理机构是根据港口规模、港区分散或集中程度、码头专业化程度以及各自的生产经营特点等情况设置,一般采用两层管理机构:集团公司和装卸公司,相应地在生产调度中也采用集团公司生产调度会议和装卸公司生产调度会议两层调度会议制度。

2) 现场生产调度

一般港口除了集团公司与装卸公司两层调度部门外,在现场生产调度中还配有值班调度人员和装卸指导员(也称单船指导员),负责港口装卸生产的现场直接组织和指挥工作。

现场生产调度总的任务是:以昼夜生产作业计划和调度部门布置的任务为依据,具体负责所承担船舶的劳动力和机械设备的配置、装卸工艺和流程的落实,努力做到使各装卸生产任务能平衡、安全性地进行。

在港口两层生产管理过程中,集团公司一层主要负责以下生产调度安排:

(1) 船舶到港后作业泊位的指定(指泊),即负责全港船舶作业任务分配。

(2) 确定重点装卸船舶的优先权,保证重点物资装卸。

(3) 确定船舶作业总体进度及要求,对现场生产调度发出指示。

(4) 全港性资源的调配(如,拖轮、浮吊、铁路专用线、二线库场等)。

装卸公司一层主要负责以下生产调度安排:

(1) 针对集团公司下达的生产任务,制订具体的生产作业计划。

(2) 根据公司可以调配的生产资源,合理安排人力、设施和设备,以最经济的方式组织生产。

(3) 向集团公司申请全港性生产资源的使用。

(4) 负责生产过程中的现场指挥。

(5) 及时反馈装卸公司生产进度,对于生产中所遇到的重大问题,及时向集团公司请示。

第四节 船舶营运指标

船舶营运情况从船舶运输量、船舶生产能力、船舶使用效率以及船舶生产效率四个方面来反映。

一、船舶运输量

1. 货(客)运量

货(客)运量是指将货物(旅客)由甲地运送到乙地的数量。其计算单位为:货运量(吨);客运量(人)。

2. 货(客)运周转量

将一定数量的货物(旅客)位移一定的距离运达目的地,其运量与运输距离的乘积即为货(客)运周转量。其计算单位为:货运周转量(吨海里);客运周转量(人海里)。

这里应注意:货(客)运量一律按到达量进行统计,其中的货(客)运量按运输单据上记载的实际质量统计,货(客)运送距离亦按运输单据上所记载的到、发港之间的距离计算,因船舶在实际航程中有可能按多角航线运行或因故绕道航行,其距离同货(客)运送距离的概念是有区别的。以上这两项指标反映了航运企业满足市场需求,如工农业生产、对外贸易以及人们旅行需求的程度,是考核航运企业生产状况的基本指标,同时也是制订企业内部劳动、成本、财务收支、供应和船队建设等计划的主要依据。

3. 换算周转量

在统计工作中,为便于计算和比较船舶运输效率,将货运周转量与客运周转量换算成同一单位。根据我国交通运输部的规定,由于铺位运客和座位运客的不同,其与货运周转量的换算比例也不同,1 个铺位运客 = 1t 货物,3 个座位运客 = 1t 货物。这种换算的数量称为换算周转量。

二、船舶生产能力

决定船舶生产能力的要素是拥有船舶的数量和船舶的技术性能,对于具有相当数量船舶的船队,船舶的各种类型和数量也是反映运输能力的指标。反映船舶生产能力的主要指标有以下几种。

1. 船舶运力

通常以船舶的艘数 m、定额载质量 $D_定$、定额客位 M 及定额功率 N 等来表示某公司船舶的运力。艘数 m 是指从事营业性运输船舶的数量;定额载质量 $D_定$ 是船舶的航次装载量标准;定额客位 M 是指用于载运旅客的铺位和座位的合计数,不包括船员自用的铺位;定额功率 N 是指船舶主机的额定功率。

2. 船舶吨天

由于在一定时期内,船公司拥有船舶的数量有变化,所以,单靠船舶实有数不能反映这一时期内企业实际拥有的运输能力,只有将船舶的实有数同它的运用时间结合起来,才能准确、全面地反映航运企业船舶的生产能力。在航运企业生产活动指标体系中采用了"吨天"这一计量单位。"吨天"是船舶定额载质量与该船相应工作时间的乘积,表示船舶在一定时间内的动态数量,有三种基本形式:船舶在册吨天 $D_定 \times t_册$,船舶营运吨天 $D_定 \times t_营$,船舶航行吨天 $D_定 \times t_航$。其中,$t_册$、$t_营$、$t_航$ 分别是指某一艘船舶在该时期内的在册时间、营运时间及航行时间。通常,船舶时间可按图 3-17 来进行划分。

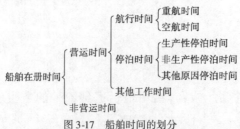

图 3-17　船舶时间的划分

(1)船舶在册时间 $t_册$ 指一定时期内航运企业所拥有船舶的营运时间和非营运时间之和。拥有船舶指自有船舶和租赁船舶,包括正在使用、修理及待修、待报废的船舶,但不包括国家征用、出租、封存、卧冬等船舶。增减船舶的时间起止按如下规定计算:新增船舶自办妥固定资产登记之日起计算,报废船舶自主管机关批准之日起不再计算。调入及调出船舶以双方交接船舶之日为期,调出方不再计算,调入方开始计算。

(2)营运时间 $t_{营}$ 指技术状况完好,可以从事客货运输工作的时间。它包括航行时间、停泊时间和其他工作时间。

(3)航行时间 $t_{航}$ 指船舶实际航行的时间。按船舶是否装载,它又分重航时间(有载)和空航时间(无载)。

(4)停泊时间 $t_{停}$ 指因各种原因在港口和途中的全部停泊时间,包括生产性停泊时间、非生产性停泊时间和其他原因停泊时间。

(5)生产性停泊时间指船舶在运输过程中,为完成客货运输任务所必需的停泊时间,包括上下旅客、装卸作业、熏舱、洗舱、检验,以及补给供应、港内必要的移泊作业时间。

(6)非生产性停泊时间指运输生产过程中非必需的停泊时间,包括等候联检、等候引航员、等候潮水、等候码头泊位、等候工作、等候货物、等候调度命令,以及发生机械故障、处理货差货损、因船货衔接不好造成移泊等引起的停泊时间。

(7)其他原因停泊时间指由于风、雷、雨、雾等气象原因造成的停泊时间。

(8)其他工作时间指营运时间中除去航行、停泊时间之外,临时从事港内作业或为救援遇难船舶等从事特殊任务或作业的时间。

(9)非营运时间指船舶因技术状况不良,不能从事运输生产的时间,包括修理时间、等待修理时间、等待报废时间、航次以外进行检修的时间,以及专为修船进出船厂的航行时间。

三、船舶使用效率

船舶使用效率可从船舶工作时间的利用以及船舶技术营运性能的应用程度这两个方面来反映。船舶时间利用指标包括营运率、航行率及平均航次周转期;船舶技术营运性能应用指标包括载质量利用率和平均航行速度。

1. 营运率

营运率($\varepsilon_{营}$)指船舶在册时间中营运时间所占的比例,它是反映船舶在一定时期内生产时间长短的指标。一艘船舶的营运率是指一定时期内该船营运时间($t_{营}$)和在册时间($t_{册}$)之比;对于一组船舶或船队来说,营运率是指一定时期内各船营运吨天总和与在册吨天总和之比。

单船计算公式为:

$$\varepsilon_{营} = \frac{t_{营}}{t_{册}} \tag{3-12}$$

式中:$t_{营}$——一定时期内该船营运时间;

$t_{册}$——一定时期内该船在册时间。

多船计算公式为:

$$\varepsilon_{营} = \frac{\sum_{i=1}^{m}(D_{定} \cdot t_{营})_i}{\sum_{i=1}^{m}(D_{定} \cdot t_{册})_i} \tag{3-13}$$

式中：$D_定$——定额载质量。

船舶营运率反映了在册船舶的利用程度。船舶维修品质越好，处于技术状况完好的时间就越长，修理时间就越短，则营运率就越高。提高营运率是增加运输产量的重要前提，如果其他条件不变，那么营运率越高，所能完成的运输量就越大。

2. 航行率

航行率（$\varepsilon_航$）指船舶营运时间中，航行时间所占的比例。一艘船舶的航行率是指一定时期内该船航行时间与营运时间之比；对于一组船舶或船队来说，航行率是指一定时期内各船航行吨天总和与营运吨天总和之比。

单船计算公式为：

$$\varepsilon_航 = \frac{t_航}{t_营} \tag{3-14}$$

式中：$t_航$——航行时间。

多船计算公式为：

$$\varepsilon_航 = \frac{\sum_{i=1}^{m}(D_定 \cdot t_航)_i}{\sum_{i=1}^{m}(D_定 \cdot t_营)_i} \tag{3-15}$$

由于客货运输要靠船舶航行才能实现，所以提高航行率十分重要。具有一定航速的船舶在一定的航线上营运，其航行率的高低表明船舶周转速度的快慢。较高的航行率说明船舶停泊时间较少，在一定时期内能完成更多的运输生产任务。

3. 平均航次周转期

平均航次周转期（$F_次$）是指一定时期内船舶完成一个航次平均所需的天数。对于同一航线上从事多个航次运输的某一单船来说，它的平均航次周转期是指一定时期内船舶营运时间与完成的航行次数之比；对于同一航线上类型基本相同的多艘船舶或船队来说，它是指一定时期内各船营运吨天总和与完成的营运吨次总和之比。

单船计算式为：

$$F_次 = \frac{t_营}{n} \tag{3-16}$$

多船计算公式为：

$$F_次 = \frac{\sum_{i=1}^{m}(D_定 \cdot t_营)_i}{\sum_{i=1}^{m}(D_定 \cdot n)_i} \tag{3-17}$$

式中：n——一定时期内船舶航行次数。

设立船舶平均航次周转期指标的目的，在于研究和分析航次的时间结构，以期缩短每个环节的时间，加速船舶周转。

4. 载质量利用率

载质量利用率是反映船舶在整个运输生产过程中载质量利用程度的指标。通常情况下，货源不足，或者货物积载因数大于船舶舱容系数，或者装载不当，会使得船舶的载质量得不到充分利用。

在简单航次中,可以直接用实际载货质量与定额载质量的比来反映载质量利用率,称为发航装载率($\alpha_发$)。

单船单航次计算公式为:

$$\alpha_发 = \frac{Q}{D_定} \tag{3-18}$$

单船多航次计算公式为:

$$\alpha_发 = \frac{\sum_{j=1}^{n} Q_j}{D_定 \cdot n} \tag{3-19}$$

多船多航次计算公式为:

$$\alpha_发 = \frac{\sum_{i=1}^{m} \sum_{j=1}^{n} Q_{ij}}{\sum_{i=1}^{m} (D_定 \cdot n)_i} \tag{3-20}$$

式中:Q——船舶的实际载质量。

对于一个挂靠多个港口的航次,以及一艘船或整个船队在一定时期内的载质量利用率,在计算时应考虑到各航次货物运输距离和船舶行驶距离是不相同的这一情况。为此,可考虑使用运距装载率($\alpha_运$)这一指标,它用一定时期内货运周转量同船舶吨海里的比值表示。

单船单航次计算公式为:

$$\alpha_运 = \frac{Ql}{D_定 \cdot L} \tag{3-21}$$

单船多航次计算公式为:

$$\alpha_运 = \frac{\sum_{j=1}^{n} (Ql)_j}{\sum_{j=1}^{n} (D_定 \cdot L)_j} \tag{3-22}$$

多船多航次计算公式为:

$$\alpha_运 = \frac{\sum_{i=1}^{m} \sum_{j=1}^{n} (Ql)_{ij}}{\sum_{i=1}^{m} \sum_{j=1}^{n} (D_定 \cdot L)_{ij}} \tag{3-23}$$

式中:l——货物运输距离;

L——船舶行驶距离。

5. 平均航行速度

平均航行速度($\bar{v}$)是指船舶在水上平均航行一天所行驶的里程,它包括船舶营运中进出港口、通过狭水道和运河、遇雾等情况的减速因素,以及受风、浪影响的速度损失等。对于单船单航次而言,其计算公式为:

$$\bar{v} = \frac{L}{t_航} \tag{3-24}$$

一个船队的平均航行速度不同于船舶单航次的平均航行速度。由于每艘船的生产能力不同,它们对船队最后的平均航行速度的计算所起的作用也不同,所以在计算平均航行速度指标时,应当将船舶生产能力(船舶航行吨天)作为权数,再求各船的加权平均值。其计算公式为:

$$\bar{v} = \frac{\sum_{i=1}^{m}\sum_{j=1}^{n}(D_{定} \cdot L)_{ij}}{\sum_{i=1}^{m}\sum_{j=1}^{n}(D_{定} \cdot t_{航})_{ij}} \quad (3-25)$$

在一定程度上，平均航行速度反映了客货运输过程中运送时间的长短。较高的平均航行速度除能提高船舶生产效率外，还有利于国民经济各部门资金的周转和扩大再生产。在国际贸易海运领域，提高船舶的平均航行速度，即提高了船舶竞争能力。

四、船舶生产效率

生产效率是指一定的物力和人力在一定时间内所创造的产品数量。船舶生产效率包括每营运吨天生产量和每船吨生产量两项指标。

1. 每营运吨天生产量

每营运吨天生产量(μ)是指船舶每天平均每吨定额载质量完成的货物周转量，以多船多航次为例，其计算公式为：

$$\mu = \frac{\sum_{i=1}^{m}\sum_{j=1}^{n}(Ql)_{ij}}{\sum_{i=1}^{m}(D_{定} \cdot t_{营})_{i}} \quad (3-26)$$

可以证明，该指标是运距装载率、平均航行速度和航行率三项指标的乘积，即：

$$\mu = \varepsilon_{航} \cdot \bar{v} \cdot \alpha_{运} \quad (3-27)$$

由此可见，每营运吨天生产量指标既直接反映了船舶的生产效率，又体现了船舶在营运期内航行时间所占比例的大小、航行速度的快慢以及载质量利用程度对其的综合影响。

2. 每吨船生产量

每吨船生产量(Z)指船舶在报告期内平均每吨定额载质量完成的货运周转量，即货运周转量与日历期内每天实有的船舶定额载质量之比，其计算公式为：

$$Z = \frac{\sum_{i=1}^{m}\sum_{j=1}^{n}(Ql)_{ij}}{\overline{D}_{定}} \quad (3-28)$$

式中：$\overline{D}_{定}$——日历期内平均每天实有的船舶定额载质量。

$$\overline{D}_{定} = \frac{\sum_{i=1}^{m}(D_{定} \cdot t_{册})_{i}}{t_{历}} \quad (3-29)$$

式中：$t_{历}$——一定时期内该船日历时间。

由此可见，每吨船生产量是一项全面反映企业船舶在一定运输工作期间生产效率的指标。

第五节　港口营运指标

一、港口作业评价指标

港口装卸作业评价指标按其性质来说，可分为数量指标和质量指标两大类。

数量指标又称总量指标。它反映的是港口生产经营活动所应达到或已经达到的数量要求，反映了港口生产经营活动的总体规模、水平或工作总量，通常用绝对数来表示。港口作业中的数量指标有吞吐量、装卸自然吨、操作吨、堆存货物吨天、泊位数、库场总面积、利润总额等。

质量指标是反映港口生产经营活动所应达到或已经达到的质量上的要求，是两个数量指标相除所得的结果，通常是用相对数或平均数表示。港口作业中质量指标有装卸工人劳动生产率、船舶装卸效率、操作系数、直取比例、船舶平均每装卸千吨货在港停时、泊位占用率、不平衡系数、单位装卸成本、装卸机械利用率、库场容量运用率、固定资产利用率等。

1. 吞吐量指标

港口吞吐量分为旅客吞吐量与货物吞吐量。旅客吞吐量是指经由水路运输乘船进、出港区范围的旅客人数。货物吞吐量是指经由水路运输运进、运出港区范围，并经过装卸的货物数量。

港口客、货吞吐量是衡量港口生产任务大小的主要指标，是反映港口在整个国民经济物资交流中所起的作用和进行港口规划、建设、劳动力配备和计划管理的主要依据。它的构成、流向、流量的变化情况，可反映出各港口之间的经济联系、腹地范围及其生产配置和对外贸易发展等情况。

根据规定，货物吞吐量的计算方法为：

(1) 自本港装船运出港口的货物，计算一次出口吞吐量。

(2) 由水路运输运进港口卸下的货物(包括建港物资)，计算一次进口吞吐量。

(3) 由水路运输运进港口经装卸又从水路运输运出港口(包括船—岸—船、船—船)的转口货物，分别按进口和出口各计算一次吞吐量。

(4) 凡被拖带或流放的竹、木排，在本港进行装卸(包括拆、扎排)者，分别按进、出口计算吞吐量。

(5) 补给国内、外运输船舶的燃物料(不包括船用淡水及生活用品)，计算一次出口吞吐量。

(6) 对邮件及办理托运手续的行李、包裹，计算进口或出口吞吐量。

下列情况下，不计算货物吞吐量：

(1) 在本港港区范围内的短途运输(包括轮渡)物资，以及为运输船舶装卸货物服务和作业区之间转库的驳运量。

(2) 在同一市区内，港与港之间的货物运输。

(3) 由同一船舶运载进港，未经装卸又运载出港(包括原驳换拖)的货物。

(4) 自同一船上卸下，随即又装上同一船舶的货物；或装船后未运出港，又卸回本港的货物。

(5) 路过的竹、木排，在本港进行原排加固、小排并大排或大排改小排等加工整理的。

(6) 渔船或其他船舶直接自江、海、湖泊中捕捞运进港口的水产品以及挖掘的河泥。

(7) 在港区内装船运至港区以外倒入海内的废弃物。

吞吐量统计的一般规定如下：

(1) 统计吞吐量，一律以年、季、月最后1天18时为截止时间。

(2) 货物吞吐量一律按质量吨统计，以吨为计量单位，按进出口交接清单上记载的货物实际质量为依据。

(3) 以港口货物进出口交接清单为统计依据。

货物吞吐量根据各港口实际情况与需要，一般都划分货类、流向、航线、内外贸和装(卸)货港等分别进行统计。

2. 装卸作业指标

港口装卸作业指标包括装卸自然吨、操作量、操作系数、装卸工日产量、装卸工时效率、装卸作业机械化程度等。在港口装卸作业指标统计工作中，分为全港统计和本港统计，全港统计指在港口区域内所有码头的装卸作业统计，而本港统计仅指对港务局管辖的码头、锚地、浮筒以及库场上进行的装卸作业的统计。随着货主码头能力的增加，这两种统计数据的差别正在扩大。

1) 装卸自然吨

装卸自然吨是指进、出港区并经装卸的货物数量。1t 货物从进港至出港(包括水路进、水路出、陆路进、陆路出，或只进不出、只出不进的物资，以及用于本港消耗的建港物资等)，不论经过几次操作，均只计算 1 个装卸自然吨。

在计算装卸自然吨时，除进港后不再出港，在港区消耗的建港等物资是在进港时统计外，其余一律于装船或装车出港时统计。

装卸自然吨与吞吐量之间最大的区别在于水路与水路中转货物，在港口进行换装作业时，每一装卸自然吨计算为 2t 吞吐量。由于装卸自然吨不随货物流向和操作过程而变化，因此，装卸自然吨通常用于计算港口装卸成本及其他一些指标的基础。

2) 操作量

要定义操作量，首先应知道什么是操作过程。所谓操作过程，是指货物由某一运输工具(或库场)到另一运输工具(或库场)的整个装卸搬运的过程。由于港口生产的多环节特点，货物通过港口往往要经过多次操作。

港口操作过程一般可划分为以下六种：

(1) 船—船。

(2) 船—车、驳。

(3) 船—库、场。

(4) 车、驳—库、场。

(5) 库、场—库、场。

(6) 车、驳—车、驳。

操作量是指通过一个完整的操作过程，所装卸、搬运的货物数量，计算单位为操作吨。在一个既定的操作过程中，1t 货物不论经过几组工人或几部机械的操作，也不论搬运距离的远近，是否有辅助作业，均计算 1 次操作量。

同一库场内的倒垛、转堆属库场整理性质，与翻舱、干散货的拆、倒、灌、绞包、摊晒货物等同属装卸辅助作业，一律不得计为操作量。

操作量是反映卸装工作量大小的数量指标。编制计划时，操作量是根据吞吐量与各种货物操作方案，通过操作系数确定的。在统计时，则是根据报告期实绩累计求得的。

3) 操作系数

操作系数($K_{操}$)是指货物操作量与装卸自然吨之比,它是考核和反映港口装卸工作组织是否经济合理的主要指标之一,用以测定每吨货物在本港各作业区内的平均操作次数。

由于每吨货物通过港口至少要经过一次装卸,因此,操作系数总是大于或等于1。如果港口全部作业以直取方式进行,则操作系数等于1;如果港口有部分作业以间接方式进行,则操作系数大于1。其计算公式为:

$$K_{操} = \frac{Q_{操}}{Q_{自}} \tag{3-30}$$

式中:$Q_{操}$——港口货物操作量,t;

$Q_{自}$——港口货物装卸自然吨,t。

在一般情况下,操作系数低的港口,直取比例就高,需要的库场容量或面积相对较小,同时也反映货物在港口进行换装作业所消耗的劳动量少,换装成本也较低。但有时为了确保船期和提高车船装卸效率或由于为了减少因车船之间的相互等待所造成的时间损失,采用进库场的间接换装是更合理的,会取得更好的经济效益,故不能盲目追求操作系数的降低。

【例3-1】 已知某港某年的货物进出港情况如图3-18所示,试计算吞吐量、装卸自然吨、操作量以及操作系数。

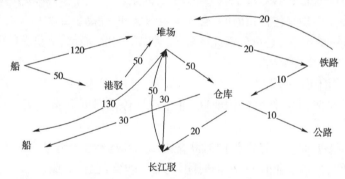

图3-18 某港某年货物进出港情况(单位:万 t)

吞吐量 = 120 + 50 + 130 + 30 + 50 + 30 + 20 = 430(万 t)

装卸自然吨 = 10 + 20 + 10 + 20 + 30 + 30 + 130 = 250(万 t)(其中有10万 t 在港内消耗)

操作量 = 120 + 50 + 50 + 130 + 30 + 50 + 30 + 20 + 50 + 10 + 10 + 20 + 20 = 590(万 t)

$$操作系数 = \frac{操作量}{装卸自然吨} = \frac{590}{250} = 2.36$$

4) 装卸工日产量

装卸工日产量($P_{工日}$)是指装卸工人(包括装卸机械驾驶员及助手)平均每个装卸工日所完成的操作量。其计算公式为:

$$P_{工日} = \frac{Q_{操}}{N_{工日}} \tag{3-31}$$

式中:$N_{工日}$——实际装卸工日数。

实际装卸工日数是指装卸工人(包括装卸机械驾驶员及助手)出勤后,实际从事装卸作业的工日数,包括节、假日加班装卸工日。1个工人出勤参加装卸工作,不论是否满1个工班,或加班加点超过1个工班,均按1个实际装卸工作日计算。因执行国家或企业指示,工人出勤后参加各种会议、社会活动、基建施工等非从事装卸作业时间,以及整工班待时,不得计为实际装卸工日数。

5)装卸工时效率

装卸工时效率($P_{工时}$)是指装卸工人(包括装卸机械驾驶员及助手)从事每1h所完成的装卸货物数量。其计算公式为:

$$P_{工时} = \frac{Q_{操}}{N_{工时}} \tag{3-32}$$

式中:$N_{工时}$——装卸工时数。

装卸工时数是指装卸工人(包括装卸机械驾驶员及助手)从事装卸工作工时数,它包括分配装卸工作后的准备时间、装卸作业时间、装卸完毕的结束时间,以及法定的班制内的中间休息时间,但不包括吃饭时间、各种待时、辅助作业时间以及作业区之间工人的互相调换或工人乘船至锚地、浮筒过驳作业途程时间。

二、车、船在港停留时间指标

车、船在港停留时间是反映船舶、车辆自进港到离港平均停留时间的指标。分析车、船在港停留时间的种类和原因,可以发现装卸组织中的问题、生产中的薄弱环节,以便采取有效措施,尽量减少和压缩车、船在港停留时间,合理地组织装卸,提高装卸效率,加速车、船周转。分析船舶在港停留时间的原因,还可分清经济责任,为船舶速遣、滞留、奖罚提供可靠依据。

1.船舶在港停留时间指标

1)船舶在港停泊时间的组成

船舶在港停泊时间由生产性停泊时间、非生产性停泊时间和自然因素引起的停泊时间三部分组成。

(1)生产性停泊时间。生产性停泊时间是指船舶在运输生产过程中所必需的停泊时间,包括装卸作业时间、技术作业时间、移泊时间及其他生产性停泊时间。

①装卸作业时间包括装卸前后的张挂安全网,起落吊杆,开、盖货舱,接、拆输油管的准备和结束时间;装卸货物时间(包括补给船用燃、物料);扫舱、铺舱、隔舱及油轮加温等辅助作业时间。

②技术作业时间包括拖驳运输船舶的编、解船队时间。

③移泊时间是指装卸作业计划中规定的,或因港口条件限制,必须从这一泊位移至另一泊位的移泊时间。

④其他生产性停泊时间,指不属上述各种原因的生产性停泊时间。

(2)非生产性停泊时间。非生产性停泊时间是指由于运输、装卸组织工作不善,或因货物不能按时集中等运输生产过程中非必需的停泊时间,按其产生的原因可分为:

①港方原因造成的非生产停泊,包括因港口设备、劳动力不足或调度不当,致使船舶等待泊位、库场、装卸工人或港内拖驳等,由于港方责任所造成的停泊时间。

②船方原因造成的非生产性停泊,包括因船方责任而等候货物积载图、等船员、等运行调度命令、等运行施驳船以及船上装卸机具和照明发生故障等所造成的停泊时间。

③物资部门原因造成的非生产性停泊,包括因物资部门责任,货物流向未定而等确定流

向,不能开工卸货,货物未按时集中而等货,以及物资部门未及时提货造成库场堵塞,以致船舶无法继续作业等所造成的停泊时间。

④其他原因造成的非生产性停泊时间,指上述各种原因以外的非生产性停泊时间。

(3)自然因素引起的停泊时间。自然因素引起的停泊时间是指因自然因素影响而造成的停泊时间,包括因风、雨、雪而不能作业,高温季节工人工间休息,候潮进出港等所造成的停泊时间,以及船舶到指定地点避风的停泊时间与其往返的航行时间。

按照规定,凡在同一时间内,船舶停泊是由两种或两种以上不同性质的原因引起时,应将停泊时间计入主要或停时较长的一种原因之中。上述船舶停留时间还应分货种、分船舶吨级分别统计。

2)船舶在港停泊时间主要指标

(1)船舶平均每次在港停泊天数($\bar{T}_{次}$)。船舶平均每次在港停泊天数是指报告期内离港的船舶,从进港时起至出港时为止,平均每艘船在港停泊的时间,其计算公式为:

$$\bar{T}_{次} = \frac{\sum_{1}^{N_{次}} T_{停}}{N_{次}} \tag{3-33}$$

式中:$\sum_{1}^{N_{次}} T_{停}$——船舶停泊总艘天数,指报告期内或计划期内,船舶在港停泊时间的总和,d;

$N_{次}$——船舶停泊总艘次数,次,是指在报告期内或计划期内,在港停泊船舶艘数的累计数。一艘船舶从进港起至出港时止,不论单装、单卸或又装又卸,不论是否发生移泊或移泊次数多少,只计算为一个停泊艘次。

一般来说,每艘船舶平均在港停泊的时间越短越好,但由于计算公式中的分子指的是船舶在港停泊时间,由于船舶在港停泊时间的构成复杂,而每艘船舶在港停泊时间的长短、受货种及流向、船舶吨位的大小、装卸效率的高低、装卸作业的性质、非生产性停泊时间和自然因素等一系列原因的影响,故船舶平均在港停泊时间的差别会很大。

(2)船舶平均每次作业在港停泊天数($\bar{T}_{作业}$)。船舶平均每次作业在港停泊天数是指在报告期内离港船舶,从进港起至出港止,平均每艘船每次作业在港口的停泊天数,其计算公式为:

$$\bar{T}_{作业} = \frac{\sum_{1}^{N_{次}} T_{停}}{N_{作次}} \tag{3-34}$$

式中:$N_{作次}$——船舶作业总艘次数,次,是指在报告期或计划期内,在港停泊船舶装货艘次与卸货艘次的累计数。一艘船舶在港单装、单卸都按一个作业艘次计算,装卸双重作业的则按两个作业艘次计算。

$\bar{T}_{次}$ 不同的是,$\bar{T}_{作业}$ 考虑到了船舶在港装卸作业性质。在船舶在港停泊时间的其他因素都不变的情况下,卸后又装双重作业的船舶,在港停泊时间肯定要比单一作业性质的船舶在港停泊时间长,如果双重作业性质的船在报告期内占的比例越大,则 $\bar{T}_{次}$ 这一指标必然越大。这一指标补充了 $\bar{T}_{次}$ 指标这一方面的不足。

(3)船舶平均每装卸千吨货在港停泊时间($\bar{T}_{千}$)。船舶平均每装卸千吨货在港停泊时间是指报告期内在港停泊船舶,平均每装卸千吨货所消耗的属于港方责任的停泊时间,其计算公式为：

$$\overline{T}_{千} = \frac{\sum_{1}^{N_{次}} T_{千}}{\sum_{1}^{N_{次}} Q_{船·装卸}} \times 1000 \tag{3-35}$$

式中：$\sum_{1}^{N_{次}} T_{千}$——计算所得船舶报告期内千吨货停时，艘天，是指船舶停泊艘天中属于港方责任的停泊时间，它等于生产性停泊时间与非生产性停泊时间中，属港方原因的停泊时间之和；

$\sum_{1}^{N_{次}} Q_{船·装卸}$——船舶报告期内装卸货物总吨数。

这一指标与上两种指标比较，首先，它排除了船舶吨位变化对船舶在港停时的影响；其次，分子中的船舶在港停时中只考虑属于港方责任的停泊时间，这样就能比较准确而又综合地考核港口对船舶在港作业的组织工作。但港口装卸的货种、难易程度相差很大，同是1000t 货物的干散货和日杂货，其停时相差就很大。因此，如何在进一步提出考虑船舶吨位大小的同时，又兼顾到货种差别的更合理的指标，还有待进一步研究与探讨。

（4）非生产性停泊时间所占比例（$K_{非}$）。非生产性停泊时间所占比例是指船舶在港停泊时间中，非生产性停泊所占比例，以百分比表示，其计算公式为：

$$K_{非} = \frac{\sum_{1}^{N_{次}} T_{非停}}{\sum_{1}^{N_{次}} T_{停}} \times 100\% \tag{3-36}$$

式中：$\sum_{1}^{N_{次}} T_{非停}$——非生产性停泊总艘天数。

这一指标可以一般地反映港口对船舶装卸作业各环节衔接与组织的水平。

（5）平均每艘船舶载质量（$\overline{D}_{船·次}$）。平均每艘船舶载质量是指来港停泊装卸的船舶平均载质量，其计算公式为：

$$\overline{D}_{船·次} = \frac{\sum_{1}^{N_{次}} D_{船}}{N_{次}} \tag{3-37}$$

式中：$\sum_{1}^{N_{次}} D_{船}$——所有来港船舶定额载质量之和，t。

（6）平均每次作业船舶载质量（$\overline{D}_{船}$）。平均每次作业船舶载质量是指来港停泊装卸的船舶，平均每作业艘次的定额载质量，其计算公式为：

$$\overline{D}_{船} = \frac{\sum_{1}^{N_{次}} D_{船}}{N_{作次}} \tag{3-38}$$

（7）平均每艘船舶装卸货物吨数（$\overline{Q}_{船·装卸}$）。平均每艘船舶装卸货物吨数是指来港停泊装卸的船舶，平均每艘次装卸货物吨数，其计算公式为：

$$\overline{Q}_{船·装卸} = \frac{\sum_{1}^{N_{次}} Q_{船·装卸}}{N_{次}} \tag{3-39}$$

式中:$\sum_{1}^{N_{次}} Q_{船\cdot装卸}$——来港船舶装卸货物吨数之和,t。

(8)平均每次作业装卸货物吨数($\overline{Q}_{船\cdot装卸\cdot次}$)。平均每次作业装卸货物吨数是指来港停泊装卸的船舶平均每次作业装卸货物的吨数,其计算公式为:

$$\overline{Q}_{船\cdot装卸\cdot次} = \frac{\sum_{1}^{N_{次}} Q_{船\cdot装卸}}{N_{作次}} \tag{3-40}$$

(9)船舶平均每停泊艘天装卸货物吨数($\overline{Q}_{船\cdot停泊\cdot装卸}$)。船舶平均每停泊艘天装卸货物吨数是指船舶在港单位时间(艘天)所完成的装卸货物的吨数,该指标又称为总定额,其计算公式为:

$$\overline{Q}_{船\cdot停泊\cdot装卸} = \frac{\sum_{1}^{N_{次}} Q_{船\cdot装卸}}{\sum_{1}^{N_{次}} T_{停}} \tag{3-41}$$

(10)船舶平均每装卸艘天装卸货物吨数($\overline{Q}_{船\cdot装卸\cdot装卸}$)。船舶平均每装卸艘天装卸货物吨数是指船舶在港从事装卸的时间内,单位时间(艘天)所完成的装卸货物吨数。该指标又称为纯定额,其计算公式为:

$$\overline{Q}_{船\cdot装卸\cdot装卸} = \frac{\sum_{1}^{N_{次}} Q_{船\cdot装卸}}{\sum_{1}^{N_{次}} T_{装卸}} \tag{3-42}$$

式中:$\sum_{1}^{N_{次}} T_{装卸}$——船舶装卸总艘天数,艘天。

(11)平均船时量($\overline{P}_{船\cdot时}$)。平均船时量是指来港停泊装卸的船舶,平均每艘船每小时所装卸的货物吨数,其计算公式为:

$$\overline{P}_{船\cdot时} = \frac{\sum_{1}^{N_{次}} Q_{船\cdot装卸}}{\sum_{1}^{N_{次}} T_{船}} \tag{3-43}$$

式中:$\sum_{1}^{N_{次}} T_{船}$——船舶作业船时之和,船时。

(12)平均舱时量($\overline{P}_{舱\cdot时}$)。平均舱时量是指在港停泊装卸的船舶平均每一舱口1h所装卸的货物吨数,其计算公式为:

$$\overline{P}_{舱\cdot时} = \frac{\sum_{1}^{N_{次}} Q_{舱\cdot装卸}}{\sum_{1}^{N_{次}} T_{舱}} \tag{3-44}$$

式中:$\sum_{1}^{N_{次}} T_{舱}$——船舶作业舱时之和,舱时。作业舱时指船舶各舱作业小时,一个舱口开一条作业线作业1h计算为1个作业舱时,若一个舱口开两条作业线作业1h,则计算为2个作业舱时。

【例3-2】 已知某统计期内船舶在港作业情况见表3-2。

船舶在港作业统计表 表 3-2

船名	载质量(t)	船舶停泊天数(d)	船舶作业次数(次)	非生产性停泊天数(d)	装货吨数(t)	卸货吨数(t)
A	12000	5	2	2	10000	10000
B	5000	2	1	0	5000	—
C	10000	4	2	1	10000	5000
D	16000	4	1	1	—	15000
E	10000	3	1	0.5	10000	—

假设船舶在港停泊时间全部属港方责任。由此可计算得到下列指标:

船舶平均每次在港停泊天数 = 3.6d

船舶平均每次作业在港停泊天数 = 2.6d

船舶平均每装卸千吨货在港停留时间 = 0.277d

非生产性停泊时间所占比例 = 25%

平均每艘船舶载质量 = 7571.4t

平均每艘船舶装卸货物吨数 = 13000t

平均每次作业装卸货物吨数 = 9285.7t

船舶平均每停泊艘天装卸货物吨数 = 3611t/艘天

船舶平均每装卸艘天装卸货物吨数 = 4814.8t/艘天

2. 铁路货车在港停留时间指标

铁路货车在港停留时间指标统计范围,包括所有在本港港区装卸线内进行装卸货物并纳入港口装卸作业的货车,但不包括港口自备货车。统计报告截止时间,一律以报告期末日 18 时为准,报告期末日 18 时以前装卸完毕并与路方办妥交接手续的车辆,统计在本报告期内。

铁路货车在港停留时间指标主要有如下几个:

1) 日均到港车数

日均到港车数($\overline{N}_{日 \cdot 车}$)应分别按重车和空车计算,用以反映铁路部门每天平均送到港口铁路专用线的车辆数,其计算公式为:

$$\overline{N}_{日 \cdot 车} = \frac{\sum_{1}^{N_{次}} N_{车}}{T_{日}} \tag{3-45}$$

式中:$\sum_{1}^{N_{次}} N_{车}$——报告期内送达港口铁路专用线的车辆数,分别按重车和空车统计;

$T_{日}$——报告期日历天数,d。

2) 平均一次作业在港停留时间

铁路货车在港停留时间指标采用一次作业平均在港停留时间($\overline{T}_{车 \cdot 次}$),它是指报告期内已发出车辆,在港口专用线(或装卸线)上平均每次作业所停留的时间,其计算公式为:

$$\overline{T}_{车 \cdot 次} = \frac{\sum_{1}^{N_{次}} T_{车 \cdot 时}}{N_{作 \cdot 次}} \tag{3-46}$$

式中:$N_{作 \cdot 次}$——作业车次数,是指报告期内装卸车次数的总和;

$\sum_1^{N次} T_{车·时}$——总停留车时,是按港口有无调车机车,分别按规定计算。

在有调车机车的港口,货车总停留时间的计算方法如下:从铁路将车辆送至路、港交接线,路、港双方检验完车体,办完交接手续时算起,至装卸作业完毕,港方将车辆送至路、港交接线,路、港双方检验完车体,办理完交接手续时止的时间,包括解体、编组、接送车的运转等技术作业时间、待装卸时间、装卸作业时间。

在无调车机车的港口,货车总停留时间的计算方法如下:从铁路将车辆送至港口装卸线摘完钩时起算,至装卸作业完毕,关好车门,盖好篷布,捆绑完毕,清理好货车两旁安全通道时止的时间,包括待装卸时间和装卸作业时间。

3) 日均装(卸)车数

日均装(卸)车数($\overline{N}_{日·装}$、$\overline{N}_{日·卸}$)是指平均每天装车或卸车数以及装卸车的总和,其计算公式为:

$$\begin{cases} \overline{N}_{日·装} = \dfrac{\sum_1^N N_{日·装}}{T_日} \\ \overline{N}_{日·卸} = \dfrac{\sum_1^N N_{日·卸}}{T_日} \end{cases} \quad (3\text{-}47)$$

式中:$N_{日·装}$、$N_{日·卸}$——报告期内日装车、卸车数累计;
$\qquad N$——报告期到港车次数。

三、港口生产设备运用指标

港口的生产设备是港口企业进行生产活动和经营活动的物质基础,包括码头泊位、仓库和堆场、装卸机械、港内运输工具(如汽车、驳船、拖轮等)、港内铁路专用线、机车(指具有自备机车的港口)等。这些设施和设备能否得到合理、充分地利用,在很大程度上决定着港口企业经营目标完成程度和经济效益的好坏。

1. 码头泊位运用指标

码头泊位是表示港口特征的最重要的设施,也是港口所有设施和设备中投资最大、建设周期最长的设施。因此,建立码头泊位运用情况统计指标有助于改善港口企业的经营管理,挖掘企业潜力,合理地利用码头泊位对港口企业的经济效益影响很大。

1) 泊位占用率

泊位占用率($K_{泊·占}$)是指泊位被占用的时间与泊位总时间之比,其计算公式为:

$$K_{泊·占} = \dfrac{T_{泊·占}}{T_{泊·日}} \times 100\% \quad (3\text{-}48)$$

式中:$T_{泊·占}$——泊位停靠船舶占用的时间,h;
$\qquad T_{泊·日}$——生产用泊位在册日历时间,包括装卸作业时间和非装卸作业时间,h。

此外,也可以采用泊位岸线长度占用情况来表示泊位占用率:

$$K_{泊·占} = \dfrac{\sum_1^{T_日} L_{泊·占}}{L_泊 \cdot T_日} \times 100\% \quad (3\text{-}49)$$

式中：$\sum_{1}^{T_日} L_{泊·占}$——统计期内每天泊位岸线被船舶占用的长度之和，m；

$L_{泊}$——泊位岸线实际长度，m；

$T_日$——统计期内泊位日历天数，d。

2）泊位作业率

泊位作业率（$K_{泊·作}$）是指泊位停靠的船舶从事装卸作业占用的时间与泊位总时间之比。其计算公式为：

$$K_{泊·作} = \frac{T_{泊·作}}{T_{泊·日}} \times 100\% \tag{3-50}$$

式中：$T_{泊·作}$——泊位作业时间，是指泊位占用时间中从事装卸作业的时间，包括装卸前后的准备和结束时间、纯作业时间以及补给供应等其他作业时间。

同样，泊位作业率可以采用船舶作业时泊位岸线长度被占用的情况来表示：

$$K_{泊·作} = \frac{\sum_{1}^{T_日} L_{泊·作}}{L_{泊} \cdot T_日} \times 100\% \tag{3-51}$$

式中：$\sum_{1}^{T_日} L_{泊·作}$——统计期每天泊位岸线被正在作业的船舶占用的长度，m·d。

以上公式的计算单位可采用小时、艘时或米时。

泊位占用率与泊位作业率均应是小于1的系数。在泊位占用率一定的情况下，泊位作业率应尽可能接近泊位占用率。

2. 库场运用指标

反映港口库场运用情况的主要统计指标有货物堆存吨天数、货物平均堆存期、仓容量与平均仓容量、库场运用率和容量周转次数。

1）货物堆存吨天数（箱天数）

货物在库场堆存吨天数 $N_{吨天}$（对于集装箱可以用箱天数），是指报告期内库场内堆存货物的吨数与堆存天数的乘积总和。由于统计每吨货物在库场内的堆存天数比较困难，在实际工作中一般采用报告期内每天库场结存吨数及出库场吨数的累计数作为库场堆存吨天数。其计算公式为：

$$N_{吨天} = \sum_{i=1}^{N} Q_i t_i = \sum_{t=1}^{T} Q_{结t} + \sum_{t=1}^{T} Q_{出t} = Q \bar{t}_{堆} \tag{3-52}$$

式中：Q_i——第 i 批货物堆存吨数，t；

t_i——第 i 批货物堆存时间，d；

$Q_{结t}$——报告期内第 t 天库场结存货物吨数，t；

$Q_{出t}$——报告期内第 t 天库场出库货物吨数，t；

Q——报告期（或计划期）内库场堆存货物吨数，t；

$\bar{t}_{堆}$——货物平均堆存期，d。

2）货物平均堆存期

货物平均堆存期（$\bar{T}_{堆存}$），是指每1t货物自进库场开始至出库场为止，堆存的平均时间。其计算公式为：

$$\overline{T}_{堆存} = \frac{N_{吨天}}{Q_{堆}} \tag{3-53}$$

式中：$Q_{堆}$——报告期内库场堆存货物吨数，t。

$$Q_{堆} = Q_{结} + \sum_{t=1}^{T} Q_{进} \tag{3-54}$$

式中：$Q_{结}$——上期末库场结存货物吨数，t；

$\sum_{t=1}^{T} Q_{进}$——报告期内每天进库场货物吨数之和，t。

3) 仓容量与平均仓容量

仓容量 $Q_{容}$（又称容量）是指在报告期内的最大安全堆存货物吨数。容量的大小是由库场有效面积与单位面积堆存定额乘积决定的，随堆存货物种类而异。其计算公式为：

$$Q_{容} = A_{有效} \cdot q_{定} \tag{3-55}$$

式中：$A_{有效}$——库场有效面积，m^2（指库场总面积减除办公室、墙距、货堆间距、消防通道、安全通道等不能用于堆存货物的面积后，实际可以堆存货物的面积）；

$q_{定}$——单位面积堆存使用定额，t/m^2。

平均仓容量（$\overline{Q}_{容}$）是指在报告期内平均每天拥有的货物堆存能力，其计算公式为：

$$\overline{Q}_{容} = \frac{\sum Q_{容\cdot 日}}{T_{日}} = \frac{\sum (A_{有效} \cdot q_{定})}{T_{日}} \tag{3-56}$$

式中：$\sum Q_{容\cdot 日}$——报告期内库场每日拥有的仓容量总和，t；

$T_{日}$——报告期内日历天数，d。

4) 库场运用率

库场运用率（$K_{库场}$），是指报告期内库场容量被利用的程度，其计算公式为：

$$K_{库场} = \frac{\overline{Q}_{堆}}{\overline{Q}_{容}} \times 100\% = \frac{N_{吨天}}{\overline{Q}_{容} \cdot T_{日}} \times 100\% \tag{3-57}$$

式中：$\overline{Q}_{堆}$——报告期内库场平均每天堆存货物吨数，t；

$\overline{Q}_{容}$——报告期内库场平均仓容量，t。

5) 容量周转次数

容量周转次数（$N_{容}$），是指报告期内库场（指平均仓容量）平均堆存货物次数。其计算公式为：

$$N_{容} = \frac{Q_{堆}}{\overline{Q}_{容}} = \frac{T_{日}}{\overline{T}_{堆存}} \times K_{库场} \tag{3-58}$$

【例3-3】 已知某库场在一个为期8d的统计期内货物堆存情况见表3-3。

某库场货物堆存统计表　　　　　　　表3-3

日期	1	2	3	4	5	6	7	8
结存(t)	13000	7000	10000	6000	8000	12000	10000	11000
出库(t)	5000	9000	7500	12000	10000	6000	9000	10000

若平均仓容量为20000t，上期末结存货物为8000t，求库场运用指标。

货物堆存吨天数 = 77000 + 68500 = 145500(t·d)

每天进库场吨数为：

$$Q_{进i} = Q_{结i} + Q_{出i} - Q_{结i-1}$$

由此可计算出统计期各天的 $Q_{进i}$，数量见表3-4。

某库场每天进库货物统计表　　　　　表3-4

日期	1	2	3	4	5	6	7	8
进库(t)	10000	3000	10500	8000	12000	10000	7000	11000

$$平均堆存期 = \frac{N_{吨天}}{Q_{堆}} = \frac{145500}{8000 + 71500} = 1.8(d)$$

$$库场运用率 = \frac{N_{吨天}}{Q_{容} \times T_{日}} \times 100\% = \frac{145500}{20000 \times 8} \times 100\% = 0.91$$

$$容量周转次数 = \frac{T_{日}}{\bar{t}_{堆}} \times K_{库场} = \frac{8}{1.8} \times 0.91 \approx 4.04(次)$$

3. 装卸机械运用指标

1) 完好率

完好率($K_{完好}$)，是指装卸机械完好台时占日历台时的比例。其计算公式为：

$$K_{完好} = \frac{T_{完好}}{T_{日历}} \times 100\% \tag{3-59}$$

式中：$T_{完好}$——报告期内装卸机械完好台时；

$T_{日历}$——报告期内装卸机械日历台时。

2) 利用率

利用率($K_{利用}$)，是指装卸机械工作台时占日历台时的比例。其计算公式为：

$$K_{利用} = \frac{T_{工作}}{T_{日历}} \times 100\% \tag{3-60}$$

式中：$T_{工作}$——报告期内装卸机械工作台时。

3) 平均台时产量

平均台时产量($\bar{P}_{台时}$)，是指每台装卸机械平均每作业台时所完成的起运吨数。其计算公式为：

$$\bar{P}_{台时} = \frac{Q_{起运}}{T_{作业}} \tag{3-61}$$

式中：$Q_{起运}$——报告期内装卸机械作业量，t；

$T_{作业}$——报告期内装卸机械作业台时，h。

以上各计算式中，日历台时是指报告期内或计划期内每台装卸机械在册天数乘24h之总和；完好台时是指装卸机械技术状况良好，可供使用的台时，它包括工作台时和停工台时；工作台时是指装卸机械实际从事装卸作业和其他工作的时间，它包括转移工作场地的途中行驶时间；作业台时是指装卸机械实际从事装卸作业的时间。

第六节 航道与港口通过能力

一、港口通过能力的基本概念

港口通过能力反映的是港口企业生产能力，它是在一定的外部环境条件下港口各项生产要素和经营管理诸条件综合作用的结果。

港口通过能力有理论通过能力、营运通过能力和后备通过能力三种。

港口理论通过能力是指港口在一定时期（通常是一年）内，在港口设施和劳动力为一定时，在一定的组织管理条件下，最大限度利用港口各生产要素所能装卸的一定结构的货物的自然吨数。

港口营运通过能力是指港口在一定时期（通常是一年）内，在港口设施和劳动力为一定时，在一定的组织管理条件下，港口各生产要素在得到合理程度的利用时所能装卸的一定结构的货物的自然吨数。

两种通过能力的区别在于生产要素的不同利用程度。理论通过能力是在生产要素得到最大限度利用时的能力，而营运通过能力则是在其得到合理利用时的能力。所谓"合理利用"，是指在综合经济效益最好时的利用程度。它们之间的关系为：

$$P_{营} = P_{理} \times K_{合} \tag{3-62}$$

式中：$P_{营}$——营运通过能力，t/年；

$P_{理}$——理论通过能力，t/年；

$K_{合}$——设备合理利用率。

设备利用率合理的标准是综合经济效益最好，综合经济效益就是要全面考虑港口、船方以及货主等诸方面的经济利益。具体来说，就是要处理好港口各项生产要素后备的数量与船舶排队待泊以及货主货物在港滞留之间的关系。一般情况下，当港口设备利用率提高时，港口营运成本可以降低。但是，由于港口设施的不足以及船舶和货物到港的不均衡性，会使得船舶和货物在港口滞留的时间延长，由此增加了船舶和货物在港滞留所造成的经济损失。

船舶在港滞留的直接经济损失可以用船舶固定成本部分计算，而货物在港口滞留的直接经济损失，则可以通过计算其货物时间价值的损失（即银行利息的损失）来考虑。

根据上述分析，可以得出港口、船舶以及货物三者在港口所发生的费用随设备利用率的不同所产生的变化趋势曲线，如图3-19所示。从该图中可以得到港、船、货三方综合费用的大致变化趋势，当该综合费用曲线处于最低点时，它所对应的设备利用率（A点位置）便是设备合理利用率。

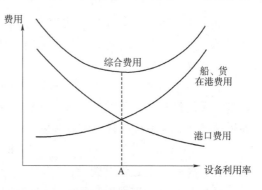

图3-19 港口、船舶和货物在港费用随设备利用率变化趋势图

后备能力则是应付运输工具或货物密集到港时的那部分能力,在非高峰时则以闲置状态存在着。

二、影响港口通过能力的主要因素

1. 货物的种类与流向

货物对港口通过能力起着主要影响。货物的外形、包装、质量、体积、物理化学性能等影响着装卸工艺和效率。即使同样的货物,其流向和批量大小不同,装卸效率也不一样。因此,测算港口通过能力时,要依照各货种在生产任务中的相应比例来作为测算的依据。

货物到港的不平衡性,也影响港口通过能力。不平衡性越大,码头、泊位、机械、设备、劳动力的利用率就越低。在同样条件下,港口的通过能力就越低。

2. 港口的生产条件和技术设备性能

它包括港口的自然条件和总体布置,水域、陆域面积大小,泊位、库场、道路的相对位置,码头、仓库、堆场、装卸机械、工具、航道、交通的性能和完好程度等。其中,装卸作业的机械化程度和专业化水平,对装卸效率有重要影响。

3. 港口的管理水平和人员素质

港口的生产条件和技术设备能否得到充分利用,很大程度上取决于员工素质和企业管理水平。具体包括:管理人员和工人的业务能力及技术熟练程度、港口的管理体制、生产劳动组织分配制度、公共关系等,几乎每项都会影响到港口的通过能力。

4. 港口的各项经济指标

港口的经济指标一般包括:港口各项设施设备的造价和营运费用,投资来源,装卸工人、装卸机械驾驶员的工资,船舶投资及其昼夜停泊费用,货物价值,银行利息,国家对计算投资经济效益的有关规定等。这些指标虽然对计算理论通过能力没有影响,但是正如前述,会对设备的合理利用率的确定产生影响,由此影响到港口营运通过能力。

鉴于以上因素对通过能力的大小所产生的影响,在测算通过能力时,应详细收集分析有关资料,测算时慎重选取参数和计算公式。

三、港口主要环节通过能力

港口通过能力是港口各组成部分通过能力的综合,它受薄弱环节通过能力所限制,因此,测算港口的通过能力,必须先按各组成部分测算,然后再确定综合通过能力。

1. 港口航道通过能力

港口航道通过能力是度量航道疏导船舶能力的一项重要性能指标,反映了航道的适航程度。采用经验计算公式是一种比较简单有效的航道通过能力的计算方法。例如,以内河航道通过能力为目标的计算公式为:

$$C = W_S N \alpha_1 \alpha_2 \cdots \alpha_n \tag{3-63}$$

式中: C——航道通过能力;

W_S——标准船的载货吨位,标准船的计算如下:由于每个船舶的吨级都不尽相同,在统计船舶吨级时,根据规范给出的设计船型将船舶进行分类,再根据港口在1年间的船舶进港艘数与总吨位,得出进港船舶的平均吨数,然后根据规

出的设计船型,选择相近的船型作为该港口的船舶吨级标准;

N——折合成标准船的数量;

α_1、$\alpha_2\cdots\alpha_n$——实际应用中考虑影响航道通过能力的各个因素(比如年通航时间、船舶速度、船舶运行模式、船舶长度、船舶交通流密度、港口到发不均衡性、潮汐、非载重船通行、滩险演变、河床冲淤、进出港跨航道建筑物,以及船舶交会、追越对航速的影响等)。

2. 泊位通过能力

测算泊位通过能力时,首先根据每个泊位装卸的货物情况,分别测定每一货种装卸的泊位通过能力,然后再考虑各类货物的比例,测算泊位的综合通过能力。泊位通过能力(P_b)的测算公式为:

$$P_b = \frac{T_y}{\frac{t_z}{24-\sum t} + \frac{t_f}{24}} \cdot \frac{G}{K_B} \tag{3-64}$$

式中:T_y——泊位年应允天数,d;

t_z——装卸一艘船舶平均所需时间$\left(t_z = \frac{G}{p}\right)$,h;

G——船舶载货量(它是一个平均值,可根据船型及货种来确定,一般相当于船舶载质量与载质量利用率的乘积,可以从到港船舶的统计资料中求得),t;

p——船时效率,t/h;

t_f——船舶辅助作业时间,d;

K_B——船舶到港不平衡系数。

船时效率指在装卸时间内平均每艘船每小时装卸货物的吨数,该数值可以按下面方法计算。

(1)当用岸上起重机装卸时,有两种计算方法。

①根据平均舱时量和计算舱口数计算:

$$p = \bar{p}_c n_{jc} \tag{3-65}$$

式中:$\bar{p}_c$——平均舱时量,t/h;

n_{jc}——计算舱口数(指为保证船舶装卸时间与重点舱装卸时间相等所需的平均开工舱口数)。

n_{jc}可按下式计算:

$$n_{jc} = \frac{\text{船舶作业舱时之和}}{\text{所有在港作业船舶重点舱装卸时间之和}} \tag{3-66}$$

②根据起重机平均台时效率和计算起重机台数计算:

$$p = \bar{p}_t n_{jj} \tag{3-67}$$

式中:$\bar{p}_t$——岸上起重机的平均台时效率,t/h;

n_{jj}——计算起重机台数:

$$n_{jj} = \frac{\text{起重机工作总时间}}{\text{每艘船工作时间最长的起重机工作小时之和}} \tag{3-68}$$

(2)当船舶吊杆与岸上起重机联合作业时:

$$p = [\bar{p}_q n_p + \bar{p}(n_x - n_p)]K_x \tag{3-69}$$

式中：$\bar{p}_q$——起重机平均台时效率，t/h；
　　　n_p——泊位上起重机台数；
　　　n_x——停靠该泊位船舶平均开工作业线数；
　　　K_x——效率修正系数（即根据起重机与船吊的工作不平衡确定，取值范围为 0.85～0.95）。

泊位通过能力先按单一货种、单一船型按上述方法测算后，再按以下公式计算出综合通过能力：

$$\bar{p} = \frac{1}{\sum_{i=1}^{n} \frac{a_i}{p_i}} \tag{3-70}$$

式中：a_i——第 i 种情况占总通过能力的比例；
　　　p_i——仅装卸第 i 种情况的泊位通过能力。

3. 库场年堆存能力

库场堆存能力（P_k）是指库场在计算期内可以堆存的货物数量，它以货物堆存吨数表示。由于库场的合理利用率不但要考虑后备能力，而且还和库场作业组织有关，故 P_k 难以确定，因此，可以直接计算其营运能力，其计算公式为：

$$P_k = \frac{A_k K_{cl} P_d T_k K_y}{\bar{T}_d} \tag{3-71}$$

式中：A_k——库场总面积，m^2，指仓库或堆场地面总面积，仓库总面积是指内墙所包围的面积，多层仓库的总面积是各层总面积之和；
　　　K_{cl}——库场总面积利用率，指库场有效面积（即可以用以堆存货物的面积）与总面积的比值，有效面积是从总面积中扣除不能堆存货物的面积（如办公室、通道、墙距、柱距、垛距等）；
　　　P_d——单位面积堆存定额，t/m^2；
　　　T_k——库场年工作天数，d；
　　　K_y——库场运用率；
　　　$\bar{T}_d$——货物平均堆存期，d。

不能堆货的面积有些是固定的，如办公室、墙距、柱距以及货源之间的距离等。而有些却是变化的，如通道就是随着所使用的仓库机械的类型而变化，但不能小于消防规定所需的最低限度。

单位面积堆存定额 P_d 是指同一时间内平均每平方米有效面积上所能够堆存的货物吨数。堆存定额分荷载技术定额与使用定额两种。荷载技术定额是根据地面强度确定的，也就是库场地面强度所允许的单位面积荷载。而使用定额则取决于仓库的净空高度，所使用堆垛机械性能和堆垛的操作方法，货物的包装形式、材料及其强度，货物的容积质量和其批量大小等众多因素，但最高不得超过荷载技术定额。因为影响参数的因素很多，所以最好能分货种确定。

散装件杂货的票数多、批量小，包装形式和形状也是各式各样，而且这类货物无论是装船前的进库还是卸船后的出库又都是随机的，为了便于机械行走时存取方便和减少在库场内翻垛的次数，通道就得多留一些，垛就得堆低一些。这些在确定总面积利用率和单位面积准存定额时都得考虑到。所以在计算散装件杂货库场(特别是仓库)时,这两个参数都应该定得低一些,以免夸大了库场的堆存能力。

库场年工作天数 T_k 是库场每年可以堆存货物的天数,它等于港口年营运期减去仓库和堆场因为修理不能堆存货物的时间。

由于下雨等气象原因而不能进行出入库作业,并不影响库场年工作天数,但会对平均堆存期或库场运用率发生影响。

库场运用率 K_y 是指平均每天在库场内堆存货物的数量和库场容量(即同一时刻在库场内所能堆存货物的最大数量)之比。由于种种原因,库场的运用率不可能等于1。主要是:①港口的库场也和其他环节一样,应该有后备能力,特别是库场的造价比码头要低得多,所以后备能力就应该留得多一些。②库场腾让时间。即前一批货物出库后到下一批货物入库之间因技术和组织原因所必需的间隙时间。对大宗货物,这个时间可以很短,甚至可以不必考虑。但对散装的杂货,特别是外贸的散装杂货则必须考虑。例如,为了加速装船过程,在装船以前最好要把货物按装船的要求在仓库内堆好,以提高水平搬运和取货机械的效率,所以在为装船而集中货物以前要把仓库全部出空。同时又为了不发生机械之间的相互干扰,在装船过程中不宜进行其他作业。在卸船前,为了提高卸船效率,也应该将库场出空或大部分出空。

货物平均堆存期 T_d 指平均每吨货物在库场内堆存的天数。它首先取决于集疏运渠道的通畅程度,也取决装卸企业与货主、航运单位和其他有关单位(如海关、商检)协作关系的好坏,也与港口库场管理水平有关。

在计算库场通过能力时,仓库和堆场能力要分别计算,为了使平衡工作易于进行,仓库与堆场的能力要分泊位计算。

当在同一库场中堆存若干种不同货物时,要先分货种计算库场的堆存能力,然后用调和平均的方法计算其平均堆存能力。

4. 机械装卸能力

港口的装卸机械可以分为两类:一类是固定在泊位上为装卸船服务的和固定在仓库或堆场为货物进出库服务的固定机械;另一类则是可以从事各种作业的流动机械。前一类机械的装卸能力与泊位或装卸线一并计算,这里所计算的只是流动机械的装卸能力。在测算机械装卸能力时,应先按照各种类型的机械分别计算,因为不同机械的利用率与装卸效率是不一样的。机械装卸能力(P_j)以起运吨表示,其计算公式为:

$$P_j = N_j T_y N_b t_b K_{jl} \overline{P_t} \tag{3-72}$$

式中:N_j——装卸机械数,这里只包括用于装卸作业的机械台数,那些专门用于辅助作业和其他作业的台数不包括在内;

T_y——日历天数,d;

N_b——昼夜班次数;

t_b——工班作业时间,h;

K_{jl}——机械利用率;

$\overline{P_t}$——平均台时产量,t。

当机械设备应用于不同货种和不同操作过程时,要计算平均台时产量:

$$\overline{P}_t = \frac{1}{\sum \dfrac{a_i}{P_{ti}}} \tag{3-73}$$

式中：a_i——分货种、分操作过程的起运量占该机械设备总起运量的比例；

P_{ti}——与分子对应的台时产量，t。

除上述的泊位通过能力、库场堆存能力以及机械装卸能力外，在港口通过能力中还有其他一些环节的通过能力。例如，工人装卸能力、港区道路及港外道路通过能力、航道通过能力、锚地作业能力等。

5. 铁路线装卸能力

铁路线装卸能力（P_t）是指在计划期内在铁路装卸线上可以装卸铁路货车的货物吨数，其计算公式为：

$$P_t = N_t N_c \overline{Q}_c T_z K_{tl} \tag{3-74}$$

式中：N_t——装卸线可以同时停放的车辆数：

$$N_t = \frac{L_z}{\overline{L}_h} \tag{3-75}$$

L_z——可以停放车辆并进行装卸的铁路装卸线有效长度，m；

$\overline{L}_h$——货车平均长度，m；

N_c——每昼夜取送车次数，即装卸线每天最大可能来车批数；

$\overline{Q}_c$——货车静载质量，是指在所计算的装卸线上所装卸车辆的平均载货吨数；

T_z——装卸线年工作天数，是指装卸线每年可以进行装卸作业的天数，它等于港口营运天数减去装卸线因各种原因（气象影响、装卸线维修、装卸线所在的仓库或堆场修理等）不能进行装卸的天数；

K_{tl}——装卸线合理利用率，它的含义和计算方法都和泊位合理利用率一样，当资料不足或因其他原因无法计算时可以直接采用泊位合理利用率的数值。

N_c因港口铁路管理体制的不同而不同。在由铁路部门管理港口铁路的港口，送车次数可以根据路港有关合同协议中的规定确定。在由港口自行管理港口铁路的条件下，可以根据装卸的要求合理安排送车次数，其送车次数可以用下式计算：

$$N_c = \frac{24}{t_j} \tag{3-76}$$

式中：t_j——送车间隔时间，即前一批车抵达装卸线到下一批车到达装卸线之间的间隔时间，包括装卸时间、待装卸时间、待调车时间等。

6. 工人装卸能力

装卸工人的装卸能力（P_g）以操作吨表示，其计算公式是：

$$P_g = \sum N_g T_y (1 - K_x) K_c K_{gl} (1 - K_f) t_b p_g \tag{3-77}$$

式中：$\sum N_g$——在册工人数，指在计算期内平均在册的工人数，其中包括固定工、轮换工、合同工以及其他用工制度的工人人数；

T_y——港口营运期，d；

K_x——装卸工人轮休率,是指平均每天休息的工人与在册人数之比,在实行三班半制度的企业中轮休率可取为 1/7,在实行四班三轮转的企业则取为 1/4,在同时实行这两种制度的港口,则按实行这两种制度的工人分别计算;

K_c——装卸出勤率,指纯装卸出勤工班数与应出勤工班数之比;

K_{gl}——工时利用率,指实际工作工时与装卸出勤工时的百分比;

t_b——班制时间,h(指装卸工人出勤后每班最大可能的工作时间,三班作业的港口一般取 7.23h);

K_f——辅助作业率,指装卸工人从事辅助作业工时与实际工作工时之比,辅助作业是指那些不计算为操作量的所有作业;

p_g——工时效率,t/h[是指每个装卸工人(不包括装卸机械驾驶员及其助手)平均从事 1h 装卸的货物吨数]。

纯装卸出勤工班是指装卸工人出勤后,实际从事装卸作业的工班数,即:

$$K_c = \frac{\sum N_c}{\sum N_y} \tag{3-78}$$

式中:$\sum N_c$——纯装卸出勤工班数,工班;

$\sum N_y$——应出勤工班数,工班。

工时利用率 k_{gl} 可按下式计算:

$$\begin{cases} K_{gl} = \dfrac{\sum N_z}{\sum N_{cg}} \\ \sum N_{cg} = \dfrac{\sum N_z}{\sum N_c t_b} \end{cases} \tag{3-79}$$

式中:$\sum N_z$——实际工作工时[指装卸工人(不包括驾驶员及其助手)实际从事作业的工时,包括从事基本作业和辅助作业的工时],h;

$\sum N_{cg}$——纯装卸出勤工时,即纯装卸出勤工班数与班制时间的乘积,h。

四、港口通过能力的确定

根据上述方法计算出来的只是各个环节的能力,并不是港口的综合通过能力。港口综合通过能力在一般情况下等于最小环节的能力,这只有在对各环节能力进行综合平衡后才能确定。但是由于各环节能力的含义都不一样,泊位能力是指可以装卸船舶的货物吨数,库场能力是指可以堆存的货物吨数,铁路装卸线的能力是指可以装卸铁路货车的吨数等。因此,在分析比较时,必须把它们换算为同一单位,即装卸自然吨数。

1. 各环节能力的换算

(1)泊位能力的换算。计算出来的泊位通过能力是泊位装卸船舶的能力,把它换算为装卸自然吨要经过两次变换,第一次是将其换算为可以完成的吞吐量的数量,即从船舶装卸的吨位中减去装卸港内运输船舶的数量,同时将在码头上进行水水直接换装的吨数计算为两个吞吐量,即:

$$P'_b = P_b(1 - K_b + K_z) \tag{3-80}$$

式中:P'_b——泊位能承担的吞吐量;

P_b——以装卸船舶吨数表示的泊位营运装卸能力,t;

K_b——驳运系数,即按库场接驳方案装卸的货物数量占船舶装卸吨数(含驳船装卸吨数)的比例;

K_z——水—水直接换装系数,即在码头上进行水—水直接换装的货物数量占船舶装卸吨数(含驳船装卸吨数)的比例。

第二次变换是将吞吐量换算为装卸自然吨,即扣除水水中转每自然吨多计算的吞吐量,其计算公式为:

$$P''_b = P'_b \left(1 - \frac{K_s}{2}\right) \quad (3\text{-}81)$$

式中:P''_b——泊位能承担的装卸自然吨;

K_s——水—水直接换装中转系数,指水—水直接换装中转的吞吐量在吞吐量中所占比例。

(2)库场堆存能力的换算。

$$\begin{cases} P'_k = \dfrac{P_k}{K_k} \\ P'_c = \dfrac{P_c}{K_c} \end{cases} \quad (3\text{-}82)$$

式中:P'_k、P'_c——仓库和堆场能承担的自然吨;

K_k、K_c——入库系数和入场系数,即经过仓库和堆场堆存的货物吨数与装卸自然吨之比,当企业有后方库场时,是指进后方库场堆存的货物所占比例。

(3)铁路装卸线装卸能力的换算。

$$P'_t = \frac{P_t}{K_t} \quad (3\text{-}83)$$

式中:P'_t——铁路装卸线所能承担的装卸自然吨;

K_t——铁路运输系数,即通过铁路集疏运的吨数与装卸自然吨之比。

(4)装卸工人装卸能力的换算。

$$P'_g = \frac{P_g}{K_g} \quad (3\text{-}84)$$

式中:P'_g——装卸工人能承担的装卸自然吨;

K_g——操作系数。

(5)流动装卸机械起运能力的换算。

$$P'_j = \frac{P_j}{K_j} \quad (3\text{-}85)$$

式中:P'_j——流动装卸机械能承担的自然吨;

K_j——起运系数,指机械起运量与装卸自然吨之比。

因为流动装卸机械的起运能力是分机械种类计算的,所以流动装卸机械所能承担的装卸自然吨也要分机种计算。

2.确定综合通过能力

在把各主要环节能力进行换算以后,可以通过对各环节能力的比较与平衡确定港口综合通过能力。在进行比较与平衡时,要根据各生产要素的共用程度确定平衡的范围,通常是按照泊位→装卸企业(或装卸区)→全港的顺序进行,即:

$$\begin{cases} P_{bz} = \min(P''_b, P'_c, P'_d, P'_t) \\ P_q = \min(\sum P_{bz}, P'_g, P'_j) \\ P_{port} = \min(\sum P_q, P_y, P_h) \end{cases} \quad (3\text{-}86)$$

式中：P_{bz}——港口泊位综合通过能力；

P_q——装卸企业综合通过能力；

P_{port}——全港综合通过能力；

P_y——港内运输工具运输能力；

P_h——进港航道通过能力。

当港内运输工具及进港航道不是为全港服务,而仅是为若干个装卸企业服务时,上式中的 $\sum P_q$ 应该是相应的装卸企业能力之和。

复习思考题

1. 简述现代航运的特点及其对港口发展的影响。
2. 简述改革开放以来,我国水路运输的特点和现状。
3. 简述提高船舶载质量利用率的途径。
4. 简述港口的装卸机械及各自的作用。
5. 结合可持续发展的思想,提出可以提高港口通过能力的措施。
6. 简述水路运输在国民经济中的地位和作用。
7. 简述国际航运中心的定义及基本条件。
8. 简述上海国际航运中心的地位和作用。
9. 简述船舶的分类及各自的作用。
10. 简述船舶现代化的发展趋势。
11. 试比较班轮运输和不定期运输在业务收入和运输成本方面的区别。
12. 简述加速船舶周转的经济意义。
13. 简述各种租船方式的特点。
14. 请思考目前船舶大型化的障碍。
15. 哪些因素促使集装箱船舶大型化？在满足哪些条件的情况下能实现集装箱船舶大型化的经济意义？
16. 试述远洋船舶航次计划的主要内容。
17. 全面论述降低船舶运输成本的途径。
18. 试考虑如何进一步完善航运企业生产活动指标体系。
19. 假设你拥有一艘 10 万 t 级的散货船,在当前的运输市场上,你会采用哪种租船方式营运？详细说明你的理由。
20. 某船公司去年的货运情况如下：船舶在册 48860000t·d,营运 42800000t·d,完成货运周转量 6848000kt·nmile。今年,该公司在册吨天数不变,计划要在去年的营运水平上将营运率提高 5%,将营运吨天产量提高 10%。请测算今年可完成的货运周转量以及可达到的每吨船生产量。

第四章　铁路运输系统

第一节　铁路运输系统的基础设施

一、铁路车站

车站是铁路运输的基本生产单位,它集中了运输有关的大量技术设备。车站按技术作业性质可分为中间站、区段站、编组站;按业务性质可分为客运站、货运站、客货运站;按等级可分为特等站、一至五等站。

中间站是为提高铁路区段通过能力,保证行车安全和为沿线城乡及工农业生产服务而设的车站,其主要任务是办理列车会让、越行和客货运业务。

区段站多设在中等城市和铁路网上牵引区段的分界处,其主要任务是办理货物列车的中转作业,进行机车的更换或机车乘务组的换班,以及解体、编组区段列车和摘挂列车。

编组站是铁路网上办理大量货物列车解体和编组作业,并设有比较完善调车设备的车站。编组站的主要任务是解编各类货物列车,组织和取送本地区车流,供应列车动力、整备检修机车和对货车进行日常技术保养等。

区段站和编组站统称技术站,但区段站以办理无改编中转货物列车为主,仅解编少量的区段、摘挂列车;而编组站主要办理各类货物列车的解编作业,且多数是直达列车和直通列车。

二、铁路路线与信号

1. 铁路线路

铁路线路是机车车辆和列车运行的基础,由路基、轨道及桥隧建筑物组成。铁路线路根据用途可以分为正线、站线、段管线、岔线及特别用途线。正线是连接车站并贯穿或直股伸入车站的线路。站线包括供接发列车用的到发线、供解体和编组列车用的调车线和牵出线、供货物装卸作业的货物线以及供其他作业的线路(如机车走行线、存车线、检修线等)。段管线是指机务、工务、电务、供电等段专用并由其管理的线路。岔线是指在区间或站内接轨,通向路内外单位的专用线。特别用途线指安全线和避难线。

2. 路基与道砟

路基是指用以铺设钢轨设施的路面,而为了适合铺设钢轨,原有的路面高者必须挖掘成路堑,过低者必须填筑使之成为路堤。道砟则是指铺设于路基上的碎石,主要用于均匀分解轨枕所传来的列车压力,使其均匀地分布于路基上,若遇雨天,道砟利于排水,可避免轨枕积水妨碍行车安全。

3. 钢轨与轨枕

钢轨是列车行驶的支撑设施,列车通过车轮与钢轨的摩擦得以前进、减速并制动停车,所以钢轨的材质对于行车安全尤为重要。单位长度越重的钢轨越能承受车轮的重压,适合高速、重载列车行驶。

轨距是指两条平行钢轨的内侧距离,可分为宽轨、标准轨和窄轨三类。标准轨距为1.435m,凡轨距大于此数者属宽轨,小于此数者为窄轨。我国铁路主要采用标准轨距(中国台湾地区铁路为窄轨铁路,轨距为1.067m),俄罗斯、芬兰等国家则使用1.524m的宽轨系统。目前各国高速铁路都采用标准轨。

轨枕是铺设在钢轨下面的坚固耐用物体,可以使两轨保持一定的轨距,以确保行车安全,并承受列车行驶所产生的压力。轨枕必须具有良好的弹性,以减少列车行驶所产生的剧烈振动,保证旅客乘坐的舒适性。目前铁路运输系统所使用的轨枕,依材质不同分为木枕、钢枕及混凝土枕三种,其中木枕的性能最佳。

4. 道岔

在铁路车站,为保证机车车辆及列车能够由一条路线进入或通过另一条路线,必须在不同路线的钢轨会合处铺设路线连接设备,在路线连接设备中,应用最广泛的是道岔。通常铁路列车通过道岔时,须降低行车速度。

5. 信号

铁路列车必须按照信号的指示行驶,以确保行车安全。目前,营运中的铁路列车大多装有自动停车装置,若司机不遵守信号行车,列车自动停车装置将启动,逼迫列车停止前进,但是这种自动停车装置也可能因为维修不当,致使功能失效而发生危险事件,所以列车司机必须在行驶中仔细观察信号,依照指示行车,以免发生严重的行车事故。一般地,铁路信号分为听觉信号和视觉信号两大类。

听觉信号是以不同声响设备发出音响的强度、频率、音响长短和数目等特征表示的信号。例如,用号角、口笛、响墩发出的音响及机车、轨道车鸣笛声等。

视觉信号是以物体或灯光的颜色、形状、位置、灯光和状态等表达的信号。如用信号机、信号旗、信号灯、机车信号、信号表示器及火炬等显示的信号都是视觉信号。视觉信号包括固定信号、移动信号和手信号。固定信号是在固定地点安装的铁路信号,是铁路的主要信号,用不同颜色的灯光显示。移动信号是在铁路线路旁边临时设置的信号牌、信号灯等。手信号是用手拿的信号灯、信号旗或用手势显示的信号。

视觉信号通常用不同的颜色来显示其意义,我国规定有红、黄、绿三种基本颜色,在广义上其代表的基本意义分别为:红色表示停车,黄色表示注意或减低速度,绿色表示按规定速度运行。

三、机车及车辆

1. 机车

铁路机车是列车的动力来源,因此,机车的台数与牵引力大小直接影响列车的行驶速度与服务质量。目前,世界上较常用的机车,根据机车的动力来源可以将其分为蒸汽机车、内燃机车以及电力机车。随着技术的发展,铁路除了以机车连挂客、货车牵引行驶之外,还可将驾驶室及机车与客车合编在一起,在正常使用期限内以固定编组模式运行,这种列车称为动车组。

2. 铁道车辆

铁道车辆是运送旅客和货物的工具。它一般没有动力装置,必须把车辆连挂成列,由机车牵引才能沿线路运行。为了满足各种不同类型的旅客需求,需配备各种不同等级的客车;为了运送不同的货物,则需配备各种类型、不同功能的货车。铁道车辆与其他车辆最大的不同点,在于这种车辆的轮子必须在专门为它铺设的钢轨上运行,这种特殊的轮轨关系成了铁道车辆结构上最大的特征,并由此产生出自行导向、低运行阻力、成列运行和外形尺寸限制严格等特点。

3. 车列

若干不具备运行动力的车组连挂在一起称为车列。与车列的意义不同,列车指挂有机车和规定列车标志的成列车组。

四、铁路行车制度和列车自动控制系统

1. 铁路行车制度

为了避免列车运行时发生冲撞与追尾的危险,铁路采用了时间间隔与空间间隔两种方法来确保列车运行保持适当的安全空间。

所谓时间间隔法,是指依据事先排定的列车运行图,规定列车必须按运行图或调度员的命令于规定时间经过特定地点,以确保列车能在预定地点会车。这种方法在传送命令时易产生人为错误,安全性较低,一般仅用于车次少、速度不高的铁路。

所谓空间间隔法,是指将整条铁路线划分成若干个闭塞区间,在同一时间内,每一闭塞区间只允许一列列车通过,以避免发生撞车的危险。这一方法因安全性较高而为世界各国铁路所采用,并经历了通信区间闭塞行车制度、电气路牌(路签)区间闭塞行车制度、半自动闭塞行车制度、自动闭塞行车制度和调度集中控制行车制度的发展过程。随着技术和经济的发展,在铁路系统闭塞方式上逐渐推出了准移动闭塞和移动闭塞技术。列控系统的行车许可终点亦随之从固定闭塞区段入口延伸为前方占用的闭塞分区入口处和前方列车的安全车尾处,由此可有效缩短行车间隔,提高线路的运输能力。因其对铁路运输扩能方面的良好作用,准移动闭塞信号系统目前在我国高速铁路系统中已得到普遍应用,具有更高效率的移动闭塞信号系统也将实施推广。

2. 列车自动控制系统

铁路开发出调度集中控制行车制度以后,铁路的行车方式在命令传达与信息显示上,已可达到实时状态,但是对于在铁路上运行的列车还缺乏直接控制的能力。因此,若司机在列车运行过程之中,因健康或气候等因素致使列车无法遵循调度命令行车时,仍可能发生严重的行车事故。开发铁路列车自动控制系统的目的就在于,在列车运行过程中,当有违规现象发生时,可以及时予以制止,以避免重大意外事故的发生。列车自动控制系统(Automated Train Control,ATC)以技术手段对列车运行方向、运行间隔和运行速度进行控制,保证列车能够安全运行、提高运行效率的系统,简称列控系统。这一系统由列车自动防护子系统(Automated Train Protection,ATP)、列车自动驾驶子系统(Automated Train Operatoin,ATO)、列车自

动监督子系统(Automated Tran Supervision,ATS)和计算机联锁子系统(Computer Interlock,CI)四部分组成。

ATP 监视轨道的状况及列车的运行速度,以保证列车在最安全的状况下运行,并向列车司机提供必要的信息和警告信号,保持适当的制动距离,以防止列车追撞或进入未经许可的区间。ATO 的最终目标是要实现在控制和运行上的完全自动化,列车不仅无须司机驾驶,调度也全部由控制中心统一完成,在操作上完全实现自动化。ATS 用于协助控制中心的调度员监督整个系统是否按列车运行图运行。CI 是利用计算机对车站作业人员的操作命令及现场表示的信息进行逻辑运算,从而实现对信号机及道岔等进行集中控制,使其达到相互制约的车站联锁设备,即微型计算机集中联锁。

第二节 铁路运输业务

一、铁路客运业务

铁路客运是以旅客为主要服务对象的运输业务,而旅客又是具有自由活动特性的个体,对于乘车方向及时间具有充分的选择权,并且全凭铁路运输企业所公告的时刻表来选择列车车次。因此,列车时刻表一经公布,除非遇不可抗力因素,否则,即使在列车空无一人的情况下,也要照常开行,以维护铁路运输企业的信誉。此外,为了应对其他运输方式的激烈竞争,铁路运输企业也必须在安全、舒适、迅速、准时等竞争特性上努力,以争取客源。一般而言,铁路客运业务所应具备条件的先后顺序应为:安全迅速、舒适便利、经济价廉。

1. 铁路客流分类及旅客列车种类

旅客根据需要选用一定的运输方式,在一定时间和空间范围内做有目的的移动便形成了客流。客流信息是旅客运输系统的基本信息。

目前,我国铁路采用按旅行距离结合铁路局管辖范围的分类方法,将客流分为直通、管内和市郊三种客流。其中,直通客流是指旅行距离跨及两个及其以上铁路局的客流。

一般来说,直通客流旅行距离较长,购票早,旅客注重舒适度,要求列车有较高的服务标准。管内客流是指旅行距离在一个铁路局范围以内的客流。一般来说,管内客流旅行距离较短,旅客更加注重便捷。市郊客流是指往返于大城市和附近郊区之间的客流,旅客乘车距离短,要求列车密度高,时刻适宜、准点、便捷。

旅客列车又称客运列车,是指行驶于各种轨道上并用于运载旅客的火车。铁路针对不同的客流和不同的线路设备条件开行不同等级的旅客列车。客运列车根据不同的性质和等级有多种分法,动车组列车有高速列车、城际列车、(普通)动车组、卧铺动车组、市郊列车;传统列车有直达特快列车、特快列车、快速列车、普快列车、普通慢车,还有满足特殊需求的旅游列车、军政专列、临时列车(图定或非图定)、路用通勤列车、临空列车,以及新兴的众筹火车等。

铁路针对不同的客流和不同的线路设备条件开行不同等级的旅客列车。目前,我国现行铁路列车运行图旅客列车分为四个等级,即动车组旅客列车、特快旅客列车(含直达特快旅客列车)、快速旅客列车、普通旅客列车(含普通旅客快车和普通旅客慢车)。此外,根据客流变化的需要,还会开行临时旅客列车。动车组旅客列车是以区间运行速度为 200km/h

及以上的动车组为运载工具开行的旅客列车,一般在首都与各大城市间开行。特快旅客列车(简称特快)是区间运行速度为 140～160km/h 的旅客列车,一般在国家间、首都与各大城市,以及大城市间开行,有国际和国内两类特别快车,国内特快又分为直达特快、直通特快和管内特快,特快列车停站少(其中直达特快列车没有中间停靠站),运行速度较高。快速旅客列车(简称快速)是直通速度达 120～140km/h 的旅客列车,快速列车分为直通快速列车和管内快速列车两种,其停靠站比特快列车多一些。普通旅客快车(简称普快)可分为直通旅客快车(简称直快)和管内旅客快车(简称管快),是在各大中城市间开行的列车;普通旅客慢车(简称普客)可分为直通普通旅客慢车(简称直客)和管内普通旅客慢车(简称管客),用于输送沿线各中间站的客流。

为区别不同方向、不同种类、不同区段和不同时刻的列车,需要为每一列车编定一个标识码,这就是车次。为维护运输秩序和保证车次码的规范化,中国铁路总公司规定全路向北京、支线向干线或指定方向为上行方向的车次,均编为双数车次。反之为下行方向,编为单数车次。

2. 铁路客票及票价

客票既是旅客支付票价的收据,又是旅客与铁路运输企业间所缔结的契约、旅客乘车的凭证和旅客加入铁路意外伤害强制保险的凭证。因此,客票上记载的条件,双方均有履约的义务。

车票票面主要应载明发站和到站站名、座别或卧别、径路、票价、车次、乘车日期和有效期。持票旅客的基本权利是:

(1)依据车票票面记载的信息乘车。

(2)要求承运人提供与车票等级相适应的服务并保障其旅行安全。

(3)因承运人过错发生身体伤害或物品损失时,有权要求承运人给予赔偿。

票价制定的方法有里程比例制、递远递减制、区域制和均一制四种,一般采用递远递减制(目前我国铁路采用这种方法)。为了进一步提高市场竞争能力,铁路常常根据运输服务对象和季节的不同而采用不同的票价营运。

普通硬座票价是旅客票价的基础,其他各种票价均以此为基础加成或减成计算。基本票价以每人公里的票价作为基础,按照规定的旅客票价里程区段,采用递远递减的办法确定。

自 2020 年 6 月 20 日起,电子客票在全国普速铁路推广实施,覆盖 1300 多个普速铁路车站。此次推广实施后,全国铁路共有 2400 多个车站实行电子客票,覆盖 95% 以上的铁路出行人群。铁路电子客票是以电子数据形式体现的铁路旅客运输合同,旅客购票后,铁路运输企业不再出具纸质车票,旅客持购票时所使用的有效身份证件原件即可快速、自助进站检票乘车,与普通车票具有同等法律效力。

二、铁路货运业务

凡由货物列车或客货混合列车的货车运送的货物,均属于铁路货运业务的范围。

1. 铁路货物运输的种类和基本条件

1)铁路货物运输的种类

长期以来,铁路货物运输主要从运输组织方法及货物性质角度进行分类,其中按照运输组织方法可分为整车运输、零担运输和集装箱运输三类。货运方式改革后,铁路货物运输按照"实货"运输组织方式提出了新的货物分类方法,将货运业务分为整车运输(含批量散货快运)、零散货物快运和集装箱运输三类。一批货物的质量、体积或形状,需要以一辆及一辆以上货车运输的,按整车运输;对于一堆质量不足30t且体积不足60m³的货物,可按零散货物快运办理,按货物实际质量(体积)进行受理和承运;符合集装箱运输条件的适箱货物,可装入集装箱,按集装箱运输。

2)货物按一批托运的条件

铁路货物运输中的"一批",是指使用一张货物运单和一份货票,按照同一运输条件运送的货物。它是承运货物、计算运费和交付货物的一个基本单位,按一批托运的货物,托运人、收货人、发站、到站和装卸地点都必须相同(整车分卸货物除外),具体规定如下:

(1)整车货物以每车为一批,跨装、爬装和使用游车的货物,每一车组为一批;

(2)零散货物和使用集装箱的货物,以每张货物运单为一批;使用集装箱运输的货物,每批必须是同一箱型,至少一箱,最多不得超过铁路一辆货车所能装运的箱数;

(3)根据货物性质不能混装运输的货物,运输条件不同的货物,一般不得按一批托运。

2. 铁路货物运输的基本作业

铁路货物运输流程由货物发送作业、货物运输途中作业和货物到达作业三部分构成。货物在发站所进行的各项货运作业,统称为货物的发送作业,主要包括托运、受理、进货、验收、制票、承运、装车等环节。货物在运输途中发生的各项运输作业,均称为途中作业,主要包括货物的交接、检查、整理换装、运输变更、整车分卸及运输障碍处理等。货物在到站所进行的各项货运作业,统称为货物的到达作业,主要包括重车和货运票据的交接,货物的卸车、保管、交付以及运杂费的最后结算等。

3. 铁路货物运输合同

1)铁路货物运输合同的特征

铁路货物运输合同由铁路运输部门与企业、国家机关、事业单位、社会团体等法人以及个人之间签订。托运人利用铁路运输货物,均应与承运人签订货物运输合同。

铁路货物运输合同采用标准合同的形式。所谓标准合同是指由订立同类合同的当事人印制的、具有固定式样的特定条款内容的标准文本,双方当事人只需填写其中的空项。经双方协商,可以对标准合同进行修改和补充,通常采用在标准合同的记载事项栏中说明,也可另附一份修改补充标准合同的协议。

铁路货物运输合同具有特殊的合同主体。该特征体现在两个方面:一是合同的一方当事人是固定的,即必须是铁路运输企业;二是合同的主体不限于铁路运输企业和托运人双方,经常出现第三方,即收货人。因此,合同往往约定三方面的权利义务关系。

2)铁路货物运输合同的文件

大宗物资的运输,有条件的可按年度、半年度或季度签订货物运输合同,也可以签订更长期的运输合同;其他整车货物运输,可按月签订运输合同。

货物运输以货物运单(图4-1)作为运输合同。当铁路货场代表铁路运输企业与托运人签订运输服务合同时,使用铁路货物运输服务订单(图4-2)。铁路货物运输服务订单与铁路货物运单同为合同文件。

货物指定于 月 日搬入			××铁路局		承运人/托运人装车 承运人/托运人施封				领货凭证 车种及车号:		
货位: 计划号或运输号码: 运到期限 日			货物运单 托运人→发站→到站→收货人 货票第 号						货票第 号 运到期限 日		
	托运人填写				承运人填写				发站		
发站		到站(局)		车种车号			货车标重		到 站		
到站所属省(自治区、直辖市)				施封号码					托运人		
托运人	名称			经由		铁路货车篷布号码			收货人		
	住址		电话						货物名称	件数	质量
收货人	名称			运价里程		集装箱 号码					
	住址		电话								
货物名称	件数	包装	货物 价格	托运人确定 质量(kg)	承运人确定 质量(kg)	计费 质量	运价号	运价率	运费		
									托运人盖章或签字		
合计											
托运人记 载事项				承运人记 载事项					发站承运日期戳		
注:本单不作收款凭证,托 运人签约须知见背面				托运人盖章或签字 年 月 日			到站交付 日期戳	发站承运 日期戳	注:收货人领货须 知见背面		

图 4-1 货物运单(格式)

3)托运人的权利和义务

托运人在托运过程中享有如下权利:

(1)要求承运人按照合同约定的期限将货物运到目的站;

(2)逾期运到的货物,要求支付违约金;

(3)逾期 30 日仍未交付货物的,按灭失要求赔偿;

(4)完整无损地将货物运到合同约定的地点;

(5)货物灭失、短少、变质、污染或者损坏,要求承运人赔偿免责之外的损失。

托运人在托运过程中履行的基本义务包括:

(1)如实填报货物运单,并对其所填事项的真实性负责,经铁路运输企业检查,申报与实际不符的,托运人有义务承担检查费用,补交因申报不实而少交的运费和其他费用;

(2)按规章向铁路运输企业缴纳运费、杂费和相关费用;

(3)按照国家包装标准或行业标准的要求包装货物,没有纳入国家包装标准或行业包装标准要求的货物,应按货物性质妥善包装。

4)收货人的权利和义务

收货人依据托运人交付的领货凭证或能够证明其是收货人身份的证明文件,享有如下

权利:

(1) 领取货物;

(2) 领取货物时,发现货物运单与实际不符,有权查询;

(3) 货物损坏的,有权要求赔偿。

收货人履行的义务包括:

(1) 按照规定的期限及时领取到达的货物;

(2) 逾期领取货物的,向铁路运输企业交付相应费用;

(3) 支付托运人未付或少付的运费和其他费用。

(整车货物运输)

托运人		代号		
地址		邮编	电话	
要求发站装车日期	最早 月 日	最迟 月 日	装货地点	其他要求事项
□1.	□11.	□21.		
□2.	□12.	□22.		
□3.	□13.	□23.		
□4.	□14.	□24.		
□5.	□15.	□25.		
□6.	□16.	□26.		
□7.	□17.	□27.		
□8.	□18.	□28.		
□9.	□19.	□29.		
□10.	□20.	□30.		
托运人盖章或签字	违约金额		铁路签注	
年 月 日	车部接单日期 年 月 日		批准号码 年 月 日	

序号	到局			收货人			货物			车种代号	车数	特征代码	铁路		换装港	终到港	备注	发局
	到站	电报号	专用线	部门/省市 名称		代号	名称	品名代码	吨数				核减号	不合理代号				
1																		发站电报号
2																		
3																		
4																		
5																		品类代号
6																		
				合计														

注:1. 本订单一经双方签认,合同即告成立,双方按订单约定承担义务。铁路运输企业未能按时提供运输或服务(因不可抗力或重大事故造成的停运除外),货主未能按时将货物备妥于约定地点,均应各自承担违约责任。违约金按铁路运输企业公布的规定,在本订单上订立。

2. 其余涉及铁路运输企业与货主的责任和权利,按《铁路货物运输规程》办理。

3. 实施货物运输时,托运人应按批递交货物运单。

图 4-2 铁路货物运输服务订单(格式)

5）铁路运输企业的权利和义务

铁路运输企业享有如下权利：

（1）对托运人填报货物的品名、质量、数量进行检查；

（2）对托运人申报不实的，有权按规章加收运费和其他费用；

（3）按规章向托运人收取运费、杂费及相关费用；

（4）托运人不按规章缴纳运费、杂费及相关费用的，有权拒绝运输；

（5）向逾期领取货物的收货人收取相应费用；

（6）拒绝托运人不按规章包装的货物；

（7）对无人领取的货物按规章处理。

铁路运输企业应尽的义务包括：

（1）按照合同约定的期限或者国务院铁路主管部门规定的期限，将货物、包裹、行李运到目的站，逾期运到的，铁路运输企业应当支付违约金；

（2）逾期 30 日仍未将货物、包裹、行李交付收货人或者旅客的，托运人、收货人或者旅客有权按货物、包裹、行李灭失向铁路运输企业要求赔偿；

（3）对承运的货物、包裹、行李自接受承运时起到交付时止发生的灭失、短少、变质、污染或者损坏，承担赔偿责任；托运人或者旅客根据自愿申请办理保价运输的，按照实际损失赔偿，但最高不超过保价额；未按保价运输承运的，按照实际损失赔偿，但最高不超过国务院铁路主管部门规定的赔偿限额；如果损失是由于铁路运输企业的故意或者重大过失造成的，不适用赔偿限额的规定，按照实际损失赔偿。

（4）对承运的容易腐烂变质的货物和活动物，应当按照国务院铁路主管部门的规定和合同的约定，采取有效的保护措施；

（5）货物、包裹、行李的运价，货物运输杂费的收费项目和收费标准，必须公告；未公告的不得实施。

6）铁路货物运到期限

铁路货物运到期限是铁路货物运输合同的重要内容，既是对铁路运输企业的要求，也是对托运人和收货人的保护。我国铁路货物运到期限由货物发送期间、货物运输期间和特殊作业时间三部分组成。现行规定为：

（1）货物发送期间为 1 日。

（2）货物运输期间：运价里程每 250km 或未满 250km 为 1 日；按快运办理的整车货物，运价里程每 500km 或未满 500km 为 1 日。

（3）特殊作业时间：需要途中加冰的货物，每加冰 1 次，另加 1 日；运价里程超过 250km 的 1t 型、5t 型集装箱货物，另加 2 日，超过 1000km 的加 3 日；整车分卸货物，每增加 1 个分卸站，另加 1 日；标准轨直通运输的整车货物，因需在接轨站换装而另加 1 日。

货物实际运到日数，从货物承运次日起算，在到站由铁路组织卸车的，至卸车完时终止；在到站由收货人组织卸车的，至货车调到卸车地点或交接地点时终止。货物运到期限的最短时间为 3 日。

在货物运输过程中，由于不可抗力、托运人或收货人责任，以及非铁路运输企业责任原因造成的货物途中滞留时间，应从实际运到日数中扣除。

4. 货运单证

货运单证系指铁路货物运输中使用的各种单据和凭证。

(1) 货物运单。货物运单(图4-1)是一种固定格式的合同,由托运人向发站提交,承运后,经双方盖章,运输合同即告生效。货物运单随货同行,在运输途中作为交接检查的凭据,在到站随同货物交付给收货人。

(2) 领货凭证。收货人领取货物时应当出具领货凭证,但领货凭证不是收货人领取货物的唯一证明。由于铁路货物运单是记名式运单,承运人应向托运人指示的收货人交付货物。因此,领货人出具的能够证明其是收货人身份的证明文件,也可以作为承运人交付货物的凭证。

(3) 铁路货物运输服务订单。当前,铁路货物运输服务订单包括整车运输、集装箱运输、货运"五定"班列三种不同格式。

(4) 货票(图4-3)。货票具有存根、收据、运输凭证等多种用途,目前普通货票一式四联,其用途分别是:发站存查、报局审核清算、托运人报销及连同运单随货同行供到站存查。其中,丙联为承运及收款凭证,丁联为运输凭证。计算机制票时,车站在货票信息载体能有效保存,并可提供经常性查询的前提下,经铁路局(集团公司)批准,可取消甲联。印有号码的货票具有有价证券的性质。

计划号码或运输号码	××铁路局		甲 联
货物运到期限　日	货　票(格式) 发站存查		A00001

发站			到站(局)		车种车号		货车标重		承运人/托运人　装车	
托运人	名称				施封号码				承运人/托运人　施封	
	住址			电话		铁路货车篷布号码				
收货人	名称							集装箱号码		
	住址			电话		经由		运价里程		
货物名称	件数	包装	货物质量(kg)		计费质量	运价号	运价率	现付		
			托运人确定	承运人确定				费别	金额	
								运费		
								装费		
								取送车费		
								过秤费		
合计										
记事							合计			

发站承运日期戳
经办人盖章

图4-3　××铁路局货票(格式)

(5) 运费杂费收据。运费杂费收据是一种收费凭证。对于不能在货票上核收的费用(例如到站发生的费用、临时发生的费用等),均使用此项收据核收。

(6) 普通记录。普通记录用来证明与履行铁路货物运输合同无直接关系或涉及托运人与收货人之间一般责任的情况。

(7)货运记录。当涉及铁路运输企业与托运人(或收货人)之间有关货物运输合同责任时,需编制货运记录,它是由铁路运输企业编制的一种客观地反映事故(或问题)的实际情况的证明文件。

5. 铁路货物运价

铁路货物运价是铁路运输业产品的销售价格,但我国铁路货物运价在很长一段时间内实际上是一种政策性价格。当前,我国铁路货物运价制度的基本内容包括以下几个方面。

1)普通运价

普通运价是我国铁路货物运价制度的主体部分,它包括以下三方面的内容。

(1)按货物运输种类和货物品类差别的运价。

(2)按运输距离差别的运价。铁路里程差别运输成本的变化是由于运输支出按运输作业过程可分解为始发终到作业支出、运行作业支出和中转作业支出三部分,现行货物运价将运价率分解为发到基价和运行基价两部分。

(3)按运输条件差别的运价。运输条件不同导致作业繁简程度和运输耗费不同,并造成货运质量的差异。这类运价包括货物加快运费、冷藏车运价、特种货车使用费和回送费、超限、超速运行货物的加成,企业自备或租用铁路货车和企业自备集装箱运输的运价等。

2)特定运价

特定运价是为贯彻国家经济政策和价格政策,以及铁路货运为适应运输市场竞争需要按照价值规律要求制定的运价,其有别于普通运价,只在指定的货物品类、时限和限定运输范围内适用。

3)铁路建设基金

铁路建设基金作为运价加收部分,实际上已构成运输费用的一部分。从宏观上讲,它也已直接进入商品流通费用和生产成本。对托运人而言,已将其列入运价范畴;但对铁路运输企业而言,它同运价收入是有根本区别的,因为运价收入是运输企业用来抵偿成本、缴纳营业税的,而建设基金则同铁路运输企业的经营管理没有直接联系。建设基金按规定只能用于建设新线与改造旧线的投资,从扩大再生产、增强后劲的角度,对铁路运输企业的经营有一定促进作用。

4)货运杂费

货运杂费指铁路运输企业向托运人或收货人提供的辅助作业或劳务,以及托运人或收货人额外占用铁路设备、使用工具、备品所发生的补偿费用。

5)违约金

违约金是铁路运输企业与托运人、收货人在履行铁路货物运输合同中承担经济责任的具体表现,如超载违约金、运到逾期违约金等。

第三节 铁路机车车辆运用指标

一、货车运用指标

货车运用指标由数量指标和质量指标两部分组成。从时间上考核货车运用效率的指标为货车周转时间和货车日车公里等;从载重力利用方面考核货车运用效率的指标有货车平均静载重和货车载重力利用率等;此外,还有货车日产量这一项综合反映货车运用效率的指标。

1. 货车工作量

铁路货车运用工作的基本内容,就是将货车送往货物发送站装车,然后将重车编入列车按规定径路运行,送至货物到达站卸车,卸后空车再送往装车,不断循环。每完成一次作业循环,铁路就算完成了一个工作量,而该辆货车就算完成了一次周转。这样,货车工作量实际上就是在一定时期内,全路、铁路局运用货车完成的货车周转次数,在数值上,可以用每昼夜新产生的重车数(u)来代表,就全路而言,工作量是指全路的使用车数($u_{使}$),即:

$$u = u_{使} \tag{4-1}$$

而铁路局的工作量则应等于使用车数与接入重车数($u_{接重}$)之和,即:

$$u = u_{使} + u_{接重} = u_{自装自卸} + u_{自装交出} + u_{接入卸车} + u_{接运通过} = u_{卸空} + u_{交重} \tag{4-2}$$

式中:$u_{自装自卸}$、$u_{自装交出}$、$u_{接入卸车}$、$u_{接运通过}$、$u_{卸空}$、$u_{交重}$——自装自卸、自装交出、接入卸车、接运通过、卸空和交重车数。

由上述推算可知,工作量也可以由 $u_{卸空} + u_{交重}$ 计算得出。

由于运用车尚需按状态和去向控制,因而还需将运用车分为重车运用车和空车运用车,重车运用车按去向又分为到达本局管内卸车的,称为管内工作车,到达外局卸车的,称为移交重车。为此,对三部分运用车,还需定义其工作量。

管内工作车工作量($u_{管内}$)为卸空车数,即:

$$u_{管内} = u_{卸空} \tag{4-3}$$

移交重车工作量又称移交车工作量($u_{移交}$),为各分界站的交出重车数,即:

$$u_{移交} = u_{交重} \tag{4-4}$$

空车工作量($u_{空}$)为使用车数($u_{使}$)与交出空车数($u_{交空}$)之和,即:

$$u_{空} = u_{使} + u_{交空} \tag{4-5}$$

显然,全路的工作量不等于全路各铁路局工作量之和。铁路局工作量不等于其管内工作车工作量、移交重车工作量及空车工作量之和。

2. 使用车数

使用车数用装车数($u_{装}$)与增加使用车数($\Delta u_{使}$)之和表示,即:

$$u_{使} = u_{装} + \Delta u_{使} \tag{4-6}$$

增加使用车数是指不按装车数统计的使用车数,它包括:运用重车途中倒装而增加的装车,装运铁路货车用具的整车装车;新线、地方铁路分界站向新线、地方铁路的装车,以及由新线、地方铁路接入重车到达新线、地方铁路分界站的卸车,计算增加使用车和增加卸空车各一辆。

3. 卸空车数

卸空车数用卸车数($u_{卸}$)与增加卸空车数($\Delta u_{卸空}$)之和表示,即:

$$u_{卸空} = u_{卸} + \Delta u_{卸空} \tag{4-7}$$

增加卸空车数是指不按卸车数统计的卸空车数,与增加使用车数相类似,主要因货物倒装等原因而产生。

保证卸车任务的完成不仅可以加速货物送达,还可以避免重车积压,加速货车周转。重车卸后才可产生空车,因而卸车任务的完成又是完成排空任务和装车任务的重要条件。

4. 分界站交接空车数

每个车站、铁路局每日按车种别的装车数和卸车数一般不是相等的。为了保证不间断地按日均衡地完成装车任务,必须将卸车数大于装车数地区所产生的多余空车运送到装车数大于卸车数的地区,这种空车的调配工作称为空车调整。空车调整任务应按车种确定。局间移交空车的数量可由下式确定:

$$u_{交空} = u_{接空} + u_{卸空} - u_{使} \tag{4-8}$$

式中:$u_{接空}$——接空车数。

由于我国铁路货车全路通用,没有固定的配属站,且空车走行公里为非生产走行,不产生运输产品,因而空车调整存在优化问题。一般应以空车走行公里最少为主要优化目标。

5. 货车走行公里

1) 重车走行公里

重车走行公里是指运用货车在重状态下所走行的公里数。在数值上,它等于不同走行公里重车数与相应的走行公里数乘积之和。

2) 空车走行公里

空车走行公里是指运用货车在空状态下所走行的公里数。在数值上,它等于不同走行公里空车数与相应的走行公里数乘积之和。

3) 运用车走行公里

运用车走行公里是指运用车在重状态和空状态下所走行的公里数。在数值上,它等于重车走行公里与空车走行公里之和。

4) 空车走行率

空车走行率是指空车走行公里与重车走行公里的比值。

5) 管内工作车和移交车走行公里

管内工作车走行公里,即管内工作车在铁路局管内所走行的公里数,它等于自装自卸重车走行公里与接入自卸重车走行公里之和。移交车走行公里,即移交车在铁路局管内所走行的公里数,它等于自装交出重车走行公里与接运通过重车走行公里之和。

6. 货车周转时间及相关指标

1) 货车周转时间

货车周转时间是指货车每完成一个工作量平均消耗的时间(车辆日)。因而对于全路来说,货车周转时间是指货车从第一次装车完成时起,至下一次装车完成时止,所平均消耗的时间。对于铁路局来说,货车周转时间是指货车从第一次装车完成或接重时起,至下一次装车完成或接重时止,在铁路局管内消耗的时间。货车周转时间可采用车辆相关法和时间相关法两种方法计算。

(1) 车辆相关法。运用车数(N)、工作量(u)及货车周转时间(θ)三者之间的关系可以用下式表示:

$$\theta = \frac{N}{u} \tag{4-9}$$

利用车辆相关法计算货车周转时间,极为简便。中国铁路总公司、各铁路局在统计日、周、月、年完成的货车周转时间时都采用这种计算方法。

(2)时间相关法。货车完成一个周转所消耗的时间可分为以下三部分:

①在各区段的旅行时间($T_旅$)。

②在各技术站进行中转作业的停留时间($T_技$)。

③在货物装卸站的停留时间($T_货$)。

因此,按时间组成因素计算,货车周转时间可用下式表示:

$$\theta = \frac{1}{24}(T_旅 + T_技 + T_货) = \frac{1}{24}\left(\frac{l}{v_旅} + \frac{l}{L_技}t_中 + K_管 t_货\right) \quad (4-10)$$

式中:l——货车全周转距离(简称全周距),为货车一次周转平均走行距离,km;

$L_技$——货车平均中转距离(简称中距),表示货车平均走行多少公里中转一次,km;

$K_管$——管内装卸率,表示货车每完成一个工作量平均完成的货物作业次数;

$v_旅$——货车平均旅行速度(在计算中采用货物列车旅行速度的数值),km/h;

$t_中$——货车在技术站的平均中转时间,h;

$t_货$——货车一次货物作业平均停留时间,h。

全周距(l)的计算公式为:

$$l = \frac{\sum NS}{u} = \frac{\sum NS_重 + \sum NS_空}{u} = l_重 + l_空 = l_重(1+\alpha) \quad (4-11)$$

式中:$\sum NS$——货车总走行公里,车·km;

$\sum NS_重$——重车走行公里,车·km;

$\sum NS_空$——空车走行公里,车·km;

$l_重$——货车重周距,km;

$l_空$——货车空周距,km;

α——空车走行率。

中转距离($L_技$)为:

$$L_技 = \frac{\sum NS}{\sum N_技} \quad (4-12)$$

式中:$\sum N_技$——各技术站发出的中转车总数,或称总中转次数。

管内装卸率($K_管$)用总货物作业次数除以工作量表示,即:

$$K_管 = \frac{u_使 + u_卸空}{u} \quad (4-13)$$

对全路来讲,$u = u_使 = u_卸空$,所以$K_管 = 2$。对铁路局而言,$K_管$的数值在0~2之间变动。由于接运通过车流在管内没有装卸作业,接入卸车车流在管内只有卸车作业,自装交出车流在管内只有装车作业,因而铁路局的$K_管$一般小于2。通过车流比重越大,$K_管$越小。

用时间相关法计算货车周转时间,可分别对其各作业环节进行计算、分析,以便考核其各组成部分的完成情况,找出薄弱环节,提出改进措施。

2)管内工作车、移交车和空车周转时间

铁路局的运用车需按管内工作车、移交重车和空车三部分控制和考核。因而,需相应地计算管内工作车周转时间、移交车周转时间和空车周转时间,计算原理与货车周转时间相同。

7. 货车载重力利用指标

充分利用车辆的装载能力,可以用较少的运用车完成更多的运输任务。

(1) 货车静载重。货车静载重($P_{静}$)是指货车从装车车站出发时的平均载荷:

$$P_{静} = \frac{\sum P_{装}}{u_{装}} \tag{4-14}$$

式中:$\sum P_{装}$——装运货物吨数,t。

(2) 货车载重力利用率。货车载重力利用率($\lambda_{载}$)反映的是货车装载能力的利用程度:

$$\lambda_{载} = \frac{P_{静}}{P_{标}} \times 100\% \tag{4-15}$$

式中:$P_{标}$——货车标记载重,t。

8. 货车日车公里和货车日产量

(1) 货车日车公里($S_{车}$)是指每一运用货车每日平均走行公里数,它可根据货车周转时间和全周距计算,其计算公式为:

$$S_{车} = \frac{l}{\theta} \tag{4-16}$$

也可以根据货车总走行公里和运用车数计算,其计算公式为:

$$S_{车} = \frac{\sum NS}{N} \tag{4-17}$$

货车日车公里是表示货车运用效率的重要指标。在空车走行率一定的条件下,货车日车公里越大,表示货车运用成绩越好,为完成同样运输任务所需要的货车数也越少。

(2) 货车日产量($W_{车}$)是指平均每一运用货车在一昼夜内生产的货物吨公里数,它可按下式计算:

$$W_{车} = P_{动}^{运} \cdot S_{车} \tag{4-18}$$

式中:$P_{动}^{运}$——运用车动载重,指运用车 1km(包括空车走行)所完成的货物吨公里数,t。

货车日产量是从货车载重力和时间两个方面反映货车运用效率的综合性指标。

9. 运用车保有量

为了完成规定的运输任务,中国铁路总公司规定各铁路局应保有一定的运用车数,称其为运用车保有量。运用车保有量的标准数(N)根据工作量(u)和货车周转时间(θ)确定,即:

$$N = u\theta \tag{4-19}$$

全路运用车分为重车和空车,铁路局运用车分为管内工作车、移交重车和空车三部分。三种运用车保有量可分别按下列公式计算确定。

管内工作车保有量($N_{管内}$)为:

$$N_{管内} = u_{卸空} \theta_{管内} \tag{4-20}$$

移交车保有量($N_{移交}$)为:

$$N_{移交} = u_{移交} \theta_{移交} \tag{4-21}$$

空车保有量($N_{空}$)为:

$$N_{空} = u_{空} \theta_{空} \tag{4-22}$$

铁路局运用车保有量应等于上述三部分运用车数之和,即:

$$N = N_{管内} + N_{移交} + N_{空} \tag{4-23}$$

二、客车运用指标

1. 旅客列车车底周转时间

旅客列车车底周转时间(简称车底周转时间或车列周转时间),是指为了开行运行图中某一对旅客列车的车底,从第一次由配属站发出之时起,至下一次再由配属站发出之时止,所经过的全部时间。

在铁路运输工作中,由于客运工作和货运工作性质不同,所以客车的运用方式与货车的运用方式完全不同。一般客车都是预先编成固定的车列(车底),在它的配属站和固定的折返站之间,专为开行运行图中某一对列车(有时也可能是为开行某几对列车)而往复运行的。因此,车底周转时间的计算具有以下独特性。

(1) 不必计算平均每一客车的周转时间,而只需计算车底的周转时间。因为车底的周转时间就是车底之内每一客车的周转时间。

(2) 运行图中各对旅客列车的行程各不相等,需按每一对列车分别查定和计算。

(3) 直通旅客列车的行程,往往越过几个铁路局的管界,而一般又不必为每个铁路局查定如货车运用车那样的客车运用车数。因此,一般都不按铁路局计算车底平均周转时间。

车底周转时间($\theta_{车底}$)可按下式计算:

$$\theta_{车底} = \frac{2L_{客}}{v_{直达}} + t_{配}^{客} + t_{折}^{客} \tag{4-24}$$

式中:$L_{客}$——列车全程运行距离,km;

$v_{直达}$——旅客列车直达速度,km/h;

$t_{配}^{客}$——车底在配属站停留时间,h;

$t_{折}^{客}$——车底在折返站停留时间,h。

同货车周转时间一样,客车车底周转时间是考核客车运用效率的最重要的指标之一,它可反映车底周转全部过程的效率和所有与客运有关各部门的工作效率。

2. 旅客列车速度指标

旅客列车速度指标包括技术速度、旅行速度(也可称之为区段速度或商务速度)和直达速度,其中直达速度或称直通速度($V_{直}$)是指旅客列车在编组站和折返站之间的平均速度,也就是旅客列车在其运行全程的平均速度。在计算直达速度时,不仅要考虑旅客列车在各区段的运行时间和中间站停站时间,而且也要考虑在沿途各旅客站及其他大站的停站时间,即:

$$V_{直} = \frac{24L_{客}}{\sum t_{运转} + \sum t_{中停} + \sum t_{技停}} \tag{4-25}$$

式中:$\sum t_{运转}$——列车运行时间,h;

$\sum t_{中停}$——列车在中间站停站时间,h;

$\sum t_{技停}$——列车在中间站技术停站时间,h。

3. 载客人数和客座利用率

载客人数是反映客车容量利用程度的指标,可以按旅客列车平均载客人数及客车平均载客人数分别计算。

旅客列车载客人数($A_{列}$)是指在一定时期内,全路、一个铁路局平均每一旅客列车公里所完成的人公里数,其计算公式为:

$$A_{列} = \frac{\sum Al'}{\sum NL_{客}} \tag{4-26}$$

式中:$\sum Al'$——旅客周转量,人·km;

$\sum NL_{客}$——旅客列车公里总数,列车·km。

客车载客人数($A_{客车}$)是指在一定时期内,全路、一个铁路局平均每一客车公里所完成的人公里数,即:

$$A_{客车} = \frac{\sum Al'}{\sum NS_{客}} \tag{4-27}$$

式中:$\sum NS_{客}$——客车公里数,客车·km。

三、机车运用指标

机车是铁路运输的基本动力,线路上的列车运行、车站内外的调车作业都由机车来完成。机车的运用方式与货车不同,货车是在全路范围内通用,机车则配属于各铁路局所管辖的机务段,并在固定的区段内牵引列车,或在固定的站段担当调车作业或其他工作。

1. 机车运用数量指标

反映机车运用的数量指标有机车走行公里、机车牵引总重吨公里和机车供应台次三项。

1) 机车走行公里

机车走行公里($\sum MS$)是指机车运行的公里数。每1台机车运行1km即为1机车·km。由于机车所担当的工作种别不同,机车走行公里又可分为本务机车走行公里和辅助机车走行公里。按机车运用中是否产生实际走行公里又可分为沿线走行公里和换算走行公里。各种机车走行公里的分类及其关系如图4-4所示。

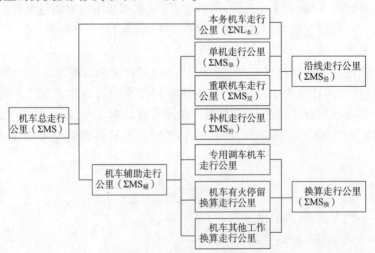

图4-4 机车走行公里分类及其关系

机车总走行公里为:

$$\sum MS = \sum NL_{本} + \sum MS_{单} + \sum MS_{双} + \sum MS_{补} + \sum MS_{换} \tag{4-28}$$

本务机车走行公里为：

$$\sum NL_{本} = N_1L_1 + N_2L_2 + \cdots + N_nL_n \quad (4-29)$$

沿线走行公里为：

$$\sum MS_{沿} = \sum NL_{本} + \sum MS_{单} + \sum MS_{双} + \sum MS_{补} \quad (4-30)$$

换算走行公里是指机车处于某种状态并不产生走行公里或所产生的走行公里无法计算（如调车机车进行的调车工作），只能按机车小时换算为机车走行公里。

2）机车牵引总重吨公里

总重吨公里（$\sum QS_{总}$）表示机车牵引货物列车所完成的工作量，其值等于机车牵引总重（即列车总重，在统计日常完成的工作量时，还包括单机附加的质量）和它的走行公里乘积之和，即：

$$\sum QS_{总} = Q_1S_2 + Q_2S_2 + \cdots + Q_nS_n \quad (4-31)$$

3）机车供应台次

机车供应台次（$U_{供应}$）表示1昼夜内全部机车在担当的牵引区段内的总周转次数。机车在牵引区段每往返1次，为供应1台次。实行循环运转制的机车，每经过机务段所在站1次，为供应1台次。在1昼准备内如只有往程或返程时，为0.5台次。实行肩回运转制的机车，每周转1次即完成牵引1对列车的任务，亦算供应1台次。故每1区段的机车供应台次可按下式计算：

$$U_{供应} = n + n_{双} \quad (4-32)$$

式中：n——列车对数；

$n_{双}$——双机车牵引的列车对数。

2. 机车运用质量指标

反映机车运用效率的质量指标包括机车全周转时间、机车日车公里、列车平均总重和机车日产量等。

1）机车全周转时间

机车全周转时间（$\theta_{机}$）是从时间上反映机车运用效率的指标，是指机车作业完成返回基本段经过闸楼时起，至下一次作业完了返回基本段经过闸楼时止的全部时间，即：

$$\theta_{机} = \frac{L}{v_{旅}^{机}} + t_{本} + t_{折} \quad (4-33)$$

式中：L——机车周转距离，km；

$t_{折}$——机车在折返站及所在站停留时间，h；

$t_{本}$——机车在本段及所在站停留时间，h；

$v_{旅}^{机}$——机车旅行速度，km/h。

2）机车日车公里

机车日车公里（$S_{机}$）是指全路、铁路局或机务段平均每台货运机车每天走行的公里数，其值可按如下公式计算：

$$S_{机} = \frac{\sum MS_{沿} - \sum MS_{补}}{M_{货}} \quad (4-34)$$

或

$$S_{机} = \frac{2L \times 24}{\theta_{机}} \qquad (4-35)$$

式中：$M_{货}$——运用货运机车台数。

3) 列车平均总重

列车平均总重（$Q_{总}$）是指全路、铁路局或机务段平均每台本单位机车牵引列车的总质量（包括货物质量和车辆自重），即：

$$Q_{总} = \frac{\sum QS_{总}}{\sum NL_{本}} \qquad (4-36)$$

式中：$\sum QS_{总}$——总重，t；

$\sum NL_{本}$——本单位列车总数，列。

列车平均总重反映机车牵引力的利用程度，它直接影响到列车次数、机车台数、机车乘务组数，以及其他有关支出的大小，是衡量机车运用效率的一个重要指标。

4) 机车日产量

机车日产量（$W_{机}$）是指平均每台货运机车每日生产的总重吨公里数，即：

$$W_{机} = \frac{\sum QS_{总}}{M_{货}} = \frac{Q_{总} S_{机}}{1 + \beta_{辅}} \qquad (4-37)$$

$$\beta_{辅} = \frac{\sum MS_{双} + \sum MS_{单}}{\sum NL_{本}} \qquad (4-38)$$

式中：$\beta_{辅}$——单机和重联机车走行率。

由式(4-37)可以看出，$W_{机}$综合反映了列车平均总重、机车日车公里和单机和重联机车走行率三个方面的关系，是考核机车运用质量的一个综合性指标。

第四节　铁路运输列车编组计划

一、铁路运输旅客列车编组计划

1. 列车编组计划

在铁路运输中，将由车列和机车组成的基本输送单元称为列车。因此，在铁路运输线上，以实现客流和货流流动，即运输对象位移为目的的动态流是以列车为个体的列车流。规定铁路客、货列车开行方案及客车或货车组成客车车底和货车车列办法的技术文件称为列车编组计划。铁路运输列车编组计划由旅客列车编组计划和货物列车编组计划两部分组成。

2. 旅客列车开行方案

铁路运输旅客列车编组计划是用以规定旅客列车开行方案及旅客列车编组内容的技术文件，其中旅客列车开行方案是指规定旅客列车运行区段、列车种类及其开行对数的计划。旅客列车始发站、终到站及经由线路构成了旅客列车的运行区段，列车种类用于区分列车的等级或性质，而开行对数表示行车量的大小。

以旅客列车始发站、中途停靠站和终到站为节点,以旅客列车站间运行区段为边而构成的网络图称为铁路旅客列车运行线路网络。显然,这一网络的结构与社会的各个方面密切相关。在制订旅客列车开行方案、铁路旅客列车运行线网络时,必须以铁路客流量为依据,以方便旅客旅行、满足社会各个方面需要为目的,并兼顾铁路运输企业的效益。因此,制定铁路旅客列车运行线路网络的目标应该是:

(1)旅客列车运行径路必须与主要客流方向一致,以满足旅客乘车旅行的需要。

(2)尽可能以直达运输的方式组织旅客运输,在一定客流结构条件下,使旅客换乘总次数最少,或吸引直达客流量为最大。

(3)使旅客列车运行线路客流分布较为均匀,以充分发挥铁路运输设备的运输能力。

(4)尽可能按最合理径路布设旅客列车运行线路,使旅客乘车旅行总时间最短。

由此可见,制作铁路旅客列车运行线路网络问题实质上是一个优化问题。

开行不同种类的旅客列车是不同时期、不同地区社会经济形势的需求。在制订旅客列车开行方案时,动车组、特快、快车和普快吸引客流的比例,可根据客流统计资料提供的经验值再参照发展情况取定。一般来说,首都与省会之间,各大城市之间应有动车组、特快和快车,以较高级列车输送大城市间的直通客流,以较低级列车输送沿线短途客流。

旅客列车对数确定得是否合理,也是衡量旅客列车开行方案编制质量的重要标志之一。它既要适应客流量的需要,又要使客运设备得到经济合理的利用。旅客列车行车量计算的一般公式为:

$$N = \frac{A}{\alpha_{均}} \tag{4-39}$$

式中:A——两间站的计划客流密度,人/d;

$\alpha_{均}$——列车平均定员人数,人/列;

N——列车数,列/d。

3.旅客列车编组内容

目前,我国铁路旅客列车的编组是固定的。编组固定包含三层含义:一是每对列车的编组辆数固定;二是每对列车的编组结构固定;三是每对列车的车辆及顺序固定。因此,形成了旅客列车的固定车底。车底的组成根据客流密度、列车种类、机车功率、线路坡度、站线长度和站台长度等因素确定,每对列车都不尽相同。

旅客列车编组一般应包括软、硬座席车,软、硬卧铺车以及餐车。旅客列车除餐车需编入外,座、卧车的编组可有全座席车、全卧铺车和座、卧兼有三种编组方式。

按照我国铁路对旅客列车质量标准的规定,旅客列车编组辆数,动车组为8辆、16辆和17辆三种固定编组,特直快列车为15~20辆,普通旅客列车为15辆。

二、铁路运输货物列车编组计划

1.货物列车编组计划的意义

铁路网上有为数众多的车站,每天要装大量货车。这些车站所装的货车到达站遍及全路,数量有多有少,运距远近不一。如何迅速而又经济地将各站装出的重车运送到卸车站,并将卸后空车回送到装车站,是铁路运输组织工作中的一个十分重要而又极其复杂的问题。

铁路货物列车编组计划(表4-1)是规定货车编入列车和向目的地输送办法的铁路运输技术管理文件,它包括以下两个方面的内容。

列车编组计划表　　　　　　　　　　　　　　　表4-1

发　　站	到站	组织内容	列车种类	定期车次	附　　注
阳泉	青岛	青岛卸3000t	始发直达	85001	
门头沟—木城涧	济南	济南及其以远	阶梯直达		
石家庄	济南	济南及其以远	直通		
石家庄	德州	①德州及其以南; ②德州以北	区段		
石家庄	德州	束鹿—八里庄间站顺	摘挂	40001	
石家庄	衡水	土贤庄—衡水间站顺	摘挂	40058	
石家庄	山海关	①山海关及其以远; ②空车(不包括空敞车)	技术直达		
秦皇岛	山海关	①山海关及其以远; ②空车(敞车单独成组)	区段小运转		每日一列

1)规定列车的编组站和到达站

把各站每天产生的车流编入不同去向列车并送往目的地,可以有两种简单的组织方法:一种办法是每一车站按各支车流的去向分别编组直达列车,由装车站直接送到卸车站;另一种办法是把各站装车的同一方向的重车,不分数量多少和去向远近,都编入开往前方技术站的列车,在沿途各区段站、编组站进行改编作业,然后送到卸车站。

采用第一种组织方法可以避免货车在沿途各技术站进行改编作业,从而压缩货物在途时间,并减少沿途各技术站的调车工作量,但在装车站由于受货流量和装车条件的限制,为了凑集成列,往往要产生很长的货车集结停留时间,且车流越小,集结时间越长。同时,如卸车站不具备整列或成批作业的条件,货车亦将产生很长的待卸停留时间。

采用第二种组织方法,固然可以缩短货车在车站的集结停留时间,但却大大延长了途中运送时间,并显著增加了沿途各区段站、编组站的调车工作量。很明显,这两种极端的车流组织方法既不合理又不经济,都是不可取的。合理的解决方法应该是根据具体情况,在装车地把较大的车流组织为直达列车,直接送到目的地,而将其余车流送往技术站集中,然后由技术站编入适当的列车,逐步转送到目的地。

2)规定列车内车辆的编组办法

车辆编组办法有两种,即所有车辆混编不分组,或按车辆的去向进行分组。由此可见,货物列车编组计划实质上就是铁路车流组织的规划,它规定全路重空车流编入列车向目的地运送的最合理办法,即规定在哪些车站编组列车,编组到达哪些车站的列车和列车包含的车流内容及其编组办法。

货物列车编组计划由装车地直达列车编组计划和技术站列车编组计划两部分组成。在列车编组计划中开行的货物列车种类如图4-5所示。

在装车地直接组织的列车有始发直达列车、阶梯直达列车和整列短途列车。始发直达列车是指在一个装车站编组,通过一个或一个以上编组站不进行改编作业的列车;阶梯直达列车是指在几个车站装车,通过一个或一个以上编组站不进行改编作业的列车;整列短途列车是指在一个或几个相邻车站装车,不经过编组站、运行距离较短的列车。

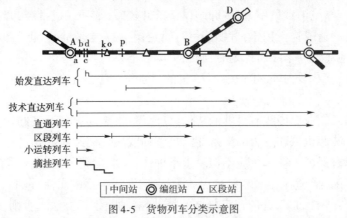

图4-5 货物列车分类示意图

在技术站编组的列车有技术直达列车、直通列车、区段列车、摘挂列车和小运转列车。技术直达列车是指在技术站编组,通过一个或一个以上编组站不进行改编作业的列车;直通列车是指在技术站编组,通过一个或一个以上区段站不进行改编作业的列车;区段列车是指在技术站编组,到达前方第一个技术站解体,在区段内不进行车辆摘挂作业的列车;摘挂列车是指在技术站编组,在区段内各中间站进行摘挂作业的列车。小运转列车包括枢纽小运转列车和区段小运转列车两种,在枢纽内各站间开行的列车称为枢纽小运转列车,在技术站和邻接区段内个别中间站之间开行的列车称为区段小运转列车。

按照列车内的车组数和在途中是否进行车组换挂作业加以区分,列车还可分为单组列车和分组列车。单组列车包含的车辆全部为到达列车解体站及其以远的车辆,编组内容在运行途中不发生变化。分组列车包含的车辆一部分到达途中技术站及其以远,一部分到达列车解体站及其以远,并且分别选编成组,在运行途中技术站要进行车组的换挂作业,编组内容将发生变化。

货物列车编组计划具体规定了各个货物站和技术站编组列车的种类、到站和编组办法,因此是车站制订设备运用方案和作业组织方案的一项重要依据。

2.装车地直达列车编组计划

1)组织装车地直达列车的条件

(1)组织装车地直达列车的优点。

装车站产生的直达车流,如果不组织始发直达列车,那么将与非直达车流合并开行非直达列车,或者挂入通过该站的摘挂列车送往前方技术站,然后逐步向卸车站运送。装车站将直达车流直接组成始发直达列车,则可能在沿途所有技术站无改编通过,或者在沿途一部分技术站无改编通过。这是一种经济有利的车流组织形式,它具有下列优点:

①大大减少了有关技术站的改编调车工作量和有关区段内的摘挂列车数量,因而可缓和铁路通过能力利用的紧张程度。大量组织始发直达列车,可有效减轻技术站的改编作业负担。

②加速车辆周转和货物的送达,从而提高车辆运用效率,加速货物和资金的周转。

③有些始发直达列车能直接配合生产的需要运送货物,从而使生产—运输—生产的过程更好地衔接起来。

（2）装车地直达列车编组计划的条件。

在装车地组织直达列车，并不是在任何条件下都是经济有利的。例如，企业仓储设备容量不足，每日生产量或消费量不大，装卸站设备条件较差，整列或成批装卸需要时间长等，组织直达列车就可能造成物资积压，货物停留时间延长，甚至会给企业和装卸站带来困难。所以，在确定装车地直达列车编组计划时，必须考虑以下条件：

①货源充足，流向集中。有集中而稳定的货源货流，是组织装车地直达列车的重要条件。

②装卸车站或企业专用线有足够的货位、场库设备、装卸设备及装卸能力。装卸线的长度、场库的容量、装卸机械和劳力的配备能满足整列或成批装卸的需要。

③空车供应有保证。空车供应不但要求车种适合、数量充足，而且要求配送及时。

④直达列车在运行途中是否需要变更质量标准，有无合适的车流补轴。直达列车在运行途中变更质量次数不能过多，并应拟定具体的补轴、减轴及编组办法。否则，运行距离长的直达列车会因多次变重而延长在途时间，有时还会因作业不便，无合适车流补轴而被提前解体。

⑤邻近编组站的设备特点及改编作业能力利用情况。当工矿地区的铁路与专用铁道联轨的车站有较多的配线时，为了减轻邻近编组站的改编作业负担，对于所产生的大股车流，可以采取循环集结的方法全部组织装车地直达列车。这种做法，虽有大量的集结车小时消耗，从装车站看可能是不利的，但它有助于解决邻近编组站改编能力不足的问题，从整体看仍然可能是有利的。

综上所述，在制订装车地直达列车编组计划时，应对列车的装车站、运行途中、到达站各个环节的条件加以分析比较，以确定最合理的组织方法。

2）始发直达列车组织方案的选择

从发站来看，有由一个装车站组织的直达列车，也有由几个装车站联合组织的直达列车。当由一个装车站组织直达列车时，又可分为在一个地点装车或在几个地点装车的不同形式。从到站来看，有直达一个卸车站一个地点或几个地点的直达列车，也有直达几个卸车站的直达列车，还有到达技术站解体的直达列车。

当装车站的直达车流去向及数量、装车设备及作业条件一定时，不同的直达列车组织方式所产生的消耗（停留车小时及其他等）是不同的。因此，确定组织始发直达列车的装车站时，应根据直达车流和组织直达列车的各项作业时间等具体条件，通过分析和计算比较，选出最有利的方案，并作为编制始发直达列车编组计划的基础。

3）空车直达列车

组织始发直达列车所需要的空车，一般以空车直达列车的方式组织供应。空车直达列车应按重车直达列车需要的车种进行组织，所以大部分空车直达列车系由同一种空车组成。例如，送往石油装车站的空车直达列车由空罐车组成，送往煤矿装车站的空车由空敞车组成。空车直达列车的编成辆数，一般按运行区段的列车计长确定，但向组织原列折返装车站供应的空车直达列车，其编成辆数与重车直达列车的编成辆数相同。

组织空车直达列车输送空车，保证始发直达列车装车需要是一个硬性要求，但空车直达列车的组织地点是可以选择的。组织空车直达列车最适宜的地点是有大量卸车的卸车站。因为这些车站卸车的数量大，空车来源稳定可靠，集结空车直达列车所消耗的车小时不多，组织空车直达列车比较有利。对于有大量卸车的铁路枢纽,如卸车比较分散,则可指定枢纽中收集空车比较方便且具有编组能力的车站编组空车直达列车。

不组织空车直达列车时,空车和重车混合编组,挂至前方的空车编组站。但是,最前方(即最后一个)的空车编组站必须将该站产生的后方站送来改编的空车全部编入空车直达列车,发往直达列车装车站。

3. 技术站单组列车编组计划

1) 技术站间计划车流

计划车流是编制货物列车编组计划的依据,其准确与否,对列车编组计划的质量有直接影响。在实际工作中,一般根据车流规律,选用能够反映出整个编组计划实行期间车流特点的某一季度的日均车流作为基础,通过经济调查、分析比较、各局互相核对、综合平衡等过程,最后确定各铁路方向总的重空车流量。

计算技术站货物列车编组计划所采用的车流是技术站间的车流。每个技术站发出的车流,包括该站及其后方最近技术站间所有各站和衔接支线发出的车流。每个技术站到达的车流,包括到达该站及其与前方最近技术站间所有各站和衔接支线的车流。例如,由技术站 B 发往技术站 D 的车流共 200 辆,它的组成情况可用图 4-6 中箭头表示。

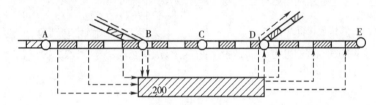

图 4-6 车流 N_{B-D} 组成情况示意图

技术站间车流表一般分方向编制,其格式见表 4-2。

A—E 方向技术站间车流表(单位:辆)　　　　　表 4-2

发	到					
	A	B	C	D	E	合计
A	—	150	300	100	150	700
B	90	—	200	80	120	490
C	150	50	—	70	200	470
D	200	110	80	—	90	480
E	300	85	250	115	—	750
合计	740	395	830	365	560	2890

为醒目起见,根据车流表给出的车流还应分别按上下行方向绘制车流梯形图,其形式如图 4-7 所示。

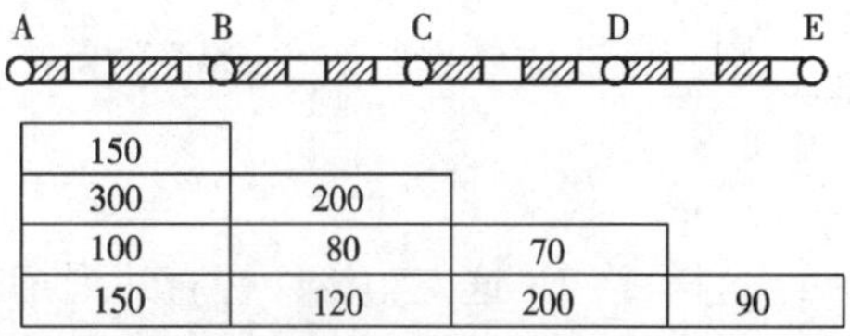

2) 货车集结停留时间

技术直达列车必须由同一去向的车流组成,才可能在途中通过一个或一个以上的编组站而不进行改编作业。同时,技术直达列车必须符合规定的列车牵引定数标准,以充分利用机车牵引力

图 4-7 车流梯形图(单位:辆)

和区段通过能力。某一去向的车流，除一部分可能由车站自装外，其余都是随到达解体列车陆续到达车站的，这些车流经过解体、集结满轴后才能用以编组直达列车，由此就产生了货车集结停留时间。一个编组去向(到达站)一昼夜的货车集结停留时间($T_集$)用 cm 表示，其中 c 为集结系数，m 为列车编成辆数。

3) 货车无改编通过技术站节省时间

货车编入直达列车无改编通过沿途技术站时，只办理无改编中转列车技术作业。如果不编入这样的直达列车，那么在沿途技术站上就要进行到达、解体、集结、编组、出发等有调中转车的技术作业。显然，在后一种情况下，货车在沿途技术站的停留时间远比无改编通过时间长。这就是说，货车编入直达列车无改编通过沿途技术站可以节省车小时。

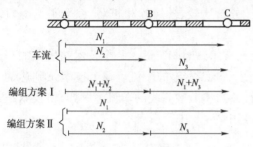

图 4-8 A—C 方向编组方案图

如图 4-8 所示，以具有 A、B、C 三个技术站的 A—C 铁路方向为例：在该方向上共有三支车流，A 到 C 的车流为 N_1，A 到 B 的车流为 N_2，B 到 C 的车流为 N_3。三支车流可有两个编组方案，其一为 N_1 和 N_2 合并由 A 站开到 B 站，而后 N_1 再和 N_3 合并，由 B 站开到 C 站；其二为 N_1、N_2、N_3 都单开。

设 B 站的无调中转车平均停留时间为 $t_{无调}$，有调中转车平均停留时间为 $t_{有调}$，则 A 站 N_1 编组直达列车无改编通过 B 站时，这支车流本身所得到的时间节省为：

$$t_节 = N_1(t_{有调} - t_{无调}) \tag{4-40}$$

但是，N_1 车流直达以后，将引起 B 站的集结车流量发生变化，以致使每车平均集结停留时间延长。如果 A—C 不开直达列车，A 站将 N_1 与 N_2 合并开到 B 站，在 B 站进行改编，然后再加 N_3 合并开到 C 站，这时 B 站开到 C 站的车流量将为 N_1+N_3，那么 B 站每一货车的平均集结停留时间为：

$$t_集 = \frac{cm}{N_1+N_3} \tag{4-41}$$

由于开了 A—C 直达列车，N_1 这支车流无改编通过 B 站，因而使 B 站集结开往 C 站的车流只剩下 N_3，这时每车的平均集结停留时间($t_集'$)为：

$$t'_集 = \frac{cm}{N_3} \tag{4-42}$$

也就是说，A 站开行 A—C 直达列车后，N_3 这支车流在 B 站的每车集结停留时间将会有所延长，其数值为：

$$t'_集 - t_集 = \frac{cm}{N_3} - \frac{cm}{N_1+N_3} = \frac{N_1 t_集}{N_3} \tag{4-43}$$

因此而造成的集结车小时损失为：

$$N_3 \times \frac{N_1 t_集}{N_3} = N_1 t_集 \tag{4-44}$$

这样，当 N_1 这支车流开行直达列车时，无改编通过 B 站实际所得的节省($N_1 t_节$)应为：

$$N_1 t_节 = N_1(t_{有调} - t_{无调}) - N_1 t_集 = N_1(t_{有调} - t_{无调} - t_集) \tag{4-45}$$

因此,每一货车平均节省时间($t_节$)应为:
$$t_节 = t_{有调} - t_{无调} - t_集 \tag{4-46}$$
货车无改编通过技术站节省时间 $t_节$,应根据每一个技术站情况分别确定。

4)开行直达列车的基本条件

在技术站编组某一去向的列车时,车流是陆续到达的。车站必须将这些车流划分出来单独集结,等凑足整列后才能编组,因而每编组一种列车(或称一个去向列车),就要产生一种列车(或一个去向列车)货车集结停留时间。但是,由于编组技术直达列车可以无改编通过沿途各技术站,从而可以起到加速货车周转和减少调车工作量的作用。

这样,为判定开行技术直达列车是否有利,就须将货车在列车编成站上的集结车小时损失与在沿途技术站无改编通过所得到的车小时节省加以比较,如果得大于失,或得失相当,则开行直达列车是有利的,否则就是不利的。据此,开行直达列车的基本条件可以用下式表示:
$$N_直 \sum t_节 \geq T_集 \tag{4-47}$$
式中:$N_直$——某一编组去向一昼夜的车流量;

$\sum t_节$——货车无改编通过沿途技术站所节省的时间。

因为 $T_集 = cm$,所以,上式也可以写成:
$$N_直 \sum t_节 \geq cm \tag{4-48}$$

例如,在 A—D 铁路方向上(图 4-9),车流 N_{A-D} 为 200 车,B 站和 C 站的 $t_节$ 分别为 3.0h 及 2.5h,集结系数 c 为 10h,列车编成辆数 m 为 50,则有:
$$N_直 \sum t_节 = 200 \times (3 + 2.5) = 1100(车·h)$$
$$cm = 10 \times 50 = 500(车·h)$$

显然,车流 N_{A-D} 满足开行直达列车的基本条件。

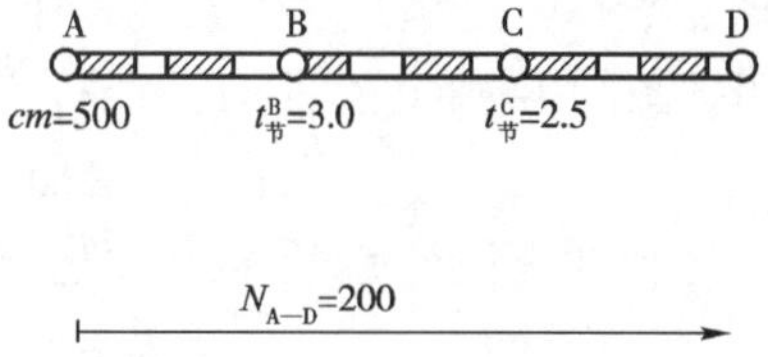

图 4-9　A—D 铁路方向车流示意图

5)确定技术站单组列车编组计划最优方案的原则

开行直达列车的基本条件只能判明某支车流是否适宜划分出来单独开行直达列车问题。实际上,同一车站发出的各支车流在编组方法上是相互联系的,整个方向上各车站车流的运行也是相互接续的。有些车流可能单独开行有利,而有些车流可能合并开行有利,而且车流组合方式又是多种多样的。如果运用上述条件孤立地对各支车流进行研究,往往并不能得出正确的答案。

【例4-1】　A—D 方向各站发出的车流及其有关计算数据如图 4-10 所示,设 $cm_A = 600$ 车·h,$cm_B = 540$ 车·h,$t_节^B = 4h$,$t_节^C = 3h$,则用开行直达列车的基本条件进行检查有:
$$N_1 \sum t_节 = 90 \times (4+3) = 630(车·h)$$
因为 $630 > cm_A > cm_B$,所以 N_1 车流满足了基本条件;
$$N_2 \sum t_节 = 150 \times 4 = 600(车·h)$$
因为 $600 = cm_A > cm_B$,所以 N_2 车流也满足了基本条件。

直达车流 N_4 的数量很小,显然应使之与车流 N_5 合并。如果指定 N_1、N_2 都开行直达列车,即 A—D 方向采用列车编组方案 I 时,可节省车小时如下:
$$[90 \times (4+3) - 600] + [150 \times 4 - 600] = 30(车·h)$$

但是，如果指定 N_1 与 N_2 合并开到 C 站，使 N_2 在 C 站改编一次，即采用编组方案 Ⅱ 时，则可节省车小时如下：

$$(90 + 150) \times 4 - 600 = 360 (\text{车} \cdot \text{h})$$

显然，N_1 与 N_2 合并比 N_1、N_2 单开有利。

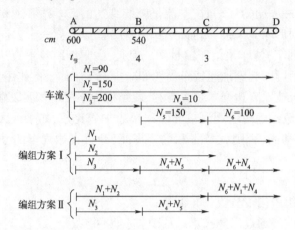

图 4-10 A—D 方向车流及编组方案图 1

【例 4-2】 A—D 方向的 N、$t_节$、$T_集$ 如图 4-11 所示，用开行直达列车的基本条件进行检查时，只有 N_1 能满足这一条件。如果指定 N_1 开行直达列车，N_2、N_4 分别与短途车流 N_3、N_5 合并，即采用编组方案 Ⅰ 时，可节省车小时如下：

$$110 \times (3 + 4) - 600 = 170 (\text{车} \cdot \text{h})$$

但如果使车流 N_1 也与短途车流 N_3 合并开到 B 站改编，因为：

$$(N_1 + N_4)t_节 = (110 + 130) \times 4 = 960 > 540$$

所以，$N_1 + N_4$ 满足开行直达列车的基本条件。这时车流 N_1 可以与 B 站产生的车流 N_4 合并开到 D 站，即采用编组方案 Ⅱ，它可节省的车小时为：

$$(110 + 130) \times 4 - 540 = 420 (\text{车} \cdot \text{h})$$

这说明，N_1 与 N_4 合并开行直达列车要比 N_1 单开更为有利。

【例 4-3】 A—D 方向的 N、$t_节$、$T_集$ 如图 4-12 所示，用开行直达列车的基本条件进行检查时，任何一个单支车流都不能满足开行直达列车的基本条件。如不考虑开行直达列车，即采用编组方案 Ⅰ，由于没有车小时节省，方案的总消耗等于直达列车编成站集结车小时消耗与直达车流在沿途技术站改编车小时消耗之和，即：

$$\text{方案总消耗} = \sum Kcm + \sum N_{改编} t_节 \quad (4\text{-}49)$$

式中：K——车站编组的直达列车去向数；

$N_{改编}$——各站改编的直达车流量。

如表 4-3 所示，方案 Ⅰ 的总消耗为 1500 车·h，而编组方案 Ⅱ（N_1 和 N_2 合并开行 A—C 去向直达列车）为 1320 车·h，因而方案 Ⅱ 较方案 Ⅰ 总消耗减少 180 车·h；方案 Ⅲ 为 N_1 与 N_4 合并开行 B—D 去向直达列车的编组方案，总消耗为 1340 车·h，因而方案 Ⅲ 较方案 Ⅰ 总消耗减少 160 车·h。

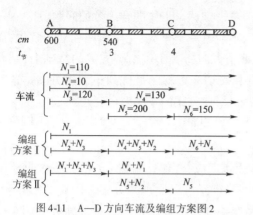

图 4-11　A—D 方向车流及编组方案图 2

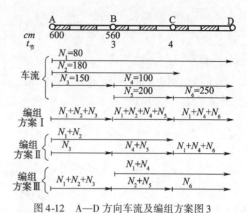

图 4-12　A—D 方向车流及编组方案图 3

编组方案车小时计算表　　　　　　　　　　　　　　　表 4-3

方案	节省车小时 $\sum N_直 t_节 - Kcm$	消耗车小时			改编车数	
		直达去集结车小时 $\sum Kcm$	改编车小时 $\sum N_{改编} t_节$	合计	在 B 站	在 C 站
Ⅰ	—	—	$N_1(t_节^B + t_节^C) + N_2 t_节^B + N_4 t_节^C$ $= 240 + 320 + 540 + 400$ $= 1500$	1500	$N_1 + N_2$ $= 80 + 180$ $= 260$	$N_1 + N_4$ $= 80 + 100$ $= 180$
Ⅱ	$N_1 t_节^B + N_2 t_节^B - cm_A$ $= 80 \times 3 + 180 \times 3$ $- 600$ $= 180$	$cm_A = 600$	$N_1 t_节^C + N_4 t_节^C$ $= 320 + 400$ $= 720$	1320	—	$N_1 + N_4$ $= 80 + 100$ $= 180$
Ⅲ	$N_1 t_节^C + N_4 t_节^C - cm_B$ $= 320 + 400 - 560$ $= 160$	$cm_B = 560$	$N_1 t_节^B + N_2 t_节^B$ $= 240 + 540$ $= 780$	1340	$N_1 + N_2$ $= 80 + 180$ $= 260$	—

通过上述比较证明,在本例采用开行 A—C 直达列车的编组方案(即编组方案Ⅱ)是适宜的。因为方案Ⅱ相比其他两个方案可以节省较多的车小时,或者说,同其他两个方案相比,方案Ⅱ消耗的车小时数量最少,在加速货车周转方面,可以得到较好的效果。

从以上所举的三个例子中可以看出,满足开行直达列车基本条件的车流(如例 4-1 和例 4-2 中的 N_1)不一定必须划为单独的去向。同时,某一去向的单支车流虽然不满足开行直达列车的基本条件,但与其他车流联合后满足这一条件时(如例 4-2 中的 N_4,例 4-3 中的 N_2),编组方案中也可能要规定开行这一去向的直达列车。

同时,列车编组方案在一定程度上也就是技术站间的分工方案。在整个方向上,某些去向列车编组办法的变更,会使其他去向列车的编组条件发生变化;某一车站列车编组方案的变动,会使其他车站的调车工作量发生变化。如例 4-3 中,三个编组方案的车流组合方式不同,决定着各站所编列车去向数不同,亦即所需编组线数不同;直达列车开行办法不同,决定着各站的改编作业车数不同,亦即各站的调车工作量不同。在编组方案Ⅲ中,A 站的编组去向数量最少,需要的编组线数和集结小时消耗最少,但在 B 站将产生大量的调车工作和改编车小时消耗。相应地,由于 B 站去 D 站的车流强度增加,使 B—D 去向满足了开行直达列车的基本条件,从而又大大减轻了 C 站的调车工作量和改编车小时消耗。因此,编组计划方案的选择,不能单纯地从节省车小时着眼,还必须考虑到调车工作的合理分配问题。

综上所述,技术站货物列车编组计划的制订,不能就一支车流、一个车站孤立地解决,而必须从整个方向全面地加以考虑。在综合研究整个方向所有车流组合方案的基础上,结合各技术站的设备和工作条件,从中选择既经济有利又切实可行的最优列车编组方案。这就是说,最优方案一方面能保证有尽可能大的经济效果,使方案的车小时消耗总额最小,即:

$$\sum Kcm + \sum N_{改编}t_节 = 最小值 \qquad (4-50)$$

或使方案节省的车小时总额最大,即:

$$\sum N_直 t_节 - \sum Kcm = 最大值 \qquad (4-51)$$

另一方面,它能与方向上各技术站的设备能力相适应,合理分配各站间的调车作业量。

在实际工作中,车小时消耗最小的方案,并不一定是可以实现的方案。因此,考虑到实际执行的可能性,往往要选择车小时消耗与之接近并能在各技术站间最合理地分配调车工作量的方案。

6) 整个铁路方向单组列车编组计划的可能编组方案数

在具有 4 个技术站的 A—D 方向上,各技术站间的车流如图 4-13 所示。图中 1、2、3、4 为站名代号;N_{1-4} 表示由第 1 站发往第 4 站的车流,箭头表示列车编组去向;2+3,4 为车流组合方案特征,数字表示开到有关车站的车流,即 2+3 表示第 1 站开到第 3 站的车流编入到达第 2 站解体的列车内,在第 2 站进行改编,4 表示第 1 站开到第 4 站的车流单独编组列车,直接开往第 4 站。由图 4-13 可见,当方向上有 4 个技术站时,第 1 站的车流共有 3 支,可以有 5 个组合方案;第 2 站的车流共有 2 支,可以有 2 个组合方案;第 3 站只有 1 支车流,也只能有 1 个组合方案。对整个方向来说,编组方案是由各技术站车流组合方案相互衔接与配合而构成的。例如,第 1 站为 2+3+4;第 2 站为 3,4;第 3 站为 4 等。因而,各站的车流组合方案的乘积,就是整个方向可能有的编组方案数。当方向上有 4 个技术站时,在数学上可能有的编组方案数应为 5×2×1=10 个。

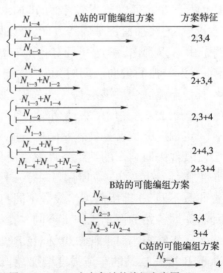

图 4-13　A—D 方向各站的编组方案图

当方向上有5个技术站时,第1站共有4支车流,4支车流在数学上可能有的编组方案数为15个,则整个方向上可能有的编组方案数为 $15 \times 5 \times 2 \times 1 = 150$ 个。随着铁路方向上的技术站数目的增加,可能的编组方案数将随之迅速增加。例如,6个技术站的方向上有7800个可能的方案;方面上有7个技术站时,整个方向可能的编组方案数将超过百万个。

4. 技术站分组列车编组计划

分组列车是指在列车内至少有两个去向(到站)远近不同的车组,在沿途技术站至少进行一次车组换挂作业的列车。

为了减轻解体站的作业负担,有些单组列车也对列车中的车辆进行分组,但单组列车的到站是一个,一经到站即行解体,所以分组列车和单组列车的车辆分组是有本质区别的,不应混淆。

分组列车中包含有两个及以上的车组,其中到达列车终到站的远程车组作为基本车组,到达沿途技术站的近程车组称为补轴车组。对分组列车进行成组甩挂作业的沿途技术站称为车组换挂站。分组列车由技术站编组出发,在沿途站经过一次或几次车组换挂后,分组列车逐渐变为单组列车的形式,最后到达技术站解体。分组列车的组织办法如图4-14所示。

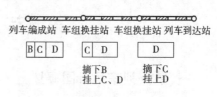

图4-14 分组列车组织办法示意图

分组列车是一种较好的车流组织形式,它有以下几方面的效果。

(1)减少货车集结时间。当合并几个单组列车到达站来编组分组列车时,可以把集结几个单组列车的车小时消耗 cm 减少为集结几个车组的车小时消耗 $cm_组$。

(2)减轻沿途技术站的调车工作负担。编组单组列车时,在技术站须对整个列车进行改编作业,而编组分组列车则只需对所摘挂的车组进行编解作业及简单的车组换挂作业。

(3)加速货车输送。编组分组列车可以延长列车的运行距离,其中基本车组在沿途缩短了停留时间。

用分组列车来代替单组列车并不是在任何情况下都是经济有利和切实可行的。例如,编组分组列车在列车编成站的调车作业将有所增加;在换挂站的中转停留时间将因摘挂车组作业而较无改编中转时有所延长;如果车组换挂不及时,或无适当车流换挂,还会发生欠轴运行或提前解体等情况。同时,编组分组列车时,还要求列车的编成站有较多的编组线和较大的改编能力,车组换挂站有稳定的加挂车流,方便车组换挂的车场和线路,以及准确的预确报和良好的作业组织等。所以,应当根据具体的车流特点和车站技术设备条件,采用适宜的分组列车形式。

单组列车的编组方案很多,分组列车的编组方案数更多。因此,同时综合选择单组列车和分组列车的最有利编组方案将是非常复杂的。目前,我国铁路采用分阶段研究的方法,亦即先研究单组列车编组方案,并在选定有利方案以后,研究以分组列车代替某些到达站的单组列车是否有利。通常可有以下两种情况:

(1)合并两个或几个单组列车到达站为一个分组列车到达站(图4-15)。

(2)衔接两个或几个单组列车到达站为一个分组列车到达站(图4-16)。

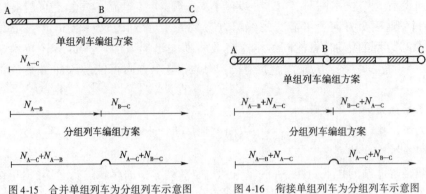

图 4-15 合并单组列车为分组列车示意图　　图 4-16 衔接单组列车为分组列车示意图

以分组列车到达站代替单组列车到达站是否有利,还应通过车小时消耗的计算比较确定。

第五节　铁路列车运行图

一、铁路列车运行图概述

1. 列车运行图

列车运行图是用以表示列车在铁路区间运行及在车站到发或通过时刻的技术文件,它规定各次列车占用区间的程序、列车在每个车站的到达和出发(或通过)时刻、列车在区间的运行时间、列车在车站的停站时间,以及机车交路、列车质量和长度等,是全路组织列车运行的基础。

列车运行图是铁路运输企业实现列车安全、正点运行和经济有效地组织铁路运输工作的运行生产计划,它规定了铁路线路、站场、机车、车辆等设备的运用,以及与行车有关部门的工作,并通过运行图把整个铁路网的运输生产活动联系成为一个统一的整体,严格地按照一定的程序有条不紊地进行工作,保证列车按运行图运行,它是铁路运输生产的一个综合性计划。同时,列车运行图又是铁路运输企业向社会提供运输供应能力的一种有效形式。从这个意义上讲,供社会使用的铁路旅客列车时刻表及"五定"货运班列运行计划,实际上就是铁路运输服务能力目录。因此,列车运行图又是铁路组织运输生产和产品供应销售的综合计划,是铁路运输生产联结厂矿企业生产和社会生活的纽带。

2. 列车运行图的图解表示方法

列车运行图是运用坐标原理对列车运行时间、空间关系的图解表示,因而实际上它是对列车运行时空过程的图解。在列车运行图上,对列车运行时空过程的图解可以有两种不同的形式。其一为以横坐标表示时间,纵坐标表示距离。这时,列车运行图上的水平线表示分界点中心线,水平线间的间距表示分界点间的距离,垂直线表示时间。其二为以横坐标表示距离,纵坐标表示时间。这时,列车运行图上的水平线表示时间,垂直线表示分界点中心线,垂直线间的间距表示分界点间的距离。目前我国铁路列车运行图采用第一种图形表示形式。

为了适应使用上的不同需要,列车运行图按时间划分方法的不同,可有如下三种格式。

(1)二分格运行图(图4-17)。它的横轴以 2min 为单位用细竖线加以划分,10 分格和小时格用较粗的竖线表示。二分格运行图主要在编制新运行图时使用。

(2)十分格运行图(图4-18)。它的横轴以 10min 为单位用细竖线加以划分,半小时格用虚线表示,小时格用较粗的竖线表示。十分格运行图主要供列车调度员在日常调度指挥工作中编制调度调整计划和绘制实际运行图时使用。

(3)小时格运行图(图4-19)。它的横轴以 1h 为单位用竖线加以划分。小时格运行图主要在编制旅客列车方案图和机车周转图时使用。

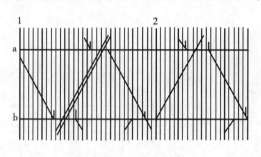

图4-17 二分格运行图

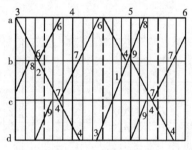

图4-18 十分格运行图

在运行图上,以横线表示车站中心线,它的位置一般按区间运行时分的比率确定,即按整个区段内各车站间列车运行时分的比例来确定横线位置。采用这种方法时,可以使列车在整个区段的运行线基本上是一条斜直线,既整齐美观,也易于发现列车区间运行时分上的差错,所以一般采用这一方法。

运行图上的列车运行线(斜线)与车站中心线(横线)的交点,即为列车到、发或通过车站的时刻。根据列车运行图的格式,到发时刻有不同的表示方法。在二分格运行图上,以规定的标记符号表示,不需填写数字(例如:"|"表示 min,"↑"表示 30s);在十分格运行图上,填写 10min 以下数值;在小时格运行图上,填写 60min 以下数值。所有表示时刻的数字,都填写在列车运行线与横线相交的钝角内。列车通过车站的时刻,一般填写在出站一端的钝角内。

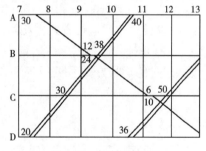

图4-19 小时格运行图

在运行图上,铺画有许多不同种类列车的运行线。为便于识别,对各种列车采用不同的表示方法,并对每一列车冠以规定的车次,标在区段的首末两端区间相应列车运行线的上方。上行列车的车次为双数,下行列车的车次为单数。

3. 列车运行图的分类

1)按使用范围分类

(1)铁路内部使用的列车运行图。它是铁路组织运输生产的依据,是实现按图行车的技术组织措施,是确保铁路运输产品质量的基础。在我国,通常以图形形式提供给铁路内部使用。

(2)社会公众使用的列车运行图。它对铁路来说是铁路运输产品的供销计划,而对社会公众来说,则是旅客安排旅行计划、货主安排货物销售计划的依据。目前在我国,有旅客列车时刻表和"五定"班列时刻表两种列车运行图,供社会公众使用。旅客列车时刻表和班列时刻表在新运行图实行之前向社会公布。

2)按照区间正线数分类

(1)单线运行图。在单线区段,上下行方向列车都在同一正线上运行,因此,两个方向列车必须在车站上进行交会,如图4-20所示。

(2)双线运行图。在双线区段,上下行方向列车在各自的正线上运行,因此,上下行方向列车的运行互不干扰,可以在区间内或车站上交会,但列车的越行必须在车站上进行,如图4-21所示。

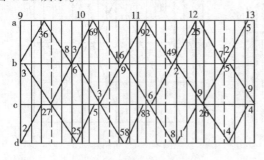

图4-20 单线成对平行运行图

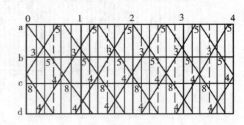

图4-21 双线成对平行运行图

(3)单双线运行图。在有部分双线的区段,单线区间和双线区间各按单线运行图和双线运行图的特点铺画运行线,如图4-22所示。

3)按照列车运行速度分类

(1)平行运行图。在同一区间内,同一方向列车的运行速度相同,且列车在区间两端站的到、发或通过的运行方式也相同,因而列车运行线相互平行,参见图4-20和图4-21。

(2)非平行运行图。在运行图上铺有各种不同速度的列车,且列车在区间两端站的到、发或通过的运行方式不同,因而列车运行线不相互平行,如图4-23所示。

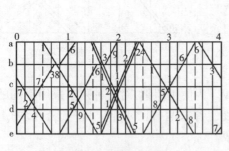

图4-22 单双线运行图

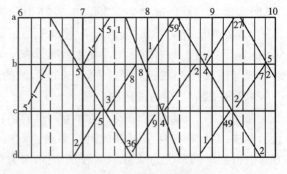

图4-23 单线非平行运行图

4)按照上下行方向列车数分类

(1)成对运行图。上下行方向列车数相等的列车运行图称为成对运行图,参见图4-20和图4-21。

(2)不成对运行图。上下行方向列车数不相等的列车运行图称为不成对运行图,如图4-24所示。

5)按照同方向列车运行方式分类

(1)连发运行图。在这种运行图上,同方向列车的运行以站间区间为间隔。单线区段采取这种运行图时,在连发的一组列车之间不能铺画对向列车,如图 4-24 所示。

(2)追踪运行图。在这种运行图上,同方向列车的运行以闭塞分区为间隔,在装有自动闭塞的单线或双线区段上采用,如图 4-25 所示。

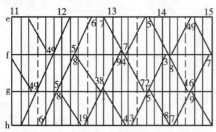

图 4-24　单线不成对运行图　　　　图 4-25　双线追踪非平行运行图

应该指出,上述分类都是针对列车运行图的某一特点加以区别的。实际上,每张列车运行图都具有多方面的特点,例如某一区段的列车运行图(图 4-25),它既是双线的、非平行的,又是追踪的。

二、列车运行图要素

列车运行图要素包括列车区间运行时分、列车在中间站的停站时间、机车在基本段和折返段所在站的停留时间标准、列车在技术站和客货运站的技术作业时间标准、车站间隔时间和追踪列车间隔时间。

1. 列车区间运行时分

列车区间运行时分是指列车在两相邻车站或线路所之间的运行时间标准,它由机务部门采用牵引计算和实际试验相结合的方法进行查定。

列车区间运行时分按车站中心线或线路所通过信号机之间的距离计算。由于旅客列车和货物列车的运行速度各不相同,上下行方向的线路平面、纵断面条件和列车质量也不相同,所以列车区间运行时分应按各种列车和上下行方向分别查定。此外,列车区间运行时分应根据列车在每一区间两个车站上不停车通过和停车两种情况分别查定。列车不停车通过两个相邻车站所需的区间运行时分称为纯运行时分。列车到站停车的停车附加时分和停站后出发的起动附加时分,应根据机车类型、列车质量及进出站线路平面、纵断面条件查定。

2. 列车在中间站的停站时间

列车在中间站的停站时间由下列原因产生:

(1)进行必要的技术作业,如摘挂机车、试风和列车技术检查、机车乘务组换班等。

(2)客货运作业,如旅客乘降,行李、包裹、邮件的装卸,车辆摘挂等。

(3)列车在中间站的会车和越行。

列车进行技术作业和客货运作业的时间标准,由每一车站通过分析计算和实际查标相结合的方法分别确定。

3. 机车在基本段和折返段所在站停留时间标准

机车在基本段和折返段所在站办理必要作业所需要的最小时间,称为机车在基本段和

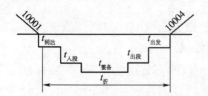

图 4-26 机车在折返段所在站作业过程图

折返段所在站的停留时间标准。机车在折返段所在站应办理的作业有：在到发线上的到达作业、机车入段走行、机车在段内作业、机车出段走行、在到发线上的出发作业。综合以上各项作业所需要的时间，便可得出机车在折返段所在站的停留时间标准。如图 4-26 所示，10001 次列车机车自到达折返段所在站之时起至牵引 10004 次列车出发时止，在该站的停留时间（包括在段内的停留时间）为：

$$t_{折} = t_{到达} + t_{入段} + t_{整备} + t_{出段} + t_{出发}$$

上列各项作业时间，可根据分析计算和查标相结合的方法确定。

4. 列车在技术站和客货运站的技术作业时间标准

为了保证车站与区段工作协调，必须编制与车站技术作业过程相配合的列车运行图。因此，在编制列车运行图时，需具备技术站、客货运站技术作业过程的主要作业时间标准，它包括：

（1）在到发车场办理各种列车作业的时间标准。

（2）在驼峰或牵出线上解体和编组列车的时间标准。

（3）旅客列车车底在配属段、折返段所在站的停留时间标准。

（4）货物站办理整列或成组装卸作业时间标准。

5. 车站间隔时间

车站间隔时间是指在车站上办理两列车的到达、出发或通过作业所需要的最小间隔时间。常用的车站间隔时间包括不同时到达间隔时间、会车间隔时间、同方向列车连发间隔时间等几种。

1）不同时到达间隔时间（$\tau_{不}$）

在单线区段，来自相对方向的两列车在车站交会时，从某一方向列车到达车站时起，至相对方向列车到达或通过该站时止的最小间隔时间，称为不同时到达间隔时间，如图 4-27 所示。为确保行车安全，在进站信号机外制动距离内进站方向为超过规定的下坡道，而接车线末端又无隔开设备的车站，禁止办理相对方向同时接车。凡不能办理相对方向同时接车的车站，由相对方向到站停车的两列车须保持必要的不同时到达间隔时间。

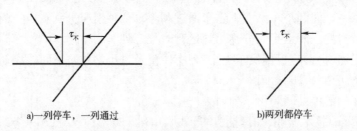

a）一列停车，一列通过　　　　b）两列都停车

图 4-27 不同时到达间隔时间图

不同时到达间隔时间由车站准备接车进路、开放进路信号作业时间和列车通过进站距离所需时间组成。

2）会车间隔时间（$\tau_{会}$）

在单线区段，自列车到达或通过车站时起，至由该站向同一区间发出另一对向列车时止的最小间隔时间，称为会车间隔时间，如图 4-28 所示。

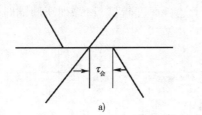
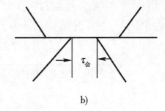

图 4-28　会车间隔时间图

会车间隔时间由车站值班员监督列车到达或通过后,向同一区间发出另一列车所需办理必要作业的作业时间组成。

3）同方向列车连发间隔时间（$\tau_{连}$）

在单线或双线区段,从列车到达或通过前方邻接车站时起,至由车站向该区间再发出另一同方向列车时止的最小间隔时间,称为同方向列车连发间隔时间。根据列车在前后两站停车或通过的不同情况,连发间隔时间可有下列四种形式：

（1）两列车通过前后两车站,如图 4-29a）所示。
（2）第一列车在前方站停车,第二列车在后方站通过,如图 4-29b）所示。
（3）第一列车在前方站通过,第二列车在后方站停车,如图 4-29c）所示。
（4）两列车在前后两站均停车,如图 4-29d）所示。

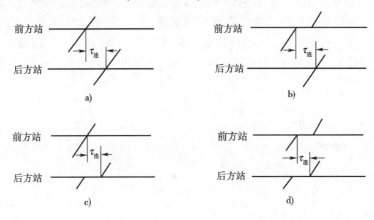

图 4-29　连发间隔时间图

6. 追踪列车间隔时间

在自动闭塞区段,一个站间区间内同方向两列或两列以上列车,以闭塞分区间隔运行,称为追踪运行。追踪运行列车之间的最小间隔时间,称为追踪列车间隔时间 I,如图 4-30 所示。追踪列车间隔时间,取决于同方向列车间隔距离、列车运行速度及信联闭设备类型。

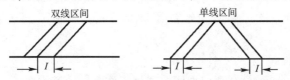

图 4-30　追踪列车间隔时间图

在使用三显示自动闭塞的区段,追踪列车之间通常情况下需相隔 3 个闭塞分区,如图 4-31 所示。这样,可以保证后行列车经常能看到绿灯显示,从而可以使列车保持高速运行。但是,当列车在长大坡道上运行时,由于运行速度较低,追踪列车间隔时间也可以按照前后列车间隔两个闭塞分区的条件(图 4-32)来确定。

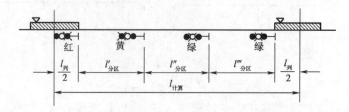

图 4-31　追踪列车向绿灯运行时的间隔距离图

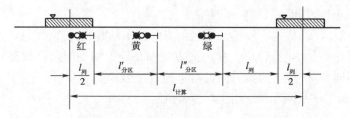

图 4-32　追踪列车向黄灯运行时的间隔距离图

通过色灯信号机能显示红(H)、黄(U)、绿黄(LU)和绿(L)4 种灯光信号的自动闭塞一般称为四显示自动闭塞。通常在既有密度大、速度低、时间集中的市郊列车,又有直快和特快等列车运行的运输繁忙市郊铁路上或列车速度高、制动距离长、运输繁忙的高速铁路上采用四显示自动闭塞。如图 4-33 所示,在四显示自动闭塞区间,列车追踪运行至少应有 5 个闭塞分区的间隔。其中,防护区用于保护区间,要求列车停车;提醒区用于提醒司机,列车即将进入减速地段。

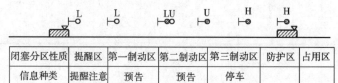

闭塞分区性质	提醒区	第一制动区	第二制动区	第三制动区	防护区	占用区
信息种类	提醒注意	预告	预告	停车		

图 4-33　四显示追踪列车间隔图

三、列车运行图的编制方法

全国铁路网应统一编制列车运行图。编制运行图铺画列车运行线时,一般先铺画旅客列车运行线,然后再在这个基础上铺画货物列车运行线。

1. 旅客列车运行线的铺画方法

在运行图上铺画旅客列车运行线分为两步进行。第一步先编制旅客列车运行方案,第二步再根据列车运行方案详细铺画旅客列车运行线。编制客车方案应着重解决好如下问题。

1)方便旅客旅行

在安排旅客列车运行时,必须把方便旅客旅行作为一项基本要求。

(1)应规定适宜的旅客列车始发、终到和通过各主要站的时刻。直通列车一般宜于下午或晚间开,但不宜过晚(迟于 0 时);白天到,但不宜过早(早于 7 时)。为了提高客运站的通过能力,保证客运站工作的均衡,根据城市公共交通首末班车的运行时间,直通列车也可以规定不早于7时开,不晚于0时到。根据上述要求,可以规定出直通列车合理的发车时刻范围。管内旅客列车以运送短途旅客为主,一般运行距离较短,故以白天运行为宜。在管内旅客列车较多的区段不可能均在白天运行时,个别列车亦可在夜间运行,但始发时刻不宜过晚,到达时刻不宜过早。

(2)使各方向各种列车的运行时刻相互衔接,以缩短旅客中转换乘的等待时间。在几个方向会合的枢纽站,旅客由一方向转往另一方向时,或者通过车辆换挂,或者通过中转换乘,均要求各方向列车运行时刻适当衔接,以减少换挂车辆的停车时间或中转旅客的候车时间。铁路旅客列车在时刻上与其他交通工具相互配合,对于方便旅客具有重要意义。在编制列车运行方案时亦应注意这个问题。

2)经济合理地使用机车车辆

直通与管内旅客列车的到发时刻,除应力求为旅客提供便利外,还应照顾旅客列车车底和客运机车的经济合理使用。由图4-34和图4-35可以看出,若将去程列车的到发时刻与回程列车的到发时刻结合起来考虑,并适当改变列车到发时刻,就可以减少需要的车底数。

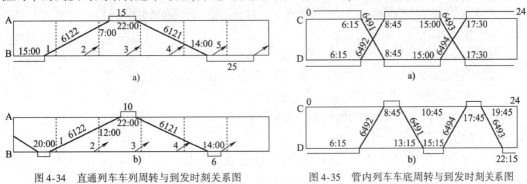

图4-34 直通列车车列周转与到发时刻关系图　　图4-35 管内列车车底周转与到发时刻关系图

旅客列车运行方案图上运行线的铺画方式,对客运机车的运用也有很大影响。如图4-36所示,通过适当调整列车的到发时刻,即可使机车由4台减少至3台。因此,在编制旅客列车运行方案图时,在考虑为旅客提供便利及减少车底数的同时,还必须注意加速机车周转。

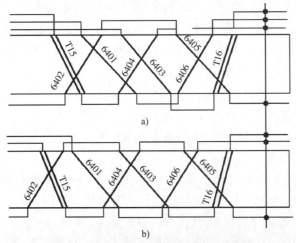

图4-36 旅客列车运行方案与机车周转关系图

3）保证旅客列车运行与客运站技术作业过程的协调

由于旅客列车到发时刻的特殊要求，大客运站在一昼夜的某一段时间内，往往会出现列车密集到达或出发的情况。在编制列车运行方案时，列车密集到发的间隔时间应与车站技术过程相协调，否则将不能保证车站正常接发列车。

4）为货物列车运行创造良好条件

实践证明，在旅客列车运行方案图上尽可能均衡地铺画旅客列车运行线，不仅有利于车站客运设备的有效利用，保证旅客列车的良好运行秩序，而且有利于货物列车均衡运行，加快机车车辆周转。

旅客列车运行方案应按照先国际、后国内，先直通、后管内，先快车、后慢车的顺序进行编制。根据旅客列车运行方案，同样按照上述各种列车的铺画顺序，可在二分格运行图上详细铺画各种列车运行线，即所谓铺画详图。在编制列车运行详图时，除国际联运的旅客列车在国境站的接续时刻不得变更外，其他列车的运行时刻尚可作小量必要的调整，以便创造更好的列车会让和运行条件，并与货物列车运行较好地配合。

2. 货物列车运行线的铺画方法

货物列车运行线的铺画一般也可分两步进行，即先编制货物列车运行方案图，然后再根据货物列车运行方案图编制详图。

1）编制货物列车运行方案图

在编制货物列车运行方案图时，应注意解决如下几个方面的问题。

(1) 列车运行图与货物列车编组计划的配合。

①按照货物列车编组计划所规定的列车种类、列车数，并考虑适当的波动，在运行图上铺画相应的货物列车运行线。

②对有稳定车流保证的定期运行的列车，应在运行图上定出固定运行线，从始发站到终点站使用统一的车次，这种列车通过沿途各技术站时应有良好的接续，如图4-37 所示。

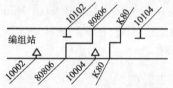

图4-37 列车运行紧密衔接示意图

③对没有稳定车流保证的技术直达列车和直通列车，在两编组站间使用直通列车车次，经过编组站时相邻区段不同车次的运行线也要考虑适当的衔接，如图4-37 所示。

④运行图上铺画的运行线与车流密切结合。例如装车地直达列车由始发站出发的时间，应结合有关厂矿、企业的生产和装车情况确定；空车直达列车的运行线要根据空车产生的规律，从始发站开始铺画，以期运行线与车流能最大限度地结合起来。

(2) 列车运行图与车站技术作业过程的配合。列车运行不均衡是导致货车在车站产生各种等待停留时间和浪费车站通过能力、改编能力的主要原因。因此，在编制运行图时应力求使各方向列车在技术站均衡到发，并使各方向改编列车和中转列车交错到发，为车站创造均衡而有节奏的工作条件。

(3) 列车运行图与机车周转的配合。为了加速机车周转，保证机车在机务段所在站停留时间符合规定的标准，不断改进机车运用指标，在编制列车运行图时，应注意使列车运行与机车周转紧密配合。为此，在编制运行图时应根据规定的行车量、机车运用方式和机车在机务段所在站停留时间标准，并考虑机车乘务组连续工作时间等因素，顺序地将列车运行线和机车周转铺画在运行图上。

货物列车运行方案图的编制有如下两种方法：

①由方向的一端站开始，顺序铺画货物列车运行线。

②由方向中间的某一局间分界站开始向两端延伸铺画。

在个别区段，当通过能力利用率接近饱和时，运行图的编制最好就从这一最繁忙的区段开始。

2）编制详图

根据货物列车运行方案图，可在二分格运行图上具体铺画各区段的货物列车运行线。在铺画详图时，应注意如下三个方面的问题。

（1）保证行车安全和旅客乘降安全。为此，铺画运行图必须做到：

①遵守不准同时接发列车的有关规定。

②保证车站间隔时间及列车追踪间隔时间符合各站所规定的标准。

③避免某方向列车在禁止停车的车站上停车。

④遵守规定的机车乘务组工作和休息时间标准。

⑤列车在车站会车和越行时，同时在车站上停车的列车数应与该站的到发线数相适应。

（2）有效地利用区间通过能力。在单线区段，通过能力有较大富余时（利用率在70%以下），为保证机车的良好运用，货物列车运行线可以从机车折返站开始成对铺画。这时，尽可能使列车到达折返站与该机车牵引相反方向列车出发的间隔时间等于机车在折返段所在站的作业时间标准（图 4-38）。当在运行图上铺画的列车对数达到区间通过能力利用率的 80% 以上时，为了有效地使用区间通过能力，该区段应从限制区间开始铺画货物列车运行线，即在运行图上铺完旅客列车运行线之后，从限制区间开始铺画规定数量的货物列车运行线，然后再从限制区间分别向其他区间顺序铺画，如图 4-39 所示。

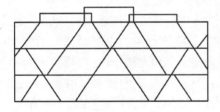

图 4-38　从机车折返站开始铺画货物列车运行线示意图

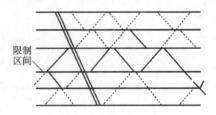

图 4-39　从限制区间开始铺画运行线示意图

（3）提高货物列车旅行速度。影响旅行速度的主要因素是会车和越行次数及其停站时间。因此，在铺画运行图时，必须尽量减少列车的会车和越行次数及其停站时间。

①铺画在旅客列车之前的货物列车，应尽可能使之通过各中间站，以避免在区段内被旅客列车越行。

②当在区段内无法避免越行时，应尽可能将越行地点规定在有技术作业的车站上，或者规定在两相邻区间运行时分最小的车站上。

③在旅客列车之后铺画货物列车时，应尽量使客货列车之间能够铺画交会的对向货物列车，以减少会车停站时间。

④在单复线区段，可从最困难的单线区间开始铺画列车运行线，并尽可能使列车在复线

区间内进行交会。

在运量很大的区段上,为确保列车运行图与车站作业相协调,在铺画运行图之后,应对区段站、编组站、主要客运站和货运站的咽喉道岔和到发线的占用情况进行图解检查。

3. 列车运行图编制的现代化

长期以来,铁路列车运行图都是人工编制的。由于所要解决的问题错综复杂,每次编图往往要有数百人次参加,历时数月之久。在编图人员技术水平不一、编图工作繁重必须分头并进的情况下,很难做到多方案优选。所编出的运行图,质量差别也很大。同时,因编图费工费时,又不得不减少编图次数,延长执行时间。另外,由于运量测算不准、施工期限变动、机型调整、设备改造等给运行图带来的影响,只能在较小范围内用临时调整运行图的方法来解决,因此,更谈不上从总体上进行优化。

我国从20世纪60年代开始尝试利用计算机编制列车运行图,经过40多年的探索,经历了编制双线区段列车运行图、单线区段列车运行图、客车方案图、枢纽地区列车运行图的研究发展过程,由从力求最优化的目标出发建立数学模型,到从力求实用、确保编图质量的目标出发建立人机交互的辅助决策系统;从单个研究双线运行图、单线运行图、枢纽地区运行图到整体研究网状线路运行图,实现列车运行图信息管理,已经探索出了一条适合我国铁路路情的计算机编制列车运行图技术发展路线。

第六节 铁路运输能力

一、铁路运输能力概述

为了实现运输生产过程,完成国家规定的运输任务,铁路必须具备一定的运输能力。铁路的运输能力一般采用通过能力和输送能力两种概念来表征。

运输能力是通过能力和输送能力的总称。铁路通过能力是指该铁路线在一定的机车车辆类型和一定行车组织方法的条件下,根据其现有的固定设备,在单位时间(通常指一昼夜)内最多能够通过的列车对数或列车数。通过能力也可用车辆数或货物吨数来表示,客运专线还可用旅客人数来表示。铁路输送能力是指该铁路线在一定的固定设备、一定的机车车辆类型和一定行车组织方法的条件下,根据现有的活动设备数量和职工配备情况在单位时间内最多能够通过的列车对数或列车数、车辆数或货物吨数。

在铁路实际工作中,有3个常用的通过能力概念,即现有通过能力、需要通过能力和设计通过能力。在现有技术设备和现行行车组织方法条件下,铁路各种固定设备可能达到的通过能力称为现有通过能力;为了适应一定时期国民经济发展和人民对客货运输的需求,铁路各种固定设备所应具有的通过能力,称为需要通过能力;预计铁路固定设备修建后或现有设备技术改造后所能实现的通过能力,称为设计通过能力。计算需要通过能力和设计通过能力时,应考虑必要的后备能力。

二、铁路区间通过能力计算方法

1. 铁路区间通过能力的影响因素

铁路区间通过能力是指铁路区段的每一区间,在一定的行车组织方法条件下,一昼夜内最多所能通过的列车数量(列数或对数)。区间通过能力的大小,主要受下列各种因素的影响。

(1)区间内正线数目。显然,单线区间的通过能力低于双线或多线区间的通过能力。

(2)区间长度。当客货列车运行速度一定时,单线区间长度的大小对区间通过能力往往起着决定性的影响。

(3)线路平纵断面。当列车质量一定时,线路的坡度和曲线半径不同,将影响列车的运行速度,从而影响列车占用区间的时间。

(4)牵引机车类型。各类机车的构造、牵引性能、功率等不同,构造速度、计算速度及牵引力、制动力也有差别,因此,以各种不同类型的机车牵引一定质量的列车在同一区间运行时,将有不同的速度,从而产生不同的运行时间。

(5)信号、连锁、闭塞设备。各种信联闭设备制式的性能、操纵方式、办理作业所需时间及列车占用区间的时间不同。

(6)线路及供电设施日常维修的机械设备。使用小型机械或人工操作进行线路维修时扣除的固定占用区间时间短,甚至可以利用列车运行间隙进行工作;使用大型机械进行线路整修,以及电气化铁道的供电设备需要停电进行维修时,扣除的固定占用区间时间长,对区间通过能力的影响很大。

(7)行车组织方法,即采用的列车运行图类型对区间通过能力也有很大影响。

2. 平行运行图区间通过能力计算方法

计算铁路区间通过能力时,通常需要先计算平行运行图的区间通过能力,然后在此基础上再确定非平行运行图的区间通过能力。

1)计算平行运行图区间通过能力的基本原理

在平行运行图上,同一区间内同方向列车的运行速度都是相同的,并且上下行方向列车在同一车站上都采取相同的交会方式。从这种运行图上可以看出,任何一个区间的列车运行线,总是以同样的铺画方式一组一组反复地排列。一组列车占用区间的时间,称为运行图周期 $T_{周}$。图4-40给出了不同类型的运行图周期。不同类型的运行图周期所包含的上下行列车数可能是不同的。若一个运行图周期内所包含的列车对数或列数用 $n_{周}$ 表示,则放行一列或一对列车平均占用该区间时间($t_{占均}$)应为:

$$t_{占均} = \frac{T_{周}}{n_{周}} \tag{4-52}$$

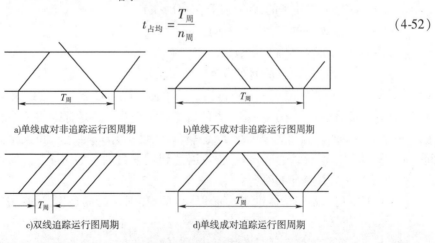

图4-40 不同类型运行图周期示意图

对于一定类型平行运行图区间通过能力 n，可按如下公式计算：

$$n = \frac{(1440 - T_{固})n_{周} d_{有效}}{T_{周}} \tag{4-53}$$

式中：$T_{固}$——固定作业时间，指为进行线路养护维修、技术改造施工、电力牵引区段接触网检修等作业，须预留的固定占用区间时间，以及必要的列车慢行和其他附加时分，min；

$d_{有效}$——有效度系数，是指扣除设备故障和列车运行偏离、调度调整等因素所产生的技术损失后，区间时间可供有效利用的系数，一般可取 0.91~0.88。

运行图周期由列车（一个或几个列车）区间纯运行时分 $\sum t_{运}$、起停车附加时分 $\sum t_{起停}$ 及车站间隔时间 $\sum \tau_{站}$ 所组成，即：

$$T_{周} = \sum t_{运} + \sum t_{起停} + \sum \tau_{站} \tag{4-54}$$

一般情况下，列车在各区间的运行时分不相同，各车站的间隔时间也可能不同，所以每一区间的 $T_{周}$ 常常是不等的。从上述公式可以看出，通过能力大小与 $T_{周}$ 成反比，$T_{周}$ 越大，通过能力越小。在整个区段里，$T_{周}$ 最大的区间也就是通过能力最小的区间，称为该区段的限制区间。限制区间的通过能力即为该区段的区间通过能力。

列车区间运行时分，对运行图周期的大小起主要作用。在运行图周期里 $\sum t_{运}$ 最大的区间，称为困难区间。大多数情况下，困难区间往往就是限制区间，但有的区间虽然本身不是困难区间，由于车站间隔时间数值较大，而成了限制区间。

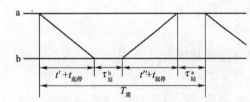

图 4-41 单线成对非追踪运行图周期示意图

在不同类型的运行图里，$T_{周}$ 的组成及 $n_{周}$ 的数值是不同的，因此，必须针对不同类型的运行图分别计算其通过能力。

2）单线成对非追踪平行运行图

在单线区段，通常采用成对非追踪运行图，如图 4-41 所示。单线成对非追踪平行运行图周期可用下式表示：

$$T_{周} = t' + t'' + \tau_{站}^{a} + \tau_{站}^{b} + \sum t_{起停} \tag{4-55}$$

式中：t'、t''——上、下行列车的区间纯运行时分，min；

$\tau_{站}^{a}$、$\tau_{站}^{b}$——a、b 两站的车站间隔时间，min；

$\sum t_{起停}$——列车起停附加时分，min。

由于一个周期内所包含的列车数为一对（即 $n_{周} = 1$），因此，只要将（$n_{周} = 1$）代入区间通过能力计算式，即可得相应区间通过能力。为了使区段通过能力达到最大，应当使限制区间的 $T_{周}$ 数值尽量缩小。在采用一定类型的机车和一定列车质量标准的条件下，区间运行时分 $\sum t_{运}$ 是固定不变的。因而想要缩小 $T_{周}$，只有设法缩小 $\sum t_{起停} + \sum \tau_{站}$ 的数值。通过在限制区间合理地安排列车运行线的铺画方案，可以达到上述目的。如图 4-42 所示，运行图上列车运行线的可能铺画方案有 4 种。

(1) 上下行列车不停车通过车站而进入区间，如图 4-42a 所示，运行图周期为：

$$T_{周} = t' + t'' + \tau_{不}^{a} + \tau_{不}^{b} + 2t_{停} \tag{4-56}$$

(2) 上下行列车不停车通过车站而开出区间，如图 4-42b 所示，运行图周期为：

$$T_{周} = t' + t'' + \tau_{会}^a + \tau_{会}^b + 2t_{起} \tag{4-57}$$

(3) 下行列车不停车通过区间两端车站,如图4-42c)所示,运行图周期为:

$$T_{周} = t' + t'' + \tau_{不}^a + \tau_{会}^b + t_{起} + t_{停} \tag{4-58}$$

(4) 上行列车不停车通过区间两端车站,如图4-42d)所示,运行图周期为:

$$T_{周} = t' + t'' + \tau_{会}^a + \tau_{不}^b + t_{起} + t_{停} \tag{4-59}$$

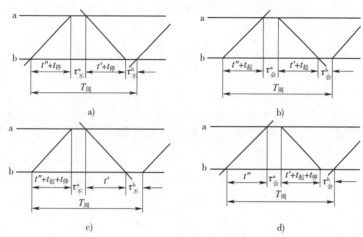

图 4-42 列车运行线铺画方案示意图

在选择限制区间列车运行线的合理铺画方案时,应考虑到区间两端车站的具体条件。例如,图4-42中a站下行出站方向有较大上坡道时,如果采用下行列车在a站停车进入区间的方案,就有可能造成下行列车出发起动困难,这时就应选用下行列车通过a站而$T_{周}$又较小的方案。

例如,A—B区段为单线半自动闭塞区段,有关资料如图4-43所示。选择合理会车方案时,一般先从困难区间($\sum t_{运}$最大的区间)a—b,或从邻接技术作业停车站的区间b—c、c—d开始,依次进行选择,即可得第一方案。分别计算该方案每一区间的$T_{周}$,可以看出a—b区间的$T_{周}$最大。

车站	$\tau_{不}$	$\tau_{会}$	$t_{起}$	$t_{停}$	技术作业	运行时分 上行	运行时分 下行	方案I 会车方案	方案I $T_{周}$	方案II 会车方案	方案II $T_{周}$
A	5	3	1	1							
						21	19		51		
a	5	3	1	1							
						28	30		68		66
b	5	3	1	1							
						21	22		66		66
c	5	3	1	1	10						
						30	25		64		66
d	5	3	1	1							
						19	25		56		
e	5	3	1	1							
						20	28		56		
f	5	3	1	1							
B	5										

图 4-43 列车会车方案图(单位:min)

对方案 I 中 a—b 区间的会车方式加以分析可以看出,它并不是最优的铺画方案,而以上下行列车不停车通过车站开出区间的方式为最优方案。但是,当在 a—b 区间采用最优铺画方案时,将使 b—c 区间的运行图周期加大,而成为 $T_{周}$ 最大的区间。为此,应调整 b—c 和 c—d 区间的铺画方案,使 $T_{周}^{b-c} = T_{周}^{c-d}$。在方案 II 中,a—b、b—c 及 c—d 3 个区间的 $T_{周}$ 都相等,同时再也找不出使 $T_{周}$ 进一步缩小的其他会车方式。这样,方案 II 便是通过能力最大的方案,a—b、b—c 和 c—d 区间为全区段的限制区间。这时,不考虑 $T_{固}$ 和 $d_{有效}$ 的区间通过能力为:

$$n = \frac{1440}{T_{周}} = \frac{1440}{66} \approx 21.5(\text{对})$$

3)单线不成对运行图

在上下行行车量不等的区段,为了适应运量增长的需要,可以采用不成对运行图。由图 4-44 可见,在单线不成对运行图中,若行车量较小方向列车数为 n',行车量较大方向列车数为 n'',则有:

$$n'T_{周} + (n'' - n')T_{列} = 1440 \tag{4-60}$$

若令

$$\beta_{不} = \frac{n'}{n''}$$

则可得不考虑 $T_{固}$ 及 $d_{有效}$ 时的区间通过能力计算公式,即:

$$\begin{cases} n'' = \dfrac{1440}{T_{周}\beta_{不} + T_{列}(1 - \beta_{不})} \\ n' = n''\beta_{不} \end{cases} \tag{4-61}$$

式中:$\beta_{不}$——不成对系数。

单线不成对运行图行车量较大方向的区间通过能力比成对运行图高,并且不成对系数越小,通过能力越大。但是,采用单线不成对运行图,将明显降低旅行速度,需要增加车站配线,并且不成对系数越小,这种不良影响越显著。因此,只有在需要少量增加通过能力,并且上下行行车量不平衡的条件下,才采用这种措施。

4)双线平行运行图

在未装设自动闭塞的双线区段,通常采用连发运行图(图 4-45)。双线连发运行图的运行图时期 $T_{周}$ 为:

$$T_{周} = t_{运} + \tau_{连} \tag{4-62}$$

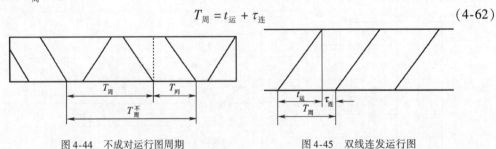

图 4-44 不成对运行图周期　　　　图 4-45 双线连发运行图

因而,当不考虑 $T_{固}$ 及 $d_{有效}$ 时,区间通过能力上下行方向可按下式计算:

$$n = \frac{1440}{t_{运} + \tau_{连}} \tag{4-63}$$

应该指出,由于区间线路断面的关系,上下行方向的限制区间可能不是同一个区间。因而,上下行方向区间通过能力不一定相同。

装有自动闭塞的区段,通常采用追踪运行图(图4-46)。双线追踪运行图的运行图周期$T_周$等于追踪列车间隔时间I,因而每一方向的区间通过能力为:

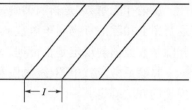

图4-46 双线追踪列车运行图周期

$$n = \frac{1440}{I} \quad (4\text{-}64)$$

由式(4-64)可以看出,在自动闭塞区段,当$I=10\min$,且不考虑$T_固$和$d_{有效}$时,平行运行图的通过能力每一方向可以达到144列;当$I=8\min$时,每一方向可以达到180列。因此,在双线区段上装设自动闭塞并采用追踪运行图,可以显著增加通过能力。

3. 非平行运行图通过能力计算方法

采用平行运行图可以达到最大的通过能力,但这种运行图只适合在能力特别紧张的特殊情况下采用。通常情况下,采用的是非平行运行图。在非平行运行图上,铺画有速度较高的旅客列车和快运货物列车,也有一般货物列车,以及停站次数较多和停站时间较长的摘挂列车等。

非平行运行图通过能力是指在旅客列车数量及其铺画位置既定的条件下,该区段一昼夜内所能通过的货物列车和旅客列车对数(或列数)。在一般情况下,铁路上开行的旅客列车和快运货物列车数比一般货物列车数少,在运行图上只占一部分,而运行图的大部分仍具有平行运行图的特征。因此,在计算非平行运行图的通过能力时,仍可以利用平行运行图所具有的明显的规律性,先确定平行运行图的通过能力,然后根据开行快速列车对货物列车的影响,扣除由于受这种影响而不能开行的货物列车数,以及因开行摘挂列车而减少开行的货物列车数,即可求得非平行运行图的通过能力。计算非平行运行图通过能力的方法有以下两种。

(1)图解法。在运行图上首先铺画旅客列车,然后在旅客列车间隔内,铺画其他货物列车(包括摘挂列车)。在运行图上所能最大限度铺画的客货列车总数即为该区段的非平行运行图的通过能力。

(2)分析法。根据旅客列车和摘挂列车的扣除系数,可以近似地计算非平行运行图的通过能力$n_非$,计算公式为:

$$\begin{cases} n_{非货} = n - \varepsilon_客 n_客 - (\varepsilon_{快货} - 1)n_{快货} - (\varepsilon_{摘挂} - 1)n_{摘挂} \\ n_非 = n_{非货} + n_客 \end{cases} \quad (4\text{-}65)$$

式中:$n_{非货}$——非平行运行图的货物列车通过能力(包括快运货物列车和摘挂列车在内);

$n_客$——在运行图上铺画的旅客列车对数或列数;

$n_{快货}$——在运行图上铺画的快运货物列车的对数或列数;

$n_{摘挂}$——在运行图上铺画的摘挂列车的对数或列数;

$\varepsilon_客$——旅客列车扣除系数;

$\varepsilon_{快货}$——快运货物列车扣除系数;

$\varepsilon_{摘挂}$——摘挂列车扣除系数。

所谓扣除系数,是指因铺画一对或一列旅客列车、快运货物列车或摘挂列车,需从平行运行图上扣除的货物列车对数或列数。由计算公式可以看出,分析法的精确性主要取决于扣除系数数值的规定是否合理。

扣除系数应就单、双线区段及不同的信号、连锁、闭塞设备条件,通过分析计算或计算机模拟的方法确定。

第七节 高速铁路列车运行组织

一、高速铁路的技术经济特征

高速铁路技术是当代世界铁路的一项重大技术成就,它集中地反映了一个国家铁路牵引动力、线路结构、运行控制、运输组织和经营管理等方面的技术进步,也体现了一个国家的科学技术和工业水平。

1. 速度高

速度是高速铁路技术水平的重要标志。各国都在不断提高列车的运营速度,法国、日本、德国高速列车的最高运营速度分别达到了300km/h、350km/h、330km/h,若作进一步改进,运营速度可达到350~400km/h。在国内,为满足京沪高速铁路时速380km的运营需求,我国在运营时速350km的CRH2C第二阶段(CRH2C-350)电力动车组基础上,全面提升整体性能,自主研发动力分散式高速动车组,最高运营时速达380km。

2. 安全性好

高速铁路列车由于在全封闭环境中自动化运行,又有一系列完善的安全保障系统,所以其安全程度是任何交通工具无法比拟的。世界上几个主要高速铁路国家,一天要发出上千对的高速铁路列车,其事故率及人员伤亡率远低于其他现代交通运输方式。因此,高速铁路被认为是最安全的交通运输方式。

3. 列车运行正点率高

从国外实际运营情况看,高速线上运行的列车普遍具有很高的正点率,终到误差时间小于5min的概率都在90%以上,法国高速线路目前达到平均晚点时间为30s,特别是行车密度很高的日本,仍能达到98.5%的正点率,平均晚点时间不超过1min。国内目前高速铁路列车发车和到站的准点率分别为98%和95%,时速300~350km的"复兴号"的发车和准点率分别为99%和98%。

4. 输送能力大

输送能力大是高速铁路的主要技术优势之一。目前各国高速铁路几乎都能满足最小行车间隔4min的要求。日本东海道新干线高峰期发车间隔为3.5min,平均每小时发车达11列。深汕高速铁路设计速度为西丽至罗湖北250km/h,其余地段350km/h,全线最小行车间隔为3min。

5. 全天候

高速铁路线路采用全封闭的结构,具有自动化的控制系统和自动驾驶系统,且取消了地面信号,一般情况下不受天气变化的影响,可以做到安全运行、按图行车;在较为严重的自然灾害条件下,可以采取减速运行的方式维持行车,不会像公路和航空运输那样对大雾、暴雨、大雪、雷电、大风天气敏感。高速铁路的安全保障系统不但保证了高速列车可安全运行,也使铁路运输全天候的优势得到了更充分的发挥。

6. 环境污染小

高速电气化铁路基本上消除了粉尘、油烟和其他废气污染,噪声比高速公路低 5～10dB。一架喷气式客机平均每小时排放 46.8kg CO_2、635kg CO、15kg SO_2,这些物质在大气中要停留 2 年以上,是造成大面积酸雨,使植被生态遭到破坏和建筑物遭到侵蚀的主要原因。

7. 能耗低

根据日本近年来的统计,各种交通运输工具平均每人千米的能耗,高速铁路为 571.2J,普通铁路为 403.2J,高速公路公共汽车为 583.8J,小轿车为 3309.6J,飞机为 2998.8J。如以普通铁路每人千米的能耗为 1.0,则高速铁路为 1.42,公共汽车为 1.45,小汽车为 8.2,飞机为 7.44,这也是在当今石油能源紧张的情况下,选择发展高速铁路的原因之一。

8. 经济效益好

高速铁路投入运行以来,备受旅客青睐,其经济效益也十分可观。日本东海道新干线开通后仅 7 年就收回了全部建设资金,自 1985 年以后,每年纯利润达 2000 亿日元。东海道新干线营业里程为 JR 企业整个营业里程的 1/4,但收入却占 85%。国内京沪高速铁路自 2011 年开通运营以来,仅用三年便扭亏为盈,2015 年成为我国首条为社会资本出资股东分红的高速铁路线路。

9. 舒适性好

高速旅客列车不仅设施先进,运行平稳。而且火车上有飞机和汽车上无法比拟的个人活动空间,甚至可以提供会议、娱乐、观光等条件。

10. 占用土地面积少

双线铁路用地宽度为 13.7m,6 车道高速公路用地宽度为 37.5m,要完成一条高速铁路相同的运量,高速公路需要 8 车道。

二、高速铁路基础设施

1. 车站和枢纽

高速铁路车站是高速铁路系统中客流集散的场所。其主要作用是完成旅客输送任务,生产活动主要包括客运作业和行车技术作业。高速铁路车站在技术设备和运输组织模式、售检票方式、旅客候车等方面都与既有线普通车站有很大的区别。应该根据其现实条件、服务对象、功能特点等因素设计成客流通道立体化、进出站自动化、功能多样化的具有本国特色的现代化车站。

高速铁路为了能高效有序地完成旅客列车的到发、客车车底的整备、检修、取送等作业,与普通铁路一样会选择部分客流量大、始发终到旅客列车数量多的车站,按其需要设置一些负责客车运营整备和检测、维修以及养护等的基地和管理区。这些功能区大多与车站毗邻而建,从车站出岔。

同时为满足出行旅客换乘的需要,现代化的高速铁路车站内很好地融合了城际铁路、地铁、公交、出租汽车等市内其他交通方式，并配备相应的换乘设施，从而形成一个综合的立体换乘空间。

以高速铁路车站为中心，在场站外部有动车检修基地、动车检修所、动车运用所、综合维修段及其连接这些段、所的联络线、迂回线等相衔接，在车站内部实现高速铁路、普通铁路、城际铁路、地铁、公交、出租汽车等各种交通方式间的立体换乘，这类综合体称为高速铁路枢纽，枢纽内技术设备的设置数量、布置与车站的功能布局密切相关。

2. 线路

线路基础设施包括线路、桥梁和隧道。高速铁路线路纵断面设计标准要以提高线路的平顺性为主，尽可能地降低线路横向和纵向的加速度，减少列车各种振动叠加的可能性。高速铁路路基、桥梁、轨道结构等重要基础设施设备的建设标准高，除了具有足够的强度外，还要保证在高速行车条件下避免出现列车振动、轮轨力加大等破坏安全舒适运营的状况。随着高速铁路的发展，隧道在高速线路上也大量出现。高速铁路隧道与普速铁路隧道最大的区别就是当列车以高速通过隧道时，产生的空气动力学效应对行车、旅客舒适度、列车相关性能和洞口环境的不利影响十分明显，同时对于防排水标准、防灾救援和耐久性等方面也有较高的要求，因此，应保证高速线路上隧道的质量，减少维修工作量，延长隧道建筑物的使用寿命。

3. 车辆

所谓铁路车辆，是指必须沿着专设轨道运行的车辆。根据列车动力配置的不同，可将高速列车分为动力分散型和动力集中型；按照列车各车辆之间连接方式的不同，可将高速列车分为独立(转向架)式和铰接(转向架)式。

4. 信号与控制系统

高速铁路信号与控制系统是保障高速列车运行安全、提高运输效率的关键技术装备。高速铁路信号与控制系统是集计算机技术、通信技术和控制技术的综合为一体的行车指挥、列车运行控制和管理自动化系统。它既是现代保障行车安全、提高运输效率的核心，又是标志一个国家轨道交通技术装备现代化水准的重要组成部分。高速铁路信号与控制系统通常被称为基于通信的列车控制系统(Communication Based Train Control System，CBTC)或先进列车控制系统(Advanced Train Control System，ATCS)。

三、高速铁路列车运行组织

1. 高速列车开行方案

1) 高速列车开行方案的内容

列车开行方案是旅客列车运行计划的重要组成部分，通常包括列车运行区段、列车种类及开行对数三方面内容，有时也包括与前者相关的列车停站方案。运行区段由列车的始发站、终到站以及经由线路组成，列车种类体现了列车不同的等级或性质，开行对数是指线路上行车量的大小。高速列车开行方案的确定，除了需要满足客流这一基本条件之外，还需考虑点线能力、客运设备的配置等条件，并受到客流计划、通过能力、车辆数量等众多因素的制约。

高速列车运行区段的确定主要受到客流计划、车站地位、设备能力等因素的影响。客流计划是"按流开车"的基础,客流除了反映流量的大小外,还反映出客流流向、客流发生、消失以及变化的站点。从政治、经济、文化背景、旅游资源等方面可以反映车站的地位,地位重要的车站,一般其客流量也较大。车站接发能力、区间通过能力、动车组折返和整备能力等设备能力因素,决定了车站能否设为始发终到站。运行区段的确定需符合尽量直达的原则,即最大限度地吸引直通客流,减少中转。客流密度变化幅度较大的站间应开行一定的短途列车,使整个方向上列车方案的能力与客流密度相适应。

高速列车分为高等级高速列车、低等级高速列车等,列车种类并非一成不变,不同时期、不同地点、不同社会经济发展阶段,将会产生和形成不同的列车种类。可以按停站比例或旅速系数,对高速列车的等级或种类加以界定。关键是要合理确定不同等级列车间的比例,以最大限度地满足旅客出行的需要。

列车开行对数是在一定客流数量及其性质的基础上,采用某一列车定员一昼夜开行不同种类的列车数。开行对数的确定就是将客流转化为列流的过程,可采用式(4-66)进行计算:

$$n = \frac{A_{年} \cdot 10^4 \cdot K}{365 \cdot a_{列} \cdot \lambda} \quad (4\text{-}66)$$

式中:n——开行列车对数,对/d;

$A_{年}$——客运量,万人/年;

$a_{列}$——列车平均定员,席/列;

λ——席位利用率,一般取 0.70~0.80,建议平时取 0.75,节假日可取 0.95;

K——客流波动系数,一般取 1.2。

在某线路(区段)总开行对数的计算中,可以按流量计算,也可以按列单种别分别计算,其中,客运量按不同种类列车的吸引率进行分配,列车定员按不同列车定员分别计算。

由于各区段客流量的波动性,各类列车的吸引率、定员数也存在变动,因此,高速列车开行方案的优劣是相对的,需要随客流波动、设备变化等因素加以修正。

2)高速列车开行方案的确定原则

高速列车开行方案的确定需要遵循满足不同层次旅客出行需求、方便旅客换乘和经济合理使用高速动车组这三方面的原则。

2. 高速铁路旅客列车中间站停站方案

高速铁路旅客列车停站方案是在列车开行径路、列车种类、编组辆数和列车行对数确定后,根据客流需求,结合列车协调配合情况,合理地安排各列车的停站序列。我国高速铁路旅客列车主要采用一站直达、大站停、站站停、交错停站几种停站模式。

1)停站方案的要素

(1)列车在车站停留时间。针对某一列车而言,根据车站的等级,结合旅客乘降数量,确定列车在不同车站的停留时间,一般在高等级车站停留时间较长,在低等级车站停留时间短。速度为 300km/h 及以上的列车,在有大量旅客乘降的车站停留 2~5min、其他车站停留 1~3min;速度为 200km/h、250km/h 的列车,在有大量旅客乘降的车站停留 4~6min、其他车站停留 2~4min。

(2)列车停靠车站次数。列车停站次数越多,越有利于中间站旅客的乘降,但会降低列车的旅行速度,增加远途旅客的旅行时间,高速铁路旅客列车的最大优势是列车旅行速度快,因此,应限制每列车的停靠车站总数。

(3)列车停站点。列车停靠车站次数一定时,还应选择列车的停靠车站,方便车站间的客流交换。一方面应为旅客尽可能多地提供直达服务,即开行在两个站点之间均停站的列车,两个站点之间的旅客不需要换乘;另一方面为换乘客流乘车提供方便。

2)列车停站方案制定的原则

(1)最大限度满足旅客需求。提供方便编制停站方案的最终目标,是将各起讫点间的客流分配到相应的列车上,满足旅客的出行需求。从方便旅客的角度,制定停站方案应尽可能多地为旅客提供直达服务,减少旅客的换乘。对于满足开行直达不停站列车的客流优先考虑开行直达列车;剩余客流行停站列车,适当增加列车停站次数,为更多旅客提供服务。此外,应保证一定的车站服务频率,使列车在同一车站的停站时间分布应尽量均衡,避免某一时段大量列车停站或无列车停站的情形,节省旅客候车时间。还应缩短长途旅客的旅行时间,限制每列车的停站次数,应适当组织同一线路的不同列车交错停站,减少每列车的停站次数,以此提高旅客列车的旅行速度,同时满足不同车站旅客的出行需求。

(2)合理利用通过能力。列车停站对通过能力的影响较大,同一运行区段的相同等级的列车的停站次数应尽量接近,并按"递远递停"安排列车停站,有利于提高区段通过能力。

(3)减少铁路运输成本。列车停站延长了动车组的占用时间,减缓了车底周转,增加了动车组需求数量;列车起停将带来额外的能源消耗,增加乘务组费用等;列车在站停车也会增加车站的额外费用。所以,在基本满足旅客需求的前提下,列车停站次数越少,运输企业的运营成本也就越低,相应的经济效益就会得到提高。

3. 高速铁路列车运行图

高速铁路列车运行图需满足列车开行方案确定的列车种类、数量、始发终到和途中停站及停站时分等要求,紧密结合客流和设备变化,采用计算机编制列车运行图,及时调整运行方案编制时间、提高编制质量。如针对客流特点按季度编制运行图,不仅编制周期短,而且可更为详尽地制订客车开行的各种预备方案,包括例行的星期运行图的差别,有具体开行日期的列车车次等。这种详尽而复杂的运行图预备方案的综合集成技术,在人工编制条件下是难以实现的。

1)高速列车运行图综合维修天窗特点

为了保证行车安全,高速铁路运行图需要设置综合维修天窗,其天窗具有以下特点。

(1)国内高速铁路天窗时间一般设置为4~6h,在该时段内进行设施和设备的养护维修,不允许列车运行。

(2)高速铁路一般采用在规定时间段统一停电维修的天窗设置方式,即垂直形天窗。这种天窗设置方式便于统一管理,并能为所有设备的综合维修提供充分的时间。

(3)高速铁路出于对高安全和高可靠的要求,将综合维修作业的时间保证和质量保证有机结合起来,主要由全线中央调度实施指令统一管理、统一停电和恢复时间,并由遥控设备监督维修作业过程,维修作业后,都要用检测车对各种设备的维修质量进行检查认定,并实时地向中央调度反馈;次日首列列车始发前,还需再确认在全线范围内维修作业是否结束、线路上有无障碍物等,以确保行车安全。

(4)采用统一时间停电和恢复供电的垂直形天窗时,高速铁路列车运行图是被天窗时间割断的不连续的一个时空平面,并在其左上、左下角和右上、右下角分别形成上下行两个特殊的三角区,这四个三角区不能铺画贯穿全程的列车运行线,从而使列车运行线铺画和能力利用有长线和短线之分。高速铁路垂直形天窗及其所形成的三角区如图 4-47 所示。

2)高速铁路列车运行图的铺画方式

列车运行图的铺画方式、列车的开行位置,对通过能力有影响。

(1)同类列车成组铺画。成组铺画的追踪列数越多,则每一列车占用运行图的时间越少,可铺画的总列数越多,如图 4-48 所示。

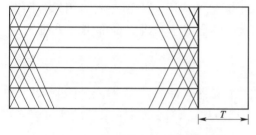

图 4-47　高速铁路垂直型天窗及其三角区

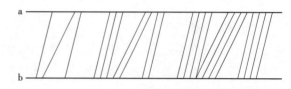

图 4-48　同类列车成组铺画对通过能力的影响

(2)高速列车停站方式。高速列车采取交替停站的方式,停站顺序应由远而近,即前行列车停远方站,后行列车停后方站,依次由远而近,如图 4-49 所示。

(3)减少越行与待避的次数。高等级高速列车不越行过多的低等级高速列车,以减少运行图的空费时间,且待避次数不宜过多,否则,将严重影响高速列车的旅速,如图 4-50 所示。

图 4-49　停站方式对通过能力的影响

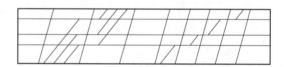

图 4-50　越行与待避过多的铺画方式

3)高速铁路周期运行图

所谓周期运行图,也称模式化运行图或节拍运行图,是指基本运行图除首、末小时段以外的其他各个小时段,列车运行线铺画都具有相同的模式或列车开行规律,体现在以下几点:

(1)每小时各类列车都具有相同的开行数量。

(2)同类列车在同一车站都有相同的到发、停站或通过时间,以此形成一个相对固定的基本运行图模式;各站各车次列车及其到发停时刻长期保持不变,形成十分严格的规律性。

(3)每季度、每周或每日实行的计划运行图,都是对该基本运行图抽线后形成的。一年中不同季节、一周内不同日间以及一日内不同时段,基本图上的列车对数各不相同,有的是在指定日期开行,有的是由当日的运输计划确定。

因此,周期运行图是编制、确定每季度、每周或每日计划运行图的基础和依据。它不仅极大地方便了旅客乘车,而且也为适应不同季度、日期客流变化而引起的运行图的调整和运行计划的编制提供了极大的方便。

4. 高速铁路调度指挥特点

高速铁路上运行的列车具有速度快、列车类型相对单一、对旅客服务质量要求高的特点,调度指挥要求高集成、高技术和高可靠性,充分重视安全,它和普通铁路调度指挥有着显著的区别。

1) 高计划性、行车集中控制

高速铁路主要开行的是高速的旅客列车,旅客列车运行的规律性很强,计划变化较小,其业务要比客货混跑的既有铁路简单,有利于集中控制;为了在有效处理风险的基础上提高运营效率、有效利用运力资源,高速铁路全线行车实行相对集中的管理方式,凡与行车有关的设备设施(高速列车、供电、通信信号、固定设备维修等)的运用、旅客运输等均由综合调度中心统一调度,以确保旅客舒适、列车安全、正点运行;全线车站进路全部由计算机统一控制。

2) 高安全性

高速铁路列车运行速度快,一旦发生行车事故都将是毁灭性的,因而对安全的要求特别严格。高速铁路针对恶劣的自然环境因素和意外的灾情(火灾等)设计了报警设施,行车指挥应具有相协调的功能。

3) 高密度性

高速铁路列车运行密度大,传统的车站对列车的人工控制方式不能满足高速铁路高密度行车的要求,高速铁路行车控制必须采用调度中心对列车移动体的集中自动控制方式,列车运行控制的自动化和现代化程度要求高。

4) 高正点率

高速铁路的旅客不但要求缩短旅行时间,还注重有效利用时间,因而保证高速铁路列车运行正点率是非常突出的问题。

5) 旅客服务的人性化

高速铁路的主要服务对象是旅客,满足旅客的不同需求,为旅客提供快速、方便、及时、全面的信息服务是高速铁路的首要任务,也是其吸引客流、树立良好的企业形象、增强自身竞争力的有力手段。

6) 维修综合化

高速铁路高密度行车的特点要求其线路、牵引供电、通信信号等固定设备与设施的维修作业将集中统一管理,并在同一天窗时间内进行综合维修。

四、动车组运用工作组织

1. 动车组运用方式的分析

在固定运用方式下,各动车组在固定的区段内运行,运用组织比较简单,但是不利于动车组的检修组织。一方面,在动车组检修期间需要有一定量的备用车组来代替,如果备用车组由各区段分别配备,则备用动车组数量较大,利用率不高;另一方面,由于动车组的维修技术复杂,设备昂贵,只能集中配置,动车组的维修作业集中在维修中心。对于维修中心不相邻的区段,需要维修的动车组必须专程送检,事后又需专程回送。

在不固定运用方式下,动车组运行区段没有限制,可以连续运行不同运行线的基本原则使动车组在变更车次、担当新运输任务时,可以满足对需要转线(改变运行方向时)整备作业等接续时间要求。根据动车组运行状态,可以在适当时间安排一条终到维修中心的运行线给必须进行维修作业的动车组,以保证能够及时维修。因此,这一运用方式能够较好地解决运行与维修的配合问题。动车组有多种运行线可以选择,因此有可能提高动车组的使用效率。综上所述,动车组不固定区段运用方式是比较适用的方式。

2. 动车组周转计划

1) 动车组周转计划的内容

动车组周转计划是指动车组周转接续和维修的综合计划,它根据给定的列车运行图、有关动车组检修规程以及检修基地条件等,对动车组担当车次、时刻、停车站、检修类型、地点等作出具体安排。

设图 4-51 为给定的列车运行图,假定日常检修和定期检修只能在车站 B 进行,则可有图 4-52 所示的动车组周转计划。图 4-52 中每一行称为一个交路段,它规定了一个动车组一天的运用项目,每条横线上面的数字为列车车次。例如,某天动车组 1 按交路段 1 的计划运行,其过程是:首先从车站 A 担当 D1201 次列车运行到车站 B,在车站停留一段时间之后,从车站 B 担当列车 D1208 次运行到车站 A,最后作为列车 D1209 次运行到车站 B,夜间在车站 B 驻留;第 2 天按交路段的计划运行,在车站 B(或相连的维修基地)进行日常检修后,担当列车 D1210 和 D1213 次任务;第 3 天按交路段 3 的计划运用;然后按交路段 4、5、6、7 的计划运用,当按交路段 7 运用完以后,再按交路段 1 的计划运用。在动车组 1 按交路段 1 计划运用时,其他的动车组也按照同样的规则按交路段 2、3…7 的计划运用。可见,按照图 4-52 的运用计划完成图 4-51 给出的运行图,需要 7 个动车组。交路段 1~7 构成整体运用计划。一般对应同一运行图,可以编制出多种不同的动车组运用方案。

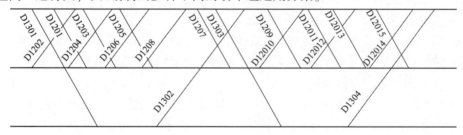

图 4-51 列车运行图

交路段	车站	担当	车站	担当	车站	担当	车站
1	A	1201	B	1208	A	1209	B
2	B	日常检修	B	1210	A	1213	B
3	B	1206	A	1303	C	1304	A
4	A	1203	B	日常检修	B	1214	A
5	A	1301	C	1302	A	1211	B
6	B	1202	A	1205	B	日常检修	B
7	B	1204	A	1209	B	1212	A

图 4-52 动车组周转计划图

编制动车组周转计划时,不仅需要编制列车间的接续计划,同时需要编制动车组的日常维修计划(根据动车组的种类,通常每 72~144h 以内进行一次,每次要在特定场所进行 2h

左右)和定期检修计划(每30天以内或3万km以内进行一次,每次在特定场所进行4h左右),而大修计划因需要较长的检修时间,在编制动车组周转计划时不予考虑。

2)编制动车组周转计划基本要求

(1)列车运行图。列车运行图规定的所有列车必须分配到一个状态良好的动车组,而且列车的始发、终到时间及始发、终到车站不能有任何的变动(若始发、终到时刻仅作微小变动能够改变动车组的使用效率,也可以向运行图编制人员提出协调)。

(2)检修。

①检修场所:日常检修和定期检修在规定的地点进行。

②检修周期:定期检修和日常检修必须在规定的检修周期内进行。

③检修所需时间:必须保证日常检修和定期检修所要求的时间。

④检修可能的时段:日常检修和定期检修必须在规定的时段内进行。

(3)交路。

①地点:同一交路段中前行列车的终到站必须与后续列车的始发站一致;当给定的运行图是不成对运行图时,必须通过设置回送列车的方式满足这一要求。

②时间:后续列车的始发时刻晚于前行列车的终到时间,而且其时间差必须大于最小折返时间或转线时间。

(4)交路段。交路中相邻的两个交路段,前一日交路段的最后终到站必须与后续日交路段的始发站一致;最后一个交路段的终到站必须与第一个交路段的始发站一致。

(5)其他条件。

①线路容量:在各车站以及车辆基地停留的动车组数量不能超过规定的数量。

②动车组数量:计划中所使用的动车组数量不能超过规定的动车组数量。

③清扫周期:列车清扫的种类、周期、地点等条件。

④运用人员的意图:计划中要充分反映使用者的意图。例如,希望编制的计划能较好地适应运输波动;希望用最小的动车组;希望在某个时段内确保一组预备车等。

3)动车组周转计划评价指标

动车组比较昂贵,完成同样的列车运行图,所使用的动车组数量越少越好;虽然一些回送列车的设置是不可避免的,但回送列车不能运送旅客,不仅不能直接带来收入而且需要人力、物力等资源投入,因此,回送列车开行的次数越少越好;定期检修和日常检修需要人力、时间、费用等,在满足规章规定要求的情况下,检修的次数越少越好。因此,一般采用使用的动车组数、定期检查次数和日常检查的次数、回送列车的次数和里程等指标来评价运用方案。

3. 动车组分配计划

动车组周转计划中对列车周转接续进行了安排,形成了周转交路,但并没有指定具体的动车组。在实际运用中,每个周转交路必须有具体的动车组担当,分配哪个动车组具体担当哪个交路的计划就是动车组分配计划。

在分配具体动车组时,应考虑动车组检修规程和作业时分标准及动车组的位置已走行公里、已进行过的各类检修等,一般采用模拟未来使用计划的方法编制。分配计划包括动车组号、编组、运行交路、出入段时间、动车组回送及接运计划,动车组车辆解除备用及转入备用计划等内容。

4. 动车组检修计划

动车组检修时间较短(小于6h),在检修日不进行检修的时段内仍可作为备用车使用,这类检修结合周转计划和动车组分配计划已经安排。但一些检修时间较长(超过1天)的检修,在检修日动车组不能作为备用车使用,这类的检修的检修计划,即为动车组检修计划,应当单独编制。

动车组检修计划主要依据动车组修程、修制、列车走行统计数据和列车故障情况、检修地的作业能力及动车组检修的长期规划等编制,它具体规定检修动车组编号、检修内容、检修地点和检修时间。

复习思考题

1. 试述铁路车站在铁路运输生产中的地位和作用,以及车站的分类。
2. 试述铁路行车制度和列车自动控制系统的发展过程。
3. 试述铁路旅客列车的种类。
4. 试述铁路货物运输的基本条件和基本作业。
5. 何谓铁路货物运输的货车工作量、使用车数和卸空车数?
6. 试述货车周转时间的意义及其计算方法。
7. 试述货物列车编组计划的意义及货物列车的种类。
8. 试述组织装车地直达列车的条件。
9. 何谓货车集结时间?
10. 货车无改编通过技术站节省时间和技术站开行直达列车的基本条件是什么?
11. 试述列车运行图的意义及其种类。
12. 试述列车运行图要素。
13. 试述旅客列车运行线和货物列车运行线的铺画方法。
14. 试述铁路通过能力和输送能力的意义及其影响因素。
15. 试述铁路区间通过能力计算方法。

第五章 公路及汽车运输系统

第一节 公路运输系统的基础设施

公路运输基础设施是由公路及其附属设施、枢纽站场及其附属设施、公路交通控制与管理设施以及运输工具等组成。本节将主要介绍公路、运输工具——汽车和枢纽站场。

一、公路

(一)公路及其分级

按照交通运输部发布的《公路工程技术标准》(JTG B01—2014),公路分为五个技术等级。

1. 高速公路

高速公路为专供汽车分方向、分车道行驶,全部控制出入的多车道公路。高速公路的年平均日设计交通量宜在15000辆小客车以上。

2. 一级公路

一级公路为专供汽车分方向、分车道行驶,可根据需要控制出入的多车道公路。一级公路的年平均日设计交通量宜在15000辆小客车以上。

3. 二级公路

二级公路为供汽车行驶的双车道公路。二级公路的年平均日设计交通量宜为5000~15000辆小客车。

4. 三级公路

三级公路为供汽车、非汽车交通混合行驶的双车道公路。三级公路的年平均日设计交通量宜为2000~6000辆小客车。

5. 四级公路

四级公路为供汽车、非汽车交通混合行驶的双车道或单车道公路。双车道四级公路年平均日设计交通量宜在2000辆小客车以下;单车道四级公路年平均日设计交通量宜在400辆小客车以下。

公路技术等级分级表见表5-1。

公路技术等级分级表　　　　　　　　　　　　　表5-1

等级	高速公路	一级公路	二级公路	三级公路	四级公路	
年平均日交通量(AADT)(pcu/d)	>15000	>15000	5000~15000	2000~6000	<2000	<400
标准车	小客车	小客车	小客车	小客车	小客车	
出入口控制	完全控制	根据需要控制	不受控制	不受控制	不受控制	不受控制
设计年限(年)	20	20	15	15	根据实际情况确定	

（二）公路设计准则

各级公路须满足不同的使用要求，为此，应对各级公路的设计规定相应的控制标准或设计准则，以指导各项具体设计指标的制定。这些控制标准主要包括以下五个方面。

1. 设计车辆

设计车辆外廓尺寸以及行驶于公路上各种车辆的交通组成是公路几何设计中的重要控制因素。在公路设计过程中，"设计车辆"是设计所采用的有代表性的车型，其外廓尺寸、载质量和运行性能是用于确定公路几何设计、交叉口几何设计和路基宽度的主要依据。根据我国行驶车辆的具体情况、汽车发展远景规划和经济发展水平，出于经济和实用的考虑，设计车辆的外廓尺寸是对现有车型的尺寸进行统计后，将满足85%以上车型的外廓尺寸作为设计标准。公路设计所采用的设计车辆外廓尺寸的一般规定见表5-2。

设计车辆外廓尺寸（单位：m） 表5-2

车辆类型	总 长	总 宽	总 高	前 悬	轴 距	后 悬
小客车	6	1.8	2	0.8	3.8	1.4
大型客车	13.7	2.55	4	2.6	6.5 + 1.5	3.1
铰接客车	18	2.5	4	1.7	5.8 + 6.7	3.8
载货汽车	12	2.5	4	1.5	6.5	4
铰接列车	18.1	2.55	4	1.5	3.3 + 11	2.3

注：铰接列车的轴距为(3.3 + 11)m，其中3.3m为第一轴至铰接点的距离，11m为铰接点至最后轴的距离。

2. 设计小时交通量

设计小时交通量是确定公路等级、评价公路运行状态和服务水平的重要参数。设计小时交通量越小，公路的建设规模就越小，建设的费用也就越低。但是，不恰当地降低设计小时交通量会使公路的通行条件恶化，易发生交通阻塞和使交通事故增多，导致公路的综合经济效益降低。因此，将全年小时交通量按从大到小顺序排列，公路设计小时交通量宜采用年第30位小时的交通量，也可根据公路功能采用当地的年第20~40位小时之间最经济合理时位的小时交通量。

交通量是公路分级和确定所需车道数的主要依据。《公路工程技术标准》(JTG B01—2014)将小客车定为各级公路交通量换算和通行能力分析的标准车型。设计中采用标准车型的AADT预测值作为依据。公路上不同的车辆组成可按表5-3规定的换算系数折算成标准车的交通量。

各汽车代表车型及车辆折算系数 表5-3

汽车代表车型	车辆折算系数	说 明
小客车	1.0	座位≤19座的客车和载质量≤2t的货车
中型车	1.5	座位>19座的客车和2t<载质量≤7t的货车
大型车	2.5	7t<载质量≤20t的货车
汽车列车	4.0	载质量>20t的货车

3. 设计速度

设计速度是公路设计时确定几何线形的基本要素。它是在气象条件良好、车辆行驶只受公路本身条件影响时，具有中等驾驶技术的人员能够安全、平稳、舒适驾驶车辆的速度。

各级公路设计速度的一般规定见表5-4。

各级公路设计速度表　　　　　　　　　表5-4

公路等级	高速公路			一级公路			二级公路		三级公路		四级公路	
设计速度/(km/h)	120	100	80	100	80	60	80	60	40	30	30	20

4. 设计路段

高速公路设计路段不宜小于15km；一、二级公路设计路段不宜小于10km。不同设计速度的设计路段间必须设置过渡段。

5. 抗震设计

公路抗震设计应符合下列规定：

(1) 地震动峰值加速度系数小于或等于0.05地区的公路工程，除有特殊要求外，可采用简易设防。

(2) 地震动峰值加速度系数大于0.05、小于0.40地区的公路工程，应进行抗震设计。

(3) 地震动峰值加速度系数大于或等于0.40地区的公路工程，应进行专门的抗震研究和设计。

(4) 做过地震小区划地区的公路工程，应按主管部门审批的地震动峰值加速度系数进行抗震设计。

二、汽车

汽车是公路运输的基本工具，由车身、动力装置、底盘和电气仪表等部分组成。

客车车身是整体车身，货车车身一般包括驾驶室和各种形式的车厢。

动力装置是驱动汽车行驶的动力源，包括发动机、燃料供给系统和冷却系统。

底盘是车身和动力装置的支座，同时是传递动力、驱动汽车、保证汽车正常行驶的综合体，它包括传动系统（离合器、变速器、万向传动装置、驱动桥）、行驶系统（车架、车轮与轮胎、悬架、从动桥）、转向系统（带转向盘的转向器及转向传动机构）和制动系统（制动器和制动传动机构）。

电气仪表包括电源、发动机的起动系统和点火系统，以及汽车照明、信号、仪表等电气设备。

《机动车辆及挂车分类》(GB/T 15089—2001)将机动车辆和挂车分为L类、M类、N类、O类和G类。L类是指两轮或三轮机动车辆，M类是指至少有四个车轮且用于载客的机动车辆，N类是指至少有四个车轮且用于载货的机动车辆，O类是指挂车（包括半挂车），G类是指满足相应条件要求的M类、N类的越野车。其中，M类和N类汽车的分类见表5-5。

M类和N类汽车的分类　　　　　　　　　表5-5

M类(客车)		N类(货车)	
M_1	座位数（包括驾驶人座位在内）≤9	N_1	最大设计总质量≤3.5t
M_2	座位数（包括驾驶人座位在内）>9 厂定最大总质量≤5t	N_2	3.5t＜最大设计总质量≤12t
M_3	座位数（包括驾驶人座位在内）>9 厂定最大总质量＞5t	N_3	最大设计总质量＞12t

厢式汽车、罐式汽车、仓栅式汽车等专用汽车以及由多节车辆组成的汽车列车都属于载货车辆的范畴。载客车辆包括轿车、微型客车、轻型客车、中型客车、大型客车以及特大型客车(如铰接客车、双层客车等)。

三、综合运输枢纽

(一)综合交通枢纽

综合交通枢纽是整合铁路、公路、航空、内河航运、海港和运输管道为一体的海陆空协同枢纽体系。综合交通枢纽是综合交通运输体系的重要组成部分,是衔接多种运输方式、辐射一定区域的客、货转运中心。综合交通枢纽又分为国际性综合交通枢纽、全国性综合交通枢纽、区域性综合交通枢纽三大类。根据国务院印发的《"十三五"现代综合交通运输体系发展规划》,被定位为全国性综合交通枢纽的城市有63个。

1)国际性综合交通枢纽

重点打造北京—天津、上海、广州—深圳、成都—重庆国际性综合交通枢纽,建设昆明、乌鲁木齐、哈尔滨、西安、郑州、武汉、大连、厦门等国际性综合交通枢纽,强化国际人员往来、物流集散、中转服务等综合服务功能,打造通达全球、衔接高效、功能完善的交通中枢。

2)全国性综合交通枢纽

全面提升长春、沈阳、石家庄、青岛、济南、南京、合肥、杭州、宁波、福州、海口、太原、长沙、南昌—九江、贵阳、南宁、兰州、呼和浩特、银川、西宁、拉萨、秦皇岛—唐山、连云港、徐州、湛江、大同等综合交通枢纽功能,提升部分重要枢纽的国际服务功能。推进烟台、潍坊、齐齐哈尔、吉林、营口、邯郸、包头、通辽、榆林、宝鸡、泉州、喀什、库尔勒、赣州、上饶、蚌埠、芜湖、洛阳、商丘、无锡、温州、金华—义乌、宜昌、襄阳、岳阳、怀化、泸州—宜宾、攀枝花、酒泉—嘉峪关、格尔木、大理、曲靖、遵义、桂林、柳州、汕头、三亚等综合交通枢纽建设,优化中转设施和集疏运网络,促进各种运输方式协调高效,扩大辐射范围。

3)区域性综合交通枢纽及口岸枢纽

推进一批区域性综合交通枢纽建设,提升对周边的辐射带动能力,加强对综合运输大通道和全国性综合交通枢纽的支撑。

推进丹东、珲春、绥芬河、黑河、满洲里、二连浩特、甘其毛都、策克、巴克图、吉木乃、阿拉山口、霍尔果斯、吐尔尕特、红其拉甫、樟木、亚东、瑞丽、磨憨、河口、龙邦、凭祥、东兴等沿边重要口岸枢纽建设。

2021年2月,中共中央、国务院印发《国家综合立体交通网规划纲要》,提出到2035年,国家综合立体交通网实体线网总规模合计70万km左右(不含国际陆路通道境外段、空中及海上航路、邮路里程)。其中,公路包括国家高速公路网、普通国道网,合计46万km左右,国家高速公路网16万km左右,由7条首都放射线、11条纵线、18条横线及若干条地区环线、都市圈环线、城市绕城环线、联络线、并行线组成;普通国道网30万km左右,由12条首都放射线、47条纵线、60条横线及若干条联络线组成。《国家综合立体交通网规划纲要》指出优化综合交通枢纽布局要做到以下几点:

(1)完善综合交通枢纽空间布局。结合全国城镇体系布局,着力打造北京、上海、广州等国际性综合交通枢纽,加快建设全国性综合交通枢纽,积极建设区域性综合交通枢纽,优化完善综合交通枢纽布局,完善集疏运条件,提升枢纽一体化服务功能。

(2)提升综合客运枢纽站场一体化服务水平。按照零距离换乘要求,在全国重点打造150个开放式、立体化综合客运枢纽。科学规划设计城市综合客运枢纽,推进多种运输方式统一设计、同步建设、协同管理,推动中转换乘信息互联共享和交通导向标识连续、一致、明晰,积极引导立体换乘、同台换乘。

(3)促进货运枢纽站场集约化发展。按照无缝衔接要求,优化货运枢纽布局,推进多式联运型和干支衔接型货运枢纽(物流园区)建设,加快推进一批铁路物流基地、港口物流枢纽、航空转运中心、快递物流园区等规划建设和设施改造,提升口岸枢纽货运服务功能,鼓励发展内陆港。

(4)促进枢纽站场之间有效衔接。强化城市内外交通衔接,推进城市主要站场枢纽之间直接连接,有序推进重要港区、物流园区等直通铁路,实施重要客运枢纽的轨道交通引入工程,基本实现利用城市轨道交通等骨干公共交通方式连接大中型高速铁路车站以及年吞吐量超过1000万人次的机场。

(二)综合客运枢纽

根据《综合客运枢纽分类分级》(JT/T 1112—2017),综合客运枢纽将两种及以上对外运输方式与城市交通的客流转换场所在同一空间(或区域)内集中布设,实现设施设备、运输组织、公共信息等有效衔接的客运基础设施。综合客运枢纽级别划分,根据设计年度综合客运枢纽总发送量及对外运输方式总发送量,综合客运枢纽划分为一级综合客运枢纽、二级综合客运枢纽、三级综合客运枢纽和四级综合客运枢纽。综合客运枢纽主导方是指在综合客运枢纽形成过程中,受特定工程建设条件(如空域、水域、线位、净空、地质条件、土地资源等)限制,对其他交通运输方式起主要约束影响作用的某一对外运输方式。一般情况下,综合客运枢纽主导方按照航空、水运、铁路、公路的优先顺序进行判定。

根据综合客运枢纽主导方,综合客运枢纽划分为以下四种类型:

(1)航空主导型综合客运枢纽——依托机场航站楼,与铁路、公路等对外运输方式及城市交通衔接形成的综合客运枢纽。

(2)水运主导型综合客运枢纽——依托港口客运站,与公路及城市交通衔接形成的综合客运枢纽。

(3)铁路主导型综合客运枢纽——依托铁路客运站(除仅接入城际铁路的客运站),与公路及城市交通衔接形成的综合客运枢纽。

(4)公路主导型综合客运枢纽——依托公路客运站,与城际铁路及城市交通衔接形成的综合客运枢纽。

(三)综合货运枢纽

根据《综合货运枢纽分类分级》(JT/T 1111—2017),综合货运枢纽服务两种及以上对外运输方式,具有货物集聚、辐射功能,实现不同运输方式之间的货物有效换装与衔接,集中布设的具有完善信息系统的货运服务场所。根据综合货运枢纽主导方,综合货运枢纽分为四种类型:

(1)航空主导型综合货运枢纽——以航空服务功能为主,依托机场货运作业区形成的综合货运枢纽。

(2)水运主导型综合货运枢纽——以水运服务功能为主,依托港口形成的综合货运枢纽。

(3)铁路主导型综合货运枢纽——以铁路服务功能为主,依托铁路货运站形成的综合货运枢纽。

(4)公路主导型综合货运枢纽——以公路服务功能为主,依托公路货运站形成的综合货运枢纽,其所在地5km范围内有大型铁路场站、或港口、或机场。

综合货运枢纽具有以下基本要求:

(1)应承担两种或多种运输方式,各类运输方式作业场所在一定范围内分布。

(2)应具有货运组织与管理、多式联运、转运换装、装备储存、信息流通和辅助服务功能。

(3)应具有一定规模和数量的装卸作业场所、仓储或信息服务设施、设备。

(4)应具有一定规模和数量的生产辅助设施和生活服务设施。

(5)占地面积应不小于200亩❶。

(6)水运主导型综合货运枢纽、铁路主导型综合货运枢纽、公路主导型综合货运枢纽的物流强度应不小于500万 t/(km²·年),航空主导型综合货运枢纽的物流强度应不小于50万 t/(km²·年)(综合货运枢纽物流强度=综合货运枢纽年度吞吐量/总占地面积)。

(7)综合货运枢纽的商务、生活配套占地面积比应不超过项目总占地面积的10%。

四、公路运输站场

公路运输站场是构成公路运输枢纽的实体单元,是办理公路旅客或货物运输相关业务、进行客货运输组织和作业,并提供相应服务的场所。公路运输站场根据服务对象不同分为客运站和货运站。

(一)公路客运站

公路客运站是专门为旅客(行包)的上、下车和车辆到、发提供作业和相应服务的场所。客运站的主要任务是安全、迅速、有序地组织旅客运输,为旅客和车辆提供配套设施和相关服务,包括通用客运站和专用客运站,专业客运站一般又包括快速客运站、旅游客运站等。根据城市特点及旅客运输需求,专业客运站可单独设置,也可结合通用客运站建设。

根据《汽车客运站级别划分和建设要求》(JT/T 200—2020),以设施与设备配置、日发量为依据,将等级车站从高到低依次分为一级车站、二级车站、三级车站。

1. 一级车站

设施与设备符合表5-6和表5-7中一级车站配置要求,且具备下列条件之一:

(1)日发量在5000人次及以上的车站;

(2)日发量在2000人次及以上的旅游车站、国际车站、综合客运枢纽内的车站。

2. 二级车站

设施与设备符合表5-6和表5-7中二级车站配置要求,且具备下列条件之一:

(1)日发量在2000人次及以上、不足5000人次的车站;

---

❶ 1亩≈666.67m²,后同。

（2）日发量在1000人次及以上，不足2000人次的旅游车站；国际车站综合客运枢纽内的车站。

3. 三级车站

设施与设备符合表5-6和表5-7中三级车站配置要求，且日发量在300人次及以上、不足2000人次的车站。

4. 便捷车站

设施与设备符合表5-6和表5-7中便捷车站配置要求的车站。

5. 招呼站

设施与设备不符合表5-6和表5-7中便捷车站配置要求，具有等候标志和候车设施的车站。

汽车客运站设施配置表　　　　　　　　　　表5-6

设施类别与名称			一级车站	二级车站	三级车站	便捷车站
场地设施	换乘设施	公交停靠站	●	●	●	◎
		出租汽车停靠点	●	●	●	—
		社会车辆停靠点	●	◎	◎	—
		非机动车停车场	●	◎	◎	◎
	站前广场		●	◎	◎	◎
	停车场(库)		●	●	●	●
	发车位		●	●	●	◎
建筑设施	站房	候车厅(室)	●	●	●	●
		母婴候车室(区)	●	●	●	◎
		售票处(厅)	●	●	●	◎
		综合服务处	●	●	◎	—
		小件(行包)服务处	●	●	◎	◎
		治安室	●	●	◎	◎
		医疗救护室	◎	◎	◎	—
		饮水处	●	●	◎	◎
		盥洗室与旅客厕所	●	●	●	●
		无障碍设施	●	●	●	●
		旅游服务处	●	◎	◎	—
		站务员室	●	●	●	●
		调度室	●	●	◎	◎
		智能化系统用房	●	●	◎	—
		驾乘人员休息室	●	●	●	◎
		进、出站检查室	●	●	●	●
	办公用房		●	●	◎	◎

续上表

设施类别与名称			一级车站	二级车站	三级车站	便捷车站
建筑设施	辅助用房	生产辅助用房	车辆安全例检台	●	●	◎	◎
			车辆清洁、清洗处	●	◎	◎	—
			车辆维修处	◎	◎	◎	—
		生活辅助用房	驾乘人员公寓	◎	◎	—	—
			商业服务设施	●	●	◎	—

注:"●"表示应配置;"◎"表示视情配置;"—"表示不作要求。

汽车客运站设备配置表　　　　　　　　　　　　　　　　　　　表5-7

设备名称		一级车站	二级车站	三级车站	便捷车站
服务设施	售票检票设备	●	●	●	◎
	候车服务设备	●	●	●	●
	车辆清洁清洗设备	●	◎	—	—
	小件(行包)搬运与便民设备	●	●	◎	◎
	广播通信设备	●	●	●	◎
	宣传告示设备	●	●	●	●
	采暖/制冷设备	●	●	◎	◎
安全设备	安全检查设备	●	●	●	●
	安全监控设备	●	●	●	◎
	安全应急设备	●	●	●	●
信息网络设备	网络售、取票设备	●	●	◎	◎
	验票检票信息设备	●	◎	◎	●
	车辆调度与管理设备	●	◎	—	—

注:"●"表示应配置;"◎"表示视情配置;"—"表示不作要求。

(二)公路货运站

公路货运站是专门为货物的集散、中转、仓储、配送等提供作业以及相关服务的场所。随着现代物流的发展,公路货运站逐渐与现代物流相融合,其服务功能、作业内容和设置形式更加多样化、专业化,一般包括综合货运站、零担货运站、危险品货运站、集装箱中转站、物流中心、配送中心、物流园区等。

《公路货运站站级标准及建设要求》(JT/T 402—2016)根据不同类型,将货运站进行分级,具体见表5-8~表5-11。

综合型公路货运站分级标准　　　　　　　　　　　　　　　　　　　表5-8

序号	综合型	一级	二级	三级
A	占地面积(亩)	≥600	≥300	≥150
B	处理能力(万t/年)	≥600	≥300	≥100

运输型公路货运站分级标准　　　　　　　　表 5-9

序号	运输型	一级	二级	三级
A	占地面积(亩)	≥400	≥200	≥100
B	处理能力(万 t/年)	≥400	≥200	≥100

仓储型公路货运站分级标准　　　　　　　　表 5-10

序号	仓储型	一级	二级	三级
A	占地面积(亩)	≥500	≥300	≥100
B	处理能力(万 m^2)	≥20	≥10	≥3

注：处理能力为货运站仓储设施的拥有能力，即仓储面积。

信息型公路货运站分级标准　　　　　　　　表 5-11

序号	信息型	一级	二级	三级
A	占地面积(亩)	≥200	≥100	≥50
B	处理能力(次/d)	≥500	≥300	≥100

注：处理能力为日均交易次数。

第二节　公路通行能力

一、公路通行能力概述

(一) 基本概念

公路通行能力是指在通常的道路、交通条件和人为度量标准下，在一定的时段内道路某断面可以通过的最大车辆数。

道路条件指公路的几何特征，包括每个方向的车道数、车道的宽度和路肩宽度、侧向净空、设计速度以及平面和纵面线形。

交通条件涉及使用该道路的交通流特性，是指交通流中车辆组成、车道分布、交通量的变化、交通管理和交通控制方式等。

度量标准是计算通行能力的前提条件。

将上述条件用服务水平标准来规定时，就可得到各级服务水平下的路段通行能力（或服务交通量）。通常按照实用、合理、简便及可操作性强的原则，将通行能力分为以下3种。

(1) 基本通行能力。基本通行能力是指公路和交通都处于理想条件下，由技术性能相同的一种标准车，以最小的车头间距连续行驶的理想交通流，在单位时间内通过公路断面的车辆数。这是理论上所能通行的最大小时交通量。

(2) 容许通行能力。容许通行能力即公路实际所能承担的最大交通量，指对与理想条件不符的各种道路条件和交通条件进行修正后得到的可能通行能力,是在理想条件下人们所允许的最低质量要求时(高速公路、一级公路对应二级服务水平,二、三、四级公路是三级服务水平),所能通行的小时交通量。

(3)设计通行能力(或实际通行能力)。设计通行能力是指在一定的服务水平要求下道路所具有的通行能力,即根据对交通运行的质量要求和该路段的具体道路条件、交通条件及交通管理水平,对容许通行能力进行相应的修正后得到的小时交通量。

公路通行能力是公路的一种性能,是公路的一项重要指标。研究通行能力的目的在于估算公路设施在规定的运行质量条件下所能适应的最大交通量,以便在设计时,确定满足预期交通需求和服务水平所需要的公路等级、性质和设计道路的几何尺寸;同时可以评价现有公路设施满足交通运输需求的程度,以判断是否需要进行改善并评价各项改善措施的效果。

(二)公路设施分类

研究公路通行能力时,要根据公路设施的情况分别对待。一般可将设施分为以下两大类。

1. 非间断交通流设施

此类交通流设施没有像交通信号那样在交通流外部引起交通流量中断的固定因素。交通流状况是交通中车辆之间以及车辆与道路线性、道路环境之间相互影响的结果,其设施包括高速公路(含高速公路基本路段、交织区、匝道与匝道连接点)、多车道公路(一级公路)、双车道公路(二、三、四级公路)等。

2. 间断交通流设施

此类交通流设施有引起交通流周期性中断的固定因素。这些因素包括交通信号、停车标志和其他类型的管制设备,不管有多少交通量存在,这些设备都会引起交通流周期性停止(或显著减慢),其设施包括设与不设交通信号的交叉口、市区与郊区干道等。

(三)服务水平

1965年版的美国《道路通行能力手册》首次提出了"服务水平"的概念,即将通行能力与服务水平联系起来。

1. 服务水平的概念

服务水平是指公路使用者从公路状况、交通与管制条件、公路环境等方面可能得到的服务程度或服务质量,如可以提供的行车速度、舒适和方便程度、驾驶人的视野,以及经济安全等方面所能得到的实际效果与服务程度。不同的服务水平允许通过的交通量不同,称为服务流率或服务交通量。服务等级高的道路车速快、延误少,驾驶人开车的自由度大,舒适与安全性好,但其相应的服务交通量就小;如果允许的服务交通量大,则服务水平低。

目前,服务水平可按下列指标划分:行车速度和运行时间;车辆行驶时的自由程度(通畅性);交通受阻或受干扰的程度;行车安全性(事故率和经济损失);行车的舒适性和旅客满意的程度;每车道每千米范围内车辆的最大密度;经济性(行驶费用)。

然而,实际确定服务等级时往往仅以其中的某几项主要指标作为代表,如将行车速度及服务交通量与通行能力之比作为路段评定服务等级的主要影响因素。由于这两项指标比较易于观测,而且车速和服务交通量也同其他因素相关,所以取此两者作为评价服务水平的主要指标是科学合理的。

2. 服务水平等级

服务水平等级是用来衡量公路为驾驶人、旅客所提供的服务质量等级的,其质量可以从自由运行、高速、舒适、方便、安全满意的最高水平,到拥挤、受阻、停停开开、难以忍受的最低水平。服务水平等级各国划分不一,一般均根据本国的公路交通的具体情况划分为 3~6 个服务水平等级。日本分为 3 个等级,苏联分为 4 个等级,美国定为 A~F6 个等级。

表 5-12~表 5-14 分别为我国高速公路、一级公路和二、三、四级公路路段服务水平等级划分情况。

高速公路路段服务水平分级　　　　　　　　　表 5-12

服务水平等级	V/C 值	设计速度(km/h)		
		120	100	80
		最大服务交通量 [pcu/(h·ln)]	最大服务交通量 [pcu/(h·ln)]	最大服务交通量 [pcu/(h·ln)]
一	V/C≤0.35	750	730	700
二	0.35 < V/C≤0.55	1200	1150	1100
三	0.55 < V/C≤0.75	1650	1600	1500
四	0.75 < V/C≤0.90	1980	1850	1800
五	0.90 < V/C≤1.00	2200	2100	2000
六	V/C > 1.00	0~2200	0~2100	0~2000

注:V/C 是在基准条件下,最大服务交通量与基准通行能力之比。基准通行能力是五级服务水平条件下对应的最大小时交通量,后同。

一级公路路段服务水平分级　　　　　　　　　表 5-13

服务水平等级	V/C 值	设计速度(km/h)		
		10	80	60
		最大服务交通量 [pcu/(h·ln)]	最大服务交通量 [pcu/(h·ln)]	最大服务交通量 [pcu/(h·ln)]
一	V/C≤0.3	600	550	480
二	0.3 < V/C≤0.5	1000	900	800
三	0.5 < V/C≤0.7	1400	1250	1100
四	0.7 < V/C≤0.9	1800	1600	1450
五	0.9 < V/C≤1.0	2000	1800	1600
六	V/C > 1.0	0~2000	0~1800	0~1600

二、三、四级公路路段服务水平分级　　　　表 5-14

服务水平	延误率（%）	设计速度(km/h)									
		80				60				≤40		
		速度（km/h）	V/C			速度（km/h）	V/C			速度（km/h）	V/C		
			禁止超车区（%）				禁止超车区（%）				禁止超车区（%）		
			<30	30~70	≥70		<30	30~70	≥70		<30	30~70	≥70
一	≤35	≥76	0.15	0.13	0.12	≥58	0.15	0.13	0.11	≥48	0.14	0.12	0.10
二	≤50	≥72	0.27	0.24	0.22	≥56	0.26	0.22	0.20		0.25	0.19	0.15
三	≤65	≥67	0.40	0.34	0.31	≥54	0.38	0.32	0.28		0.37	0.25	0.20
四	≤80	≥58	0.64	0.60	0.57	≥48	0.58	0.48	0.43		0.54	0.42	0.35
五	≤90	≥48	1.00	1.00	1.00	≥40	1.00	1.00	1.00		1.00	1.00	1.00
六	>90	<48	—	—	—	<40	—	—	—		—	—	—

注：1. 设计速度为 80km/h、60km/h 和 40km/h 时，路面宽度为 9m 的双车道公路，其基准通行能力分别为 2800pcu/h、2500pcu/h 和 2400pcu/h。

2. 延误率为车头时距小于或等于 5s 的车辆数占总交通量的百分比。

二、公路交通流要素

公路交通流的运行状态由速度、交通量（简称流量）和交通密度这 3 种主要度量指标来确定。

1. 速度

速度是每公里（或单位）行程时间的倒数，是车辆在路段上运行效率的简单度量指标，用单位时间车辆通过的距离表示，其单位为 km/h。

在表征交通流的速度特性时，由于在交通流中可以观测到的速度大小不一，所以必须采用一些代表性的数值。一般采用的速度标准是平均行程速度。计算平均行程速度采用该公路的一段长度，除以车辆通过该路段的平均行程时间。因此，如果有 n 辆车，通过路段的长度为 L，测得车辆的行程时间为 $t_1, t_2, \cdots, t_n$，则平均行程速度为：

$$S = \frac{L}{\sum_{i=1}^{n} \frac{t_i}{n}} = \frac{nL}{\sum_{i=1}^{n} t_i} \tag{5-1}$$

式中：S——平均行程速度，km/h；

L——公路路段长度，km；

t_i——第 i 辆车通过该路段的总行程时间，包括由于固定间断或交通阻塞引起的停车延误，h；

n——观测行程时间的次数。

应当注意，不要将平均行程速度与另一相似的度量指标——平均行驶速度混淆。后者是距离除以通过此距离的平均行驶时间，平均行驶时间只包括车辆处于运动中的时间。对于非阻塞条件下运行的非间断流设施，平均行程速度和平均行驶速度是相等的。

2. 交通量

交通量(V)是指单位时段内通过一条车道或某一点或断面的车辆总数,可用下式表示:

$$V = \frac{N}{T} \tag{5-2}$$

式中:T——时段(小时,天,年……);
N——车辆数。

根据交通量的不同用途,需要有某一期间的平均值作为该段期间交通量的代表,通常有平均日交通量、月平均日交通量和年平均日交通量。

平均日交通量(ADT):任意期间各日交通量的总和除以该期间内天数所得的值。

月平均日交通量(MADT):一个月的交通量总数除以该月天数所得的平均值。

年平均日交通量(AADT):一年的交通量总数除以该年天数所得的平均值。

根据交通量的变化规律,可以用下列特征值来表示交通量。

高峰小时交通量(PHT):全天交通量最大的一个小时称高峰小时,该小时内的交通量称为高峰小时交通量。

高峰小时系数(PHF):高峰小时交通量与该小时内最大的15min流率之比。

流率:在给定不足1h的时间间隔(通常为15min)内,通过一条车道或道路的指定断面的当量小时流率。

$$PHF = \frac{高峰小时交通量}{该小时内的高峰流率} \tag{5-3}$$

如果采用15min时段,则有:

$$PHF = \frac{V}{4 \times v_{15}} \tag{5-4}$$

式中:PHF——高峰小时系数;
V——1h 的交通量,辆/h;
v_{15}——在高峰小时内最大的15min期间的交通量,辆/15min。

3. 交通密度

交通密度(K)是单位长度(通常为1km)路段上,一个车道某一瞬时的车辆数,单位为辆/km,可用下式表示:

$$K = \frac{N}{L} \tag{5-5}$$

此外,密度也可以表示为:

$$K = \frac{V}{S} \tag{5-6}$$

交通流中,某瞬时连续两辆车之间的距离(由前车的保险杠测量到后车的保险杠)称为车头间距。某段长度内,各连续车辆的车头间距并不相等,其平均车头间距l_a为:

$$l_a = \frac{\sum l_i}{N} = \frac{L}{N} \tag{5-7}$$

代入式(5-5),可得:

$$K = \frac{1}{l_a} \tag{5-8}$$

因此，交通密度为平均车头间距的倒数。

交通密度是一个描述交通运行的重要参数，它表示车辆之间相互接近的程度。由于在现场直接测定比较困难，所以，这一指标的应用不太普遍。

4. 速度、流量和密度的关系

交通流速度、流量和密度三参数之间的基本关系式为：

$$V = KS \tag{5-9}$$

速度、流量、密度三者之间的关系式可以用三维空间中的图像来表示，但是为了便于理解，通常将三维空间曲线投影到二维空间中，如图5-1所示。从图5-1中可以找出反映交通流特性的一些特征变量：

(1) 极大流量 V_m，即 V-K 曲线上的峰值。
(2) 临界速度 S_m，即流量达到极大值时的速度。
(3) 最佳密度 K_m，即流量达到最大时的密度。
(4) 阻塞密度 K_j，车流密集到所有车辆无法移动时的密度。
(5) 畅行速度 S_f，车流密度趋于零，车辆可以畅行无阻时的平均速度。

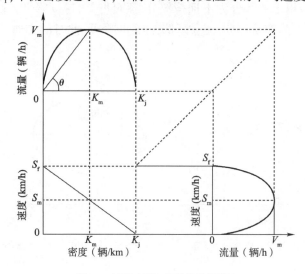

图5-1 速度、流量、密度关系曲线图

1) 速度-密度关系

道路上行驶的车辆数增多（即密度增大），车速就会降低。因此，最早对交通流进行的研究就与速度-密度的关系有关。格林希尔兹（Greenshields）在研究美国俄亥俄州的公路交通流中，假定速度与密度之间为线性关系，提出了下列表达式：

$$S = S_f \left(1 - \frac{K}{K_j}\right) \tag{5-10}$$

2) 流量-密度关系

将式(5-10)代入式(5-9)，可得流量-密度关系式如下：

$$V = S_f \left(K - \frac{K^2}{K_j}\right) \tag{5-11}$$

由此可以看出，流量与密度是二次抛物线关系，其曲线如图5-2所示。当密度 $K = 0$ 和

$K = K_j$ 时, $V = 0$;当 $K = K_m$ 时, $V = V_m$,此最大交通量称为容量(或称通行能力或通过能力),K_m 则为最佳密度。曲线上任一点(K,V)与原点连线夹角的斜率,即为该点的平均速度 S,而且最大平均速度为:

$$\tan\theta = \frac{V_m}{K_m} = S_m \tag{5-12}$$

3) 流量-速度关系

将式(5-10)作适当变换可得:

$$K = K_j\left(1 - \frac{S}{S_f}\right) \tag{5-13}$$

将式(5-13)代入式(5-9),可得流量-速度关系如下:

$$V = K_j\left(S - \frac{S^2}{S_f}\right) \tag{5-14}$$

由此可以看出,流量与流速的关系也是二次抛物线关系,其曲线如图5-3所示。当速度 $S = S_m$ 时,$V = V_m$,此时的速度称为最佳速度。由 S_m 点作平行于流量坐标轴的直线,将曲线分成两部分。这条线以上的部分为不拥挤部分,流量增加,速度降低,此时的交通流称为自由流;这条线以下部分为拥挤部分,流量降低,速度也降低,此时的交通流称为不稳定交通流或称强迫流。

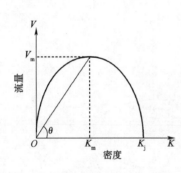

图5-2 理想条件下流量-密度关系图

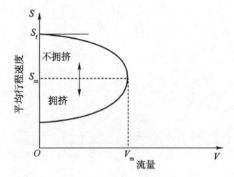

图5-3 理想条件下流量-速度关系图

三、公路通行能力计算

公路路段通行能力是指汽车以正常速度、车流不间断的条件下,单位时间内通过道路某一断面的最大车辆数,以车辆/h 或辆/d 表示。它是正常条件下道路交通的极限值。

1. 基本通行能力

通行能力可以采用"车头间距"或"车头时距"来推算。

车头间距 l 是指交通流中连续两车之间的距离,它要考虑汽车长度、制动距离、车速与驾驶人反应时间及汽车间距,一般可用下式计算:

$$l = l_0 + l_1 + l_2 + vt = l_0 + l_1 + \frac{K_2 - K_1}{2g(\varphi \pm f \pm i)}v^2 + vt \tag{5-15}$$

式中:l_0——汽车间距(可取 3~5m),m;

l_1——汽车长度(小汽车为5m,普通汽车为12m,铰接车为18m),m;

l_2——制动距离,m;
v——汽车车速,m/s;
t——驾驶人反应时间(一般取1.2s),s;
φ——附着系数(通常取0.2~0.5);
f——滚动阻力系数(可取0.02);
i——纵坡度;
K_1、K_2——制动使用系数(前车$K_1 \approx 1.0$,后车$K_2 \approx 1.7$)。

基本通行能力C为:

$$C = \frac{3600}{\frac{l}{v}} = \frac{3600v}{l_0 + l_1 + l_2 + vt} \quad (5-16)$$

车头时距指前车车头通过某一点的时间与尾随车车头通过该点的时间之差。如已知车头时距,则通行能力为:

$$C = \frac{3600}{t_i} \quad (5-17)$$

式中:t_i——非间断流平均车头时距,s(其值可参考表5-15确定)。

平均车头时距t_i值(单位:s) 表5-15

车型	设计速度(km/h)				
	50	46	40	35	30
小客车	2.13	2.16	2.20	2.26	2.33
普通汽车	2.71	2.75	2.80	2.87	2.97
铰接车	—	3.50	3.56	3.63	3.74

t_i可按下式计算:

$$t_i = \frac{l}{v} \quad (5-18)$$

式中:l——车头间距,m;
v——速度,m/s。

日本、美国等国家根据观测车头时距(或间距)的资料,对每一条车道基本通行能力的规定见表5-16。

基本通行能力数值 表5-16

道路类型	计算单位	基本通行能力(pcu/d)	
		日本	美国
双向双车道	双向往返合计平均每条车道	2500	2200
双向多车道		2500	2200

2.设计通行能力

根据《公路路线设计规范》(JTG D20—2017),具体的高速公路、一级公路的设计小时交通量按式(5-19)计算:

$$DDHV = AADT \times D \times K \quad (5-19)$$

式中：DDHV——单向设计小时交通量，veh/h；
   AADT——预测年度的年平均日交通量，veh/d；
   D——方向不均匀系数，宜取50%～60%，也可根据当地交通量观测资料确定，%；
   K——设计小时交通量系数，为选定时位的小时交通量与年平均日交通量的比值，%。

二级公路、三级公路设计小时交通量按式(5-20)计算：

$$DHV = AADT \times K \tag{5-20}$$

式中：DHV——设计小时交通量，veh/h；
   AADT——预测年度的年平均日交通量，veh/d；
   K——设计小时交通量系数，为选定时位的小时交通量与年平均日交通量的比值，%。

二、三、四级公路由于运行质量受双方向流量比、超车视距、管理水平、路测干扰等多项因素的影响，其设计通行能力与设计交通量的范围较大，并有一定的重叠交叉。设计推荐采用的双车道二、三、四级公路年平均日设计交通量见表5-17。

二、三、四级公路的年平均日设计交通量　　表5-17

公路等级	设计速度 （km/h）	设计通行能力 （pcu/d）	方向分布修正系数	设计小时交通量系数	年平均日设计交通量 （pcu/d）
二级公路	40～80	550～1600	0.88～1.0	0.9～0.19	5000～15000
三级公路	30～40	400～700	0.88～1.0	0.1～0.17	2000～6000
四级公路	20	＜400	0.88～1.0	0.13～0.18	＜2000

单车道的四级公路考虑到当前公路建设的政策、各等级公路年平均日设计交通量范围的连续性等，其年平均日设计交通量为400pcu/d以下。

第三节　公路运输业务

一、公路运输工作过程

公路运输工作过程，就是旅客或货物被移动的过程。通过运输工作过程，旅客或货物被移动一定的距离，即完成运输工作。一个基本运输工作过程，通常由以下4个工作环节组成。

(1)准备工作：向起运地点提供运输车辆。

(2)装载工作：在起运地点上客或装货。

(3)运送工作：自起运地点向运送目的地运送旅客或货物。

(4)卸载工作：在运送目的地下客或卸货。

如图5-4所示，汽车由停车场(库)P点空车开往起运地点A准备上客或装货(含此前的加油等辅助过程)，这是准备工作阶段；在A点上客或装货，这是装载工作阶段；将旅客或货物由

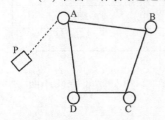

图5-4　汽车运输工作过程示意图

A 点运至 B 点,这是运送工作阶段;在 B 点下客或将货物卸下,这是卸载工作阶段。

有时,因某种原因(如车辆本身就停在起运点),上述 4 个工作环节缺少了第一个准备工作环节,此时也称作一个基本运输工作过程。

在上述基本运输工作过程中,通常将包括准备、装载、运送及卸载几个工作环节在内的一个循环的运输过程称为运次。如图 5-4 中,自 P 点准备工作开始至 B 点卸载结束便是一个运次。显然,运次包括完整循环工作过程(存在准备工作环节)的运次和不完整循环工作过程(缺乏准备工作环节)的运次两种情况。

如果在完成基本运输工作的过程中,车辆自始点行驶到终点,途中存在车辆停歇并存在货物装卸或旅客上下车情况,则这一基本运输过程称为车次或单程。如图 5-4 所示,车辆自 P 点或 A 点驶往 C 点的过程中,在 B 点有旅客上下车或货物装载,则这一基本运输工作过程就是一个车次或一个单程。需要说明的是,在一个车次中,为了旅客上下车或货物装卸的中途停歇,可能只有一次,也可能有多次,根据上述运次的定义,可以看出,在一个车次中每存在一次中途停歇(伴随有旅客上下车或货物装卸),便产生一个运次。因此,一个车次是由两个或两个以上的运次组成的。

若车辆在完成基本运输工作过程中,又周期性地返回到第一个运次的起点,那么这个基本运输工作过程被称为周转。如图 5-4 所示,车辆自 A 点出发途经 B、C 点,到达终点 D 后,再驶回 A 点(或者按原线返回 P 点),那么这个基本运输工作过程就是一个周转。因此,一个周转可能由一个车次或几个车次组成。周转的行车路线,习惯上称为循环回路。

二、公路旅客运输业务

(一)公路旅客运输概述

公路旅客运输是指用汽车沿公路载运旅客的运输业务。公路旅客运输由于其独特的优势在综合运输体系中占据了重要地位,其不仅承担了铁路、水路和航空客运的集散任务,还直接担负相当数量的旅客直达运输任务。

在各种运输方式中,公路客运具有明显的优势,特别是在中短途客运方面。表 5-18 列出了我国 4 种旅客运输方式的平均运距,从表中可以看出,公路客运的平均运距较短。但随着高速公路、国道及其主干线以及省道、县道公路网的进一步完善,公路客运的平均运距必将有较大的延伸。

旅客运输平均运距(单位:km) 表 5-18

年份(年)	运输方式				年份(年)	运输方式			
	公路	铁路	水路	民航		公路	铁路	水路	民航
2019	68.08	402.00	29.00	1774.00	2013	60.70	503.12	29.03	1598.11
2018	67.88	419.00	28.00	1751.00	2010	49.20	522.77	32.27	1508.83
2017	67.03	436.00	27.00	1725.00	2000	49.00	431.00	51.80	1443.70
2016	66.30	447.00	27.00	1717.00	1990	40.40	273.00	60.60	1355.90
2015	66.35	471.85	27.00	1669.62	1970	38.80	136.90	45.00	813.60
2014	66.34	487.80	29.27	1616.08	1949	44.00	126.30	97.10	685.20

注:数据源于《中国统计年鉴》。

我国公路运输的客运量虽然已经大于铁路运输的客运量,但由于我国公路旅客运输平均运距不长,故公路运输的旅客周转量仍小于铁路运输的旅客周转量。表5-19列出了我国历年4种运输方式旅客运输量的构成,可以明显地看出,公路客运在运输业中的地位日益重要。

各种运输方式旅客运输量构成(单位:%)　　　　表5-19

项目	年份(年)	公路	铁路	水路	民航	项目	年份(年)	公路	铁路	水路	民航
客运量	2020	71.33	22.79	1.55	4.32	客运周转量	2020	24.11	42.94	0.17	32.78
	2019	73.91	20.79	1.55	3.75		2019	25.06	41.60	0.23	33.11
	2018	76.22	18.81	1.56	3.41		2018	27.12	41.34	0.23	31.30
	2017	78.80	16.68	1.53	2.98		2017	29.76	41.01	0.24	28.99
	2016	81.19	14.81	1.43	2.57		2016	32.72	40.24	0.23	26.80
	2015	83.32	13.04	1.39	2.24		2015	35.74	39.79	0.24	24.20
	2006	91.90	6.20	1.10	0.79		2006	52.80	34.50	0.40	12.30
	1975	52.50	36.50	10.90	0.10		1975	36.70	56.50	4.10	2.70
	1952	18.60	66.70	14.70	—		1952	9.10	80.90	9.90	0.10

注:数据源于《中国统计年鉴》。

(二)公路旅客运输分类

1. 按旅客出行目的分

(1)生产性(或工作性)客运。这是一种运送因外出、通勤、上学等旅客的公路客运。其主要特点是运输时间比较集中,运量较大且有规律,旅客对运送时间要求较高。

(2)生活性(或消费性)客运。这是一种运送探亲访友、旅游观光等旅客的公路客运。其主要特点是随机性大,流量与流向难以掌握。

2. 按发送区域分

(1)城市客运。这是一种主要为满足城市及郊区居民出行需要的短途客运系统。其主要特点是行车频率高,旅客运距短,交替频繁,停车次数多,客流在时间、空间上分布很不均匀。目前,城市中运营较为成熟的公共交通客运工具主要有地铁、轻轨、有轨电车、无轨电车和公共汽车等。但不可忽视的是对于城市郊县的一些偏远乡、镇、村,公路运输是其主要甚至唯一的旅客运输方式。

(2)城间公路客运。这是一种通常用大型客运车辆作为主要载运工具,以班车客运形式为主,行驶于连接城市间公路干线上的长途客运系统。其主要特点是客流相对稳定,一般情况下,短时间内不会出现偶然的高峰,旅客平均运距较长,车辆行驶速度较高。

3. 按经营服务形式分

(1)班车客运是指客车在城乡道路上按照固定的线路、时间、站点、班次运行的一种客运方式。加班车客运是班车客运的一种补充形式,是在客运班车不能满足需要或者无法正常运营时,临时增加或者调配客车按客运班车的线路、站点运行的方式。

(2)包车客运是指以运送团体旅客为目的,将客车包租给用户安排使用,提供驾驶劳务,按照约定的起始地、目的地和路线行驶,由包车用户统一支付费用的一种客运方式。

(3)旅游客运是指以运送旅游观光的旅客为目的,在旅游景区内运营或者其线路至少有一端在旅游景区(点)的一种客运方式。

4. 按提供服务的性质分

(1)营业性客运。这是一种为持有效乘车凭证的旅客提供有偿服务的客运形式。如长途汽车客运就属此类型,它是具有营业性质的客运服务。

(2)非营业性客运。这是一种为旅客提供无偿服务的客运形式。如个人或家庭用车,企、事业单位用车等,它是具有非营业性质的客运服务。

三、公路货物运输业务

(一)公路货物运输概述

使用汽车沿公路载运货物的运输业务称为公路货物运输,它是公路运输的重要组成部分。公路货物运输具有面广、点多、分散的特点,容易形成两地之间的"门到门"直达运输,这可节约中转装卸费用、减少货损货差、缩短货物在途时间。由汽车承担的公路货运还可为铁路运输、水路运输、航空运输等集散货物。

近年来,我国公路货物运输在综合运输体系中占有越来越重要的地位。表5-20列出了我国历年来4种运输方式货物运输量的构成,可以明显地看出,公路货运量目前已占居主导地位,但由于运距和车辆载质量的影响,货物周转量占比还不是很高。

各种运输方式货物运输量构成(单位:%)　　　　　表5-20

项目	年份(年)	公路	铁路	水运	民航	项目	年份(年)	公路	铁路	水运	民航
货运量	2020	73.78	9.80	16.40	0.015	货运周转量	2020	30.58	15.51	53.79	0.12
	2019	74.32	9.50	16.17	0.016		2019	30.73	15.55	53.58	0.14
	2018	78.15	7.95	13.88	0.015		2018	35.73	14.45	49.68	0.13
	2017	78.04	7.81	14.14	0.015		2017	34.67	14.00	51.20	0.13
	2016	77.46	7.72	14.80	0.015		2016	33.48	13.04	53.36	0.12
	2015	76.83	8.19	14.96	0.015		2015	33.37	13.68	52.84	0.12
	2006	72.1	14.4	12	0.017		2006	11.10	25.20	62.00	0.10
	1975	35.8	43.9	17.3	—		1975	2.80	58.30	35.30	—
	1952	41.7	41.9	16.3	—		1952	1.90	79.00	19.10	—

注:数据源于《中国统计年鉴》。

(二)公路货物运输分类

公路货物运输按照运输对象性质的不同分为普通货物运输、货物专用运输、大型物件运输和危险货物运输。其中,货物专用运输是指使用集装箱、冷藏保鲜设备、罐式容器等专用车辆进行的货物运输。公路货物运输按照一次托运货物质量多少可分为整车货物运输和零担货物运输;按照托运的货物是否办理保险可分为不保险运输和保险运输;按照运输者与客户约定形式可分为合同运输和包车运输等。下面主要介绍零担货物运输、集装箱运输、汽车合同运输和汽车包车运输4种形式的货物运输。

1. 零担货物运输

一次托运不足装满整车,体积、质量和包装符合瓶装成整车运输要求,并按质量或体积计算运费的货物称为零担货物。零担货物运输指按托运人要求,使用道路货运车辆将零担货物交付收货人的服务行为,包括零担货物的受理、拼装、运输、分拨及交付等过程。

《零担货物道路运输服务规范》(JT/T 620—2018)规定进行零担货物运输的基本要求有:

(1)零担货物道路运输经营者应在营业场所公示经营线路、运输价格、营业时间、送达时限等服务承诺,以及由国家相关部门制定发布的零担货物道路运输禁止托运和运输物品指导名录。

(2)零担运输经营者应建立一次性运输合同客户实名登记制度、定期运输合同客户备案管理制度及托运物品信息登记制度。

(3)零担运输经营者应建立货物受理告知、当面查验与抽检抽查制度,对禁止运输、存在重大安全隐患及托运人拒绝安全验视的,不得运输。

(4)零担运输经营者应在货物受理网点配备视频监控设备,视频监控资料应保存不少于90天。应根据实际业务需要配备必要的安检设备。

(5)零担运输经营者应建立从业人员实名档案,定期对从业人员进行培训,培训内容包括物流安全法律法规、禁运物品特征及识别方法、安全查验操作规程、应急情况处置及职业道德教育等。

(6)零担运输经营者宜采用北斗导航、物联网、云计算、大数据、移动互联等信息技术,实现业务流程全程可追踪;宜使用标准化、厢式化、专业化的运输车辆,通过卫星定位装置,加强车辆动态监控。

2. 集装箱运输

公路集装箱运输起源于为水路、铁路等集装箱的集散,目前已发展到公路集装箱"门到门"的直达运输。即使如此,公路集装箱运输不像铁路运输和航空运输那样有自身的集装箱标准体系(如国际标准集装箱、铁路集装箱、航空集装箱等)。在有些情况下,公路集装箱需要在内陆进行中转,为此我国专门颁布了国家推荐标准《集装箱公路中转站级别划分、设备配备及建设要求》(GB/T 12419—2005)。

公路集装箱运输车辆分为通用车辆和专用车辆,目前,基本上向着专用车辆方向发展。下面介绍几种常见的集装箱专用车辆。

1)平板式集装箱半挂车

平板式集装箱半挂车除有两条承重的主梁外,还有多条横向支承梁,并在这些支承梁上全部铺上花纹钢板或木板,同时在应装设集装箱固定装置的位置,均按集装箱的尺寸和角件规格要求,装设转锁件,因而它既能装运国际标准集装箱,又能装运一般货物。在装运一般货物时,整个平台承受载荷。平板式集装箱半挂车由于自身的整备质量较大,承载面较高,所以只有在需要兼顾装运集装箱和一般长大件货物的场合才被采用。图5-5为20ft和40ft(1ft=0.3048m,后同)两轴平板式集装箱半挂车结构及尺寸示意图。

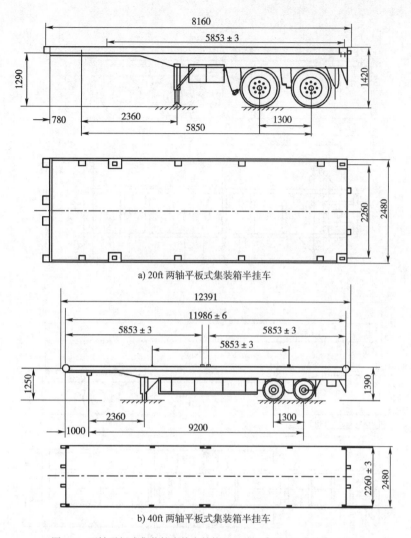

a) 20ft 两轴平板式集装箱半挂车

b) 40ft 两轴平板式集装箱半挂车

图 5-5　两轴平板式集装箱半挂车结构及尺寸示意图(尺寸单位:mm)

2)骨架式集装箱半挂车

骨架式集装箱半挂车专门用于运输集装箱,它仅由底盘骨架构成,而且集装箱也作为强度构件,加入半挂车的结构中予以考虑。因此,其自身整备质量较轻,结构简单,维修方便,在集装箱运输企业中普遍采用。图 5-6 为 20ft 和 40ft 两轴骨架式集装箱半挂车结构及尺寸示意图。

3)鹅颈式集装箱半挂车

鹅颈式集装箱半挂车是一种专门运载 40ft 集装箱的骨架式半挂车,其车架前端拱起的部分称作鹅颈。当半挂车装载 40ft 集装箱后,车架的鹅颈部分可插入集装箱底部的鹅颈槽内,从而降低了车辆的装载高度,在吊装时,还可起到导向作用。

4)带浮动轮的摆臂悬架式集装箱半挂车

此种半挂车在其第一轴的后面增加了附加机构。车辆在空驶时,附加机构将浮动轮升起离开地面,以减小道路阻力;而车辆满载时,浮动轮可着地,车辆的承载能力增加。

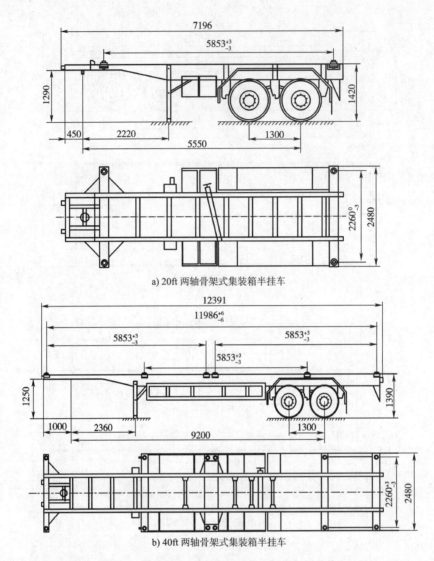

图 5-6　两轴骨架式集装箱半挂车结构及尺寸示意图(尺寸单位:mm)

5) 可伸缩式集装箱半挂车

此种半挂车是一种柔性半挂车,它的车架分为 3 段。前段是一带有鹅颈及支承 20ft 箱的横梁,并有牵引销与牵引车连接,整个前段为一个框架的刚体。中段是一根方形钢管,一段插入前段的方形钢管中,另一段被后段的方形钢管插入,使前段和后段成为柔性连接。后段由两个框架组成,上框架与一个方形管固定,后段方形钢管插入中段方形钢管后,与前段组成整个机架,支承及锁紧装运的集装箱,并且通过不同的定位销改变车架的长度,可适应装运 20ft、30ft、40ft 和 45ft 各式集装箱的要求。下框架则通过悬架弹簧与后桥连接,同时,上下框架之间可以前后移动,最大的移动距离为 4ft,通过移动这一距离,可以调整车组各桥的负荷,使其不超过规定的数值,从而提高车辆的通行能力。

6) 自装自卸集装箱车

此种车辆按其装卸形式的不同,又可分为两类,一类是正面吊装型,它是从车辆的后面通过特制的滚道框架和由液压电动机驱动的循环链条将集装箱拖曳到车辆上完成吊装作业的，卸下时则相反；另一类是侧面吊装型，它是从车辆的侧面通过可在车上横向移动的变幅式吊具将集装箱吊上、吊下的。由于自装自卸集装箱车具有运输、装卸两种作业功能，在开展由港口车站至货主间的"门到门"运输时，无须其他装卸机械的帮助，而且使用方便，装卸平稳可靠，又能与各种牵引车配套使用，除了装卸和运输集装箱外，它还可以将大件货物放在货盘上进行运输和装卸作业，因此其应用范围较广。

7) 拖车

拖车结构如图5-7所示，其主要作为牵引动力装置，拖带挂车行驶。

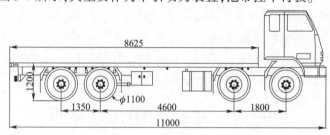

图 5-7　拖车(尺寸单位：mm)

3. 汽车合同运输

汽车合同运输一般是指汽车运输企业根据运输合同组织的货物运输，它是实行责任运输和计划运输的一种行之有效的运输组织形式。实行合同运输可以明确签订合同的承运人和托运人(包括收货人)的权利、义务和责任，保障当事人的合法权益，简化托运手续，维护运输秩序，提高经济效益。实行合同运输有利于托运人掌握运输数量和时间，有计划地安排生产活动；有利于承运人编制科学的运输生产计划，合理调度车辆，组织均衡生产，提高运输生产效率，保证运输质量，提高经营管理水平。

汽车运输企业为组织好合同运输，应对经营范围内的运输市场进行调查，确切地了解货物流量、流向、流时以及运输距离。定期运进原料、运出产品的厂矿企业和均衡调入、调出物资的商业单位等适宜采用合同运输。运输合同是依法签订的书面协议，具有法律效力。运输合同规定的托运人和承运人应承担的权利、义务和责任，双方必须遵守。运输合同的内容随运输的种类不同而有所不同，主要内容有运输量、货物品类及包装标准、运输时间、起运和到达地点、装卸责任及方法、交接手续及办法、计费标准及结算方式、运输质量要求及安全保障措施、违约及货损赔偿处理等。

合同运输根据合同的时效可分为长期合同运输、短期合同运输和临时合同运输。长期合同运输一般是按双方签订的年度运输合同组织运输；短期合同运输是指按季度、月度的运输合同组织的运输；临时合同运输是指一个或几个运次可以完成的合同运输。此外，汽车运输企业还可以同铁路、水路等其他运输方式的经营单位订立协议，共同作为承运人同托运人签订运输合同，组织联运，这种合同称联运合同。货物的起运、中转、交付由各运输企业实行责任运输。

4. 汽车包车运输

汽车包车运输是指汽车运输企业根据用户确定的路线、里程或时间提供汽车载运货物的业务。按行驶里程包用汽车称为计程包车；按使用时间包用汽车称为计时包车。

汽车包车运输是发挥汽车运输机动灵活特点的一种运输组织形式。货物包车运输主要是计时的，多发生在货物质量、运距不易准确预计，货物性质或道路条件限制使车辆不能按正常速度行驶，或者装卸次数多、时间过长等情况下。货物计程包车则多发生在货物的性质对运输有特殊要求的时候。计程包车和计时包车，都以包用整车为原则，不论汽车是否满载，均按汽车的核定装载吨位计费。

货物包车运输的计费里程包括自装货点至卸货点（多点装卸为第一个装卸点至最后一个卸货点）的实际有载运输里程和由车站（库）至装卸点及由卸货点至车站（库）的空驶装卸里程。空驶装卸里程计费标准一般要比运输里程低。

计时包车用车时间由包车单位确定。用车时间是指由车辆到达包车单位指定地点起至完成任务时止的时间，其中车辆故障修理和驾驶员用餐等停歇时间及其他承包方责任延误时间应予扣除。整日包车，一日按 8h 计算，实际使用时间超过 8h 按实际使用时间计算。计时包车一日实际行驶里程超过一定限额时，有的改按计程包车核收费用。

第四节 车辆利用指标体系

为了评价、分析车辆运输工作的效果，必须采用一系列的评价指标，以便从数量上和质量上来衡量汽车运输工作的效果，这对于改善企业生产经营活动和加强运输组织工作，具有很重要的意义。

车辆利用程度的评价指标按其评价范围的不同，可分为单项指标和综合指标两部分。

一、评价运输车辆利用程度的单项指标

单项评价指标分别从时间、速度、里程、吨（客）位及车辆动力等方面的利用程度反映运输车辆的利用状况。

（一）车辆时间利用指标

在运输企业中，评价车辆利用程度及统计车辆工作状况时，常常需要同时考虑车辆和时间这两个因素，因此，采用"车日"和"车时"这两个复合指标可作为统计车辆工作状况和时间利用程度的基本计量单位。车日是指在册营运车辆在企业的保有日数。我国有关部门规定，凡企业在册营运车辆，不论其技术状况如何，是工作还是停驶，只要在企业保有一天，就计为一个车日，即营运车日或在册车日。

在统计期内，企业所有营运车辆的车日总数称为总车日（U），其计算方法为：

$$U = \sum_{i=1}^{m} A_i D_i \quad (i = 1, 2 \cdots, m) \tag{5-21}$$

式中：i——按相同保有日数划分的车辆组别；

A_i——保有日数相同的第 i 组车辆数；

D_i——第 i 组车辆中每辆车在企业保有的日历天数。

企业的营运车辆，按其技术状况可分为完好的和非完好的，技术状况完好的车辆又可能处于两种状况，即正在进行运输工作或正在车场（库）内等待运输工作。非完好技术状态的车辆也有两种情况，即处于维修状态的和处于等待报废状态的。因此，企业营运总车日的总体构成如图 5-8 所示。

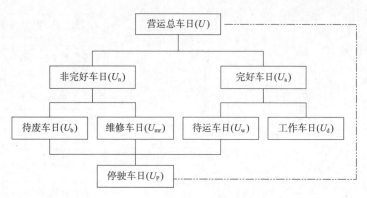

图 5-8　企业营运总车日的总体构成图

一般情况下,我国运输企业规定,一辆营运车辆,只要当天参加运营生产,不论其出车时间长短,完成任务多少,均计为一个工作车日。但是车辆在一个工作车日的 24h 内,可能处于不同的状态,因此,为了进一步分析车辆在工作车日内的利用程度,又引入"车时"的概念。

车时即车辆小时,是指营运车辆在企业内的保有小时数。企业所有营运车辆的车时总数,等于营运车辆数与其在企业保有日历小时数的乘积。

车辆在一个工作日内,可能处于以下两种状态:即在线路上工作和在车站(场、库)内停驶。在线路上工作的车辆又可能存在两种状态:行驶状态和停歇状态。在线路上行驶的车辆又可分为两种状态:负载行驶和空车行驶。在线路上停歇的车辆又可分为 4 种状态:因装载而停歇、因卸载而停歇、因车辆技术故障而停歇及由于组织原因而停歇。在车站(场、库)内停驶的车辆也可能处于 4 种不同状态:因技术维护而停驶、因修理而停驶、因等待运输而停驶或因等待报废而停驶。

由此可见,车辆在一个工作车日内的 24h 当中,可能处于上述各种不同的状态,因此,车辆在昼夜的时间组成可写成下式:

$$24 = T_d + T_p = T_{TL} + T_{TV} + T_L + T_u + T_{st} + T_{sv} + T_m + T_r + T_w + T_b \quad (5\text{-}22)$$

式中:T_d——在路线上的工作时间,又称值勤时间;

T_P——在车站(场、库)内停驶时间;

T_{TL}——负载行驶时间;

T_{TV}——空车行驶时间;

T_L——装载停歇时间;

T_u——卸载停歇时间;

T_{st}——因技术故障的停歇时间;

T_{sv}——因运输组织方面原因的停歇时间;

T_m——因技术维护而停驶的时间;

T_r——因修理而停驶时间;

T_w——因等待运输而停驶时间;

T_b——待报废车的停驶时间。

若是一组车辆,则在总车日 U 内的营运总车时(H)的构成如图 5-9 所示。

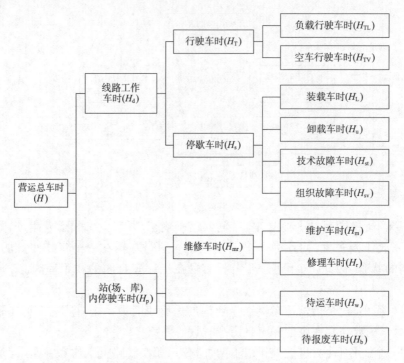

图 5-9 营运总车时构成示意图

车辆时间利用指标有完好率、工作率、总车时利用率及工作车时利用率 4 项。

(1) 完好率(α_a)——统计期内,企业营运车辆的完好车日与总车日之比。完好率表明了总车日可以用于运输工作的最大可能性,故又称完好车率。完好率以百分比表示,其不足的百分比数值为非完好率(α_n)。

$$\alpha_a = \frac{U_a}{U} \times 100\% = \frac{U - U_n}{U} \times 100\% \tag{5-23}$$

$$\alpha_n = \frac{U_n}{U} \times 100\% = 1 - \alpha_a \tag{5-24}$$

式中:U_a——技术状况为完好的车辆车日数;

U_n——技术状况为非完好的车辆车日数。

完好率也是一种车辆技术管理指标,用以表示企业营运车辆的技术完好状况和维修工作水平。提高完好率的途径有合理组织车辆的维修工作、提高维修工作质量、合理选择和利用车辆、提高驾驶技术以及适时处理报废车辆等。

(2) 工作率(α_d)——统计期内工作车日与总车日之比,反映运输企业总车日的实际车辆利用程度,故又称工作车率或出车率。它亦用百分比表示,其不足之百分比数值为停驶率(α_P)。

$$\alpha_d = \frac{U_d}{U} \times 100\% = \frac{U - U_n - U_w}{U} \times 100\% \tag{5-25}$$

$$\alpha_P = 1 - \alpha_d \tag{5-26}$$

式中:U_d——统计期内的工作车日;

U_w——统计期内车辆因等待运输而停驶车日。

工作率反映了企业营运车辆的技术状况及运输组织工作水平。其提高途径主要有提高完好率、提高运输组织水平以及加强运输市场竞争等。

(3) 总车时利用率(ρ)——统计期工作车日内,车辆在线路上的工作车时与总车时之比,用以表明工作车日中用于出车时间的长短,故又称昼夜时间利用系数。

$$\rho = \frac{H_d}{24U_d} \times 100\% \tag{5-27}$$

式中:H_d——统计期工作车日内车辆在线路上的工作车时;
U_d——统计期内的工作车日。

对于单个车辆,在一个工作日内的总车时利用率为:

$$\rho = \frac{T_d}{24} \times 100\% \tag{5-28}$$

式中:T_d——一个工作日内车辆在线路上的工作车时。

提高总车时利用率的途径是增加负载行驶车时,如努力开拓运输市场及承接中长距离运输任务等。

(4) 工作车时利用率(δ)——统计期内,车辆在线路上的行驶车时与线路工作车时之比,用以表示车辆在线路上行驶时间的百分比。

$$\delta = \frac{H_T}{H_d} \times 100\% = \frac{H_d - H_s}{H_d} \times 100\% \tag{5-29}$$

式中:H_T、H_d、H_s——统计期内,车辆在线路上的行驶车时、工作车时、停歇车时。

同理,提高工作车时利用率的途径也是增加负载行驶车时及减少线路停歇时间(含装卸停歇车时)。

在评价车辆时间利用率时,总车时利用率及工作车时利用率两个指标通常只作为辅助指标,宜与其他指标(如里程利用率)结合使用。

(二)车辆速度利用指标

车辆速度系指单位时间内的平均行驶里程。按单位时间的不同,可将其分为平均车时行程及平均车日行程。

按车时性质不同,平均车时行程又可分为平均行驶车时行程、平均运送车时行程和平均工作车时行程,对应的车辆速度利用指标分别称为技术速度(V_t)、运送速度(V_e)和营运速度(V_d)。

(1) 技术速度(V_t)——车辆在行驶车时内的平均速度,用以表示车辆行驶的快慢。

$$V_t = \frac{L}{T_t} \tag{5-30}$$

式中:L——车辆行驶距离,km;
T_t——车辆行驶车时(包括与交通管理、会车等因素有关的短暂停歇时间),h。

影响技术速度的因素有驾驶技术水平、车辆结构与性能、道路交通条件以及气候条件等。

(2) 运送速度(V_e)——车辆在运送车时内的平均速度,用以表示车辆运送旅客或货物的快慢,也是评价运输服务质量的一个指标。

$$V_c = \frac{L}{T_c} \tag{5-31}$$

式中：T_c——自起运点出发至终点到达时刻所历经的全部时间[不包括始末点的装卸作业（或旅客上下车）时间，但包括途中各类停歇时间]，h。

影响运送速度的主要因素有技术速度、营运工作组织水平、旅客乘车秩序、货物紧固包装状况及中途站点装卸条件等。

(3) 营运速度(V_d)——车辆在线路上工作车时内的平均速度，用以表示车辆在工作时间内有效运转的快慢。

$$V_d = \frac{L}{T_d} = \frac{L}{T_t + T_s} \tag{5-32}$$

式中：T_d——车辆在线路上的工作车时，h；
T_s——车辆的各类停歇车时，h。

影响营运速度的因素有运送速度、装卸作业（或旅客上下车）手段及现场工作条件、办理行车文件手续的繁简等。

(4) 平均车日行程(L_d)——统计期平均工作车日内车辆所行驶的里程，用以表示车辆在统计期工作车日内有效运转的快慢。

$$L_d = \frac{L}{U_d} \tag{5-33}$$

由于车辆在一个工作车日内的行程为：

$$L_d = L = T_d \cdot V_d = T_d \cdot \delta \cdot V_t \tag{5-34}$$

因此，平均车日行程既是一个以"车日"为时间计算单位的速度利用指标，同时又是一个以车辆的速度和时间综合利用的评价指标。影响平均车日行程的因素有营运速度、车辆的工作制度及调度形式等。

(三) 车辆行程利用指标

车辆行程利用指标，即里程利用率(β)，指统计期内车辆的负载行程与总行程之比，用以表示车辆总行程的有效利用程度，又称行程利用系数。

$$\beta = \frac{L_L}{L} \times 100\% = \frac{L_L}{L_L + L_V} \times 100\% \tag{5-35}$$

式中：L_L——统计期内车辆的负载行程，km；
L_V——统计期内车辆的空车行程[包括空载行程和调空行程，前者是指车辆由卸载地点空驶至下一个装载地点的行程；后者是指由车场(库)供应空车至装载地点，或由最后一个卸载地点空驶回车场(库)，以及空车开往加油站或维修地点进行加油、维修的行程]，km。

影响里程利用率的主要因素有运输任务的分布及运输工作量在一定时间内所占的比重、运输过程的组织、起运地点与到达地点的分布，以及所用车辆对不同运输对象的适应能力等。提高里程利用率是提高车辆运输工作生产率和降低运输成本的有效措施。

(四) 车辆载质(客)量利用指标

车辆载质(客)量利用指标表示车辆载重(客)能力有效利用的程度，包括载质(客)量利用率及实载率两项指标。

(1)载质(客)量利用率(r)——车辆在负载行程中实际完成的周转量与额定周转量之比。其中,载质量利用率又称动载质量利用率,载客量利用率又称满载率。

动载质量利用率或满载率为:

$$r = \frac{\sum P}{\sum P_0} \times 100\% = \frac{\sum(qL_L)}{\sum(q_0 L_L)} \times 100\% = \frac{\sum(qL_L)}{q_0 \sum L_L} \times 100\% \tag{5-36}$$

式中:$\sum P$——统计期内车辆实际完成的周转量之和,t·km 或人·km;

$\sum P_0$——统计期内车辆的额定周转量之和,即在载质(客)量达到车辆额定载质(客)量情况下所能完成的货物(旅客)周转量之和,t·km 或人·km;

q——车辆的实际载质(客)量,t 或人;

q_0——车辆的额定载质(客)量,t 或人;

L_L——车辆负载行程总长度,km。

在一个运次(或某一路段)中,负载行程是固定的,则载质(客)量利用率为:

$$r = \frac{P}{P_0} \times 100\% = \frac{qL_L}{q_0 L_L} \times 100\% = \frac{q}{q_0} \times 100\% \tag{5-37}$$

此时,r 分别称为静载质量利用率或路段满载率。可见,静载质量利用率(或路段满载率)表示车辆额定载质(客)量的利用程度,与负载行程无关;而动载质量利用率表示车辆在运行中载质量的实际利用程度,与负载行程有关。

影响载质(客)量的主要因素有货(客)流特性、运输距离、车辆容量性能及对所运货物(旅客)的适应程度、装车与理货技术以及运输组织工作水平等。

(2)实载率(ε)——车辆实际完成的货物(旅客)周转量与全行程周转量之比,用以表示车辆在总行程中载重(客)能力的有效利用程度。

$$\varepsilon = \frac{\sum P}{\sum P_e} \times 100\% = \frac{\sum(qL_L)}{\sum(q_0 L)} \times 100\% \tag{5-38}$$

式中:$\sum P_e$——统计期内车辆全行程周转量,即假设车辆在全行程 L 中,载质量充分利用时所能完成的货物(旅客)周转量之和,又称总车吨(客)位公里,t·km 或人·km。

对于单个车辆或一组吨(客)位相同的车辆,有:

$$\varepsilon = \frac{\sum(qL_L)}{\sum q_0 L} \times 100\% = \frac{\sum(qL_L)}{q_0 \frac{\sum L_L}{\beta}} \times 100\% = r\beta \tag{5-39}$$

由此可见,实载率能够较全面地评价车辆结构和运输组织不同时,车辆有效利用的程度。

(五)车辆动力利用指标

车辆动力利用指标即拖运率(θ),是指挂车所完成的周转量与主、挂车合计完成的周转量之比,用以评价车辆动力的利用程度。

$$\theta = \frac{\sum P_t}{\sum P_m + \sum P_t} \times 100\% \tag{5-40}$$

式中：$\sum P_t$——统计期内挂车完成的周转量，t·km；

$\sum P_m$——统计期内主车完成的周转量，t·km。

影响拖运率的主要因素有汽车与挂车性能、驾驶技术水平、道路条件以及运输组织工作水平等。

综上所述，评价车辆利用程度的单项指标共有5类12项，如图5-10所示。各项指标均从某一方面反映出车辆的利用程度以及运输工作条件对车辆利用的影响。但为了从数量、质量及经济上全面评价运输车辆工作效果，尚有待建立与上述指标相互关联的综合指标。

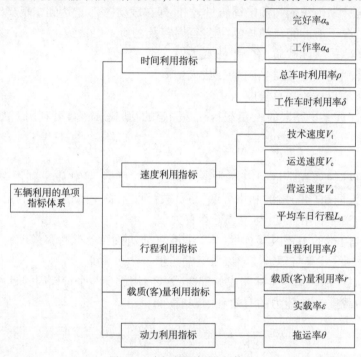

图5-10 车辆利用单项指标体系

二、评价运输车辆工作效率的综合指标

汽车运输生产率是车辆运输工作效率的主要指标，它指单位时间内运输车辆完成的产量。其中"单位时间"指小时、日、月或年等统计时间；"车辆"指不同类型的单车、车组、车队构成的全部车辆，或车辆的一个吨(客)位等；"产量"可以指运量、周转量、收费里程或收费停歇时间(出租汽车客运)等。因此，按照上述各类"单位时间""车辆"及"产量"等不同的组合，汽车运输生产率可以分为不同种类，如平均车时产量、平均车日产量、车吨(客)位月产量、单车年产量、企业年产量等。

汽车运输生产率按单位时间性质不同，又可以分为工作生产率和总生产率。其中，前者是指单位工作车时完成的产量，后者是指单位总车时所完成的产量。汽车运输生产率按运输形式的不同，又可以分为载货汽车运输生产率、载客汽车运输生产率和出租汽车运输生产率。

1. 载货汽车运输生产率

1) 工作生产率

载货汽车的运输工作通常是以运次为基本运输过程进行组织。由于在一个运次中的货

运量 Q_c 为：
$$Q_c = q_0 r \tag{5-41}$$

而一个运次完成的货物周转量 P_c 为：
$$P_c = Q_c \cdot L_L = q_0 r L_L \tag{5-42}$$

而完成一个运次的工作车时 t_d 为：
$$t_d = t_t + t_{1\mu} = \frac{L_L}{\beta V_t} + t_{1\mu} \tag{5-43}$$

式中：t_t——车辆在一个运次中的行驶时间，h；

$t_{1\mu}$——车辆在一个运次中的停歇时间，主要是装卸货物的停歇时间，h。

根据工作生产率的定义，则单位工作车时完成的货运量 W_q 及货物周转量 W_p 分别为：

$$W_q = \frac{Q_c}{t_d} = \frac{q_0 r}{\frac{L_L}{\beta V_t} + t_{1\mu}} \tag{5-44}$$

$$W_p = \frac{P_c}{t_d} = \frac{q_0 r L_L}{\frac{L_L}{\beta V_t} + t_{1\mu}} \tag{5-45}$$

2) 总生产率

由于平均每一总车时内，车辆在线路上的工作车时（T'_d）为：

$$T'_d = \frac{U_d T_d}{24 U} = \left(\frac{U_d}{U}\right) \times \left(\frac{T_d}{24}\right) = \alpha_d \rho \tag{5-46}$$

因而，根据总生产率的定义可知，载货汽车平均每一总车时完成的货运量 W'_q 和货物周转量 W'_p 分别为：

$$W'_q = \alpha_d \rho W_q \tag{5-47}$$
$$W'_p = \alpha_d \rho W_p \tag{5-48}$$

由式(5-44)~式(5-48)可知，影响载货汽车工作生产率的因素有额定载质量 q_0、载质量利用率 r、负载行程 L_L、里程利用率 β、技术速度 V_t 以及装卸停歇时间 $t_{1\mu}$，共6项。影响总生产率的因素还有工作率 α_d 及总车时利用率 ρ。

同时还可以发现，上述各因素对载货汽车生产率的影响关系为：当货物运距一定时，汽车额定载质量 q_0 越大，载质量利用率 r 越高，技术速度 V_t 越快，里程利用率 β 越高，装卸停歇时间 $t_{1\mu}$ 越短，则工作生产率越高。但当运距增加时，以运量表示的生产率趋于下降，而以周转量表示的生产率则趋于增加。以上情况表明，在一定的工作条件下，上述各指标之值都反映了工作条件的影响，故常将上述各单项指标称为对生产率有影响的使用因素。现实生产活动中，运输企业可以通过优化各使用因素的状态，提高生产率指标。

2. 载客汽车运输生产率

1) 工作生产率

载客汽车（又称客运车辆）运输工作通常是以车次为基本运输过程进行组织。车辆在线路上工作时，由于在一个车次内车辆所载运旅客在沿线各停车站不断交替变化（旅客上下车），客流沿各路段的分布具有不均匀性。因此，车辆在各路段的实际载客量可能各不相同。所以在一个车次内，车辆实际完成的载客人数 Q_n 及旅客周转量 P_n 分别为：

$$Q_n = q_0 r \eta_a \tag{5-49}$$

$$P_n = Q_n \cdot \bar{L}_p \tag{5-50}$$

式中：r——满载率；

q_0——额定载客人数，人；

η_a——旅客交替系数；

$\bar{L}_p$——平均运距，指统计期内所有旅客的平均乘车距离，km。

乘客交替系数 η_a，是指在一个车次时间内，各路段平均载客客位中，每客位实际运送的旅客人数。它以车次的线路长度 L_n 与平均运距 $\bar{L}_p$ 之比表示，即：

$$\eta_a = \frac{L_n}{\bar{L}_p} \tag{5-51}$$

客运车辆在一个车次中的工作车时 t_n 由行驶时间 t_{nr} 及沿线各站停歇时间 t_{ns} 组成，即：

$$t_n = t_{nr} + t_{ns} = \frac{L_L}{\beta V_t} + t_{ns} \tag{5-52}$$

这样，车辆在一个车次中单位工作时间内完成的客运量（w_q）及旅客周转量（w_p）分别为：

$$w_q = \frac{Q_n}{t_n} = \frac{q_0 r \eta_a}{\frac{L_L}{\beta V_t} + t_{ns}} \tag{5-53}$$

$$w_p = \frac{Q_n \bar{L}_p}{t_n} = \frac{q_0 r \eta_a \bar{L}_p}{\frac{L_L}{\beta V_t} + t_{ns}} = \frac{q_0 r L_n}{\frac{L_L}{\beta V_t} + t_{ns}} \tag{5-54}$$

由式（5-53）和式（5-54）可知，以运量表示的工作生产率对货物运输和旅客运输在形式上稍有差别，这是由于旅客运输是以车次为基本运输过程这一特点所致，故在形式上多了旅客交替系数 η_a。

由式（5-54）和式（5-45）可知，以周转量表示的生产率对货物运输和旅客运输在形式上是一致的，但各使用因素的意义因运送对象不同而存在差异，因而各相应使用因素对生产率的影响也是相似的。

2）总生产率

客运车辆总生产率即单位总车时内，车辆所完成的客运量（w'_q）和旅客周转量（w'_p）。依照载货汽车总生产率的求解方法，可以得到：

$$w'_q = \alpha_d \rho w_q \tag{5-55}$$

$$w'_p = \alpha_d \rho w_p \tag{5-56}$$

通过式（5-55）和式（5-56）与式（5-47）和式（5-48）的比较可知，旅客运输总生产率在形式上与货物运输生产率完全一致。

当运用以上公式计算客运车辆运输生产率时，各使用因素的数值应为统计期内各车次的平均值。

3. 出租汽车运输生产率

出租汽车运输通常按行驶里程与等待乘客的停歇时间收费，所以出租汽车生产率通常以每小时完成的收费行驶里程和收费停歇时间度量。

出租汽车运输通常按运次进行组织,各运次时间由收费里程(L_g)的行驶时间、不收费里程(L_n)的行驶时间、收费停歇时间(t_g)和不收费停歇时间(t_n)四部分组成,即出租汽车的工作车时t_d为:

$$t_d = \frac{L_g + L_n}{V_t} + t_g + t_n \tag{5-57}$$

引入出租汽车里程利用率β,并定义为收费行程(L_g)与总行程(L)之比,则有:

$$\beta = \frac{L_g}{L} = \frac{L_g}{L_g + L_n} \tag{5-58}$$

显然,里程利用率β表明了出租汽车总行程的利用程度,故又称为收费行程系数,因而出租汽车的工作车时,也可表示为:

$$t_d = \frac{L_g}{\beta V_t} + t_g + t_n \tag{5-59}$$

于是,出租汽车的工作生产率,即单位工作时间内完成的收费行驶里程(w_l)及收费停歇时间(w_t)分别为:

$$w_l = \frac{L_g}{t_d} = \frac{L_g}{\frac{L_g}{\beta V_t} + t_g + t_n} \tag{5-60}$$

$$w_t = \frac{t_g}{t_d} = \frac{t_g}{\frac{L_g}{\beta V_t} + t_g + t_n} \tag{5-61}$$

同理,出租汽车的总生产率,即单位总车时内完成的收费行程(w'_l)及收费停歇时间(w'_t)分别为:

$$w'_l = \alpha_d \beta w_l \tag{5-62}$$

$$w'_t = \alpha_d \beta w_t \tag{5-63}$$

由以上公式可知,影响出租汽车生产率的因素有:收费行程里程L_g、收费行程系数β、技术速度V_t、每个运次的收费停歇时间t_g及不收费停歇时间t_n。各使用因素对出租汽车生产率的影响,可以依照载货汽车生产率的分析方法进行。

4. 汽车运输生产率特性

提高汽车运输生产率,是汽车运输工程师经常面临的基本课题之一。为了解决这个问题,必须了解各使用因素对生产率的影响方式及影响程度,以便结合企业自身的各项条件,确定优先改进哪个因素对提高生产率最为有利。为此,可以采用绘制生产率特性图的方法进行分析。

生产率特性图的绘制过程是:首先逐一分析各使用因素与生产率之间的变化关系,当分析某一使用因素的影响时,视其他各因素为常量,这样便得到一组各使用因素与生产率之间的变化关系曲线。然后,将上述一组曲线叠加绘制在一张坐标图上,通常选择纵坐标表示生产率,横坐标分别表示各使用因素。图5-11是以运量表示的载货汽车工作生产率特性图。

由图5-11可知,各使用因素对汽车运输生产率的影响程度由高到低依次为:实际载质量Q_e(即额定载质量q_0与载质量利用率r之积)、装卸工作时间t_{1u}、行程利用系数β及车辆技术速度V_t。

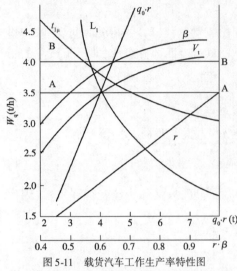

图 5-11 载货汽车工作生产率特性图

需说明的是,生产率特性图表明了各使用因素独立变化对生产率的影响关系及影响程度。换言之,生产率特性图上的每一曲线所代表的方程均是一元方程。当两个或两个以上的使用因素同时改变状态时,它们对生产率的影响变化及影响程度必须借助三维或多维坐标图才能表达,因而绘图就变得复杂而不易实现。此时,可以运用列表方法通过解析计算而寻找它们与生产率之间的变化关系。

三、汽车运输服务质量评价

运输服务质量是指运输企业的营运工作满足客货运输需求者运输需要的程度。满足程度越高,表明运输服务质量越高。在社会主义市场经济条件下,不断地提高运输服务质量是运输企业在市场竞争中克敌制胜、谋求生存和发展的重要手段。

运输服务需求者对运输服务的需要是多方面的,通常可以概括为安全、迅速、准确、经济、方便和舒适 6 个方面。

(一)安全性评价

运输安全包括运送对象的安全和车辆运行的交通安全。前一种安全是指从起运地点至运达目的地的全过程中,应保证货物完好无损、货物数量无差错及货物质量无变质,或者保证旅客乘车安全,不得发生任何危及旅客人身及财产安全的企业责任事故。后一种安全是指运输车辆在运行过程中,应保证有关行人、其他交通车辆及沿线交通设施的安全。

根据以上要求,安全性质量评价指标有事故频率和事故损失率。

1. 事故频率(R_a)

事故频率包括货运事故频率与客运事故频率,分别针对货物运输和旅客运输安全质量评价。

(1)货运事故频率(R_{ag}):指统计期内货运质量事故次数(Z_{ag})与企业完成的货物周转量(P)之比,又称货运质量事故频率,即:

$$R_{ag} = \frac{Z_{ag}}{P} \tag{5-64}$$

(2)客运事故频率(R_{ap}):指统计期内发生的企业责任事故次数(Z_{ag})与车辆总行程(L)之比,又称行车责任事故频率,即:

$$R_{ap} = \frac{Z_{ag}}{L} \tag{5-65}$$

2. 事故损失率(R_l)

事故损失率用以评价事故发生的严重程度,常以事故造成的直接经济损失计算。

(1)货运损失率(R_{lg}):指统计期内因企业责任事故造成的直接经济损失(C_l)与企业的营运总收入(C_i)之比,即:

$$R_{lg} = \frac{C_l}{C_i} \times 100\% \tag{5-66}$$

(2)客运损失率(R_{lp}):指统计期内因企业责任事故造成的直接经济损失(C_1)与车辆总行程(L)之比,即:

$$R_{lg} = \frac{C_1}{L} \tag{5-67}$$

(二)迅速性评价

运输的迅速性指运送速度快,包括及时派车起运(货运或出租汽车运输)、迅速乘车(客运)和迅速运达。

货运的迅速性指货运企业按用户要求及时派车起运,并以尽可能快的运送速度或按运输合同规定的时间将货物运达目的地。公路客运及出租汽车客运的迅速性——旅客乘车准备时间及乘行所花费的时间要尽可能短。

公路客运旅客乘车准备时间主要包括旅客购票时间及候车时间。购票时间的长短主要取决于售票服务窗口的数目、售票员的业务熟练程度以及售票方式,如采用计算机售票和自动收款机均有利于减少旅客的购票时间。候车时间主要取决于乘车组织方法,如采用对号入座制就比按候车顺序入座更节约旅客的候车时间。旅客乘行时间的长短主要取决于车辆的运送速度V_c。

出租汽车客运旅客的乘车准备时间,主要取决于出租汽车的运行线路及密度。如运送线路尽量贴近居民的生活、学习和工作地点,便有利于旅客节约时间。同样,加快出租汽车车辆的运行调度,也有利于节约旅客等候车辆的时间。

综上所述,提高汽车运输的迅速性应根据各种运输服务的具体特点而展开。从技术角度而言,GPS(Global Positioning System,全球定位系统)的广泛使用为提高运送的迅速性提供了一种有效途径。

(三)准确性评价

运输的准确性,指客货运输服务的准时、正确、无差错等。因各种运输服务的差异,其准确性的含义及评价方法也有差别。

1. 货运的准确性

对于货物运输,其准确性的含义指办理托运手续、安排车辆及货物交接准确无误;对货物起讫地点、运达期限、计费里程、装卸工艺及客户的特殊要求等内容的记载、计算和安排准确无误。

货物运输服务准确性常采用差错率(R_m)进行评价,即统计期内货运企业在受理、装车、起运、卸货至交付等各环节上出现差错的件数(I_m)与受理业务总件数($\sum I$)之比,即:

$$R_m = \frac{I_m}{\sum I} \times 100\% \tag{5-68}$$

2. 客运的准确性

对于旅客运输,特别是对于城市公共客运,运输准确性的含义之一便是指车辆的准点行车情况,即车辆在线路起点准点发车,在中间站及终点站按行车时刻表准点到达的情况。车辆的准点行车对于旅客或乘客来说非常重要,其评价指标常采用行车准点率(R_o),即统计期内准点行车的车次数(Z_o)与全部行车车次($\sum Z_r$)之比。

$$R_o = \frac{Z_o}{\sum Z_r} \times 100\% \tag{5-69}$$

对于旅客运输,其准确性的含义除包括车辆准点运行外,还应包括旅客的正确运送,即在运输过程中,不得发生旅客无票或持废票乘车、旅客错乘车以及旅客行包出现差错、损坏、漏运等现象。因而,其评价指标还应包括正运率(R_c),即统计期内正确运输的旅客人数(Q_{pc})与客运总人数($\sum Q_p$)之比。

$$R_c = \frac{Q_{pc}}{\sum Q_p} \times 100\% \tag{5-70}$$

(四)经济性评价

运输的经济性主要指运输需求者获得运输服务所支付的运输费用多少。

对于货物运输,其经济性主要指客户支付的运费,故评价指标常采用货运费率(R_g),即统计期内平均每 10t·km 的货物运输费用(C_{10})与企业服务地域内职工的平均工资(C_s)之比。

$$R_g = \frac{C_{10}}{C_s} \times 100\% \tag{5-71}$$

对于各类客运,其经济性主要指车票价格高低。它的评价指标常采用客运费率(R_p),即统计期内旅客平均每 100km 乘距(出租汽车客运为起点车价距离及其以上的距离)支付的乘车费(C_p)与该地区职工的平均工资(C_s)之比,即:

$$R_p = \frac{C_p}{C_s} \times 100\% \tag{5-72}$$

(五)方便性评价

运输的方便性也因各类运输服务的差异而其含义各不相同。

1. 货运的方便性

对于货物运输,方便性的含义是指客户办理托运手续简便、迅速、服务周到等。通常采用简便受托率(R_s)作为货运服务方便性的评价指标,其定义为统计期内简便受托(包括电话、登门、传真受理及不同运输方式之间联运业务的代办受理等)的业务件数(I_s)与受理业务总件数($\sum I$)之比,即:

$$R_s = \frac{I_s}{\sum I} \times 100\% \tag{5-73}$$

2. 客运的方便性

对于旅客运输,方便性的含义包括旅客各种目的的出行均有车可乘且换乘次数少,上下车方便,车辆、车站的各种服务标记、服务设施齐全等,其评价指标常包括以下 3 种。

(1) 换乘率(R_e):指统计期内旅客一次出行,必须通过换乘才能到达目的地的旅客人数(Q_e)与旅客总人数($\sum Q_p$)之比,即:

$$R_e = \frac{Q_e}{\sum Q_p} \times 100\% \tag{5-74}$$

显然,换乘率越小,表明服务质量越高。

(2) 车辆标志齐全率(R_r):指统计期内客运车辆服务标志齐全(即车辆的路牌、车侧公司名称及尾牌齐全)的车辆数(A_r)与全部车辆总数($\sum A$)之比,即:

$$R_r = \frac{A_r}{\sum A} \times 100\% \tag{5-75}$$

(3) 车站设施齐全率(R_f):指统计期内服务设施齐全的车站数(F_b)与全部车站总数

($\sum F$)之比,即:

$$R_f = \frac{F_b}{\sum F} \times 100\% \tag{5-76}$$

所谓车站设施齐全,系指按有关站级标准规定必须配备的设施。

(六)舒适性评价

运输的舒适性,指客运服务中旅客乘车的舒适程度。随着人们物质文化生活水平的提高及交通运输业的发展,人们对旅行中的舒适性要求不断提高,因此,要求不断改善道路条件、车辆的技术性能及车厢内部设施、车站设施及站务服务质量等,以达到旅客旅途身心愉快的目的。

客运服务(出租汽车客运除外)的舒适性评价常包括以下两项指标。

(1)劳动服务质量合格率(R_{wo}):指统计期内有关工作人员在客运服务过程中,对运输服务工作人员规则重点条款的执行合格项目数(I_q)与检查项目总数($\sum I_{wo}$)之比,用以评价运输服务工作人员对本职服务工作执行的合格程度。

$$R_{wo} = \frac{I_q}{\sum I_{wo}} \times 100\% \tag{5-77}$$

(2)满载率(γ_h):指统计期内客运高峰期间车辆在主要线路高单向、高客流量路段上的载客人数(q)与车辆额定载客人数(q_0)之比。即:

$$\gamma_h = \frac{q}{q_0} \times 100\% \tag{5-78}$$

综上所述,运输服务质量评价指标包括 6 大类若干项目,如图 5-12 所示。

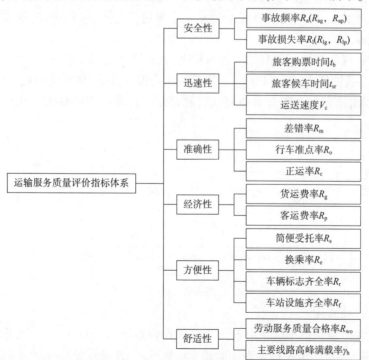

图 5-12　运输服务质量评价指标体系

第五节　货运车辆行驶路线

货运车辆行驶路线是指车辆在完成货物运输工作中的运行路线。由于货运任务的性质和特点不同,道路条件及所用车辆类型的不同,即使在相同收发货点之间,货运车辆也可选择不同的行驶线路来完成给定的运输任务,特别是在城市地区,由于货运点众多,道路网发达,这种情况就更容易出现。

由于车辆按不同运行线路完成既定运输任务时,运输生产效率和单位运输成本往往不同。因此,在满足货运任务要求的前提下,选择经济运行路线(即运输时间和运输费用最省的路线),是组织货运车辆经济有效运行的一项十分重要的工作。

一、行驶路线类型

在一定货流条件下,货运车辆的行驶路线可分为 3 种类型,即往复式行驶路线、环形式行驶路线和汇集式行驶路线。

1. 往复式行驶路线

往复式行驶路线指车辆在某线路两端作多次(包括一次)往复行驶的路线类型。它又可分为单程有载往复式、回程部分有载往复式和双程有载往复式 3 种形式。

(1)单程有载往复式[图 5-13a)]。这种行驶路线在集装箱运输中较为常见,其里程利用率较低,一般 $\beta \leq 0.5$。

(2)回程部分有载往复式[图 5-13b)]。若车辆完成单程运输任务后,在回程运输中,货物不是运到路线始点,而只运到路线上的某一个中途货运点,未达全程,这就是回程部分有载往复式行驶路线。

这种行驶路线的车辆里程利用率有所提高,其范围为:$0.5 < \beta < 1$。

(3)双程有载往复式[图 5-13c)]。若车辆在回程运输中,货物运到始点,即双程运输均为全程有载运输,这就是双程有载往复式行驶路线。这种行驶路线的车辆里程利用率值可接近于1。

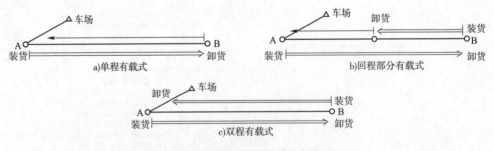

图 5-13　往复式行驶路线示意图

2. 环形式行驶路线

环形式行驶路线是指车辆在由若干个装卸作业点组成的封闭回路上,作连续单向运行的行驶路线(图 5-14)。由于运输方向的相互位置不同,这种行驶路线又分 3 种形式,即简单环形式、交叉或三角环形式、复合环形式。

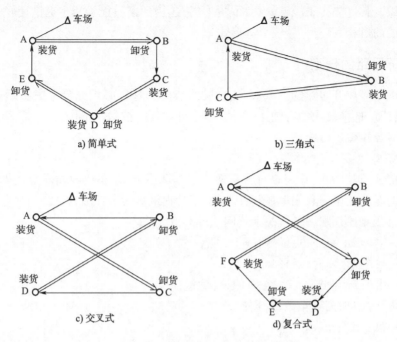

图 5-14 环形式行驶路线示意图

组织货车在环形式路线上行驶时,应使空车流向里程之和小于重车流向里程之和,即 $\beta \geqslant 0.5$,否则($\beta < 0.5$),环形式路线的经济效果还不如单程载货往复式行驶路线。

3. 汇集式行驶路线

汇集式行驶路线是指车辆沿分布于运行路线上各装卸作业点,依次完成相应的装卸作业,且每运次货物装(卸)量均小于该车额定载质量,直到整个车辆装满(或卸空)后返回出发点的行驶路线。这种路线也可分为 3 种形式,即分送式、收集式和分送-收集式。

(1)分送式[图 5-15a)]。分送式指车辆沿运行路线上各货物装卸点依次进行卸货的行驶路线。

(2)收集式[图 5-15b)]。收集式指车辆沿运行路线上各货物装卸点依次进行装货的行驶路线。

(3)分送-收集式[图 5-15c)]。分送-收集式指车辆沿运行路线上各货物装卸点分别或同时进行装、卸货的行驶路线。

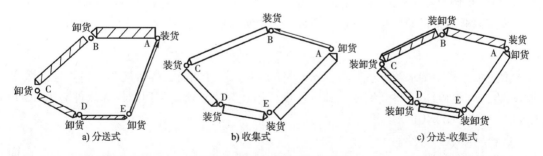

图 5-15 汇集式行驶路线示意图

车辆在汇集式行驶路线上工作时,其组织工作较为复杂,通常以单程或周转为基本运输过程进行组织。其优势在于能够做到"取货上门,送货到家",能为货主提供良好的服务。汇集式行驶路线的形状有环形、直线形等形式。

二、循环回路的确定

车流组织不能离开实际的货流,车辆行驶路线的选择也必须充分考虑实际货流。在一定的货流条件下,选择最优的行驶路线是一项十分重要的技术性工作。

1. 环形式循环回路的确定

1)数学模型

选择环形式行驶路线,其核心问题是确定空车调运方案,解决收发车点问题,以完成同样货运任务时车辆的里程利用率最高,即以空车行程最短为最佳准则。

利用线性规划原理求解是解决上述问题的有效方法。

设:i——空车发(卸货)点标号,$i=1,2\cdots,m$;
　　j——空车收(装货)点标号,$j=1,2\cdots,n$;
　　Q_{ij}——由第 i 点到第 j 点的空车数量,辆;
　　q_j——第 j 点所需空车数量,辆;
　　Q_i——第 i 点空车发量,辆;
　　L_{ij}——自 i 点至 j 点的距离,km。

则其空车行驶路线选择问题的数学模型如下。

(1)约束条件数学模型。

①从某一空车发点各次调出的空车总车数等于该点空车发量,即:

$$\sum_{j=1}^{n} Q_{ij} = Q_i \quad (i=1,2\cdots,m) \tag{5-79}$$

②各次调进某一空车收点的空车总量等于该点空车收量,即:

$$\sum_{i=1}^{m} Q_{ij} = q_j \quad (j=1,2\cdots,n) \tag{5-80}$$

③上述各式中诸变量 Q_{ij} 必须为非负数,即:

$$Q_{ij} \geq 0 \tag{5-81}$$

④各空车发点的发车总量等于各空车收点的收车总量,即:

$$\sum_{i=1}^{m} Q_i = \sum_{j=1}^{n} q_j \tag{5-82}$$

(2)目标函数数学模型。

确定以全部车辆的总空驶里程(L_v)最短为求解目标,即:

$$\min L_v = \min \sum_{i=1}^{m} \sum_{j=1}^{n} Q_{ij} \cdot L_{ij} \tag{5-83}$$

上述数学模型的求解方法较多,如表上作业法、图上作业法、标号法等。当货运点数量较多,路网较复杂时,可将其编成计算机程序应用计算机求解。常用的计算软件有LINGO、CPLEX、MATLAB、GUROBI 等。

①LINGO 软件介绍。

LINGO 全称是 Linear INteractive and General Optimizer,即交互式的线性和通用优化求解器。它是一套可以快速、方便和有效地构建和求解线性、非线性和整数最优化模型的工具。

其包括功能强大的建模语言,建立和编辑问题的全功能环境,读取和写入 Excel 和数据库的功能以及一系列完全内置的求解程序。LINGO 软件的特点如下:

a. 简单的模型表示。LINGO 可以将线性、非线性和整数问题迅速地以公式表示,并且容易阅读和修改。LINGO 的建模语言允许用户使用汇总和下标变量,以一种易懂、直观的方式来表达模型,使模型更容易构建、理解和维护。

b. 方便的数据输入和输出选择。LINGO 建立的模型可以直接从数据库或工作表获取资料。同样地,LINGO 可以将求解结果直接输出到数据库或工作表中,使用户能够在应用程序中生成报告。

c. 强大的求解器。LINGO 拥有一整套快速、内置的求解器来求解线性、非线性和整数优化问题。由于 LINGO 会读取用户的方程式并自动选择合适的求解器,用户甚至不需要指定或启动特定的求解器。

d. 交互式模型。用户能够在 LINGO 内创建和求解模型,或从用户自己编写的应用程序中直接调用 LINGO。对于开发交互式模型,LINGO 提供了一整套建模环境来构建、求解和分析模型。

②CPLEX 软件介绍。

CPLEX 由 ILOG 公司开发,是目前世界上顶尖的求解线性规划、整数规划和某些非线性规划的软件包。它可以用 C、C++、JAVA、NET 等多种计算机语言进行建模,同时拥有自己的优化编程语言(Optimal Programming Language,OPL),使得初学者很容易根据案例掌握其语法并使用。由于 CPLEX 自身的特点及在求解某些问题上显著的优点,它被越来越多的行业所应用。CPLEX 具有以下优点:

a. 相比于其他同类软件,CPLEX 求解速度较快。

b. CPLEX 运行配置中存在 3 个独立的文件,即模型文件、数据文件和设置文件。其中,模型文件主要是建模的界面,包括常量变量、决策变量的定义,目标函数、约束条件的建立;数据文件就是输入、输出数据的文件,当数据发生变化时,只需要在数据文件中进行修改,而与模型文件无关;设置文件包括很多设置开关,如设置多大内存,采用单核、双核还是多核,是否显示松弛、设置最优解与可行解的关系等,用户可以很方便地根据具体问题进行相关的设置,以提高计算速度。

c. 明显、及时的错误提示。不同于其他的建模界面,CPLEX 建模时,当出现未定义的变量名或语法不正确时,不存在的变量名或语法不正确的行都会变成红色作为提示。

d. 可以设定不同的优先级。如堆芯换料优化问题,通过设置能够做到让某个位置优先放置某种燃料的功能,缩小搜索空间,节省搜索时间。

e. 数据文件中可以直接链接电子表格如 Excel 等,方便数据的输入、输出。

③MATLAB 软件介绍。

MATLAB 是 MATrix LABoratory 的缩写,是一款由美国 The MathWorks 公司出品的商业数学软件。MATLAB 是一种用于算法开发、数据可视化、数据分析以及数值计算的高级技术计算语言和交互式环境。除了矩阵运算、绘制函数、数据图像等常用功能外,MATLAB 还可以用来创建用户界面及与调用其他语言(包括 C、C++ 和 FORTRAN)编写的程序。

尽管 MATLAB 主要用于数值运算,但利用为数众多的附加工具箱(Toolbox),它也适合不同领域的应用,例如控制系统设计与分析、图像处理、信号处理与通信、金融建模和分析等。另外还有一个配套软件包 Simulink,提供了一个可视化开发环境,常用于系统模拟、动态/嵌入式系统开发等方面。

④GUROBI 软件介绍。

GUROBI 是由美国 Gurobi Optimization 公司开发新一代大规模优化器,被广泛应用在生产制造领域,以及金融、保险、交通、服务等其他各种领域。GUROBI 可用于求解线性问题(Linear problems)、二次型目标问题(Quadratic problems)、混合整数线性等多种问题。在理论和实践中,GUROBI 优化工具都被证明是全球性能领先的大规模优化器,具有突出的性价比。GUROBI 具有以下特点:

a. 采用最新优化技术,充分利用多核处理器优势。

b. 任何版本都支持并行计算,并且计算结果确定而非随机。

c. 提供了方便轻巧的接口,支持 C++,Java,Python,.Net,MATLAB 开发,内存消耗少。

d. 支持多种平台,包括 Windows,Linux,Mac OS X。

e. 支持 AMPL,GAMS,AIMMS,Tomlab 和 Windows Solver Foundation 建模环境。

f. Gurobi 为学校教师和学生提供了免费版本,可在其官网(https:∥ww.gurobi.com/index)注册下载。

【例 5-1】 可以通过编写 LINGO 程序求解如下:

MODEL:
SETS:
empty/F,G,E,A,K/: p;! empty 为空车发点标号,p 为 i 点空车发量;
full/A,B,C,D,K/:q;!   full 为空车收点标号,q 为 j 点所需空车数量;
link(empty,full):c,d;! c 为空车数量,d 为各点距离;
ENDSETS
DATA:
d = 5 9 6 0 5
2 6 9 3 8
5 7 9 3 2
6 10 2 8 13
7 5 11 5 100;
q = 18 15 8 11 7;
p = 8 11 18 15 7;
ENDDATA
min = @sum(empty(i):@sum(full(j):c(i,j) * d(i,j)));!   运输距离最短;
@for(empty(i):@sum(full(j):c(i,j)) = p(i));!   从某一空车发点各次调出的空车总数等于该点空车发量;
@for(full(j):@sum(empty(i):c(i,j)) = q(j));!   各次调进某一空车收点的空车总量等于该点空车收量;
@sum(empty(i):p(i)) = @sum(full(j):q(j));!   各空车发点的发车数量等于各空

车收点的收车数量;

@ for(link:@ gin(c));
END

GUROBI 代码如下:

```
import numpy as np
from gurobipy import *
d = np.array([[5,9,6,0,5],
    [2,6,9,3,8],
    [5,7,9,3,2],
    [6,10,2,8,13],
    [7,5,11,5,100]]) #d 为各点之间的距离
q = [18,15,8,11,7] #q 为j点所需空车数量
p = [8,11,18,15,7] #p 为i点空车发量
node = 5
MODEL = Model(空车行驶路线选择问题) #创建模型
x = {} #创建决策变量
for i in range(node):
    for j in range(node):
        x[i,j] = MODEL.addVar(lb=0, vtype=GRB.CONTINUOUS, name="x[" + str(i) + "," + str(j) + "]")
MODEL.update() #更新变量环境
MODEL.setObjective(quicksum(x[i,j] * d[i][j] for i in range(node) for j in range(node))) # 创建目标函数
MODEL.modelSense = GRB.MINIMIZE
#创建约束条件
#约束 1.空车发点各次调出的空车总量
for i in range(node):
    MODEL.addConstr(quicksum(x[i,j] for j in range(node)) == p[i])
#约束 2.各次进入某一空车收点的空车总量
for j in range(node):
    MODEL.addConstr(quicksum(x[i,j] for i in range(node)) == q[j])
#约束 3.各空车发点的发车数量等于各空车收点的收车数量
MODEL.addConstr(quicksum(q[i] for i in range(node)) == quicksum(p[j] for j in range(node)))
MODEL.optimize() # 执行模型
print("Obj:", MODEL.objVal) # 输出模型结果
```

2)发车点和收车点的选择

发车点和收车点是指循环线路上第一个空车调配点(即装车点)和最后一个卸空回车地

点。在表上作业法和图上作业法确定空车调配最优方案时，还没有考虑发车地点和收车地点问题。实际上，任何一个循环线路的开始，总是先要从车队(车场或车库)发出空车至某一装车点，直至循环终了，空车又从最后卸车点返回车队。

当循环线路上只有一个装车点和一个卸车点时，发车点和收车点都是唯一的，不存在发车和收车地点选择的问题。但循环线路上有多个装车点或卸车点时，为使空车调车里程最短，就产生了车队将空车先发给哪一个装车点，最后空车又从哪一个卸车点返回车队的问题。

在有多个发车和收车地点方案可供选择的情况下，可就每一方案计算空车调车里程，其中调车里程最短的方案就是最优方案。方案比较中采用的空车调车里程(L_d)可按下式计算：

$$L_d = L_{KC} + L_{KH} - L_{YH} \tag{5-84}$$

式中：L_{KC}——出队空驶里程，km；

L_{KH}——回队空驶里程，km；

L_{YH}——循环线路上第一装货点与最后一个卸货点间的距离，km。

一般情况下，可依据就近发车与收车和尽量考虑合理空车流向的原则来安排收发车地点。在空车流向线路经过的情况下，可沿空车流向线路选择发收车点；在空车流向线路不经过车场情况下，可就近选择收发车，再沿空车流向线路方向选择合理的收发车点。

2．汇集式循环回路的确定

1）TSP 问题描述

旅行商问题，即 TSP 问题(Traveling Salesman Problem)是数学领域中的著名问题之一。假设有一个旅行商人要拜访 N 个城市，他必须选择所要经过的路径，路径的限制是每个城市只能拜访一次，而且最后要回到原来出发的城市。路径的选择目标是要求得的路径路程为所有路径之中的最小值。

在图论中，TSP 问题可以描述为：给定一个有向图 $G = (V, E)$，顶点 V 表示不同城市，边 E 表示连接两城市间的路，边上的权 W 表示距离(或时间或费用)，即旅行商问题就成为在赋权图中寻找一条经过每个顶点正好一次的最短圈问题。

2）TSP 问题模型

(1) 集合。

$V = \{1, 2 \cdots, n\}$——城市顶点的集合。

(2) 变量。

$$X_{ij} = \begin{cases} 1 & \text{旅行商从城市 } i \text{ 到城市 } j \\ 0 & \text{其他} \end{cases}$$

U_i——辅助变量。

(3) 参数。

d_{ij}——城市 i 到城市 j 的距离。

(4) 目标函数。

$$\min = \sum_{i=1}^{n} \sum_{j=1}^{n} d_{ij} \times X_{ij} \tag{5-85}$$

(5) 约束条件。

$$\sum_{\substack{i=1 \\ i \neq j}}^{n} X_{ij} = 1 \quad (\forall j \in V) \tag{5-86}$$

$$\sum_{\substack{j=1 \\ i\neq j}}^{n} X_{ij} = 1 \quad (\forall i \in V) \tag{5-87}$$

$$U_i - U_j + n^* X_{ij} \leq n - 1 \quad (\forall i,j \in V, i \neq j) \tag{5-88}$$

$$X_{ij} = \{0,1\} \tag{5-89}$$

$$U_i \geq 0 \quad (\forall i \in V) \tag{5-90}$$

式(5-85)是目标函数,表示旅行商所走的路程最短;式(5-86)表示每个城市只有一条边进入;式(5-87)表示每个城市只有一条边出去;式(5-88)为子回路消除约束;式(5-89)表示决策变量 X_{ij} 为 0-1 变量;式(5-90)表示 U_i 为辅助变量,避免出现子回路。

【例5-2】 TSP 问题 LINGO 程序如下:

```
MODEL：
SETS：
city/1..5/：u；!   u 为辅助变量；
link(city,city):d,x;!   d 为各城市距离, x 为决策变量；
ENDSETS
DATA：
d = 0 8 11 10 7.5
    8 0 9 4 6
    11 9 0 6 4
    10 4 6 0 5.4
    7.5 6 4 4.5 0;
ENDDATA
min = @sum(link:d*x);!   运输距离最短；
@for(city(j):@sum(city(i)|j#ne#i:x(i,j)) = 1);!   城市 j 前有一个城市相连；
@for(city(i):@sum(city(j)|j#ne#i:x(i,j)) = 1);!   城市 i 后有一个城市相连；
@for(link(i,j)|i#ne#j#and#i#gt#1:u(i) - u(j) + 5*x(i,j) < = 4);!   开子回路消除约束；
@for(link:@bin(x));
END
```

TSP 问题 Gurobi 代码如下:

```
import numpy as np
from gurobipy import *
d = np.array([[0,8,11,10,7.5],
    [8,0,9,4,6],
    [11,9,0,6,4],
    [10,4,6,0,5.4],
    [7.5,6,4,4.5,0]]) #d 为各点之间的距离
node = 5#创建模型
MODEL = Model('TSP 问题')
```

```
x = {}#创建决策变量
for i in range(node):
    for j in range(node):
        x[i,j] = MODEL.addVar(vtype = GRB.BINARY, name = "x[" + str(i) + "," + str(j) + "]")
u = {}#创建辅助变量
for i in range(node):
    u[i] = MODEL.addVar(vtype = GRB.CONTINUOUS, name = "u[" + str(i) + "]")
MODEL.update()#更新变量环境
#创建目标函数
MODEL.setObjective(quicksum(x[i,j] * d[i][j] for i in range(node) for j in range(node)))
MODEL.modelSense = GRB.MINIMIZE
#创建约束条件
#约束1. 每个城市只有一条路径进入
for j in range(node):
    MODEL.addConstr(quicksum(x[i,j] for i in range(node)) == 1)
#约束2. 每个城市只有一条路径出去
for i in range(node):
    MODEL.addConstr(quicksum(x[i,j] for j in range(node)) == 1)
for i in range(node):
    for j in range(node):
        if i! = j:
            MODEL.addConstr(u[i] - u[j] + node * x[i,j] <= node - 1) #约束3. 消除子回路约束
MODEL.optimize()# 执行模型
print("Obj:", MODEL.objVal) # 输出模型结果
```

第六节　拖挂运输组织

一、拖挂运输概述

拖挂运输也称汽车运输列车化，它是以列车形式参加运输生产活动的一种汽车运输组织形式。

由一辆汽车(货车或牵引车)与一辆或一辆以上挂车组合而成的汽车运输单元称为汽车列车。按照组合形式的不同，汽车列车又可以分为如下4种：

(1)由汽车用牵引杆连接一辆或一辆以上全挂车组合而成的全挂汽车列车，如图5-16a)所示。

(2)由半挂牵引车与一辆半挂车组合而成的半挂车汽车列车，如图5-16b)所示。

(3) 由一辆半挂牵引车与一辆半挂车和一辆全挂车组合而成的双挂汽车列车,如图 5-16c)所示。

(4) 单件式载荷分别加在牵引车和挂车的桥式平台,并通过荷载本身把车辆连接起来的特种汽车列车,如图 5-16d)所示。

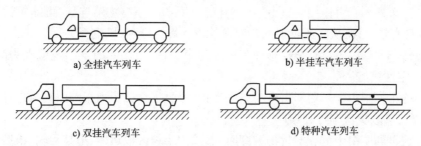

a) 全挂汽车列车　　　b) 半挂车汽车列车
c) 双挂汽车列车　　　d) 特种汽车列车

图 5-16　汽车列车组合示意图

拖挂运输是汽车货物运输发展的主要趋势之一。增加载质量是提高车辆生产率的一个最有效途径,但大吨位载货车在不断增加载质量的同时,轴载荷逐渐受到法规、轮胎与道路承载能力等方面的限制。研究表明,载货汽车轴载荷的增加与道路损坏程度的四次方成正比,即轴载荷每增加一倍,对道路的损坏程度将增大为原来的 16 倍。因此,增加载质量更为合理的途径是发展拖挂运输。

拖挂运输得到发展固然是因为汽车发动机的功率逐渐增大,道路状况得以日益改善,但主要还在于挂车与大吨位载货车辆相比,具有结构简单、耗用金属少、造价低、载货空间大等方面的优点,所以拖挂运输的经济性极为显著。

拖挂运输的缺点是它虽然明显增加了汽车运输每次的载质量,提高了车辆总的生产率,但因受多种原因的影响,会引起汽车列车技术速度的下降和装卸作业停歇时间的延长,从而使车辆生产率的提高受到一定的限制。

拖挂运输增加了载质量,牵引性能较单个汽车差。例如,汽车列车动力因数比单个汽车有所下降,这不仅导致汽车列车平均技术速度下降,而且增加了驾驶员在操纵上的困难,特别是因操纵次数的相对增加而影响到燃料消耗的经济性。

汽车列车由各种车辆组合而成,故安全性能(尤其是稳定性)较单个汽车要差。汽车列车后退行驶较为困难,而且由于列车行驶时后面挂车的偏摆和冲击,往往要求扩大行驶道路(尤其是道路转弯处)的宽度和调车场地的面积。

在汽车列车的组合形式中,全挂车汽车列车和半挂车汽车列车是两种较为常用的形式。全挂车列车是首先得到发展的汽车列车,它之所以能较快地发展起来,主要原因是由于全挂车列车与货车单车相比具有如下优点:

(1) 全挂车列车运输生产率高,其载质量为一般货车单车的 2 倍左右。

(2) 制造成本低,一般全挂车制造成本要比相应载质量的单车低 50%~60%。

(3) 全挂车列车燃料消耗低,百吨公里燃料消耗要比货车单车低 40% 左右。

(4) 全挂车维护修理方便,修配费用低。

(5) 全挂车列车车库投资少,全挂车本身可不用车库。

(6) 全挂车列车较货车单车更适宜运输那些很少需从车上装卸的设备,如车用发电机、电焊机、临时保存的物质器材(野战加油站、仓库)等。

半挂车列车是在全挂车列车之后发展起来的,它较全挂车列车有如下优点:

(1)列车部分载质量由牵引驱动桥承担,可以提高驱动桥的附着质量,使牵引车的牵引力得到充分利用。

(2)半挂车列车牵引连接装置不用牵引杆,而用牵引座与主销连接,可缩短汽车列车总长,使其更具有整体性,从而改善了汽车列车的机动性,并减少风阻损失。

(3)半挂车列车由于没有全挂车列车之间的牵引杆,行驶时的摆动现象大为减少,因此它的行驶稳定性较好。

(4)半挂车列车由于采用牵引座与主销连接,避免了全挂车列车牵引钩与挂环连接的撞击、振荡现象,可减少汽车行驶噪声。

(5)半挂车列车由于节省了货物装卸时间,成为组织区段运输、甩挂运输、滚装运输的最优车型。

二、拖挂运输的组织形式

根据汽车列车的运行特点和对装卸组织工作的不同要求,拖挂运输主要有定挂运输和甩挂运输两种组织形式。此外,还有区段运输组织形式。

(一)定挂运输

定挂运输是指汽车列车在完成运行和装卸作业后,汽车(或牵引车)与全挂车(或半挂车)一般不予分离的定车定挂组织形式。在运行组织和管理工作方面,定挂与单车基本相仿,简单且易于推广。但是,组织汽车列车运输也有一定的限制要求,主要表现在:

(1)汽车列车增加了拖带的挂车,虽然可以增加货物的装载量,但同时也增加了货物的装卸作业量,如不相应地提高装卸作业效率,就会使汽车列车的装卸作业停歇时间延长。组织定挂运输时,一方面应加强现场调度与指挥工作;另一方面还应合理组织装卸作业,尽可能采用机械化装卸,以压缩汽车列车停歇时间。

(2)汽车列车总长度比单车显著增加,因此,必须保证有足够长度的装卸作业线。汽车列车停妥后与装卸作业线的相互位置以平行排列较为合适,以利于主车、挂车同时进行货物的装卸作业。装卸现场应具备平坦而宽阔的调车场地和畅通的出入口,否则会增加汽车列车的调车作业时间,甚至可能造成拥挤和堵塞。

(3)因为汽车列车行驶稳定性不如汽车单车,故对挂车上货物的装载高度和质量应加以适当限制,以确保汽车列车行驶的安全性。

(4)汽车列车易受道路条件的限制。例如坡度、曲线半径、路面质量等因素均将对汽车列车的速度、行车安全和通过的可能性产生影响。当线路上的某一路段因坡度大而影响汽车列车正常通过时,可以考虑采用接挂或助挂的运输方式。

①接挂运输也称接力运输,是指在汽车列车不能通过路段的前方,先由汽车(主车或另派汽车)或其他运输工具为汽车列车集散货物,再由汽车列车运送的挂车运输,如图5-17所示。

②助挂运输也称高低坡助挂运输,是指在运量大、车次多、运距较长线路中间某处有较大高坡,妨碍汽车列车正常通过时,在线路较大高坡处的前方,专门配备一辆负责助挂的汽车(或牵引车),在高坡地段汽车列车采用双机牵引的挂车运输,如图5-18所示。助挂汽车在汽车列车行驶到主坡下时加挂,汽车列车顺利通过高坡后,在坡上摘下,再返回起始地点。

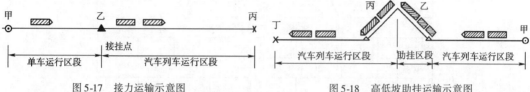

图5-17 接力运输示意图　　　　　　　图5-18 高低坡助挂运输示意图

组织长距离定挂运输时,只要合理安排汽车列车的行车间隔时间,带挂后增加的货物装卸作业时间对运输效率就不会有很大的影响;但在距离较短且装卸能力不足的情况下,这个问题就比较突出,有时甚至相当严重。一方面,是因为短途运输增加了车辆装卸作业停歇时间在出车时间内所占的比重;另一方面,是因为在同样的装卸条件情况下,汽车列车所需要的装卸作业时间有所增加,甩挂运输就是为适应这种情况而提出来的另外一种拖挂运输组织形式。

(二)甩挂运输

甩挂运输是指载货汽车(或牵引车)按照预定的计划,在某个装卸作业地点甩下挂车并挂上指定的挂车后,继续运行的拖挂运输组织形式。甩挂运输也称甩挂装卸,这种运输组织形式可以保证载货汽车(或牵引车)的停歇时间缩短到最低限度,以充分发挥其运输效率,最大限度地利用载货汽车(或牵引车)的牵引能力。

显然,在同样的条件下,甩挂运输可以比定挂运输有较高的运输效率。以单线往复式线路运送散装货物为例,设运距为20km,技术速度40km/h,装车作业时间定额6min/t,卸车作业时间定额4.5min/t,摘挂作业6min/次,载货主车、全挂车、半挂车的装载量分别为4t、4t、8t,则组织甩挂运输和定挂时的工作情况可分别用图5-19~图5-21表示。

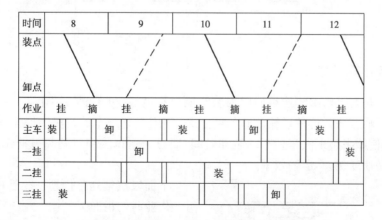

图5-19 一辆主车配备三辆全挂车甩挂运输示意图

通过对以上运输工作图的分析可以看出,组织甩挂运输比定挂运输可获得更高的生产率。在承担相同载质量的情况下,由牵引车和半挂车组成的汽车列车所完成的运输工作量,比由载货汽车和全挂车组成的汽车列车要高。

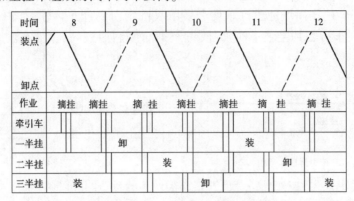

图 5-20　一辆牵引车配备三辆半挂车甩挂运输工作图

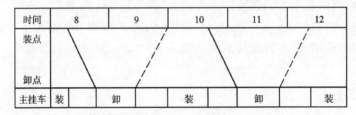

图 5-21　一辆主车配备一辆全挂车定挂运输工作图

(三) 区段运输

除了定挂运输和甩挂运输外,还有一种称为区段运输的快速运输组织形式,如图 5-22 所示。这是一种在长途干线上,由各驾驶员(或牵引车)连续分段接力行驶的拖挂运输组织形式,它具有较高的运输效率和运送速度。

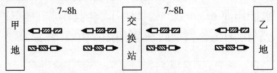

图 5-22　区段运输组织形式示意图

三、甩挂运输组织

甩挂运输是为了解决短途运输中因装卸能力不足,避免车辆装卸作业停歇时间过长而发展起来的运输方式。这种运输方式的特点是:利用汽车列车的行驶时间来完成甩下挂车的装卸作业,使原来整个汽车列车的装卸时间,缩短为主车装卸时间和甩挂作业时间,从而加速车辆周转速度,提高运输效率。

图 5-23　往复式运输线路上甩挂作业示意图

下面以汽车列车行驶在往复式线路上进行甩挂作业时的情况为例(图 5-23),来说明甩挂运输的基本原理。图中一辆汽车配备三辆全挂车,当汽车列车在甲地装货后行驶到达乙地时,摘下重挂,集中力量将主车卸车,然后挂上已预先卸妥的全挂车返回甲地。与此同时,乙地进行摘下挂车的卸车作业。汽车列车再返回甲地时,摘下在乙地挂上的空挂车,集中力量完成主车的装车作业,然后挂上已预先装妥的挂车继续行驶。同时,甲地进行摘下挂车装车作业。甩挂运输可以有不同的组织方法,甩挂程序也可能会有所区别,但基本原理是一样的。

从上述甩挂运输的工作过程可以看出,只有当主车的装卸作业时间与甩挂作业时间之和小于整个汽车列车装卸停歇时间时,采用甩挂运输才是可取的。同时,为充分发挥挂车的运输效率,挂车在完成装(卸)作业后的待挂时间也不宜过长。

实际上挂车待挂常常是难以避免的,问题在于如何选择适当的运输距离,尽量减少挂车的待挂时间。甩挂运输一般适宜于短距离运输,在运距较长的情况下如果采用甩挂运输,汽车列车装卸作业停歇时间在其出车时间中所占比重不大,而挂车在完成装卸后的待挂时间又太长,致使挂车运输效率不能充分发挥而造成运力的浪费。当运距大到一定程度时,即使甩挂运输可减少汽车列车装卸作业停歇时间,但由于汽车列车的技术速度可能低于同等载质量的汽车,这样也会使汽车列车的生产率低于同等载质量载货汽车的生产率,如图 5-24 所示。

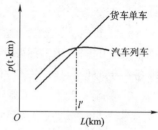

图 5-24 货车单车及汽车列车的运距与生产率关系图

在实际工作中,甩挂运输主要采用如下 4 种组织形式。

1. 一线两点、两端甩挂

一线两点、两端甩挂是适宜在短途往复式运输线路上采用的一种甩挂形式。这时,汽车列车往复运行于两装卸点之间,在装卸作业地点各配置一定数量的周转挂车,汽车列车在线路两端的装卸作业地点均实行甩挂作业,如图 5-23 所示。

这种组织形式对于装卸作业地点固定、运量较大的地区,只要组织合理,效果便比较显著,但对车辆运行组织工作有较高的要求。它必须根据汽车列车的运行时间和主挂车的装卸作业时间资料,预先编制汽车列车运行图,以保证均衡生产。

根据货流情况,也可以采用一线两点、一端甩挂的组织形式,即装车甩挂、卸车不甩挂,或卸车甩挂、装车不甩挂作业。这种形式适用于装车作业地点能力较弱,或卸车作业能力弱的情形。

2. 循环甩挂

循环甩挂是在车辆循环运输的基础上,进一步组织甩挂运输的一种方式,它要求在闭合循环回路的各装卸作业地点上,配备一定数量的周转挂车,汽车列车每到达一个装卸作业地点后甩下所带挂车,装卸工人集中力量完成主车的装(卸)载作业,然后挂上预先准备好的挂车继续行驶,如图 5-25 所示。

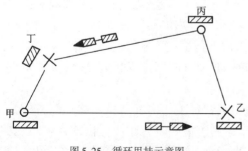

图 5-25 循环甩挂示意图

这种组织形式的实质是用循环调度的办法来组织封闭回路上的甩挂作业,它不仅可提高载运能力,压缩装卸作业停歇时间,而且可提高里程利用率,所以是甩挂运输中较为经济、运输效率较高的组织形式之一。但由于它涉及面广,故组织工作较为复杂。在组织循环甩挂运输时,一方面要满足循环调度的基本要求,另一方面则还应选择运量较大且货流稳定的地区进行组织,同时也要有适于组织甩挂运输的货场条件。

3. 一线多点、沿途甩挂

一线多点、沿途甩挂的组织形式,要求汽车列车在起点站按照卸货作业地点的先后顺序,本着"远装前挂、近装后挂"的原则编挂汽车列车。采用这一组织形式时,在沿途有货物装卸作业的站点,甩下汽车列车的挂车或挂上预先准备好的挂车直至运行到终点站(图5-26)。汽车列车在终点站整列卸载后,沿原始路线返回,经由原进行甩挂作业站点时,挂上预先准备好的挂车或甩下汽车列车上的挂车,直至运行到起点站。

一线多点、沿途甩挂组织方式适用于装货(卸货)地点集中、卸货(装货)地点分散、货源比较稳定的同一运输线路上。当货源条件、装卸条件适宜时,也可以在起运站或到达站,另配备一定数量的挂车进行甩挂作业。如定期零担班车就可采用这一组织形式。

4. 多线一点、轮流拖带

多线一点、轮流拖带是指在装(卸)货集中的地点,配备一定数量周转挂车,在没有汽车到达时间内,预先装(卸)好周转挂车的货物,某线路上行驶的汽车列车到达后,先甩下挂车,再集中力量装(卸)主车,然后挂走预先装(卸)好的挂车返回原卸(装)货地点,进行整列卸(装)货的挂车运输组织形式(图5-27)。这一组织形式实际上是一线两点、一端甩挂的复合,不同的只是在这里挂车多线共同使用,从而提高挂车运输效率。它适用于装货点集中、卸货点分散,或卸货点集中、装货点分散的线路上。

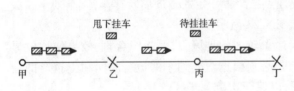

图5-26 一线多点、沿途甩挂示意图

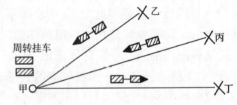

图5-27 多线一点、轮流拖带示意图

适宜的货源条件是组织甩挂运输的基础,通常应选择装卸比较费时的固定性大宗货源。组织甩挂运输应特别注意加强货源预测工作以及日常组织工作,掌握货流的特点及其变化规律。装卸组织工作与甩挂运输关系密切,应有计划地安排劳动力和装卸机械,合理组织装卸作业。

组织甩挂运输应有周密的运行作业计划,在可能的情况下应绘制运行图,并加强对甩挂运输的调度工作。调度员应根据不同的甩挂形式,掌握每一项作业需要的时间,汽车列车和挂车的周转时间、运行间隔,主挂车需要数量等指标,以保证甩挂运输均衡、有节奏地进行。

组织甩挂运输还应加强现场监督和指挥。装卸作业地点应固定现场调度员,具体负责现场调度指挥工作,并随时向上级调度机关反映情况。

甩挂运输需要一定数量的周转挂车,从而也增加了管理工作的复杂性。挂车配备的数量应根据甩挂运输的不同形式加以确定。周转挂车原则上应在本行车小组内使用,并建立相应的维护、修理和管理制度。要确保挂车的完好率指标,合理运用每一辆挂车,以提高挂车的运输效率。

汽车列车与单辆载货汽车相比,在运行和装卸作业中更易发生事故,因此在机件设备、驾驶操作、甩挂作业、业务交接等方面,都必须制定一系列的安全措施,以确保运输服务质量。

汽车列车行驶线路的选择,必须以安全为前提,其基本原则是:

(1)被选择的线路要适合汽车列车的通行,路面平坦,没有过大的坡度,道路曲线最小半径应能保证汽车列车顺利通过和行车安全。

(2)运距适宜。

(3)应尽量避开交通流量较为拥挤的路段,选择的运行线路应能保证汽车列车中速行驶。

四、甩挂运输综合管理信息系统

甩挂运输综合管理信息系统主要构成包括车辆智能调度系统、作业站场管理信息系统、运输组织与订单管理系统、甩挂运营实时监控系统和甩挂运输油耗监测系统。

1)车辆智能调度系统

车辆智能调度系统是通过集成甩挂运行实时监控数据、运输货物数据以及车辆维修等管理数据,同时对各类应用端口进行开发,使应用软件与物流设备对接,实现科学化、智能化车辆管理和调配。在智能化调度方面,调度中心通过融合车辆卫星定位运行动态信息、作业信息以及车辆和驾驶员信息的调度系统,全方位掌控甩挂车辆所在的位置、当前时速、到达卸货地点的时间、当班驾驶员信息、车辆作业状态等信息,并能够科学下达各项作业指令,提高甩挂效率。在运量图表分析方面,通过该系统可统计分析运输总量,单一产品运输量,并对全年运输量进行分解,实现运量可视化。通过图表的状态及时提醒各线路上运输量的动态,及时优化挂车配置。在车辆、驾驶员管理方面,实行 IC 卡(Integrated Circuit Card,集成电路卡)管理,打卡考勤、打卡维修,通过调度系统显示车辆的状态(正常、小修、大修等),并可实现驾驶员班组化管理、调休管理等功能。

2)作业站场管理信息系统

作业站场管理信息系统主要包括站场安全管理系统、站场仓储管理系统和作业站场理货信息系统,其中,站场安全管理系统采用全球眼视频监控系统,同时配合闭路红外报警系统,对甩挂作业站场的内外仓储存放安全和运输作业环境进行全方位监控。通过视频及红外监控管理系统的实时监控、视频录像回放、红外报警查看等功能,实现各个站场的安全管理和突发事件的处置以及进出站场的车辆管理。站场仓储管理系统根据货物仓储特点,融合仓单质押等监管服务,实现货物出入库管理、库内交易管理、货物盘点、残次品处理、库存实时查询、报表管理、仓储费用结算等功能。通过运用 RFID(Radio Frequency Identification,射频识别技术)、条形码技术、库内出入库电子看板,全面提高货物出入库效率,通过采用严格的权限控制,保证仓储运作的严格、有序、高效。作业站场理货信息系统针对甩挂运输专线的作业特点,开发专业的装卸理货管理信息系统,按照不同批次,对不同货物的装卸、分拣、理货、配送等进行信息化管理,减少货物的丢失,确保专线运输的可靠性。

3)运输组织与订单管理系统

客户通过运输组织与订单管理系统客户端,或者通过电子邮箱发送订单指令,服务器自动识别存储,并及时提醒作业人员进行作业安排,从而开始单据在物流系统中的流转过程。

同时通过订单节点管理和配比管理,确保订单得到全程跟踪。客户可通过客户端查询订单的执行情况,保持及时沟通,提升客户满意度。

4)甩挂运营实时监控系统

运用卫星定位技术和 CDMA(Code Division Multiple Access,码分多址)通信技术,对运输过程的牵引车及驾驶员进行实时监控,实现甩挂运输的全程跟踪与定位。在卫星定位技术应用下,所有甩挂车辆的运行轨迹一目了然,调度员只需利用短信平台向相关车辆发布作业指令,即可实现车辆优化配置,不仅大大提升了调度效率,也提高了甩挂效率。与此同时,将卫星定位实时监控技术融入调度系统中,并将调度系统向上下游客户延伸开发,实现货物全程可视化管理,厂商和客户利用查询软件即可了解货物的运输动态。

5)甩挂运输油耗监测系统

对甩挂车辆卫星定位设备的应用端口进行开发,通过在甩挂车辆油箱中安置油耗检测仪,实时监控车辆的油耗变化,并生成历史时段油量变化报表或油量曲线图,从而直观反映出油量的正常消耗与非正常消耗及加油数量不足等现象,达到油耗高水平管理。同时为了避免因路况、气候等因素可能造成油耗检测仪产生的误差,开发甩挂运输油耗检测管理软件,通过导入车辆实际加油数值和实际消耗数值,与检测数值进行对比分析,更精确掌握甩挂运输油耗情况。

案例:立刻集装箱甩挂运输系统

立刻集装箱甩挂运输系统通过对牵引车、挂车与集装箱间的动态过程管理,帮助企业提高车辆使用效率,降低运输成本。系统功能包括网络下单、资源调度、运输跟踪和费用多级结算。在立刻甩挂运输平台上,运输企业在线完成与客户的交易、运输管理和费用结算等,从而降低沟通成本,提升协同运作效率。

立刻集装箱甩挂运输系统的优点如下。

(1)甩挂作业,高效低耗。

立刻集装箱甩挂运输系统基于集装箱甩挂运输模式设计,支持一车两挂或多挂管理。通过对牵引车与挂车拆分、挂接的有效动态管理,提高车辆使用效率,运输成本直降30%。

①牵引车和挂车动态管理;

②空箱配货管理;

③车辆设备可视化跟踪。

(2)实时监控,高效调度。

立刻集装箱甩挂运输系统内嵌 GPS/GIS(Geographic Information System,地理信息系统)应用,支持在途跟踪、到达提醒及电子栅栏管理。立刻甩挂系统还可外接手持终端,强化驾驶员现场管理,提高运输过程控制能力。

①PDA(Personal Digital Assistant,掌上电脑)、短信实时反馈;

②车辆设备交接管理;

③现场数据与图片即时上传;

④货物运输条码管理。

(3)成本管控,多级结算。

立刻集装箱甩挂运输系统支持客户、货运代理、车队及驾驶员之间的多级结算管理,用合理的利润分配调动各方积极性。同时,立刻甩挂系统还可对车辆的油耗、配件、维修等进行有效的跟踪管理。

①四方快捷对账;
②驾驶员报销管理;
③车辆油耗管理;
④配件维修管理。

(4)企业协同,在线办公。

立刻集装箱甩挂运输系统可实现跨企业的无缝集成和协同,增进与客户、供应商的合作,使外部机构或人员参与项目管理,提高客户响应速度,提升客户服务水平。

①多企业协同作业;
②在线业务交易;
③在线结算。

立刻集装箱甩挂运输系统的功能模块如下。

(1)业务管理:包括报价管理、订单管理、账单管理和运单查询。
(2)调度管理:包括班次管理、挂接管理、车辆监控、即时信息发布、运输历史和异常信息管理。
(3)资源管理:包括车辆管理、车板管理、驾驶员管理和车队管理线路管理。
(4)财务管理:包括应收管理、应付管理、借款管理、结算管理和费用管理。
(5)基础数据:包括客户管理数据字典、账户管理、部门管理、角色管理和站点管理。
(6)统计查询:包括应收应付统计、业务数据统计、业务量统计、对账统计和利润统计。

第七节　长途汽车运输组织

一、长途汽车普通货物运输行车组织

对运输、装卸、保管没有特殊需求的一般货物,如煤炭、建材、粮食、化肥、日用工业品等统称为普通货物。普通货物的运输组织形式将直接影响其运输费用,因此,做好普通货物运输组织工作显得尤为重要。

普通货物运输组织首要任务是货源组织,如与固定、大宗货源单位签订运输协议,在服务范围内建立若干货运服务网点等。在掌握一定货源的基础上,根据货物结构的不同,合理调配和使用车辆,做到车种适合货种,标重配合货重。长途汽车货运行车组织有直达行驶法和分段行驶法两种形式,如图 5-28 所示。

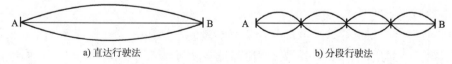

a) 直达行驶法　　　　　　　　　　b) 分段行驶法

图 5-28　行车组织方法简图

1. 直达行驶法

直达行驶法是指每辆汽车装运货物后由起点经过全线直达终点,卸货后再装货或空车

返回，即货物中间不换车，如图5-28a)所示。

1) 直达行驶法的工作特点

采用直达行驶法时，因车辆在路线上运行时间较长，为保证驾驶员休息和行车安全，驾驶员每天的工作时间不应超过8h，在特殊条件下可适当延长，但最多不可超过12h。在工作日内，驾驶员最多每经过4h要休息一次，一次休息时间应在30min以上，以便进餐和检查车辆。车辆采用直达行驶法，因中途无须换装，从而可以减少货物装卸作业劳动量。直达行驶法适用于货流稳定但运量不大的货运任务，如零担货物的长途运输等。

2) 驾驶员工作制度

采用直达行驶法时，驾驶员的工作制度可根据具体情况采取以下3种方式。

(1) 单人驾驶制。单人驾驶制指车辆在整个周转时间内，由一位驾驶员负责和照管全程运输。在整个周转结束后，在路线起点处驾驶员进行换班。采用此种工作制度时，车辆的利用率最低，且驾驶员长期脱离固定住所，生活和休息不够安定舒适。但这种工作制度可以完全实现定车、定人管理，便于对驾驶员进行考核。

(2) 双人驾驶制。双人驾驶制是指车辆在整个周转时间内，由两位驾驶员轮流驾驶。这样可以大大缩短车辆的周转时间，提高车辆的有效利用程度和货物运送速度。这种工作制度的缺点是驾驶员在行驶的汽车上休息不方便，驾驶员比较劳累，且需配备两名驾驶员。

(3) 换班驾驶制。换班驾驶制是指车辆由一组驾驶员共同负责，每个驾驶员负责担任一个固定路段的驾驶任务，换班后再休息。这种驾驶工作制度同时具有单人驾驶制和双人驾驶制的优点，因此是经常采用的一种工作制度。

2. 分段行驶法

分段行驶法是指将货物全线运输路线适当分成若干段，即区段，如图5-28b)所示。每一区段均有固定的车辆工作，在区段的衔接点，货物由前一个区段的车辆转交给下一个区段的车辆接运，每个区段的车辆不出本区段工作。为了缩短装卸货交接时间，在条件允许时，可采用甩挂运输。

1) 分段行驶法工作特点

采用分段行驶法时，应用载拖式牵引车或半挂车运输货物是最理想的。这样，货物在路段衔接处只需换牵引车即可。这种行驶方法可避免货物多次装卸，减少货损货差。为此，组织分段行驶法时，需要在路段衔接处设置相应的站点、场地和装卸设备，以供汽车换装货物或交换牵引车之用。为提高车辆的运输效率，减少空驶和等待回程货物，采用分段行驶法时，必须加强车辆定时运输和衔接运输的组织工作。

长途干线货物运输组织常采用分段行驶法，可保证驾驶员的正常劳动条件和学习、休息时间，有利于安全行车和提高车辆的工作时间利用系数。

2) 分段行驶法的工作组织

分段行驶法中，每个货运站各自分管所属路段的车辆和货运组织管理工作。根据货运站在所属路段中的位置不同，可分为短路段和长路段两种工作方法。

(1) 短路段行驶法。当货运站设在两个路段的衔接处时，称为短路段行驶法，如图5-29a)所示。短路段行驶法宜采用单人驾驶制，路段的长度应使车辆能在驾驶员的一个工作班时间内完成一个周转。

(2)长路段行驶法。当货运站设在路段中间,且将货运站所属路段分成两个区段时,称长路段行驶法,如图5-29b)所示。这种工作方法可使货运站的数目减半。工作制度宜采用换班驾驶制,一位驾驶员负责由货运站到路段起点的一段,另一位驾驶员负责由货运站到路段终点的一段。分段行驶法的工作组织,应注意各路段相互衔接运输货物的质量与车辆载质量是否相适应,以免车辆亏载或超载。

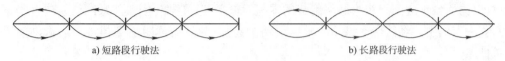

a) 短路段行驶法　　　　　　　　b) 长路段行驶法

图 5-29　分段行驶法示意图

二、汽车零担货物运输组织

(一)汽车零担货物运输的意义

汽车零担货物运输作为一个相对独立的货运分支,其作用与意义表现在3个方面。

(1)汽车零担货运非常适合商品流通中品种繁杂、量小批多、价高贵重、时间紧迫、到达站点分散等物品的特殊运输需求,补充了整车运输的不足。同时,零担运输还可以有力地配合客运工作,承担行李、包裹的运输,及时解决积压待运的行包,便利了旅客旅行。

(2)汽车零担货运机动灵活,可以面向社会各个角落,而且批量不限,可以多至吨,少到千克,又可就地托运,能"取货上门,送货到家,代办中转",手续简便,运送快速。零担运输可以缩短货物的送达时间,有利于加速资金周转。这对于竞争性、时令性强和急需的零星货物运输尤为重要。

(3)随着我国市场经济的发展,经济呈现持续、健康发展格局,市场日益繁荣兴旺,生产资料中的成品、半成品和消费资料中的中、高档商品越来越多地进入流通领域,使零星货物的运量出现猛增的局面。在新形势下,发展汽车零担运输,对于促进市场经济发展,满足日益增长的运输需要,具有极为重要的意义。

(二)汽车零担运输网规划

汽车零担运输网是由零担货运站(点)、零担货运班车和零担货运班线组成的运输系统。汽车零担运输网具有两个基本特点:一是零担站(点)、零担货运班车和零担货运班线是组成零担货运网的三要素,三者缺一不可;二是零担货物可在网络中流通。

汽车零担货运网可按行政区域分为县内网络、市(地区)内网络、省(自治区、直辖市)内网络、片区和全国网络等多种层次。

(1)县内网络。县内网络指以县城为中心,以乡(镇)、村零担货运站点为网点形成的网络。乡镇企业、集体企业及个体私营企业的产品,农村居民的日用消费品等主要是通过县内网络集结和疏散的。

(2)市(地区)内网络。市(地区)内网络指以城市为中心,以县级站为基础,以连接市县、县城的干线为脉络,组成市(地区)内零担运输系统。建立市(地区)内网络,对于发挥城市的主体作用,加快流通速度具有一定的作用。

(3)省(自治区、直辖市)内网络。省(自治区、直辖市)内网络指以省会城市、直辖市或经济中心城市为中心,以连接城市之间的主干道为脉络,组成省(自治区、直辖市)内的零担运输系统。省(自治区、直辖市)内"三零"物资运输是建立省(自治区、直辖市)零担运输网络的重要前提和基础。

(4)片区网络。片区网络指跨越数省(自治区、直辖市),以片区内的经济中心城市为连接点,以沟通城市之间干线为脉络组成的零担运输系统。例如,华东片区网络就包含华东地区六省一市的主要经济中心城市。片区网络的建立,为发展远距离零担货物运输创造了必要条件。

(5)全国网络。全国网络指以大城市为中心,以干线为骨干,长短结合、干支相连、内外相通、布局合理、四通八达的全国范围内的汽车零担货物运输网。全国网络是在片区网络的基础上建立的。只有建立健全的全国零担货运网络,才能最大限度地方便货主,使零担货物在全国范围内流通。同时,全国网络也是真正实现汽车零担货运现代化的条件之一。为此,交通部门于20世纪80年代中期先后制定了《汽车零担货物运输管理办法》《汽车零担货运站站务管理办法》《公路汽车零担货物运输统计指标及计算方法》《汽车零担货物运价补充规定》《汽车零担货物运输费收结算试行办法》等,随后发布了《铁路货物运输合同实施细则》《道路货物运输及站场管理规定》,并于2018年发布了行业标准《零担货物道路运输服务规范》(JT/T 620—2018),为在全国统一实现汽车零担货运的制度化、标准化提供了基础保证。

零担运输网规划可根据服务区域内的经济发展状况、产业构成、公路网状况、运输方式构成等特点,确定零担货运站点个数、分布状况、货运班线条数及分布、班期密度等。

零担运输网规划工作包括零担运输量预测、各站点平均受理量的确定、站点个数的计算及分布、货运班线条数的确定及分布、班期密度的计算等。

(三)零担运输货源组织

零担运输货源组织工作即为寻求、落实货源而进行的全部组织工作,始于货源调查,直至货物受托为止。

常用的零担货源组织方法,除配备专职货运人员组货外,还有以下方式。

(1)实行合同运输。合同运输是一种行之有效的货源组织方式之一,它有以下5方面的好处:

①有利于加强市场管理,稳定一定数量的货源;

②有利于计划运输,合理运输;

③有利于加强运输企业责任感,提高运输服务质量;

④有利于简化运输手续,节约人力和时间;

⑤有利于改进产、运、销的关系,促进国民经济发展。

(2)设立零担货运代办站点。由于零担货物具有零星、分散、品种多、批量小、流向广的特点,这就需要通过站点、仓库来集散组织零担货源。但这些站点、仓库不能仅依靠运输企业自身的力量去设置,因此,借鉴客运站点设置的经验,利用代办单位或个人的闲置资源开办零担货物代办站点,是组织零担货源较好的方法,特别适合于农村地区。设立零担货运代办站点,既可以弥补运输企业在发展业务中资金、仓储和人力的不足,又可以调动代办站点工作人员的积极性,从而客观上为运输企业扩大了组货能力。零担代办站点一般只负责零担货物的受理、中转和到达业务,一般不负责车辆的营运。运输企业在设立代办站(点)时,要事先经过广泛的社会调查,了解当地货源情况,避免因盲目设点而造成不必要的损失。除乡镇外,较大的城市也可以采取设立代办站点的方法组织零担货源。

(3) 委托货物联运公司、日杂百货公司、邮局等单位,代理零担货运受理业务。这些单位社会联系面广,有较稳定的货源,委托上述部门办理零担货运受理业务,是一种较为有效的零担货源组织方法。一般情况下,这些单位可向托运人收取一定的业务手续费,或者向零担货物运输站收取一定的劳务费。

(4) 在物资单位发展货运信息联络员,建立货源情报制度。货运联络员实质上充当了运输企业的业余组货人员。在有较稳定零担货源的物资单位发展货运联络员,可随时得到准确的货源消息。采取这种方法还可以以零带整,组织整车货源。零担货物运输站按组货的数量,给予货运联络员一定的报酬。

(5) 在较大城市设立多点受理业务或电话受理业务。推行这种方法,可以使托运人就近办理托运手续,特别是为外地货主提供了方便,使客户既节省时间又节省资金。

(6) 采用电子商务形式。随着网络的普及,电子商务近年来发展迅速,利用网络技术进行零担货物信息的采集被越来越多的企业所青睐,这对于提高货源信息采集效率具有极大的促进作用。然而由于网络安全、结算信誉度等因素的影响,这种货源组织方法还有待完善提高。

(四) 汽车零担货物运输的组织形式

零担货运由于集零为整,站点、线路较为复杂,业务烦琐,因而开展零担货运业务,必须采用合理的运输组织形式。

1. 固定式

固定式又称"五定运输",系指车辆运行采取定线路、定站点、定班期、定车辆、定时间的一种组织形式。这种组织形式要求根据营运区内零担货物流量、流向等调查资料,结合历史统计资料和实际需要,在适宜的线路上开行定期零担货运班车。固定式零担运输组织形式为零担货主提供了许多方便,有利于他们合理地安排生产和生活。对汽车运输部门来讲,固定式也有利于实行计划运输。

2. 非固定式

非固定式是指按照零担货流的具体情况,根据实际需要,随时开行零担货车的一种组织形式。这种组织形式由于缺少计划性,必将给运输部门和货主带来一定不便,因此,其只适宜在季节性强或在新辟零担货运线路上作为一种临时性的运输措施。

3. 直达式

直达式指在起运站,将各发货人托运到同一到达站而且性质适合配装的零担货物,由同一车装运直接送至到达站,途中不发生装卸作业的一种组织形式,如图 5-30 所示。直达式零担货运与整车货运基本相同,货物在中途无须倒装,因此具有以下优点:

(1) 节约了中转装卸作业设备及劳动,有利于减少货损货差。

(2) 有利于提高运送速度,减少货物的在途时间。

(3) 有利于降低运输成本和提高运输服务质量。

4. 中转式

中转式指在起运站,将各个托运人发往同一去向不同到达站,而且性质适合配装的零担货物同车装运,到规定的中转站后另行配装,继续运往各到达站的一种组织形式,如图 5-31 所示。图中,从甲站到丙站或丁站,需在乙站中转,途中发生 1 次换装作业。图 5-31 所示只是最简单的中转形式,如果运行线路过长或许会发生多次中转。

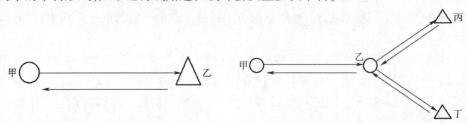

图 5-30　直达式零担运输示意　　　　图 5-31　中转式零担运输简图

直达式和中转式是互为补充的两种不同的运输组织形式。直达式效果较好,但它受到货源数量、货流及行政区域的限制;中转式可使那些运量较小、流向分散的货物通过中转来运送,所以它是一种不可或缺的组织形式,但中转式耗费的人力、物力较多,作业环节也比较复杂。因此,必须根据具体情况,合理组织这两种运输方式,使其充分发挥各自的优势。

零担货物的中转作业方法有 3 种:落地法、坐车法、过车法。

(1) 落地法(卸下入库,另行配装)。即将到达车辆上的全部零担货物卸下入库,按方向类别或到站类别在货位上进行集结,然后重新配装组成新的零担车。这种方法简便易行,车辆载质量和容积利用率较高,但装卸作业量大,仓库和场地的占用面积大,中转时间相对较长。

(2) 坐车法(核心货物不动,其余货物卸下,另行配装)。即将属于某一到达站的货物留在车上不动,作为核心货物,而把其余站点的货物卸下(落地或过车),然后加装与核心货物属同一到达站的货物,组成一个新的零担车。这种方法其核心货物不用卸车,减少了装卸作业量,加快了中转作业速度,节约了装卸劳力和货位,但对留在车上的核心货物的装载情况和数量不易检查清点。

(3) 过车法。即将零担货物由一辆车直接换装到另外的运输车上,过车时,既可过向空车,也可以过向留有核心货物的重车。这种方法在完成卸车作业的同时也完成了装车作业,提高了作业效率,加快了中转速度,但对到发车辆的衔接要求紧密,易受意外干扰而影响运输计划。

5. 沿途式

沿途式是指在起运站,将各托运人发往同一线路不同到达站,而且性质适宜于配装的零担货物同车装运,按计划在沿途站点卸下或装上零担货物,运往各到达站的一种组织形式,如前述收集—分送式行驶路线即属于此类型。沿途式组织工作比较复杂,车辆途中运行时间比较长,但能满足沿途各站点的需要,充分利用车辆的载质量及容积。

三、长途汽车特种货物运输组织

(一)特种货物概述

货物运输中,有一部分货物本身的性质、质量、体积比较特殊,对装卸、运送和保管等环节有特殊要求,这类货物统称为特种货物。特种货物通常可分为阔大货物、危险货物、贵重货物和鲜活易腐货物。

1. 阔大货物

阔大货物是指在尺寸上长大,在质量上笨重的货物,其分为长大货物和笨重货物两类。

(1)长大货物:整件货物长度在 6m 及 6m 以上,宽度超过 2.5m,高度超过 2.7m 时,称为长大货物,如大型钢梁、起吊设备等。

(2)笨重货物:每件质量在 4t 以上(不包括 4t)的货物称为笨重货物,如锅炉、大型变压器等。

笨重货物又可分为均重货物与集重货物。均重货物是指货物的质量能均匀或近乎均匀地分布于装载底板上;而集重货物是指货物的质量集中于装载车辆底板的某一部分。装载集重货物,需要铺垫一些垫木,使质量能够比较均匀地分布于底板上。

2. 危险货物

根据国家标准《危险货物分类和品名编号》(GB 6944—2012),危险货物按其主要特性和运输要求分为 9 类,即:爆炸品,气体,易燃液体,易燃固体、易于自燃的物质、遇水放出易燃气体的物质,氧化性物质和有机过氧化物,毒性物质和感染性物质,放射性物质,腐蚀性物质,杂项危险物质和物品。

3. 贵重货物

贵重货物指价格昂贵、运输责任重大的货物。贵重货物包括货币及主要证券、贵重金属及稀有金属、珍贵艺术品、贵重药材和药品、贵重毛皮、珍贵食品、高级精密机械及仪表、高级光学玻璃及其制品、高档日用品等。

4. 鲜活易腐货物

鲜活易腐货物指在运输过程中,需采取一定措施,以防止其死亡或腐坏变质的货物。汽车运输的鲜活易腐货物主要有鲜鱼虾、鲜肉、瓜果、蔬菜、牲畜、观赏类野生动物、花木秧苗、蜜蜂等。

(二)阔大货物运输组织

阔大货物在运输途中因其稳定性、安全性等特殊要求,一般在运输之前均要进行运输车辆和货物的受力分析。

1. 阔大货物在运输过程中的受力分析

阔大货物装载在车辆上运送时,比普通货物受到的各种外力的作用更为明显,对运输组织的影响也很大,它成为阔大货物运输需考虑的重要的运输条件。阔大货物在运输中的受力主要包括以下几种:

(1)纵向惯性力。纵向惯性力指车辆在起动、加速或制动等工况下,沿道路轴线方向的惯性力。

(2)横向离心力。横向离心力指车辆在做圆周运动时,沿汽车横向(垂直于速度方向)的离心力。

(3)铅垂冲击力。铅垂冲击力指车辆在运行过程中,因道路表面不平上下颠簸振动所引起的冲击力。

(4)其他作用力。其他作用力指阔大类货物承受的坡道阻力、迎风阻力、倒风阻力等,这些作用力通常也较大。

2. 阔大货物的装运计算

1)超长均重货物最大装载量的确定

如图 5-32 所示,设平板车长度为 $L(\mathrm{m})$,核定吨位为 $q(\mathrm{t})$,前后轴间距为 $l(\mathrm{m})$,货物超出车底板后端部长度为 $y(\mathrm{m})$,最大货物质量为 $Q_{\max}(\mathrm{t})$,那么存在关系式:

$$Q_{\max} \cdot \frac{y+L}{2} - \frac{1}{2}ql = 0 \tag{5-91}$$

$$Q_{\max} = \frac{ql}{y+L} \tag{5-92}$$

2)超长非均重货物最大装载量的确定

使用平板车装运超长非均重货物时,只要先计算出装载货物重心垂线至底板横中心线的距离 S,就可以按装运均重货物同样的方法,计算最大装载量,其计算公式为:

$$Q_{\max} = \frac{ql}{2S+l} \tag{5-93}$$

3)平板车底板支重面最小长度的确定

在平板车上装载集重货物,因其质量集中于车底板上某一部分,故货物质量应受平板车底架最大容许弯曲力矩的限制。平板车横向中心线所在截面的弯曲力矩是平板车的最大弯曲力矩。为了使集重货物装车后,作用于平板车横向中心线的弯曲力矩不超过规定的容许值,集重货物的装载必须符合以下两个条件:

(1)应根据平板车构造的特点,将货物均衡地装在平板车上,使货物重心位于平板车中心,如图 5-33 所示。

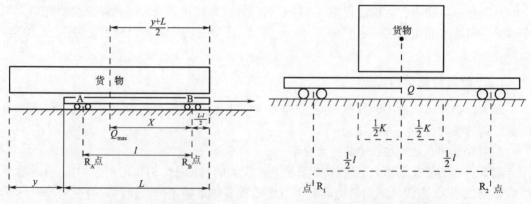

图 5-32 装载超长均重货物示意图　　　　图 5-33 合理装载集重货物示意图

(2)装载一定质量的货物,平板车底板支重面应有相应的长度,不能过小。其支重面的最小长度 K 可根据弯曲力矩方程式求解,即:

$$K = 2\left(l - \frac{4M}{Q}\right) \tag{5-94}$$

式中：M——平板车底板最大容许弯曲力矩，N·m；

Q——货物质量，kg；

l——平板车轴（组）距离，m。

当货物质量不能均匀分布于平板车底板上，或货物支重面长度小于 K 时，货物必须放置于两根横垫木上，使货物质量均匀地分布于平板车的所有纵梁上。横垫木间的距离不能小于 $l - \dfrac{4M}{Q}$。

当集重货物支重面长度小于两横垫木中心线间的最小距离时，应在横垫木上铺垫纵垫木，在纵垫木上放置货物，并将原 Q 加上纵垫木质量后，再计算横垫木的最小中心间距。

4）重车重心高度的确定

重车重心高度不应过高，过高则易造成货物或车辆的倾翻，不利于行车安全。阔大货物的重车重心高度一般与地面距离不超过 1.8m。重车重心高度的计算方法如下：

（1）装载一件货物时，重车重心高度如图 5-34 所示，其计算公式为：

$$H = \frac{h_0 Q_0 + h_1 Q_1}{Q_0 + Q_1} \tag{5-95}$$

式中：H——重车重心高度，mm；

h_0——空车重心高度，mm；

h_1——装车后货物重心距地面高度，mm；

Q_0、Q_1——空车自重和货物质量，kg。

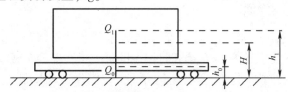

图 5-34　重车重心高度示意图

（2）装载多件货物时，重车重心高度的计算公式为：

$$H = \frac{\sum\limits_{i=0}^{n} h_i Q_i}{\sum\limits_{i=0}^{n} Q_i} \tag{5-96}$$

式中：h_i——装车后各件货物重心距地高度（$i = 0,1,2\cdots,n$），其中 h_0 为空车重心高度，mm；

Q_i——各件货物质量（$i = 0,1,2\cdots,n$），其中 Q_0 为空车自重，kg。

如重车重心偏高，可以采取配重措施以降低其高度，但装载总质量（包括配质量）不得超过车辆最大允许载质量。设配重为 Q_x，其重心距地面高度为 y，那么则有：

$$Q_x = \frac{\sum\limits_{i=0}^{n} h_i Q_i - 1.8 \sum\limits_{i=0}^{n} Q_0}{1.8 - y} \tag{5-97}$$

3．运输阔大货物应注意的事项

（1）托运阔大货物时，除按一般普通货物办理托运手续外，还应向发货人索要货物说明书,必要时还应要货物外形尺寸的三面视图(以"+"表示重心位置),拟定装货、加固等具体意见及措施。在特殊情况下,还须向有关部门办理准运证。

(2)指派专人观察现场道路和交通情况。沿途有电缆、电话线、煤气管道或其他地下建筑物时,应研究车辆是否能进入现场,现场是否适合进行装卸、调车和运送工作等。

(3)了解运行路线上桥、涵、渡口、隧道、道路的负荷能力及道路的净空高度。如需修筑便道或改拆建筑物时,应事先洽谈,请托运方负责解决。

(4)货物装卸应尽可能使用适宜的装卸机械。装车时应使货物的全部支承能均匀而平稳地放置在车辆底板上,以免损坏底板或大梁。

(5)对于集重货物,为使其质量能均匀地分布在车辆底板上,必须将货物安置在纵横垫木上或能起垫木作用的设备上。

(6)货物重心应尽量置于车底板纵、横中心交叉垂线上,如无可能时,则对其横向位移应严格限制,纵向位移在任何情况下,不得超过轴荷分配的技术数据。

(7)根据具体运输业务情况,研究加固措施,以保证运输服务质量。重件的加固,应在重件的重心高度相等处捆扎为"八"字形、拉线纵横角度尽量接近于15°,拉线必须牢固绞紧,避免货物在行进中发生移位,而使重心偏离。

(8)按指定的路线和时间行驶,并在货物最长、最宽、最高部位悬挂明显的安全标志,日间挂红旗、夜间挂红灯,以引起往来车辆的注意。特殊的货物,要有专门车辆在前方引路,以便排除障碍。

此外,在市区运送阔大货物时,要经过公安机关及市政工程部门审核发给准运证方能运送。运送时应遵循《城市道路交通管理条例》。

(三)贵重货物运输组织

贵重货物价格昂贵,运输责任重大,因此,装车时应进行严格清查。检查包装是否完整,货物的品名、质量、件数与货单是否相符,装卸时怕振的贵重货物要轻拿轻放,不要压挤。运送贵重物品需派责任心强的驾驶员运送,要有托运方委派专门押运人员跟车。运输途中严防交通事故和盗抢事件发生,为此,有时需武装押运。交付贵重货物要做到交接手续齐全,责任明确。

(四)鲜活易腐货物运输组织

1)鲜活易腐货物运输的特点

(1)季节性强,运量变化大。如水果、蔬菜大量上市的季节、沿海渔场的鱼汛期等,运量都会随季节的变化而大幅变化。

(2)运送时间上要求紧迫。大部分鲜活易腐货物极易变质,要求以最短的时间、最快的速度及时运到。

(3)运输途中需要特殊照顾的一些货物,如牲畜、家禽、蜜蜂、花木秧苗等的运输,需配备专用车辆和设备,并有专人沿途进行饲养、浇水等特殊照顾。

2)鲜活易腐货物的保藏及运输方法

鲜活易腐货物发生腐烂的原因,对于动物性食品来说,主要是微生物的作用;对于植物性食物来说,主要是呼吸作用所致。因此,凡是能用以抑制微生物的滋长、减缓呼吸作用的方法,均可达到延长鲜活易腐货物保藏时间的目的。众多的方法中,尤以冷藏方法最佳,它与其他保藏鲜活易腐货物的方法相比,具有独特的优点:①能很好地保持食物原有的品质,包括色、香、味、营养物质和维生素;②保藏时间长,能进行大量的保藏及运输。由于上述原因,迄今为止人们还是以冷藏作为保藏鲜活易腐货物的主要方法,因而冷藏运输在世界各地得到广泛的发展。

冷藏货物大致分为冷冻货物和低温货物两种。冷冻货物是指需在冻结状态下进行运输的货物。运输温度的范围一般为 $-20 \sim -10℃$。低温货物是指货物在还未冻结或表面有一层薄薄的冻结层的状态下进行运输的货物,一般允许温度调整范围为 $-1 \sim +16℃$。货物要求低温运输的目的,主要是维持货物的呼吸以保持货物的鲜度。

冷藏货物在运输过程中为了防止货物变质需要保持一定的温度。该温度一般称作运输温度。温度的高低应根据具体的货种来定,即使是同一货物,由于运输时间、冻结状态和货物成熟度的不同,对运输温度的要求也不相同。

用冷藏方法来保藏和运输鲜活易腐货物时,除温度因素外,通风强弱和卫生条件好坏对货物的质量也会产生直接的影响。而且温度、湿度、通风、卫生4个条件之间又有互相配合和互相矛盾的关系。只有充分了解其内部规律,妥善处理好它们相互之间的关系,才能保证鲜活易腐货物的运输质量。

用冷藏方法来保藏和运输鲜活易腐货物,一个突出的特点就是必须连续冷藏,若储运中某个环节不能保证连续冷藏的条件,那么货物就可能在这个环节中开始腐烂变质,这就要求运输各部门密切配合,为冷藏运输提供必要的物质条件,如配备一定数量的冷藏或保温车,并规划设置相应的加冰站点和冷藏保温库等。

3)鲜活易腐货物运输组织工作

良好的运输组织工作,对保证鲜活易腐货物的质量十分重要。如前文所述,鲜活易腐货物的运输有其独特性,这就要求运输部门应掌握这些特点,事前做好货源摸底和核实工作,并根据其运输规律,适当安排运力,保证及时运输。

发货人托运鲜活易腐货物前,应根据货物的不同特性,做好相应的包装,向承运方提出货物最长的运达期限、货物运输的具体温度及特殊要求,提交卫生检疫等有关证明,并在托运单上注明。

承运鲜活易腐货物时,货运员应对托运货物的质量、包装和温度认真地进行检查。要求货物质量新鲜,包装符合要求,温度符合规定。对已有腐烂变质征兆的货物,应加以适当处理,对不符合规定质量的货物不予承运。

运输部门在接受承运的同时,应根据货物的种类、运送季节、运送距离和运送地点确定相应的运输服务方案,及时地安排适宜车辆予以装运。

鲜活易腐货物装车前,必须认真检查车辆的状态,车辆及设备完好方能使用,车厢如果不清洁,应进行清洗和消毒,适当风干后,才能装车。装车时应根据不同货物的特点,确定其装载方法。如冷冻货物需保持货物内部蓄积的冷量,可紧密堆码;水果、蔬菜等需要通风散热的货物,必须在货件之间保留一定的空隙;怕压的货物必须在车内加搁板,分层装载。

鲜活易腐货物的运送途中,应由托运方指派押运人员沿途照料,承运方对押送人员应交代安全注意事项,并提供工作和生活上的便利条件。炎热天气运送时,应尽量利用早晚时段行驶。运输牲畜、蜜蜂等货物时,应注意通风、散热,尽量避免在运送中的掉膘与死亡。

四、长途汽车旅客运输组织

(一)公路客运站站务作业

公路客运站是公路客运企业的主要基层生产单位,它担负着接送旅客和组织客车运行等工作。客运站站务作业,是指旅客发送和到达的业务工作,如图 5-35 所示。客运站通过一系列站务作业,保证旅客安全、及时、经济、方便、舒适地到达目的地,同时为企业客运计划、统计、经济核算等工作提供原始资料,为企业改善经营管理、提高经济效益作出贡献。因此,客运站站务作业是客运工作的重要内容。公路客运站站务作业主要有以下 5 个方面的工作。

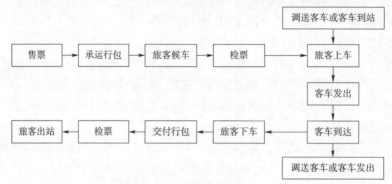

图 5-35 客运站站务作业示意图

1. 售票工作

车票是乘车票据的总称(包括全价票、减价票等),它是旅客乘车的凭证,也是旅客支付票价的依据和凭证。

在旅行前,旅客最关心的是按自己的需要购到车票,因此,售票工作十分重要。对旅客而言,能否购到所需的车票,是能否按预定计划到达旅行目的地的主要依据;对车站而言,售票是组织客运工作、为旅客提供服务的第一步。

售票工作的基本要求是准确、迅速、方便,其中最重要的就是准确无误(包括乘车日期、车次及发车时间、票款等)。为使广大旅客能迅速、方便地购到车票,车站应采取多种形式售票,如预约售票(电话订票)、团体送票、多点售票、流动售票、窗口售票、联网售票、车上售票等。通过售票工作,把旅客按照时间、方向和车次有条不紊地组织起来,为实行计划运输及合理组织旅客运输工作提供依据。

车票有全票、儿童票、优待票三种。根据交通运输部、国家发展改革委《关于深化道路运输价格改革的意见》(交运规〔2019〕17 号),道路运输竞争性领域和环节价格应基本放开,确需保留的实行政府定价、政府指导价的道路运输价格实施动态调整机制。班车客运经营者和汽车客运站应对持《中华人民共和国残疾军人证》的伤残军人、持《中华人民共和国伤残人民警察证》的伤残人民警察、持国家综合性消防救援队伍残疾人员证件的残疾消防救援人员执行客票半价优待。除 9 座及以下客车外,符合条件的儿童享受免费乘车或者客票半价优待。具体条件为:每一成人旅客可携带 1 名 6 周岁(含 6 周岁)以下或者身高 1.2m(含 1.2m)以下、且不单独占用座位的儿童免费乘车,需单独占用座位或者超过 1 名时超过的人数执行客票半价优待,并提供座位;6~14 周岁或者身高为 1.2~1.5m 的儿童乘车执行客票半价优待,并提供座位。

在客车满载情况下免费乘车儿童数量不得超过核定载客人数的10%（舍去小数位取整）。随着计算机和互联网技术的发展和推广使用，目前客运站利用计算机和网络售票已成为现实。

客运站计算机售票系统是以计算机售票为核心的售票管理系统。该系统以车站调度主机的调度命令为依据，设计出客运站各售票窗口全方位或半方位售票的班线和定员、站点和运价率，窗口售票时由打印机打印专用客票，由结算终端记录各窗口售票情况进行结算，全系统以售票信息为依据对旅客流量、流向、分布及客流规律进行统计分析，并可以定期生成报表。客运站中设有班线显示屏，可方便旅客对乘车班线的选择，以增强售票透明度。该系统的应用，可改变传统的手工售票作业，大大改善售票员的工作条件，减轻劳动强度。同时，可以提高客运企业的科学管理水平。

2. 行包托运和交付

行包是指旅客随身携带的行李和物品，如被褥、衣服、日常用品、零星土特产和职业上需要的小工具、少量书报杂志等，它应当随车同行，并保证安全运输。

行包要包装严密，捆扎牢固，标志明显，适宜装卸。每位旅客随车托运行包总质量一般不可超过40kg，行包单件质量不得超过30kg，体积不得超过$0.12m^3$。超过以上规定的按照货物运输有关规定在车站办理托运手续。危险品及政府禁运物品不得夹入行包托运。邮件、图书、影片运输和旅客行包保价托运，按各省、自治区、直辖市规定办理。机密文件、贵重物品、易碎品、精密仪器、有价证券等物品须旅客自行携带看管。旅客托运规定质量内的行包，一般应与旅客同车运达。

行包的发送作业包括承运、保管和装车作业；行包的到达作业包括卸车、保管和交付作业。行包自承运时起至交付时止，运输部门要承担安全运输责任。在运输过程中因运输部门责任发生损坏或丢失的，应由运输部门负责修理或赔偿。但若因自然灾害而发生损坏、丢失或包装完整但物品损坏、变质、减量等情况，运输部门不承担赔偿责任。

行包在运输过程中要经过很多环节，彼此间应办好交接手续，以便分清责任，防止差错，驾驶员在行包装运和交付时，如发现交付单与货物不符、行包破损或其他异常时，经确认后应在交托单上注明现状，由交出方签章，以明确责任。

3. 候车室服务工作

候车室服务工作是客运站站务作业的必要组成部分。做好候车室服务工作，是保证客运工作正常进行的必要条件，而且可为旅客创造一个良好的候车环境，提供热情周到的服务，从而直接提高旅客运输服务质量。

候车室服务人员，不仅要保持候车室内清洁、宣传交通常识及旅行安全知识、正确回答旅客的询问，而且要根据不同旅客的具体情况，提供良好的服务和帮助，特别要对老弱病残孕等旅客进行重点照顾，使他们感受到亲人般的温暖。因此，客运站服务人员不仅要树立全心全意为人民服务的思想，而且要掌握一心为旅客服务的本领。除了熟悉本站客运工作各个程序、客运规章制度、本站营运线路、全程站名、始发和经过的各次班车及停靠站点外，还应了解当地及附近地区的其他交通情况，如当地机关、学校、石矿、企业、招待所、主要旅社和服务行业情况，以及旅游地、名胜古迹等，才能及时满足旅客的需求，更好地为旅客服务。

站务工作人员不仅要掌握旅客流量、流向及其变化规律，而且要懂得一些心理常识及一般的思想工作方法，以便能区别不同情况，为旅客提供"文明礼貌，热情周到"的良好服务。

4. 组织乘车及发车

组织旅客有秩序地上车、使班车安全正点地发出并投入正常营运,是客运站站务作业的一项重要内容。

为了维护上车秩序,保证旅客不错乘、漏乘,必须对持有客票的旅客办理检票手续,即上车前对旅客车票在确认(验明)车次、日期、到达站无误后检票。检票标志着车站的一切运行准备工作已全部就绪,旅客的旅行生活已开始。做好检票工作,借以复查旅客是否有错乘、漏乘,正确统计上车人数,为有计划地输送旅客提供可靠的数据和资料。

旅客上车就座后,驾驶员和乘务人员应利用发车前的时间做好宣传工作,使乘客了解本次班车到达的终点站、沿途停靠站、途中膳宿地点、正点发车时间、到达时间以及行车中的注意事项等。开车前的短暂宣传,是保证安全行车的有效措施之一。

班车发出前,车站值班站长或值班人员应做最后检查,确认各项工作就绪,车辆情况正常,才能发出允许放行信号。目前一般采用旗和话筒指挥,驾驶员在得到允许放行信号后方可起动运行。

客运班车能否安全、正点地从车站发出,反映出了站务工作的管理水平和全体客运工作人员的业务水平。

5. 接车工作

班车到达时,值班员应指挥车辆停放在适当地点;查看路单,交接清单等有关资料;了解本站下车人数;点交本站的行包、公文及物品等情况;立即通知有关人员进行各项站务作业。接车作业主要包括照顾旅客下车,向车内旅客报唱本站站名,提醒下车旅客不要将随身携带的物品遗留在车厢内,检验车票,解答旅客提出的有关问题;接车工作还包括准确卸下到达车站的行包,并与交接清单核对,点收、点交运达本站的公文物件,在路单上填清班车到达时间,根据路单上的有关记录或驾驶员的反映,处理其他临时遇到的事项;如果是路过班车,还应该按发车站务作业要求组织本站旅客乘车。

(二) 公路旅客运输组织

旅客运输的基本任务是最大限度地满足人们对于旅行的需要,尽可能地为旅客提供物质和文化生活方面的良好服务,保证旅客安全、迅速、经济、舒适、便利地到达目的地。为此,旅客运输组织工作的基本原则是:

(1) 注意与其他运输工具间的衔接配合和综合利用,最大限度地满足社会对道路旅客运输日益增长的需要。

(2) 加强客运工作的计划性。坚持正点运行,确保服务的可靠性和及时性。

(3) 争取最大限度地直达化,减少中转环节,提高运送速度,尽量缩短旅客在途时间。

(4) 不断改善客运站务工作,配备必要的现代化服务设施,为旅客提供良好的旅行环境和服务质量。

(5) 确保人身安全和车辆完好,坚持生产必须安全的方针。

做好公路旅客运输的关键是做好客车运行组织工作。客车运行组织工作主要包括客运营运组织方法、确定客运班次、编排行车路牌、编制单车运行作业计划、行车调度,以及保证车辆安全、正点运行等。

1. 公路客运组织方法

公路客运除了特殊需要的旅客包车外,通常都是以定量客运班车方式组织旅客运输。与公路货运的行车组织相同,当公路客运汽车的周转时间超过驾驶员的正常工作班时间时,公路客运同样可采用直达行驶法和分段行驶法两种行车组织方法。但是,由于采用分段行驶法时,在路段衔接处旅客需要换车,会增加旅客在旅途的时间并使旅客感到不便,从而可能导致部分旅客放弃乘用公路客车出行,使公路客车的工作效率降低。因此,在大多数情况下,公路客运的行车组织方式都是采用直达行驶法。公路货运直达行驶法的驾驶员工作制度,同样适用于公路客运直达行驶法的驾驶员工作组织方法。

实现旅客运送,要求做到旅行时间少。旅客的旅行时间主要包括旅客自出发地到长途客运站所需时间、旅客购票所需时间、旅客在起点站等车时间、旅客沿线乘行时间及途中换乘和旅客从终点站到达目的地所需时间等。

公路客车站在市区(或服务区域)内的合理设置,可以减少旅客到达客运站和从客运站到达目的地的时间。如果将公路汽车客运站设置在其他客运方式的站点(火车站、客运码头)附近,则可以减少旅客在旅行途中的转乘时间。据苏联国家计划委员会综合运输研究院的研究表明,在人口数量达 100 万的城市中,汽车客运站设置在城市中心及其附近较为适宜;而在人口数量超过 100 万以上的城市,则将汽车客运站设置在与市中心有高速客运服务系统联系的城市近郊地区较为适宜,并宜在市内和高速客运线路沿线设有相应的停靠站点,以方便旅客上、下车。

旅客购票时间的多少与许多因素有关,如售票窗口的数目和布局、售票额、客流大小及车票的销售方式等。在客流量大的公路客运干线的沿线各站点间,采用电传打字、无线电话或有线电话联系的方法,可以及时通报有关途中客运信息,以方便旅客预先购票,减少汽车停站时间和提高运送速度。

旅客在汽车客运沿线的等车时间,主要取决于线路上客运车辆的发车频率、行驶的准点率、故障率以及公路客运汽车行车时刻与城市(或地区)客运系统工作制度的协调程度。客运车辆按运行时刻表准确地抵达车站和车辆技术状况良好,保证无故障地安全行驶,将有利于降低旅客在站的等车时间。

旅客乘行时间是旅行时间的主要组成部分,其长短对旅客选择出行方式有重大影响。就客运企业而言,它主要取决于客运行车组织方式、驾驶员的工作制度以及车辆性能和维修水平等。

发展各种客运方式的联合运输,组织公路汽车客运线路之间的衔接运输及公路汽车客运与其他旅客运输方式的联运工作,不仅可以减少旅客购票、等车和乘行时间,而且可以节约基本建设投资费用,并取得明显的经济效益。

2. 客运班次的组织

客运班次主要包括行车路线、发车时间、起讫点、途经站点及停靠站点等。

客运班次的安排是旅客安排旅行的依据(旅客根据自己的需要,按照车站公布的客运班次确定乘车路线、选择适合的班次购票),也是车站完成旅客运输任务和企业据以安排运输计划的一项重要的基础工作。客运班次安排得科学合理,可使旅客往返乘车方便,省时省钱,使客车运行不超载,也不空载,可确保企业生产计划的完成并提高车辆生产效率及经济效益。因此,科学合理地确定客运班次对于科学合理地组织旅客运输具有重要的意义。

安排客运班次,必须深入进行客流调查,在掌握各线、各区段、区间旅客流量、流向、流时及其变化规律的基础上研究确定。在安排客运班次时应考虑以下因素:

(1)根据旅客流向及其变化规律,确定班次的起讫点和中途停靠站点,兼顾始发站及各中途站旅客乘车的需要。凡有条件开行直达班次的就不要中途截断分成几个区间班次,以减少旅客的中转换乘。

(2)安排班次的多少,取决于客流量大小。遇到节假日及大型集会等客流量猛增时,要通过及时增加班车或组织专车、提供包车等方式疏导客流。

(3)根据旅客流时规律来安排班次时刻。例如,农村公共客运要适应农民早进城晚归乡的习惯,很多旅客要经由其他线路、其他班次或火车、轮船中转换乘,因此,各线班次安排应尽量考虑到相互衔接及与其他交通工具中转换乘的方便性。

(4)安排班次时刻,应考虑车辆运行时间、旅客中途膳宿地点、驾驶员作息时间以及有关站务作业安排。

以上各项要求,可能不能完全兼顾,应从具体情况出发,分清主次,统筹兼顾。可见客运班次的安排,是一个很重要而又细致复杂的工作。

客运班次经确定后由车站公布执行,一经公布,应保持班次的稳定性和严肃性。除冬夏两季因适应季节变化需调整行车时刻外,平时应尽量避免临时变动,更不应任意停开班次、减少班次或变动行车时刻,若需调整,最好与冬、夏季的调整时刻同时进行。

3. 编排循环代号

客运班次确定后,就要安排车辆如何运行。对属于本企业本单位经营分工范围内的全部班次,通过合理编排,确定需要多少辆客车运行,即编出多少个循环代号。所谓一个代号,就是一辆客车在一天内的具体任务,运行指定的一个或几个班次。全部循环代号即包括全部班次。有了循环代号,才能进一步编制单位运行作业计划和进行车辆调度。

编排循环代号要合理分配运行任务,各个代号的车日行程大体相等,代号要首尾相连,便于循环,使各单车均衡地完成生产任务。根据不同班次和不同车型,也可以分为小组定线循环,在特定条件下,也可以定线定车行驶。

4. 单车运行作业计划和调度工作

客运调度室应依据循环代号、车辆状况及其运行情况(车辆型号、技术性能、额定座位、完好率、工作率、平均车日行程、实载率、车座产量等),预计保留一定数量的机动车辆以备加班、包车及其他临时用车,加以统筹安排、综合平衡后,编制各单车运行作业计划并组织执行。在执行计划过程中,可能会遇到各种因素干扰,调度人员应采取相应措施排除干扰,保证运行作业计划的实施。单车运行作业计划一般按月编制。

客运调度室是代表企业执行生产指挥的职能机构,各级调度有权在计划范围内指挥客车运行,在特殊情况下实施计划外调度。驾驶员、乘务员对调度命令必须严格执行,即使有不同意见,在调度未做出更改之前,仍应执行调度命令,以确保运行组织工作顺利进行。

5. 安全正点行车技术组织

客运工作的服务对象是旅客。保证旅客运输的绝对安全是运输企业及全体客运工作人员(驾驶员、乘务员、调度员、站务员等)义不容辞的义务。客运工作人员要以对旅客生命财产极端负责的态度,科学调度、精心驾驶、周到服务,做好本职工作。

为保证客运车辆安全运行,应做到:

(1)注重驾驶员的安全行车教育,避免出现违规驾车现象。

(2)按时对客运车辆进行维修技术作业,定期检测,消除行车故障隐患。

(3)提高驾驶员在特殊条件下的驾驶技术,保证行车安全。

(4)在条件允许情况下,尽量采取固定线路、班期运营方式,使驾驶员对行驶的道路条件比较熟悉。

(5)针对旅客进行安全旅行知识的宣传,严防旅客携带易燃、易爆等危险品上车。

客运班车的正点发车和正点到达,对保证旅客按计划运行,保证车站作业和运行组织工作顺利进行,并最终实现安全正点运输有重要意义。

在旅客运输全过程中,必须以安全正点为中心,合理组织各个环节的工作,明确各自的职责,全面提高旅客运输服务质量。

五、长途客运接驳运输

长途客运接驳运输,是指通过在客车运行途中选择合适的地点,实施驾驶员停车换人、落地休息,或换车换人,由在接驳点上休息等待的驾驶员上车驾驶,继续执行客运任务的运输组织方式。开展长途客运接驳运输,既可以使驾驶员得到良好的休息,防止疲劳驾驶,又可以避免客车夜间停驶产生的诸多问题,有效提高长途客运夜间运行的安全保障水平和服务质量。长途客运接驳运输对于整合优势资源,优化运输组织,推动长途客运企业网络化运营和集约化、规模化发展,促进道路客运行业结构优化升级具有重要推动作用。

接驳运输企业条件及相关要求如下。

(一)企业条件

(1)具有健全的安全生产管理体系和严格的安全生产管理制度,企业安全生产标准化二级达标以上。

(2)1年内未发生负同等及以上责任的重特大道路交通事故(一次死亡10人及以上)。

(3)建立完善的车辆动态监控机制。

(4)优先选择安全生产标准化一级达标并实行集团化、网络化运营的800km以上客运班线运营车辆50辆以上的道路客运企业。

(二)接驳运输线路、车辆要求

(1)企业应当合理选择接驳运输线路和车辆,优先选择800km以上的、主要在高速公路上运行的长途客运班线,线路起讫点应在交通运输部确定的试点省(自治区、直辖市)内。

(2)接驳运输车辆应车况良好,车辆技术等级达到一级,具备接驳运输线路运营资格。

(3)接驳运输车辆应安装具有驾驶员身份识别功能和行驶记录功能的卫星定位车载视频终端,并接入交通运输部建立的全国统一的"接驳运输车辆动态监控平台"。

(4)接驳运输车辆应当公车公营(企业全额出资购买车辆或对车辆具有绝对控股权,以企业名称登记,列入企业资产管理,企业统一对车辆进行成本核算,驾驶员由企业统一选派,车辆运营由企业统一掌控),严禁承包经营、挂靠经营的车辆从事接驳运输。

(5)接驳运输线路所属的车辆在1年内无负同等及以上责任的较大道路交通事故(一次死亡3~9人)。

(三)接驳点设置要求

(1)接驳点设置要充分考虑接驳时间和接驳点服务保障能力等因素,合理选择接驳点位置,确保满足23时至次日2时之间完成接驳的要求。

(2)接驳点应满足接驳需求,具备停车、住宿、餐饮、通信等基本条件,优先选择在高速公路服务区或客运班线途经的汽车客运站设置接驳点,也可以在高速公路出入口附近的加油站、停车场设置。

(3)配备满足工作需要的专职管理人员,加强接驳点及接驳管理,或在公共接驳点、共用接驳点采取委托管理的方式,督促驾驶员严格执行接驳运输管理制度,保证接驳运输车辆顺利接驳,保证驾驶员的充足睡眠和休息,做好接驳运输台账的登记和管理。

(四)接驳运输车辆驾驶员要求

(1)具备驾驶接驳车辆的规定资格条件,熟悉接驳车辆状况和沿途道路交通情况。

(2)在1年内无涉及人员死亡且负同等及以上责任的道路交通事故。

(3)列入重点监管名单未解除的,不得参加接驳运输。

(五)接驳运输流程

(1)接驳运输车辆要随车携带全国统一的长途客运接驳运输车辆标识,并放置在车辆内前风窗玻璃右侧。

(2)接驳运输车辆发车前,驾驶员要领取、填写并随车携带接驳运输行车单,车辆到达指定的接驳点后,当班驾驶员和接驳驾驶员交接车辆相关证件,填写接驳运输行车单,并由接驳点管理人员签字、盖章。

(3)接驳点管理人员要根据接驳运输行车单登记接驳运输台账。

(4)接驳运输车辆驾驶员在运输任务结束后要将接驳运输行车单及时上交道路客运企业留存备查,保存期不少于6个月。

六、班车客运定制服务

班车客运定制服务(以下简称定制客运),是指已经取得道路客运班线经营许可的经营者依托电子商务平台发布道路客运班线起讫地等信息、开展线上售票,按照旅客需求灵活确定发车时间、上下旅客地点并提供运输服务的班车客运运营方式。

交通运输部对从事"定制客运"的企业、经营者、车辆、驾驶员及电子商务平台运营模式作了如下规定。

1. 企业、经营者和从业人员要求

(1)提供道路客运定制服务的,企业应当具备道路客运经营资格,驾驶员应当取得相应从业资格。

(2)班车客运经营者开展定制客运的,应当向原许可机关备案,并提供以下材料:

①《班车客运定制服务信息表》(表5-21);

② 与网络平台签订的合作协议或者相关证明。

网络平台由班车客运经营者自营的,免于提交前款第②项材料。《班车客运定制服务信息表》记载信息发生变更的,班车客运经营者应当重新备案。

表5-21
班车客运定制服务信息表

基本信息	
经营者名称(印章)_____	
与《道路运输经营许可证》一致	
法定代表人姓名_____ 经办人姓名_____	
如系个人申请,不必填写"法定代表人姓名"及"经办人姓名"项	
通信地址_____	
邮　　编_____ 联系电话_____	
手　　机_____ 电子邮箱_____	
经营许可证编号_____	
开展定制客运的道路客运班线及其经营行政许可决定书编号	
_____	
提供定制客运网络信息服务的电子商务平台	
网络平台运营方式:班车客运经营者自营□	
由班车客运经营者以外的机构运营□	
网络平台名称_____	
法定代表人姓名_____ 联系电话_____	
手　　机_____ 电子邮箱_____	
ICP许可证号_____	
粘贴"定制客运"标识的班车客运标志牌编号_____	

拟投入定制客运车辆情况					
序号	数量	车辆类型及等级	车辆技术等级	拟购/现有	备注
1					
2					
3					
合计					

表格不够,可另附表填写。

(3)班车客运经营者可以自行决定定制客运日发班次。

(4)班车客运经营者应当在定制客运车辆随车携带的班车客运标志牌显著位置粘贴"定制客运"标识(图5-36)。

(5)班车客运经营者应当为定制客运车辆随车配备便携式安检设备,并由驾驶员或者其他工作人员对旅客行李物品进行安全检查。

2.车辆要求

(1)开展定制客运的营运客车(以下简称定制客运车辆)核定载客人数应当在7人及以上。

(2)定制客运车辆在遵守道路交通安全、城市管理相关法规的前提下,可以在道路客运班线起讫地、中途停靠地的城市市区、县城城区按乘客需求停靠。

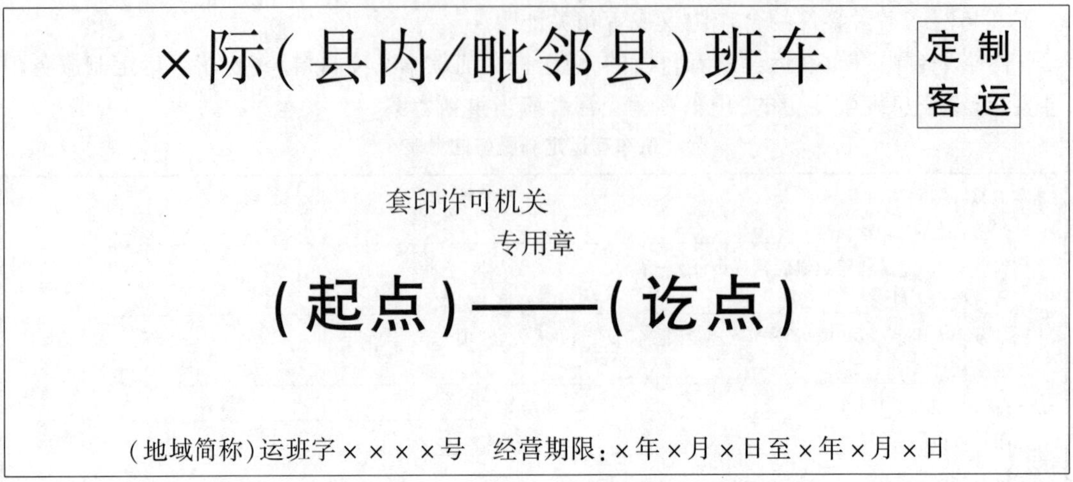

```
┌─────────────────────────────────────────┬─────┐
│                                         │ 定制 │
│      ×际(县内/毗邻县)班车                │ 客运 │
│                                         │     │
│              套印许可机关                      │
│                专用章                          │
│          (起点)——(讫点)                       │
│                                                │
│   (地域简称)运班字××××号  经营期限:×年×月×日至×年×月×日 │
└────────────────────────────────────────────────┘

图 5-36　"定制客运"标识粘贴位置式样

3. 电子商务平台要求

（1）提供定制客运网络信息服务的电子商务平台（以下简称网络平台），应当依照国家有关法规办理市场主体登记、互联网信息服务许可或者备案等有关手续。

（2）网络平台应当建立班车客运经营者、驾驶员、车辆档案，并确保班车客运经营者已取得相应的道路客运班线经营许可，驾驶员具备相应的机动车驾驶证和从业资格并受班车客运经营者合法聘用，车辆具备有效的《道路运输证》，并按规定投保承运人责任险。

（3）网络平台不得超出班车客运经营者的许可范围开展定制客运服务。

（4）网络平台应当提前向旅客提供班车客运经营者、联系方式、车辆品牌、号牌等车辆信息以及乘车地点、时间，并确保发布的提供服务的经营者、车辆和驾驶员与实际提供服务的经营者、车辆和驾驶员一致。

（5）实行实名制管理的客运班线开展定制客运的，班车客运经营者和网络平台应当落实实名制管理相关要求。网络平台应当采取安全保护措施，妥善保存采集的个人信息和生成的业务数据，保存期限应当不少于3年，并不得用于定制客运以外的业务。

（6）网络平台应当按照道路运输管理机构的要求，如实提供其接入的经营者、车辆、驾驶员信息和相关业务数据。

（7）网络平台发现车辆存在超速、驾驶员疲劳驾驶、未按照规定的线路行驶等违法违规行为的，应当及时通报班车客运经营者。班车客运经营者应当及时纠正。

（8）网络平台使用不符合规定的经营者、车辆或者驾驶员开展定制客运，造成旅客合法权益受到侵害的，应当依法承担相应的责任。

### ❓ 复习思考题

1. 简述汽车运输的基本特征。
2. 简述公路运输业务构成及服务质量评价体系。
3. 简述车辆运用的指标体系。
4. 简述汽车运输行车组织基本方法。
5. 简述表上作业法和图上作业法制定车辆调度方案。
```

第六章　城市交通系统

　　城市交通系统是一个综合的交通系统,就交通方式而言,有道路交通、轨道交通、公共电汽车交通、非机动车交通,根据城市所在区域不同,有的城市还有水运和管道交通系统;就基础设施而言,有网络设施和节点设施,即交通方式网络和交通港站枢纽;就范围而言,有城市内部交通和对外交通。本章介绍城市交通的发展及其不同于外部交通的特征、城市轨道交通系统、城市道路交通系统、城市交通运营、城市交通管理以及智能交通系统等,有关城市轨道交通运行组织的内容由于篇幅所限,可参考第四章中铁路运输系统的相关内容。综合交通枢纽的内容安排在第九章中介绍。

第一节　城市交通的发展及其特征

一、城市交通的定义

　　城市交通是在城市范围内,由交通基础设施(交通网络、枢纽节点和设备等)、交通工具、交通运营、交通管理和交通服务等子系统构成,完成人流、物流和车流空间位移的综合系统。城市交通因城市而存在,又是城市社会经济活动的基础,同时拉动着城市的发展。

二、城市交通发展模式及其比较

　　城市交通发展模式是指交通运输在一定的区域范围内、一定的社会经济发展水平和一定的用地模式环境下,形成的相对稳定的、具有特色的各种交通运输方式在结构、比例、功能和形态上呈现出的整体形式。和谐的城市交通源自该发展模式与城市土地利用和城市经济发展的和谐。城市交通发展模式特征主要体现在:

　　(1)交通运输发展水平体现了在一定的区域范围内、一定的社会经济水平和一定的用地模式环境下,各种交通方式的完善程度、供应能力的发达程度。

　　(2)各种交通方式在整体交通运输系统中的地位、作用、比重、结构以及各种交通运输方式之间的分工协作能形成一定的格局。

　　(3)为满足和促进社会经济和城市土地利用发展需要,交通运输在历史发展过程中形成的交通枢纽和交通网络具有一定的交通辐射范围、运输能力、运输速度和运输适应性等综合功能。

　　(4)交通发展模式反映了社会经济发展、土地利用与交通发展的相互作用以及交通自身发展的规律,决定了交通发展趋势和起主导作用的典型交通运输方式。

　　城市交通直接关系到城市居民的生活质量,关系到城市经济发展水平和用地布局的合理性,因此,国内外许多城市对交通发展模式都开展了全面、系统的研究,并在实践中不断完善和丰富对其的理解和应用。研究国内外大城市的交通发展模式,将有助于我国其他城市制定完善的交通政策,选择合适的交通发展模式。

(一)东京、大阪、名古屋

发展模式:重在发展快速轨道交通系统的城市交通发展模式。

日本人多地少,人口主要集中于大城市。包括东京在内,日本共有 11 个大城市的人口已超过 100 万人,另外还有 50 多个人口超过 30 万人的中型城市。大城市人口的高度集中,增加了郊区和市中心之间的客流量,这就需要由容量大、运输速度高的轨道交通系统来承担。大容量的轨道交通系统主要包括市郊铁路和地铁两种形式。同时,日本又根据本国城市土地资源有限、建筑物之间距离近等特点,发展了包括轻轨交通、独轨交通、自动导向交通、磁悬浮交通等中容量轨道交通系统,使其成为大容量轨道交通系统的输送线。这样一个多层次、多模式的轨道交通系统的主要特点是:速度快、运量大、能耗低、污染少、准时、可靠、方便、舒适、安全、人均占用道路面积小、节约土地。此外,日本还通过《停车场法》和《车库证明》控制私家车的过度发展。

日本的城市轨道交通主要承担了通勤等具有明显时间段特点的大运量、高度集中的客运任务。据不完全统计,日本三大都市圈(东京圈、大阪圈、名古屋圈)的轨道交通系统完成的客运量占日本总客运量的 80% 以上。

(二)纽约

发展模式:以多元化政策体系调节城市交通发展模式。

美国是一个"车轮上的国家",汽车工业非常发达,同时美国人又崇尚自由,所以在这样一个国家里,汽车的拥有量和使用量都是非常巨大的。因此,从 20 世纪 80 年代开始,美国地方政府的交通政策一直鼓励城市道路建设,从而形成了现代化州际公路网络和城市道路网络。然而,道路供给增长所引发的新的交通需求却以更快的速度增长,抵消了道路供给的新增能力,城市道路交通拥堵日趋明显。作为一种调控政策,以公路税收为主的经济手段开始被政府采用,并一直发挥着控制公路使用需求的重要作用。由于经济手段简便易行,且能根据政府的需要灵活使用,并对消费行为有较明显的影响,所以在 20 世纪 80 年代流行起来。到 1989 年前后,所有发达国家都采用了所谓的"绿色税制",把汽车及燃油消费税收政策与国家环境政策直接联系起来,以期有效地抑制汽车总消费,达到既降低污染又缓解道路交通拥堵的目的。可以说,以经济手段为主的调控行为是该阶段美国交通发展模式的一个显著特点。进入 20 世纪 90 年代以后,旨在解决纯供给和纯需求方面的收费政策开始暴露出各自的局限性,当人们驾车消费成为一种习惯之后,经济杠杆的单纯作用便越来越弱了。此时,美国政府开始扩展政策的视野,调整政策的重点,对道路交通拥堵的控制政策进入一个全新时期,这一阶段的特点是:政府从供需两个方面共同努力,以控制道路交通拥堵。需求方面的拥堵控制政策用来调节人们对运输系统现有能力的需求行为。这些政策通过多种多样的手段,来降低车辆运输的总量或在特定时期内降低特定路段及方向上的车流量等。具体政策也不再局限于经济调控,还包括了车道使用及分道政策、通信替代政策、交通信息服务政策甚至行政干预政策等。供给方面的拥堵管理政策的实施重点也有所改变,从过去以新修道路、扩大道路供给能力为主改为以鼓励和刺激公众充分利用现有道路的能力为主,其具体政策有区别对待政策、公交配套运用政策等。实践证明,这种着眼需求、立足现状的综合交通管理政策,能够有效地减缓城市交通拥堵状况。

(三)莫斯科

发展模式:以公共交通为主、大运量快速轨道交通系统为骨干的城市交通发展模式。

莫斯科作为俄罗斯的政治、经济、文化、交通中心和重要的国际航空站,水、陆、空各种交通运输方式齐备,且拥有全方位、立体化的城市内部交通。莫斯科市内交通系统主要由地铁、城市铁路、公共电汽车、私人小汽车等构成。莫斯科作为一个拥有现代化的城市交通系统的城市,与其他国家的大城市相比,最显著的不同之处在于莫斯科基本上始终坚持以公共交通为主、以地铁(大运量快速轨道交通系统)为骨干的城市交通建设方针。莫斯科是一个人口(含流动人口)超过1000万人的超大城市,但城市交通问题并不突出,而且,城市的道路交通设施用地只占城市总用地的10%,相比大量使用小汽车的国家要节省25%～30%的用地,城市交通的能源消耗相对较少,城市环境也更加良好,其主要原因就是莫斯科50多年来所一贯坚持的这条总方针。

在莫斯科客运交通结构中,地面公共电汽车交通占55%,其次是地铁和城市铁路,分别为28%和11%。如果把有轨电车也作为轨道交通考虑在内(因为莫斯科方面正在考虑将部分有轨电车改造为轻轨),则有轨快运交通比例可能高达46%。由于历史原因,莫斯科的私人小汽车发展速度与发达国家相比较慢,但近年获得了较快的发展,2000年达到每千人250辆。从总体上看,莫斯科城市客运交通中,公共交通部分占了94%,是一个非常典型的以公共交通为主的城市。

(四)香港

发展模式:以公共交通为主导,限制个体交通的城市交通发展模式。

香港人口众多且高度集中,日客流量(公共交通一日运输的乘客人数)高达1000万人次。土地利用充分体现了高密度、多中心、混合用地的特点,形成了高度集中、多方向性和长时间的交通需求,其道路网络是世界行车密度最高的网络之一。

一方面,香港特区政府采取鼓励发展和使用公共交通的政策。香港的公共交通系统十分发达,系统相对完善,客运工具、运营机构和运营方式多样,轨道交通和各种层次的公交巴士在线路的配置和票价的制定上都相互协调统一,使公共交通方式承担了约90%的城市客运量,对城市的发展发挥了极其重要的作用。

香港特区政府规定,公共交通经营企业达不到要求的盈利标准时,可以向政府提出申请,要求适当提高票价。由于经营公共交通利润有保障,行业发展环境稳定,极大地吸引了各方投资者,进一步加速了公共交通的发展。其次,在交通管理措施中,政府给予了公共交通更多、更优越的道路使用权,如开辟了公共汽车专用线,过海隧道公交车免费优先行驶,一些主要路段对公共交通优先放行。此外,特区政府还要求客运企业根据客运量的变化,定期进行行车路线和站点的调整。这一系列的交通政策切实有效地确保了公共交通的优先地位。

另一方面,香港特区在积极发展公共交通的同时,严格控制私人汽车数量的增加。政府实施限量发放牌照的政策,并征收高额牌照费;一旦私人汽车的数量明显增加,政府还要增收海底隧道通过税,同时公司车辆的税务优惠也会被取消。其次,香港特区政府还通过控制停车位的方式来控制小汽车的使用需求,香港市区的停车场极少,停车位的售价极高,不经允许,企业不得经营。

(五)北京、上海、广州、深圳等

在我国内地的许多城市,自行车、摩托车等交通工具一直发挥着其使用方便、准时可靠和价格低廉的特点,成为城市交通系统中一个重要的组成部分。虽然,各城市根据自身的特点,都针对这些交通方式制定了相应的政策,但总体而言,为了充分满足市民的多种出行需求,保证市民拥有多种出行选择的权利,各城市也都为这些交通方式创造了一定的发展空间。

我国尚处于机动化和城镇化的中期,但城市交通系统的欠账仍较多,可以说还没有形成显著的发展模式,只是根据城市发展水平的不同,城市交通的发展方向有些差异,突出的表现有北京、上海、广州、深圳、成都、南京等城市的由建设道路为主发展为建设轨道交通和公交系统并举的发展模式。2005年,国务院办公厅转发建设部等6部委《关于优先发展城市公共交通意见的通知》后,百余座城市在郑州签署了主旨为"公交优先在中国,让我们做得更好"的《郑州宣言》。自2012年开始,交通运输部推动"公交都市示范工程",城市公交优先成为政府部门制定城市交通政策的主要依据。2014年,中共中央、国务院印发《国家新型城镇化发展规划(2014—2020)》,提出建设城市群、超大城市和解决城乡二元化结构问题。2016年,中共中央、国务院印发《关于进一步加强城市规划建设管理工作的若干意见》,要求城市规划建设"窄马路、密路网"。2019年,中共中央、国务院印发《交通强国建设纲要》,提出到2035年基本建成交通强国,到2050年全面建成交通强国的要求。2021年,为进一步落实《交通强国建设纲要》,中共中央、国务院又印发《国家综合立体交通网规划纲要》,提出了基本形成都市区1h通勤、城市群2h通达、全国主要城市3h覆盖的"全国123出行交通圈"的构想。

三、中国城市交通特征

我国城市交通的主要特征如下。

1. 城市交通基础设施薄弱

我国为发展中国家,绝大部分城市的交通设施仍处于快速发展时期,城市交通基础设施的基本建设任务尚未完成,与发达国家相比,我国的城市交通基础设施薄弱,主要表现在以下4个方面:

(1)城市道路密度、人均道路面积率都相对较低。我国城市交通基础设施建设用地比例较低,而发达国家的这一比例往往在20%以上。

(2)城市道路中,次干路和支路的规划实现率低,交通出行与道路功能匹配不合理,造成主干路交通拥堵。

(3)超大城市、特大城市和大城市的城市轨道交通系统薄弱。进入21世纪以来,我国的城市轨道交通获得了高速发展,已经有40余座城市开通了城市轨道交通系统,总体规模达到了世界第一,但是线路规模、站点覆盖率以及运营服务等方面仍有较大差距。

(4)城市交通管理设施薄弱。多数城市道路的交叉口信号灯设置率不高,绝大多数城市道路信号交叉口为单点定时控制。

2. 私人小汽车高拥有、高使用

随着私人小汽车的快速发展,我国城市居民私人小汽车拥有率高,高拥有率带来了高强度的使用。

3. 道路机非混行严重

我国是自行车大国,道路交通流中自行车占有很高比例,尤其是共享单车的出现,便利的使用方式转移了部分地面公交的需求。电动自行车和老年代步车加重了交通系统的混行程度,影响了交通流的畅通和交通安全。

4. 城市"停车难"问题严重

我国的城市普遍存在"停车难"问题,尤其是在城市中心区和老旧住宅区,主要体现在城市中心区白天、住宅区夜间停车难。

第二节　城市轨道交通系统

一、城市轨道交通系统概述

城市轨道交通系统是以电力为动力,以轮轨运行方式为特征的车辆或列车与轨道等各种相关设施的总和。它具有运能高、速度快、安全、准时、成本低、节约能源以及能缓解道路交通拥堵和有利于环境保护等优点。

城市轨道交通因其污染小的特点常被称为"绿色交通"。世界范围内人口向城市集中,城市化步伐加快,大中型城市普遍出现人口密集、住房紧缺、道路交通拥堵、环境污染严重、交通事故多发、能源缺乏等所谓的"城市病"。城市轨道交通经过150年的发展,机车车辆、自动控制、通信和信号等技术取得了很大的进步,很多设备和控制都体现了当今高新科学技术发展的水平。发达国家城市交通发展的经验表明,轨道交通是解决大中城市公共交通的重要途径,对于21世纪实现城市可持续发展有非常重要的意义。

二、城市轨道交通分类

自19世纪中叶,世界上先后出现地铁与有轨电车以来,经过多年的研究、开发、建设与运营,城市轨道交通系统已经形成多种类型并存与发展的状态。根据轨道交通系统基本技术特征的不同,城市轨道交通按照其服务的空间范围主要有市域轨道交通和市区轨道交通两类。市区轨道交通又分为地铁、轻轨、单轨、自导向轨道、磁浮交通和有轨电车等。

1. 市域轨道交通

市域轨道交通是连接城市市区与郊区,以及连接城市周围几十千米甚至更大范围的卫星城镇或城市圈的铁路。市域轨道交通主要服务于通勤出行,一般站距较长,对疏散中心城人口到卫星城的作用十分明显。它往往又是连接大中城市干线铁路的一部分,一般与干线铁路设有联络线,其设备与干线铁路相同,线路大多建在地面上,其运行特点接近干线铁路,只是服务对象不同。市域轨道交通的运行速度和输送能力远大于其他交通方式,其速度可达 100～160km/h，运量最高每小时可达 6 万～8 万人次，对于客运需求量巨大的城市而言，发展市域轨道交通明显优于发展小汽车。而且，市域轨道交通在能源消耗、投资费用等方面的指标也明显优于其他交通方式。根据日本的研究资料，市域轨道交通的投资大概是地铁的 1/10～1/5，每千米的能源消耗是汽车的 1/7，是一种十分经济可行的交通方式。

2. 地铁

地铁是由电气牵引、轮轨导向、车辆编组运行在全封闭的地下隧道内，或根据城市的具体条件，运行在地面或高架线路上的大运量快速轨道交通系统。世界范围内地铁的地下部分约占 70%，地面和高架部分约占 30%，甚至有的地铁系统全部采用高架形式，只有部分城市地铁系统是完全在地下。地铁可分为重型地铁、轻型地铁与微型地铁 3 种类型。重型地铁为传统的普通地铁，轨道基本采用干线铁路技术标准，线路以地下隧道和高架线路为主，仅在郊区地段采用地面线路，路权专用，运能最大；轻型地铁是一种在轻轨线路、车辆等技术设备工艺基础上发展起来的地铁类型，路权专用，运能较大，通常采用高站台；微型地铁，又称小断面地铁，隧道断面、车辆轮径和电动机尺寸均小于普通地铁，路权专用，运能中等，行车自动化程度较高。地铁多用于超大城市或特大城市市区内部高密度地区间的交通出行，车辆制式和线路特征依各国标准而不同，运营速度一般为 35～40km/h，最高车速可达 160km/h。就运输能力而言，地铁系统的单向高峰小时断面客流量为 3 万～7 万人，属于大容量快速轨道交通系统。但地铁造价昂贵，建设周期长。在目前状况下，我国地铁每千米造价高达 10 亿元，而建设周期长又导致了投资回收期长，更加重了一般投资者的疑虑，给建设筹资造成了极大的困难。

3. 轻轨

轻轨是指以有轨电车为基础发展起来的电气牵引、轮轨导向、车辆编组运行在专用行车道上的中运量城市轨道交通系统。轻轨的概念是就车辆对轨道施加的荷载而言的，轻轨车辆比市郊列车或地铁车辆要轻。早期的轻轨系统一般直接由旧式有轨电车系统改建而成。20 世纪 70 年代后期，一些国家才开始修建全新的现代轻轨系统。现代轻轨系统与旧式有轨电车系统相比，具有行车速度快、乘坐舒适、噪声较低等优点。对世界各国轻轨系统进行分类的研究表明，轻轨也存在多种技术标准并存发展的情况。高技术标准的轻轨接近于轻型地铁，而低技术标准的轻轨则接近于有轨电车。轻轨交通的运量界于地铁和常规公交之间，它可以根据城市的特点和具体情况，采用地下、地面及高架相结合的形式进行建设，具有很大的灵活性和适应性。轻轨可以根据客流的需要采用不同车型，如单车和铰接车组成不同的编组方式。由于轻轨是介于地铁和常规公交之间的一种交通方式，相对于地铁的造价昂贵，轻轨是一种投资较少、建设较快的方式，一般每千米的造价仅为地铁的 25%～50%，而建设进度每年可达 5～10km。轻轨交通系统基本服务功能定位是：适合城市人口数介于 50 万～200 万人之间的中型城市，每小时单向客运量为 1 万～3 万人次，发车最小间隔为 1.5～5min。

4. 单轨

单轨是车辆或列车在单一轨道梁上运行的城市客运交通系统。单轨的线路采用高架结构，车辆大多采用橡胶轮胎。从构造形式上可分为跨座式单轨与悬挂式单轨两种。跨座式单轨是列车跨坐在轨道梁上运行的形式，而悬挂式单轨则是列车悬挂在轨道梁下运行的形式。单轨交通的客运量一般在每小时单向 5000～20000 人次之间。由于单轨交通是一种让列车在高架的专用轨道上行驶的交通系统,不受地面交通的影响,可以安全正点地运行;其占地面积少又不影响地面的绿化,也能有效地利用城市的空间;单轨列车使用橡胶轮胎,可以降低噪声,同时也没有废气排放,这些均符合环境保护的要求;与地铁相比,单轨建设施工周期短,成本低(为地铁的1/3～1/2),经济性能好,可以按照城市规划和交通需求进行线路选择,减少城市建筑的拆迁和市民的搬迁;单轨车辆的爬坡能力强,易通过小半径曲线。当然,单轨交通由于受一些固有条件的制约,也存在一定不足,如:输送旅客的能力比地铁小;车轮与路面的磨损快;与钢轮和钢轨相比,单轨运行阻力大;列车有故障时,疏散旅客难度大。

5. 自导向系统

自导向系统(Automatic Guideway Transit,AGT)是一种通过非驱动的专用轨道引导列车运行的轨道交通。在日本,较早的 AGT 系统是在 1981 年开通的两条线路:一是神户新交通公司开通的三宫—中公园线路,全长 6.4km;二是大阪市住之江公园—中埠头的 6.6km 线路。目前这两条线路均采用无人驾驶系统,运营速度为 22～27km/h,最高速度达到 60km/h,高峰期最小发车间隔达到了 3min 左右。按照专用轨的位置,AGT 系统可以分为两种形式,一是轨道中央引导方式,二是侧向引导方式。AGT 系统一般采用 ATS/ATC 单人驾驶或 ATO 无人驾驶在单线或复线线路上运行,平均站间距为 650～1400m,采用直流 750V 或三相交流 600V 供电方式,最小曲线半径为 25～60m,最大坡度为 4.5%～6.0%。AGT 列车一般编组为 2～6 节,最高速度 50～63km/h,运行间隔 3～8min。

6. 磁浮交通

磁浮交通是一种新型的有轨交通工具,它依靠电磁吸力或电动斥力将列车悬浮于轨面上,实现列车与地面轨道间的无机械接触,再利用直流电动机驱动列车运行。磁浮技术的研究源于德国,早在 1922 年德国工程师赫尔曼·肯佩尔就提出了电磁悬浮原理,并于 1934 年申请了磁浮列车技术的专利。但由于技术水平的限制,磁浮列车一直没有实现。直到后来,以电力电子技术为核心的大功率控制技术的迅猛发展才为磁浮列车的实现提供了技术可行性。

磁浮交通技术主要有两大类,即常导型和超导型。

常导型也称常导磁吸型,它是利用普通电磁铁通电后产生电磁吸力的原理,由车上常导电流产生电磁引力,吸引轨道下的导磁体,使列车浮起。常导磁吸型技术较简单,产生的电磁吸力相对较小,悬浮的气隙较小,一般为 8～10mm,速度可达 400～500km/h,适合于城市间的长距离快速运输。常导磁吸型以德国高速常导磁浮列车 Transrapid 为代表。

超导型也称超导排斥型,它是利用超导磁体产生的强磁场在列车运行时与布置在地面上的线圈相互作用,产生电动斥力将列车悬起,悬浮气隙较大,一般为 100mm 左右,技术相当复杂,并且需要屏蔽发散的电磁场,速度可达 500km/h 以上。根据行驶速度的不同,超导型又可分为高速型和中低速型。超导排斥型磁浮列车以日本 MagLev 为代表。

磁浮交通虽然属于陆上有轨交通运输系统,并保留了轨道、道岔和车辆转向架及悬架装置等许多传统机车车辆的特点,但由于磁浮交通在牵引运行时与轨道之间无机械接触,克服了传统列车轮轨黏着限制、机械噪声和磨损等问题,具有低噪声、低能耗、无污染、安全舒适和高速高效的特点,所以它是陆上理想的交通工具之一,由此它也引起了世界各国的关注和兴趣,具有广阔的运用前景。我国从 20 世纪 80 年代开始了常导磁浮交通的研究。1992 年国家正式将磁浮交通关键技术研究列入"八五"攻关计划。1999 年 11 月,我国与德国 Transrapid 国际公司合作开展上海高速磁浮交通示范线项目,2003 年 1 月 1 日建成通车。上海磁浮交通示范线是世界上第一条投入商业运营的高速磁浮交通线路,西起地铁 2 号线龙阳路站,东至浦东国际机场,全长约 30km,设计最高速度 430km/h,单向运行时间约 8min。上海磁浮交通线路的建成和运营为我国发展磁浮交通提供了难得的机遇,极大地促进了我国高速磁浮技术的国产化。

7. 有轨电车

有轨电车通常采用地面交通路线,有时也采用隔离的专用路基和轨道,隧道或高架区间仅在交通拥堵的地带才被采用。旧式的有轨电车由于其与公共汽车及行人共用街道路权,且平交道口多,因而其运行所受的干扰多,速度慢。现代有轨电车与性能较差的轻轨交通已很接近,只是车辆尺寸稍小些,运营速度接近 20km/h。

三、城市轨道交通系统构成

城市轨道交通系统是由多个独立的、完成不同功能的子系统所构成的,包括线路、车辆、车站三大基础设备和电气、运行和信号等控制系统,如图 6-1 所示。

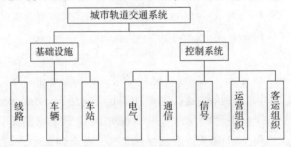

图 6-1 城市轨道交通系统构成

1. 线路

线路是城市轨道交通的基础组成部分,由区间结构、车站和轨道等组成。考虑到乘客出行方便、土地利用、建设费用等因素,地铁线路的走向一般选择易于施工和客流相对比较集中的地区。

轨道交通线路按其在运营中的地位和作用划分为正线、辅助线和车场线。

1) 正线

正线是贯穿所有车站、区间供车辆载客运营的线路。正线行车速度高、密度大,要保证行车安全和乘坐舒适性,线路标准要求高。正线包括区间正线、支线和车站正线。

城市轨道交通正线是独立运行的线路,一般按双线设计,采用右侧行车制。大多数线路为全封闭。与其他交通线路相交处,一般采用立体交叉。

2) 辅助线

辅助线是为了保证正线运营,合理调度列车,为空载列车提供折返、停放、检查、转线及出入段作业而配置的线路。辅助线速度要求低,最高运行速度限制在 35km/h,线路标准也低。辅助线包括折返线、临时停车线、渡线、车辆段出入线、联络线等。

3) 车场线

车场线是车辆检修作业用的线路,行车速度较低,线路标准只要满足场区作业要求即可。

2. 轨道

轨道交通与其他交通方式最大的区别在于轨道交通车辆必须沿着轨道行驶,轨道为行驶其上的车辆提供了承载作用和导向作用。

轨道是城市轨道交通系统的重要组成部分,一般由钢轨、扣件、轨枕、道床、道岔及附属设施等组成。轨道由连接件和扣件固定在轨枕上,轨枕埋设在道床内,道床直接铺设在路基上。

3. 车辆

城市轨道交通车辆是城市轨道交通工程中最重要的设备,也是技术含量较高的机电设备。城市轨道交通车辆应具有先进性、可靠性和实用性,应满足容量大、安全、快速、舒适、美观和节能的要求。城市轨道交通车辆作为城市公共交通的旅客运载工具,不仅要保证车辆运行的安全、准点、快速,而且要为乘客提供良好的服务条件,使乘客乘车舒适、方便,同时还需考虑其对城市景观和环境的影响。为了达到这些要求,近代,城市轨道交通车辆在设计、制造上采用了大量的高新技术。例如,车体结构、材料的轻量化;走行装置的低噪声与高平稳件设计;线性电动机驱动;立流斩波调速技术;再生制动技术以及交流变频调压技术等。

不同的城市轨道交通模式,所采用的车辆类型之间有很大的区别。但不论是地铁车辆、轻轨车辆或是独轨车辆,均为电动车组编列运行,都有动车和拖车及带驾驶室和不带驾驶室车之分。例如上海地铁有带驾驶室拖车(A型)、无驾驶室带受电弓的动车(B型)和无驾驶室不带受电弓的动车(C型)共3种车型。当采用6节编组时,其排列为:A-B-C-C-B-A。当采用8节编组时,其排列为:A-B-C-B-C-B-C-A。这样就能保证所编列车首尾两节车厢(全列车首尾两端)均带有驾驶室,中间各节车厢之间均为贯通,以使乘客可沿全列车随意走动,使乘客在全列车中均匀分布,也有利于在列车发生意外事故时让乘客有秩序地沿此通道经驾驶室前端的安全门撤离。北京地铁按全动车设计,两车为一单元,使用时按2、4、6辆编挂组成列车组。我国推荐的轻轨电动车辆有3种形式:4轴动车、6轴单铰接式和8轴双铰接式车。

4. 车站

车站是轨道交通系统运行的主要设施,也是其不可缺少的组成部分。城市轨道交通车站的选址、布置、规模等通常对轨道交通系统的运营效果具有决定性的意义。

轨道交通系统中,车站按照结构形式不同可分为地面站、高架站和地下站;根据运营性质可分为中间站、换乘站、中间折返站和尽端折返站;按照站台形式可分为岛式站台、侧式站台和岛侧混合站台。

城市中心区的轨道交通车站一般采用地下形式,车站相应地建设于地下。在市区以外的地点,轨道交通车站可考虑采用地面或高架形式。进行轨道交通车站的总体设计时,应妥善处理与城市规划、城市交通换乘、地面建筑、地下管线、地下建筑物之间的关系。同时,地铁车站设计要保证乘客使用安全、方便,并具有良好的内部和外部环境条件。车站建筑设计应简洁、大方、易于识别,并体现现代交通建筑的特点。

5. 限界

限界是指根据轨道交通车辆轮廓尺寸和性能、线路特性、设备安装及施工方法等因素,经技术经济综合比较确定的空间尺寸。限界通常可分为以下 3 类。

1) 车辆限界

车辆限界是根据车辆外轮廓尺寸和主要技术参数,并考虑车辆在平直线路上静态情况下的外廓线和动态情况下横向和竖向偏移量及偏转角度,按照可能产生的最不利情况进行组合计算确定的。

2) 设备限界

设备限界是在车辆限界的基础上考虑轨道的轨距、水平、方向、高低等在某些地段出现最大容许误差时引起车辆的附加偏移量,以及在设计、施工、列车运行中不可预计的因素在内的安全预留量。设备限界是一条轮廓线,所有固定设备以及土木工程的任何部分都不得侵入此轮廓线内,它是保证轨道交通系统中列车等移动设备在运营过程中的安全所需要的限界。

3) 建筑限界

建筑限界是指在行车隧道和高架桥等结构物的最小横断面所形成的有效内轮廓线基础上,再考虑其施工误差、测量误差、结构变形等因素,为满足固定设备和管线安装的需要而必需的限界。换言之,建筑限界以内、设备限界以外的空间主要是为各类误差、设备变形和其他管线安装所预留的空间。

6. 供电设备

电能是城市轨道车辆电力牵引系统必需的能源。电动车辆以及运营服务的机电设备的运转,包括通风、空调、照明、通信、信号、给排水、防灾报警、扶梯等,都依赖电能实现。城市轨道交通供电电源一般取自城市电网,通过城市电网一次电力系统和轨道交通供电系统实现输送相变换,最后以适当的电流(直流电或交流电)和电压等级供给用电设备。城市轨道交通的供电系统,负责提供车辆及设备运行的动力能源,一般包括供电系统、牵引供电系统和动力照明供电系统。供电系统是城市电网对轨道交通系统内部变电所的供电方式,一般视各城市情况而定。牵引供电系统供给电动车辆运行的电能,它是由牵引变电所和牵引网组成的。动力照明供电系统提供给车站和区间各类照明、扶梯、风机、水泵等动力机械设备以及通信、信号、自动化等设备电源,它由降压变电所和动力照明配电线路组成。

城市轨道交通的供电方式主要有集中式供电、分散式供电和混合式供电 3 种。

1) 集中式供电

沿城市轨道交通线路,根据用电容量和线路的长短设置专用的主变电所,由主变电所构成的供电方案为集中式供电。主变电所一般为 110kV,由主变电所变压为内部供电系统所需的电压级,一般为 10kV 或 35kV;主变电所应有两路独立的 110kV 电源。上海、广州、香港地铁即为此种供电方式。

2) 分散式供电

沿城市轨道交通线路,直接由城市电网引入多路电源供给各牵引变电站,电源电压等级一般为10kV，这种方式为分散式供电。分散式供电应保证每座牵引变电所和降压变电所皆能获得双路电源。

3）混合式供电

混合式供电即前两种供电方式的组合，且以集中式供电为主。个别地段引入城市电网电源作为集中式供电的补充，使供电系统更加完善和可靠。北京地铁1号线和2号线即为此种供电方式。

集中式供电有利于轨道交通供电的管理，并提高了检修作业的独立性。一般而言，集中式供电投资比分散式供电要大，但可提高轨道交通自身供电的可靠性和灵活性，故在客流量大的情况下采用集中式供电较为合适。因为沿轨道交通线路由城市电网分散式供电，则要求供电部门的变电所留有足够的备用存量，才能保证电源的可靠备用；再者，轨道交通供电与企业供电不同，它是对沿线所有负荷通过沿线各变电所供电的一个完整供电网络，沿线变电所数量较多，尤其在中压分散供电的情况下，供电部门要满足每个变电所两路专用电源比较困难，而轨道交通自身可以通过一个较完整的系统来提高整个系统供电的可靠程度。城市轨道交通供电规划应为整个城市轨道交通网服务，因此，必须根据城市电网规划情况，进行统一的经济、技术比较后作出决策。供配电系统应满足安全可靠、接线简单、经济和运行灵活的要求。

7. 通信设备

为了保证城市轨道交通系统能可靠、安全、高效运营，并有效地传输与运营、维护、管理相关的语音、数据、图像等信息，就必须建立可靠的、易扩充的、独立的通信网。轨道交通通信系统是直接为轨道交通运营管理服务的，是保证列车安全、快速、高效运行的一种不可缺少的智能自动化综合业务数字通信网。

通信系统一般由传输网络、公务、专用电话、闭路电视、广播、无线、时钟、电源及接地等子系统组成，构成传送语音、数据、图像等信息的综合业务通信网。在正常情况下，通信系统为运营管理、行车调度、设备监控、防灾报警等系统进行语音、数据、图像等信息的传送；在非正常和紧急情况下，通信系统作为抢险救灾的通信手段。其中，传输网络（即轨道交通骨干网）是通信系统中最重要的子系统，它要为本系统的各个子系统和其他自动控制管理系统提供信息通道。

城市轨道交通的通信系统包括光纤数字传输、电话交换、闭路电视监控、无线通信及车站广播等子系统。具体而言，它们共同为轨道交通系统的列车运行、调度指挥、无线通信、工务通信、旅客信息广播、系统运行状况监视等提供手段。

城市轨道交通信号设备是城市轨道交通的主要技术装备，它担负着指挥列车运行、保证列车安全运行和提高线路通过能力的重要任务。现代城市轨道交通信号的特点决定了信号设备的现代化水平。城市轨道交通信号的特点如下：

（1）城市轨道交通行车密度大、站间距离短，所以信号的应变速度快、信息量多。

（2）城市轨道交通的区间不宜敷设地面信号，而以机车速度信号为主体信号。

（3）为了安全可靠地指挥行车，由计算机系统自动地实现速度控制和定位（点）停车控制。对于容量大、密度高的城市轨道交通系统，将逐步发展为无人驾驶的自动运行系统。

（4）凡敷设钢轨的城市轨道交通可以以钢轨作为传输信道，连续地传递速度命令等信息;不敷设钢轨的城市轨道交通系统可敷设感应环线传递信息。为传递特殊信息,可增设地面应答器,完成地面与列车间的信息交换。

(5)城市轨道交通的信号、通信设备应是个完整的运行管理系统。典型的城市轨道交通运行管理系统,应采用先进的计算机及光通信技术,完成列车进路控制、运行管理、列车追踪、运行表示、运行监视、列车数据传输、闭路电视监控、旅客导向信息控制及广播等。整个系统由中央处理装置、外部记忆装置、运行装置、列车数据的传送装置、网络控制装置和运行表示盘等构成。

8. 环境控制系统

1) 通风与空调系统

城市轨道交通地下车站及区间的通风与空调系统一般分为开式系统、闭式系统和屏蔽门式系统。根据使用场所和标准的不同,又分为车站通风与空调系统、区间隧道通风系统和车站设备管理用房通风与空调系统。

2) 防排烟系统

城市轨道交通系统地下车站及其区间对外连通的出口相对来说比较少,一旦发生火灾,浓烟很难自然排除,因此,必须设置机械排烟系统。排烟系统按车站站台和站厅、区间隧道及设备管理用房分开设置。

站台和站厅的排烟系统,一般与正常通风的排风系统兼用,该系统应满足正常通风和火灾时的排烟要求。区间隧道的排烟系统,宜采用纵向—送—排的推拉式系统,排烟设施最好与平时的隧道通风系统兼用。设备管理用房的排烟系统一般也与平时通风系统兼用。

3) 环境监控系统

环境监控系统的作用是对车站及区间的通风、空调、给排水、照明、自动扶梯等设备进行自动化管理,它一般包括中央控制室、车站控制室和本地控制装置3部分。

四、城市轨道交通运营组织

轨道交通系统建设的目的是为乘客提供满意的出行服务,而良好的运营组织是这种供给的前提和保证。由于客流的日常变化,在一定的设备条件下,设计出良好的运输计划,满足乘客出行安全、距离、速度、舒适性和准点性等方面的要求,是系统运营组织的任务。从社会效益出发,城市轨道交通系统应充分发挥运量大、规律性强的特点,保证安全、迅速、准点和舒适地运送旅客。从企业经济效益出发,城市轨道交通系统应能实现高效率和低成本。为达到上述目标,城市轨道交通系统的运输组织必须以运输计划为基础,即根据客流的特点,合理编制运行计划,合理调度指挥列车运行。

(一)轨道交通车站客流组织

城市轨道交通主要通过合理的客流组织来完成其大容量的客运任务。客运组织是通过合理布置客运有关设备及对客流采取有效的分流或引导措施来组织客运的过程。城市轨道交通客运工作的特点决定了客流组织应以保证客流运送的安全,保持客流运送过程的畅通,尽量减少乘客出行的时间,避免拥堵,便于大客流发生时的及时疏散为目的。

影响客流组织的因素较多,不同类型的车站其客流组织的工作有着较大的区别。中小车站的客流组织比较简单,而大车站、换乘站因客流较大、客流方向比较复杂,其客流组织也比较复杂。侧式站台的车站相对于岛式站台的车站,更容易将不同方向的客流分开,但不利于乘客的换乘,且售、检票位置设置较分散,不利于车站管理。

车站客流组织的主要内容包括:车站售、检票位置的设置,车站导向的设置,车站自动扶梯的设置,隔离栏杆等设施的设置及车站广播的导向,售、检票设备数量的配置,工作人员的配备及应急措施等。其中,最主要的环节是售、检票过程,它是系统的窗口和形象的象征,也是影响车站定员和运营效率的关键因素。

为了保持客流运送过程的顺畅,避免拥堵,在进行客流组织时应遵循以下原则:

(1)合理安排售、检票位置、出入口、楼梯,行人流动线路应简单、明确,尽量减少客流交叉和对流。

(2)满足换乘客流的方便性、安全性、舒适性等一些基本要求。

(3)完善诱导系统,快速分流,减少客流集聚和过分拥堵。

(4)与其他交通方式之间的衔接顺畅。车站周边道路上人流行进与车流的行驶路线应严格分开,以保证行人的安全和其他车辆行驶不受干扰。

城市轨道交通的选址和规模在轨道交通建设时已经确定,一般不能再改变。出入口及通道宽度、站厅及站台的规模在建设时需根据预测客流量确定。在运营管理中,如何正确设置售、检票位置、合理布置付费区对客流进行合理的导向,对客流组织起着很重要的作用。在布置时,一般要以最大客流量时保持客流的畅通为原则,因此,一般按以下要求进行布置:

(1)售、检票位置与出入口、楼梯应保持一定距离。售、检票位置一般不设置在出入口和通道内,并尽量保持与出入口、楼梯有一定的距离,从而保证出入口和楼梯的畅通。

(2)保持售、检票位置前通道宽敞。售、检票位置一般选择站厅内的宽敞位置设置,以便于售、检票位置前客流的疏导,售、检票位置应适当保持一定距离,避免排队时拥堵。

(3)售、检票位置根据出入口数量相对集中布置。因轨道交通车站一般有多个出入口,为了减少乘客进入车站后的走行距离,一般设置多处售、检票位置。但过多设置售、检票的位置容易造成设备使用的不平衡,降低设备使用效率,并且不利于管理。因此,售、检票位置应根据车站客流的大小相对集中布置。

(4)应尽量避免客流的对流。客流的对流会减缓乘客出行的速度,同时也不利于车站的管理。因此,车站一般对进出客流进行分流,进出车站检票位置分开设置,保持乘客经过出入口和售、检票位置的线路不至于发生对流。

(二)运输计划

运输计划是城市轨道交通系统运输组织的基础。从社会服务效益看,城市轨道交通系统应充分发挥运量大和服务有规律的特点,安全、迅速、正点和舒适地运送乘客;从企业经济效益看,城市轨道交通系统的运营应实现高效率和低成本。为了达到这个目标,城市轨道交通系统的运输组织必须以运输计划作为基础,即根据客流的特点,合理编制运输计划,组织列车运行,实现计划运输。城市轨道交通运输计划主要包括以下4个方面。

1. 客流计划

客流计划是对运输计划期间城市轨道交通线路客流的规划。它是全日行车计划、车辆配备计划和列车交路计划编制的基础。对新投入运营的线路，客流计划根据客流预测资料进行编制；既有运营线路的客流计划则根据客流统计资料和客流调查资料进行编制。客流计划的主要内容包括站间到发客流量，各站两个方向的上下车人数，全日、高峰小时和平峰小时的断面流量，全日分时最大断面客流量等。最基本的站间客流资料可以用一个二维矩阵来表示，即站间客流矩阵。

2. 全日行车计划

全日行车计划是运营时间内各个小时开行的列车对数计划，它规定了城市轨道交通线路的日常作业任务，是科学地组织运送乘客的办法，也是编制列车运行图、计算运行工作量和车辆配备数的基础资料。全日行车计划是根据营业时间内各个小时的最大断面客流量、列车定员人数、车辆满载率以及希望达到的服务水平综合考虑编制的。

3. 车辆配备计划

车辆配备计划是为完成全日行车计划而制订的车辆保有数安排计划。车辆配备计划计算运用车辆数、在修车辆数和备用车辆数，确定在一定类型的设备和行车组织方法条件下，为完成一定的运输任务而必须保有的车辆。另外，对全日行车计划中的高峰小时行车间隔时间应进行检验，看其是否符合列车在折返站的出发间隔时间。

4. 列车交路计划

在城市轨道交通线路和各个区段客流量不均衡的情况下，采用合理的列车交路安排是运输计划的一个重要组成部分。列车交路计划规定了列车的运行区段、折返站和按不同列车交路运行的列车对数。合理的列车交路既能提高列车和车辆运用效率、避免运能虚耗、降低运营成本，又能给予乘客较大的方便。因此，采用不同的列车交路计划，能使列车组织得更加经济合理。

（三）列车运行图

列车运行图是列车运行的时间与空间关系的图解，它是表示列车在各区间运行、各车站停车或通过状态的二维线条图，又称时距图（Distance-Time Diagram）。列车运行图规定了各次列车占用区间的顺序，各次列车在区间的运行时间，在车站的到达、出发或通过的时刻，在车站的停站时间和在折返站的折返作业时间，以及列车交路和列车出入车辆段时刻等，能直观地显示出各次列车在时间上和空间上的相互位置和对应关系。

列车运行图具有重要的作用。在运输生产过程中，列车运行是一个极其复杂的环节，它不但需要运用各种技术设备，而且要求各个部门、工种和各项作业之间互相协调配合。列车运行图作为列车运行组织的基础，在这方面起着极为重要的作用。在城市轨道交通运营企业内部，列车运行图不但规定了线路、车站、车辆等技术设备的运用要求，同时也规定了与列车运行有关的各业务部门的工作要求。列车运行图对社会用户也具有重要的意义。供社会用户使用的列车运行图以列车时刻表的形式对外公布，它规定了向社会用户提供的运输服务规格与质量，是联系运输企业和社会用户的纽带，也是乘客安排个人出行计划的依据。服务质量欠佳的列车运行图，会引起乘客的抱怨，严重时还会引起客流的下降。

城市轨道交通系统的列车运行图与一般铁路系统的列车运行图的差异在于前者的网络密度大、列车运行间隔短、运行密度高。

(四)运输能力

1. 运输能力

为了实现运输生产过程,完成客运任务,城市轨道交通系统必须具备一定的运输能力。运输能力是通过能力和输送能力的总称。城市轨道交通系统的运输能力可以定义为:某线路上某一方向1h内所能输送的旅客总数。运输能力分为设计能力和可用能力两种。

1)设计能力

设计能力是指某线路上某一方向1h内通过某一点的旅客空间数量。设计能力相当于最大能力、理论能力或理论最大能力,影响设计能力的要素主要有两个:线路能力和列车能力。三者关系可用下式表示:

$$设计能力 = 线路能力 \times 列车能力 = 线路能力 \times 每列车辆数 \times 每辆车定员数 \qquad (6-1)$$

2)可用能力

可用能力是指在容许旅客需求条件下,某一线路某一方向1h内所能输送的最大旅客数量。在城市轨道交通网络上,运输能力的计算还必须考虑旅客需求变化。一般地,高峰期能力利用系数在0.70~0.95之间,其上限只有纽约和墨西哥城等少数城市才能达到,大多数城市轨道交通系统的高峰期利用率在0.75~0.90之间。可用能力的计算方法如下:

$$可用能力 = 设计能力 \times 高峰期利用系数 \qquad (6-2)$$

运输能力是轨道交通系统最重要的参数。运输能力计算涉及系统设计、扩展、改建、舒适性设计及系统在不同时期内的发展。一般地,运输能力信息可用于以下方面:①新建及扩展项目的规划与运营分析;②运输线路的评价;③环境影响研究;④新的信号与控制技术的能力评估;⑤系统能力与运营随时间变化的估计;⑥在交通可望得到显著改善条件下,土地开发对运输能力的影响评估。

2. 通过能力

通过能力是指在采用一定的车辆类型、信号设备和行车组织方法条件下,城市轨道交通线路的各项固定设备在单位时间内(地铁、轻轨通常是高峰小时,市郊铁路通常是全天)所能通过的列车数。在实际工作中,通常还把通过能力分为设计通过能力、现有通过能力和需要通过能力3个不同的概念。设计通过能力是指新建线路或技术改造后的既有线路所能达到的通过能力;现有通过能力是指在现有固定设备、现有行车组织方法条件下,线路能够达到的通过能力;需要通过能力是指为了适应未来规划期间的运输需求,线路所应具备的包括后备能力在内的通过能力。通过能力的正确计算和合理确定,在城市轨道交通系统的新线规划设计、日常运输能力安排以及既有线路改造过程中是一个重要的问题。

3. 输送能力

城市轨道交通线路的输送能力是衡量其服务水平和技术水平的重要指标。输送能力是指在一定的车辆类型、信号设备、固定设备和行车组织的条件下,按照现有设备的数量和容量,城市轨道交通线路在单位时间内(通常是高峰小时、一天或一年)所能运送的乘客总数。

通过能力反映的是线路所能开行的列车数,它是输送能力的基础。输送能力是运输能力的最终体现,它反映了在开行列车数一定的前提下,单位时间内线路所能运送的乘客人数。在通过能力一定的条件下,线路的最终输送能力还与车站设备的设计容量存在密切关系。这些设备包括站台、楼梯、自动扶梯、通道和出入口等。

在线路通过能力一定的条件下,城市轨道交通线路在单位时间内所能运送的乘客人数,主要取决于列车编组辆数和车辆定员人数,即:

$$p = nmp_{veh} \tag{6-3}$$

式中:p——线路在1h内最大输送能力,人/h;

n——线路每小时的开行列车数;

m——每列车的编组数;

p_{veh}——车辆定员数,人。

4. 运输能力的提升

提升运输能力主要有修建新线、增加行车密度和增加列车定员3个途径。

(1)修建新线。新线路的建成运营使单线成为双线或双线成为多线,能使城市轨道交通网逐步形成,这样无疑能使运输能力有较大的提高,满足城市公共客运的需求,提高城市轨道交通系统的服务水平。

(2)增加行车密度。由于修建新线会遇到资金、土地及环保等一系列的困难或限制,并且修建新线也不是在任何客流条件下都是经济、合理的,因此,增加既有线行车密度是提高既有线运输能力的基本途径。

(3)增加列车定员。通过增加列车编组辆数、采用大型车辆或优化车辆内部布置来增加列车定员,是提高既有线输送能力的又一途径。根据各国轨道交通的运营实践,在扩能的途径方面,加强既有线运输能力通常是增加行车密度和增加列车定员两者并举,并以增加行车密度为主。

(五)城市轨道交通与其他交通方式的运营管理一体化

城市轨道交通与其他交通方式的运营管理一体化包括管理体制一体化、票制一体化和信息一体化等。

1. 管理体制一体化

城市公共交通管理体制,即城市公共交通管理主体与管理对象之间、不同管理主体(不同管理层次与同一管理层次的不同管理机构)之间的责、权、利关系制度。城市公共交通管理体制的内容主要包括以下3个方面。

(1)城市公共交通行政管理体制。城市公共交通行政管理体制包括城市公共交通规划、建设、管理等机构之间的关系,各行政机构的管理幅度与管理层次。

(2)城市公共交通管理职能及其协作关系。城市公共交通行政机构的职能,由相应的法律法规规定,其权责结构由职能体系所决定。

(3)城市公共交通政、事、企之间的关系。政企关系、政事关系、企事关系存在于城市公共交通管理的全过程。需要重点考虑如何实现政企分离,发挥行业协会的指导作用。

2. 票制一体化

一般而言,我国城市的各种公共交通方式之间票制、票价相互独立。城市轨道交通和BRT(Bus Rapid Transit,快速公交系统)采用阶梯票价,而常规公交采用单一票制,并各有独立的公司进行运营管理。公共交通使用者在一次出行中往往需要多次购买车票,不仅不方便且费用高。解决这一问题的方法是采用适合所有系统运营者和公共交通方式的一体化付费方式,即票制一体化。票制一体化包括以下4个方面。

(1)合理的比价关系。要建立票制一体化体系,必须首先建立各种公共交通方式之间的合理比价关系,实现优势互补,并可通过价格杠杆调节不同特征的出行者选择适合的公共交通方式,平衡不同公共交通方式的客流,以提高整个公共交通系统的运行效率。

(2)电子付费方式。乘客付费方式可采用"一卡通"性质的非接触式IC卡,依靠电子票务完成出行过程中的消费,包括支付车票、停车收费等。在城市轨道交通、快速公交、常规公交和出租汽车上安装相应配套设施,使乘客刷卡便可乘坐任意一种公共交通工具。

(3)适度的换乘票价折扣。为了吸引乘客和减少公交出行费用,不同系统之间换乘应实行票价的优惠和折扣。

(4)分时分段票制。分时分段票制是指确定票价时综合考虑运营时段和运营区间两个因素。考虑运营时段的理论基础是"交通拥堵理论"。因为高峰时段客流量较大,运输能力有限,可以发行高价位的高峰票,能够起到减少乘车拥堵,避免线路超负荷运行和发生事故的作用。而在客运低峰时段,通过发行优惠折扣价票,能够起到吸引乘客、减少线路运能剩余的目的。把运营时段作为确定票价的因素,其原因是考虑到在统一的公共交通运输系统中,地铁应主要承担中远途乘客运输这一根本定位。

3. 信息一体化

为便于乘客在出行前与出行中获得充足的出行信息,必须进行公共交通信息系统的整合。功能完善的信息服务将指引乘客选择最佳的乘车路径,均衡客流分布,提高系统的运行效率,增加公共交通服务的可靠性。

信息化促进了公交的换乘优惠。截至2021年6月底,我国已有上海、深圳、重庆等17座城市实施了地面公交与地铁之间的换乘优惠,鼓励和促进了人们利用公共交通出行。

第三节 城市道路交通系统

城市道路交通系统是城市系统中的一个重要的子系统,是由人和物在城市道路空间内采用一定方式、在一定管理条件下移动构成的,其功能是为城市居民的各种出行活动提供必要的条件。城市道路交通系统不仅为城市提供服务,也是城市结构的基本组成部分。城市道路交通系统是一个动态而复杂的大系统,是城市社会活动、经济活动的纽带和动脉。本节从城市道路基础交通设施、城市道路主要交通方式、城市道路交通管理控制设施3方面对城市道路交通系统进行简要的阐述和分析。

一、城市道路基础交通设施

(一)城市道路及其分类

城市道路是城市中组织生产、安排生活所必需的车辆及行人交通往来的线路,是连接城市各个组成部分(包括市中心、工业区、生活居住区、对外交通枢纽以及文化教育、风景游览、体育活动场所等)并与郊区公路、铁路场站、港口、码头、机场相贯通的交通纽带。城市道路不仅是组织城市交通运输的基础,而且是布置城市公用管线、街道绿化、组织沿街建筑、通风、防灾和划分街坊的基础。因此,城市道路是城市市政设施的重要组成部分。

城市道路有多种类型,一般确定其分类的基本因素是交通性质、交通量和行车速度。但是,由于城市道路与城市结构组成、交通组成有错综复杂的关系,因此,难以用单一指标来分类,而是应综合考虑分类的基本因素,结合城市的性质、规模及现状来合理划分。

根据国家标准《城市综合交通体系规划标准》(GB/T 51328—2018)的规定,我国城市道路可分为快速路、主干路、次干路和支路 4 类。

(1)快速路完全为交通功能服务,是解决城市长距离、快速交通的主要道路。快速路入口应采用全控制或部分控制;快速路与快速路相交或与高速公路相交时,必须采用立体交叉。

(2)主干路以交通功能为主。主干路上的机动车与非机动车应分道行驶;平面交叉口间距以 800~1200m 为宜;主干路不宜设置公共建筑物出入口。

(3)次干路是城市区域性的交通干道,为区域交通集散服务,配合主干路组成道路网,起到广泛连接城市各部分和集散的作用。

(4)支路为联系各居住小区的道路,解决地区内交通,直接与两侧建筑物出入口相接,以服务功能为主。支路应满足公共交通线路行驶的要求。

(二)城市道路交叉口及其分类

城市中道路与道路相交的部位称为城市道路的交叉口。由于城市内的车辆是在由不同等级和不同方向的道路所组成的网络系统中运行并到达目的地的,因此,道路交叉口就成为城市交通能否快速、畅通运行的关键部位。

城市道路交叉口分为平面交叉口和立体交叉口两类,每一类又包括多种形式,可以适应不同的通行能力、不同的地形构造以及相交道路的等级和走向。

1. 平面交叉口

平面交叉口是指各相交道路中心线在同一高程相交的路口。平面交叉口的形式决定于道路系统规划、交通量、交通性质和交通组织,以及交叉口用地及其周围建筑物的布局。常见的形式有十字形、X 字形、T 字形、Y 字形、错位交叉和复合交叉等。

进入交叉口的车辆,由于行驶方向不同,车辆与车辆相交的方式亦不相同。当行车方向互相交叉时可能产生碰撞的地点称为冲突点。当车辆从不同方向驶向同一方向或成锐角相交时可能产生碰撞的地点称为交织点。选择和设计交叉口时,应尽量设法减少冲突点和交织点。交叉口的行车安全和通行能力,在很大程度上取决于交叉口的交通组织。消除冲突点和交织点的交通组织有以下 3 种方式:

(1)环形交叉。在交叉口中央设置圆形或椭圆形交通岛,使进入交叉口的车辆一律绕岛单向逆时针方向行驶。

(2)渠化交通。在交叉口合理地布置交通岛,组织车流分道行驶,减少车辆行驶时的相互干扰。

(3)交通管制。在交叉口设置信号灯或由交通警察指挥,使通过交叉口的直行、左转弯和右转弯的车辆的通行时间错开,即在同一时间内只允许某一方向的车流通过交叉口。

2. 立体交叉口

立体交叉口是指交叉道路的中心线在不同高程相交时的道路交叉口,其特点是各相交道路上的车流互相不干扰,可以各自保持原有的行车速度通过交叉口。立体交叉的主要组成部分包括跨线桥、匝道、出入口、变速车道。

跨线桥:高速公路或快速路从桥上通过,相交道路从桥下通过,称为上跨式;反之,称为下穿式。

匝道:为连接两相交道路而设置的互通式交换道。匝道又分为单向匝道、双向匝道和设分隔带的双向匝道。

出入口:由快速路驶出,进入匝道的道口称为出口;由匝道驶出,进入快速路的道口称为入口。"出"和"入"均是针对快速路本身而言的。

变速车道:由匝道驶入快速路的车辆需要加速,由快速路驶入匝道的车辆需要减速。设置在快速道右侧,用于出入匝道车辆加速或减速使用的附加车道称为变速车道。

根据相交道路上行驶的车辆是否能相互转换,立体交叉又可分为分离式和互通式两种。分离式立体交叉,在交叉处设跨线桥,上、下道路之间不设匝道,因此,在上、下道路上行驶的车辆不能相互转换。当快速道路与城市次要道路相交时,可采用分离式立交,以保证干道交通快速畅通。互通式立体交叉,相交道路上行驶的车辆可以相互转换,在交叉处设置跨线桥,与匝道一起供车辆转换使用。

(三)停车场

机动车的状态包括"动"与"静"两种。机动车辆的"动"需要有道路设施及交通管理的支持;同样,机动车辆的"静"需要有停车场地及停车管理的支持。两种状态互相关联,互相影响。城市停车问题是城市发展过程中出现的交通问题,可以说也是城市现代化过程中必然出现的问题。从总体上看,城市停车问题主要表现为停车需求与停车空间不足的矛盾和停车空间扩展与城市用地不足的矛盾,具体表现为停车设施的缺乏、停车车辆占用人行道和车行道的现象等,这些现象不仅影响道路交通功能的正常发挥、影响市容美观,而且不规范的停车行为也容易引发交通事故,给居民工作、生活带来不利影响。因此,为了满足城市交通发展的需要,除了需要建设足够的城市道路之外,还应设置足够的停车设施,以服务于静态交通需求。

不同类型的停车场,其停放车辆类型、服务对象、场地位置、土地使用和管理方式也不同。一般可以从以下4个方面对停车设施进行分类。

(1)按车辆划分:分为机动车停车场和非机动车停车场。

机动车停车场是供机动车辆停放的场所;非机动车停车场主要是停放自行车。

(2)按服务对象分:分为专用停车场和公共停车场。

专用停车场是指只供特定对象(本单位车辆或私人车辆)停放的停车设施。公共停车场是指供公众从事各种活动出行时停放机动车的停车设施,大多设置在城市商业区、城市中心、分区中心、交通枢纽点及城市出入口干道过境车辆停车需求集中的地段,一般占城市停车场的10%左右。

(3)按土地使用分:分为永久停车场(或称固定停车场)和临时停车场。

永久停车场是根据确定需要而固定设置的停车场地,场地的使用性质一般不易发生变化。临时停车场是根据一些临时需要就近划定的一些停车场地，场地的使用性质随时可能发生变化。

(4) 按场地位置分：分为路边停车场和路外停车场。

路边停车场是指在路面上靠路缘石划定的供车辆停放的场地。这种停车场一般设在街道较宽、交通量较小的支路或次干道上，但应基本上不妨碍交通。其规模视城市交通发展水平和道路建设条件而定，一般在城市停车场中占5%～10%。路边停车场设置简易、使用方便、用地紧凑、投资少，多用于临时性、短时间停放车辆。

路外停车场是指设置于道路红线之外的停车设施，包括地面停车场、停车楼、地下停车库等，这种停车场由出入口通道、停车坪及其他附属设施组成。附属设施一般包括服务部、休息室、给排水及防火设备、修理站、电话、报警装置、绿化、厕所、收费设施等。

地面停车场具有布局灵活、不拘形式、泊车方便、管理简单、成本低廉等优点，适用于城市各个地方，是最为常见的停车场。但其占用城市用地较大。

为节省城市用地，充分利用空间，可修建停车楼，或利用大型建筑物设立屋顶停车场。前者是驾驶人驾驶车辆由坡道上进出停车楼，车辆出入便利且迅捷，建筑费用与维修费用较少。后者是用升降机和传送带等机械运送车辆至停放位置，其特点是占地较小、有效停车面积大。地下停车库是将停车场建在地下，是节省城市用地的有效措施。结合城市规划和人防工程建设，可在公园、绿地、道路、广场及建筑物下修建各种地下停车库。修建地下停车库的费用大，但容量也大，改善停车状况的效果较显著。

停车场的规划设计除包括停车场的内容外，还应特别重视周围道路的疏散能力和进出通道、上下通道、安全紧急通道及驾驶人员通道布局，以及通风、照明、机械设备、防灾及管理设施的装配等问题。

二、城市道路主要交通方式

城市交通系统是保持城市活力最主要的基础设施系统，是城市生活的动脉，拉动或制约着城市经济的发展。发展多层次、立体化、智能化的交通体系，将是城市建设发展中普遍追求的目标。而发展大、中、低客运量相互匹配的多种形式相结合的客运交通工具，将是实现上述目标的重要技术支持。

城市道路交通从交通方式的角度划分，可以分为行人交通、自行车交通、摩托车交通、小汽车交通、公共汽车交通、轨道交通、出租汽车以及作为公共交通补充的各类班车等，以上各种交通方式又可概括成公共交通及私人交通两大体系。

(一) 主要交通方式

1. 公共交通

1) 路面轨道交通

目前，国外的很多大城市大多以重轨为主要轨道交通工具，以轻轨等其他轨道交通作为其辅助工具；小城市则以轻轨为主。部分轻轨设置在道路路面，路面轨道交通的技术经济优势包括：

(1) 节约时间。路面轨道交通常配以信号优先通行，是一种快速、准时的交通系统，不会发生交通拥堵的情况,因而乘坐轨道交通系统可以节约乘车时间,提高效率。

(2)速度快,运能大。轻轨的运营速度是 25～35km/h,运能为 0.8～2.4 万人/h。

(3)交通事故少。路面轨道交通系统大都采用沿线封闭方式,系统本身的安全性高,可大大减少交通事故的发生。

(4)能耗小。路面轨道交通完全由电力牵引,能节约大量的燃油消耗,缓解石油资源紧张状况。按每人千米能源消耗,设地铁为 100%,则轻轨为 96%,而普通公共汽车为 300%。

(5)环境污染小。路面轨道交通或建于地下,噪声低;地面上的线路工程不会对附近居民产生很大骚扰,并且轨道交通排放的废气少,对空气污染很小。

2)公共汽车

在城市轨道交通日趋普及的今天,公共汽车这种传统的客运交通方式,不仅在许多发展中国家的城市中被大量使用,而且,在发达国家的城市也仍然存在,这说明公共汽车有其不可替代的优点。公共汽车交通像其他交通工具和交通方式一样,有其独特的优越性和固有的局限性。

与城市轨道交通相比,公共汽车在线路设置和车辆运行等方面具有高度的机动灵活性。这一特点,使其具有不可替代的优越性,也是任何路面轨道交通所不能比拟的。但是,公共汽车作为一种常规的街道内地面公共交通方式,不可避免地受到城市道路条件和道路交通环境的影响,在我国城市机动车与自行车大量混行的条件下更是如此。这一交通特性,是公共汽车交通方式的弱点之一。

目前,我国公共汽车车辆类型甚多。按载客量不同可分为小型公共汽车、中型公共汽车和大型铰接公共汽车。

3)出租汽车

出租汽车在城市客运交通中起辅助作用,因而称之为辅助交通。出租汽车的车型有大、中、小和微型,可根据租用者的不同需要而提供服务。出租汽车是可以随时提供门到门服务的交通方式,其服务比其他公共交通更迅速、方便。近年,随着互联网和移动支付的发展,出现了网约车并形成了出租汽车行业的新业态,大大方便了居民的出行。

4)快速公交

如前文所述,快速公交是一种新型公共客运方式。从 21 世纪初开始,在我国北京、广州、杭州、济南、常州、厦门、郑州等城市先后建设运营。1974 年,巴西库里蒂巴市建成第一条快速公交线路,之后在世界范围内得到了广泛的应用。

2. 私人交通

1)小汽车

小汽车是机动性强,可以实现"门到门"运输的个性化交通方式,适合长距离出行。它的行驶路线相对自由、灵活方便,无须换乘,舒适随意,宜于个人使用。小汽车的使用提高了人们的工作效率,加快了生活节奏,节约了交通时间,改善了出行条件,扩大了活动范围,带动了汽车及相关产业的发展,小汽车无疑是现代世界物质文明的一大进步。但是也应看到,由于小汽车的发展和广泛使用,特别是无计划、无控制地任意发展,在环境污染、交通、能源、土地利用等方面给城市带来了一系列难以解决的矛盾,使整个城市功能倾斜,城市交通也逐渐失去了它原来的服务本质。

2) 自行车

自行车是一种可实现"门到门"运输,连续性的、个体的、非常健康的交通方式。它对道路无特殊要求,可在一切道路和小巷内行驶,是适合中速骑行半小时以内出行距离的短程代步工具。自行车可以连续骑行,单独完成出行活动,也可短途至公共交通站点(需设有自行车存放场地),停车换乘公共汽车。由于它灵活、机动,对行驶线路选择有很大的自由性,如遇交通受阻,即可绕道行驶,在时间上比公共汽车有更大的保证。此外,自行车节约能源,不污染空气,且有益健康,年龄的适应范围也较大。

自行车作为交通工具,首先在西欧、北美的一些国家和城市得到应用和发展,也经历了自行车交通多于汽车交通的时期。如1930年,哥本哈根自行车交通量占总交通量的70%;荷兰海牙1955年自行车交通量占59.5%,而机动车只占28.9%。20世纪60年代以后,随着汽车工业的发展,小汽车逐渐普及,自行车的使用率开始下降。如1970年,海牙机动车交通量高达71.3%,而自行车只有14.8%;阿姆斯特丹自行车交通量也下降了50%。然而在拥有量方面,自行车却一直持续增长,欧洲、美洲等地区的国家也保持着相当高的自行车拥有量。日本自行车协会的统计资料表明,截至2008年底,全世界自行车拥有量约为9.4亿辆。其中,美国和日本分别拥有1.2亿辆和8665余万辆。2008年,荷兰拥有1800万辆自行车,人均拥有量最高,约为1.09辆。

2007年,共享单车(Bicycle-sharing)在我国出现,市民可以灵活方便地使用共享单车,解决出行中的"最后一公里"问题,实现与其他交通方式的衔接。

自行车等非机动车交通具有灵活方便、经济耐用、节能健康、不污染环境且适合大众需求的特点,但也同时具有安全性差、舒适性差、稳定性差、受干扰大等缺点。

3) 摩托车

摩托车也是机动灵活、可实现"门到门"运输的个性化交通方式之一,其具有较强的机动性,适用于城市内部中短距离的出行。我国将摩托车分为轻便摩托车和摩托车两类。发动机工作容积不超过50mL,最大速度不超过50km/h的摩托车属于轻便摩托车;最大速度超过50km/h或发动机工作容积大于50mL的两轮或三轮机动车属于摩托车。

4) 步行

步行是最基本、最健康的末端交通方式。行人交通是城市交通综合体系的重要部分。在现代都市内,步行作为工作出行的占比虽逐渐下降,但作为中心商业区、住宅区和各种交通方式起始点、终点和换乘的方式,有其不可替代的作用。在中小城市,步行交通在交通构成中仍占有相当重要的地位。在机动化出行日益增强的现代社会,弃车步行将是最健康和最低碳的出行方式。

(二)城市交通结构

城市交通结构取决于城市和城市交通的发展战略,是现代城市交通系统的最高层次。现代城市交通系统包括公共电汽车、小汽车及采用双轨、独轨、导轨、磁浮轨道的各类列车,交通网络包括地面道路网、地下轨道网络、地上高架道路和高架轨道。

城市交通结构体现在两方面,一是作为各种交通方式载体的基础设施,即道路网络、轨道交通网络和公共电汽车网络的比例结构;二是公共汽电车、轨道交通、私人小汽车等交通方式完成的客运量的比例结构,也称划分率。保持两者的合理结构,对解决城市交通问题至关重要。

目前的城市交通结构,可以概括为以下两种类型。

(1)以运量大的公共交通作为主要交通工具。公共交通在这类城市交通结构中处于主导地位,公共交通是包括公共汽车、无轨电车、小型公共汽车、地铁、城市铁路、市郊铁路、新交通系统等在内的综合公共交通系统。这一类型的城市,一般城市建设密度都较大。如日本的8个主要城市的公交客运量占总客运量的51.6%,而小汽车只占12.3%。俄罗斯的莫斯科、新加坡及我国的香港等地,城市客运都是以公交为主体。

(2)以私人小汽车作为城市主要交通工具。这一类型的城市建设密度小,公交运营费用昂贵,效率很低。如美国的旧金山、洛杉矶、底特律、达拉斯、圣地亚哥等城市公交客运量均不到10%,而小汽车的出行量大多占总出行量的70%以上。旧金山市的客运结构中,小汽车出行占总出行量的75%,公交占8%,步行占15%,其他占2%。

三、城市道路交通管理控制设施

(一)交通信号控制设备

1. 交通信号灯

道路上常用的交通信号有灯光信号和手势信号。灯光信号通过交通信号灯的颜色来指挥交通;手势信号则由交通管理人员通过法定的手臂动作、姿势或指挥棒的指向来指挥交通。交通信号主要用于平面交叉路口,是在空间上无法实现交通分离原则的情况下,通过在时间上给不同方向的交通流分配一定的通行权完成交通指挥的设施。

交通信号灯最初的信号仅为红、绿两色。绿灯表示允许通行,红灯表示禁止通行。后来出现了红、黄、绿三色信号灯,黄色灯作为红色灯与绿色灯之间的过渡信号。现代信号灯,除原来红、黄、绿三色基本信号灯之外,又增加了箭头信号灯和闪烁灯。箭头信号灯是在灯头上加一个指示方向的箭头,分设左、直、右3个方向,它是专为分离各种不同方向交通流,并对其提供专用通行时间的信号灯。在一组灯具上,具备左、直、右3个箭头信号灯时,就可取代普通的绿色信号灯。闪烁灯在各色信号灯启亮时,按一定的频率闪烁,以补充其他灯色所不能表达的交通指挥意义。

除交叉口交通信号灯外,还有人行横道信号灯和车道信号灯。车道信号灯悬挂在多车道道路上空,有绿色箭头灯,箭头指向所对的车道,此灯亮时,指示该车道可通行;还有红色"×"灯,此灯亮时,指示该车道前方不能通行。一般,车道信号灯多用在快速道路、桥梁、隧道及设有可逆方向车道的道路上。

2. 交通流检测器

交通流检测器是现代交通控制系统中最基本的设备之一。交通流检测器的功能是在道路上实时检测交通量、车速或占有率等交通流参数,这些参数都是交通流控制系统中所必需的基础数据。交通流检测器的种类很多,根据其工作原理,主要有以下5种:

(1)压力式检测器。当汽车从检测器上通过时,汽车的质量使密封的橡胶压力板里的接触极闭合,从而发出车辆通过时产生的信号。

(2)地磁检测器。在路面下埋设一个具有高导磁率铁芯的线圈,车辆通过时,通过线圈的磁通量发生变化,在线圈中产生一个电动势,通过放大器去推动继电器发出车辆通过的信号。

(3)环形线圈检测器。环形线圈检测器由环形线圈、检测处理单元及馈线3部分组成。环形线圈检测器既可检测交通量,又可检测占有率及车速等多种交通流参数。

(4)超声波检测器。该种仪器由超声波发射器发出波束,再接收从车辆或地面的反射波,根据反射时间的差别,判断车辆通行状况。

(5)视频检测器。该种仪器利用图像处理技术,识别画面中的车辆通过状况,从而获取交通流相关参数。

交通流检测器是交通流信息采集的重要设施,目前世界各国都致力于研制更加精确、高效的检测器。

3. 交通流控制设备

交通流控制设备是现代交通控制系统中又一最基本的设备。其用途,一是操纵一个或同时操纵几个交叉口的信号灯;二是把几个交叉口的控制机连接到一个主控机或主控计算机上,从而形成干线控制或区域控制系统。现代交通流控制机的基本功能包括:

(1)根据预先设定的配时方案或感应控制方案,操纵信号灯。

(2)接收交通流检测器送来的信号,处理信息,并根据这些信息按预先设定的方案操纵信号灯。

(3)接收从主控机或主控计算机发来的指令,并根据指令按预先设定的方案操纵信号灯。

(4)配置小型计算机或微处理机的交通流控制机,可以收集检测器的交通信息,处理并存储这些数据,或根据指令把数据送给主控计算机。

(二)道路交通标志和标线

1. 道路交通标志

道路交通标志是以颜色、形状、字符、图形等向道路使用者传递特定信息,用于管理道路交通的设施。一般设置在路侧或道路上方(跨线式)。道路交通标志给道路使用者以确切的道路通行信息,促使道路交通达到安全、畅通、低公害和节能效果。

按《道路交通标志和标线 第2部分:道路交通标志》(GB 5768.2—2009)规定,道路交通标志分为主标志和辅助标志。主标志又分为警告标志、禁令标志、指示标志、指路标志、旅游区标志、作业区标志和告示标志7类,此处仅就前4类标志作简单介绍。

(1)警告标志:警告车辆、行人注意道路交通的标志。形状为顶角向上的等边三角形。图案为黄底、黑边、黑图案。

(2)禁令标志:禁止或限制车辆、行人交通行为的标志。形状为顶角向下的等边三角形或圆形,图案为白底、红圈、红杠、黑图案。

(3)指示标志:指示车辆、行人应遵循的标志。形状采用圆形、长方形和正方形,图案为蓝底白图案。

(4)指路标志:传递道路方向、地点、距离信息的标志。形状为长方形或正方形,图案为蓝底白图案或绿底白图案。

2. 道路交通标线

道路交通标线是由施划或安装于道路上的各种线条、箭头、文字、图案及立面标记、实体标记、凸起路标和轮廓标等所构成的交通设施。它的作用是向道路使用者传递有关道路交通的规则、警告、指引等信息,可以和标志配合作用,也可以单独使用。标线颜色除少数注明可用黄色外,大多使用白色。道路交通标线按其不同的功能分为以下几类。

(1)车行道中心线:用来分隔对向行驶的交通流。一般设在车行道中线上,颜色可采用黄色或白色。

(2)车行道分界线:用来分隔同向行驶的交通流。

(3)车行道边缘线:车行道边缘线表示车行道的边线,颜色为白色。

(4)停止线:表示车辆等候放行信号,或停车让行的停车位置,采用白色单实线。

(5)减速让行线:采用两条平行的白色虚线。设有"减速让行"交通标志的路面,应设减速让行标线。

(6)人行横道线:它是准许行人横穿车行道的白色标线。

(7)导流线:采用45°角斜向的平行白线。它表示车辆需按规定的路线行驶,不得压线或越线行驶。

(8)车行道宽度渐变段标线:表示车行道宽度变化及车道数增减。

(9)接近路面障碍物标线:表示车辆需绕过路面障碍物。

(10)停车位标线:表示车辆停放的位置,设置时应和停车场标志配合使用。

(11)港湾式停靠站标线:供公共汽车通行使用,专门分离引道和停靠位置。

(12)出入口标线:主要用于高速公路与城市快速路立体交叉口进出匝道,保证车辆安全交汇。它包括出入口的横向标线及三角地带等标线。

(13)立面标记:用于提醒驾驶人员注意,在车行道内或近旁有高出路面的构造物,可设在构造物的墩柱或侧墙端面上,或安全岛的壁面上。

随着智能交通的发展,出现了一种被称为"可变情报板"(Variable Message Signboard,VMS)的新型交通标志,在大城市道路交通中获得了比较广泛的应用。

(三)道路交通隔离措施

为了严格交通管理,在城市道路的车行道与人行道之间、机动车道与非机动车道之间、两条对向行驶的机动车道之间的界线位置,一般安装隔离设施。隔离设施的作用是严格防止车辆或行人越界,从而保证车辆与行人的安全通行,减少不同车流、人流的干扰。

交通隔离设施分永久性隔离设施与临时性隔离设施两种。一些道路因临时需要,为防止行人与车辆过分集中、相互干扰或引发交通事故而安放的隔离设施称为临时性隔离设施,当交通恢复正常运行后,应予以搬除。而有些道路在正常运行情况下,行人和车辆始终处于相当繁忙状态时,可安装永久性隔离设施。

临时性隔离设施多数由移动式墩座和链条组成,以便于装卸和运送。永久性隔离设施多数采用绿化、铸铁格栅式、钢管护栏式或混凝土墩座和链条组成,并固定安装在道路分界线位置,并长期使用。

尽管交通隔离设施是一种实施交通管理、保障交通安全的基础设施，但是从城市道路总体来看，它又是道路景观的重要组成部分。因此，应该从总体环境出发，配合周围建筑群和绿化布局，精心地对隔离设施的线条、造型、图案、构造和色调进行选择和设计，使之与环境和路容相互配合、协调一致。

第四节　城市交通管理

一、概述

交通管理的目的是应用现代科学技术来保证道路交通的安全通畅，以促进社会经济发展和社会文明进步。交通管理涉及整个社会，与百姓生活息息相关，是一项复杂的社会系统工程，是政府行政工作的重要内容和行政干预的重要领域之一。交通管理的理念和方法随时代的变迁、技术的进步得到了不断发展。

（一）交通管理的演变与发展

随着时代的变迁、科学技术的进步，社会对交通服务质量要求不断提高，人们对治理交通的认识也在不断更新。各时代陆续产生不同的交通管理理念与方法，大体可分为4个阶段。

（1）传统交通管理阶段。汽车交通出现初期，主要交通问题是交通事故。交通管理旨在克服由汽车引起的频繁的交通事故，保障交通安全。采取的管理措施主要是针对性地分道行驶、限制车速、在交叉口上指挥相交车辆运行、避免发生冲突等，基本上是交通执法管理。

汽车交通量的增长，引发了更多的交通问题。道路上出现了交通拥堵现象，治理交通的目标主要是在交通建设基础上增建道路以满足汽车交通需求的增长。在交通管理上，除安全管理外，最现实的目标就是缓解交通拥堵、疏畅交通、提高道路交通的通行效率。因此，出现了单向交通、变向交通、用科技新成果改善交叉口通行条件及交通信号控制等措施。

如果把以上治理交通问题的目标与方法称为传统交通管理，那么传统交通管理的基本概念就是新建道路，配以提高既有道路通行效率的交通管理措施，来满足交通需求的增长，即"按需增供"。

（2）交通系统管理（Transportation System Management, TSM）阶段。进入20世纪70年代，社会对环境更加重视，加上土地资源的限制、石油危机以及当时的财政状况等因素影响，交通问题比较突出。同时，科学技术方面，系统工程、计算机技术的成就，给交通管理技术提供了强大的技术支持。在这些社会、科技背景下，治理交通问题的理念从增加道路来满足交通需求转向以提高现有道路交通效率为主的交通管理理念，出现了交通系统管理的新方法。

（3）交通需求管理（Transportation Demand Management, TDM）阶段。20世纪70年代末，在大量增建道路、用尽了种种提高现有道路交通效率的治理措施之后，在交通需求不断增长的背景下，交通拥堵现象非但没有缓解，反而越来越严重，并且环境污染问题日益凸显。人们在治理交通的实践中，逐步认识到增建道路、提高道路交通效率永远无法满足交通需求的增长，因此，逐步形成并提出了"交通需求管理"的观念与方法。这是在交通治理观念上的一次重要变革,此次变革从历来由增建道路来满足交通需求增长转变为对交通需求要加以管理、限制,以适应已有道路交通设施能够容纳的程度,即改"按需增供"为"按供管需"。

(4)智能交通系统(Intelligent Transport Systems,ITS)阶段。20世纪80年代后期,随着信息技术、人工智能技术、计算机及通信技术的发展,在20世纪70年代研究"自适应交通信号控制系统"与"路线导行系统"的基础上,逐步扩展成"智能交通系统"的研究。到20世纪90年代,"智能交通系统"已成为各交通发达国家交通科研、技术与产品市场竞争的热点。"智能交通系统"成为21世纪现代化地面交通运输体系的模式和发展方向,是交通进入信息时代的重要标志。随着近年大数据和人工智能技术的快速发展,城市交通管理迈入了智能交通系统2.0时代。

(二)城市交通拥堵与交通管理

城市交通是城市社会活动、经济活动的纽带和动脉,对城市经济发展和人民生活水平的提高起着极其重要的作用。近年来,随着人口的增长、国民经济的高速发展以及城市化进程的推进,城市交通需求急剧增长,我国全国范围内的大中城市,基本上都出现了不同程度的交通拥堵现象。出现城市交通全面紧张的原因主要有以下两个方面。

(1)城市交通基础设施建设速度跟不上交通需求增长速度,城市交通设施运输能力不能满足交通需求而造成交通拥堵。

改革开放40多年来,国民经济高速发展,交通需求量的增长基本上与国民经济的增长同步,机动车的年平均增长率达13%~15%,而道路交通量的年平均增长率超过了15%。此外,近10年来,尽管国家在城市交通基础设施建设方面投入了大量的财力、物力,但由于交通设施的建设周期较长,投入资金巨大,其建设速度十分缓慢,全国城市道路里程的年平均增长率小于5%。交通设施建设速度远远落后于交通需求增长速度,这是造成我国城市交通全面紧张的主要原因。

(2)城市交通管理水平不高,城市交通结构不合理,现有道路交通设施的运输能力得不到充分利用而加重了道路交通拥堵。

我国经济发展很不平衡,沿海城市较内地城市发展要快,许多城市已初步建成了较完善的道路网络系统,但由于我国大多数城市交通管理设施落后,管理水平不高,加上人们的现代交通意识淡薄,法制观念不强,交通秩序较混乱,严重影响了已有道路通行能力的充分利用。同时,我国城市交通方式结构极不合理。居民出行中占用路面面积最小(人均占用路面$1m^2$)的公交车出行所占比例很小,公交出行在多数城市只占10%左右。这种不合理的交通结构,致使我国道路交通网络运输效率很低。

一般而言,城市道路交通拥堵的解决办法是降低道路交通负荷,使道路通行能力能适应交通流的要求。从道路交通管理角度,可通过以下途径降低交通负荷。

(1)加快交通基础设施建设,提高交通网络的承载能力,以达到降低交通负荷的目的。通过交通基础建设解决交通问题往往是人们首选的措施,但是,交通基础设施建设投资巨大,建设周期很长。尽管如此,按照前述城市交通结构分析,我国的城市交通体系建设,尤其是城市公共交通基础设施的建设,仍然是今后较长一段时期的努力方向。

(2)交通管理。如交通需求管理,通过采取公交优先、控制、限制、禁止私人交通等政策措施，使居民出行在各种交通方式之间均衡，或减少出行量，以达到降低道路交通负荷的目的。

与交通基础设施建设相比，通过科学的交通管理手段，提高城市交通网络的运输效率，缓解城市交通紧张局面，投入少、见效快。但是，交通管理也有局限性，经研究，通过科学的交通管理可以提高 15%～20% 的交通网络通行能力。

二、城市交通管理的分类

根据交通管理的性质与内涵，交通管理可以分为交通行政管理（Administration）、交通执法管理（Enforcement）以及交通运行管理（Operation）。

（一）交通行政管理

交通行政管理是指政府和交通行政机构在有关法律规定的范围内，对交通业务所进行的决策、计划、组织、领导、监督和控制等的处理、协调活动。交通涉及整个社会，是实现个人和部门生产或生活目标的基本手段。交通的这种社会性和基础性使得交通成为政府行政工作的重要内容和行政干预的主要领域之一。政府行政干预的形式、力度和手段在相当程度上决定了城市交通发展的规模、水平，决定了各类人群尤其是低收入者所享受交通服务的质量。

交通行政管理是最高层次的交通管理，它的内容涉及交通管理的职能、体制、手段等多个方面。从宏观层面上，它主要是从全社会的整体协调发展，以及社会全体成员的需要来进行管理，与交通体制、交通政策、交通规划、交通组织等有关；在微观层面上，主要是交通主管部门采取发布规范、命令、指示等形式，对交通事务进行直接协调、指挥和控制的管理方法，其本质特征是具有强制性。

（二）交通执法管理

交通执法管理又称交通秩序管理，是指按照交通法规对道路上的车流、人流及与交通有关的其他活动进行引导、限制和组织管理，包括建立交通指挥信号控制，设置交通标志、标线等管理设施，合理规划、使用现有道路，调整、疏导交通流量，纠正、取缔交通违章，调查处理交通事故等，使车辆、行人各行其道，有秩序地通行。

交通执法是人们维护交通安全和畅通所必须遵守的行为规范。交通执法管理是道路交通管理工作的重要组成部分，也是一项重要的国家行政管理活动，其管理目的主要通过交通执法的手段实现。交通执法管理对确保交通安全、畅通、有序，维护广大交通参与者的合法权益，保障社会治安稳定都具有重要作用。

从内容上看，交通执法管理主要包括交通行驶秩序管理、道路使用管理、道路交通违法与事故处理、交通秩序管理设施 4 个方面。

（三）交通运行管理

交通运行管理是指运用交通技术措施对交通系统实施有组织的协调和处理活动。交通运行管理的目标是最大可能地发挥交通系统的效率，以保持并改善交通基本功能。

为了有效地使用交通设施，最大限度地发挥现有系统的潜能，提高和改善交通设施的服务功能,同时,也为加强对交通运行管理提供依据,有必要研究交通运行的特征和规律。

交通运行管理最基本的管理模式包括行车管理、步行管理、停车管理、平面交叉口管理、快速道路交通管理等。此外,交通运行管理的其他方法还包括诸如交通系统管理、交通需求管理、交通运行组织管理、优先通行管理和特殊事件交通管理等。

1. 交通系统管理

交通管理是一项长期复杂的社会系统工程。国内外长期的交通管理实践证明,将系统工程的思想、理论、方法应用到交通管理中,从交通系统的整体出发,着眼于交通系统的整体安全和效率来协调交通管理中道路使用者、车辆、道路交通资源与交通管理控制措施之间的矛盾,往往能取得事半功倍的交通管理效果。城市交通系统管理是通过一系列的交通组织或硬件管制来调整交通流的时空分布、提高交通网络运输效率的管理模式。根据我国国情及发达国家的经验,可采用以下几类交通系统管理策略。

1) 节点交通管理策略

节点交通管理是指以交通节点(往往是交叉口)为管理范围,通过采取一系列的管理规则及硬件设备控制,来优化利用交通节点时空资源、提高交通节点通行能力的交通管理措施。节点交通管理是城市交通系统管理中最基本的形式,也是干线交通管理、区域交通管理的基础。在我国,目前常采用的节点管理方式有以下3种。

(1) 交叉口控制方式。目前,我国城市道路网络中,常采用的交叉口控制方式有信号控制交叉口、无控制交叉口、环形交叉口、立体交叉口等形式。由于立体交叉口占地较大,较多情况下设置在城市边缘地区(城市出入口道路与环城公路交叉处)或城市快速路与其他干道交叉处,城市内部的交通节点绝大部分为平面交叉口。

(2) 交叉口管理方式。在城市交通网络中,由于交叉口的某行车方向车流平均通行时间不足50%(路段为100%),因此,交叉口是交通网络的"瓶颈口"。为了提高交叉口的通行能力,使之与路段通行能力相协调,以此提高全网络运输效率,通常采用的交叉口管理方式有如下几种:

① 入口拓宽。增加交叉口入口车道数,提高交叉口单位时间的通行能力,以此来弥补通行时间的不足。

② 入口渠化。根据交通量及转向流量大小设置不同转向的专用入口道,优化利用交叉口空间及通行时间。

③ 信号配时优化。根据交叉口交通量、转向流量大小,优化信号灯配时,使有限的绿灯时间放行尽可能多的车辆数。

(3) 交叉口转向限制。由于在交叉口存在转向交通行为,交叉口的交通状况要比路段复杂得多,交通流冲突点和交织点的存在使交叉口通行能力大大降低。在各转向车流中,左转车流引起的车流冲突点最多。例如,在四路交叉口,禁止左转后车流冲突点数能从原来的16个减少到4个,交通状况能大大改善。因此,在交通流量较大的交叉口,可采用定时段(高峰期)或全天禁止左转(全交叉口或某一些入口)的管理措施,以提高交叉口通行能力。

2) 干线交通管理策略

干线交通管理是指以某条交通干线为管理范围而采取一系列管理措施,优化利用交通干线时空资源、提高交通干线运行效率的交通管理方法。干线交通管理不同于节点交通管理,它以干线交通运输效率最大化为管理目标。干线交通管理应以道路网络布局为基础,并根据道路功能确定干线交通管理的方式。在我国,常用的干线交通管理方式有单行线、公共交通专用线、货运禁止线、自行车专用线(或禁止线)、"绿波"交通线等。

3) 区域交通管理策略

区域交通管理策略是交通系统管理的最高形式。它以全区域所有车辆的运输效率最大化(总延误最小、停车次数最少、总体出行时间最短等)为管理目标。区域交通管理是一种现代化的交通管理模式,它需要以城市交通信息系统作为基础,以通信技术、控制技术、计算机技术作为技术支撑。目前,区域交通管理有区域信号控制系统和智能化区域管理系统两种形式。

2. 交通需求管理

从交通管理发展的4个阶段来看,交通需求管理的提出使交通管理的观念发生了根本性转变,它使交通管理的着眼点从以"交通供给"为主转变为以"管理需求"为主。

交通需求管理的理念起源于20世纪70年代末的欧美国家和地区,由于它具有较强的先进性,至20世纪80年代被欧美国家和地区普遍重视。如果说交通系统管理是对已经发生的交通进行的管理,那么,交通需求管理就是对将要发生的交通进行的管理。

城市交通需求管理是通过一系列的政策措施来降低出行需求量,优化交通结构的管理模式。根据我国国情及发达国家的经验,可采用以下几类交通需求管理策略。

1) 优先发展策略

在城市道路交通的各种出行方式中,不同交通方式的道路空间占用要求、环境污染程度、能源消耗量等均有较大差异。优先发展策略就是对某些道路空间占用要求少、环境污染低、能源消耗小的交通方式实行优先发展,并根据城市道路交通网络、能源储备及环境控制的实际情况,制定优先发展的实施措施。

在我国,最需优先发展的交通方式是公共交通。因为公共交通的人均占用道路面积最小、人均污染指标最低、人均消耗能源最小。目前,我国交通运输部正在全国大中城市开展公交都市示范工程,从政策和技术措施等方面保障公交的优先发展。

发达国家除了采用公交优先发展的措施外,还采用高占有率车辆(High Occupancy Vehicle,HOV)优先,即乘带多名乘客(2人以上)的小汽车在交叉口、收费通道享有优先通行权,有的城市设置了HOV专用车道,以此鼓励驾驶人员多带乘客,以便减少道路上小汽车的数量。

2) 限制发展策略

当城市道路交通网络总体交通负荷达到一定水平时,交通拥堵现象就会加重,这时,必须对某一些交通工具实施限制发展(或控制发展)策略,以防止交通状况的进一步恶化。通常,被限制发展的是那些交通运输效率低、污染大、能耗高的交通工具。哪类交通工具应该被限制发展以及被限制的程度,应根据城市道路交通网络的发展水平、负荷水平、已有的交通结构及各类交通工具的拥有量与出行特征等确定。如某一城市在某一交通负荷水平时应该限量发展私人小汽车,达到某一水平时需限量发展摩托车,达到某一水平时需限量发展出租汽车、中型客车,通过优先发展策略及限制发展策略的综合应用,来调整整个城市的交通结构,并使之优化,以提高交通网络的运输效率。与优先发展策略不同的是,采用限制发展策略会有一定的负面影响，因此在限制发展策略实施前，必须对此策略可能造成的正面效益及负面影响作细致的分析及定量化评价并谨慎使用。

3）禁止出行策略

当某些大城市、特大城市的道路网络总体负荷水平接近饱和或局部区域内超饱和时，就应该采用暂时或较长一段时间内禁止某些交通工具在某些区域内出行的管理策略。

禁止出行策略一般为临时性的管理策略。在我国，常用的禁止出行策略有：某些重要通道或某些区域（甚至是全市）的车辆单双号通行（单号日禁止车牌尾数为单号的车辆通行、双号日禁止尾数为双号的车辆通行）及其他尾号限行、某些路段或交叉口转向在某些时段（通常为高峰期，有的甚至是全天）对某种交通工具实施禁止通行等。

与限制发展策略一样，禁止出行策略有一定的负面影响，这类策略实施以前，必须进行"事前事后"效果的定量化评价。该方法也应谨慎使用。

4）经济杠杆策略

经济杠杆策略是一种介于无管理与禁止出行策略之间的柔性较大的管理策略，是一种通过经济杠杆来调整出行分布或减少出行需求量的管理措施。例如，通过收取市中心高额停车费来减少市中心区的车辆交通量；收取某些交通工具的附加费来减少这些交通工具的出行量；某些重要通道过分拥堵时可通过收取通行费（也称拥堵费）来调节交通量；通过对鼓励发展的交通方式收低价、对限制发展的交通方式收高价等来调整交通结构。经济杠杆策略实施前，应对"收费额度"对调节交通量的影响作定量分析，以便确定最佳费额。

3. 交通运行组织管理

1）交通运行组织的意义

交通运行组织管理是交通需求管理（TDM）策略、交通系统管理（TSM）策略等诸多管理措施的综合运用。

由于城市空间有限，道路数量难以按需增长。为此，必须加强对现有道路使用的管理，即用现代化的管理方法和手段，按照道路的功能，合理地组织交通，调节、疏导交通流量，使道路的交通量与道路通行能力相协调，充分发挥路网的效能，以缓解需求过大的矛盾。对交通管理部门来说，为了道路的最佳使用，就必须通过多种管理措施和手段，对已有道路规定其使用方式，并对各种车辆的运行进行优化组织。

2）交通组织管理方案的制订

交通组织管理方案制订的方法是：对城市交通进行系统调查，掌握大量的城市交通基础资料和信息，并对城市交通路网系统的现状进行分析，根据路网道路条件、道路功能的分工和交通流分布状况，以安全、畅通为目标，通过对现有交通流的合理汇集与再分配以及交通模拟分析方法，制订出能够对车流运动状态产生控制作用的、由多种交通管理措施组成的实施方案，其中包括硬件、软件方面的多种手段。

3）交通组织管理规划的理论依据

交通组织管理规划是为了在现有城市路网结构与已推算出车辆起讫点（OD）出行分布的情况下，通过交通流分配和模拟分析，在所限定的路线通行能力下，以车辆出行延误总时间最小为准则，寻找出优化的城市道路交通组织管理方案。因此，其关键的理论基础和方法是交通流分配和模拟分析。

4)交通运行组织管理考虑的基本原则和措施

在组织、疏导城市路网上的交通流时,通常考虑以下原则:

(1)交通分离的原则。把道路上不同类型、不同方向、不同速度的车辆以及行人,在时间上或空间上进行分离。如快慢车划线分道或物体隔离、设置专用道路、立体交叉等。

(2)交通量控制和调节的原则。从时间上、方向上、区域上、道路功能上来对交通量进行控制和调节。如设置单行线,路线的限时、限车种通行、繁华商业区禁止货车通行等。

(3)按交通性质疏导的原则。对不同交通性质的车辆进行引导限制。如对客、货运交通分别考虑,客运交通优先,开辟过境线路,引导过境交通避开市区等。

根据这些原则,具体实施的交通管理措施共计有以下6类。

(1)路口禁止车辆转弯,包括禁止车辆左转弯、禁止车辆右转弯、禁止车辆掉头。

(2)路段禁止车辆通行,包括:①禁止机动车辆通行,主要有双向禁止机动车通行(即非机动车专用道)、单向禁止机动车通行(即机动车单行线)、双向禁止货车通行、单向禁止货车通行、禁止摩托车通行、禁止拖拉机通行、禁止手扶拖拉机通行、禁止教练车通行等。②禁止非机动车通行,有双向禁止非机动车通行(即机动车专用道)、单向禁止非机动车通行(即非机动车单行线)、禁止人力车通行。③单向禁止机动车和非机动车通行的道路(即一切车辆单向通行的道路)。④机动车、非机动车对向通行的道路,即机动车和非机动车均单向通行,且相向行驶。

(3)禁止超车路段。

(4)限速路段。

(5)禁止停车路段。

(6)禁止鸣笛路段。

有关禁行措施方面,除了分方向、车种禁行外,在时间上分为全日禁行、白天禁行、高峰禁行。这3种禁行形式往往综合使用,在管理中一般还根据具体情况,对某些特殊需要的车辆发放通行证,准许其在禁行区段行驶。

4. 优先通行管理

城市客运交通方式可分为两大类:一类是公共交通,另一类是私人交通。公共交通又可分为大宗公共交通和个别公共交通两种。大宗公共交通是指公共汽车、电车、轻型有轨交通、地铁和城市铁路等;个别公共交通是指出租汽车。私人小汽车、摩托车、自行车等称为私人交通,或称个人交通。

交通管理不仅要指挥和疏导交通,而且还要了解与研究各种交通方式在交通环境中的地位与作用,据此制定出相应的交通管理政策及管理方法,如公共交通车辆及其他车辆的优先通行管理等。

5. 特殊事件交通管理

道路上特殊事件的发生将会给正常的交通运行造成很大的干扰。特殊事件的交通管理是整个交通管理系统的重要组成部分。根据特殊事件发生的特点而采用相应的交通管理策略将有助于提高交通管理的效益。特殊事件的交通管理,不同于常规条件下的交通管理,所采取的措施属于临时性措施。

1）特殊事件交通管理原则

对特殊事件进行交通管理,一是要充分利用现有的道路交通资源来进行,因为现实中不可能由于某一事件而增设大量的临时性交通设施;二是要尽量降低特殊事件带来的对交通和环境的负面影响,提高交通安全和交通效率,同时兼顾环境。

对于突发性事件的交通管理,通常要求能迅速反应,根据现场情况,机动灵活地进行交通组织和交通管理并及时发布相关信息对交通流进行有效引导。对于计划性事件,在事件策划时就应制订相应的交通管理方案;事件进行中执行好交通管理方案,并根据实际情况对原方案进行修正;事件结束后,及时对本次交通管理方案进行总结和归档。也就是说,交通管理要贯彻事件的始终。

2）特殊事件交通管理措施

特殊事件的交通管理涉及交通的方方面面,包括快速道路控制、城市道路控制、交叉口控制、紧急事件处理、交通信息采集和发布、交通监控以及静态交通管理等。

三、城市道路交通控制

1868年12月10日,英国机械师德·哈特设计、制造的煤气交通信号灯出现在伦敦议会大厦的广场上,成为城市街道的第一盏信号灯。1918年,美国在盐湖城建成了干线道路上相连几个交叉口信号灯的互联信号控制。同时,信号灯也被改进为白天和晚上皆可运行的电气照明三色信号灯。1926年,英国在沃尔佛汉普顿安装和使用自动化的控制器来控制交通信号灯,这标志着城市道路交通自动控制的开始。1952年,美国丹佛市利用模拟计算机和检测器实现了交通信号灯的实用化,并成为世界上第一个利用电子数字计算机控制城市道路交通信号系统的城市。随着计算机技术的发展和推广,城市道路交通信号控制系统得到了迅速发展。

交通信号控制方式基本上可分为定时式控制和感应式控制两种形式。定时式控制是利用定时控制器,按照预先设定的时间和顺序,重复变换红、黄和绿三色灯,其信号周期时间可按交叉口处不同方向车流的情况预先规定一种或几种。感应式控制是通过车辆检测器测定到达交叉口的车辆数,及时变换信号显示时间的一种控制方式。它能充分利用绿灯时间,提高通行能力,使车辆在停车线前尽可能不停车,从而可得到安全、畅通的通车效果,但感应式信号装置的造价很高。

城市道路交通控制类型分为单点控制、系统控制和区域控制3种。

1. 单点控制

单点控制即单个交叉口交通信号控制,简称点控制,它以单个交叉口为控制对象,是交通信号灯控制的最基本形式。单点控制又可分为两类:固定周期信号控制及感应式信号控制。

1）固定周期信号控制

固定周期信号控制是最基本的交叉口信号控制方式,这种控制方式设备简单、投资最少、维护方便,同时这种信号控制机还可以升级,与邻近信号灯联机后上升为干线控制或区域控制。

(1)控制原理。按事先设计好的控制程序,在每个方向上通过红、黄、绿三色灯循环显示,在时间上实现隔离来指挥交通流。交通信号的规定为:红灯——停止通行,绿灯——放行,黄灯——清尾,即允许已过停车线的车辆继续通行,通过交叉口。

(2)信号相位方案。信号相位方案即信号灯轮流给某些方向的车辆或行人分配通行权的一种顺序安排。每一种控制(即对各进口道不同方向所显示的不同灯色的组合)称为一个信号相位。

一般情况下,信号控制灯多采用两个相位,即二相制。如东西向放行,显绿灯,而南北向禁行,显红灯,这为第一相;第二相时,南北向放行,显绿灯,东西向禁行,显红灯。信号配时方案一般用信号配时图表示,如图6-2所示。当东西向左转交通量比较大时,可设置左转专用相位,此时,信号控制灯采用三相制,如图6-3所示。

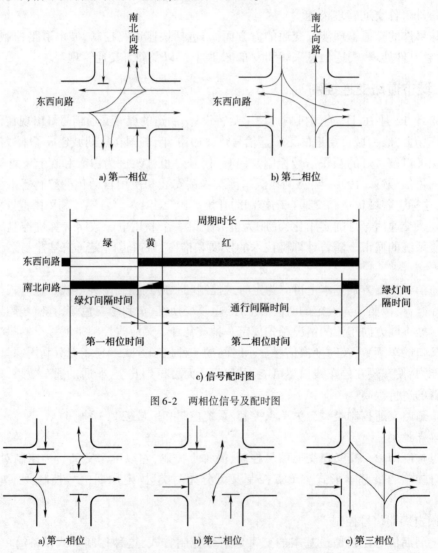

图6-2 两相位信号及配时图

图6-3 具有左转专用相位的三相位方案

(3)固定周期信号灯基本控制有以下两个参数。

①周期长度。周期长度是指各个行车方向完成一组变色灯变换所需的总时间,它等

于红灯时间＋绿灯时间＋黄灯时间。周期长度及红灯、绿灯时间根据交叉口总交通量、两相交道路交通量确定。黄灯时间根据交叉口大小确定，一般为4s。在一个较小的时间段内（如1h），周期长度及各色灯时间是固定的，但在一天中，周期长度及各色灯时间是可变的。

②绿信比。绿信比是某一方向通行效率的指标，它等于一个相位内有效通行时间与周期长度之比。

2）感应式信号控制

（1）控制原理。感应式信号控制设有固定的周期长度，它的工作原理是在感应式信号控制的进口，均设有车辆到达检测器，一相位起始于绿灯，感应信号控制器内设有一个初始绿灯时间，到初始绿灯时间结束时，如果在一个预先设置的时间间隔内没有后续车辆到达，则变换相位，如果有车辆到达，则绿灯延长一个预设的单位绿灯延长时间，只要不断有车到达，绿灯的时间可继续延长，直到预设的最长绿灯时间时再变换相位。

（2）感应式信号灯的基本控制有以下3个参数。

①初始绿灯时间。初始绿灯时间是指给每个相位预先设定的最短绿灯时间，在此时间内，不管是否有来车，本相位必须为绿灯。初始绿灯时间的长短，取决于检测器的位置及检测器到停车线可停放的车辆数。

②单位绿灯延长时间。它是初始绿灯时间结束后，在一定的时间间隔内测得后续车辆时所延长的绿灯时间。

③最长绿灯时间。它是为了保护交叉口信号灯具有较佳的绿信比而设置的，一般为30～60s，当某相位的初始绿灯时间加上后来增加的多个单位绿灯延长时间达到最长绿灯时间时，信号机会强行改变相位，让另一方通行。

2. 系统控制

系统控制简称线控或干线协调控制，就是把一条主要干道上的一批相邻的交通信号灯联动起来，进行协调控制，以便提高整条干道的通行能力。系统控制往往是区域控制系统的一种简化形式，控制参数基本相似。根据道路交叉口所采用信号灯控制方式的不同，系统控制也可分为定时式协调控制及感应式协调控制两种，其中，以定时式协调控制较为普遍。本书只介绍此类系统。

1）系统控制的基本参数

（1）周期长度。单个交叉口的信号周期长度是根据交叉口交通量来确定的，由于控制系统中有多个交叉口，为了达到系统协调，各交叉口必须采用相同的周期长度。为此，必须先按单个交叉口的信号配时方法，确定每个交叉口的周期长度，然后将最长的作为本系统的公共周期长度，其他交叉口也必须采用这个周期长度。

（2）绿信比。在干道控制系统中，各交叉口的绿信比可根据交叉口各方向的交通量来确定，不一定统一。

（3）相位差。相位差是系统控制的关键参数。通常相位差有两种：

①绝对相位差，是指各个交叉口信号的绿灯或红灯的起点相对于控制系统中参照交叉口的绿灯或红灯的起点的时间差。

②相对相位差，是指相邻两交叉口信号的绿灯或红灯起点的时间差。

2)"绿波交通"(单向系统控制)

所谓"绿波交通",是指车流沿某条主干道行进过程中,连续得到一个接一个的绿灯信号,畅通无阻地通过沿途所有交叉口。这种连续绿灯信号波是经过沿线各交叉口信号配时的精心协调来实现的。完全意义的"绿波交通"只有在单向交通干线上才能实现,实现"绿波"的关键是精确设计相邻交叉口之间的相位差。

3. 区域控制系统

区域控制系统又称面控制系统,它把整个区域中所有信号交叉口作为协调控制的对象。控制区域内各受控交通信号都受中心控制室的集中控制。对范围较小的区域,可以整区集中控制;范围较大的区域,可以分区分级控制。分区的结果往往成为一个由几条线控制组成的分级集中控制系统,这时,可认为系统控制是区域控制中的一个单元。有时,区域分区还可分成一个点、线、面控制的综合性分级控制系统。

区域控制系统按控制策略可分为定时式脱机控制系统和感应式联机控制系统两种。

1)定时式脱机控制系统

定时式脱机控制系统,利用交通流历史及现状统计数据,进行脱机优化处理,得出多时段的最优信号配时方案并将其存入控制器或控制计算机内,从而对整区交通实施多时段定时控制。定时控制简单、可靠,效益投资比高,但不能适应交通流的随机变化,特别是当交通流量数据过时后,控制效果明显下降,重新制订优化配时方案将消耗大量的人力进行交通调查。

TRANSYT(Traffic Network Study Tool——交通网络研究工具)是定时式脱机区域控制系统的代表,其主要由两部分组成。

(1)仿真模型。建立交通仿真模型,其目的是用数学方法模拟车流在交通网上的运行状况,研究交通网配时参数的改变对车流运行的影响,以便客观地评价任意一组配时方案的优劣。为此,交通仿真模型应当能够对不同配时方案控制下的车流运行参数(如延误时间、停车率、燃油消耗量等)做出可靠的估算。

(2)优化。将仿真所得的性能指标(PI)作为优化的目标函数送入优化程序部分。TRANSYT 以网络内的总行车油耗或总延误时间及停车次数的加权平均值作为性能指标,用"爬山法"进行优化,产生较之初始配时更为优越的新的信号配时,把新信号配时再送入仿真部分,反复迭代,最后取得 PI 值达到最小时的系统最佳配时。TRANSYT 优化过程的主要环节包括绿时差的优选、绿灯时间的优选、控制子区的划分及信号周期时间的选择 4 部分。

2)感应式联机控制系统

由于定时式脱机控制系统具有不能适应交通量随机变化的缺点,人们进一步研究能随交通量变化自动优选配时方案的控制系统。随着计算机自动控制技术的发展,交通信号网络的自适应控制系统应运而生。英国、美国、澳大利亚、日本等国家做了大量的研究和实践,用不同方式建立了各有特色的自适应控制系统。归纳起来就是方案选择式与方案形成式两类。方案选择式以 SCATS 为代表,方案形成式以 SCOOT 为代表。

(1)SCATS 系统。SCATS(Sydney Coordinated Adaptive Traffic System)控制系统是一种实时自适应控制系统。20 世纪 70 年代在澳大利亚悉尼开始研究,20 世纪 80 年代初投入使用,也称悉尼自适应协调系统。

SCATS 系统的控制结构是分层式三级控制,可分为中央监控中心、地区控制中心、信号控制机三层。在地区控制中心对信号控制机实行控制时,通常将每 1~10 个信号控制机组合为一个子系统,若干子系统组合为一个相对独立的系统。系统之间基本上互不相干,而系统内部各子系统之间,存在一定的协调关系。随着交通状况的实时变化,子系统既可以合并,也可以重新分开。三项基本配时参数的选择,都以子系统为核算单位。SCATS 系统优选配时方案的主要环节有子系统的划分与合并、配时参数优先、信号周期长度选择、绿信比方案选择、绿时差方案选择 5 个部分。我国的上海、南京、天津等城市先后引进了该系统。

(2) SCOOT 系统。SCOOT(Split Cycle Offset Optimization Technique),即绿信比—信号周期—绿时差优化技术,是一种对交通信号网实行实时协调控制的自适应控制系统。由英国运输与道路研究所(简称 TRRL)于 1973 年研制开发,1979 年正式投入使用。

SCOOT 系统是在 TRANSYT 的基础上发展起来的,其模型及优化原理均与 TRANSYT 相仿。不同的是,SCOOT 系统是方案形成式的控制系统,通过安装在交叉口的每条进口道最上游的车辆检测器所采集的车辆到达信息,联机处理后形成控制方案,连续地实时调整绿信比、周期长度及绿时差三个参数,使之同变化的交通流相适应。SCOOT 系统优选配时方案的主要环节为交通检测、小区划分、模型预测及系统优化 4 个部分。我国的北京、大连等城市先后引进了该系统。

第五节 城市公共汽车运行组织

城市公共交通是城市社会经济正常运转的基础保障,是城市综合环境的基本组成部分,是实现城市功能的重要元素,也是衡量一个城市综合竞争力的重要标志,更与每个市民的日常生活息息相关。城市公共交通是一种典型的公共产品,尽管少数市民出行可以驾驶自己的私人汽车,但是更多的普通人只有公共交通这一种选择。在发达国家的城市里,城市公共交通可能在行程时间、舒适度、费用、可靠度方面都比私人小汽车更胜一筹,公共交通有着巨大的优势和发展潜力。本节将从行车计划与组织、调度管理、技术管理、服务质量管理等方面简述城市公共汽车运行组织方法。

一、行车作业计划与组织

行车作业计划是公共电汽车企业运营计划的具体反映,是组织车辆在线路上有序、均衡运行的生产作业计划。行车作业计划根据客流动态在不同时期的变化规律,可分为季节、月度、平日(周一~周五)、节假日行车作业计划。

(一)编制行车作业计划的原则

城市公共汽车行车作业计划的编制应遵循以下原则:
(1)掌握客流动态,以最大限度的方便性和最快的时间,安全地将乘客送到目的地。
(2)合理配置车辆,不同时段的运能要适应运量的需求。
(3)提高车辆利用率,加快车辆周转,车辆的平均满载程度要符合国家(行业)制定的规范标准。

(4) 组织车辆在线路上有计划、有节奏地均衡运行。

(5) 根据客流动态变化,机动、灵活、适时地调整行车作业计划,提高劳动生产率。

(6) 在不影响运营服务质量的前提下,安排好职工的值勤时间。

(二) 编制行车作业计划的主要依据

1. 客流资料

公交客流是乘客在运营线路各个站点通过位置的移动所形成的。由于客流在时间、方向、断面上不同,故编制行车作业计划所需的客流资料要尽可能全面,主要包括线路运营时间内各站点上下车人数、各断面的通过量以及沿线大型企业职工人数、上下班时间、相邻线路的运营情况等。所以,编制计划前要多到线路的一些主要站点驻站调查客流状况,了解客流及其他线路的运营信息。

2. 定额和标准

定额和标准是依据客流需求,国家(行业)和企业为达到社会服务效果和企业经济效益而制定的规范标准。

(1) 满载定额:部分城市的公交管理部门或企业对平均满载程度都有规定。如上海市交通局规定线路高峰时的平均满载程度(1h),高峰时不大于80%,非高峰时不大于65%;无人售票线路高峰时不大于70%,非高峰时不大于60%。车身长7m(含7m)的轻型客车,按照公安机关车辆管理部门核发的行驶证上规定的人数运营。

(2) 班工时定额:班工时定额原则上不超过1周40h(工作五天休两天)。在实际运营中,因线路周转时间、客流量变化状况,班工时的工作方式还有工作一天休一天、工作两天休一天、工作三天休一天等多种形式。如某线路采用工作一天休一天的工作方式,根据公式计算,每天的平均工时为11.43h。班工时的工作方式一定程度体现了劳动者的工作强度,所以选用时要慎重。

(3) 终点站休息(停站)时间定额:车辆到终点站后的休息时间各地有所不同,一般采用车辆单程运送时间的15%左右。早晚高峰时可适当减少停站时间,以加快车辆周转,提高运营效率,夏天可适当放宽至20%~25%。

(4) 班次间隔定额:指保证乘客候车时间的最低服务质量标准。

3. 运营调度有关的计算指标

(1) 运送车速:指运营车辆在线路上载客时的平均行驶速度。运送时间包括线路上纯行驶时间和中途站乘客上下车时间。

(2) 运营车速:指运营车辆在线路上运营时的平均行驶速度。运营时间包括线路上纯行驶时间、中途站乘客上下车时间及起终点站的休息时间。

(3) 车辆周转时间:指运营车辆在线路上往返一个行程所需的时间。在运营过程中,车辆运行的时间和速度是随着客流量大小和道路交通状况的变化而变化的。因此,编制行车作业计划时,应按不同的时间段与具体情况来确定相应的周转时间。它是企业考虑的经济因素之一。

(4) 额定车容量:指运营车辆的最大的额定客位数。

(5) 配车数:指线路最高配备的车辆数。在编制行车作业计划时,配车数是指在一个往返行程的周转时间内所需的行驶车次数,又称车辆周转量。

(6)行车间距:指车辆经过某一站点或断面的间隔时间,通常表示在某一周转时间内的平均间距。

4. 调度形式

调度形式是依据客流在线路的时间、方向、断面等方面的动态分布确定的。调度形式以客流动态和车辆运行方式区分,一般有以下4对形式:正班式和加班式、双向式和单向式、全程和区间式、全站式和大站式。上述每对形式分别从车辆运行的时间、方向、断面、速度4个方面反映其不同点。正班、双向、全程和全站式是全日线运行必备的基本形式,其他的调度形式都是从中派生出来的。此外,根据实际状况还派生有高峰跨线联运车、套路线的定时定点特约班车、机动车等调度形式,以适应不同客流的需求。

调度形式是行车组织设计的前提之一,正确选用调度形式,将有利于乘客方便出行和提高运营效率。由于公共电汽车的运营受客流、道路、人员素质、环境等诸多因素的影响,所以一条线路的调度形式不宜过多,一般以不超过两种为好。

(1)加班式的确定。当线路客流动态在时间上具有较大的不平衡性,昼夜性客流变化幅度较大,按客流量和不同的满载定额标准计算出的高峰配车数(周转量)大于非高峰的配车数(周转量)时,就产生了加班车的调度形式。例如,上海的公交线路大部分都采用正班式与加班式相结合的调度形式,只有部分市区和郊县线路采用单一的正班式。

(2)单向式的确定。当线路客流动态在方向上具有较大的不平衡性,两个方向客流量差距很大时,可采用单向式。一般如高单向高断面通过量大于低单向高断面通过量30%以上时,可考虑部分车辆采用单向式。例如,上海市郊接合部的新村小区长度超过13km的线路或者旅游线路大多采用这种形式。

(3)区间式的确定。当路线客流动态在断面上具有较大的不平衡性,某区段断面上的客流量很大时,可采用部分车辆开设区间方式予以解决。

5. 熟悉线路的有关资料

编制线路行车作业计划时,要清楚地掌握线路的长度、走向、设站、途经的主要集散点、首末班车时间、车辆进出场距离和所需的时间、车辆的车型及载客量等有关资料,以使行车作业计划更符合现场实际需求。

二、调度管理

调度是公共汽电车从事运营生产的组织方式和手段。公交企业的车辆、劳动力通过各种调度方式,为乘客提供安全、方便、迅速、准点、舒适的乘车服务,最大限度地节省人们的出行时间,同时为完成企业的运营计划和各项经济技术指标而开展生产。

鉴于调度工作在公共电汽车运营生产中的重要性,公共交通各级调度机构中的管理人员除应具有较强的专业知识和业务能力外,还应经常深入运行现场,参加客流调查,掌握客流演变规律,严格执行调度方面的规章制度,应用和推广无线电通信设备和电子技术,使调度信息反馈更加及时,调度机制更贴近客运市场的需求。

根据城市规模的大小和公交企业设备的配备情况,各地可因地制宜地建立二级或三级调度制。对各项调度指令,调度管理人员应坚决执行。

1. 任务和原则

线路行车现场调度是指调度人员依据行车组织实施方案的要求,在运营线路的行车现场,结合客流变化和车辆运行情况直接对行车人员下达行车调度指令的工作。

(1) 行车现场调度的基本任务。行车调度是根据行车作业计划,对车辆进行指挥和控制,并根据客流变化情况,灵活机动地采取调度措施,以组织车辆均衡运行,加快车辆周转,提高运营效率,控制车厢满载率,保证运营活动的正常进行和既定目标(运营计划)的顺利完成。

(2) 行车现场调度有以下4个基本原则:

①明确指导思想,规范调度管理。

②落实行车作业计划,组织车辆有序运行。

③深入调查,做到预防为主。

④机动灵活,迅速处理和解决线路运行中的问题。

2. 行车现场调度方法

行车现场调度方法就是按照行车作业计划控制车辆运行,合理分布车辆行车间距,尽快恢复运营秩序,保证车辆均衡载客的方法。行车现场调度可分为常规调度和异常调度两大类。

1) 常规调度

当全线行车情况基本上符合行车作业计划方案,车辆处于正常运行时的调度工作称为常规调度。其基本内容是:

(1) 督促行车人员提前上车,按时发布开车指令。

(2) 注意车辆到站状况,调节车辆停车时间,准点发车。

(3) 安排好行车人员用餐与交接班事宜,注意车辆整洁情况。

(4) 调度日志等原始报表要及时、正确地记录。

2) 异常调度

当线路因各种原因造成行车秩序紊乱,车辆运行偏离行车作业计划时的调度工作称为异常调度。车辆运行不正常的情况,有时比较单一,有时比较复杂,消除其影响的基本调度方法有以下几种。

(1) 调距法:调整行车间距的调度方法,又称"调频法"。它是在一定时间内使用压缩或放宽行车间距或两者同时采取的调度方法。

(2) 放站法:指运营车辆在线路上越站停靠的调度方法。

(3) 掉头法:指车辆缩短原行驶线路的行程,用以减少周转时间的调度方法。

(4) 加车法:指在原有行驶车辆中增加车辆的调度方法。

(5) 抽车法:指在原有行驶车辆中减少车辆的调度方法,主要用于线路客流突然下降,线路发生车辆故障、肇事、纠纷和因客流需要支援其他线路时等情况。

(6) 缩时法:指缩短周转时间的调度方法。

(7) 延时法:指延长车辆周转时间的调度方法。

(8) 跨线法:指利用本线或其他线路车辆跨线运营的调度方法。

(9) 调档法:指将车辆的车序号临时重新组织调整的一种调度方法。

3. 运营环节的管理与控制

若使线路有序地运转,抓住运营环节的管理往往能起到事半功倍的作用。一般线路的重要运营环节有以下几个方面。

1) 出场车管理

车辆准点出场是决定一天运营秩序的首要环节。必须加强对行车人员上班到岗时间的考核,督促行车人员做好出场车辆的例行维护工作。如有人员脱班,要及时派预备人员顶岗或者将后车调档出场,并及时通知调度员,以便及时调整行车间隔,保证正常的行车秩序。

2) 早晚高峰管理

由于居民上下班和学生往返学校的时间相对比较集中,线路在周一到周五的早晚均会出现 2h 左右的客流高峰时段,又称早晚高峰。据对上海市区运营的 5:00—23:00 的全日线路统计,线路早晚高峰 4h 的乘客人次要占到全日乘客人次的 40% 左右,因此,这 4h 是经营者提高服务质量和获取经济效益的关键时刻。所以,线路的管理人员应在高峰时加强线路客流高断面等重要地段的管理,关心客流动态、道路交通、行车人员工作等情况,从中寻找规律,及时修正行车作业计划,更大限度地方便居民出行,确保行车安全。

3) 交接班管理

交接班是线路运行一天的中间管理环节。管理人员要注意接班人员准时到岗的情况,有人员脱班时要及时派预备人员顶岗。如一时无预备人员,将要下班的人员应继续行驶,一般以一圈为限。

交接班地点最佳的位置是在线路的 1/3 处附近,这是最能充分利用线路劳动力的地方。但如果有管理人员管理不力致使行车人员脱班等,会造成车辆滞站时间过长。目前,大部分线路选择在终点站交接班,主要是因为终点站有调度员可兼管行车人员的到岗情况。

4) 进场车管理

行车人员对运营一天的车辆,要做好例行加油、放水、清洁等维护工作,发现故障、损伤等要及时向维修部门报修。维修部门要加强对进场车的检修,以确保第二天车辆能准时投入运营。

4. 智能化调度管理应用与发展

地面公交行业是劳动密集型行业。长期以来,管理依靠人工化、经验化的模式,科学技术应用较少。随着社会的发展,近年来各地利用现代科学技术为客运智能化管理进行了各种探索,努力为乘客提供全过程的安全、方便、迅速、准点、舒适的出行条件,主要表现在出行前的全方位信息查询服务、出行途中的候车站点信息服务、换乘枢纽点的信息服务和车厢内的信息服务,以及运行状态的自动化监控调度管理和电子收费管理等。下面主要从 3 个方面介绍智能化调度的应用与发展。

1) 信息管理

(1) 公交乘客电话问讯系统。

(2) 公交 IC 卡工程。"交通一卡通"可在公交、地铁、轻轨、轮渡和出租汽车上使用。由于公共交通卡除可进行票务结算外,还可获得线路、车辆数、日期、票价等相关运营资料,故为运营管理提供了基础管理信息。

(3) 公交车辆调度电子显示屏。公交车辆调度电子显示屏可显示线路名、发车方向、本班车的车号、发车时间以及广告语等信息。

2）智能化调度管理系统

（1）公交枢纽站计算机调度系统。

（2）卫星定位调度系统。

（3）车载管理器（又称"黑匣子"）。

3）信息服务

为乘客提供信息服务是城市公共交通服务的内容之一。将上述公共汽车的运行计划及组织情况等信息（如行车时间表）以适当的形式发布给乘客就是一种很好的服务形式。发达国家的城市公共汽车运行均有详细的时刻表，并且将其张贴在中途各车站上。随着城市公交企业运输服务水平和居民出行质量的提高，相信公共汽车时刻表也将出现在我国城市公共汽车站牌和互联网等媒体介质上。

三、技术管理

城市公共交通企业的技术管理，必须遵守国家制定的有关车辆管理的方针政策，必须服从所在地区行业管理部门对车辆的管理规定，努力按照"预防为主、强制维护、科学检测、养修结合"的车辆维修原则，并根据企业自身的特点建立一套行之有效的车辆管理制度，把车辆的管、用、养、修、造有机地结合起来，最大限度地为运营服务提供安全、可靠、质量稳定的车辆。

（一）技术管理的基本内容和任务

1. 技术管理的内容

技术管理主要包括运营车辆技术管理、设备管理、环境保护管理、检测计量管理、技术经济定额指标管理等。

1）运营车辆技术管理

运营车辆技术管理是城市公共交通技术管理的首要内容，它包括对运营车辆全过程的管理，主要有3个方面的内容。

（1）运营车辆总体规模、状态的管理。该项管理是对运营车辆的物质形态和价值形态的全面管理，用于满足企业简单再生产和扩大再生产的需求。具体的管理内容包括运营车辆更新购置管理、全过程异动变更管理、报废淘汰管理及车辆资产的保值增值管理。

（2）运营车辆维修技术管理。该项管理是对运营车辆技术状况维护、控制的全面管理，用于保证运营车辆具备的技术性能和基础状况。具体的管理内容包括运营车辆维护、修理的全面管理以及维修质量的控制。

（3）运营车辆技术使用的管理。该项管理是对运营车辆使用的直接技术管理，用以保证运营车辆正常运行和延长使用寿命。具体的管理内容包括驾驶操作规程的执行和对使用维护质量的控制。

2）设备管理

设备是城市公共交通企业运营、维修生产的必备基础。对设备的具体管理内容包括设备的总体状况、技术维护和动态控制管理等。

(1)设备总体状况管理。设备总体状况管理是对设备物质形态和价值形态的管理,用以满足运营、维修生产的基础需求。管理的具体内容包括设备购置、异动变更、技术改造、报废处理以及设备资产的保值增值。

(2)设备技术维护管理。设备技术维护管理是对设备技术状况控制和保持设备运转的管理。管理的具体内容包括设备技术使用、维护及其质量控制。

(3)设备动态控制管理。设备动态控制管理是对设备总体技术规模的过程控制,以使设备规模变化控制在满足生产需求和有足够的生产能力范围内。

3)环境保护管理

城市公共交通企业在运营生产、维护、修理生产过程中,存在着难以避免的污染源。为了消除或减轻对环境的污染,公交企业需从管理上加以控制和保证。环境保护管理包括污染源控制、环境保护治理项目实施以及环境保护技术的推广和应用管理等。

(1)污染源控制管理。控制污染源是环境保护管理的首要内容,具体的污染源控制管理是对已存在的污染源进行控制,并控制新污染源的产生。通过管理使已存在的污染不再扩展或使污染源减轻或去除,控制、消除新污染源的源头,杜绝产生新的污染。

(2)环境保护治理项目实施管理。这是保证治理项目和治理措施落实的管理,是对实施治理项目与治理措施具体落实、保证治理效果的直接管理。它包括实施进度和实施质量的控制。

①实施进度控制。按治理项目进度,控制影响进度的各个环节,使治理项目按期完成。

②实施质量控制。按治理项目要求,控制影响质量的各个环节,使项目达到预期的治理效果。

(3)环境保护技术的推广和应用管理。对经实践证明确实有效果的环境保护技术,应通过管理加以推广应用,扩大治理范围。具体管理内容包括对环境保护技术应用的试验管理和对确有治理效果技术的扩大应用管理。

4)检测、计量管理

检测、计量是控制和保证质量的技术手段,它对运营、维修生产具有直接的监控作用。检测、计量管理是对检测、计量技术手段及其监控作用的保证。这项管理的具体内容有:

(1)对在用检测、计量器具的动态管理,使检测、计量器具满足对质量监控的需求。

(2)对检测、计量器具检查、修理的管理,使检测、计量器具量值保持准确。

(3)对检测、计量器具使用过程加以控制,使检测、计量器具的使用符合有关规定。

5)技术经济定额指标管理

技术经济定额指标是定量评价企业生产经营活动的标准,也是企业科技水平高低的一种体现。这项管理的主要内容有:

(1)对原始数据、资料的准确性和真实性的管理。

(2)对计算方法、统计口径统一的管理。

(3)对完成情况定期分析的管理、对发生变动的控制和保持相对稳定的管理。

2.技术管理的基本任务

城市公共交通技术管理作为保护城市公共交通企业生产力、建立正常生产秩序、提高生产效率和效益的一项技术管理,必须研究、掌握并运用相关技术规律和经济规律,去组织、指挥、协调、管理为运营生产和企业发展服务的各项技术工作,最大限度地为运营生产提供技术状况完好的车辆,为企业的发展和效益的取得奠定良好的技术物质基础。

1) 管好、用好、维修好运营车辆

技术管理的首要基本任务是通过各种有关车辆技术工作的管理,保护好生产工具,维护好运力。

(1) 采取技术措施,使运营车辆日常维护和技术水平得到提高,保证运营车辆的经常性完好。

(2) 建立运营车辆维修制度,制定相应的技术标准和操作工艺规程,使运营车辆技术状况有可靠的基础维护保证。

(3) 建立运营车辆技术安全使用制度,制定相应的规程,使运营车辆得到正确使用和维护上的保证。

(4) 加强对运营车辆技术档案、图样资料及其他车辆技术文件的管理,对车辆技术状况的动态、数据进行及时、准确、全面地记载,使运营车辆的技术状况动态能得到及时反映。

(5) 积极推进新技术、新材料、新工艺在运营车辆上的应用,使运营车辆技术状况得到良好的保证和根本上的改进。

2) 提高企业技术装备总体水平

运营生产、维修生产的各种生产设备,其总体技术水平对运营生产质量、维修生产质量以及企业的效益、效率都有很大影响。提高企业技术装备总体水平,也是技术管理的一项基本任务。

(1) 设备的更新或购置,选择的原则是"技术上先进和经济上合理"。随着生产效率和质量要求的提高,"技术上先进"要作为选择生产设备的首要条件考虑,从前期管理上提高生产设备的技术档次。

(2) 生产设备的技术改造,是提高总体技术水平的一个重要环节。对设备技术改造的管理,要从提高技术档次上加强。

(3) 生产设备的日常管理是维护生产设备技术水平的重要管理,也是提高生产设备总体技术水平的基础。

3) 推进企业科技进步

推进企业科技进步是技术管理的中心任务。"科技是第一生产力",企业生产发展的关键在于科技进步,这对于劳动密集型的城市公共交通行业更为重要。结合城市公共交通的特点,科技管理要重点推进运营、维修、管理和车辆的科技进步。

(1) 运营科技进步。运营科技进步要重点进行运营生产组织、调度通信联络、乘行服务手段等方面的工作,以适应高效、优质的运营生产要求。

(2) 维修科技进步。维修生产组织、保修生产装备、维修手段等方面的科技进步,要作为基础保障推进,以满足高效、优质的服务要求和自身效率、效益的提高。

(3) 管理技术进步。通过科技手段提高企业内部各项管理效率,降低成本消耗,是科技管理的重要任务之一。

(4) 车辆技术进步。城市公共交通客运市场的变化和竞争,要求运营车辆提高技术档次和装备水平,科技管理要适应这种形势变化,把推进车辆技术进步作为重点管理。车辆技术进步除表现在发动机、底盘、车身外,还表现在车辆结构调整上。车辆技术进步的推进,要结合车辆的更新换代具体实施。

(二)车辆全过程管理

公交车辆技术管理的全过程主要分为 7 部分:选购车辆,新车投产的前期准备工作,车辆的建档及档案管理,车辆的日常使用、维修管理,车辆的异动管理,车辆盘点,车辆的报废与更新。

车辆全过程管理工作程序框图如图 6-4 所示。

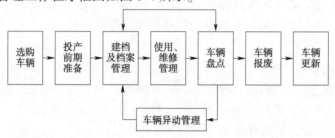

图 6-4　车辆全过程管理工作程序

车辆全过程管理按工作程序可归纳为:新车管理(选购车辆,投前准备);车辆异动管理;基础管理(档案管理,车辆盘点);使用管理、维修管理、指标管理;车辆报废及更新管理。

(三)车辆维护制度

车辆维护是维护公共交通车辆的一项重要技术措施,其目的是保持车辆外观整洁,降低零部件磨损,主动查明故障,及时消除隐患,延长修理间隔里程,为运营服务提供安全可靠、性能良好的车辆。

1. 维护的目的与原则

车辆维护的目的是使车辆经常保持技术状况良好,车容整洁美观,设施齐全、可靠,有效防止各部件的早期磨损和降低维修成本,真正使公交车辆成为居民出行安全、可靠、便捷、舒适、环保的主要交通工具。

运营车辆的维护应贯彻交通运输部明确的"预防为主、强制维护、科学检测、养修结合"的原则。企业可根据上述原则,结合本企业的运营特点、车辆档次、零部件耗损规律,确保安全、减少故障、降低成本、提高完好车率,合理安排维护周期和作业项目,采用计划预防、分级维护的制度,以获得最佳的经济效益。

2. 维护的种类

目前公交行业现行维护制度,可分为车辆机电维护、车身维护和空调机组维护 3 大类。维护制度制定后,应报上一级主管部门和车辆管理部门审批,经审批同意才能实施。

车辆机电各级维护的唯一根据是间隔里程;公务车各级维护的根据是行驶里程及日期;车身维护的根据是车辆使用期限;季节性维护的根据是气候条件;走合维护的根据是车辆装用大修或新发动机以后的行驶里程;计划性小修的根据是里程和有关技术经济指标。

(1)车辆机电维护:车辆机电维护是根据车辆零部件磨损规律,按每辆车行驶里程和作业要求进行的维护。

(2)车身维护:车身维护是根据车辆使用年限、车身制作、涂装工艺、漆色老化程度和装饰件损坏的程度来安排车身维护进行恢复性修理,以确保外观整洁、漆色鲜艳、设施完整良好。

(3)空调机组维护:为最大限度发挥空调机组的作用,空调机组维护一般都安排在非使用季节进行。

3. 小修

在执行分级维护中,技术管理部门应重视小修作业的内容、小修频率和车辆故障,综合分析各级维护间隔内维修项目的合理性,并及时进行调整,采用计划预防维护制度时,应允许有 10%～15% 的小修工作量。小修分为计划性和临时性两类。

4. 其他维护

除正常维护外,各企业应结合自身车辆运行特点需要加入一些特殊的附加维护。例如:走合维护,主要指新车或大修后发动机投入运行的初期,有一个磨合过程;走合期结束后可做一次有针对性的维护。又如上海市公交企业规定,承担外省市特约车业务的车辆,在投入运营前需加做一次出省前的特殊维护。

(四)车辆质量管理

车辆质量管理基本上分为维修质量管理和使用质量管理。

对车辆维修质量一般实行三级管理网络。这三级分别是:公司检验科,设专职检验员;修理公司,设质量技术管理员,简称技管员;维修质量小组,设有质量员,负责维修中的材料质量,执行工艺规范,以及故障信息的分析等,并对车辆维修状态实行技术管理。

对车辆使用质量实行二级管理网络。这二级分别是:公司技术科,设专职机务管理员;车队,有机务员或行车管理员,负责车辆使用中的故障分析、能源消耗、例行维护、乘务员操作技能等,并对车辆使用过程实行管理。

四、服务质量管理

1. 服务质量的定义

城市公交服务质量是指城市公共电汽车交通的整个运营系统在满足居民出行需求方面的程度体现。

根据城市公交运营系统的特性,从"以人为本"的原则出发,分析居民出行时城市公交服务质量特征,其主要包括方便乘坐(含换乘)、安全、快速、舒适 4 个方面。因此,提高城市公交服务质量就是在运营中体现"以人为本"的原则,不断满足居民出行需要,提供方便、安全、快速、舒适的乘车条件。

2. 服务质量管理手段

为加强对城市公交服务质量的管理,切实提高服务质量水平,应充分运用法律、行政、经济和社会监督等各种手段,来规范城市公交客运市场的秩序,实现规范有序的运营秩序,以人为本的优质服务,以适应城市现代化建设发展的需要。

1)法律规范

城市公交管理要大力加强法制建设,充分运用法律手段来维护运营秩序,提高服务质量,保障乘客和经营者的合法权益,促进城市公交的健康发展。有必要明确规范企业(或经营者)和从业人员(驾驶员、售票员、调度员)的市场准入条件、运营服务质量的规范要求和政府优先扶持发展城市公交的政策等。

2)行政管理

需要成立城市公交行业行政管理部门,具体来实施对客运市场的依法行政管理,保障经营者和从业人员的合法权益,教育和处罚他们的违法违规行为,确保客运市场服务规范、运营有序。需要依照国家有关政策、法规,制定企业在客运服务、行车安全等方面的运营管理制度,对企业员工进行有效管理、合理奖罚等。

3)经济处罚

经济处罚是实施行政处罚的常用和必要手段。随着市场经济的深入和发展,人们越来越认识到经济处罚的重要性。依照国家有关政策、法规,制定企业管理的奖惩制度,也是企业运用经济杠杆作用实施经济管理的手段之一。

4)社会监督

公交行业行政管理部门和经营者(企业)应当建立投诉受理制度,接受社会监督,对乘客投诉应在规定期限内进行检查答复,对涉及违诺补偿事件应按服务质量承诺兑现。公交行业接受社会新闻媒体的投诉和批评,在法规范围内的要依法答复和兑现承诺;在道德范围内的要通过开展对从业人员的职业道德教育和企业精神文明建设活动逐步解决,不断提高企业从业人员的素质。

第六节 城市公共交通定额指标

城市交通是多方式的综合立体交通,每种交通方式的规划和运营服务均有其指标体系和具体指标。由于篇幅所限,本节仅以城市公交为例,讲述其技术经济指标、指标制定及管理。城市轨道交通运营指标可参考《城市轨道交通运营指标体系》(GB/T 38374—2019)。

一、技术经济定额指标

城市公交企业是具有公益性的企业。技术经济定额指标是企业在一定的生产技术条件下进行生产和技术活动必须遵守和达到的标准,是开展企业管理和经济核算的基础,也是考核企业管理水平的重要依据。

(一)技术经济定额指标基本概念与分类

1. 技术经济定额

定额即规定的数量。按定额规定的内容性质,城市公交企业技术定额分为消耗性定额和技术性定额两类。

1)消耗性定额

消耗性定额是指对车辆运行和车辆维修直接消耗所规定的最高数量。车辆运行消耗定额主要包括燃料消耗定额、润料消耗定额、电能消耗定额等。车辆维修消耗定额主要是维修材料费定额、大修材料费定额等。

2)技术性定额

技术性定额是指为完成车辆使用、维修、管理所规定的最低数量,主要包括发动机(牵引电机)大修间隔里程定额、轮胎报废里程定额以及主要总成储备定额等。

2. 技术经济指标

指标是企业活动要达到的目标。按指标考核的对象内容,城市公交企业的技术经济指标分为车辆状况指标和技术维护指标两类。

1)车辆状况指标

车辆状况指标是衡量车辆对运营生产保障程度的指标,主要包括完好车率、重大坏车率、车容设施合格率等。

2)技术维护指标

技术维护指标是衡量对运营车辆技术维护质量水平的指标,主要包括机械故障率、主要总成小修频率、复修返修率等。

(二)主要技术经济定额指标及其计算

1. 完好车率(%)

完好车率是考核运营车辆技术状况完好程度的指标,以完好车日与运营车日之比计算得出。其计算式为:

$$完好车率 = \frac{完好车日}{运营车日} \times 100\% \quad (6-4)$$

其中,完好车日为技术状况完好的运营车辆的车日总数,运营车日为所有在册运营车辆的车日总数。

1)运营车日的计算

运营车辆是指用于运输业务的车辆。运营车辆的确定依据如下:

(1)企业固定资产台账的运营车辆(即在册运营车辆);

(2)新置、调入的车辆,自投入运营之日起即为运营车辆;

(3)调出、报废、调作他用的运营车辆,自主管部门批准之日起,不再计为运营车辆。

一辆运营车辆一天即为一个运营车日,其计算式是:运营车日 = 运营车辆总数 × 天数;如果计算某月(30天)的运营车日,即为:(当月在册运营车数 + 已在当月投入运营的新置、调入车辆数 – 已在当月批准报废、调出、他用车辆数) × 30。

2)完好车日的计算

运营车辆因维修、待修、待报废以及其他原因而不能参加运营即为不完好车。计算完好车日时应将这些车辆的车日减除,其计算式为:

$$完好车日 = 运营车日 - (全日维护车日 + 修理车日 + 待修车日 + 待报废车日) \quad (6-5)$$

下列两种情况应计为完好车日:

(1)凡当天出车参加过运营的车辆;

(2)当天未出车运营,只要技术状况完好,或曾进行维护、修理,但在当天16时前竣工、验收合格的车辆。

2. 机械故障率(s/100km)

机械故障率是考核车辆保修质量和车辆使用质量的指标,是以运营车辆在单位里程内

发生的机械故障时间衡量的。机械故障时间以 s(秒)计,单位里程为 100km,机械故障率计算式为:

$$机械故障率 = \frac{机械故障时间总和}{运营里程} \times 100 \qquad (6-6)$$

1)机械故障的认定

车辆部分丧失或完全丧失工作能力的现象称为故障,可以分类为以下两类。

(1)按丧失工作能力影响的大小,故障分为完全故障和局部故障。

①完全故障:完全丧失了工作能力,使车辆不能行驶的故障。

②局部故障:部分丧失了工作能力,降低了车辆使用性能的故障。

(2)按故障发生的形式,故障分为突发性故障和渐变性故障。

①突发性故障:零件性能突然发生飞跃式变化所引起的故障。

②渐变性故障:零件性能长期地逐渐发生变化所引起的故障。

2)机械故障的发生规律

车辆使用过程中,零件的磨损和物理化学变化都会引发故障。一般故障发生与使用时间的关系如图 6-5 所示。

图中,Ⅰ、Ⅱ、Ⅲ分别表示早期故障阶段、随机故障阶段和耗损故障阶段。

(1)早期故障。早期故障指使用时间不久即发生故障,主要由车辆设计、制造的缺陷所引起。例如,发动机汽缸、曲轴连杆机构早期磨损发生的故障。

(2)随机故障。车辆进入稳定工作状态后,故障发生量低且平缓,随行驶时间增长的变化不大。但若零件质量低劣,稳定工作时间会很短,由第Ⅰ阶段很快就进入第Ⅲ阶段。车辆的油电路故障基本是属于随机故障;紧固件的故障,除符合第Ⅰ阶段的规律外,也符合随机故障的规律。

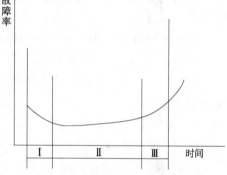

图 6-5 机械故障规律示意图

(3)耗损故障。随着车辆使用时间的增加,物理化学变化引起的磨损、疲劳、腐蚀、老化造成这一时段极易发生故障。因此,在车辆机件进入这一时期之前或之后,应进行维修更换。这种故障在前桥、主减速器以及发动机往复与回转件上比较明显。

除机件原因引发的车辆故障外,其他原因也可能引起故障,因此,计算机械故障率所用的故障时间必须是机件所造成的。

3)机械故障时间的计算

直接发生在车辆使用中的机械故障时间便于计算,但遇以下特定情况,则必须统一计算口径:

(1)车辆因机械故障不能按计划时间出场,其机械故障时间是从计划出场时间起到修复时为止。

(2)途中发生故障,按实到终点的迟到时间计算机械故障时间。

(3)站上发生机械故障,以计划发车时间与实际发车时间的差值作为机械故障时间。

(4)车辆全天未修复,也未参加运营,按非完好车日计,不计为故障时间。

（5）车辆行驶途中遇雷雨、大水、肇事等意外事件发生故障,经有关部门确定,不计作故障时间。

（6）由于进行试验、试用而发生故障,不计作故障时间,但应报技术部门备案。

3. 小修频率(次/1000km)

小修是指用更换或修理个别零件、总成的方法,保证或恢复车辆的工作能力,在车辆使用过程中所进行的修理。小修是发生在维修周期间隔之内的修理。如果小修过于频繁,则表明发生小修的部位或总成维修间隔过大,或是维护、修理质量不佳。不正当的技术使用也会使小修次数增加。

小修频率是考核维修周期是否合理,以及维护、修理、使用质量的指标,是指运营车辆在单位里程内平均发生的小修次数。其计算式如下：

$$小修频率 = \frac{小修次数(次)}{总行程里程(1000km)} \tag{6-7}$$

其中,小修次数为在总行驶里程内发生小修的总次数。

车辆各部位都可能发生小修,但从保证或恢复工作能力,不对车辆使用过程发生严重影响考虑,小修频率一般只考核以下总成。

1）发动机

作为车辆动力源的发动机,如经常发生小修,将不能保证正常运营。

2）离合器、变速器、传动轴、差速器

作为车辆传动系统的这几类总成直接影响着车辆行驶状态,如小修频率过高,同样不能保证正常运行。

3）制动系统、转向系统

制动系统、转向系统直接涉及行车安全,如小修频繁,则表明制动系统、转向系统的可靠性差,因此,应当作为重点加以考核。

4. 行车燃料消耗(L/100km)

行车燃料消耗是种消耗性定额,完成的情况综合反映着车辆使用、维修和管理的水平。由于车型不同,燃料消耗也不同。因此,行车燃料消耗是按车型分别计算的。

1）燃料消耗量的标准计算

燃料消耗量是同一运行条件下车辆行驶100km消耗燃料的量,对电动汽车而言,是消耗的电量。影响燃料消耗量的因素有多个,例如车辆自重、载重以及道路条件、气温、海拔高度等,其计算式为：

$$Q = (q_a + q_b + q_c) \cdot K_1 \cdot K_2 \cdot K_3 \tag{6-8}$$

式中：Q——燃料消耗量；

q_a——空驶基本燃料消耗量；

q_b——旅客周转量的基本附加燃料消耗量；

q_c——自重变化基本附加燃料消耗量；

K_1——道路修正系数；

K_2——气温修正系数；

K_3——海拔高度修正系数。

由于燃料消耗量是以百千米为单位里程衡量的,因此,空驶基本量(q_a)、旅客周转基本附加量(q_b)和自重变化基本附加量(q_c)的计算则变为:

$$q_a = S/100 \tag{6-9}$$

式中:S——同一运行条件下的行驶里程,km。

$$q_b = N \cdot S/1000 \tag{6-10}$$

式中:N——旅客人数。

$$q_c = \Delta G \cdot S/100 \tag{6-11}$$

式中:ΔG——汽车自重增减量、即实际自重与标准自重之差值。

综上所述,大型载客汽车在同一运行条件的燃料消耗量计算式如下:

$$Q = (q_a + q_b + q_c) \cdot K_1 \cdot K_2 \cdot K_3 \tag{6-12}$$

城市公交车 q_a、q_b、q_c 的取值见表6-1。

城市公交车 q_a、q_b、q_c 取值表　　　　表6-1

消耗量	解放		黄河		东风	
	单机	铰接	单机	铰接	单机	铰接
q_a[L/100km]	23.5	28.00	21.50	27.00	23.00	27.50
q_b[L/(1000人·km)]	1.00	0.75	0.75	0.55	0.80	0.80
q_c[L/(100t·km)]	1.50	1.20	1.15	0.85	1.25	1.00

道路修正系数 K_1 以一类道路为标准系数"1",其余类别的道路修正系数均大于"1"。气温修正系数 K_2 以月平均气温 5~28℃为标准系数"1",高于 28℃或低于 5℃的修正系数均大于"1"。海拔高度系数 K_3 以小于或等于 500m 为标准系数"1",大于 500m 的修正系数均大于"1"。

2)燃料消耗定额的一般确定计算

如上文所述,计算得出的燃料消耗量对应行驶的里程,可作为确定燃料消耗定额的标准依据。

公交车由于运行区段的固定燃料消耗定额,标准计算中的基本附加消耗量及道路、海拔高度等修正系数已为定值。因此,一般只将实际消耗量(L)与所行驶里程(km)对应计算消耗定额[L/(100km)],计算式为:

$$行车燃料消耗 = \frac{实际燃料消耗总量}{总行驶里程} \times 100 \tag{6-13}$$

在确定公交车燃料消耗定额时,计算得出的定额还应参照以下4个方面确定:

(1)该车型出厂给定的 100km 燃料消耗量和所装用发动机的比油耗。

(2)同车型已有的燃料消耗定额。

(3)为确定该车燃料消耗定额所进行的实际燃料消耗试验,要有足够的试验周期,尤其是冬夏季的实际消耗量。

(4)尽管在城市道路上运行的基本条件相同,但仍存在市郊区和交通状况的差异,应适当考虑。

5.行车电能消耗(kW·h/100km)

行车电能消耗是指运营电车在单位计电里程的平均电能消耗。行车电能消耗完成的情

况除综合反映电车的使用、维修、管理的水平外,还包含供电线网的布局质量水平,其计算式为:

$$行车电能消耗 = \frac{电能消耗总量}{计电里程} \times 100 \qquad (6-14)$$

其中,计电里程通过运营里程与相应换算系数得出,其计算式为:

$$计电里程 = \sum(各类电车运营里程 \times 相应换算系数) \qquad (6-15)$$

电车计电里程的相应换算系数是以车长级别确定的,其换算系数见表6-2。

电车计电里程换算系数表　　　　　　　　　　　　　表6-2

级别	车长范围(m)	相应换算系数	级别	车长范围(m)	相应换算系数
1	≤3.5	0.3	6	10~12	1.3
2	3.5~5	0.5	7	13~16	1.3
3	5~6	0.7	8	16~18	2.0
4	6~7	0.7	9	20~23	2.5
5	7~10	1.0	10	双层车 10~12	1.9

6. 发动机大修平均间隔里程

发动机大修平均间隔里程是一项反映发动机维修、使用质量等综合情况的技术性定额。大修平均间隔里程是指发动机相邻两次大修间(新发动机首次大修从投入使用计算)平均行驶的里程,其计算公式为:

$$发动机大修平均间隔里程 = \frac{\sum 相邻两次大修间总行程里程}{大修台数} \qquad (6-16)$$

1) 发动机大修送修标准

发动机是否应该进行大修,应以送修标准衡量确定。发动机磨损及其性能降低到以下情况时应予以大修。

(1) 汽缸(以磨损量最大一只汽缸为准):汽缸圆柱度 0.175~0.25mm,汽缸圆度 0.050~0.063mm。

(2) 功率:实际功率比标准功率降低25%以上。

(3) 汽缸压力:在水温70℃、转速100~150r/min时测量的汽缸压力达不到标准汽缸压力的75%。

(4) 燃润料消耗显著增加。

2) 发动机大修界限

(1) 汽缸搪磨恢复标准尺寸。

(2) 曲轴光磨恢复标准尺寸。

(3) 更换基础件。

7. 轮胎平均报废里程

轮胎平均报废里程是指轮胎自新胎开始使用至报废为止的平均行驶里程,是一项技术性定额,它是轮胎使用、管理、翻修、维护质量的综合反映,计算式为:

$$轮胎平均报废里程 = \frac{报废轮胎总行程里程}{报废轮胎条数} \qquad (6-17)$$

运营车辆装用的轮胎,由于车型不同,其规格、层次、胎压、负荷也不同。轮胎寿命的长短,除轮胎质量外,主要取决于运行路面、驾驶操作、充气情况和车轮定位等。

二、技术经济定额指标的制定与管理

(一)技术经济定额指标的制定

技术经济定额指标作为衡量公交企业经济效益和管理水平的定量标准,其制定既要遵循客观技术规律和经济规律,又要具有科学性、先进性,并具有较强的激励与约束作用。

1)客观规律

客观是不依赖主观意识而存在的,而规律是不以人们的意志为转移的客观存在。所以,制定技术经济定额指标的基本原则是实事求是,不违背客观的技术经济规律。

(1)遵循技术规律制定。技术规律需要考虑车辆运行造成零件磨损的磨损规律、物理化学变化形成的损伤规律、维修技术工艺对机件性能的影响规律、车辆技术使用与车辆状况变化的规律、运行材料对车辆故障引发的规律等。这些技术规律直接或间接地关系着相关定额指标。

(2)遵循经济规律制定。经济规律在公交车的运营生产和维修生产活动方面很明显,并间接或直接地关系着相关定额指标。例如,燃料消耗定额直接与驾驶员经济利益有关,维修费用定额与维修工经济利益有关。定额过低,会很难完成,可能会导致不顾定额的约束,总体经济效益下降。

2)科学性和先进性

定额指标的科学性是指定额指标反映的客观现实的准确性。定额指标只有符合客观的技术规律和经济规律,才具有科学性。因此,定额指标必须结合实际,分析技术经济条件,通过必要的试验、对比和论证,做到科学准确。

定额指标对公交企业技术经济活动有推动作用,还应具有先进性。先进性表现于对生产劳动积极性的调动和促进企业经营活力的程度。制定的定额过高,则很难完成。反之,过低的指标,则太容易完成,有失先进性。一般而言,定额指标应以正常情况下,经过努力大部分(3/4以上)能够完成并略有盈余或超额为衡量尺度。

3)激励与约束作用

定额指标是通过人的生产经营活动完成和实现的。因此,制定的定额指标应具有对完成和实现定额指标的职工个体、群体较强的激励和约束作用。激励的表现是为完成定额、实现指标而努力工作,主观能动性得到充分的调动;约束的表现应是对不利于定额指标完成行为的约束。

(二)技术经济定额指标的管理

技术经济定额指标管理是公交企业经营管理的重要内容之一。这些管理除技术部门外,还涉及计划、财务、劳资、供应等部门,因此,需要各职能部门之间的协作,落实各级管理职责,确保定额指标的完成。

1)定额指标的真实性管理

计划管理很重要的工作是对定额指标真实性的管理。为使指标真实准确,要做好以下技术基础工作：

(1) 与定额指标相关数据的采集渠道统一，防止数出多部门。

(2) 对定额指标的统计计算方法统一，避免随意计算的混乱。

(3) 对定额指标的考核口径统一，消除不同尺度考核的虚假。

2) 定额指标的可靠性管理

经济核算要求定额指标的可靠。可靠的定额指标来自可靠的原始数据记录和基层的核算管理，要做的基础工作包括以下几项：

(1) 健全各项定额指标的原始记录，使定额指标的可靠性有基本的依据。

(2) 开展班组核算，定额指标落实到班组、个人，使定额指标具有可靠的运作条件。

(3) 实行经济责任制，加大考核力度，使定额指标的可靠性有约束保证。

3) 技术经济定额指标的过程管理

技术经济定额指标的过程管理是保证定额指标完成的直接管理。过程管理主要是分析完成情况和研究解决过程中出现的问题。

(1) 定额指标完成情况的定期分析。定额指标的完成情况受各种因素的影响，表现于不同时段有不同的完成情况。而对完成情况的定期分析，应依定额指标的不同，确定定期分析阶段期限，如旬、月、季分析。

(2) 定额指标完成情况的动态分析。定额指标完成情况的动态分析的目的是及时发现和研究解决过程中反映出的问题。动态分析定额指标涉及各级层次，如班组、分公司、公司，都需要有组织地分析动态，研究解决实施过程中出现的问题。

(3) 定额指标完成情况的定期公布。定期公布定额指标情况有利于对完成情况的监督。定期公布各项指标，使与定额指标相关的人员心中有数，利于调动完成定额指标的积极性和对过程中问题的及时解决。

定额指标管理要从基础和过程上加强，以保证定额指标的完成。

(三) 技术经济定额指标的相对稳定

技术经济定额指标作为衡量公交企业管理水平的主要依据，具有明显的考核作用并与企业经济效益和职工收入直接关联。因此，应保持定额指标的相对稳定。

1) 技术经济定额相对稳定的条件

技术经济定额指标是按照先进可行的原则制定的，是相对稳定的基本条件，无论是上级主管部门组织制定，还是企业内部自定的定额指标。企业内部考核所制定的定额指标对先进性和可行性的遵循，表现在以下 4 个方面：

(1) 上级的有关计划。

(2) 上年度同期实际完成情况。

(3) 上月的实际完成情况。

(4) 大多数能够完成的情况。

基于上述考虑制定的定额指标，在没有特殊与重大影响因素出现时不应随意变动，否则会失去完成的积极性。因此，避免不切合实际随意调整定额，是保持定额指标相对稳定的重点。

2）技术经济定额指标的正常变动

当完成定额指标的主要条件发生变化,或企业经营需要同定额指标相关的经济关系进行必要的调整情况出现时,对定额指标的变动是正常的变动。技术经济定额指标正常变动的依据是：

(1)生产技术条件发生变化。例如,车辆、设备技术的变化、生产能力的变化、生产环境的变化等。

(2)经营管理条件发生变化。例如,经济关系的调整变化、管理手段的变化等。

复习思考题

1. 请举例说明城市交通发展的各种模式与特点。
2. 简述城市轨道交通的分类。
3. 请阐述城市轨道交通车站客流组织的原则。
4. 简述城市道路及其分类。
5. 城市道路交通管理设施主要有哪些？
6. 简述交通管理的演变与发展阶段。
7. 简述典型的城市道路交通控制系统。
8. 公共汽电车营运调度有关的主要指标有哪些？
9. 编制公共汽车行车作业计划的主要依据有哪些？
10. 城市公交主要有哪些经济技术指标？
11. 请阐述对城市地面公交服务评价的重要性。

第七章　民用航空运输系统

第一节　民用飞机及民航运输系统基础设施

一、民用飞机

民用航空可分为两大组成部分：商业航空和通用航空。商业航空也称为航空运输，是指以航空器进行经营性客货运输的航空活动。尽管航空运输量占综合交通运输方式的比例较小，但由于快速、远距离运输的能力及高效益，航空运输产值排名不断提升，而且在经济全球化的浪潮中和国际交往上发挥着不可替代的、越来越大的作用。民用航空的其余部分统称为通用航空，通用航空包含多项内容，范围广泛，可以大致分为工业航空、农业航空、航空科研和探险、飞行训练、航空体育、公务航空和私人航空等。

1. 民用飞机分类

民用飞机分为用于商业飞行的航线飞机和用于通用航空的通用航空飞机两大类。

1）航线飞机

航线飞机又称运输机，分为运送旅客的旅客机、专门运送货物的货机及由客机改装成的客货混装的运输飞机。全世界的航线飞机有 31023 架，占全部民航飞机 47 万架的 6.6% 左右。但航线飞机的吨位大、产值高，由航线飞机的飞行构成了一个世界范围的航空运输网，机群的价值和产值都占了民航飞机的大部分。航线飞机是民用航空运输的主体，而其中旅客运输又占了大部分，以下对民用飞机的叙述主要以现代的旅客机为主。

旅客机按航程的远近可以分为远程客机、中程客机和短程客机。按国际上通常的标准，航程在 3000km 以下者为短程客机，在 3000~8000km 之间的为中程客机，在 8000km 以上为远程客机。但是这种界定并不明确，有时也把航程在 5000km 以内的飞机称为中短程客机，5000km 以上者称为中远程客机。一般而言，飞机航程越远，起飞质量越大，设备越先进。

旅客机按发动机结构形式可分为活塞式飞机和喷气式飞机。从 1958 年以来喷气式客机大批量地投入使用之后，活塞式飞机由于速度慢、效益低，目前只在短航程上有少量使用。

我国把客机分为干线客机和支线客机。干线客机是指使用于国际航线和国内主要大城市之间主干航线的客机；而支线客机是用于大城市和中小城市之间在一定区域内飞行的客机。由于支线客流量小，一般把 100 座以下、航程在 3000km 以内的飞机划分为支线客机。干线飞机由于载客数量多，设备先进，是航空运输的主力；但它只能在设备齐全、有足够强度和长度跑道的大型机场起降。

2）通用航空飞机

通用航空包括除进行运输运营外的所有非军事用途的航空活动。通用航空一般使用小型飞机，起飞总质量不超过 50t，可分为公务机、私人飞机、农业用机、教练机、体育竞赛飞机等。

（1）公务机。公务机是指为政府的高级官员和企业的经理人员进行公务或商务活动使用的小型飞机，也称为行政用机或商务机。公务机的载客量一般不超过15人，起飞质量在10t以下。近年来由于跨国公司和国际交往的发展，公司和政府要员的远距离出行用机有向豪华、远距公务机发展的趋势，其起飞质量最大可达30t，最大航程在5000km以上。

（2）农业机。农业机专门为农、林、牧、渔业服务的飞机，这类飞机有些是专门设计的，还有一些是由多用途飞机经改装而成的。农业机一般是单发动机的小型飞机，飞行速度在400km/h以下，仪表设备比较简单，但结构强度较高，具有良好的低空飞行性能。

（3）教练机。教练机用于培养飞行人员，至少有两个座位。初级教练机用于训练学员掌握初级飞行技术，通常只有一个发动机，结构简单，易于操纵，学员经培训后，操作通用航空的小型飞机飞行。高级教练机用于培训经初级教练机培训合格后进一步掌握航线飞机驾驶技术的飞行人员，高级教练机一般是双发动机，机上的仪表设备和飞行性能与公务机相近。

（4）多用途轻型飞机。多用途轻型飞机包括用于空中游览、救护、短途运输、家庭使用、空中摄影、体育运动、个人娱乐等飞机，起飞质量不超过5t。

2. 飞机的主要性能

不同用途的飞机，对飞机性能的要求有所不同。对现代民用飞机而言，主要通过速度、爬升、续航和起降指标来进行评价。

1）速度性能

评价飞机速度性能的指标是飞机的最大平飞速度。最大平飞速度是指在水平直线飞行条件下、一定飞行距离内（一般应不小于3km），发动机推力为最大状态（如果有加力燃烧室，则在开启加力燃烧室的状态）下，飞机所能达到的最大平稳飞行速度。

飞机的飞行速度增大时，飞机的阻力就增大，克服阻力需要的发动机推力也应增大。当飞机做水平直线飞行，飞机的阻力与发动机的最大可用推力相等时，飞机能达到的最大飞行速度就是飞机的最大平飞速度。由于飞机的阻力和发动机的推力都与高度有关，所以飞机的最大平飞速度在不同的高度上是不相同的。通常在11000m左右的飞行高度上，飞机能获得最大的平飞速度。

飞机不能长时间地以最大平飞速度飞行，这一方面会损坏发动机，另一方面会消耗较多的燃油。所以，对需做长途飞行的运输机而言，更注重的是巡航速度。巡航速度是指飞机每飞行1km发动机消耗燃油最少情况下的飞行速度。也就是说，飞机以巡航速度飞行时最为经济，航程最远或航时最长。

2）爬升性能

民用飞机的主要爬升性能是指飞机的最大爬升速率和升限。飞机的爬升受到高度的限制，因为高度越高，发动机的推力就越小。当飞机达到某一高度，发动机的推力只能克服平飞阻力时，飞机不能再继续爬升的高度称为飞机的理论升限，即飞机上升所能达到的最大高度。通常使用实用升限，实用升限是指飞机还能以0.5m/s的垂直速度爬升时的飞行高度，这也称为飞机的静升限。影响升限的主要因素是发动机的高空性能。

3）续航性能

民用飞机的续航性能主要指航程和续航时间（航时）。

航程是指飞机起飞后,爬升到平飞高度平飞,再由平飞高度下降落地,且中途不加燃油和润滑油所获得的水平距离的总和。飞机的航程不仅取决于飞机的载油量和飞机单位飞行距离耗油量,而且与业务载质量有关。飞机在最大载油量和飞机单位飞行距离耗油量最小的情况下所获得的航程为飞机的最大航程。由于飞机的满载燃油质量与最大业务载质量的总和通常大于飞机的最大起飞质量,所以为了要达到这一飞行距离,就不得不牺牲部分业务载质量。同样,飞机欲以最大业务载质量飞行,则通常要牺牲部分航程。增加航程的主要办法是多带燃料和减小发动机的燃料消耗。航程远,表示飞机的活动范围大。对民用客机来说,可以把客货运到更远的地方,而减少中途停留加油的次数。

续航时间是飞机在不进行空中加油的情况下,耗尽其本身携带的可用燃料,所能持续飞行的时间。续航时间与硬件参数如发动机型号及飞行状态有关。在飞行时,合理选择飞行参数,使飞机在单位时间内所耗燃料量最少,飞机就能获得最长的续航时间。

4) 起降性能

飞机的起降性能包括飞机起飞离地速度和起飞滑跑距离、飞机着陆速度和着陆滑跑距离(图7-1)。

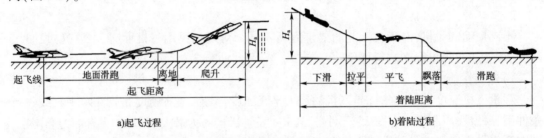

图7-1 飞机起飞与着陆过程

在地面滑跑的飞机,当其前进速度所产生的升力略大于飞机的起飞质量时,飞机即可离地起飞。但在正常起飞时,为了保证安全,离地速度要稍大于最小平飞速度(飞机能够保持平飞的最小速度)。

离地距离也称起飞距离,由起飞滑跑距离和起飞爬升距离组成。飞机从松开制动沿跑道向前滑跑至机轮离开地面所经过的距离称为起飞滑跑距离。从机轮离开地面到升高至规定的安全高度,飞机沿地平线所经过的距离称为起飞爬升距离。飞机的离地距离希望尽可能地短,这样可以在较短的跑道上起飞。飞机发动机的推力越大、最小平飞速度越小,其离地距离也就越短。

飞机的着陆过程也希望着陆的速度尽可能小。着陆过程的速度分着陆进场速度和着陆接地速度。着陆进场速度是指飞机下滑至安全高度进入着陆区时的速度,着陆接地速度有时也简称为着陆速度。

着陆距离可分为着陆下滑距离和着陆滑跑距离。着陆滑跑距离取决于飞机的着陆接地速度和落地后的减速性能。现代民用飞机除了在机轮上安装制动外,通常还采用减速板、反推力装置等来缩短着陆滑跑距离。

为了改善飞机的起降性能,使飞机在起降阶段在较小的速度下能获得较大的升力,现代民用飞机均采用了不同的增升装置,如襟翼、前缘缝(襟)翼等,从而降低飞机的离地和接地速度。

3. 飞机的适航管理

1) 适航性

飞机在进行运输及其他航空作业时,须适应各种气象、地形、距离、载荷、飞行高度、空中交通规则等各方面的要求,才能安全、及时和经济地运送旅客、货邮或完成其他飞行作业。为了保障安全,飞机首先要具备相应的适航性能。适航性(或称适航)是指飞机(包括其部件和子系统、整体性能和操纵特性)在预期的运行环境中和在经申明并被核准的使用限制下运行时,应具备的安全性和物理完整性品质,这种品质是飞机始终处于符合其型号设计安全运行的状态。

适航性是出于以确保航空安全为目标的民用航空立法需要,所确立的民用航空器的一种专有属性。适航性通过制定适航标准作规定,由国家制定的监督、管理体系作保证。为了保障飞机的适航性,世界各国民航当局对飞机的设计、生产、使用和维修等制定了适航标准。适航标准是一类特殊的技术型标准,是为保证实现民用航空器的适航性而制定的最低安全标准。适航标准与其他技术标准不同,它是政府部门或其授权管理部门,在民用航空实践,尤其是空难事故调查结果的基础上,为对航空器的安全性进行有效控制而制定的法规性文件,是国家民用航空法规,如美国的 FAR、英国的 BCAR、欧洲联合航空局的 JAR、苏联的 HJITC 和我国的 CCAR 等。目前各国的适航标准多数是以美国的 FAR 为基础的。所谓最低安全标准,一是表明适航标准是基本的、起码的;二是表明该标准是经济负担最轻的。民用航空器的安全性与经济性是相辅相成的。因此,适航标准是安全性与经济性的综合平衡。

2) 适航管理

飞机的适航性工作称为适航管理,是政府适航部门在制定最低安全标准的基础上,对民用航空器的设计、制造、使用和维护等环节进行的审查、鉴定、监督和管理。

适航管理工作主要包括以下内容:

(1) 制定各类适航规章、标准、程序、指令、通告和审定监督规则。

(2) 民用航空器的型号合格审定,颁布型号合格证书。取得型号合格证书是准予生产的前提条件,这是为了保证产品设计符合适航标准和要求。

(3) 对航空器、发动机和螺旋桨的制造进行生产许可审定,颁布生产许可证;对其他民用航空产品进行设计和生产审定,颁发"制造人批准书"或"技术标准规定项目批准书"。这是为了保证每件产品都符合型号设计并处于安全使用的状态。

(4) 对已取得国籍登记证的航空器进行适航检查、鉴定并发放适航证。

(5) 对维修企业进行审定并发给维修许可证。该维修企业要根据批准的维修大纲制订维修方案,对维修人员进行考核并发放执照。这是为了使航空器的适航性始终得到良好的保证。

(6) 掌握民用航空器的时序适航情况,颁发适航指令。这是为了监督航空器的故障率、使用可靠性和不正常的飞行情况。

(7) 对安全问题和事故进行调查,对违章和不符合适航标准的情况采取措施。

上述适航管理内容,一般又可分为初始适航管理和持续适航管理。

初始适航管理是对航空器设计、制造阶段所赋予的适航性实施的控制,即在飞机交付使用之前,依据有关适航标准和规范对飞机所进行的审定、批准和监督工作,包括型号合格审定和生产许可审定及其相应的监督工作。我国初始适航标准有运输类飞机适航标准(CCAR-25)、运输类旋翼飞机适航标准(CCAR-29)、飞机发动机适航标准(CCAR-33)等。

持续适航管理是对飞机在使用、维护阶段所保持的适航性实施的控制,即在飞机通过初始适航审定,并获得适航证投入运行之后,为保证飞机保持其设计、制造所赋予的安全性和物理完整性所进行的各项审定、批准和监督工作,包括维修单位的合格审定、维修人员的资格评审和飞机适航性的监督3个方面。

二、机场

机场是供飞机起飞、着陆、停驻、维护、补充给养及组织飞行保障活动所用的场所,包括相应的空域及相关的建筑物、设施与装置。它是民航运输网络中的节点,是航空运输的起点、终点和经停点。

机场可以划分为飞行区、地面运输区和候机楼3个大部分。飞行区是飞机运行的区域;地面运输区是车辆和旅客活动的区域;候机楼是旅客登机的区域,是飞行区和地面运输区的接合部位。

1. 飞行区

飞行区是机场的主要区域,占地面积最大。飞行区可分为空中部分和地面部分,空中部分指机场的空域,包括了进场和离场的航路;地面部分包括跑道、滑行道、停机坪和登机门,以及一些为维修和空中交通管制服务的设施和厂地,如机库、塔台、救援中心等。

1)跑道

跑道是供飞机起飞时加速和着陆时减速滑跑用的带状地面,是机场的组成部分之一。运输机用的跑道大多设有铺筑面。

(1)跑道的分类。跑道按道面结构可分为土质、草皮和人工铺筑跑道。土质道面的跑道和草皮道面的跑道多供农用飞机季节性、临时性使用或班次较少的地方航线的小型飞机使用。人工铺筑的道面一般称高级道面,按性质可分为柔性道面和刚性道面两种。柔性道面多指沥青胶结粒料道面;刚性道面是指混凝土或钢筋混凝土道面。

根据机场是否拥有仪表着陆系统,跑道可分为仪表跑道和非仪表跑道。仪表跑道按设备的精密程度又可分为非精密进近跑道和一类、二类、三类精密进近跑道。其中,三类精密进近跑道又按精密程度分为 A、B、C 3 种。

(2)跑道的基本参数。跑道要有一定的长度、宽度、坡度、平坦度、结构强度和摩擦力,以及方向和跑道号。

①长度。跑道长度根据机场起降的主要机型在标准大气条件下(即大气压力为 101.32kPa,气温为 15°C,无风)的技术性能,以及当地的高程、地形坡度、气温和风等因素确定。例如,在标准大气条件下,"运五"飞机使用跑道的长度只需 600m,而波音 707 型客机则需 3200m 左右。在高原和高温情况下,因空气稀薄需增加跑道长度。上坡有利于缩短着陆滑跑长度,下坡有利于缩短起飞滑跑长度,具有高摩擦力的平坦道面有利于缩短起飞和着陆滑跑长度。

②宽度。宽度是根据飞机起降时约有大部分的轮迹都集中在以跑道中心线为中心的 25~30m 范围内这一事实确定的。从 20 世纪 60 年代起,多数国家的跑道宽度都规定为 45m,连同道肩共 60m。

③坡度。为便于排水和减少修建的工程量,对跑道的坡度规定有各种限制。例如,对跑

道的不同部分有最大纵坡和变坡度的限制,有最大和最小横坡的限制等。基本原则是跑道的坡度变化越小和变化次数越少越好,但是要考虑修建工程的经济合理性。以我国的现行规定为例,对一级机场的纵坡限制是跑道两端各长 1/4 的部分不大于 0.005,其他部分不大于 0.010,而坡度变化不大于 0.010;横坡限制是不大于 0.015,不小于 0.008。

④平坦度。跑道平坦度的标准是用长 3m 的直尺放在道面的任何地方检查时,直尺底边的任何地方与道面表面之间没有大于 3mm 的间隙。平坦度不良,不仅使旅客不舒适,而且会导致飞机起落架和其他部分的结构损坏,甚至发生事故。

⑤结构强度。道面结构强度与飞机总质量、起落架及轮子布局、胎压和运行频率有关,道面每个点所承受的载荷和重复次数各不相同,因此,跑道各部位道面的厚度也不相同。从纵向看,跑道两端承受飞机的静载荷和低速滑行时的质量,而跑道中部,飞机滑行到此时已有一定速度,产生一定的空气浮力,道面的载荷就减少了。因此,跑道两端比中间厚。从横向看,跑道两侧比中间 25~30m 宽范围内的道面薄。

⑥摩擦力。跑道表面要具有一定的粗糙度,保证机轮与道面之间产生一定的摩擦力,以防止在跑道潮湿、积水时发生机轮打滑、失控,造成事故。保证道面具有适当摩擦力的关键是选材合适,施工方法得当。跑道使用一段时间后,如道面变得过于光滑,则可以在跑道上刻槽、加铺多孔摩阻层或颗粒封层。

⑦方向和跑道号。主跑道的方向一般和当地的风向一致,跑道号按照跑道中心线的磁方向角度以 10°为单位,四舍五入用两位数表示。如磁方向角度为 267°的跑道的跑道号为 27 号,跑道号以大号字标在跑道的进近端,而这条跑道的另一端的磁方向角度是 87°,跑道号为 09,因此,一条跑道的两个方向有两个编号,两者相差 180°,跑道号相差 18。如果机场有两条跑道,则用左(L)和右(R)表示。

(3)跑道的布局。跑道的布置方式有很多,大致可以分为 3 大类:单条跑道、平行跑道和交叉跑道。

①单条跑道。机场只有一条跑道(图 7-2)。一般而言,在相同条件下,单条跑道的运输能力小于多条跑道。

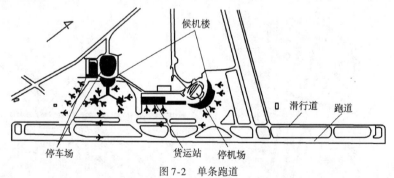

图 7-2 单条跑道

②平行跑道。如图 7-3 所示,两条平行跑道互相错开,各种设施安排在两条跑道之间。图 7-4 所示的两条平行跑道基本平齐,各种设施安排在跑道外侧。两条跑道之间的距离,要能保证两条跑道上同时有大型飞机起飞、着陆时的安全。增加一条跑道能增加许多飞机的起飞和着陆,不仅要看两条跑道之间的间距大小,还要看飞机的进场、离场程序,这就涉及机场空域的安排问题。

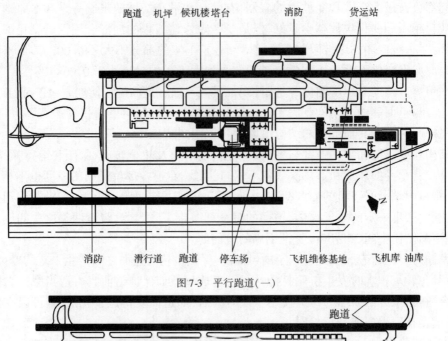

图 7-3 平行跑道(一)

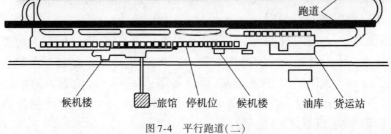

图 7-4 平行跑道(二)

③交叉跑道。交叉跑道可以减小风向变化对飞机起飞、着陆的影响。但同时,跑道互相交叉处,会使两条跑道之间的干扰加大。所以,交叉的方式也有很多变化。直观地看,图 7-5a)所示的交叉就要比图 7-5b)所示的交叉干扰小一些。由交叉跑道派生出来的跑道,就是开口 V 形跑道。此外,还有多种多条跑道的布局方式。

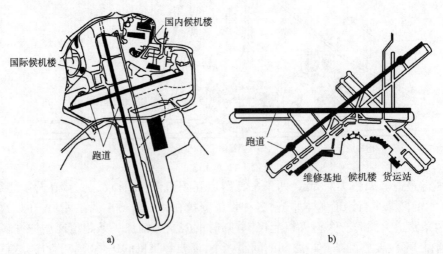

图 7-5 交叉跑道

(4)跑道的附属区域。

①跑道道肩。跑道道肩指在跑道纵向侧边和相接的土地之间的道路。其功能是保证在飞机因侧风偏离跑道中心线时,不致引起损害。此外,大型飞机很多采用翼吊布局的发动机,外侧的发动机在飞机运动时有可能伸出跑道,这时发动机的喷气会吹起地面的泥土或砂石,使发动机受损,有了道肩会减少这类事故。有的机场在道肩之外还要放置水泥制的防灼块,防止发动机的喷气流冲击土壤。跑道道肩一般每侧宽度为1.5m,道肩的路面要有足够强度,以备在出现事故时,使飞机不致遭受结构性损坏。

②跑道安全带。跑道安全带的作用是在跑道的四周划出一定的区域来保障飞机在意外情况下冲出跑道时的安全。跑道安全带分为侧安全带和道端安全带。侧安全带是由跑道中心线向外延伸一定距离的区域,对于大型机场(3、4级)这个距离为150m,在这个区域内要求地面平坦,不允许有任何障碍物;道端安全带是由跑道端至少向外延伸60m的区域,建立道端安全带的目的是减少起飞和降落时冲出跑道出现危险。在道端安全带中有的跑道还有安全停止道,简称安全道。安全道的宽度不小于跑道宽度,一般和跑道等宽,它由跑道端延伸,长度视机场的需要而定,强度要足以支持飞机中止起飞时的质量。

③净空道。净空道是指跑道端之外的地面和向上延伸的区域。它的宽度为150m,在跑道中心延长线两侧对称分布,在这个区域内,除有跑道灯之外不能有任何障碍物,但对地面没有要求。净空道可以是地面,也可以是水面。

2)滑行道

滑行道主要包括主滑行道、进出滑行道、旁通滑行道、飞机机位滑行通道、机坪滑行道、辅助滑行道、滑行道道肩及滑行带。它的作用是连接飞行区各个部分的飞机运行通路,它从机坪开始连接跑道两端,在交通繁忙的跑道中段设有一个或几个跑道出口和滑行道相连,以便降落的飞机可以迅速离开跑道。

滑行道的宽度由使用机场最大的飞机的轮距宽度决定,要保证飞机在滑行道中心线上滑行时,它的主起落轮的外侧距滑行道边线不少于1.5~4.5m。在滑行道转弯处,它的宽度要根据飞机的性能适当加宽。

滑行道的强度要和配套使用的跑道强度相等或更高,因为在滑行道上,飞机运行密度通常要高于跑道,飞机的总质量和低速运动时的压强也会比跑道所承受的略高。

滑行道在和跑道端的接口附近有等待区,地面上有标志线标出,这个区域是为了飞机在进入跑道前等待许可指令。等待区与跑道端线要保持一定的距离,以防止等待飞机的任何部分进入跑道,成为运行的障碍物或产生无线电干扰。

3)机坪

机坪是飞机停放和旅客登机的地方。机坪的大小应能满足飞机滑行或拖行的安全运转和各种机动车辆或设备进入机坪为飞机服务的需要。飞机在机坪进行装卸货物、加油,在停放机坪过夜、维修和长时间停放。机坪上用路面漆标出运行线,使飞机按照一定线路进出滑行道。根据使用功能,机坪可分为客机坪、货机坪、等待机坪和停(维修)机坪。

(1)客机坪。客机坪是供旅客上下飞机用的停机位置。按照旅客流量的不同,客机坪的布局可以有多种形式,如图7-6所示。

①单线式。这种形式是最简单的,即飞机停靠在候机楼墙外,沿候机楼一线排开,旅客

出了登机门直接上机。它的好处是简单、方便；但只能处理少量飞机，一旦交通流量很大，有些飞机就无法停靠到位，造成延误。

②指廊式。由候机楼伸出走廊，飞机停靠在走廊两旁，这样可停放多架飞机，是目前空港中使用比较多的一种形式，走廊上通常铺设活动人行道，使旅客的步行距离减少。

③卫星厅式。在候机楼外一定距离设立一个或几个卫星厅，飞机沿卫星厅停入，卫星厅和候机楼之间有活动人行通道或定期来往车辆沟通，它比指廊式优越之处是卫星厅内可以停放很多航班，各航班旅客登机时的路程和用去的时间大体一致，旅客在卫星厅内可以得到较多的航班信息；而指廊式的登机坪，旅客到达最末端的登机门用的时间比起始端的要长。卫星厅式的缺点是建成后不易进一步扩展。

④车辆运送式。车辆运送式又称远距离登机坪，飞机停放在离候机楼较远的地方，登机旅客由特制的摆渡车送到飞机旁。这种方式的好处是大大减少了建筑费用，并有着不受限制的扩展余地，但它的问题是机坪上运行的车辆增加，机场上的服务工作人员增加，旅客登机的时间增加，而且使旅客增加了上、下车及下雨和刮风等外界天气的影响等不便。为了解决后面两个问题，美国有些机场使用了移动登机桥，即在汽车底盘上装上大型的可升降的车厢，旅客登车后，运至飞机旁边，车厢可升至机门相同高度，旅客直接进入飞机。

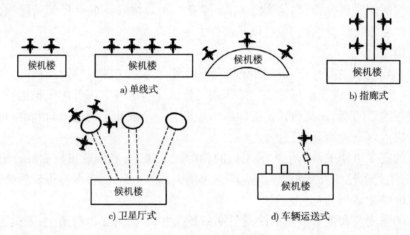

图7-6 各种类型的客机坪

（2）货机坪。在货运量大和专门设有货运飞机航班的机场，需要有专门处理空运货物陆空转换的货物航站及相应的货机坪。航空运输业的货运量增长很快，货机坪的位置要充分适应预测期货物吞吐量的发展。

（3）等待机坪。等待机坪一般设在跑道端部。为预备起飞的飞机等待放行或让另一架飞机绕越提供条件。选用等待机坪或绕越滑行道，主要根据飞机场高峰飞行架次、场址条件和可能性确定。

（4）停（维修）机坪。停（维修）机坪是为飞机停放及各种维修活动提供的场所。停（维修）机坪的布置，除应考虑维修设备的不同要求外，还要考虑飞机试车时气流的吹袭影响，它可能对停放、滑行的飞机、地面设备和人员造成威胁。

4）飞行区导航系统与设施

飞行区导航系统与设施又称终端导航系统与设施，目的是引导到达机场附近的飞机安全、准确地进近和着陆。进近和着陆阶段是飞行事故发生最多的阶段,因而机场导航设施、航空地面灯光系统和跑道标志组成一个完整系统作为机场飞行区的一个重要组成部分,以保证飞机的安全着陆。导航设施又可分为非精密进近设施和精密进近设施。非精密进近设施通常装置在机场的 VOR-DME 台、NDB 台及机场监视雷达,作为导航系统的一部分,它们把飞机引导至跑道平面,但不能提供在高度方向上的引导;精密进近设施则能给出准确的水平引导和垂直引导,使飞机穿过云层,在较低的能见度和云层下,准确地降落在跑道上。

5) 飞行区的其他设施

(1) 测量基准点。机场的地理位置基准点,由国家的测绘机构定出准确的地理经度和纬度,作为这个机场的地理坐标。这一点通常选在机场主跑道的中点。

(2) 高程校核位置。机场的高程指海拔,由于飞机在起飞前都要进行高度表设定,因此,一个空港要设置一个专门位置,为飞机在起飞前校核高度,这个位置在停机坪的一个指定位置,当停机坪高度变化不大时,整个机坪都是校核位置。

(3) 航行管制服务的设施。在飞行区有航管中心和塔台,以及气象服务中心。

(4) 地面维护设施。地面维护设施包括用于飞机维修和停放的机库,以及处理空运货物的货场等。

(5) 消防和跑道维护设施。每个机场都有消防和急救中心,一旦飞机出事往往伴随着起火和伤亡,因而这个中心听从塔台的指挥,一旦有事就迅速出动。

2. 地面运输区

地面运输区包括机场进入通道、机场停车场和内部道路。

1) 机场进入通道

机场是城市的交通枢纽之一,而且登机有严格的时间要求,因而从城市进出机场的通道是城市规划的一个重要部分,许多大型城市为了保证机场交通的通畅都修建了市区到机场的专用公路或高速公路。为了解决旅客往返机场和市区的问题,机场要建立足够的公共交通系统。有的机场开通了到市区的地铁或高架铁路,大部分机场都有足够的公共汽车线路来方便旅客出行。在考虑航空货运时,要把机场到火车站和港口的路线同时考虑在内。

2) 机场停车场

除考虑乘机的旅客外,还要考虑接送旅客的人、机场工作人员的车辆、观光者和出租汽车量的需求,因此,机场的停车场必须有足够大的面积。停车场面积太大也会带来不方便,繁忙的机场按车辆使用的急需程度把停车场分为不同的区域,离候机楼最近的是出租汽车和接送旅客车辆的停车区,以减少旅客步行的距离。机场职工或航空公司使用的车辆则安排到较远位置或专用停车场。

3) 内部道路

对候机楼外的道路区要进行安排和管理,这里的各种车辆和行人混行,而且要装卸行李,特别是在高峰时期,容易出现混乱和事故。另一个主要部分是安排货运的通路,使货物能通畅地进出货运中心。

3. 候机楼

候机楼是一个城市或一个国家的门户,因而也是这个国家和地区的象征。候机楼的建筑在考虑功能和实用之外,必须要雄伟壮观,体现出国家的气势、现代化的意识和地区文化,以及使用者的服务便利、安全和保卫的需要。

1）候机楼的组成

候机楼由两个部分组成：旅客服务区域和管理服务区。其中，旅客服务区包括以下区域：

（1）办理机票行李手续的柜台。

（2）安检、海关、检疫的通道和入口。

（3）登机前的候机厅。

（4）行李提取处。

（5）迎送旅客活动大厅。

（6）旅客信息服务设施，包括问讯处、显示牌、广播通知系统、电视系统等。

（7）旅客饮食区域，包括供水处、饭店、厨房等。

（8）公共服务区，包括邮电局、行李寄存处、失物招领处、卫生间和医疗设施。

（9）商业服务区，包括各种商店、银行、免税店、旅游服务处和租车柜台等。

管理服务区包括以下区域：

（1）机场管理区，包括机场行政办公室、后勤办公和工作场所（水电、暖气、空调等）和紧急救援设施（消防、救援的工作人员和设备的场地）。

（2）航空公司运营区，包括运营办公室、签派室和贵宾接待室等。

（3）政府机构办公区，包括民航主管当局、卫生部门、海关、环保和边防检查部门的办公区域。

2）候机楼的旅客流程

候机楼的旅客都是按照到达和离港有目的地流动着，在设计候机楼时必须很好地安排旅客流通的方向和空间，这样才能充分利用空间，使旅客顺利地到达要去的地方，不致造成拥挤和混乱。

目前通用的安排方式是把出港和入港分别安置在上、下两层，上层为出港，下层为入港，这样两条航线互不干涉又可以互相联系。由于国内旅客和国际旅客所要办理的手续不同，通常把这两部分旅客分别安排在同一候机楼的两个区域，或者分别安排在两个候机楼内。

旅客流程需要考虑3部分旅客：国内旅客手续简单，占用候机楼的时间少，但客流量较大，因而国内旅客候机区的候机面积较小而通道比较宽；国际旅客要办理护照、检疫等手续，行李也较多，在候机楼停留的时间长，同时还要在免税店购物，因而国际旅客的候机区要相应扩大候机室的面积，而通道面积要求较低；中转旅客是等候衔接航班的旅客，一般不到候机楼外活动，所以要专门安排他们的流动路线，当国内转国际航班或国际转国内航班的旅客较多时流动路线比较复杂，如果客流量较大，机场当局就应该适当考虑安排专门的流动线路。

三、空中交通管理基础设施

空中交通管理人员在工作中所用到的基础设施，直接决定着飞行航空器的安全性与效率。空中交通管理在20世纪30年代以前，主要依靠红、绿旗帜指挥飞机的起飞与着陆活动。但自从20世纪30年代中期起，机场就开始全面装备无线电设备。现今的设施设备日趋复杂、高效。

1. 主要基础设施

1) 气象信息显示设备

气象信息显示设备能够显示有关风向、风速、能见度、跑道视程(在必要时)、云底高、温度、露点、场面气压和修正海平面气压的信息。在雷电、暴雨等特殊恶劣天气高发地区,塔台管制室都配备有气象雷达终端显示系统,按照空管部门的设备配置程度可以分为若干类别。

2) 飞行数据输入输出设备

当有来自临近空域管制扇区的飞机进入或者有从机场起飞的交通时,这些飞机的预定经过导航点和预定到达时间都会通过飞行数据输入输出设备和进程单打印机输出在进程单上,由见习管制员送达管制员手中。

3) 终端自动通播信息系统

终端自动通播信息系统向起降航班自动播报飞行信息。终端自动通播信息系统的通播内容有机场名称、通播代号、观测时间、时近方式、使用跑道、跑道道面、制动作用、过渡高度、过渡高度层、地面风向、地面风速、阵风风速、风向变化范围(包括起始风向和终止风向)、能见度、跑道视程、天气现象、云量、云状、云高、大气温度、露点温度、修正气压、本场场压和风切变情况等。

4) 甚高频通信设备

管制席上的话音交换系统面板配置有甚高频通信设备的控制器以及耳机和话筒。在每个通信波道上都配置有一个主用频率和一个备用频率。在有特殊要求时,还可增加甚高频通信波道,例如搜寻、救援波道等。塔台甚高频通信设备的射频功率为 6~10W。甚高频设备的天线安装一般安装在机场高处,周围不应有其他障碍物遮挡。

5) 空管雷达终端显示设备

空管雷达终端显示设备的信息来自空管雷达。雷达显示器具有高亮度显示能力。塔台显示的雷达数据由单独的或与其他显示设备共用的数据记录仪进行记录,以供必要时重放。

6) 场面监视雷达及显示设备

按照在机场范围内安装的仪表着陆设备的精密程度,可将场面监视雷达及显示设备分为 I、II、III类,共 3 种。能见度较差地区的机场,在塔台或机场其他适当位置至少还预留有场面监视雷达的安装位置。场面监视雷达的信息,通过塔台管制室的场面监视雷达显示器输出。

7) 话音交换系统

话音交换系统为塔台各席位提供甚高频通信波道、相关管制席位及需协调的管制单位的直通电话功能。在必要时,塔台还另有专用电话线与附近机场的管制部门相连,以防出现意外的语音交换系统的通信失效。机场塔台还配置有报告飞机失事的电话,以及消防通报电话、应急救援电话和与塔台设备室相连的电话等。

2. 其他设备

1) 电源设备

塔台的主要电源应由双回路交流电提供,应保证三相、Y 形连接和 380V、50Hz 输入,输电线路还包括电涌防护。塔台设备的电源应经过稳压电源和不间断电源,并提供一路备用发电机电源,不间断电源可以保证设备正常工作 15~30min。同时,塔台还配置有专用的配电箱。

2）记录/重放设备

所有与飞行管制有关的话音，包括甚高频通信和电话都会被输入记录/重放设备进行录音，以供在发生事故或事故征候后作为调查的依据。所有采用自动或人工方式输入系统的数据以及信息，系统生成的结果都有相应记录。

3）助航灯光及导航监视设备

机场塔台管制单位配备有助航灯光设备控制台，它能在监视台的屏幕上集中显示各种灯光的工作状态。同样，对于导航设备，管制单位也配备有导航设备监视台，在监视台的屏幕上集中显示各个导航台的工作状态，必要时可以通过声音进行告警。

第二节　民用航空运输运营组织

一、航空公司的运营

航空公司是以提供航空运输产品为主的服务企业。它向社会提供的不是实物形态的产品，而是一种劳务产品，即旅客与货物的空间位移。运输劳务"产品"量的大小取决于两个因素：运输量（货运以质量数为计算单位，旅客以人数为计算单位）和运输距离。

1. 航空公司总体运营流程

航空公司运营过程分为计划和实施两大模块，具体环节如图7-7所示。

2. 航线网络结构决策

1）影响航空公司航线网络结构决策的主要因素

（1）外部环境因素。在航空公司进行战略筹划时，已经考虑了若干重要的外部因素，如所处的政治、经济、文化三大社会系统的发展趋势所能带来的机遇和威胁。就航空公司的航线网络结构决策而言，更要重点分析以下外部环境因素。

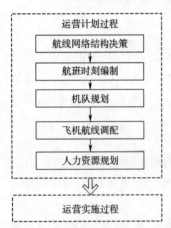

图7-7　航空公司总体运营流程图

①全球性、地区性国际贸易、国际金融的走向。

②社会对空运服务的需求变化。

③政府对空运业管制的程度。在世界上大多数国家和地区，航线的开辟都受到政府部门不同程度的管制。至于国际航线，还受到双边及多边政府协议的约束。

④航空公司联盟伙伴对加入联盟的具体要求。早期航空公司联盟的主要形式就是具体航线运营的协作。无论是地区性联盟，还是全球性联盟，都讲究联盟成员的航线互补功能。荷兰皇家航空公司和美国西北航空公司（以下简称西北航空）的联盟成功的重要原因是：它们的航线网络在美国国内市场、欧洲市场、欧美市场、亚太市场、欧亚市场具有高度互补性。国内新星联盟不成功的原因之一是：它们的航线虽然很少重叠，但互补性不强。对需求量大的市场来说，航线重叠其实并无大碍，联盟成员之间可以通过代码共享进行分工协作，增加航班频率，提高联盟的市场份额。1998年10月20日，中国国际航空公司（以下简称国航）

和西北航空全面启动代码共享合作后,国航的 CA981/2 北京—上海—安克雷奇—纽约的航班,改为北京—底特律—纽约,航班号不变,每周由原来的 2 班增加到 5 班,由美国西北航空公司飞行;国航的 CA985/6 北京/上海—旧金山和 CA983/4 北京/上海—洛杉矶每周各飞 4 班,由国航承担飞行,西北航空的代号挂在这两个航班上。与此同时,国航还可以从旧金山、洛杉矶、底特律、芝加哥、火奴鲁鲁、纽约等门户港分别向美国的波士顿、华盛顿、迈阿密、亚特兰大、达拉斯、休斯敦、凤凰城、拉斯维加斯 8 个共享城市的伙伴公司航班挂国航的代号,加上门户港间可以使用国航代号,这样每周挂国航代号的航班到 1999 年夏天可以达到 148 个,在双方合作的第一阶段进入代号共享的美国城市就有 14 个,可以构成 36 条航线。随着双方合作的深入,双方的跨洋航班还会增加,在中国、美国各自的国内城市代号共享的班次也将增加,加上西北航空的合作伙伴大陆航空公司、美国西部航空公司、阿拉斯加航空公司的潜在的协同作用,国航在中美市场的发展前景广阔。国航和西北航空的联盟可以说是国内航空公司与国外航空公司合作最广泛的尝试,它为中国民航引入了企业虚拟的新概念,仅以航线为例,由上述分析可以看出,许多国航并不飞行的航线和航班已经进入了国航的产品系列。

⑤空域资源的可利用状况。

⑥机场等地面保障条件。由于机场条件的限制,有些航线的开辟比较困难。比如海口机场附近一度有超高建筑,以致空管部门不得不取消夜航。另一不容忽视的因素是环保,例如欧美等发达国家对飞机噪声危害的限制越来越严。

⑦空运业竞争的程度。

⑧其他交通方式的挑战。

(2)内部环境因素。

①航空公司的战略宗旨。每个航空公司都有特定的战略宗旨,战略宗旨明确了航空公司的市场定位和顾客群体。比如美国西南航空公司将自己定位于低成本运营的地区航空公司,其航线结构就一直坚持以城市对为主,不搞枢纽轮辐系统。

②航空公司现有航线网络的利弊。

③航空公司现有机队的状况。机队的经济性能、技术性能也是航空公司航线选择的重要因素。现在世界上只有少数几种机型可以飞行长距离航程和高原机场。

④航空公司市场开发能力状况。市场开发能力取决于航空公司高层领导的重视程度和市场开发主管部门的实力以及公司内部各部门的协同状况。从航空公司发展的历史来看,一支素质高、战斗力强的市场开发队伍对航空公司的竞争力有举足轻重的影响。

⑤航空公司各系统之间的协同程度。

⑥信息技术(IT)在航空公司内部应用的情况。

2)航空公司航线网络结构类型

(1)点对点(Point-Point)或线形(Linear Network)结构。航线结构中最简单的是点对点结构,它的优点是容易排班、没有高峰期的运营压力。城市对结构易衍生出"甩辫子航线","甩辫子航线"成熟后就形成线形航线结构(如 1999 年深圳航空公司的北京—黄岩—深圳航线,南方航空公司的北京—贵阳—深圳—昆明—贵阳航线)。线形航线结构一般适用于较小的市场规模,特别是支线市场。

线形航线结构成功的典型是美国西南航空公司。这家1971年用3架波音737飞机起家的航空公司,以达拉斯的LOVE机场为大本营,机队由清一色的300多架波音737飞机组成,已保持27年连续盈利的记录。专家们总结它的特点包括:低成本、低票价、短航程、高密度市场、线形航线结构、简单的机舱内服务、机型单一、座舱级别单一、不预先分配座位、独特的企业文化等。单就航线管理来说,美国西南航空公司的平均航程为960km,坚持把80%的运力放在短程航线上。

(2)枢纽轮辐式航线结构系统。枢纽轮辐式航线结构系统(Hub-and-Spoke System,HSS)是当今世界大型航空公司的主要竞争武器,全球前20家航空公司(按运输量排名)基本上都拥有HSS。该系统随着航空公司联盟层次、规模的不断升级,显得愈发重要。

HSS是1978年美国政府《航空公司放松管制法》颁布之后产生的。在这之前,航空公司所经营的航线只能由美国民用航空委员会(CAB)来安排,完全不是从市场需求的角度出发。在此阶段,绝大多数航空公司都将经营重点放在了点到点的远程航线上。《航空公司放松管制法》实施后,航空公司有了选择航线及航班密度的权力,各公司建设航线网络的战略随之也发生了根本的改变,即从开辟点到点航线变为了铺设枢纽轮辐式航线网络。它们早先的目的是建立枢纽(Hubs)来提高产品的定期性品质(包括正点率、好的时刻、航班频率和机型4个方面)。自20世纪70年代末以来,HSS逐渐完善和发展。在这个过程中,大型航空公司是主角,小型航空公司是配角,双方是一种分工协作关系。小型航空公司往往是支线航空公司,机型较小,航程较短,致力于大机场与小机场之间的市场开发;大型航空公司则集中资源运营国内干线、地区航线和国际航线。如此一来便出现了一家或几家大型航空公司和多家小型航空公司围绕着某个大型枢纽航空港运营的局面。

目前大多数航空公司的航线网络都是各种形态的枢纽轮辐式结构。每一个运营枢纽周边常常会连接着一系列城市,通常称为轮辐城市。图7-8即为一个以芝加哥奥黑尔机场和华盛顿的杜勒斯机场为运营枢纽的某航空公司航线网络。

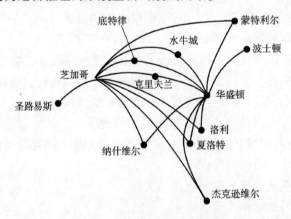

图7-8 航线网络结构实例

在各枢纽之间,航空公司一般使用大型飞机运营直达航班,而在轮辐航线上则使用小型飞机。与点到点式运营相比,枢纽轮辐式航线网络结构能够增加航空公司的收入,提高运营效益,同时减少飞机的占用数量;不利的方面是由于需要在枢纽机场转机,并且在这些机场可能会遇到拥堵和航班延误,从而增加了旅客出行的麻烦,航空公司人力和运营的成本也会因此增加。

3.航班时刻编制

航班时刻是为某一航班提供或分配的在某一机场的某一特定日期的到达或起飞时刻；航班时刻编制是航空公司一切计划和运营活动的基础，航班时刻确立了航空公司飞行的航线以及飞行的时间。航空公司对航班的安排主要是基于对市场需求的预测、现有飞机的运营特点、现有人力资源情况、政府规章以及竞争对手的状况等。尽管各航空公司编制航班时刻的详细程度不一，但却都会以一个周期为单位编制出完整的时刻表。国内航线的时刻周期为一天，而国际航线时刻周期为一周。编制班期时刻的第一步是编排一个粗略的航班时刻表，然后再对其进行大量的修订，以保证其运营和经济两方面的可行性。

航班时刻编制划分为战略和战术两个方面。战略规划侧重于未来的航班时刻。战略规划主要是为了应对行业及运营环境的重大变化，而战术规划则侧重于短期内甚至是每天的时刻和航线的变化，它需要不断地监控市场、竞争对手以及自己公司运营情况的变化。战术规划策略包括增减航班、调整航线以及改变航班频次等。

航班时刻编制是航空公司一切运营的基础，在编制航班时刻时必须要考虑航空公司具体的运营情况，由于大量不确定因素的存在，时刻编制的数学模型也因此变得非常复杂。

1）航班时刻管理机构和职责

各个航空公司的航班时刻是由国家民航管理部门进行统一管理的，主要包括：研究制定统一的全国民航航班时刻管理政策；批准确定协调机场及其协调时段；批准确定协调机场小时保障容量；批准协调机场航班时刻协调委员会的成立和航班时刻协调委员会的书面工作规则；基于行业发展与市场调控的需要，确定航班时刻协调优先顺序中在某些时间内应增加的特殊因素；批准协调机场航班时刻协调委员会确定的机场时刻池中，在换季航班时刻协调中分别应分配给新进入航空公司和基地航空公司的比例；确定预留用于特殊航线航班的时刻，批准这些时刻协调分配结果；保留对全国航班时刻协调与分配结果的最终决定权；对航空公司、机场及其他有关利益方对时刻分配、处理结果的异议进行最终裁决；研究决定全国航班时刻管理的其他重大问题；监督和检查全国民航航班时刻管理工作。

协调机场是指在某一特定的时间段里航班起降架次已经达到或接近机场的保障容量，需要进行时刻协调的机场。协调机场分为主协调机场和辅协调机场两类，主协调机场是指时刻需求超过容纳能力，调整余地很小的那些机场；辅协调机场是指时刻需求已经接近其容纳能力，但尚有调整余地的那些机场。

时刻池是指协调机场、协调时段的所有可用时刻，由新增时刻、未分配时刻、收回时刻组成。

2）航班时刻的申请和协调

航班时刻申请统一由持有运行合格审定证书的航空公司提交。当地的民航管理机构需为每一协调机场的协调时段建立相应时刻池，时刻池中所有时刻应注明起止时间。

（1）航班时刻协调原则。协调机场航班时刻的协调以主协调机场为主，辅协调机场的时刻协调要配合主协调机场的协调要求，同为主协调机场或同为辅协调机场时，则以起飞机场为主。同时，在进行航班时刻协调时还要考虑以下原则：

①有利于促进竞争；

②有利于促进枢纽建设;
③机场开放时限;
④标准航段运行时间和使用机型的最少过站时间;
⑤因机场改扩建或设施改造等方面影响的限制规定;
⑥空中交通管理及其他安全方面的相关规定。

(2) 航班时刻申请的条件和内容。航空公司在申请航班时刻之前,必须已经取得了所飞航线的航线经营许可,并在符合标准航段运行时间的条件下,以航班计划的形式上报申请。航空公司所提交的航班时刻申请通常应包括如下内容:

①申请航班时刻所属航季;
②航班类型(国际、地区、国内);
③航班性质(客运航班、货运航班);
④航空公司二、三字代码;
⑤航班号;
⑥使用机型;
⑦执行班期;
⑧飞行航线及起降时刻(对调整、交换航班应注明原飞行航线及起降时刻);
⑨执行起止日期;
⑩出入境点(国际航班);
⑪收发电报 AFTN/SITA 地址;
⑫相应的时刻申请是否享有新进入航空公司、基地航空公司等身份;
⑬承办人的身份及联系方式。

3) 航班时刻的交换、调整和归还

航空公司内部和航空公司之间可以根据自身需求一对一交换航班时刻。航空公司以新进入航空公司身份取得的时刻在运营两个相同航季以后,才可以进行交换。航班时刻交换需得到原航班时刻协调机构认可。航班时刻协调机构不得拒绝这种交换,除非有机场、空管条件限制等充分、合理的原因。

航空公司在不改变航班时刻情况下调整飞行航线应报原航班时刻协调机构认可。航班时刻协调机构不得拒绝这种调整,除非有机场、空管条件限制等充分、合理的原因。

航空公司因航班调配或其他原因取消航班时,应主动向当地民航管理机构归还不再使用的时刻。

4) 监督管理

航空公司不能达到全航季 80% 使用率的航班时刻的,由航班时刻协调机构取消其历史时刻优先权。当某一被分配时刻已不能达到全航季 80% 使用率时,航班时刻协调机构在听取相关航空公司的解释后,可决定在航季剩余时间将此时刻收回,放入时刻池。当时间已超过被分配时刻有效期的 20%,而该时刻仍未被使用,航班时刻协调机构在听取相关航空公司的解释后,可决定在航季剩余时间将此时刻收回,放入时刻池。

4. 航班计划

航班计划是规定航空运输正班飞行的航线、机型、班次和班期、时刻的计划。

航班计划是提高航空公司经济效益的关键。航班计划的编制,要综合考虑航空市场需求和企业已有或将有的能力两方面。需考虑的因素包括:

(1)客货源流量、流向。

(2)机组配套。

(3)航空器。

(4)机场条件及地面保证实施。

(5)空中交通管制。

(6)通信导航。

(7)气象条件。

(8)油料供应。

航班计划中各要素及其含义如下。

(1)航线:是由具有一定商业载量的航空器在两个以上地点从事定期运输服务而形成的航空运输线。

(2)班次:航空公司在某条航线上每天飞几个航班。它表示航空公司在各条航线上的运力投放情况。

(3)班期:航班每周具体的执行日期。例如,厦门航空公司北京—成都的航班 MF4002/3 的班期为 1、2、3,意思是该航班每周一、周二、周三执行。

(4)航班号:航班的代号,由航空公司代码和航班编号两部分组成。例如 CZ4102/3 表示南方航空公司成都—北京的航班,其中 CZ 为南方航空公司的二字代码,4102 代表去程航班(成都—北京),4103 代表回程航班(北京—成都)。

(5)航班时刻:航班时刻表中公布每个航班的出发时刻和到达时刻,分别指航班的关舱门时刻和开舱门时刻。

航班正班计划分为夏秋季和冬春季两个航班计划,一般由航空公司市场部负责制订,分别在每年 6 月、12 月的航班协调会上申请并对外公布。

5. 航班销售

1)确定运价

运价(客票价)是指旅客由始发地机场至目的地机场的航空运输价格,不包括机场与市区之间的地面运输费用。

(1)客票价的种类。

①普通舱票价(Y,公布票价/折扣票价)。

②头等舱票价(F,普通舱票价的 150%)。

③公务舱票价(C,普通舱票价的 130%)。

④儿童票价(12 周岁以下):

a. 儿童票价(普通舱票价的 50%,占座),2~12 周岁之间;

b. 婴儿票价(普通舱票价的 10%,不占座),满 14 天以上,2 周岁以下。

⑤团体旅客票价(统一组织的,人数在 10 人以上,航程、日期和航班相同的旅客)。

⑥特殊票价:

a. 按旅客类型分为老人、师生、军人、残疾人、家庭、团体等;

b. 按班期时刻分为早、晚、首期等；

c. 其他,包括来回程、预购、常客等。

⑦包舱票价:航空公司在有小客舱的大型飞机飞行的航班上,可以向旅客提供包舱。包舱人数以小客舱内的座位数为限,包舱票价为包舱内的座位数与单程直达票价的乘积。

⑧优惠票价。

(2)定价原则。

①以运输价值为基础,以运输成本为依据；

②符合商品定价原则,保证有合理的利润；

③有利于运量在各种运输方式中的合理分配；

④有利于提高运输的载运率。

(3)运价的影响因素。

①里程(递远递减)；

②需求(旺季/淡季)；

③国家政策(倾斜)。

此外,国家外汇汇率的变动以及区域经济的发达程度也会影响运价。

2)座位管理

座位合理地分配对航空公司获得最大的经济效益有重要作用。航空公司在售票外,通常还会保留一定量的座位以备急需。通常每个航班总会有购买了机票但由于各种原因不来的旅客。为了提高座位利用率和公司效益,航空公司通常采用超售机票的方式,防止空位产生。

3)售票

航班客票销售渠道有以下四类:

(1)航空公司直接销售。航空公司的客票销售柜台一般设在市区航空客票销售网点和机场候机楼内。

(2)旅游代理。航空公司和旅行社签订协议,委托代理销售该旅行社旅游计划中的客票。这既为旅行社的安排带来便利,也扩大了航空公司的销售渠道。

(3)销售代理。销售代理公司受航空公司的委托,在约定的经费范围内进行客票销售及相关的业务,使旅客购票更加方便,也降低了航空公司的直营成本。

(4)航空企业之间的代理销售。这种方式开始是在联程航空运输上,一个航空公司为了另一航空公司的航班衔接,而代销这个航空公司的客票。此种销售对于国际航线与各国国内航线的衔接显得尤为重要,因为通常运营国际航线的航空公司没有在另外国家经营国内航线的权利,通过这种代理方式可以把两家航空公司的航班衔接起来,保证了双方的客源。

6.飞行过程

飞行过程主要包括四个阶段,即飞行前准备阶段、飞行直接准备阶段、飞行实施阶段和飞行讲评阶段。

1)飞行前准备阶段

飞行前准备通常在飞行前一天完成。飞行计划包括如下内容:

(1)班期时刻；

(2) 运输部门提出的加班和包机任务；
(3) 有关部门设置的专机以及其他飞行任务；
(4) 航空器准备情况；
(5) 飞行队空勤人员的安排情况；
(6) 气象情况、航行通告、航线和机场各种设备保障情况；
(7) 有关机场的燃油供应情况；
(8) 机长提出的飞行申请。

2) 飞行直接准备阶段

飞行直接准备阶段工作是在飞机起飞前所进行的飞行准备工作。飞行直接准备的内容包括研究天气情况，检察地面各项保障工作等，以决定放行航空器。

在航空器预计起飞前1h以前，机组到达飞行签派室办理签派放行手续。飞行机组在办理签派放行手续时的主要工作包括：

(1) 领取气象资料；
(2) 阅读航行通告；
(3) 填写飞行计划单；
(4) 签领飞行任务书；
(5) 了解飞机配载情况及有关航班飞行资料；
(6) 审核计算机实时航路飞行计划中给出的飞行高度、总燃油量以及用于油量计算所选备降机场的合理性，机长对飞机装载的燃油量具有最后决定权；
(7) 飞行放行单签字。

机组登机后，会与签派员保持无线电联系。当发生影响航空器飞行安全等情况时，签派员会通知机长，修改或重新签发放行单。

3) 飞行实施阶段

飞行实施阶段主要是机组成员的操作，此外还依赖于地面的服务，地面与空中协同配合，协助机组正确地处理问题。

4) 飞行讲评阶段

飞行讲评是对飞行运行管理工作的总结提高。讲评主要对完成任务情况、飞行安全和飞行质量、飞行组织与各项保障工作情况作出评价。对于发现的安全、技术方面问题，进行原因分析、总结。

二、机场的运营

1. 机场组织机构

机场组织机构表明各级别之间，上级与下级各级别管理者之间的关系，以及在组织中各级别之间的联系。图7-9为某商用机场的组织机构图，主要组织机构如下。

1) 机场经理

机场经理负责整个机场的日常运行，直接向负责机场发展和管理的机场管理机构、机场董事会或政府交通管理委员会报告。机场经理通过其下属管理者对机场内飞机运行、建筑物和机场区域维护、建设规划、社区关系、财务及人事方面的事务进行指导、协调和检查。

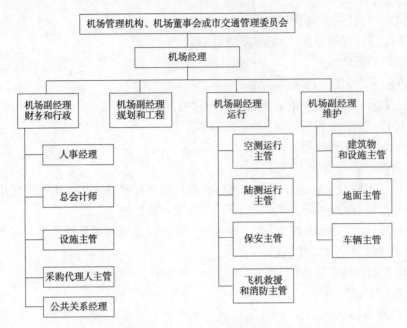

图 7-9　某商用机场组织机构图

2）机场副经理——主管财务和行政

主管财务和行政的机场副经理负责整个与财务、人事、采购、设施管理、办公室管理相关的事务。

3）人事经理

人事经理负责机场的人事计划的管理。

4）总会计师

总会计师负责财务计划、预算、账目、工资和审计。

5）设施主管

设施主管负责制定机场所有的资产管理标准和程序，负责管理所有设备和设施的财产存量。

6）采购代理人主管

采购代理人主管负责保证机场运行的材料和服务，负责与卖主所签合同的起草、谈判、说明和管理。

7）公共关系经理

公共关系经理是机场与周边社区之间的协调者，负责所有的公共关系活动，包括广告业务发展和与机场相关的公共事务，也负责处理与噪声和其他环境保护有关的事务。

8）机场副经理——主管规划和工程

负责规划和工程的机场副经理对机场所有组织机构提供技术帮助，并确保建设、改造和安装项目工程的完整性，也负责制定行业安全标准。

9）机场副经理——主管运行

分管运行的机场副经理负责所有空侧和陆侧，包括保安、飞机失事、消防、救援在内的事务。

10)空侧运行主管

空侧运行主管负责所有飞行场地的运行事务。

11)陆侧运行主管

陆侧运行主管负责所有陆侧运行事务。

12)保安主管

保安主管执行机场内部保安、交通、安全的制度和规章,参与机场内执法活动,也负责为公众提供机场区域和运行相关的信息。

13)飞机救援和消防主管

飞机救援和消防主管负责制订有关救援程序,执行事故、火灾和灾难救助计划。

14)机场副经理——主管维护

分管维护的机场副经理负责计划、协调、指挥和评价建筑物、设施、车辆和公用事业设施的维护工作。

15)建筑物和设施主管

建筑物和设施主管负责确保建筑物在最低成本下得到恰当的维护。所需维护的类型主要是电气、机械、管工、漆工、木工、垢工和水泥工。

16)地面主管

地面主管的责任是确保地面处于完好状态,绿化场地得到及时维护。

17)车辆主管

车辆主管负责机场内使用的所有车辆的维护。车辆维护包括发动机的维护与调整、补胎和蓄电池充电、润滑及加油等。

2. 机场安全运行

要确保机场的安全运行,机场当局要进行大量的维护检查工作,任何疏忽都会导致事故的发生。

1)道面的维护

道面包括跑道、滑行道和停机坪的道面,其中最重要的是跑道道面。飞机在跑道上高速运动,任何小的裂缝或隆起都有可能造成爆胎或对起落架的损害,从而引发大事故。

(1)道面的裂缝和强度。大型机场的跑道都使用混凝土道面,它是刚性的,承载能力高,但在温度变化时它的膨胀和收缩会引起很大内应力。因此,混凝土道面在一定距离上都留有伸缩缝。冬天混凝土收缩,伸缩缝变宽,这时水和沙就会进入伸缩缝中,当水冻结时就会产生很大的压力,使伸缩缝边缘开裂,随后雨水就可以渗入混凝土底层,使整块道面出现裂缝、隆起或伸缩缝变宽。跑道维护人员要定期目视检查跑道的表面,在春季要增加检查次数,及时修补。

中型机场多在混凝土道面上面铺一层沥青。这种道面是柔性的,不需要伸缩缝,但这种道面不耐水汽侵蚀,如果道面积水时间较长,就会造成小孔裂缝等,由于道面强度低,飞机的重着陆和暴雨都会使道面上的软材料被带走,造成空洞。沥青道面虽然造价比混凝土低,但它的维修次数和费用都要高于混凝土道面。

每隔一定时期要对跑道的强度和性能进行检验,目前常用振动法来测定跑道的性能。这个方法不破坏跑道,只是靠振动波的传播和反射来测定跑道的性能,在振动法不能确定的地方,有时用打孔、切槽等破坏性检验来做补充检测。

(2)道面的摩擦力。道面的摩擦力会由于道面的磨损、积水和污染而变化。

道面的磨损可以由及时的修补来解决,跑道上的薄层积水会使机轮打滑,甚至丧失全部摩擦力。解决的方法是在跑道道面上开出跑道安全槽,这些槽深只有6~7mm,间隔为30mm,它可以将道面上的水排干净,也可以排出由于轮胎摩擦造成的水蒸气和热量。

跑道污染主要是由油漆、废物和轮胎上被磨掉的橡胶颗粒黏附物所造成的,其中最主要的是橡胶颗粒黏附,它是由于飞机在降落后制动时摩擦产生的大量热量,使轮胎的橡胶颗粒黏附在道面上,这将大大减低道面的摩擦系数。清除这种污染也比较费力,目前采用的方法有以下4种。

①高压水冲洗:水压在300×101.32kPa以上,而且只能在5°C以上的气温中进行。
②化学溶剂溶解:这种方法很有效,但容易引起环境保护问题。
③高速机械刷除:这种方法的设备比较昂贵。
④超声波清洗:这是一种新的方法,成本不高,效果较好。

2)除雪和除冰

在中高纬度地区的机场,除雪和除冰是保证机场运行的重要工作,在每年的开支中也占有一个重要部分。机场要尽可能减少被雪封堵的时间,因而除雪要根据气象预报及早准备,一旦雪情妨碍飞行就立刻开始行动。

除雪的方法分两种:机械方法和化学方法。由于化学方法的成本高且见效较慢,故大多数空港使用机械方法除雪。

跑道结冰对飞机来说比积雪更危险,但除冰有时比除雪还难。如果扫雪车不能将冰扫走,一般用撒沙子的方法,一方面增加跑道的摩擦力,同时也加快了冰融化的速度。更先进的办法是撒加热的沙子,使沙粒嵌入冰层。

在有些地区用喷洒酒精或乙二醇的方法除冰。在应急情况用喷气发动机喷出的热气流除冰也极为有效,但是噪声太大,成本很高。

3)防止鸟撞

大部分鸟类飞行高度在4000m以下,因而鸟撞多发生在机场周围。飞机起飞或降落时如果把鸟吸入发动机或与鸟相撞都会造成一定的危险,国际民航组织每年收到的鸟撞报告在2000次以上。

驱鸟是很多机场的主要任务之一。解决鸟撞的办法有很多种,最常用的方法把跑道和机场周围的垃圾封盖起来,控制一些昆虫和小动物的生长,清除杂草、水塘,使鸟类在这个地区没有食物来源。其他的方法有使用声音驱赶鸟类、投放化学药物及猎杀等。但有些方法遭到环境保护组织和动物保护组织的反对。防止鸟撞迄今仍是尚未完全解决的问题,只能依靠研究当地鸟类活动的规律,加强对环境的清理,以及通过人工、动物、机械等进行驱鸟。

4)紧急救援

根据统计,航空事故的70%发生在起飞和降落阶段,这种事故发生的地点都在机场附近,伴随着失火和伤员。因而,机场要有一支训练有素、装备精良的救援队伍随时准备出动。

救援的反应时间对于救援的效果有着决定性的影响,因而要求救援的车队能在3min之内到达跑道的最远端。救援车队主要是消防车队,因此我国也把救援称为消防勤务,救援队伍也称为消防队。

对于大型机场的消防队的建设标准，国际民航组织制定了推荐标准，如果达不到这个标准，就不能取得营运许可。机场消防队的装备要比一般中小城市消防队先进，反应迅速，它使用的车辆有快速救援消防车、轻型消防车和重型消防车。

(1) 快速救援消防车。它的时速很高，发生事故时能第一个到达现场，它装有1000L浓缩泡沫灭火溶液和急救药物等，任务是把指挥人员和第一批急救/消防员带到现场、控制火势、保持撤离道路畅通，对要紧急转移和处理的伤员进行处理和安排，然后等待消防主力队伍到达。

(2) 轻型消防车。轻型消防车装有数百千克二氧化碳和灭火干粉，对于发动机和电器着火最为有效。

(3) 重型消防车。重型消防车装有成吨的泡沫灭火剂和水，对控制大面积火势和灭火有效。

5) 安全保卫

机场的安全保卫主要是针对空中犯罪行为的，这些行为包括爆炸、劫机和走私，在地面上的保卫工作也包括防止偷盗和抢劫。

(1) 外围保卫。机场的安全保卫从飞行区的外围开始，飞行区外围设置栅栏，重要地段要筑墙，在栅栏的两旁一般有3m以上的隔离带，在隔离带中不能有任何建筑物和障碍物，在僻静处的栅栏上一般用电网和微波防护，栅栏上有明显标志以警告接近者。

(2) 货场保卫。货场及货运中心是盗贼注意的目标，在这些地方要设置武装警卫。要有良好的照明，对于存入贵重物品的地区要设置闭路电视、录像装置。由于近年来毒品走私的猖獗，很多大机场的货物都有毒品探测装置。

(3) 安检入口。从20世纪60年代以来，恐怖主义的炸机和劫机事件多次发生，造成了巨大的生命和财产损失。各国开发了一系列的安检设备和技术手段，旅客的行李要通过一个X光检查机(图7-10)，这个检查机用X光透视，然后在电视机上成像，成像的焦距可变，以便检查人员能看清楚行李中的各个细部。行李由传送带运送，自动通过X光摄像机，以加快检查的速度。旅客则要通过一个金属探测门，在探测门的框内有电磁场，如果有一定体积的金属物品通过探测门就会有报警信号响起来。探测门的反应水平可以调控，使它对金属纽扣、心脏起搏器和信用卡等小的金属物品不起作用。在X光检查机或金属探测门检查的结果不能确定时，旅客要接受开箱检查或搜身检查。

如果旅客按规定在允许范围内携带武器如手枪或小刀等，应把它交给机组保卫人员。

为防止塑性爆炸物带入飞机，还设置了炸药探测仪。它有一个传感器(探头)，里面装有电子敏感元件，可以探测出空气中数百万分之一的炸药分子。

6) 地面勤务

一系列的地面车辆和设施为飞机的出港、进港、经停服务。这些服务都有一定的时限，这样可提高飞机的利用率，同时也能增加机场的效益。这些服务包括上下旅客、装卸货物、供应食品及其他用品、供水、加燃油及清除垃圾。这些任务统称为地面勤务。图7-11所示为客机在机坪上的地面勤务状况。飞机经停时，一般要求在30～45min内完成勤务工作，环绕飞机周围，有10多辆服务车辆在进行服务。

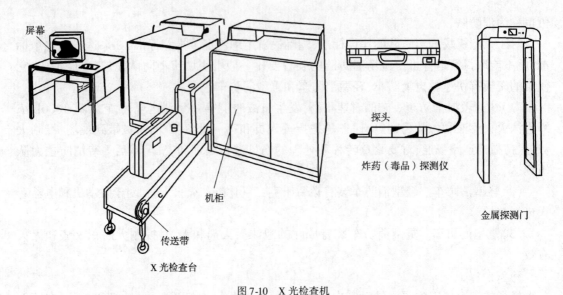

图 7-10 X 光检查机

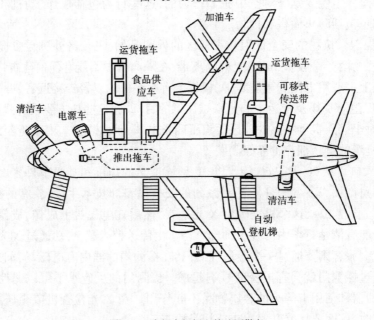

图 7-11 客机在机坪上的地面勤务

勤务车辆有很多种,如图 7-12 所示。

(1)推出拖车:在指廊式或卫星式的机坪,飞机是机头向里停在停机位上的,因而飞机必须倒退出机位,这时要借助于推出拖车把飞机推出机位,重型拖车可以把大型飞机推出,它的高度可以变化,以适应不同机体的高度。

(2)饮用水供应车:为飞机供应饮用水,可以携带数吨水。

(3)加油车:分为两种,一种是油罐车,装有 10t 以上燃油,上面有加油臂,1min 可泵油 4000L;另一种是油栓车,它把空港供油系统在机坪上的供油栓和飞机的加油孔连在一起,在 10min 内可以为波音 747 型飞机把油装满。

(4)地面电源车:飞机停放在地面,发动机未起动时由这种车辆供电,用于起动发动机、照明和空调,现代大型客机上都装有辅助动力装置(APU),因而取代了它的功能。

(5) 自动登机梯:在没有登机桥的机坪上供旅客上下客机。

(6) 货运拖车:由牵引车拖动,运送行李和小件货物。

(7) 补给车:可以载运清洁工人和食品供应人员,以及将补充的各种物品送上飞机。

(8) 可移动式传送带:在飞机装卸行李时,它可以大大提高工作效率。

(9) 货运平车:用于放集装箱或集装货板,它的车体平面离地不到0.5m,易于和传送带联合作业。

(10) 升降平台:用于清理或维护飞机外部,它的升降高度可达12m,保证能达到飞机外部各个部位,分为液压式和构架式,构架式价格低但不能到达空间比较小的地方。

(11) 清洁车:清除机上厕所污水和其他杂物。

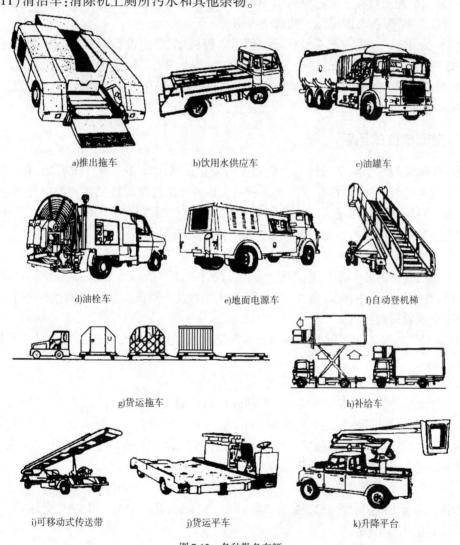

图 7-12　各种勤务车辆

7) 机场总体安全检查

机场安全是机场管理的突出问题。机场应该有一个总体安全检查计划并且定期地或随机地进行检查,从而建立起安全制度和体系。对检查到的隐患,应及时消除或改进,并且对职工进行安全方面的教育和技能的培训。

安全检查的目的是要防止由天气引起的各种危险;由障碍物或移动物体(车辆、人员、动力物)引起的危险;道面或设施的损坏引起的危险以及人为的操作、维修不当引起的危险。

重点的检查区域有以下几处:

(1)机坪和停机位。首先要注意防火,禁止吸烟;然后是道面平整,不得有积水,以及飞机的固定情况等。

(2)滑行道。道面是否平整,有无杂物,各种标志标线是否完好、清楚,灯光系统是否工作正常。

(3)跑道。跑道灯光和标志是否清晰可见,道肩是否完整,进近区的树木、地形障碍物是否在正常状态,是否有车辆、行人、牲畜进入跑道。

(4)加油设施。加油设施存放区域必须远离停机坪,消防设备要齐全,定时检查保证其处于完好的工作状态。输油的接头、软管要保持清洁。油罐要防止水和污染物进入。

(5)机库和维修车间。要保持清洁,防火工具、设备要存放有序,各种标志(禁止吸烟、出口、车间号等)要完整。

三、空管单位的运营

空中交通管理对于航空飞行活动的效率与安全的保障作用是非常重要的,在一次民用飞行任务的全过程中,时刻都有空中交通管制人员为飞机驾驶员提供各种航空管制、引导与信息服务。空中交通管理是为了一定的安全性和经济性目标,利用空间、信息等资源,对系统所辖空中交通活动进行监视、控制、协同等一系列管理活动的总称。

1. 空中交通管理的基本任务与特点

空中交通管理的基本任务是使航空公司或经营人能够按照原来预定的起飞时间和到场时间飞行,在实施过程中,能以最小(少)程度地限制,且不降低安全系数地有序飞行。

空中交通管理的特点如下:

(1)一旦开始实施或运行,就不可能无限制地在航路上延误,中止的方式只能是使航空器降落。

(2)国际性特点强,涉及地区和领域广。

空中交通服务信息来自三个方面,管制人员据此对飞机进行管制。第一是通过不断监视本区域飞机飞行航迹的雷达和二次雷达(接受目标上发射机转发的辐射信号)所监测到的信息;第二是由本区域气象部门发布的气象信息;第三是飞机起飞进入航路、飞机从其他区域管制中心进入本区域的飞行计划信息。

2. 空中交通管理的内容

空中交通管理包括空中交通服务(ATS)、空域管理(ASM)和空中交通流量管理(ATFM),如图7-13所示。

1)空中交通服务

空中交通服务是利用各种技术手段对飞行活动进行监视和控制,保证安全而有序地飞行。空中交通服务的主要任务包括:监督飞机严格按照批准的计划飞行,禁止未经批准的飞机擅自飞行,维护飞行秩序;禁止未经批准的飞机飞进空中进去临时禁飞区或飞出、飞入国境或边境;防止飞机之间、飞机与地面障碍物之间相撞;防止地面对空兵器或者对空装置误射空中正常飞行的飞机(通过航路监视雷达、二次监视雷达、机场监视雷达、精密进近(进场)雷达等导航设备)。

图 7-13　空中交通管理内容结构

空中交通服务又可以进一步被细分为三部分:空中交通管制(ATC)、飞行情报服务(FIS)和告警服务(AS)。

(1)空中交通管制(ATC)是空中交通服务(ATS)的主要组成部分,又可以分为区域管制(ACC,航路管制)服务、进近管制(APP,飞机进离场管制)服务和塔台(TWR,机场管制服务)3部分。

在机场范围内,起落航线上(半径不超过25n mile)为飞行提供的管制服务称为机场管制服务,由机场管制塔台提供服务。这个区域中主要使用目视飞行规则,管制的对象多半是目视可见的飞机。

对按仪表飞行规则在仪表气象条件起飞或降落的飞行所提供的服务称为进近管制服务,这种服务由进近管制室(Approach,APP)或终端控制中心(Terminal Control Center,TCC)来提供。

航空器进入航路,对航路(航线)提供的空中交通管制服务由区域管制中心(Area Control Center,ACC)提供。

空中交通管制服务的任务是:为每个航空器提供其他航空器的即时信息和动态;由这些信息确定各个航空器之间的相对位置;发出管制许可(Clearance),使用许可信息防止航空器相撞,保障空中交通正常;用管制许可来保证在控制空域内各航班的间隔,从而保证飞行安全;从航空器的运动和发出许可的记录来分析空中交通状况,从而对管制的方法和间隔的使用进行改进,使空中交通的流量提高。

空中交通管制服务的责任明确,一次控制的飞行在一个空域中只能由一个管制单位来管制,即一个空中交通管制单位必须为在它管制之内空域中的所有航空器的安全负责。一架飞机从一个管制区进入另一个管制区的移交必须十分严格和明确,以防止因程序混乱和责任不清而出现重大事故。

空中交通管制在工作中通过间隔标准防止航空器在空中互相危险接近和相撞。间隔标准是在空中交通管制过程中将航空器在纵向、侧向和垂直方向上隔开的最小距离,也是最低标准。最低标准习惯上简称为间隔标准。由于空中交通管制手段不同,因而也有不同的间隔标准分别对应于程序管制和雷达管制。间隔标准分为两类:垂直间隔和水平间隔。

①垂直间隔:包括高度层和高度层间隔;
②水平间隔:包括横向间隔和纵向间隔。其中,纵向间隔又包括时间间隔和距离间隔。

(2)飞行情报服务(FIS)提供的情报可以分为三类,一类是在飞行情报信息较少的情况下提供的情报,通常由区域管制服务(ACC)单位代为完成,比如在航路区域上空提供的飞行情报服务;另一类是在飞行情报量大的情况下提供的飞行情报服务,通常是在接近机场等空中交通流量大的区域,比如最常见的航空自动情报通播(ATIS)。此外,还有一种属于飞行情报服务的空中交通咨询服务(ATAS),是在空中交通咨询空域内,为按照仪表飞行规则飞行的航空器,尽可能提供的一种间隔服务,它被视为从飞行情报服务到空中交通管制服务的一种临时性的过渡性服务。在这期间,有关单位为了未来的过渡,需要做好人员、设备等方面的大量准备。我国尚无该项服务。

(3)告警服务(AS)是当航空器处于搜寻和救援状态时,涉及向有关单位发出通知,并给予协助的服务。它不是一项孤立的空中交通服务,也不是某一专门机构的服务,而当紧急状态如发动机故障、无线电通信系统失效、座舱失压等情况或遭遇空中非法劫持时,由当事的管制单位直接提供的一项服务。

2)空域管理

空域管理是根据空域内大多数用户的合理要求,最有效地开发空域资源,保证总的交通在任何给定区域都能和空中交通管制系统的容量相适应而进行的计划和组织工作。这些工作包括合理划分空域,明确危险区、管制区和禁航区的区域限制,提出保留区域和特定区域的时分制使用方法,建立和调整空中交通服务航路网及其运行要求,协调各类用户在利用空域资源时可能发生的矛盾等。

各国政府应按空域使用的要求建立起自己的空域结构,其中包括飞行情报区(FIR)、管制区、管制地带、管制机场等(图7-14为美国空域结构图)。在管制区内,需按交通的具体需要分出不同的航路区,为不同性能和速度的飞机飞行提供管制服务。而飞行情报区不属管制区,在其中航行的飞机只能接收航空情报服务(FIS)和告警服务(AS),而没有空中交通管制服务(ATC)。原则上,飞行情报区应包括国家的全部领空。在世界范围内,空域分为一系列的飞行情报区,为飞越大洋和沙漠的航空器提供航行情报服务。

空域管理按照不同的军、民航管原则,可以分为以下几类。

(1)程序化管理:即按照约定程序,分别由军、民航空管制单位,各自独立地向相关空中交通活动提供空中交通服务或战术指挥的空中交通空域管理模式。这种管理方式虽然简单明了,但是导致协同资源严重不足,要求军、民航空管制单位,双方同时都能明确地掌握对方空中交通的实时动态,因而兼容性差。

(2)联席制管理:是军、民航空管制单位在同一空域交通管理系统中联合实施空域管理的模式。在这一模式下,军、民航空管制单位一般不轻易划设各自的管理界限。但这一模式要求参与人员对军、民航空中交通活动的管理都具有必要的知识和经验。英国国家空中交通管理系统(NATS)即是这一模式的典型代表。

(3)一体化管理:这是一种由军航或民航的空中交通管理系统统揽空域管理的模式。空域一体化管理的权力高度集中,只在空域的战略性管理方面依据空中活动的性质进行部分必要的协同,在空域战术性管理中通常不区分空中活动的性质。在和平时期,这种模式有利于空中交通的全面发展。美国即是采用这一模式的典型代表。在美国,有90%以上的可航空间向民用空中交通活动开放,并由民用空中交通管理系统直接管理。加拿大、澳大利亚和部分欧洲国家也采用这一系统,实现了80%以上空域对民航航空的开放。

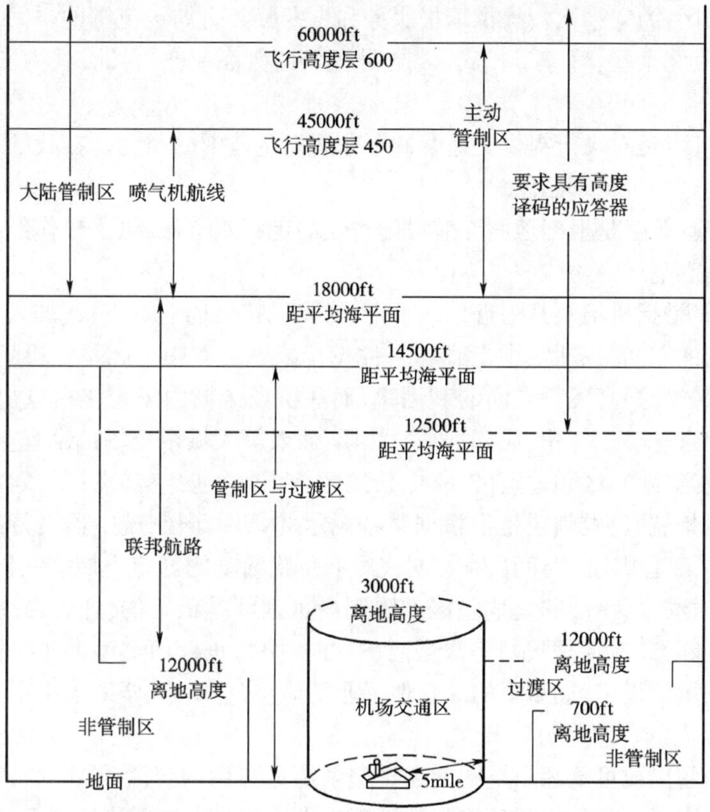

图 7-14　美国空域结构图（1ft = 0.3048m,1mile = 1609.344m）

我国空域管理的原则如下。

(1)最大化利用。空域管理的目标是实现对空域的最大利用,通过"实时性"对民用航空、军用航空和通用航空的短时要求,将空域分隔开。

(2)共同使用。空域的各种使用在地位上是平等的,都有平等的参与权、要求权。因此,建立的空域应当是具有灵活性的,而不是一成不变的。若军航申请某一划定范围的空域进行临时性的训练,国家级的独立的空域管理机构在与有关各方协商后,可以批准这样的申请;在该任务完成后,此空域的专有使用权即被撤销,重新获得共同使用权。

(3)国际衔接。由于民航所具有的国际性的特点,应当建立能与周边国家民航运输网络相衔接的航路布局。

在国际上,根据对在空域中飞行的航空器是否提供空中交通管制服务,分为管制空域和非管制空域两种。我国空域体制尚未和国际接轨,原则上是民航管制空域只包括机场区和主要航路区,除此之外全部是军事管制区域,而且是绝对禁区。

国际民航组织把管制区域分为 A、B、C、D、E 类。对其中提供的服务登机、飞机速度限制、飞机之间的距离及无线电通信的要求各有不同。把非管制区域分为 F、G 两类。非管制空域是指民航或军事当局需要控制的区域以外的空域,但并不意味着这些空域中不需要控制或者没有控制,只是因为这些区域的空中交通不多,故把它留给通用航空使用。

空域被进一步分为以下各种空中交通服务区域。

①飞行情报区:为空中飞行提供情报服务和告警服务而划定范围的空间。目前,我国空域共划分为沈阳、北京、上海、广州、武汉、昆明、兰州、乌鲁木齐、台北、香港、三亚11个飞行情报区。

②飞行管制区:是对飞行提供交通管制服务而划定范围的空间。在我国,民航飞行管制区分为区域管制区和机场管制区。

③航路、航线:航路是根据地面导航设施建立的走廊式空域,供飞机作航线飞行之用;航线是飞机飞行的航空运输路线。

④机场区域:是指机场及其附近地区上空,为飞机在机场上空飞行、加入航线、进入机场进行降落而规定的空间,包括空中走廊和各种飞行区域。空中走廊是在机场飞行频繁的地区,为减少飞行冲突、提高飞行空间的利用率,而在机场区域内划定飞机进出机场的空中通道。目前我国北京、上海、广州、成都、西安、沈阳、武汉等大城市机场都设有空中走廊。

⑤空中禁航区、限制区和危险区:空中禁航区是指禁止航空器飞行的划定空域,分永久性禁航区和临时禁航区;限制区是指根据某些规定的条件,限制航空器飞行的划定空域;危险区是指一个在某些规定的时间内存在对飞行有危险活动的划定空域。它们均有明确的作用范围、影响的时间,所不同的是危险区的限制严重程度是最轻的,能否在此范围内飞行取决于飞行员的判断;禁航区是限制等级最高的,在其中禁止任何类型的飞行,用此可以保护关乎国家安全的重要设施,如重要的综合性工业基地、核电站、化学武器生产厂。

3)空中交通流量管理

在空中交通超出或可能超出空中交通管理系统可利用的容量(含机场)时,为保持到达或通过该空域的交通为最佳容量所进行的管理工作称为空中交通流量管理。

空中交通流量管理是现代宏观空中交通管理系统的基本任务之一,其工作目的是疏导空中交通活动。但空中交通的流量管理常常导致空中交通活动计划的变更,而成为导致空中交通延误的重要因素,因此,实施空中交通流量管理容易遭到误解或非议。因而在空中交通管理过程中,需要谨慎地处理空中交通流量管理问题。提高空中交通流量管理的措施如下:

(1)当空管系统的容量出现饱和时,利用一切合理的方法,开展和挖掘现有航行系统的容量。如改善空管人员的生活条件、提高待遇,以激发他们的潜力,加强对设施的维护。

(2)做出终端区增加系统容量的规划,以便能够满足多个用户预计的活动需求。在做这样的规划时,应考虑到建立有效的标准仪表进、离场航线,分离的目视和标准仪表进、离场航线,符合噪声抑制要求的航线等。

(3)在有关国家之间加快管制协调、管制移交和管制边界等内容的谈判,力促协议尽快达成。

(4)在有关单位之间,制定完善的程序,改善流量管理并实现可用容量的最大利用。

(5)为了最大限度地挖掘、利用机场跑道的容量,在兼顾航空公司最佳下降航迹的情况下,设计出便于飞行的程序,减少由于人为原因而引起的程序方面的阻塞。

(6)通过对滑行道和跑道的重新设计,如在流量大的机场建立起平行的不相关的跑道、建立起快捷的滑行和联络跑道,实现最快的进离场飞行。

3. 空管的管制手段

空管的管制手段分为两种,一种称为程序管制,另一种称为雷达管制。

1) 程序管制

程序管制是依照空中交通管制规则、机场和航路的有关规定,依照通信手段进行管制的方法。它要求机长报告飞行中的位置和状态,管制员依据飞行时间和机长的报告,通过精确的计算,掌握飞机的位置和航迹。程序管制的主要职责是为飞机配备安全间隔。部分间隔规定如下。

(1) 机场放行仪表飞行的时间间隔规定:

①同速度、同航迹、同巡航高度时,前一架飞机起飞后10min,放行后一架飞机;跨海洋飞行时为20min。

②同速度、同航迹、不同巡航高度时,前一架飞机起飞后5min,放行后一架飞机。

③不同速度、相同航迹时,速度较快飞机起飞后2min,放行较慢飞机。

(2) 航路仪表飞行穿越航线的时间间隔规定:

①当穿越处无导航设备,在穿越航线中心线时,保持与其他飞机时间间隔不少于15min。

②当穿越处有导航设备,在穿越航线中心线时,保持与其他飞机时间间隔不少于10min。

2) 雷达管制

雷达管制是依照空中交通管制规则,按照雷达监视的手段进行管制的方法。它对飞行中的飞机进行雷达跟踪监视,随时掌握飞机的航迹位置和有关的飞行数据,并主动引导飞机运行。

雷达管制相对于程序管制的优势,主要有以下几点:

(1) 空间利用率高。雷达管制技术可以获得高精度的实时空中交通信息,空中交通活动只需占用较小的空间单元就能获得必要的安全性。空中交通活动间隔的缩小大大提高了对空域的利用率。

(2) 空中交通监视能力好。雷达管制系统能够实时探测空中交通管理所需的各种空中交通活动状态信息,并能以直观解读的信息描述方式显示给空中交通管理者,以及输入其他子系统(或系统)实现空中交通活动信息的共享。而程序管制只能利用无线电话音通信系统,通过驾驶员位置报告来间接推测空中交通活动状态。

(3) 空中交通控制能力强。一方面由于间隔缩小,在界定空间内调整空中交通活动关系的可用机动空间相对更大;同时依靠雷达实时监视所建立的空中交通活动状态的信息反馈时间更加短。

(4) 空中交通冲突处理能力较强。监视能力的增强和对空间利用率的提高丰富了处理空中交通冲突的方法,提高了对空中交通冲突的预测和反馈能力。

(5) 空中交通管理协同要求有所降低。空间利用率的提高和监视能力的增强丰富了雷达管制系统的空间资源和信息资源,进而减少了对其他子系统(或系统)资源的依赖性,并通过空中交通管理信息共享,大大降低了空中交通管理协同的频度和幅度。

(6) 空中交通信息处理能力好。空中交通信息处理对人的依赖性降低,且信息共享能力提高。

4. 空中飞行规则

飞行规则分为3种:通用飞行规则、目视飞行规则和仪表飞行规则。

1) 通用飞行规则

通用飞行规则是各类型飞机共同遵守的飞行规则,是飞行的基础。通用飞行规则举例如下:

(1) 飞机必须按规定装有防撞灯和导航灯。

(2) 在已知一架飞机处于紧急状态时其他航空器都要让出路权。

(3) 起飞时,滑行的飞机为起飞飞机让路。

(4) 每次飞行都要向空管部门递交飞行计划。

(5) 民用航空统一使用协调时间时,使用24h制计时。

2) 目视飞行规则(VFR)

在每次具体的飞行过程中,执行的是目视飞行规则和仪表飞行规则之一。目视飞行规则的基础是飞机对其他飞机和地面相互能看见和被看见,因而目视飞行规则与能见度等气象条件是紧密相连的,所以对于最低能进行目视飞行的天气制定了目视飞行气象条件(Visual Meteorological Conditions, VMC)。此条件要求目视飞行规则在飞行能见度为最低云层外1500m以上时方可使用。

3) 仪表飞行规则(IFR)

当气象条件低于目视飞行气象条件时,装有无线电通信和定位仪表的飞机可以依靠仪表而不依靠驾驶员的视觉来飞行,这种飞行称为仪表飞行。对于仪表飞行规则也有相应的ICAO制定的仪表飞行气象条件(Instrument Meteorological Conditions, IMC)。在这种条件下,驾驶员通常看不到其他飞机,而由管制员负责将这架飞机与其他飞机或障碍物间隔开来。为此规则要求进行仪表飞行的飞机必须装备规定的飞行仪表和无线电设备(至少应有姿态指示仪、高度指示仪、位置指示仪和高频、超高频通信设备)。

5. 通信标准

目前空中交通服务主要是通过地面的管制员和空中的驾驶员之间的无线电通话来完成的,因而如果在使用的频率和通话的语言上没有统一规定,或者发生混淆,就可能导致在空管过程中出现差错。

1) 频率分配

空中交通管制的无线电频率在全世界都是一致的,陆空通信主要使用高频(HF)和超高频(VHF)。高频通常作为远距离通信的传输手段,超高频是用作管制进行陆空通话的主要手段。对超高频的频道作了如下的分配:

(1) 118.000~121.400MHz、123.675~128.800MHz 和 132.025~135.795MHz 共3个频段主要用于空中交通管制员与驾驶员的陆空通话。

(2) 121.600~121.925MHz 主要用于地面管制。

(3) 121.500MHz 用于紧急情况。

(4) 121.100MHz、122.200MHz 用于空中飞行情报服务。

(5) 108.100~117.900MHz 用于 VOR 发射台,其中 108~112MHz 供航向台使用。

2) 语言的规范

空中交通管制在国际上统一使用英语,同时国际民航组织对于在通话中可能出现的字母、数字以及空管专用词语的发音和解释都作了规定。其他诸如高度、速度、时间、风向、风速、航向和跑道名称等,也都有明确的规定。

6. 空中交通管理机构的设置

1) 空中交通服务报告室

负责审查航空器的飞行预报及飞行计划,向有关管制室和飞行保障单位通报飞行预报和动态。

2) 塔台管制室

管制范围包括起落航线和最后进近定位点以后的空间和机场活动区。它负责提供塔台管制区域内航空器的开车、滑行、起飞、着陆和与其有关的机动飞行的管制服务。在没有机场自动情报服务的塔台管制室,还应当提供航空器起飞、着陆条件等情报。

3) 进近管制室

进近管制室是指管制范围通常在一个或几个机场附近的航路汇合处划设的管制空域。它是中低空管制空域和塔台管制空域之间的连接部分,垂直范围通常在6000m以下、最低高度层以上;水平范围通常是半径50km以内。进近管制室负责一个或数个机场的航空器进、离场的管制工作。

4) 区域管制室

区域管制是指飞机飞离起飞航空站区域以后,至到达降落航空站区之前,全航线飞行过程中所实施的空中交通管制。它受理本管制区内执行通用航空任务的航空器以及在非民用机场起降而航线由民航保障的航空器的飞行申请,负责监督航线上飞机的活动、掌握天气变化、安排飞机的间隔、调配飞行冲突、向有关单位通报飞行预报及动态,以及协助机长处置特殊情况。

5) 区域管制中心

区域管制中心负责管制与监督本区域管制室辖区内的飞行,协调各管制室之间和管制室与航空公司之间的工作。

6) 管理局调度室

管理局调度室负责监督、检查本地区管理局管辖范围内的飞行,组织协调本地区管理局管辖范围内各管制室之间和管制室与航空器经营单位的航务部门之间飞行工作的实施;控制本地区管理局管辖范围内的飞行流量,处理特殊情况下的飞行;承办专机飞行的有关工作,掌握有重要客人、在边境地区和执行特殊任务的飞行。

7) 民航局调度室

民航局调度室负责监督、检查全国范围内跨地区高空干线、国际航线的飞行以及外国航空器在我国境内的飞行,控制全国的飞行流量,组织承办和掌握专机飞行,处理特殊情况下的飞行。

第三节 民用航空管理体系

一、民用航空组织体系

1. 国际民航的组织体系

国际上的民用航空组织有许多,影响范围最大的有国际民用航空组织和国际航空运输协会。

1) 国际民用航空组织

国际民用航空组织,简称 ICAO,成立于 1947 年,是联合国系统中负责处理国际民航事务的专门机构。总部设在加拿大蒙特利尔,迄今已有 188 个会员国。其主要活动是研究国际民用航空的问题,制定民用航空的国际标准和规章,鼓励使用安全措施、统一业务规章和简化国际边界手续。

大会是国际民航组织的最高权力机构,由全体成员国组成。大会由理事会在适当的时间和地点每三年至少召开一次。理事会是向大会负责的常设机构,由大会选出的缔约国组成。理事国分为三类:第一类是在航空运输方面占主要地位的各国;第二类为未包括在其他项目下的对提供国际民用航空的空中航行设施作最大贡献的各国;第三类为未包括在其他项目下的其当选可保证世界各主要地理区域在理事会中均有代表的各国。2016 年 10 月 1 日,我国在加拿大蒙特利尔举行的国际民航组织第 39 届大会上高票当选一类理事国,这是自 2004 年来我国第五次连任一类理事国。

2) 国际航空运输协会

国际航空运输协会,简称 IATA,成立于 1945 年,是世界各国航空公司所组成的大型国际组织。总部设在加拿大的蒙特利尔,迄今已有 240 多家会员航空公司。它是一个由承运人(航空公司)组成的国际协调组织,管理在民航运输中出现的诸如票价、危险品运输等问题。

国际航空运输协会的活动主要分为两大类:行业协会活动、运价协调活动和行业服务。全体会议是国际航空运输协会的最高权力机构,每年举行一次会议,经执行委员会召集,也可随时召开特别会议。

2. 中国民航的组织体系

中国民航的组织管理实施"两级政府,三级管理"。两级政府指中国民用航空局(以下简称民航局)和民用航空地区管理局(以下简称地区管理局),民航局行使立法决策权,地区管理局行使执法监督权;三级管理指民航局、地区管理局和民用航空安全监督管理局(地区管理局的派出机构,以下简称监管局)。截至 2016 年 12 月,民航局下设 7 大地区管理局和 43 个监管局(图 7-15)。

二、民用航空法规体系

《国际民用航空公约》及其 19 个附件是世界各国民用航空运输所需遵守的主要的法规,也是国际民用航空组织各缔约国制定本国民航法规的主要依据。

1. 《国际民用航空公约》及其 19 个附件

《国际民用航空公约》又称《芝加哥公约》,是 1944 年 12 月 7 日在芝加哥召开的国际民用航空会议上所签订的有关民航的公约,该公约于 1947 年 4 月 4 日起生效。它是有关国际民用航空在政治、经济、技术等方面问题的国际公约,其目的是使国际民用航空按照安全和有秩序的方式发展,并使国际航空运输业务建立在机会均等的基础上,健康地和经济地经营。《国际民用航空公约》分为四部分,分别是空中航行、国际民用航空组织、国际航空运输和最后条款。

第七章 民用航空运输系统

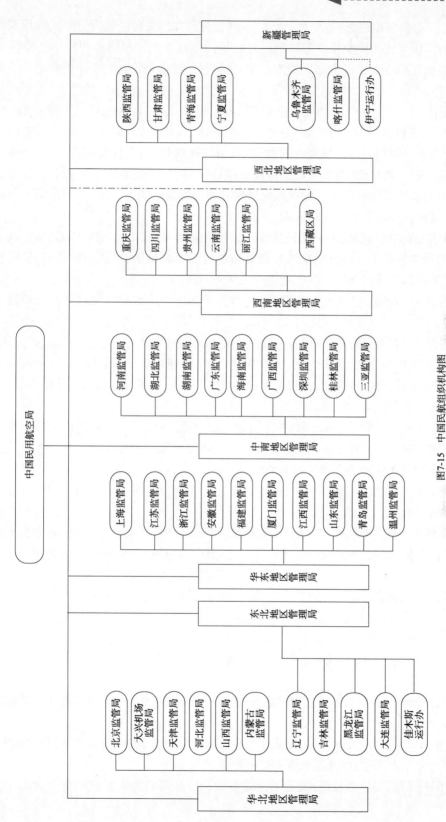

图7-15 中国民航组织构架图

注：西藏区局于1985年在民航拉萨站的基础上成立，为民航局的直属单位，现由民航西南地区管理局对其实施行业管理和监督。伊宁运行办全称为"伊宁安全运行监督办公室"，已获民航局审批，现在组建中。

为了便于各缔约国在关于航空器、人员、航路及各种辅助服务的规章、标准、程序及组织方面进行合作，国际民用航空组织随时制定并修订国际标准及建议措施和程序。截至2017年1月，这些国际标准及建议措施主要体现在《国际民用航空公约》的19个附件之中。具体包括内容如下。

（1）《附件1》：人员执照的颁发，规定了私人（飞机、飞艇、直升机或动力升空器）驾驶员、商用（飞机、飞艇、直升机或动力升空器）驾驶员、多机组（飞机）驾驶员、航线运输（飞机、直升机或动力升空器）驾驶员、滑翔机驾驶员、自由气球驾驶员、飞行领航员、飞行机械员等飞行机组，以及航空器维修（技术员/工程师/机械员）、空中交通管制员、飞行运行员/飞行签派员、航空电台报务员等其他人员的执照的颁发和更新标准。同时，还规定了航空人员的一级、二级、三级体检合格证的要求和标准。

（2）《附件2》：空中规则，规定了凡具有一缔约国国籍和登记标志的航空器，不论其在何地，只要与对所飞行领土具有管辖权的国家颁布的规则不相抵触，均适用本空中规则，包括目视飞行规则或仪表飞行规则。这些规则毫无例外地适用于公海。

（3）《附件3》：国际空中航行的气象服务，规定了国际空中航行气象服务和航空器观察的气象报告。

（4）《附件4》：航图，规定了国际航空中使用的机场障碍物图、密进近地形图、航路图、区域图、标准仪表离场图、标准仪表进场图、仪表进近图、目视进近图、机场/直升机场图、机场地面活动图、航空器停放/停靠图、世界航图、航空图、航空领航图、作业图、电子航图显示器、雷达最低高度图等不同类别航图的规范。

（5）《附件5》：空中和地面运行中所使用的计量单位，规定了在国际民用航空空中与地面运行中使用计量单位的标准系统。计量单位的标准系统基于国际单位制和一些被认为对满足国际民用航空特殊要求有必要的非国际制单位。

（6）《附件6》：航空器的运行，规定了各种规范，以保证全世界各种运行的安全水平保持在规定的最低标准之上。

（7）《附件7》：航空器国籍和登记标志，规定了航空器的国籍标志、共用标志和登记标志的位置、尺寸、字体和登记等要求。其中共用标志指国际民用航空组织分配给共用标志登记当局的标志，用以对国际经营机构的航空器不以国家形式进行登记。

（8）《附件8》：航空器的适航性，规定了航空器的设计、制造、投入使用等合格审定程序和持续适航的要求，以及大型飞机、直升机和小型飞机在飞行、结构、设计与构造、动力装置、仪表和设备、使用限制和资料等方面的适航审定标准。

（9）《附件9》：简化手续，规定了航空器、人员及其行李、货物及其他物品等过境的简化手续。

（10）《附件10》：航空电信，第一卷规定了通信设备和系统的标准；第二卷规定了标准的通信程序。

（11）《附件11》：空中交通服务，规定了空中交通管制服务、飞行情报服务、告警服务、空中交通服务的通信要求、空中交通服务对情报的要求等。

（12）《附件12》：搜寻与救援，规定了搜寻与救援所必需的组织和使用有关设施与服务的信息。

(13)《附件13》：航空器事故和事故征候调查，规定了航空器事故和事故征候的通知、调查和报告的做法。

(14)《附件14》：机场，规定了机场设计和设备的规范，包括机场数据、物理特性、障碍物的限制和清除、视助航设施、标示障碍物的目视助航设施、标示限制使用区的目视助航设施、电气系统、机场运行服务、设备和装置、机场维护等。

(15)《附件15》：航行情报服务，规定了收集和分发飞行所必需的航行情报的方法，包括航行资料汇编、航行通告、航行资料定期颁发制、航行资料通报、飞行前和飞行后资料、电信要求等。

(16)《附件16》：环境保护，规定了航空器噪声的审定、噪声监测和供制订土地利用计划的噪声影响范围的规范（第一卷）以及航空器发动机的排放物的规范（第二卷）。

(17)《附件17》：保安，防止对国际民用航空进行非法干扰行为的安全保卫，规定了保护国际民用航空免受非法干扰的方法。

(18)《附件18》：危险品的安全航空运输，规定了航空运输危险品的限制、包装、标签与标志、托运人的责任、经营人的责任、危险品事故和事故征候报告、危险品的保安规定等。

(19)《附件19》：安全管理，规定了国家的安全管理职责，安全管理体系和国家安全方案的框架，以及安全数据的收集、分析和交换等要求。

2. 我国民用航空的法规体系

在国家法律层面，民航领域最重要的法律是《中华人民共和国民用航空法》（以下简称《航空法》），它属于我国民航法规体系中的第一个层次，我国民航的行政法规、民用航空管理规章均不能违背《航空法》。《航空法》分为十六章，规定了民用航空器国籍、权利和适航管理，航空人员的执照、体检合格证，以及民用机场、空中航行、公共航空运输和通用航空运输等内容。

在国家有关行政法规层面，民航领域的行政法规主要包括《民用机场管理条例》《中华人民共和国民用航空器适航管理条例》《中华人民共和国民用航空器国籍登记条例》《中华人民共和国飞行基本规则》《中华人民共和国民用航空安全保卫条例》《通用航空飞行管制条例》等，它们属于中国民航法规体系中的第二个层次，是制定民用航空管理规章的上位法。

民用航空管理规章（以下简称民航规章）是民航领域使用范围最广、频率最高的法规，它属于我国民航法规体系中的第三个层次，是《航空法》和民航领域行政法规的下位法。民航规章由15编共400部构成。

第一编　行政程序规则（1～20部）

第二编　航空器（21～59部）

第三编　航空人员（60～70部）

第四编　空域、导航设施、空中交通管理和一般运行规则（71～120部）

第五编　民用航空企业合格审定及运行（121～139部）

第六编　学校、非航空人员及其他单位的合格审定及运行（140～149部）

第七编　民用机场建设和管理（150～179部）

第八编　委任代表规则（180～189部）

第九编　航空保险（190～199部）

第十编　综合调控规则（201～250部）

第十一编　航空基金(251～270 部)
第十二编　航空运输规则(271～325 部)
第十三编　航空保安(326～355 部)
第十四编　科技和计量标准(356～390 部)
第十五编　航空器搜寻救援和事故调查(391～400 部)

三、民用航空的安全管理体系

20 世纪 90 年代后期，世界经济迅猛发展，飞机数量、航班架次快速增长，运输量增长的加速度越来越大。但是，自 20 世纪 80 年代初开始，民航重大飞行事故率却一直比较"平稳"，如果事故率保持不变，民航业每年灾难性事故的数量就会随着运输量"同步"增长。ICAO 按照当时世界各国规划的机队增长，预测世界民航到 2015 年重大事故起数将会增加一倍，达到 41.2。显然，这是不可接受的。此后，ICAO 开始了对事故率"平稳"的根本原因的探究，重新审视传统安全管理的模式和方法。

1. 国际民航组织对安全管理体系要求的发展历程

1) 起步阶段

2001 年，ICAO 在《附件 11》中以"建议措施"的形式要求各国在空中交通服务单位实施安全管理体系(Safety Management System, SMS)；同年，ICAO 对《附件 14》有关机场合格审定的条款作了重要修改，以"建议措施"的形式要求申请合格审定的机场从 2005 年 11 月 24 日后运行合适的 SMS。

2) 推广阶段

(1) 第一次对系统安全管理要求的统一修订。

2006 年，ICAO 将对系统安全管理的要求在附件中从"建议措施"提升为"标准"，即各缔约国必须履行的强制要求，在《附件 6》中增加了对系统安全管理的要求，修订了《附件 11》和《附件 14》。第一次统一了对《附件 6》第Ⅰ部分《国际商业航空运输——飞机》和第Ⅲ部分《国际运行——直升机》《附件 11》和《附件 14》第Ⅰ卷《机场设计和运行》中对系统安全管理的要求。

为了进一步解释附件中对 SMS 的要求并指导各国实施安全管理体系，ICAO 出台了《Doc 9859 安全管理手册》，包括概览、安全管理的责任、国家安全方案、对安全的理解、安全管理概要、风险管理、危险和事故征候报告、安全调查、安全分析与安全研究、安全绩效监控、应急预案的制定、建立安全管理体系、安全评估、安全审计、运行一个安全管理体系需要考虑的实际问题、航空器的运行、空中交通服务、机场运行、航空器维修等内容。然而，该手册像"理论教科书""资料汇编"，未对 SMS 的构成框架和模板进行具体说明，也未对 SMS 的功能实现进行说明，实施建设过程不太明确。

(2) 第二次对系统安全管理要求的统一修订。

为了强化安全管理系统的概念，ICAO 对《附件 6》第Ⅰ部分《国际商业航空运输——飞机》和第Ⅲ部分《国际运行——直升机》《附件 11》和《附件 14》第Ⅰ卷《机场设计和运行》有关安全管理的规定继续加以统一，并将对安全管理的要求扩展至《附件 1》《附件 8》和《附件 13》，重点在于引入两个框架——实施并维持国家安全方案的框架和实施并维持服务提供者

SMS 的框架,以期统一并扩展与安全管理有关的规定。具体的修改包括以下几项。

对于《附件1》而言,侧重于执照持有人的体检合格证和对培训机构的批准。关于执照持有人的体检合格证,建议对执照申请人的体检合格证引入安全管理和风险管理做法的原则。对于培训机构的批准,对暴露于运行安全风险活动(运行环境中实施的活动,比如飞行培训)的批准的培训机构提出了一项要求,即培训机构须实施国家予以接受的 SMS。对于《附件6》中第Ⅲ部分而言,对直升机维修机构提出了一项须实施国家予以接受的 SMS 的要求。对于《附件8》将其第Ⅱ部分与其他附件现有的安全管理要求统一。对于《附件13》将事故和事故征候调查的职责作为国家安全方案的一项内容。

在《附件1》《附件6》第Ⅰ部分和第Ⅲ部分、《附件11》和《附件14》第Ⅰ卷以附录的形式增加了对 SMS 框架的描述。该框架旨在通过对服务提供者实施 SMS 提供原则性指导,力求对安全系统的标准化达成共识,同时由国际民航组织对 SMS 以及各国对国家的 SMS 规章制定指导。

在《附件11》中以附篇的形式增加了对国家安全方案的框架的描述,该描述与《附件1》《附件6》第Ⅰ部分和第Ⅲ部分、《附件8》《附件13》和《附件14》第Ⅰ卷的相互参照。

2009年,ICAO 出台了《DOC9859 安全管理手册(第2版)》,包括基本安全概念、安全管理介绍、危险、安全风险、国际民航组织安全管理标准和建议措施、SMS 介绍、SMS 规划、SMS 运行、SMS 的分阶段实施方法、国家安全方案等内容,提出并具体阐述了 SMS 的四大支柱和 SMS 的阶段性实施方法。

3)成熟阶段

(1)《附件》的形成。

鉴于全球航空运输系统日益复杂和为确保航空器安全运行所需的航空活动之间的相互关联性,协助各国管理航空安全风险,2013年 ICAO 出台了《附件》,支持积极策略的不断演变,借以提高安全绩效。这种积极主动的安全策略的基础是基于实施国家安全方案(SSP)来系统地解决安全风险。SSP 的有效实施是一个渐进过程,需要一段时间才能充分成熟。影响制定 SSP 所需时间的因素包括航空运输系统的复杂性以及国家航空安全监督能力的成熟程度。

《附件19》汇集了现有《附件1》《附件6》第Ⅰ、第Ⅱ和第Ⅲ部分、《附件8》《附件11》《附件13》和《附件14》第Ⅰ卷中与 SSP 和 SMS 相关的材料,以及收集、使用安全数据和国家监督安全活动的相关要素。将这些材料汇集在一个单一附件的有利之处是将国家的注意力放在对安全管理活动加以整合的重要性上。它还将促进安全管理规定的发展。

在《附件19》的第3章"3.1 国家安全方案"中规定:"各国必须制定一个国家安全方案来管理该国的安全,以便民用航空安全绩效达到可以接受的水平。国家安全方案必须包括国家安全政策与目标、国家安全风险管理、国家安全保证和国家安全促进。应当达到的可以接受的安全绩效水平必须由国家确定。作为其国家安全方案的组成部分,各国必须要求在其管辖之下的如下服务提供者实施 SMS"。

伴随着《附件19》的出台,《Doc 9859 安全管理手册(第3版)》也同时"配套"出版,旨在为《附件19》提供指南,为国家安全方案的发展与完善提供指导。

(2)《附件19》《Doc 9859 安全管理手册》相继更新。

2016年7月公布了《附件19(第2版)》,2019年11月7日,《附件19(第3版)》发布。2018年出版了《Doc 9859 安全管理手册(第4版)》,整体取代2013年5月出版的第3版。《Doc 9859 安全管理手册(第4版)》是在通过对《附件19》的第1次修订之后开始编写的,以介绍该修订引起的变化并反映自上次修订以来所获得的知识和经验。为了满足多元化的航空界实施安全管理的需要以及落实2015年举行的第二次高级别安全会议所提出的建议,还开发了安全管理实施(SMI)网站(www.icao.int/SMI),作为对《安全管理手册》的补充和共享最佳做法的知识库,不断收集和审查实际的范例、工具和辅助教育材料并将它们张贴在网站上。第4版旨在支持各国实施有效的国家安全方案(SSP),包括确保服务提供者根据《附件19》的规定实施安全管理体系。这一版似乎又回到第1版的思想和原则,把重点放在每个标准和建议措施(SARP)的预期结果上,目的在于避免过度规定。它强调每个组织机构根据自身的具体环境,因地制宜地实施安全管理的重要性。较之第1版,第4版更加强调利用安全数据和安全信息来形成可转化为行动的见解,指出组织机构的领导层可以利用这些见解来作出数据驱动的决策,包括作出与最有效和高效地利用资源相关的决策。

2. 我国民航对安全管理体系要求的发展历程

1) 起步阶段

2004年,民航局在对加拿大民航局、美国联邦航空局(FAA)等大量调研后,由中国民航大学安全质量研究所开始对"SMS的原理与中国现有民航安全管理体系""中国民航SMS的建设与实施"等问题进行研究。经过多次论证,民航局于2006年成立了以民航局局长杨元元任组长的"中国民航安全管理体系建设领导小组",以推动中国民航安全管理体系(SMS)的建立和推广,从而提高我国的航空安全水平。领导小组成员由民航局航空安全办公室、飞行标准司、机场司、公安局、空中交通管理局、中国民航大学安全质量研究所等单位的负责人组成,分成六个小组;总体协调推进组、航空公司组、机场组、空管组、机务维修组、航空保安组,以具体负责中国民航SMS建设工作。同时,在"民航十一五安全规划"中明确提出建立适合中国国情并符合国际民航组织要求的中国民航SMS,将"航空安全管理体系建设工程"列入"规划实施的重大项目"中的第一项开始建设。

2) 推广阶段

自2007年起,民航局出台并持续修订了对航空公司、维修单位、机场和空管单位实施SMS的要求。

(1) SMS总体实施方案。

2007年,总体协调推进组在中国民航大学安全质量研究所的技术支持下,民航局发布《中国民用航空安全管理体系建设总体实施方案》(民航发〔2007〕136号),明确了SMS的基本要素、提出了SMS认可的要求、划分了民航局和民航企事业单位在建立SMS过程中的责任,以及要求各类民航企事业单位根据相应规章和咨询通告建设SMS。

(2) 航空公司SMS的要求。

2010年,航空公司组民航局飞行标准司在中国民航大学安全质量研究所的技术支持下,对CCAR121部《大型飞机公共航空运输承运人运行合格审定规则》进行修订,并研究制定了咨询通告《关于航空运营人安全管理体系的要求》(AC-121/135-FS-2008-26),以指导大型飞机公共航空运输承运人和小型航空器商业运输运营人建立符合要求的SMS。

（3）维修单位 SMS 的要求。

2009 年，民航局飞行标准司发布了咨询通告《维修单位的安全管理体系》（AC-145-15），以指导按照 CCAR145 部批准的维修单位建立符合要求的 SMS。

（4）机场 SMS 的要求。

2005 年，民航局修订了 CCAR139CA 部《民用机场使用许可规定》，将 SMS 作为取得民用机场使用许可证的前提。2008 年，民航局出台了 CCAR140 部《民用机场运行安全管理规定》，提出了机场 SMS 的具体要素要求。为了进一步指导机场建立和运行 SMS，民航局机场司出台《机场安全管理体系建设指南》（AC-139/140-CA-2008-1）。随后，民航局机场司根据 ICAO 的新要求，总结机场建立和运行 SMS 的实践经验，修订了对 SMS 的要求，于 2013 年出台了《机场安全管理体系建设指南》（AC-139/140-CA-2013-2）和《机场安全管理体系审核指南》（AC-139/140-CA-2013-1）。

（5）空管 SMS 的要求。

2011 年，民航局出台了 CCAR83 部《民用航空空中交通管理运行单位安全管理规则》，对民航空管运行单位建立 SMS 提出了明确的要求。2009 年，民航局空管行业管理办公室编写下发了《民航空中交通管理安全管理体系（SMS）建设要求》（MD-TM-2009-003）和《民航空管安全管理体系建设指导手册（第 2 版）》（MD-TM-2009-004），对空管运行单位如何建立 SMS 给予指导。根据民航局推进空管 SMS 建设进度的要求以及空管运行单位在 SMS 建设过程中遇到的热点、难点问题，民航局空管行业管理办公室组织对《民航空管安全管理体系建设指导手册（第 2 版）》进行了修订，于 2011 年出台了《民航空中交通管理安全管理体系（SMS）建设指导手册》（MD-TM-2011-001）和《民航空管安全管理体系（SMS）审核管理办法》（AP-83-TM-2011-02）。

3）质量安全一体化、综合治理阶段

航空公司、运输机场、空管单位、维修单位建立、运行 SMS 后，随着试点、实施，陆续通过了民航局、监管局的审定。各业务领域也陆续补充、完善、更新了相关规章、规范性文件。如民航局空管行业管理办公室修订出台了《民航空管安全管理体系（SMS）审核管理办法》（AP-83-TM-2017-01）等。

民航局空管局在中国民航大学安全质量研究所王永刚教授团队的技术支持下，于 2008 年开始运行质量管理体系（QMS）建设，2009 年陆续出台了《民航空管运行质量管理体系建设技术指南》（IB-TM-2009-005）、《民航空管运行质量管理体系建设操作指南》（IB-TM-2009-006）、《民航空管系统运行质量监督机制实施管理规定》（MD-TM-2009-006）等一系列文件，开始在空管系统推行空管系统 QMS。运行取得了很好的效果后，为更好地将运行管理与安全管理有机地结合，2010 年继续由中国民航大学安全质量研究所开始研究、研发空管单位质量安全一体化管理体系（QSMS）以及监督支持工具。2011 年，民航局空管局发布《民航空管运行质量安全管理体系文件编制指导材料》（IB-TM-2011-008），开始在全国空管单位推广 QSMS。之后，随着体系建设的深入，又陆续出台了《民航空管系统质量安全管理体系管理规定》（MD-TM-2013-001）、《民航空管系统质量安全监督检查管理规定》（MD-ATMB-2018-011）、《民航空管系统质量安全管理体系内部审核员与评审员管理办法》（MD-TM-2013-002）等。

自 2020 年开始,民航局空管局委托中国民航大学安全质量研究所继续基于 ISO9001：2015 标准及《附件 19(第 2 版)》等最新要求,修订、整合、更新空管系统质量安全管理规定、标准及指南。同时,在民航局空管局机关进一步开始了集质量管理、安全管理、风险管理、合规管理、应急管理、安保管理、廉政管理、内部控制于一体的《空管系统综合治理体系》的建设,旨在有机融入各体系的要求,建成各要素有机融合、协同增效的管理体系。

复习思考题

1. 民用航空与通用航空是什么关系？
2. 中国民航自开航以来都经历了哪些变革？
3. 飞机的组成结构是什么？有哪些主要性能？
4. 民用机场飞行区的主要设施有哪些？
5. 简述航班时刻编制的过程。
6. 简述航空公司运营总体过程。
7. 空中交通管理包括哪些内容？
8. 我国民航有哪些法律法规？
9. 我国民航管理的组织机构是怎样的？
10. 简述民航安全管理体系的发展过程。
11. 《国际民用航空公约》有多少个附件？《附件 19》是关于什么的要求？
12. 民航质量、安全、风险、合规等管理体系最新的发展趋势是什么？

第八章　管道运输系统

第一节　管道运输系统概述

管道是运输行业中的一种比较特殊的输送流体的运输方式。它所运送的货物主要是石油及其产品，如原油、成品油、天然气；也有少量的煤浆以及其他矿浆流体。本章以介绍油气管道输送系统为主。

一、油气管道运输系统在国民经济中的重要性

油气管道输送系统是油气储运工程专业的一部分。

油气储运工程是石油、天然气工业的重要组成部分，包括油气集输与处理、长距离输送、储存、城市输配等系统。其中，油气管道输送和储存系统是国民经济的重要基础设施，城市油气输配系统则是重要的民生工程。

管道运输系统在国民经济中起着重要的作用，不仅在石油工业内部，它是联系产运销的纽带，在全国以至于国际范围内，它是能源保障系统的重要一环。石油和天然气是世界各国经济发展和人民生活中不可缺少的重要能源，但全球油气资源的分布却很不均衡，以天然气为例，世界已探明的剩余储量中，俄罗斯占34%，且高度集中在西伯利亚和远东地区的巨型气田中。人口占世界不到5%的中东地区占有32%的储量。而人口占世界近60%的亚洲，只有约9%的探明储量。我国的分布不均情况也和世界类同，新疆塔里木盆地的资源量占全国的23%，海域占21%。

一方面，资源大都分布在远离消费中心的边缘地区；另一方面，各国和各地区的需求量又差别很大。不论是国内还是国外，面对这一供需矛盾，都有迫切需要一个可靠而巨大的管道运输系统来联系产地和消费中心。管道运输系统的可靠与否不仅影响国家经济建设的可持续发展，也是制约区域经济平衡发展的重要因素。管道运输系统的不完善，必然会给油气生产方(国)和消费方(国)带来重大的经济损失。甚至一旦发生战争，油料保障更是战争胜败的关键因素。

《中华人民共和国国民经济和社会发展第十三个五年规划纲要》第二十九章第一节提出："推进油气管道区域互联"；第三十章第二节提出"统筹推进煤电油气多种能源输送方式发展，加强能源储备和调峰设施建设，加快构建多能互补、外通内畅、安全可靠的现代能源储运网络。加强跨区域骨干能源输送网络建设，……加快建设陆路进口油气战略通道。推进油气储备设施建设，提高油气储备和调峰能力。"以上充分说明油气管网是能源大动脉，是油气工业上下游衔接协调发展的关键环节，是现代能源体系、现代综合交通运输体系重要组成部分。

截至2020年底，我国长输油气管网总里程达到约16.5×10^4km。累计建成LNG接收站

21座,LNG接收能力达到9065×10^4 t。累计建成地下储气库(群)14座,总设计工作气量240×10^8 m^3,形成工作气量159×10^8 m^3。

为了能源运输业的发展,国家石油天然气管网集团有限公司(以下简称国家管网公司)于2019年12月9日在北京正式成立,标志着我国深化油气体制改革迈出关键一步。国家管网公司的成立为管道运输行业的发展注入了活力,为民生和国家经济发展提供了有力保障。

随着人类技术的进步以及对环境保护的要求,未来以太阳能、风能、水能等为代表的可再生能源将逐步成为能源主体,能源结构正在发生深刻的变化。然而,天然气在未来100年依然是能源主题,其管网也会不断发展。同时,作为油气管网的扩充功能,将会有更多的掺氢输送、二氧化碳输送及氢气输送管道。世界能源结构历史变迁及未来趋势如图8-1所示。

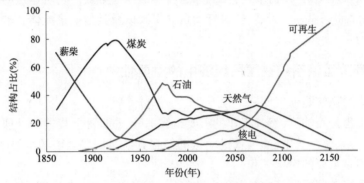

图8-1 世界能源结构历史变迁及未来趋势

资料来源:罗伯特·A·海夫纳《进入气体能源时代》,根据BP2016做了修正。

二、管道运输系统生产过程及其优点和局限性分析

管道运输系统实际包括管输介质的运输和存储。对于石油行业,它是连接产运销各环节的纽带,包括矿场油气集输和油气的长距离运输、各转运枢纽的储存和装卸等。

矿场油气集输就是在各油(气)田上收集各井产出的原油(或天然气)及其伴生物,经分离、计量后汇集输送至处理站。经净化处理后达到国家规定要求的质量标准的原油和天然气,是油(气)田的商品,集中到外输计量站向外运送。油田外输原油的终点是炼油厂的原油库或其他转运枢纽。

炼油厂的成品油由公路槽车、铁路槽车、油轮或长距离成品油管道运输。首先,作为炼油厂商品外销通道的成品油管道运输,其工艺技术要比轻质原油管道输送复杂。这主要是因为每种成品油的量都不会很大,为了提高管输的经济效益,大都采用一条管道顺序输送多种成品油的工艺;其次,成品油管道大都是多个分支、多个出口的,以便向管道沿线及附近的各个城市供应油品,在分输站上可由支线管道输往某一城市,也可是与铁路或公路联运的转运枢纽。有的管道还可能有多个入口的分支,接收多个炼油厂的来油。

除了管道运输,原油和成品油的运输方式还有铁路、公路和水运。它们各有其特点及适用范围如下:

对于大宗原油的运输,可供选择的方式主要是管道运输和水运。是否选择水运,首先决定于地理条件及发油点和收油点要有装卸能力足够大的港口;其次,油轮的运输成本随着油轮吨位的增大而降低。

与油品的铁路、公路运输相比,管道运输具有独特的优点:运输量大;运费低,能耗少;输油管道一般埋在地下,较安全可靠,且受气候环境影响小,对环境污染小;运输油品的损耗率较铁路、公路、水路运输都低;建设投资小,占地面积少。管道建设的投资和施工周期均不到铁路的1/2。管道埋在地下,投产后有90%的土地可以耕种,占地只有铁路的1/9。

虽然管道运输有很多优点,但也有其局限性:主要适用于大量、单向、定点运输,不如车、船运输灵活多样;对一定直径的管道,有一经济合理的输送量范围。

天然气的输送目前只有两种方法:一是用管道加压输送;二是将天然气液化后用油轮运输。与输油不同,天然气的管道输送必然是上、中、下游一体化的,开采、收集、处理、运输和分配在统一的、连续密闭的系统中进行。输气管道沿线必然要有多个分输的管线,与各用气的城市管网相连,在城市附近往往设有调节输运量用的地下储气库,形成巨大的储气调峰和输配气系统。随着国家管网公司的成立以及管道互联互通工程的实施,全国天然气一张网的局面即将形成。

三、管道运输系统的基本设施

管道运输系统与其他运输系统具有很大的差异性,其中最主要的差别在于:管道运输系统中,运输工具都是固定的,不需要凭借运输工具的移动来完成运输任务。因此,管道运输系统所需的基本设施也异于其他运输系统。

管道运输系统的基本设施包括沿线管道、储存库、各类站场和控制中心。

管道是管道运输系统中最主要的部分,它的制造材料可以是金属、混凝土或塑胶,完全由输送的货物种类及输送过程中所要承受的压力大小决定。在长距离油气管道输送系统中,管道主要是金属管,非金属管主要用于油气田低压集输管道及城市低压配气、给排水系统。

长距离输油管道连绵数百至几千千米。为了给在管道中流动着的油提供能量,克服流动阻力,以及提供油流沿管线坡度举升的能量,在管道沿线需设若干个泵站,给油流加压。对于含蜡多、凝点高、黏度高的原油,多采用加热输送工艺。采用加热输送时,管道上还设有加热站(或与泵站合建)加热油流。在管道沿线每隔一定距离或穿跨域江河时还要设中间截断阀,以便发生事故或检修时关断。管道沿线还有保护地下管道免受腐蚀的阴极保护站等辅助设施,如图8-2所示。

原油管道一般直接将原油送往炼油厂油库或与水路相连。无论是继续输送还是进行加工,都需要将管输产品存储在油库中。成品油管道一般与石油产品销售油库相连,同时可能与公路、铁路及水路相连。与原油管道一样,无论是继续输送还是当地销售,也都需要将管输产品存储在油库中。

凡是用于接收储存和发放原油或石油产品的企业和单位都称为油库。它是协调原油生产、原油加工、成品油供应及运输的纽带,是国家石油储备和供应的基地,对于促进国民经济发展、保障人民生活、保障国防安全都有特别重要的意义。

不同类型的油库其功能也不相同,大体上可以分为以下几种。

1. 油田用于集积和中转原油

油田原油库和海上采油设置的油库其功能就是收集油井生产的原油,并将原油净化、稳定、调和后,用铁路油罐车装车外运或用长输管道向外输油。这种油库储存品种单一、收发量大、周转频繁。

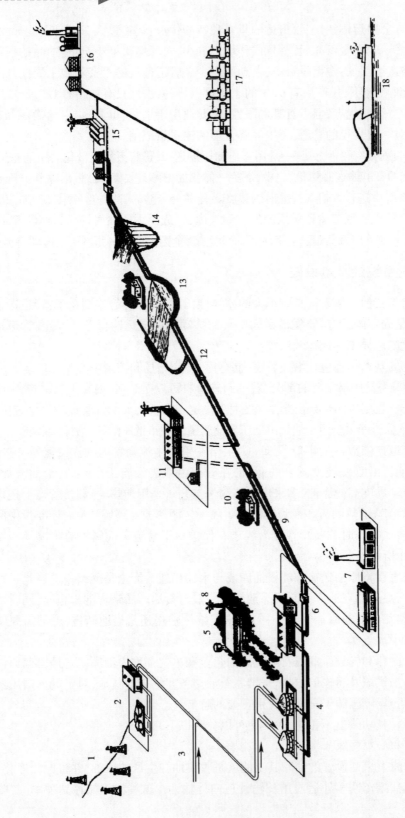

图 8-2 长距离输油管道的流程示意图

1-井场;2-输油站;3-来自油田的输油管道;4-首站灌区和泵房;5-全线调度中心;6-清管器发放室;7-首站锅炉房;8-微波通信塔;9-线路阀室;10-维修队员住所;11-中间输油站;12-穿越铁路;13-穿越河流;14-跨越河工程;15-车站;16-炼油厂;17-火车装油栈桥;18-油轮码头

2. 油料销售部门用于平衡消费流通领域

油料销售部门的分配油库和部队的供应油库都是直接面向消费单位的油料流通部门。它们的主要功能是要保证油料供应,满足市场和部队需要。

3. 企业用于保证生产

炼油厂、石油化工厂的原油库、半成品和成品油库以及机场、港口、发电厂、内燃机火车的机务段等油库是企业附属油库。这些油库的主要功能是保证企业生产的正常进行。

4. 储备部门用于战略或市场储备,以保证非常时期或市场调节需要

储备油库的主要功能是为国家或企业储存一定数量的备用油料,以保证企业生产和市场稳定以及紧急情况下的用油。油库的主要设施是根据油料的收发和储存要求而设置的,一般包括装卸油料的站台或码头、装卸油泵房(棚)、储油罐、灌桶间、汽车装车台等主要生产设施;供排水、供电、供热和洗修桶等辅助生产设施;必要的生产管理设施。

长距离输气管道又叫干线输气管道,它是连接天然气产地与消费地的运输通道。由图 8-3 可以看出,一条长距离输气管道一般由干线输气管段、首站、压气站(又称压缩机站)、中间气体接收站、中间气体分输站、末站、清管站、干线截断阀室、线路上各种障碍(水域、铁路、地质障碍等)的穿跨越段等部分组成。实际上,一条输气管道的结构和流程取决于这条管道的具体情况,它不一定包括所有这些部分。而且,现在的输气管道已经互联互通,形成管网。

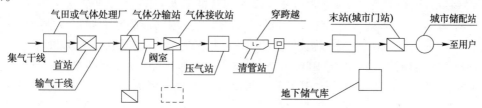

图 8-3　天然气运输系统设施组成示意图

通常需要与长距离输油气管道同步建设的另外两个子系统是通信系统与仪表自动化系统,这两个系统是构成管道运行 SCADA(Supervisory Control and Data Acquisition,监控与数据采集)系统的基础,其功能是对管道的运行过程进行实时监测、控制和远动操作,从而保证管道安全、可靠、高效、经济地运行。

天然气商品只能通过管道输送给用户。由于用户用气的不均衡特性,输气干线及配气管网都必须有足够容量的储气设施,以调节用气的不均衡。因为调节目的地用气不均衡,故通常是在管线末端接近消费中心处建地下储气库,在用气量较少的夏季,把管线输来的多余的气体注入地下储气库;到冬季用气高峰期间,则从地下储气库中采出气体,以补来气的不足。

随着人类技术的进步以及对环境保护的要求,未来以太阳能、风能、水能等为代表的可再生能源将逐步成为能源主体,能源结构正在发生深刻的变化。综合能源系统是互联网＋能源网,是以分布式可再生能源为主要一次能源,与天然气网络、交通网络等其他系统紧密耦合而形成的复杂多网流系统(图 8-4)。在综合能源系统中,目前天然气管网按季节调峰的主要运行模式可能会按可再生能源的间歇性、突发性及系统需求来进行短期调峰运行,将对天然气管网提出更高的运行要求。

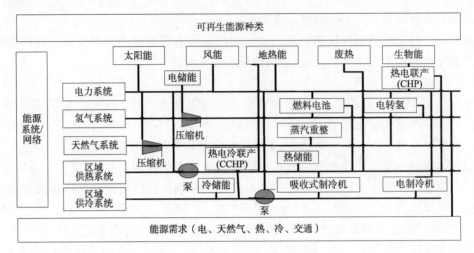

图 8-4　综合能源系统

四、管道运输系统的发展

管道输送的起源可以追溯到公元 16 世纪,我国古代熬盐工人将自流井天然气利用竹木管运输,开启了天然气熬盐的时代。但是真正的油气储运业是从 20 世纪初美国大量敷设金属管道用来输送石油、石油产品以及天然气才开始的。20 世纪 20 年代,金属焊接工艺的极大改善,进一步刺激了管道工业的发展。第二次世界大战期间,战地用油的剧增导致成品油长输管道迅猛发展,战后,管道输送伴随全球油气资源供求新格局的形成而得到空前的发展。

现代管道运输始于 19 世纪中叶。1859 年 8 月,美国宾夕法尼亚州的泰特斯维尔打出第一口油井,开始了油溪地区的石油开发。开采出来的原油要经泰特斯维尔河运到 120km 以外的匹兹堡炼油厂,运原油的船舶最多时达 100 艘。1861 年修建了匹兹堡至科里的铁路,但铁路距油田仍有 36km,每天要用近 2000 辆马车自油田至铁路车站或水运码头载运原油,不仅运费昂贵,而且还有发生火灾的危险。为改变这种状况,有人提出采用管道输送。

1863—1865 年,人们开始试用铸铁管修建输油管道,因漏失量大而未能实际应用。1865 年 10 月,美国人 S. V. 锡克尔用管径 50mm、长 4.6m 搭焊的熟铁管修建了一条全长 9756m 的管道,由美国宾夕法尼亚州皮特霍尔铺至米勒油区铁路车站,管道沿线设 3 台泵,每小时运输原油 13m³。1879 年北美建成第一条原油管道,这条管道从宾夕法尼亚州的布拉德福德(Bradford)到艾伦城(Allentown),管道长 175km,管径 152mm。1880 年和 1893 年相继出现管径 100mm 的成品油管道和天然气管道。1886 年在苏联巴库修建了一条管径 100mm 的原油管道。这是管道运输的创始阶段,但管材、管道连接技术、增压设备和施工专用机械等方面还存在许多问题有待解决。

1895 年,人们生产出质地较好的钢管。1911 年,输气管道的钢管连接采用了乙炔焊接技术。1928 年,人们用电弧焊代替了乙炔焊,并生产出无缝钢管和高强度钢管,使修建管道的耗钢量显著降低。但是,大规模的输油管道建设则始于第二次世界大战期间。20 世纪 50 年代,石油开发迅速发展,各产油国开始大量兴建输送油、气的管道。在 20 世纪 60 年代,813~1016mm 的大管径管道开始建设。20 世纪 70 年代以来,管道运输技术又有较大提高,大型管道相继建成。1967 年伊朗到阿塞拜疆的管道主干线建成(NPS48/NPS42)等级为

(X-65)。这是第一条由高等级的钢材建设的高压跨国界管道,它具有长距离、大管径的特点。1972年建成苏联至东欧五国的友谊输油管道,管径为1220mm和820mm,全系统总长9739km,年输原油1亿t。1977年建成纵贯美国阿拉斯加南北、穿过北极圈的原油管道,管径1219mm,全长1287km,设计年输原油1.2亿t。1963年开始投产,后又不断扩建的美国科洛尼尔成品油管道系统,全长8413km。苏联1982年完成的乌连戈伊至彼得罗夫斯克的大型输气管道,管径1420mm,全长2713km。横贯加拿大输气管道的管径500~1000mm,全长8500km。与此同时,中东国家的管道运输也在迅速发展,如沙特阿拉伯的东西石油管道,管径1220mm,全长1195km。随着北海油田、气田的开发,海洋管道逐渐由浅海走向深海,如从北海油田至英国的原油管道和北海油田至联邦德国的天然气管道都已建成投产。最新的俄罗斯与德国的北溪天然气管道项目是由两条几乎并行的海底管道组成,将天然气从俄罗斯圣彼得堡北的维堡附近的Portovaya海湾经芬兰和波罗的海出口到德国格赖夫斯瓦尔德的登陆地区,是目前全世界最长的海底管道。单条管道全长1224km;管径1220mm;设计壁厚26.8~41.0mm;管道出口压力为10MPa,入口压力22MPa;沿途最大水深210m;钢级为X70。

我国油气管道建设起步于新中国成立以后。我国油气管道建设的主要发展历程如下。

1. 起步阶段

1) 原油管道(20世纪50—70年代)

1958年,我国建成了克拉玛依—独山子炼油厂的输油管道,这是新中国第一条原油输送管道,它揭开了我国管道建设的序幕。进入20世纪70年代,随着大庆、辽河等油田的开发,我国管道事业开始了一个新的发展时期。1970年起,先后建成了我国管道建设史上具有重要意义的大庆—铁岭与铁岭—大连和铁岭—秦皇岛国内两条原油输送大动脉。其中,大庆—铁岭为两条管道,分别是:庆铁线全长514km,管径720mm,管材为16Mn螺旋焊管;庆铁复线全长520km,管径720mm,管材为16Mn螺旋焊管。两条管道平行敷设,均自大庆林源至铁岭左家沟。铁大线全长460km,管径720mm,管材为16Mn螺旋焊管,自铁岭左家沟至大连新港。铁秦线全长454km,管径720mm,管材为16Mn螺旋焊管,自铁岭左家沟至秦皇岛油港。随后又建设了中朝线、鲁宁线、濮临线、马惠线、惠宁线、任京线等不同管径的原油输送管道。

2) 成品油管道(20世纪70年代)

我国成品油管道起步较晚。1973年开始对成品油管道进行工业性试验,1976年建成了我国第一条小口径的格尔木—拉萨长输成品油管道(格拉管线)。格拉管线全长1080km,管径为159mm,管壁厚度为6mm,管材为20号优质碳素钢,年输送能力为25万t。此后10多年由于各种原因,成品油管道建设基本上处于停滞状态。

3) 天然气管道(20世纪60—70年代)

1963年,四川巴渝输气管道建设拉开了我国天然气管道建设的序幕。自20世纪70年代以来,威成线、泸威线、卧渝线、合两线先后建成,1989年又建成了从渠县至成都的半环输气干线,形成了川渝环形天然气干线管网,实现了川东、川南、川西南、川西北、川中矿区几十个气田互连,资源配置得以优化,供气可靠性显著增强。

2. 成长阶段

1) 原油管道(20世纪80—90年代)

20世纪80年代以来,随着东营—黄岛输油管道复线工程建设(1985年)和铁大线、铁秦线等工程的技术改造,我国不断引进国际上先进的装备、材料和设计理念,采用高效泵机组、间接加热系统、密闭输送流程、水击控制(为防止由于突然停泵或阀门误关闭等造成管内液流速度突然变化,因管内液体的惯性作用引起管内压力的突然大幅上升或下降所造成对管道冲击的控制)和自动保护系统、SCADA 系统等,原油管道建设技术有了长足的进步。这一时期主要建成的原油管道有花格线、阿赛线、中洛复线、库尔勒—鄯善原油管道等。

2)成品油管道(20 世纪 90 年代)

20 世纪 90 年代初开始,成品油管道建设有了较大突破,先后建成了抚顺—营口鲅鱼圈、克拉玛依—乌鲁木齐、天津港—首都机场、镇海—杭州、镇海—漕泾、金山—闵行、高桥—金山、荆门—荆州等成品油管道。此外,还有几条短距离管道,包括燕山石化—小武基油库、格尔木—南山油库、独山子—703 站和中朝管线。1997 年建成的克乌成品油管道全长 287km,管径为 273mm,年输油能力为 90 万 t,起点位于克拉玛依的炼油厂,终点为乌鲁木齐的王家沟油库。

3)天然气管道(20 世纪 90 年代)

随着我国气田的开发,先后建成了几条具有代表性的输气管道。1995 年建成了崖 13-1 气田至香港的海底输气管线,成为我国在深海敷设的第一条距离最长(778km)、压力最高、管径最大的海底输气管线,也是目前世界上长度仅次于北海 Zeepipe 管道的海底管道。其间,建成了东海平湖—上海输气管道、陕甘宁气田—北京、靖边—西安、靖边—银川的输气管道。

3. 发展阶段(进入 21 世纪以来)

1)原油管道

2004 年国家重点工程——甬沪宁进口原油管道工程在宁波全线竣工投产。甬沪宁进口原油管道南起宁波大榭岛,向北越过杭州湾后到达上海浦东的高桥石化,再经过南京直抵扬子石化,全长 645km,最大管径 750mm,年设计输油量 2000 万 t。作为我国南方地区建成的首条长输原油管道,不仅能大幅降低这些地区的石化企业原油运输成本,还能够确保原油稳定供应,为长三角地区提供强有力的能源保障。2007 年 6 月,西部原油管道正式投产试运行。西部原油管道起点为乌鲁木齐市,终点为兰州市,管道全长 1852km,管径 711~813mm,干线年设计输送量为 2000 万 t。其间,还建设了中哈、中缅及中俄跨国原油管道。截至 2020 年,原油管道总里程达 3.1×10^4 km。

2)成品油管道

2002 年投产的兰成渝输油管道干线长 1251.9km,设计压力为 10MPa。兰成渝管道起点为兰州北滩油库,终点为重庆末站,全线设有 16 座工艺站场。这条管道达到了国际成品油管道的先进水平。2005 年投产的西部成品油管道全长 1858km,管道干线西起乌鲁木齐市王家沟,途经新疆和甘肃两省共 21 个市(县),终点为兰州。管道全长 1858km,管道年设计输油量为 1000 万 t,采用密闭输送工艺输送柴油和汽油。其中乌鲁木齐—新堡段管径为 559mm;新堡—兰州段管径为 508mm。西部管道设有工艺站场 12 座。2005 年西南成品油管道投产,全长 1691km,管道年设计输油量为 1000 万 t。它是目前国内站场最多、工艺最复杂、施工难度最大的成品油长输管道之一。鲁皖成品油管道于 2005 年底投产,该管道线路总长769km,其中主干线长595km。2006年全长1143km的珠江三角洲成品油管道投产,设计年输送能力为1200万t。在此期间还建成了港枣成品油管道、河南成品油管道等。截至2020年,全国成品油管道总里程达 3.2×10^4 km。

3)天然气管道

新疆地区天然气勘探开发成果及西部大开发加速了我国西部地区天然气管道建设步伐。2001年建成了涩北气田经西宁输往兰州的天然气管道,管道长953km、管径为711mm、设计压力6.4MPa,年不增压管输送量为20亿 m^3;二期增设4座中间压气站,年输气量达到33亿 m^3。2003年,国家重点工程项目——西气东输建成投产,干线管道长3900km、管径1016mm、设计年输气量120亿 m^3,不仅是我国目前规模最大的输气管道,在世界上也名列前茅。至此,我国输气管道水平迈上一个新的台阶,开始向长距离、大口径、高压力和高度自动化管理的方向发展。2005年在陕京二线和忠武线建成投产的同时,完成了西气东输与陕京二线的干线联络线贯通。在这近20年的发展中,我国建立了连接从中亚、中缅及中俄进口天然气的大型天然气管道,钢级从X70到X80,管径从1016mm到1422mm。截至2020年底,全国天然气管道总长度约 10.2×10^4 km。随着国民经济的持续稳定快速发展,我国天然气工业已进入快速发展时期,正在逐步形成以主要干线为骨架、干线与支线相连通、覆盖全国消费市场区域的天然气管网系统。

目前,我国正在开展天然气掺氢和二氧化碳管输示范性工程。

管道运输业作为继公路、铁路、水运、航空之后的世界第五大运输体系,将以其特有优势在我国得到快速发展。

第二节 管道输送工艺

一、管道分类

输送管道常按所输送的物品不同而分为原油管道、成品油管道、气体(天然气、煤制气、氢气、混氢气)管道、二氧化碳管道(根据输送状态不同可能是液体或气体)和固体料浆管道(前两类常统称为油品管道或输油管道)。

1. 原油管道

原油的性质差别非常大,不同地区所产油品其黏度可能相差成千上万倍,凝固点温度可能相差50~60℃。用管道输送时,要针对所输原油的物性,采用不同的输送工艺。原油运输不外乎是自油田将原油输给炼油厂,或输给转运原油的港口或铁路车站,或两者兼而有之。其运输特点是:输量大、运距长、收油点和交油点少,故特别适宜用管道输送。世界上的原油有85%以上是用管道输送的。

2. 成品油管道

成品油管道输送汽油、煤油、柴油、航空煤油和燃料油,以及从油气中分离出来的液化石油气等成品油(油品)。每种成品油在商业上有多种牌号,常采用在同一条管道中按一定顺序输送多种油品的工艺,成品油沿管道单向输送,这种工艺能保证油品的品质和准确地分批运到交油点,如同铁路的车站。管道内可能有多批次油品按顺序分段运行,沿途各站按需要下载或注入某种油品,还有在末站各批次油品和批次间混油的接收。成品油管道运输的特点是批量多、分输点多、注入点多,因此,管道沿线变径多、站多。

3. 气体管道

输送天然气、煤制气、油田伴生气、混合气、氢气等的输送气体管道,包括集气管道、输气干线和供配气管道。就长距离运输而言,输气管道系指高压、大口径的输气干线。这种输气管道约占全世界管道总长的一半以上。

4. 固体料浆管道

固体料浆管道是20世纪50年代中期发展起来的,到20世纪70年代初已建成能输送煤炭料浆管道。其输送方法是将固体粉碎,掺水制成浆液,再用泵按液体管道输送工艺进行输送。目前,浆体管道应用范围扩展到金属与非金属矿山精尾矿输送、矿山胶结充填、海洋采矿、煤炭运输、河海疏浚、油井砾石充填、化工原料运输、电厂灰渣运输、生物料浆输送、食品运输等各个工业领域。

输送管道按用途不同又可分为集输管道、输油(气)管道和配油(气)管道3种。

(1) 集输管道

集输管道(或集气管道)是指从油(气)田井口装置经集油(气)站到起点压力站的管道,主要用于收集从地层中开采出来的未经处理的原油(天然气)。

(2) 输油(气)管道

以输气管道为例,它是指从气源的气体处理厂或起点压气站到各大城市的配气中心、大型用户或储气库的管道,以及气源之间相互连通的管道,输送经过处理符合管道输送品质标准的天然气,是整个输气系统的主体部分。

(3) 配油(气)管道

对于油品管道来说,配油管道是指在炼油厂、油库和用户之间的管道;对于输气管道来说,配气管道是指从城市调压计量站到用户支线的管道,其压力低、分支多、管网稠密、管径小。除大量使用钢管外,低压配气管道也可用塑料管或其他材质的管道。

二、输油管道输送工艺

1. 输油管道的水力、热力特性

油品在管道输送过程中因克服高程差及摩擦损失而压力下降,因散热至周围环境而温度下降。从一定意义上讲,管道输送的过程就是压能与热能的供给与消耗的过程。因此,管道的水力、热力特性是输油管道工艺设计及运行控制的核心问题。

1) 输油管道的水力特性

输油管道的压能消耗主要有两部分,一部分用于克服地形高差,另一部分是摩擦损失。

沿程摩擦损失与管径、长度、输油量及油品物性有密切的关系。一般而言,输油管道中,摩擦阻力的大小与管长成正比,与管径的4.75次方成反比,与输油量的1.75次方成正比,与黏度的0.25次方成正比。即管线越长、管径越小、黏度越高,管输摩擦阻力越大。

2) 输油管道的热力特性

当管内油温高于环境温度时,输送过程中管内油流向外散热并使温度按指数规律下降。

影响油流温降的因素主要有输油量、环境条件、管道散热条件、油温等。图 8-5 所示为环境条件、管道散热条件、起点油温一定的条件下，不同输油量时的管道轴向温降情况。图 8-5 中 T_R 为管道起点温度，T_Z 为管道终点温度，Q 为运输量，L 为运输距离。

3) 不加热输送的特点

对于黏度和凝点均较低的油品，一般采取不加热输送方式（如大多数国外原油、成品油等）。不加热输送的管内油品，在进入管道不

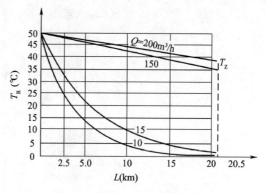

图 8-5 不同输油量下的沿线温降曲线

久，其油品温度就与环境温度趋于相同。但当管道输油量较大、流速较快时，由于油流与管壁摩擦，会使油流温度升高。对于在高寒地区输送原油，这是可利用的；但对于轻质原油及成品油管道是要避免的。

4) 加热输送的特点

对于易凝、高黏原油，因其油品的凝固点远高于环境温度，或在环境温度下油品的黏度很高，必须采取措施以降凝、降黏。加热输送是一种常用的方法，即在管输过程中，随着油流温度的降低，适时地通过加热站对油品进行再加热。

管道的热力特性还与水力特性相互关联。管道的输油量影响油流温降快慢，同时，油品的温度又影响其黏度（尤其是高黏度、高凝点的原油和重质燃料油），从而影响管道的摩擦阻力损失大小。所以输油管道的设计和运行是一个受诸多因素影响的复杂过程。

热油管道一旦事故停输，管内油温会逐渐下降，黏度增大，使管道再启动时的阻力增大。在特殊情况下，可能在整个管路横截面上形成了网络结构，必须要有破坏这些凝油结构的高压，才能使管道恢复流动。如果这个高压超过了管道和泵的允许强度，就必须考虑用分段顶挤等事故处理措施。因此，运行中必须注意防止此类事故。

5) 加添加剂输送

对于易凝、高黏原油，也可以加降凝剂、减阻剂及其他化学或物理处理方法，达到降凝、降黏的目的。无论采取何种方法，其沿线温度变化均与管内流体的综合特性相关。

2. 输油泵站的连接方式

长距离管道各泵站间相互联系的方式（也称输油管道的输送方式）主要有 3 种，即："通过油罐"输送方式、"旁接油罐"输送方式以及"密闭"输送方式，如图 8-6 所示。

1) "通过油罐"输送方式

来油先进入油罐，再被输油泵从油罐中抽出、加压后输往下站，其特点是油品全部通过油罐。该方式可避免各种杂质和管道内空气直接进入输油泵，但是操作繁杂、轻质油品在油罐蒸发损耗大，故而只在施工扫线、投产初期、通球清蜡时及早期原油管道中应用。

2) "旁接油罐"输送方式

来油同时进入油罐和输油泵，经加压输入下站，只有少量油品进出油罐。调节输油量的变化，轻质油品的蒸发损耗明显减少。由于自动化水平要求不高，易于各站独立操作管理，因此，我国 20 世纪 80 年代末以前建设的原油管道大都采用这种输送方式。

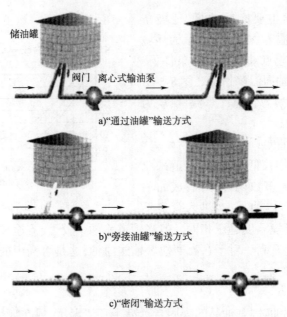

图 8-6 输油管道的 3 种输送方式

3)"密闭"输送方式

中间站不接入连通大气的油罐,来油直接进入输油泵,全线是一个密封管道输送系统。在这种方式中,如何防止和消除水击危害是密闭输油的重大课题。早期主要是采用增厚管壁提高管道强度的方法,显然不经济。此法不能减少水击压力,但能避免水击危害。现已研究出防御水击的许多既经济又有效的自动控制技术,如压力自动调节、压力自动保护、泄压保护及水击超前保护等。"密闭输送"方式是最先进的输油技术,具有明显的三大优点:无轻质油品蒸发损失、省去沿线油罐投资和充分利用输油泵的剩余压能。因此,成品油管道和国外先进的原油管道都采用这种输送方式。20 世纪 80 年代末,我国引进国外先进技术,使新建的东营—黄岛原油复线首先实现密闭输送。其后新建的石油管道大都采用密闭输送工艺。

3. 输油管道的泵机组

为管道提供压能的是沿线各泵站的输油泵。为适应沿线压力和流量的变化,一般是输油泵机组联合运行,其联合方式为串联或并联长距离输油管道一般采用离心泵。动力装置可以采用电动机、汽轮机、燃气轮机、大型柴油机、柴油发电装置、天然气发动机等。

大型输油管道上均使用离心泵。在有电力的地方,用电动机驱动通常最为理想。在没有电力的地方,常使用柴油机或燃气轮机,但它们的投资成本偏高。目前燃气轮机已普遍使用,可烧天然气、原油或馏出物,视其可得性而定。

每一台离心泵都有其排量与扬程、功率及效率的关系曲线,称为泵特性曲线。输油泵是输油管道的关键设备,也是主要的动力消耗对象。

4. 管道系统的工作点

1)泵站特性

由单台泵的特性曲线及其组合情况可得出泵站的 $Q\text{-}H$(输送量-扬程)曲线,如图 8-7 中

的曲线 B。串联用离心泵,其单泵的排量大、扬程低、效率较高。管道在站间高差不大,泵的扬程主要用来克服沿程摩擦阻力损失时,采用串联泵较多。但站间高差很大、泵站的扬程主要用于克服高差时,宜采用并联泵运行。

2）管道水力特性

对于某管道的管径、管长及输送介质性质一定时,管道扬程 H 随输送量 Q 变化的关系为该管道的水力特性。如图 8-7 所示的曲线 G(其中假设管道起、终点高差 $\Delta Z>0$)。当管径、管长或输送介质性质等参数中的一项发生变化时,就会产生一条新的特性曲线。管道特性曲线表示能量消耗与管道输送量的关系。

3）系统工作点

在长输管道系统中,泵站和管道组成了一个统一的水力系统。泵站和管道特性曲线的交点表示管道输送量为 Q_1 时,管道所需的扬程正好等于泵站供给的扬程,即泵站-管道能量供求平衡,可在这个输送量下稳定工作,此交点称为泵站-管道系统的工作点。通过改变管道特性(G'),或改变泵站特性(B'),均可以改变泵站-管道系统的工作点,如图 8-7 中的虚线所示。

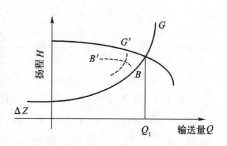

图 8-7　泵站与管道的工作点

5. 管道的供热设备

加热系统是加热输送管道的关键设备,也是主要的耗能对象。对输油管道加热炉的要求是热效率高、流动阻力小,能适应管道输送量变化,可长期安全运行。

按原油流是否通过加热炉炉管,长输管道上的加热系统分为直接加热与间接加热两种。前者在加热炉中直接加热油流,后者使热媒通过加热炉提高温度后,进入换热器中加热原油。

直接加热式加热炉设备简单、投资省,应用很普遍。但油品在炉管内直接加热,一旦断流或偏流,容易因炉管过热使原油结焦,甚至烧穿炉管造成事故。我国输油管道使用的加热炉主要有方箱形、圆筒形和卧式圆筒形加热炉。

间接加热系统由热媒加热炉、换热器、热媒罐、热媒泵、检测及控制仪表组成。热媒是一种化学性质较稳定的液体,它在热媒加热炉中加热至 260～315℃,进入管壳式换热器与管输油品换热,由两套温度控制系统分别控制热媒和油品的温度。间接加热系统具有以下优点：

（1）管输的油品不通过加热炉炉管,不会因偏流等原因导致结焦。

（2）热媒对金属无腐蚀性,其蒸气压低,加热炉可在低压下运行,故加热炉的寿命长。

（3）适用于加热多种油品,能适应输送量的大幅变化。

（4）热媒炉总热效率高,原油通过换热器的压降小。

间接加热系统的主要缺点是系统复杂、占地面积大、造价较高(比直接加热炉高 3～4 倍)、耗电量较大。

6. 最优管道直径

同公路建设一样,管径越大,输送量越大。一般地讲,在一定压力等级下,对于某一输送量,存在一个最小管径,同时,从经济观点考虑,还在一个最优管径。

管道直径是依据管道总费用或年当量费用最低的原则设计的。总费用等于投资费用和设计使用年限中所付出的总经营费用之和。

基础建设投资中有三种类型的投资。

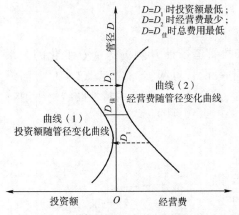

图8-8 一定管道某一输送量时的最佳管径

第一种投资随管径的增大而增加,如管材用量、管材运输、组装焊接、防腐绝缘、建设施工等。

第二种投资则相反,随管径的增加而减少。如在输送量一定的条件下,管道直径越大,摩擦阻力越小,所需的泵站数或压缩机站数越少,即其投资降低。

第三种投资与管径无关,是基本不变的投资,如通信与道路等。

因此,在某一输送量下,投资总额随管径变化的曲线必有极小值存在,即存在使投资总额最低的管径,如图8-8曲线(1)中的 D_1 点。

经营费用主要由两种类型的费用组成:

一类费用随管径的变化与曲线(1)的变化趋势相仿。如管道设备折旧、税金、管理及维修等费用,它们是按投资总额提成一定比例计算的。

另一类费用是随管径的增大而减少。如能耗费等,这是因为在一定输送量下,管径越大,流体越容易流动,即动力消耗越小。

因此,在某一输送量下,经营费用随管径变化也具有极小值,即经营费用最低的管径,如图8-6曲线(2)中的 D_2 点,而且 $D_2 > D_1$。

对于某一输送量,总费用最低的管径称为最优管径 $D_{佳}$,而且 $D_1 \leq D_{佳} \leq D_2$。

对于热油管道,还需考虑加热站投资和热耗损失随管径增大而增加的因素。

7. 泵站布置

油品在输油首站加压进入管道后,在流动中要克服摩擦阻力,能量不断减少。因此,长距离输送油品,必须建立中间加压泵站。每个泵站供给油品的最大压力能,受泵的管材性能和强度的限制。输送距离越长,所需的中间泵站越多。沿线各中间泵站的位置,是在管道设计时,通过计算分析初步选定,最后经现场勘察确定的。如图8-9所示,纵断面图的横坐标是管道实长,纵坐标是管道沿线的高程。各泵站提供的压力能按纵坐标的比例用液柱高度 H 表示在图上。水力坡降线是斜率等于油品流过单位管长的压力降(用液柱表示)的斜线。从 H 线的顶点往下作水力坡降线,该线沿油品的流向逐渐降低,表示油品的压力能不断减小。在地形起伏较大的地区,管输油品通过某高峰点所需要的能量最高,即:油品自该高点至终点所得的位能大于为克服流动时的摩擦阻力所需的能量,这样的高点称为翻越点。油品过翻越点后不仅可以自流,还会因位能有余而使流速加快,从而在管道中出现不满流。不满流不仅浪费能量,还会使水击压力增大;在顺序输送的管道上,则会导致混油量增大。为避免不满流的危害,防止停输时管内油品的静水压力可能超过管道强度的容许值时,在翻越点之后要采取措施增加油品的摩擦阻力。

管道运行时的压力称为动压,停输静止后的压力称为静压,如图8-10所示。

对于非水平管道,由于位能与压能的相互转化,使同一地点处的流体动压与水平管道不同,即与水平管道相比,高点处流体动压降低,低点处流体动压升高,前段压力并非总是高于后段压力。如图 8-10 中低点 A 处的液体动压最高而不是首端动压最高,高点 B 处动压最低而不是末端动压最低。

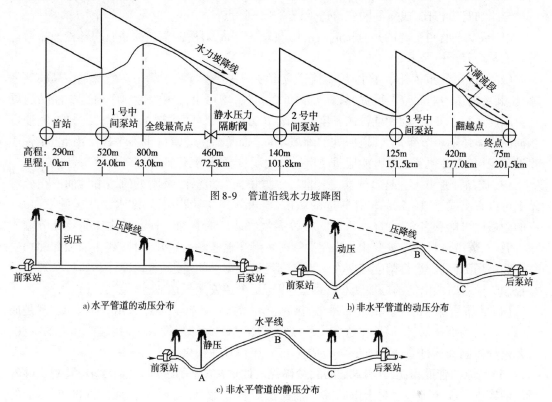

图 8-9 管道沿线水力坡降图

图 8-10 管道中流体的压力分布

输油管道停输后,外力消失而形成一个连通器,此时液体受到的压力即静压与水平位置无关,只取决于地势高低,地势越低,静压越高。由于天然气容易压缩且会从密度大(压力高)的地方向密度小(压力低)的地方扩散,因此,输气管道停输后,天然气流动不会立刻静止,而是由首段往末端扩散,首端压力逐渐降低,末端压力不断升高,最后趋于平衡。因此,在进行管道耐压设计时,不仅考虑动压大小,而且也要注意静压大小。通常前段管道的管壁比后段厚,低点处管道的管壁比高点厚。

8. 不同油品的管道顺序输送

在同一管道内,按一定顺序连续地输送几种油品,这种输送方式称为顺序输送。输送成品油的长距离管道一般都采用这种输送方式。用同一条管道输送几种不同品质的原油时,为了避免不同原油的掺混导致优质原油"降级",或为了保证成品油的品质,也采用顺序输送。国外有些管道还实现原油、成品油和化工产品的顺序输送。

两种油品在管道中交替时,在接触界面处将产生一段混油。混油段中前行油品含量较高的一部分进前行油品的油罐,后行油品含量较高的一部分进后行油品的油罐,而混油段中间的那部分进混油罐。这个切换的过程就是"混油切割"。混油往往不符合产品的品质指标,需重新加工,或者降级使用,或者按一定比例回掺到纯净油品中(以不导致该油品的品质指标降级为限)。某一种油品中允许混入另一种油品的比例与这两种油品物理化学性质的差异,以及油品的品质潜力有关。性质越接近,品质潜力越大,则允许混入另一种油品的比例也越大。故顺序输送管道中油品的排序有一定规则,将性质相近的油品相邻输送。

与原油管道相比,成品油顺序输送管道有以下特点:

(1)成品油管道输送的是直接进入市场的最终产品,对所输产品的品质和各种油品沿途的分输量均有严格要求。

(2)成品油管道依托市场生存,要能适应市场的变化。成品油管道一般都是多品种顺序输送,其可输送的油品范围很宽,从轻烃到重燃料油,均可由一条管道顺序输送。油品的更迭会影响运行条件(汽油和柴油的密度相差近100kg/m³,黏度相差6~9倍)。另外,输油量和油品种类还随季节变化,管道所处的地域不同,季度变化的幅度也不一样。因此,在管道建设和运行时,必须考虑尽可能地适应市场的需要,当然也要保证管道的效益。

(3)成品油管道大都是多分支、多出口,以方便向管道沿线及附近的城市供油。在分输站上可以有支线管道将油品输往较远的城市,也可能是与铁路、公路或水路联运的枢纽站。有的管道还可能有多个入口(注入站),接收多家炼油厂的来油。管道沿线任何一处分输或注入后,其下游流量就发生变化。成品油管道可顺序输送油品达几十种,其注油和卸油均受货主和市场的限制,运行调度难度大。为了满足沿线市场的需求,管道设计和运行管理中必须控制管道各时段沿线的分输量和管输量,以保证管道安全平稳地运行。

(4)成品油管道的相邻批次油品之间必然产生混油,混油段的跟踪和混油量的控制是成品油管道的关键技术,特别是在地形复杂、高差起伏大的地区建设成品油管道,其混油特性、工艺过程控制及运行管理更为复杂。混油处理、贬值存在损失。

(5)与原油管道相比,其首站、末站、分输站、注入站需要的罐容大、数量多,需要足够容量的油罐进行收、发作业;对于末站除了油品的收发作业外,还要考虑油品的调和、混油的存储。

(6)当多种油品在管内输运时,随着不同品种油品在管内运行长度和位置的变化,管道的工艺运行参数随时间推移而缓慢变化。

9. 易凝高黏原油的输送工艺

我国各油田所产原油按其流动性质可分为两大类:第一大类是轻质原油,这在我国原油产量中只占很小的份额;第二大类是易凝高黏原油,包括含蜡量较高的高凝点原油(含蜡原油),例如大庆、胜利、中原、华北原油等,以及胶质沥青质含量较高的高黏重质原油(稠油),例如辽河油田的高升原油、胜利油田的单家寺原油、渤海油田的埕北原油等。我国生产的大部分原油属此类。

在一定条件下,原油失去流动性的最高温度称凝点。含蜡原油的特点是凝点高(例如大庆原油的凝点约32℃),而稠油的特点是黏度高(例如50℃时胜利油田单家寺稠油的黏度高达10000MPa·s)。

对于这种高黏易凝原油,可采用以下方法输送。

1)加热输送工艺

升高温度可以降低黏度,改善原油的流动性,因此,常采用加热的方法输送这类原油(如前文所述)。但加热输送存在若干弊端,例如管道建设的投资大、运行能耗大、管道允许的输量变化范围较窄、管道停输时间长会有凝管的危险等。

2）含蜡原油的改性输送工艺

原油改性输送即是通过一定方法改善原油的流动性进行输送。

（1）添加降凝剂输送。目前最成功的含蜡原油改性输送工艺是添加降凝剂输送。降凝剂的作用是降低原油的凝点和低温流动性。

（2）含蜡原油的热处理输送。含蜡原油经加热后，其中所含的蜡晶将溶解，而冷却过程中蜡晶要析出。含蜡原油的热处理，是将原油加热至某一温度（通常远高于加热输送时原油的加热温度），让其中的蜡晶充分溶解，在随后的冷却过程中通过控制冷却速度和冷却方式，以改变原油中的蜡晶形态，从而改善原油在析蜡温度以下的流变特性。

3）稠油的降黏输送工艺

（1）稠油的稀释输送。掺入低黏油品降低稠油黏度后输送，在国内外得到广泛的应用。其工艺简单，降黏效果在输送过程中较稳定。用作稀释剂的低黏油可以是轻质原油、原油的馏分油或天然气凝析液等。采用这项工艺首先要解决稀释剂的来源问题。如果稠油油田附近有低黏油田，采用这种方法是很方便的，但从销售和炼制的角度看，把轻质油掺入稠油中将可能造成"贬值"。此外，含蜡量很少的稠油可用于生产优质道路沥青，创造更高的产值，但是，掺入含蜡原油将会影响沥青产品的品质。如果掺入的稀释剂为馏分油，则需进行经济核算。

（2）稠油的乳化降黏输送。乳化降黏输送是将表面活性剂水溶液加入稠油中，在适当的温度和混合条件下，使原油以很小的液滴分散于水中，形成油为分散相、水为连续相的水包油乳状液，使输送时稠油与管壁的摩擦、稠油间的内摩擦转变为水与管壁的摩擦、水与稠油液滴的摩擦，从而大大降低输送时的摩擦阻力。这项技术的关键是筛选高效、廉价的乳化剂，制备出稳定性好、在管输过程中能一直保持水包油状态的乳状液。乳状液除去直接作燃料外，在管输终点还要求破乳的配套技术将油水分离。

三、输气管道输送工艺

天然气产地（气田）往往远离天然气消费中心，因此，整个天然气工业体系中的一个重要环节就是运输问题。与输油不同，天然气的管道输送必然是上、中、下游一体化的，开采、收集、处理、运输和分配是在统一的连续密闭的系统中进行的。

输气管道首站的主要功能是对进入管道的天然气进行分离、调压和计量，同时还具有气质检测控制和发送清管球的功能。如果输气管道需要加压输送，则在大多数情况下在首站设有压缩机组，此时首站也是一个压气站。

中间进气站的主要功能是收集管道沿线的支线或气源的来气，而中间分输站的主要功能是向管道沿线的支线或用户供气。一般在中间接收站或分输站均设有天然气调压和计量装置，某些接收站或分输站同时也是压气站。

压气站的主要功能是利用压缩机给气体增压，从而维持所要求的输气流量。

清管站的主要功能是发送和接收清管器。为了便于清管站的操作与管理，通常将它与其他站场合建在一起，例如压气站一般都设有清管装置，但有时也有单独建清管站的情况。清管的目的是定期清除管道中的杂物，如水、液态烃、机械杂质和铁锈等，以维持管道安全、高效运行。除了有清管器收发功能外,清管站还设有分离器及排污装置。

如果输气管道末站直接向城市输配气管网供气,则也可以称之为城市门站。末站具有分离、调压、计量的功能,有时还兼有为城市供气系统配气的功能。为了使干线输气管道能够适应用气量随时间的波动,通常要配套建设与之相连的储气库或地面储配站,其作用是通过调节进、出储气库或储配站的天然气流量来达到天然气供需的动态平衡。

1. 天然气的基本性质与管输气质要求

1) 天然气的密度

天然气的密度取决于其温度与压力,在标准状态下一般小于 $1kg/m^3$。在相同的温度、压力条件下,天然气的密度与干空气的密度之比称为天然气的相对密度,它可以作为计算天然气物理性能的一个参考依据。在标准状态下,气田天然气的相对密度一般在 0.58~0.62 的范围内,石油伴生气的相对密度一般在 0.70~0.85 的范围内。

2) 天然气的黏度

气体的黏度变化规律不同于液体,在气体压力不太高的情况下,气体黏度随温度升高而增大。只有当压力升高到一定限度时,温度升高才会导致气体黏度降低。对于甲烷,这个界限压力大约为 10MPa。压力对天然气的黏度也有影响,在相同温度下,压力越高,天然气的黏度越大。

3) 天然气的含水量与露点

天然气的露点是控制天然气储运过程中不产生液态物质的重要指标,它包括水露点与烃露点。水露点是指天然气在一定压力下析出液态水时的最高温度,而烃露点是指天然气在一定压力下析出液态烃时的最高温度。天然气中水蒸气的含量越高,则在相同压力下其水露点就越高;天然气中的重烃组分的含量越高,则在相同压力下其烃露点就越高。对于水蒸气含量和重烃组分含量一定的同一种天然气,压力越高,其水露点和烃露点也越高。

4) 管输天然气的气质要求

管输天然气是指进入干线输气管道的净化天然气,也可称为商品天然气。虽然目前还没有管输天然气气质的国际标准,但一般都要求水蒸气、重烃组分、硫化氢、有机硫、总硫、二氧化碳的含量尽可能低,并且尽可能将固体和液体杂质清除干净。

我国的一些国家及行业标准对管输天然气气质作出了明确规定:管输天然气在最高输送压力下的水露点至少应该比管道周围的最低环境温度低 5℃,而烃露点不得高于最低环境温度;天然气中固体颗粒的含量小于 $10mg/m^3$(标准状态),硫化氢的含量小于 $20mg/m^3$(标准状态)。世界上许多国家或天然气公司对管输天然气的气质要求比我国更严格。

为了确保进入干线输气管道的天然气的气质满足规定的要求,可以在输气管道的进气点安装在线气相色谱仪,一旦发现气质不满足要求,位于干线输气管道进气口的截断阀可以自动关闭。

另外,随着我国经济发展,燃气计量正在从体积计量结算向热值计量结算过度。这一变化更能体现作为燃料的气体的价值。

2. 输气管段的水力特性

从输气工艺的角度讲,一条长距离输气管道主要是由压气站及压气站之间的管段组成的,因而输气管道的工况主要取决于管道全线的压气站与站间管段的工艺特性及其相互配合情况。

输气管段的水力特性是指其流量与压力随轴向位置与时间的变化规律以及流量与压力的关系。根据输气管道的运行参数(流量、压力、温度等)是否随时间变化,可以将其工况分为稳态工况与非稳态工况(又称瞬态工况)。严格地讲,输气管道的工况在大多数情况下都是非稳态的,但在工程设计中通常先按稳态工况进行工艺计算,然后再按非稳态工况进行校核。限于篇幅,本书只介绍运行参数与时间无关的稳态工况。

在稳态工况条件下,对于中间没有进气点和分气点的连续管段,其任一横截面处的质量流量是一致的。然而,由于管段沿线气体密度的变化,各横截面处的体积流量并不相同。一般来说,在管段沿线高程变化不太剧烈的情况下,随着气体沿管段的流动,其压力降低,密度减小,体积流量增大(如果管段是等直径的,则流速也增大)。

考虑到气体质量所产生的静压力,工程上规定:当输气管段上出现的最大位差不超过 200m 时,将其视为水平输气管段;否则就视为非水平输气管段。对于水平输气管段,可以认为其流量与管段沿线的起伏情况无关;而非水平输气管段的流量取决于管段两端的位差及管段沿线的起伏情况。其水力特点如下:

(1)输气管段的流量取决于其两端压力的平方差,而不是取决于两端的压差(管段压降)。这一点与输油管道及其他液体管道有显著区别。

(2)管径对流量的影响最大,故提高输气管段流量的最有效途径是增大管径。在其他条件不变的前提下,管径增大一倍,可使其标准体积流量增大到原来的 6 倍左右。

(3)在其他条件不变的前提下,输气管段中气体的平均温度越高,则管段的标准体积流量越小。

(4)在整个输气管段的压降及其他条件不变的前提下,管段起点压力越高,则管段通过的标准体积流量越大。

由于干线输气管段的流态大多处于混合摩擦区和水力粗糙区,故管内壁的粗糙度对输气管段流量影响较大。为了降低管内壁粗糙度值,同时防止管内壁腐蚀,国内外一些干线输气管道均采用了管内壁涂层。

3. 输气管段的热力特性与水合物

1)热力特性

输气管段的热力特性也是指其沿线的温度变化规律。图 8-11 为油管和气管的温降曲线(T_0 为环境温度、T_Q 为起点温度、T_Z 为终点温度)。由于气体的密度远小于油品的密度,与同样直径的输油管相比,管内气体的质量只有油管的 1/4~1/3,而油、气的定压比热容相差不

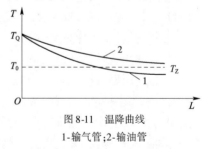

图 8-11 温降曲线
1-输气管;2-输油管

大,所以温降比油管快得多。另外,输气管道还有一个特殊的温降,即节流效应。它是指当输气管沿线压力逐渐降低时,气体产生绝热膨胀,从而引起气体本身的温度降低。由于节流效应,输气管后段的温度可能降到略低于环境温度的值,而在输油管道中不可能出现这种情况。

2)水合物

水合物是天然气的某些组分(甲烷、乙烷、丙烷、异丁烷、二氧化碳、硫化氢等)与液态水

在一定的温度、压力条件下形成的白色结晶状物质,其外形像密致的雪或松散的冰。但水合物的形成机理及条件与水结冰完全不同,即使温度高达29℃,只要天然气的压力足够高,其仍然可以与水形成水合物。

天然气只有在与液态水接触,且温度足够低、压力足够高的条件下才可能形成水合物,这说明天然气的温度越低、压力越高,越容易形成水合物。此外,气体中出现水合物晶种、高流速、气流扰动或压力脉动、天然气中含有酸性气体等因素会在一定程度上加速水合物的形成。

对于水合物应采取预防为主的方针,因为一旦形成了水合物,要消除它往往相当困难。要防止水合物形成或消除已形成的水合物,所采取的措施自然应该从破坏水合物形成的条件入手。工程上防止水合物的措施主要有干燥脱水、添加水合物抑制剂(甲醇、乙二醇、二甘醇和三甘醇等)、加热、降压等。

4. 压缩机组与压气站

压缩机和与之配套的原动机统称为压缩机组。压缩机组是干线输气管道的主要工艺设备,同时也是压气站的核心部分。压气站的基本功能是利用压缩机提高气体的压力,以满足管道沿线的供气流量与压力要求。

1)压缩机

目前在干线输气管道上采用的输气压缩机有两种类型,即往复式压缩机和离心式压缩机。根据两种压缩机的特点,往复式压缩机主要适用于中、小流量而压缩比较高的场合,例如气田集输管网、地下储气库的地面注气系统等;离心式压缩机主要适用于大、中排量而压缩比较低的场合,如干线输气管道。

2)原动机

干线输气管道上用于驱动输气压缩机的原动机有燃气轮机、蒸汽轮机、燃气发动机、柴油机和电动机,其中用得最多的是燃气轮机和燃气发动机,它们的主要优势是直接利用管道中输送的天然气作为燃料,因而不受能源供应的制约。

电动机既可用于驱动往复式压缩机,也可用于驱动离心式压缩机,在有可靠的电力供应且电价便宜的地方,电动机仍然是一种值得考虑的选择。电动机的优点是结构紧凑、投资省(相当于燃气轮机的1/2~2/3)、选择范围宽、操作简单、运转平稳、寿命长(可达150000h)、安装维修费用低、工作可靠性高。

燃气发动机是一种以天然气为燃料的内燃机,主要由燃气发生器和动力涡轮组成,其基本原理是利用燃料燃烧产生的气体推动涡轮转动。燃气轮机可以采用柴油、原油、液化石油气、天然气等多种燃料,其中天然气是最佳选择,这使得燃气轮机-离心压缩机组在输气管道上获得了广泛应用。燃气轮机的额定功率随其所处的大气压力与温度而变化。大气温度越低,其额定功率越大;大气压力越低(或海拔越大),其额定功率越小。

5. 压气站及其与管路的匹配

输气管道上配置了输气压缩机的站场称为压气站或压缩机站。压气站中的主要工艺设备是压缩机组;此外,通常还包括气体除尘器、气体冷却器、清管装置等工艺设施。如果压气站同时兼有气体接收或分输功能,则还要配置气体流量计量与调压装置。一个压气站一般都配置多台压缩机,其具体数目与连接方式取决于压气站的流量、压缩比以及所选的压缩机的规格与性能。在一个压气站中,各台压缩机之间可以采用串联、并联及混联(先串联后并联,或先并联后串联)方式。

在管道起、终点及沿线进气、分气点的某些条件为给定的前提下,一条输气管道的稳态运行参数主要取决于全线各管段的特性、每个压气站中各台运行的压缩机的转速、特性及其连接方式,这种现象称为压气站与管路的匹配。匹配实质上是气体在沿输气管道流动过程中的一种自动能量平衡过程,当管道上某个压气站的压缩机运行情况、管道起/终点或进/分气点的条件改变时,管道的稳态运行参数将自动进行相应的调整。

6. 供气系统调峰

1) 调峰的概念

天然气供气系统是指从各种气源通过输配气管道或其他运输方式向各类用户供气的系统,通常包括气田、储气库、LNG 生产厂或接收站、输气管网、配气管网、LNG 运输系统等。一般而言,燃气用户的用气流量是随时间不断变化的(图 8-12),且气源的供气流量在一定时期内是相对稳定的。显然,供气流量与用气流量并不是在任何时候都是平衡的,由此就提出了所谓供气调峰问题:设法消除供气流量与用气流量的不平衡。用气量的变化往往具有多种周期性,相应于这种周期性,可以将调峰划分为中长期调峰和短期调峰。中长期调峰一般是指周期达到或超过一个月的调峰,而短期调峰是指周期短于一个月的调峰。根据用气量变化的周期,也可直接将调峰分为季节性调峰、月调峰、周调峰和日调峰。一般来说,所考虑的用气量变化周期越长,调峰需付出的代价越大。

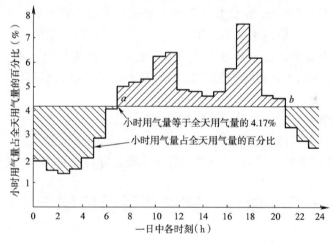

图 8-12 天然气管道小时不均匀用气系数

供气调峰的措施可以从供气与用气这两个方面来考虑。供气方面可采取的调峰措施主要有:调整产气井数、调整干线输气管道的运行方案、利用长输管道末段储气、采用储气罐或地下储气库、建立调峰型 LNG 厂、利用 LNG、LPG 及其他辅助气源等。用气方面可采取的调峰措施主要有:选择一些可切换多种燃料的工业企业(如发电厂)作为缓冲用户、要求居民配置备用加热装置(如电炊具)。在所有这些措施中,最有效、最经济的措施是长输管道末段储气、储气罐或地下储气库、建立调峰型 LNG 厂或利用外来的 LNG 作为辅助气源,其中长输管道末段储气和储气罐只适用于短期调峰。

2) LNG 调峰

众所周知,天然气在通常的温度、压力范围内为气态。然而,当温度降低到 -161℃以下时,其在常压下就转化为液态,即 LNG。由于 LNG 的体积仅为气态天然气在标准状态下的体积的 1/600 左右,因而其在储存方面比气态天然气具有明显的优势。所谓调峰型 LNG 厂是指同时具有天然气液化装置、LNG 储罐和 LNG 汽化装置的工艺站场,其主要用于供气系统的季节性调峰或在主气源不能正常供气条件下作为应急气源。利用调峰型 LNG 厂实现季节性调峰的基本原理是:在天然气需求量小于气源供应量的季节(一般为夏季),将多余的天然气液化并将其储存起来,而在需求量大于气源供应量的季节(一般为冬季),将储存的 LNG 汽化并将得到的气态天然气补充到供气系统中去。在某些供气系统中,其主气源(例如气田)全年的总供气量小于其全年的总用气量,此时可以将从其他地方运来的 LNG 作为用气高峰季节(一般为冬季)的辅助气源。目前世界上大规模运输 LNG 的主要方式是海运,即利用专门建造的大型 LNG 运输船将 LNG 从其生产基地(通常称为基本负荷型 LNG 厂)运输到接收终端。在 LNG 接收终端通常设有大容量的 LNG 储罐及汽化装置,汽化得到的气态天然气通过一段连接管道注入供气管网中。

目前,中国已超过日本成为世界上最大的 LNG 进口国。进口 LNG 通过海上轮船在码头进入中国市场,气源主要为澳大利亚、卡塔尔、马来西亚、印度尼西亚等国家天然气。进口 LNG 近 80% 转变为气态进入管道对管道气资源进行补充。

3) 长输管道末段储气

一条输气管道的末段是指从该管道的最后一个压气站到干线终点的管段。如果一条干线输气管道在中间没有压气站,则将整条管道看成末段。输气管道末段中所储存的气量称末段的气体充装量。它随管道中气体温度与压力的变化而变化,输气管道末段在一定程度上类似于储气罐。管道末段储气能力是指其最大与最小气体充装量之差。若管道的温度条件不变,则末段的平均压力最高值对应气体最大充装量;平均压力最低值对应最小气体充装量。

输气管道末段的储气能力与管道的横截面积成正比,因此,增大管径是提高末段储气能力的有效方法。末段储气能力随末段长度而变化,在一定范围内,储气能力随末段长度增加而增大,但当超过某个长度界限时,储气能力将随末段长度增大而减小。

第三节 管道运输生产运行控制与管理

一、概述

管道生产管理是指在管道运行过程中利用技术手段对管道运输系统实行统一指挥和调度,以保证管道在最优化状态下长期安全而平稳地运行,从而获得最佳经济效益的生产组织工作。它包括管道输送计划管理、管道运行控制与输送技术管理、管道输送设备管理和管道线路管理,其中前两项又统称管道运行管理,是生产管理的中心(也称管道调控中心)。

管道输送计划管理是指根据管道所承担的运输任务和管道设备状况编制合理的运行计划,以便有计划地进行生产。管道输送计划管理首先是编制管道输送的年度计划,根据年度计划安排管道输送的月计划、批次计划、周期计划等。然后,根据这些计划安排管道全线的运行计划,编制管道站、库的输入和输出计划,以及分输或配气计划。此外,还要根据输送任务和管道设备状况,编制设备维护检修计划和辅助系统作业计划。

管道运行控制与输送技术管理是指根据管道输送的货物特性,确定输送方式、工艺流程和管道运行的基本参数等,以实现管道生产最优化。管道输送技术管理的内容包括随时根据自控系统检测的管道运行状况参数,分析输送条件的变化,采取各种适当的控制和调节措施调整运行参数,以充分发挥输送设备的效能,尽可能地减少能耗。对输送过程中出现的技术问题,要随时予以解决或提出来研究。

管道输送设备管理是指对管道站、库的设备进行维护和修理,以保证管道的正常运行。管理的内容主要包括:对设备状况进行分级,并进行登记;记录各种设备的运行状况;制订设备日常维修和大修计划;改造和更新陈旧、低效能的设备;维护在线设备。

管道线路管理是指对管道线路进行管理,以防止线路受到自然灾害或其他因素的破坏。管理内容主要包括:日常的巡线检查;线路构筑物和穿越、跨越工程设施的维修;管道防腐层的检漏和维修;管道的渗漏检查和维修;清管作业和管道沿线的放气、排液作业;管道线路设备的改造和更换;管道线路的抗震管理;管道紧急抢修工程的组织等。

二、管道运输生产运行控制系统

管道是一个点多、面广、线长,上下游相互影响,且具有自平衡能力的系统。管道中的每一点出现问题都会影响整个管道的运行参数。

目前,在油气管道上普遍应用 SCADA 系统。

SCADA 系统形成于 20 世纪 60 年代,那时的 SCADA 系统采用计算机编制运行程序,系统本身主要由硬件设备组成。

到 20 世纪 70 年代,大规模集成电路出现,硬软件水平大幅提高,并且开发出具有现代模式的 SCADA 系统软件包。

20 世纪 80 年代,管道上的 SCADA 系统紧跟时代技术的发展,使原有的监控系统产生极大的改观,新一代 SCADA 系统具有管道动态模拟、运行优化、实时控制等功能,成为人们驾驭管道的得力工具。

油气管道 SCADA 系统主要由控制中心计算机系统、远程终端装置(Remote Terminal Unit,RTU)、数据传输及网络系统组成,属于分散型控制系统。控制中心的计算机通过数据传输系统对设在各站场的 PLC(Programmable Logic Controller,可编程逻辑控制器)/RTU 定期进行查询,连续采集各站的操作数据和状态信息,并向 PLC/RTU 发出操作和调整设定值的指令,从而实现对整条管道的统一监视、控制和调度管理。各站场控制系统的 PLC/RTU 与现场传感器、变送器和执行器或压缩机组、泵机组、加热炉的控制系统连接,具有扫描、信息预处理及监控等功能,并能在与中心计算机通信一旦中断时独立工作。站上可以做到无人值守。

现代的 SCADA 系统控制层次通常为三级:控制中心级、站控级和设备控制级,在某些大型管道系统中还设有分中心控制级。图 8-13 是西气东输管道 SCADA 站控系统硬件配置图。

控制中心的任务是对全线进行集中监视、控制和调度管理;站控级的任务则是由 PLC 或 RTU 完成泵站、压缩机站、注油站、交油站、分输站、遥控阀室等站场的站内控制;设备控制级是监控系统的末端,它的任务是完成对泵机组、调节阀等单体设备的就地控制。

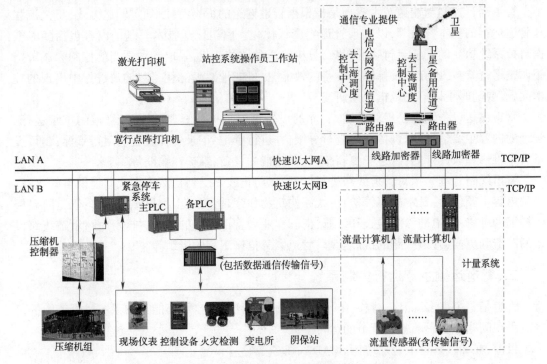

图 8-13 西气东输管道 SCADA 站控系统硬件配置图

操作人员在控制中心通过监控系统就能及时观察和了解管道的工作情况,并能精确控制设备的运行,一旦某处发生异常现象,如憋压、漏油、泄气、停泵等,可以马上处理,避免或停止大量油气的泄漏。国家管网油气调控中心如图 8-14 所示。

图 8-14 国家管网油气调控中心

三、管道运输生产运行控制方法

1. 输油管道工况的调节

要改变长输管道的输送量时,为了完成输油任务、维持管道的稳定和高效经济运行,需要对系统进行调节。改变泵站的耗能或供能特性,均可以调节输油管道的工况。

改变泵站特性的方法有以下几种:

(1) 改变运行的泵站数或泵机组数。这种方法适用于输送量变化范围较大的情况。

(2) 调节泵机组转速。这种方法一般用于小范围的调节。

(3) 更换离心泵的叶轮。通过改变叶轮直径，可以改变离心泵的特性。这种方法主要用于调节后输送量稳定时间较长的情况。

改变管道工作特性最常用的方法是改变出站调节阀的开度，即阀门节流。这种方法操作简单，但耗能大。当泵机组不能调速时，输送量的小范围调节常用这种方法。

2. 输气管道工况的调节

同样，要改变长输气管道的输送量时，为了完成输气任务、维持管道的稳定和高效经济运行，需要对系统进行调节。输气管道一般采用改变压缩机站的机组匹配、改变压缩机转速或更换机芯来调节输气管道的运行工况。

3. 输油管道的水击及控制

输油管道密闭输送的关键之一是解决水击问题。水击是指由于突然停泵(停电或故障)或阀门误关闭等造成管内液流速度突然变化，因管内液体的惯性作用引起管内压力的突然大幅上升或下降所造成对管道的冲击现象。水击所产生的压力波在输油管道内以1000~1200m/s的速度传播。水击压力的大小和传播过程与管道条件、引起流速变化的原因及过程、油品物性、管道正常运行时的流量及压力等有关(对于输油管道，管道中液流骤然停止引起的水击压力上升速率可达1MPa/s，水击压力上升幅度可达3~4MPa)。

水击对输油管道的直接危害是导致管道超压，包括两种情况：一是水击的增压波(高于正常运行压力的压力波)有可能使管道压力超过允许的最大工作压力，使管道破裂；二是减压波(低于正常运行压力的压力波)有可能使稳态运行时压力较低的管段压力降至液体的饱和蒸气压，引起液流分离(在管路压力高点形成气泡区，液体在气泡下面流过)。对于建有中间泵站的长距离管道，减压波还可能造成下游泵站进站压力过低，影响下游泵机组的正常吸入。

通常采用以下两种方法来解决水击问题，即泄放保护及超前保护。泄放保护是在管道上装有自动泄压阀系统，当水击增压波导致管内压力达到一定值时，通过阀门泄放出一定量的油品，从而削弱增压波，防止水击造成危害。超前保护是在产生水击时，由管道控制中心迅速向有关泵站发出指令，各泵站采取相应的保护动作，以避免水击造成危害。例如，当中间泵站突然停泵时，泵站进口将产生一个增压波向上游传播，这个压力与管道中原有的压力叠加，就可能在管道中某处造成超压而导致管道破裂。此时若上游泵站借助调压阀节流或通过停泵产生相应的减压波向下游传播，则当减压波与增压波相遇时压力互相抵消，从而起到保护作用。

4. 清管

清管是保证输油、气管道能够长期在设计输送量下安全运行的基本措施之一。原油管道的清管，不仅是在输油前清除遗留在管内的机械杂质等堆积物，还要在输油过程中清除管内壁上的石蜡、油砂等凝聚物。管壁"结蜡"(管壁沉积物)使管道的流通面积缩小，摩擦阻力增加，增大了管输的动力消耗。例如：非洲利比亚的一条管径为850mm、长度为960km的原油管道，因投产后没有清管，投产3年之后就无法运行，经3个多月的连续清管之后，才使管道恢复正常。我国一条直径426mm的原油管道，输油不到1年，因管道结蜡使摩擦阻力增加了1倍,大大降低了输送能力。

管道在油、气输送过程中,可能产生各种凹陷、扭曲变形以及严重的内壁腐蚀。为了及时发现管道的故障,取得资料并进行修理,可以使用装有测量用的电子仪器的清管器在管内进行检测,也可以用专用的清管器为管道内壁做防腐处理。

5. 管道的泄漏检测技术

管道泄漏检测主要有两个目的:一是防止泄漏对人及环境造成危害和污染;二是减少管道输送流体的泄漏损失。可以说泄漏检测系统是一种一旦管道发生事故,即可将损失控制在最小范围内的安全设备,其检漏装置应具有以下功能:

(1) 能够准确可靠地检测出泄漏。
(2) 检漏范围宽,并能精确测出泄漏位置。
(3) 检漏速度快。
(4) 检漏装置易调整维修。

在实际应用中,某些单项泄漏检测装置不一定都具备上述功能。因此,在选择泄漏检测装置时,应从对检漏的要求程度和经济性两个方面综合考虑。目前比较实用的管道泄漏检测技术大致可分为直接检测法和间接检测法。

直接检测法是利用预置在管道外边的检测装置,直接测出泄漏在管外的输送液体或挥发气体,从而达到检漏的目的。该方法是在管道的特定位置处(如阀门处)安装检测器,检测该位置是否有泄漏(也称定点检漏法)。直接检测法主要用于微量泄漏的检测。

间接检测法是通过测量泄漏时管道系统产生的流量、压力、声波等物理参数的变化来检测泄漏的方法。间接检测法的目的在于准确可靠地检测出小股量、微量或大量泄漏。在泄漏检测系统中,多以间接检测法为主,以直接检测法配合补充。

四、运行计划编制

调度是将短期生产计划付诸实施的具体安排,调度计划是企业内部在短期内组织生产活动的行动依据。在原油、成品油及天然气的管道生产运行管理中均需要制订相应的运行计划。在运行计划管理中,成品油管道最为复杂,下面以此为例进行说明。

1. 运行计划编制的目的

顺序输送多种油品且多点分输(注入)的成品油管道的调度管理涉及油源、销售、管道系统的协调与优化问题。制订能够满足委托方及接收方客户的需求并确保管道安全、高效运营的运行计划,是调度管理中最为核心的任务。

顺序输送管道是根据输送计划运行的。成品油管道的输送计划,相当于铁路运输的客货列车运行表。成品油管道是单向运输,不可反向,因此,它的生产运行计划要更严于铁路和公路。特别是油品在管道中运行时,人们无法目睹各种油品的运行位置,确认各批次何时到达何处,故在编制运行计划时,需对管道运行工况认真地模拟计算,以保证运行计划调度的准确性,才能够按时、按量完成输送。

2. 运行计划编制的基础

编制输送计划的基本条件是:

(1) 根据输送对象确定出合理的输送顺序。

(2) 尽可能满足所有委托者的要求。

(3) 能够适应管道运行的水力条件和达到优化运行。

多年来，世界上各主要管道公司编制输送计划的方法，可以归纳为以下三种：以输入（注入）为基础的计划、以分输为基础的计划和基于公共存储或市场需求的输送计划。

在以输入（注入）为基础的输送计划中，油品的注入时间是事先确定的，沿线各点的分输时间是根据油品的批次顺序和目的地通过程序计算出来的。委托方一旦确定了托运日期，则必须使托运的油品满足输入（注入）管道的指定日期，只有这样分输才有可能按照预定的计划进行。分输时间取决于油品的输入（注入）时间和分输点离输入（注入）点的距离以及管线系统设备正常工作时间。按照这种方式确定的分输计划，分输时间只能由承运商（管道公司）来确定，委托方不能确定自己的油品的分输（到达）时间。当委托方需要跟踪批次油品的所有权时，采用此法具有较大优势。

与此相对应，以分输为基础的计划，委托方油品的分输（到达）时间是由委托方指定的，而油品的输入（注入）时间是由管道公司的计划员在合理的批次顺序下经过模拟计算出来的。当委托方对自己托运油品的到达时间有特别要求时，宜采用以分输为基础的方法编制输送计划。与以输入（注入）为基础的输送计划类似，在以分输为基础的输送计划中，委托方也可以拥有跟踪管内批次油品的所有权，同时委托方必须使自己的托运油品满足管道公司的输入（注入）时间要求。在委托方比较多的情况下，这种方法难以同时满足所有客户的要求。

与上面的两种方法不同，在基于公共储存的输送计划中，委托方不需要拥有跟踪管内批次油品的所有权，管道公司一旦接受委托方的委托请求后，委托方可以指定在管线的任何分输点和合适的分输时间分输自己想要的同种油品，但不一定是委托方注入的油品。这种方法在输送油品的品种较少、委托方相对单一时，能较好地运行。

3. 运行计划分类

从运行时间上，输送计划又分为月计划、10日输送计划以及24h（或48h）输送计划。10日输送计划和24h（或48h）输送计划可以根据管线的运行和维护情况每日更新一次。

编制一个输送计划，既要满足用户的需要，又要能使管道达到最优经济运行条件，这就需要从非常多的变化中作出决策。科学地进行管道管理，一要有较好的编制运行计划的软件；二要有经验丰富的编制输送计划的调度人员；三要有完备的信息传递系统，三者缺一不可。

在运行计划编制过程中需要大量试算过程。对于一个已经完成的调度计划，在执行过程中，局部计划的改变将会引起此后所有计划的变化。

4. 运行计划编制软件

为了能很好地完成输送分输任务，调度计划人员需利用辅助工具提前编制合理的管道运行调度计划。目前，世界上的大型成品油管道的分输调度计划的制订都是由计算机协助完成的。

调度计划软件，以直观的图形方式显示分输作业的安排。计划编制主要采用人机对话方式进行，计划编制人员根据系统的相关提示，输入相应信息，配合能量变化跟踪模拟，合理安排分输作业。

软件中包含了调度计划制订原则、边界限制条件(进站压力、出站压力、管道沿线高低点压力约束等),可在计划编制过程中完成自动判定并提供必要信息,指导计划编制人员及时排除不合理因素及其他干扰,快速完成计划编制。计划编制所产生的结果可以通过屏幕显示,也可以图形和表格形式打印输出。调度计划编制过程中,所提供的参数包括各种油品进入管道的批次量、时间以及各分输站实际安排的分输流量、分输总量、具体分输时间等。中国石油大学(北京)开发的成品油管道调度运行计划制订及运行模拟软件已应用于我国85%以上的成品油管道。

批次运移图可以全面清晰地表示整条管道每个阶段管道内油品运移以及各站分输或注入操作情况,如图8-15所示。图中左侧纵轴表示沿线站场,横轴表示时间。图中斜线表示各个油品混油界面在管线内的运移过程,其斜率表示混油界面的流量。矩形块分别代表着各种油品在合适的分布情况(在实际显示时用不同颜色代表不同的油品),矩形块的宽度代表着分输或注入的流量值,其长度代表着分输或注入的持续时间,矩形块的首尾位置对应的横坐标值分别代表分输或注入的开始时间和结束时间。

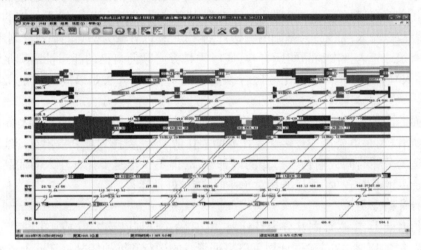

图8-15 批次运移图

五、安全运行与节能

油、气管道的优化运行不仅应在满足管道沿线市场需求的条件下,最充分地利用管道通过能力,降低能耗费用,而且要减少各种损失,以获得最佳经济效益。目前,国内外均开展了油、气管道的优化运行研究,开发了相应的应用软件。

管道运行费用中,动力费用和人工费用通常是主要的两项。动力费用优化应保证各管输商品在输送计划预定的时间到达目的地,同时使动力费用最小。减少动力费用就是要确定输送时优化的全线运行设备的配置。一般而言,输送单一油品的管道,在一段时间内管道的压力、流量可以看作是常数,而顺序输送和天然气管道的运行优化,必须考虑混油段在管道中的输送过程和气体的压缩膨胀过程中其工艺参数随时间的变化。

优化运行一直是管道运营者追求的目标。随着数字化、智能化技术的发展,未来在调度运行管理上将会有更多技术应用和更加高效、精益的管理。

第四节　管道运输系统规划设计

　　管道运输系统规划设计及建设包括多学科内容。由于管道本身的输送能力受到设备、地形、温度等诸多外在因素的限制，因此，在初期规划时，就必须妥善考虑。如果规划时未详加注意，则在兴建完成之后将造成难以弥补的缺陷，严重地影响输送安全。此外，整条管道是路线兼运输工具，在维护上必须借助相关专业科技。

　　因此，可行性研究对整个管道运输系统而言是非常重要的。在进行规划时，规划人员可以发现几乎每一条管道都有其独特的问题存在，规划人员必须事先了解各项可能影响管道输送的问题，并找出解决问题的方法。例如，美国阿拉斯加输油管道必须穿越庞大的冻原区，而当原油以高温经由泵送入管道时，将会使冻原溶化，造成油管地基崩塌。为此，规划人员必须采用适当的方法（如将油管地基冷冻，以支撑地面油管，并使冻原不致溶化）来解决这个问题。

　　一般在可行性研究中要对油、气管道所输介质的资源和产量进行充分分析和预测，确定输送量；对目标市场需求进行分析和预测，确定外运产品的流向；确定油、气管道的起止点和线路走向；确定管道建设规模、输送工艺、各类站场、供电及动力选择、自动控制、通信系统、公用设施等工程建设技术方案；进行管道工程建设的投资估算和各项技术经济指标的测算。在规划设计过程中，还必须解决管道施工和输送安全及对环境影响问题等。因而，管道规划工程师除了要了解施工技术、材质及管道设备之外，更需要具备地质学、地理学、污染、资源保护及区域科学等方面的知识。

　　对于管道路线所经地区，应考虑地表是否平坦或崎岖不平，所需穿越的地上物是森林、农业区、草原、果园或是特殊的地上物；地质上还要考虑是否有腐蚀区、巨石、沙丘、主要河流、湖泊、池塘、沼泽、山崖等诸多因素；另外，已有的许多设施亦应加以考虑，如电力路线、公路、铁路、工业区、军用设施、水坝及水库。凡是极端的地形或障碍都应尽量避免，因为这些因素都会使管道系统的建造成本提高。若遇地震区应避开，如果无法避开，则系统必须装上检测阀和地震时极易断裂的连接环，以期使损害及清管费用降至最低。还有一点必须特别注意的是，必须做好自然环境影响评估，若遇野生动物保护区，则要严加注意，不可破坏生态环境。

　　长输管道沿途翻山越岭、穿江跨河。管道线路设计人员一般要经过以下3个步骤（不包括特殊复杂项目）来选出一条长度较短、建设难度较小、能安全可靠运行的路线。

　　第一步，管道选线类似于公路、铁路选线，当确定了起输点（首站）、中间必经的控制点（有时没有）和用户（末站）之后，设计人员首先在不同比例尺的地形图、遥感图上选线，先把首站—控制点—末站连成一条折线（或直线），此线又称"航空线"。看这条线是否穿过大的山脉、沙漠、沼泽地，是否穿过城镇工矿，是否与江河、管道等反复交叉。然后，调整这条线，避开以上因素。不同的避绕方法将形成不同的、复杂的折线（线路方案），经过测量、判断，推选出2~3条相对有明显优势的线路方案，作为图上选线的成果。

　　第二步，现场踏勘，沿图上选线的几条线路实地去行走，有路坐车，无路步行，详细了解、记录并收集自然、交通、人文等各种情况，结合现场对图上选的线路作出调整，这称为"优化"。得出优化后每条线的实际数据，如线路长度、爬山的高度、河流及公路等的穿越次数和难度等，对踏勘情况进行综合并写成报告。

第三步，按踏勘资料，从技术可行性、经济合理性进行全面的比较，最终得出一条相对最有利的路线，报请主管部门批准。

项目确定并完成管道系统设计之后，要对该项目进行评审。评审的重点在于评价和审查此系统是否能提供满足需求的运量及符合外在的限制条件。整条运输系统的评审内容包括运量、安全性、效能性、经济因素、环境的冲击、财务问题以及政策上是否能被接受等。如果一条管道运输系统无法达成评审项目的条件要求，则必须修改方案，并重新评审。

如果评审通过，则通过工程建设才能完成整个管道运输系统。而在执行这一庞大项目的过程中，最重要的是必须确实遵守法令规范，尤其是关于环境影响因素方面。

随着国家油气管网的形成，规划和设计新建管道时必须要以管网整体为背景进行工艺设计分析；同时，运行调度控制也是全网络的。随着第四次工业革命的到来，管网的运行将发生巨大的改变。

第四次工业革命的标志是智能化。管网智能系统通过主动感知周围的环境信息，分析和处理所收集信息，决策和采取行动。通过全时域、全空间、全系统数字孪生建设，保障管网系统能够进行，包括流向优化、能效优化、系统可靠性预计和安全评价分析。同时，在双碳目标和可再生能源大规模应用的趋势下，油气管道将融入智慧能源，支撑能源战略转型和治理能力现代化。

复习思考题

1. 试叙述管道运输系统与其他运输系统的异同点。
2. 输油管道系统有哪些基本设施组成？其主要设施的功能和作用是什么？
3. 输气管道系统有哪些基本设施组成？其主要设施的功能和作用是什么？
4. 输送管道有哪几类？各有什么特点？
5. 试叙述输油管道的输送方式。
6. 试叙述供气系统调峰的概念。
7. 油、气管道输送有哪些控制系统？试叙述其功能特点。

第九章 客货运输组织

第一节 综合客运枢纽旅客运输组织

旅客运输是现代交通体系的一个重要组成部分,其目的是为人们的经济活动、文化活动和社会活动提供必要的出行条件。旅客运输以旅客的空间位移这种无形产品参与整个社会生产过程,其直接服务对象是人,是具有不同旅行需求和不同支付能力的人群构成的旅客,其次是行李、包裹和邮件。旅客运输在社会和经济发展中处于先行地位,世界各国的发展经验证明,发达的旅客运输可促进国民经济和社会的发展。鉴于此,有效地组织旅客运输以满足社会对旅客运输的要求,具有重要的经济和社会效益。

一、旅客旅行过程

1. 旅客旅行过程

旅客从出行的起点到达该段旅程终点的全过程称为旅客旅行过程。旅客由出行起点通过城市交通等出行方式到达运输起点站,经过一个或一个以上旅客运输过程,到达运输终点站,并最终到达旅客旅行目的地。

如图9-1所示,在旅行过程中,各节点可能会发生旅客换乘行为。根据换乘交通工具的性质不同,可将旅客的换乘行为分为两类:一是在车站、机场、港口等发生的同一种交通运输方式(交通运输工具)不同线路的换乘;二是在城市(或地区)综合客运枢纽发生的不同交通运输方式(交通运输工具)以及与城市交通间的换乘。以最大限度压缩换乘时间为目标的第一类换乘,可在交通运输方式内部运输组织管理范围内,通过调整优化运行时刻表解决;而以实现最大限度压缩旅客换乘走行距离和方便换乘(即所谓零距离换乘)为目标的第二类换乘,则需要通过综合客运枢纽的设计和运输组织来实现。

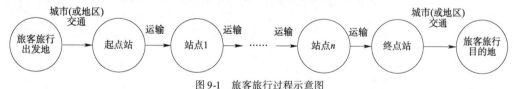

图9-1 旅客旅行过程示意图

2. 旅客运输过程

旅客运输过程是运输企业利用运载工具将旅客及携带的行李、包裹从其出发站安全、舒适地运送到到达站的全过程。对旅客而言,表现为购票、进站、途中运输和出站等环节;对运输企业而言,则表现为运输过程中的运输组织与运营管理等生产性活动。

二、综合客运枢纽的换乘组织

换乘是指在一次出行活动中,为达到出行目的,出行者在不同性质的交通工具之间,或者在同一性质交通工具的不同线路之间进行转换的过程。为使换乘更加合理、方便、快捷而进行的枢纽客流和车流的流线设计以及交通组织称为换乘组织。

综合客运枢纽主要指客运枢纽中包括两种及以上交通方式(含城市轨道交通)的综合性客运站。它是交通方式之间和区域之间大规模客流组织换乘的大型交通站场,是提高客运效率的关键。近年来,我国建成了一批辐射带动作用较强的综合交通枢纽城市,形成了以机场、铁路车站等为代表的众多大型综合客运枢纽。

铁路运输是现今客运量最大的运输方式,公路运输是对铁路运输的必要补充,民航运输是最灵活、快捷的运输方式,综合客运枢纽综合上述多种运输方式,在区域交通运输中具有重要地位。而综合客运枢纽之中,各种交通运输方式以及同种交通运输方式内部旅客换乘量大、客流集中,且换乘方式多样,因此,对于综合客运枢纽来说,解决好不同交通方式的换乘衔接以及内部转换问题是其核心职能之一。

1. 旅客换乘模式分类

旅客在综合客运枢纽中进行换乘时,前一段旅程旅客到达的站点为换乘站,后一段旅程旅客出发的站点为接续站。就换乘站与接续站的关系而言,旅客换乘的方式分为异站换乘和同站换乘两种。

1) 异站换乘

异站换乘是指换乘站与接续站不在同一个客运站场,旅客在前一段旅程结束后,需乘坐城市交通到达后一个旅程的出发站点。异站换乘流程如图9-2所示。

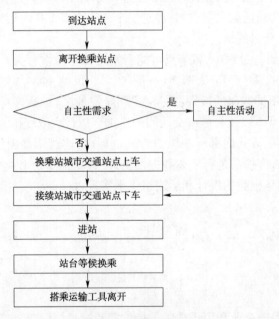

图9-2 异站换乘流程

异站换乘流程包括旅客到达站台、离开换乘站点、换乘城市交通工具、到达接续站点、进站、站台等候换乘及搭乘运输工具离开。异站换乘的旅客可能存在自主性需求,旅客出站完成其他出行目的后选择城市交通工具到达接续站点乘车。通常情况下,异站换乘需要考虑客运站点与城市交通的换乘衔接时间,整个换乘过程复杂,且耗时较多,极易造成旅客疲劳。

2) 同站换乘

同站换乘是指换乘站与接续站为同一客运站场。根据枢纽的布局形式,同站换乘可分为站台换乘、站厅换乘和站外换乘。站台换乘是旅客在枢纽内进行换乘,可直接通过枢纽内的自动扶梯或升降机及步行楼梯,到指定换乘站台进行换乘。其中,在同一交通方式的不同运输工具之间还存在同站台换乘的情况,旅客无须跨站台行走即可完成换乘。同站台换乘一般适用于两条线路平行交织且车站为岛式站台的情形。站厅换乘方式是旅客从站台进入站房后,需经过中转换乘通道,在换乘站厅等候换乘,与其他旅客一起检票进入站台。站外换乘是指换乘站没有专用的换乘设施设备,旅客需先出站,再转化为进站客流到枢纽内指定等候区等候检票进入站台的过程。站外换乘不同于其他同站换乘方式,其旅客有两种类型:一类旅客存在自主性需求,即旅客出站后首先完成其他出行目的,包括探亲、访友、购物、会议、旅游观光等,随后进站;另一类旅客则没有自主性需求,按照传统的站外换乘流线完成换乘过程。同站换乘流程如图 9-3 所示。

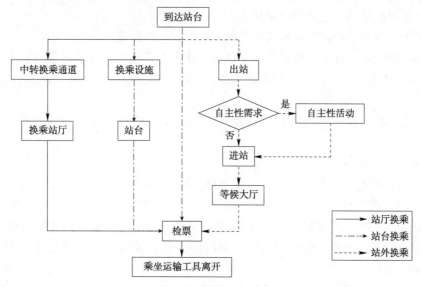

图 9-3　同站换乘流程

同站换乘要求换乘时间接续较紧密,但不需要考虑与城市交通的衔接关系,是最方便的换乘方式。原则上,新建综合客运枢纽应尽可能做到不同交通运输方式同站布置。

2. 综合客运枢纽内的流线组织

在综合客运枢纽内部,由于行人、运输工具和物品集散活动的需要而产生流动过程,并由此所产生的流动轨迹,称为交通流线。合理的流线组织,既可以保证换乘活动的有序性,又能提高枢纽的换乘效率和服务质量。

1) 枢纽内的流线分类

旅客、行李以及交通工具是换乘中心流线组织所直接面向的对象。根据流动对象的不同,换乘组织的流线可分为旅客交通流线、行包流线和车船交通流线三类。由于行李物品在流动过程中都依附于旅客或交通工具,因此,对于行包流线的组织,可直接归于旅客交通流线或者车船交通流线。

(1) 旅客交通流线。旅客交通流线是枢纽内换乘流线组织的主体。根据客运枢纽内行人走向不同,可分为进站旅客流线、出站旅客流线和换乘旅客流线。不同流线的乘客都有着不同出行目的,来自多方向、多路径、多种交通运输方式,具有到发量大而集中、多方向集散、客流到达不均衡等特征。因此,客运管理者应做好客流组织工作,将换乘客流与到发客流分开,保证旅客有序高效地进行换乘。

(2)车船交通流线。根据运输工具的不同,车船交通流线可分为公路(包括城市道路)交通流线、有轨运输交通流线、水路运输交通流线、航空运输交通流线以及专用道路交通流线。在规划管理时要注意依照其行驶流线及到发时间合理设计各种交通流线在枢纽内的衔接。

2)换乘流线组织原则

为了使各流线之间有效衔接,协同完成枢纽内部的换乘功能,需遵守以下几条组织原则:

(1)尽量避免各种流线互相交叉干扰,避免过多流线在同一点交汇。

(2)流线组织要同枢纽换乘设施相配合。

(3)最大限度地缩短旅客在枢纽内的换乘时间和行走距离。

(4)流线组织要具有一定的灵活性。既要考虑平时正常情况下客运流线组织,也要考虑节假日、春运、暑运等特殊条件下的客流组织;既要考虑一般旅客需求,也要考虑特殊旅客需求。

(5)应考虑换乘客流、车流的分布,处理好客运枢纽内部流线与城市交通流线的衔接问题。

3)换乘流线组织方式

根据客运枢纽总平面布局和空间组合不同,换乘流线组织方式主要分为平面分离组织和立体设计组织两大类。平面分离组织对地面空间的要求较高,需要提供较大的空间布局,同时不可避免地产生几种交通流线的交叉现象;立体化组织对平面空间的要求性相对较低,且各个层面之间互相合作,却又相对独立,可以使交通设施得到高效利用,但其修建维护费用大于平面式组织设计。

在经济条件及建筑条件允许的情况下,新建综合客运枢纽应尽可能立体布局换乘设施,同时应鼓励既有客运枢纽实施立体化换乘改造。

三、城市综合交通枢纽的换乘评价

1.换乘系统的评价准则

交通枢纽要实现人、车快速有效的集散换乘,必须具备如下条件:

(1)各种交通运输方式换乘的步行距离尽可能在乘客接受的范围之内。

(2)具有直接通道,保证乘客对换乘方向一目了然。

(3)具有明亮、安全的环境空间。

(4)候车室和其他等候设施具有较高的标准。

(5)具有便于残疾人的服务设施。

(6)具有改善汽车停车、进出站的设施。

(7)具备最佳、最完善的乘客服务信息。

合理的换乘系统要实现换乘的协调性、顺畅性、直捷性、便捷性、舒适性,利用评价指标体系来定量化评价换乘系统,可提高整个交通运输系统的运输效率,同时也可以明确显示各种交通运输方式间的换乘规律及特征。

由于换乘系统对城市综合交通枢纽运行的影响是极其复杂的,因此,选择"目标-指标层次结构"模式建立换乘系统的评价指标体系,把定性分析和定量分析有机地结合起来,形成有序的递阶层次结构(图9-4)。其中,目标反映换乘系统评价应达到的目的,准则层说明评价的几个方面,而准则层的具体量化则构成指标层。

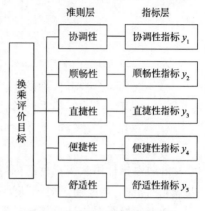

图9-4 换乘系统评价指标体系图

2. 换乘系统的评价指标

1)协调性指标

协调性指标用来衡量枢纽内运能不同交通运输方式之间的换乘效果。运能较低的多种交通运输方式为运能高的交通运输方式集散客流的能力,即不同交通运输方式间运能匹配的程度,可以用高峰小时需要换乘的客流量与换乘疏散能力的比值(y_1)来计算:

$$y_1 = \frac{Q_H \gamma}{Q_L} \tag{9-1}$$

式中:Q_H——运能大的交通运输方式高峰小时运送的乘客数,人;

γ——需要换乘其他交通运输方式乘客所占的比例;

Q_L——运能较低的多种交通运输方式所能提供的换乘疏散运能之和。

2)顺畅性指标

顺畅性指标用来衡量枢纽内运能不同交通运输方式之间的换乘效果。运能较低的交通运输方式在一定时间内将需疏散乘客运离站点的能力,可以用将需疏散乘客运送到目的地所需时间的平均值(y_2)来计算:

$$y_2 = \frac{\sum_i t_i m_i}{\sum_i m_i} \tag{9-2}$$

式中:m_i——以第i个交通小区为目的地的乘客数量,人;

t_i——由换乘枢纽站到第i个交通小区乘客运送的时间,min。

3)直捷性指标

直捷性指标用来衡量乘客一次乘车中换乘不同交通运输工具的频繁程度,可以用考察时间段内乘客的换乘次数与出行距离比值的平均值或用乘客的平均换乘次数与平均乘车距离的比值(y_3)来计算:

$$y_3 = \frac{\sum_{i=1}^{n} a_i}{\sum_{i=1}^{n} l_i} \tag{9-3}$$

式中:n——考察时间内乘客的数量;

l_i——第i个乘客的一次出行距离,km;

a_i——第i个乘客的一次出行换乘次数,次。

4）便捷性指标

便捷性指标用来衡量枢纽内换乘的难易程度，可以用换乘时间占旅客在城市内乘车总时间的百分比（y_4）来计算：

$$y_4 = \sum_{i=1}^{m} \frac{t_{s,i} + t_{w,i}}{\sum_{i=1}^{m} t_{p,i}} \tag{9-4}$$

式中：m——换乘枢纽内需换乘的乘客数，人；

$t_{s,i}$——第 i 个乘客换乘的步行时间，min；

$t_{w,i}$——第 i 个乘客换乘的等待时间，min；

$t_{p,i}$——第 i 个旅客的乘车时间，min。

5）舒适性指标

舒适性指标用来衡量枢纽内环境的舒适性与换乘过程的安全性。舒适性指标是一种难以量化的指标，需要通过对枢纽运行的实际分析来评定。

在上述换乘系统评价指标基础上，通过一定的方法可对换乘系统作出综合效能评价。

第二节　货物运输过程组织

货物运输是整个物流系统中一个极为重要的环节，在物流活动中处于中心地位。货物运输的产品是货物的"位移"，它是一种不具有物质形态的非实物性产品，不改变货物的属性或形态，只是使货物的空间位置发生改变，表现为一种经济效果。我国社会主义市场经济体制的不断完善，有力地促进了全社会货物运输需求的增长，铁路、公路、水路、航空、管道五大运输方式都取得了长足的发展，各种运输方式相互联合又相互竞争。为适应我国经济和社会发展的需求，要求从整个社会物流系统的配置和运作角度，进行科学合理的货物运输组织，以实现整个社会物流合理化的总目标。

一、货物运输过程

1. 货物流通过程

货物流通过程是指国民经济各业务部门作为商品（或物资）形式出现的物品（即货物）由生产地向消费地流动的全过程。货物只有完成流通过程，才能实现其使用价值。因此，货物流通过程在很大程度上也可以视为商品（或物资）生产过程的继续。就其实质而言，货物流通过程是货物生产过程的重要组成部分。在通常情况下，货物流通过程是在多种交通运输方式参与的条件下，通过多种运输环节实现的，如图 9-5 所示。

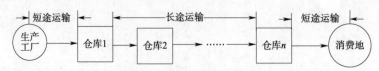

图 9-5　货物流通过程示意图

2. 货物运输过程

货物由发货地向收货地输送的全过程称为货物运输过程。这一过程中的始发（发货地）

可以是货物的生产工厂,也可以是某一发货仓库;终点(收货地)可以是货物的消费地,也可以是某一到货仓库。因此,货物流通过程可以由一个或一个以上货物运输过程组成。货物运输过程示意图如图 9-6 所示。

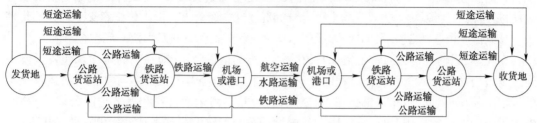

图 9-6　货物运输过程示意图

3. 货物运输业务组织机制

货物运输业务的具体组织方法可以有多种,但就其组织体制而言,基本上可以划分为货主直接托运制和运输承包发运制两大类。

1)货主直接托运制

货主直接托运制是指由货主与掌握运输工具的运输企业直接发生托运与承运关系的运输业务组织体制。采用这类货物运输业务组织体制的货物运输过程如图 9-7 所示。

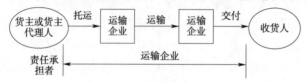

图 9-7　货主直接托运制运输过程示意图

2)运输承包发运制

运输承包发运制是指由货主与运输经营人发生托运与承运关系,并由运输经营人组织实现货物运输过程的运输业务组织体制。采用这类货物运输业务组织体制的货物运输过程如图 9-8 所示。

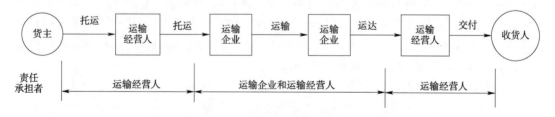

图 9-8　运输承包发运制运输过程示意图

运输经营人是指经营运输的企业或机构,亦即订立或通过其代表订立运输合同的任何人。运输经营人是事主,不是发货人的代理人或代表,也不是参加运输的承运人的代理人或代表,是一个独立的法律实体,负有履行合同的责任。在整个运输过程中,运输经营人具有双重身份,对于货主而言,是承运人;对于分承运人而言,又是货物的托运人。

按是否拥有运输工具、实际完成货物全程运输还是部分运输活动的情况,运输经营人可分为实际承运人和非实际承运人两种类型。实际承运人的运输经营人拥有(或掌握)一种及以上的运输工具,直接承担并完成全程运输中一个或一个运输区段以上的货物运输。此时,运输经营人不仅是运输的契约承运人,对货物全程运输负责;同时也是实际承运人,对自己承担区段货物运输负责。这类经营人一般由各种单一运输方式的承运人发展而来。非实际承运人的运输经营人不拥有(或掌握)任何一种运输工具,仅组织完成合同规定货物的全程运输,是运输的契约承运人,对货物全程运输负责。这类经营人一般由传统意义上的运输代理人或其他行业企业、机构发展而成,如无船承运人、无车承运人(现称"网络货运经营者")。

在我国,运输经营人通常是诸如物流公司之类的运输公司,即我国的运输承包发运制是通过物流公司等介入货物运输过程的方法而实现。运输经营人在货主与掌握货物运输工具的运输企业(如铁路、汽车运输公司、航空运输公司、内河运输公司和海运轮船公司等)之间发挥了中间桥梁的作用,而这一作用在我国货物运输工作中正越来越显示出它的积极意义。运输承包发运制及运输经营人工作的意义主要反映在以下几个方面:

(1)将整个货物运输过程划分为交通运输工具载运工作和货物运输业务两部分,并分别由掌握运输工具的运输企业和运输经营人两种运输行业来承担,实现运输过程组织工作的专业化分工,相对简化了运输企业运输组织工作,有利于提高运输工作质量。

(2)保证货物运输过程实现一票到达的"门到门"运输。在有多种运输工具参加实现货物运输过程的情况下,通过运输经营人的中转业务,可以顺利地实现不同运输工具间的紧密衔接和配合,从而实现"门到门"运输,有利于提高运输服务质量。

(3)保证利用最合理的运输方式,以最经济有利的运输径路实现货物运输过程。在各种交通运输方式线路交织成网的情况下,交通运输方式和运输径路通常可以有多种选择。由于运输经营人是组织货物运输的专业公司,对交通运输方式和运输径路的选择有丰富的经验,且联系着掌握不同运输工具的运输企业,因而它可以为货主选择一个最有利的运输径路(采用单一运输工具的直达运输或采用多种运输工具的联合运输),既可以节省运输费用,又可以合理运用各种运输工具。

(4)简化货主托运手续,最大限度地方便货主。对于工厂、企业而言,通过运输经营人办理货物运输,可以减少办理货运手续人员和工厂、企业的场库设备。

(5)运输经营人所具有的一定数量的储运能力,构成了对运输企业日常运输工作的调解机能,从而增加了运输企业港、站工作的弹性。当港、站货物集中到达时,货物可通过运输经营人所沟通的渠道迅速疏散或转入运输经营人的场、库;当港、站装运力不足时,运输经营人可储存一定数量的货物,从而缓和对港、站的压力。

(6)运输经营人对承运货物的受理、检斤、验货等货运作业,构成了对运输企业承运货物具有较高精度的初加工过程。它不仅大大减少了港、站对承运货物的货运业务工作量,提高了港、站的工作效率,而且可以有效地提高货物作业的安全性,减少货损、货差。

4. 运输代理人

货物运输,尤其是国际货物运输,不仅涉及面广、头绪多,而且情况复杂,货主很难亲自处理每一项具体运输业务,许多工作需要委托代理人代为办理。为了适应这种需要,货物运输领域产生了很多从事代理业务的代理行或代理人。它们接受委托人的委托,代办各种运输业务并按提供的劳务收取一定的报酬。代理行业已渗入运输领域内的各个角落,成为国际货物运输事业不可缺少的重要组成部分。

运输代理人是根据委托人的要求，代办货物运输业务的机构。它既可以向货主承揽货物，也可以代理货主向承运人办理托运，且可以兼营两方面的代理义务。代理人办理委托业务时，有的自己直接办理，有的自己不办理实际业务而是再委托有关方面办理，也有以中间人身份为委托人与第三方促成交易、签订合同。按照代理业务性质和范围的不同，运输代理人主要可分为货运经纪人、货运代理、车辆代理和运输咨询代理四类。

1）货运经纪人

货运经纪人是指撮合托运人和承运人之间的交易并收取交易佣金的经营者，如租船代理。货运经纪人实际上是运输代办，他们根据托运人的要求，为其提供货物运输的有偿服务，一面向货主揽货，一面向运输公司托运，促使交易成交，借此收取手续费用和佣金。在风险责任方面，货运经纪人仅承担承运人和托运人之间的撮合责任，撮合成功后其责任义务即结束。

2）货运代理

货运代理是指接受货主的委托，代表货主办理有关货物报关、交接、仓储、调拨、检验、包装、转运、订舱等业务的经营者。货运代理与货主的关系是委托与被委托的关系，在办理业务过程中，以货主代理人的身份对货主负责并按代理业务项目和提供的劳务向货主收取代理费，不需要对运输全过程负责，而仅对委托业务项目承担代理合同内规定的责任和风险。按照货运方式不同，货运代理可分为海运代理、空运代理、陆运代理等。

3）车辆代理

车辆代理是运输企业的代理人，负责办理接货并以实际承运人的名义与托运人签署运输合同，承担代理合同内规定的责任和风险，通过向运输企业收取代理费用获取利润。

4）运输咨询代理

咨询代理是专门从事咨询工作，按委托人的需要，以提供有关咨询情况、情报、资料、数据和信息服务而收取一定报酬的经营者。这类代理人不仅拥有研究人员和机构，而且与世界各贸易运输研究中心有广泛的联系，因此掌握着海量的信息。诸如设计经营方案、选择合理经济的运输方式和路线、核算运输成本、研究解释规章法律以及调查有关企业财政信誉等，均可根据委托，提供专题报告和资料情报。

从事运输咨询代理行业，需要该代理商有灵敏的信息、现代化的信息网络与高质量的研究人员。这一行业的竞争十分激烈，大批新的运输咨询代理企业不断产生，又不断地竞争，逐步形成了几个较大的运输咨询代理公司。

以上所列代理人类别，仅从各自业务侧重面加以区别。实际上，它们之间的业务范围目前并没有清晰明确的界限，而是互有交错。例如，许多车辆代理也兼货运代理，有的货运代理也兼代理咨询工作。

随着经济改革向纵深发展，我国运输代理行业已具备了强劲的市场需求，但由于相关规范较为单一，并未形成系统的整体，标准化和规范化程度不高，且主要针对单一运输方式，缺乏对联合运输及附加物流业务的适当规定，造成了部分代理人权责划分存在争议，是制约我国运输代理行业发展和服务水平提高的重要方面，有待在未来的实际研究和运用中进一步完善。

二、多式联运

1. 联运的概念

由货物流通过程和货物运输过程的构成可以看出，把货物从生产工厂运往消费地或把货物从发货地运往收货地往往是通过两种或两种以上运输工具的运输来实现的。在这种情况下，一个完整货物运输过程的实现，关键在于不同交通运输方式衔接点的工作。

交通运输方式衔接点的工作通常按以下三种方法组织：

(1) 在不同交通运输方式衔接点的衔接工作，由货主或货主代理人采用向接运运输企业再次托运的方法办理。这是在采用货主直接托运制时，把一个完整的货物运输过程按使用交通运输方式的不同，划分为若干个运输阶段的转运方法。

(2) 在不同交通运输方式衔接点的衔接工作，由运输经营人向接运运输企业再次托运的方法办理。这是采用承包发运制时，由运输经营人承担全程货物运输业务的组织工作方法。

(3) 在不同交通运输方式衔接点的衔接和运输责任的划分，按运输企业间签订的协议或国家颁布的规章、法律由运输企业专业人员办理。这是采用货主直接托运制条件下使用的方法。在这种情况下，掌握运输工具的运输企业也以运输经营人身份出现，负责组织实现运输全过程。

第二种和第三种方法的共同特点是，把货物从发货地运往收货地的运输过程中，使用两种或两种以上交通运输方式和使用单一交通运输方式一样，都是根据一个单一的运输合同办理的，即对于货主来说，只需办理一次托运手续，只与一个运输经营人签订运输合同。

按通常的意义理解，我们将运输经营人以一个单一的运输合同，通过两种或两种以上运输工具(包括不同归属的同一种交通运输方式)，把货物从发货地运往收货地的货物运输过程称为联合运输，简称联运。显然，以第二和第三种方法组织货物运输均可称为联运。采用第一种方法组织货物运输衔接点工作时，作为货主代理人为货主代办由运达运输企业接收货物和向接运运输企业托运的手续，可以作为货物运输过程中的一项货物中转业务对待，可称为代办中转，但不是通常意义上的联运。

联合运输是综合运输思想在运输组织领域的体现，是综合性的运输组织工作。这种综合组织是指在一个完整的货物运输过程中，不同运输企业、不同运输区段、不同运输方式和不同运输环节之间的衔接和协调组织。其内容主要包括：①货物全程运输中使用的两种或两种以上运输工具的运输衔接；②货物全程运输中使用同一种运输工具两程或两程以上运输的衔接；③货物全程运输中使用一种运输方式多家经营和多种运输方式联合经营的衔接；④货物全程运输所涉及的货物生产、供应、运输、销售企业运输协作组织。

从以上内容可以看出，联运行业属于运输行业。它不是一种新的运输方式，而是一种新的运输组织形式，是在货物多次中转连续运输的全程运输过程中，在不同运输区段、不同运输方式的结合部(中转、换装地点)发挥纽带、贯通和衔接作用。

2. 货物中转作业组织

在货物联合运输中，由运输经营人为承运货物组织一票到家的运输，根据其运输组织情况，可以有以下两种不同的类型：

(1) 需要经过货物集结和分散运输过程的零担货物运输。这类运输的运输过程如图 9-9 所示，它包括集结运输、主体运输和分散运输 3 部分。集结运输和分散运输通常采用汽车运输。由于零担货物具有去向多而批量小的特点，除在货物集散地托运和到达的零担货物外，均需要经过集结运输和分散运输。

(2) 成批货物和大宗货物运输。由于成批货物和大宗货物具有一个去向运输量大的特点,在运输过程中不产生集结运输和分散运输,因而这类货物的运输过程只有主体运输。但是,这类货物的到达地不一定是货物消费地或销售地,它还可能发生再次运输(如商品的分拨运输等)。

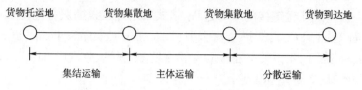

图9-9　零担货物运输过程图

根据不同情况,货物的主体运输可能只采用一种交通运输方式来完成,也可能必须采用多种交通运输方式才能完成。

在货物运输过程中,运输承包公司对货物在不同交通运输方式的衔接地以及零担货物在货物集散地所进行的作业,称为货物的中转作业。它主要有:

(1)货物或集装箱的到卸。

(2)货物或集装箱的场库保管。

(3)杂费计算和票据手续(对于进出口货物,如中转作业地点是港口或机场,还包括海关手续)。

(4)向接运运输企业托运,组织货物的中转装运。

货物由始发地或中转地发运后,除票据随货传递外,运输承包公司应立即向运输业务网上前方到达的中转地或终到地运输承包公司发出函电,说明发运货物的简况。

3. 多式联运的概念

多式联运(Multimodal Transport)是指联运经营人根据单一的联运合同,使用两种或两种以上的运输方式,负责将货物从指定地点运至交付地点的联合运输组织形式。一般来说,多式联运应具备以下主要条件:

(1)必须具有一份多式联运合同;

(2)必须使用一份全程的多式联运单据(多式联运提单和多式联运单等);

(3)全程运输过程中必须至少使用两种不同的运输方式,而且是两种以上运输方式的连续运输;

(4)必须使用全程单一费率;

(5)必须有一个多式联运经营人对货物的运输全程负责;

(6)如果是国际多式联运,则多式联运经营人接收货物的地点与交付货物的地点必须属于两个国家。

国际货物多式联运是多式联运发展的最高形式,相关内容将在本书第十章第四节中详细叙述。

4. 多式联运的组织与管理

1)多式联运经营人

多式联运经营人(Multimodal Transport Operator, MTO)是指由本人或其代表与发货人订立多式联运合同的个人或单位,一般指经营多式联运业务的企业和机构。多式联运经营人是事主,而不是发货人的代理人或代表,也不是参加多式联运的承运人的代理人或代表,负有履行合同的责任。多式联运经营人负责履行或组织履行多式联运合同,对全程运输承担承运人的责任。

多式联运经营人的服务范围除全程运输外通常还包括以收货人或收货人名义在目的地分发全部货物。按多式联运链接的服务过程,多式联运经营人的服务范围如下:①整箱货服务(Full Container Load,FCL);②拼箱货服务(Less than Container Load,LCL);③货物计量(Weighing or Measuring);④报关(Customs);⑤签发多式联运单据(MTD);⑥订舱;⑦多式联运过程的监督与管理;⑧保险和索赔。

2)多式联运的主要组织形式

目前,有代表性的多式联运的组织形式包括以下三种:

(1)海陆联运。海陆联运是多式联运主要的组织形式,这种组织形式以航运公司为主题签发联运提单,与航线两端的内陆运输部门开展联运业务,与大陆桥运输展开竞争。

(2)陆桥运输。所谓陆桥运输,是指采用集装箱专用列车或货车,把横贯大陆的铁路或公路作为中间"桥梁",使大陆两端的集装箱海运航线与专用列车或货车连接起来的一种连贯运输方式。事实上,陆桥运输也是一种海陆联运形式,只是因为其在多式联运中的独特地位,故将其单独作为一种运输组织形式。陆桥运输按其运程和接、交货物地点不同,分为大陆桥、小陆桥和微桥运输。

(3)海空联运。海空联运又称空桥运输。空桥运输与陆桥运输的区别在于货物经常要在航空港换入航空集装箱,而陆桥运输整个过程中使用的是同一个集装箱。海空联运方式的运输时间比全程海运少,费用比全程空运低。

3)多式联运运输组织方式

多式联运的全过程就其工作性质的不同,可分为实际运输过程和全程运输组织业务过程两部分。实际运输过程是由参加多式联运的各种运输方式的实际承运人完成的,其运输组织工作属于各种方式运输企业内部的技术、业务组织;全程运输组织业务过程是由多式联运全程运输的组织者——多式联运企业或机构完成的,主要包括全程运输所涉及的所有商务性实物和衔接服务性工作的组织实施。其运输组织方法可以有很多种,但就其组织体制而言,基本上可分为协作式联运和衔接式联运两大类。

(1)协作式联运。协作式联运是一种初级形式的多式联运。组织者在各级政府主管部门协调下,由参加多式联运的各种方式运输企业和中转港站共同组成联运办公室(或其他名称),货物全程运输计划由该机构制订,这种联运组织下的货物运输过程如图9-10所示。

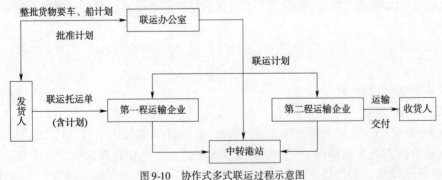

图9-10 协作式多式联运过程示意图

在这种机制下,使用多式联运形式运输整批货物的发货人应根据运输货物的实际需要,向联运办公室提出托运申请并按月申报整批货物要车、要船计划,联运办公室根据多式联运线路及各运输企业的实际情况制订该托运人托运货物的运输计划,并把该计划批复给托运人及转发给各运输企业和中转港站。发货人根据计划安排向多式联运第一程的运输企业提出托运申请并填写联运货物托运委托书(包含运输计划),第一程运输企业接收货物至后一区段衔接地,直接将货物交给中转港站,经换装后由后一程运输企业继续运输,直至最终目的地由最后一程运输企业向收货人直接交付。在前、后程运输企业直接和港站与运输企业交接货物时,需填写货物运输交接单和中转交接单(交接与费用结算依据)。联运办公室(或第一程企业)负责按全程费率向托运人收取运费,然后按各企业之间商定的比例向各运输企业及港站分配。

(2)衔接式联运。随着市场经济的发展,目前主要采用的组织方法是衔接式多式联运。这种组织体制与运输承包发运制的实质相同。

衔接式多式联运的全程运输组织业务是由多式联运经营人完成的,这种联运组织下的货物运输过程如图9-11所示。

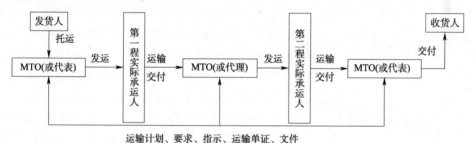

图9-11　衔接式多式联运过程示意图

在这种组织机制下,使用多式联运形式运输成批或零星货物的发货人应首先向多式联运经营人提出托运申请,多式联运经营人根据自己的条件考虑是否接受。若接受,双方订立货物全程运输的多式联运合同,并在合同指定的地点(可以是发货人的工厂或仓库,也可以是指定的货运站中转站、堆场或仓库)办理货物的交接,联运经营人签发多式联运单据。接受托运后,多式联运经营人首先要选择货物的运输路线,划分运输区段,确定中转、换装地点,选择各区段的实际承运人,确定零星货物集运方案,制订货物全程运输计划并把计划转发给各中转衔接地点的分支机构或委托的代理人,然后根据计划与各区段的实际承运人分别订立货物运输合同,最终完成货物全程位移。各区段之间的衔接,由多式联运经营人(或其代表或代理人)从前一程实际承运人手中接收货物再向后一程承运人交接货物,在最终目的地从最后一程实际承运人手中接收货物后再向收货人交付。

三、运输业务网

1. 运输业务网的基本概念

1) 货物运输径路

货物运输径路是指以交通运输线网为依托,将货物由始发地区线网节点向终到地区线网节点输送过程所经由线网节点加以连接所形成的经由线路。它的构成可有以下两种

情况:

(1) 由线网两端节点组织的单一交通运输方式直达运输径路,即只利用一种交通运输方式的交通运输线网完成货物运输过程的运输径路。

(2) 由线网两端节点和径路中间节点共同组织多种交通运输方式的联合运输径路,是利用多种交通运输方式交通运输线网完成货物运输过程的运输径路。由于联合运输增加了不同交通运输方式衔接地货物中转的作业环节,因此,构成联合运输径路的必要条件是经营该货物运输径路的公司必须在径路不同交通运输方式衔接地设置公司的业务机构。

在现代交通运输线网得到充分发展,存在同种交通运输方式平行径路和不同交通运输方式平行径路的条件下,任意两交通运输线网节点间均可能存在多条货物运输径路。

2) 公司运输业务网

公司运输业务网是指以交通运输线网及其货物运输径路为依托,以公司设置在运输服务区域范围内交通运输线网节点地区的运输业务机构为节点,以至少一条货物运输径路两节点间的连接线为弧构成的网络。在网络图上,将连接两节点的连接线称为表明公司可办理货运业务区域范围的业务网线。可能的业务网线组成了公司的运输业务网,它是公司开展单一交通运输方式的运输业务和多种交通运输方式的联运业务,组织实现承运货物一票到家"门到门"运输过程的组织基础。因此,每一运输承包公司或物流公司均应在一定区域范围内构建属于本公司的运输业务网。如图9-12所示,由节点"○"和实线弧构成的网络为交通运输线网,由节点"△"和虚线弧构成的网络为公司运输业务网。

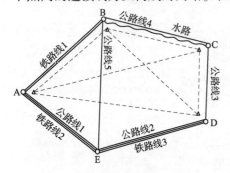

图9-12 公司运输业务网示意图

2. 运输业务网的网线特征及其分类

由运输业务网线与货物运输径路的关系分析可以看出,网线具有以下特征:

(1) 网线的交通运输方式特征。网线既可以对应无须经过中间节点、由一种交通运输方式组织的直达运输,也可以对应须经过一个或多个中间节点、由多种交通运输方式组织的联合运输。当对应多种交通运输方式组织联合运输时,运输过程将产生由中间节点办理衔接不同交通运输方式的中转作业。

(2) 网线的运输径路特征。网线既可能只有一条货物运输径路,也可能有多条货物运输径路;既有可能是相同交通运输方式的多条平行径路,也有可能是不同交通运输方式的多条货物运输径路和不同交通运输方式组合的多条货物运输径路。在有多条货物运输径路的情况下,在网线的始发节点将发生货主选择运输方式(因不同运输方式需支付不同的运输费用,需由货主自行选择)、公司选择运输径路的问题。

(3) 网线的构成特征。作为网线两端节点的业务机构,按其归属不同,可分为两类:第一类是属于本公司的业务机构;而第二类是指虽不是本公司的业务机构,但属于与本公司有业务关系公司的业务机构。通常称以第一类业务机构为节点构成的网线为公司运输业务网的基本网线,而称两节点分别为第一类、第二类业务机构的网线为公司运输业务网的扩展网线。因此,从网线的构成特征出发,可将网线分为基本网线和扩展网线两类。按照同样的原理和方法,也可以将业务网线的货物运输径路划分为基本运输径路和扩展运输径路两类(表9-1)。

网线及其运输径路分类关系表　　　　表9-1

网线		货物运输径路		
构成特征	网线分类	径路组成分类	构成特征	径路构成分类
由第一类业务机构节点构成	基本网线	直达运输径路	全径路均为第一类业务机构	基本运输径路
		联合运输径路	全径路均为第一类业务机构	
			至少有一个中间节点为第二类业务机构	
由第一、二类业务机构节点构成	扩展网线	直达运输径路	第一、二类业务机构节点构成	扩展运输径路
		联合运输径路	至少有一个中间节点为第二类业务机构	

(4)网线的运载工具属性特征。运输承包公司或物流公司依托交通运输线网及其货物运输径路组织货物运输,既可以通过组织本公司所掌握运载工具的载运来实现货物在相应交通运输方式货物运输径路上的位移,也可以通过向专业运输企业托运、由专业运输企业组织其所掌握运载工具的载运来实现货物在相应交通运输方式货物运输径路上的位移。在这里,称由公司组织掌握运载工具实现货物位移的所依托的网线为企业自运网线;称须经托运、由专业运输企业掌握运载工具实现货物位移所依托的网线为企业托运网线。企业为了在运输业务网中拥有某种交通运输方式的自运网线,必须掌握(购买或租赁)一定数量的该种交通运输方式的运载工具。应该提出,多数公司仅有短途的支线自运网线,只有少数业务量大的大型运输承包公司或物流公司建有诸如航空运输、公路汽车运输等交通运输方式的自运网线。因此,在公司运输业务网中多数还是托运网线。

3.基本运输径路和扩展运输径路

1)基本运输径路

货物的发运、中转和终到业务由一个运输承包公司或物流公司的业务机构统一承办货物一票到家"门到门"运输过程所经由的路线,称为公司的基本运输径路。显然,这一组织形式只有该公司在货物运输途中的中转地点和终到地点均设有业务机构时才能实现。

2)扩展运输径路

货物的发运、中转和终到业务由多个(通常为两个或三个)运输承包公司(或物流公司)业务机构承办货物一票到家"门到门"运输过程所经由的路线,称为公司的扩展运输径路。

4.运输业务基本网和扩展网

根据构成业务网网线的不同种类,运输业务网也可以分为基本网和扩展网两种类型。运输业务基本网是指由至少有一条基本运输径路的公司业务网网线构成的业务网。例如,以承办邮件运输为主营业务,实现邮件"门到门"传递过程为目标的邮政企业,就其企业经营业务的实质而言,是一种专营邮件运输业务的运输承包公司。属于邮政企业的国家邮政业务网(邮路网)就是一个以多种交通运输方式为依托、以设置在全国各地的各类邮政业务机构为节点的国内邮政业务基本网,是一个典型的运输业务基本网。而运输业务扩展网是指由公司运输业务基本网线和扩展网线构成的业务网。例如,邮政企业的国际邮政业务网实质上就是在国内邮政业务基本网的基础上,国家邮政企业通过与相关国家邮政企业发生邮政业务关系,形成扩展网线而建成的一个邮政业务扩展网。

每一运输承包公司或物流公司都通过在一定区域设置一定的业务机构(如分公司)的办

法构成公司的运输业务基本网,并通过业务网上的这些机构处理货物的承运、中转和交付业务,以实现一票到家"门到门"运输。由此可见,运输承包公司或物流公司业务机构的多少、设置区域范围的大小,即业务网的大小,基本上决定了该公司所能办理货运业务承包区域的范围,即货流吸引范围。显然,运输承包公司或物流公司的业务机构越多,设置区域范围越广,业务网越大,其业务量也就越大。但是就一家国际或国内运输承包公司或物流公司来说,要在世界各地或全国的每一个城镇设置业务机构是有困难的,它可能办理的业务范围就会由此而受到一定的限制。因此,运输承包公司或物流公司为扩展业务,均应建成一定规模的基本网,并在逐步扩大基本网的基础上,构建公司的运输业务扩展网。

在国外,由多个运输承包公司的业务机构组织的扩展运输径路,多通过相关运输承包公司签订联营或代理协议的方法组成。在我国,公司运输业务基本网和扩展网的建设,目前主要采用以下模式。

1)建立地区性物流公司运输业务网

物流公司根据货流吸引区货流特点,与货物运输过程相关物流公司(地处货物运输过程不同交通运输方式衔接点和货物终到点的物流公司)以签订运输合同的方法建立业务关系,代办货物中转业务和货物交付业务,从而在一定地区范围内构成了以发运物流公司为中心的辐射式运输业务网(图9-13),从而扩大了物流公司的业务地区范围,增加了承办货物运输业务量。

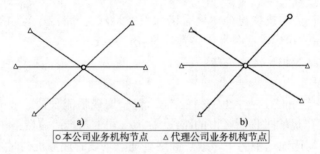

图9-13 辐射式运输业务网示意图

应该指出,辐射式运输业务网是在无基本网线或以扩展网线为主的条件下形成的特殊形式扩展网,而且是一个有向网,每一扩展网线只能办理由中心发运货物的运输业务。因此,它是一个功能还不完整的初级形式的运输业务网。

2)建立区域性物流公司联营公司运输业务网

区域性联营公司是以地区性物流公司为个体,以协同组织区域内运输业务为目标,根据联营协议组建的公司。因此,联营公司业务网是对地区性物流公司业务网区域范围的扩展和运输业务功能的提高。它通常以某一具有大量货运量的大经济区域或运输干线(如长江内河运输航线、津浦铁路线、京广铁路线等)货流吸收区为范围建立,因而它所构成的运输业务网是以大经济区域为范围的环状运输业务网或以某一运输干线为轴心的线状运输业务网。凡参加联营公司的物流公司,在规定范围内均可以联营公司的名义办理单一交通运输方式直达运输货物或多种交通运输方式联运货物的承运,并负责办理货物的中转和交付业务。建立区域性联营公司是组织参加联营物流公司共同构建运输业务网、扩大运输业务量、提高物流公司经济效益的有效途径。

3) 建立全国性物流公司业务网

伴随着我国经济快速发展和运输需求的大幅增加,近年来,以办理货物运输业务为主营业务的物流公司得到了空前的发展。以总部设在北京的吉泰物流公司为例,截至 2016 年 6 月,其已在全国各大中城市和物流集散地注册成立了 30 个作为分公司的运输业务机构和 68 个业务网点。可以说,公司运输业务机构已遍及全国各大经济区,以这些运输业务机构为节点构成公司的运输业务基本网已可以称为全国性的物流公司运输业务网。目前,我国已有一定数量的大型物流公司构建了各自的全国性的物流公司运输业务网(基本网或扩展网)。

复习思考题

1. 试分析不同旅客旅行过程模式的换乘目标。
2. 试述综合客运枢纽内的换乘流线组织原则。
3. 试述城市交通换乘系统的评价指标。
4. 试分析货物流通过程和货物运输过程的不同。
5. 试述运输承包发运制及运输经营人的意义。
6. 试述联运的基本概念及运输代理人办理货运业务的作业过程。
7. 试述多式联运的概念及特点。
8. 什么是多式联运经营人?试述多式联运经营人的基本特征和服务范围。
9. 什么是海陆联运?什么是陆桥运输?什么是海空联运?
10. 试述多式联运的组织形式。
11. 试述衔接式多式联运的组织特点。
12. 试述运输代理人构建运输业务网的基本办法。

第十章 集装箱运输

第一节 集装箱及其种类

一、集装箱及集装箱运输概述

集装箱(Container)是一种容器。它是指具有一定规格和强度、专为周转使用的大型货箱。这种容器与其他容器不同之处在于,除能装载货物外,还需要适应许多特殊要求。国际标准化组织制定了集装箱规格,力求使集装箱标准化得到统一。标准化组织不仅对集装箱尺寸、术语、试验方法等作了规定,而且就集装箱的构造、性能等技术特征作了某些规定。集装箱的标准化促进了集装箱在国际间的流通,对国际货物流转的合理化起了重大作用。

根据《国际标准化组织 104 技术委员会》(International-organization for Standardization Technical Committee104,ISO-104)的规定,集装箱是一种运输设备,应具有以下条件:

(1)具有耐久性,其坚固强度,在有效使用期内足以反复使用。
(2)为便于商品运送而专门设计,在一种或多种运输方式中运输时无须中途换装。
(3)便于装卸和搬运,特别是便于从一种运输方式转移到另一种运输方式的装置。
(4)设计时应注意到便于货物装满或卸空。
(5)内容积为 $1m^3$ 或 $1m^3$ 以上。

国际集装箱运输的发展历程分为以下几个阶段。

(1)萌芽时期(1801—1956 年)。

1801 年,英国人安德森(James Anderson)博士首先提出了集装箱运输的设想。1830 年英国铁路首先出现了运载煤炭的容器,1845 年英国铁路上出现了集装箱雏形的载货车厢,1917 年美国铁路上试行集装箱运输。随后的 10 余年间,德国、法国、日本、意大利相继出现了集装箱运输。1933 年在巴黎成立国际集装箱协会,负责制定统一的集装箱标准。第二次世界大战后(1952 年)美国建立了"军用集装箱快速勤务系统",实现了使用集装箱运输弹药和其他军用物品。

(2)开创时期(1956—1966 年)。

1956 年 4 月 26 日,美国泛大西洋船公司(Pan-Atlantic Steamship Co.)使用一艘经改装的 T-2 型油船"马科斯顿"号,在甲板上装载了 58 个集装箱,试运行纽约至休斯敦航线。3 个月的试运行取得了巨大的经济效果,显示了集装箱运输的巨大优越性。平均每吨货物装卸费用由原来的 5.83 美元降低至 0.15 美元。

1957 年 10 月,该公司又将 6 艘 C-2 型件杂货船改装成了带有箱格的全集装箱船。第一艘船的船名为"Gateway City",该船设有集装箱装卸桥,载质量 90000t,装载 35ft(英尺)集装箱 226 只,箱总重 25t,运行纽约—休斯敦航线。这标志着海上集装箱运输方式正式开始。

(3) 成长阶段(1966—1971年)。

1966年4月,海陆运输公司(原美国泛大西洋船公司)以经过改装的全集装箱船开辟了纽约至欧洲集装箱运输航线。1967年9月,马托松船公司将"夏威夷殖民者"全集装箱船投入到日本至北美太平洋沿岸航线。一年后日本有6家船公司在日本至加利福尼亚之间开展集装箱运输,紧接着日本和欧洲各国的船公司先后在日本、欧洲、美国和澳大利亚等地区开展了集装箱运输。

(4) 扩张阶段(1971—20世纪80年代末)。

1971年底,发达国家的海上件杂货运输基本实现了集装箱化,发展中国家的集装箱运输也得到了较大的发展。随着海上集装箱运输的发展,世界各国普遍建设集装箱专用码头。计算机软件的发展把"门到门"的运输目标导向国际多式联运的系统化方向,开始构筑系统运输和联运系统。美国出现了集装箱多式联运,并于1980年在日内瓦通过了《联合国国际货物多式联运公约》。

(5) 成熟阶段(20世纪80年代至今)。

目前,集装箱运输已遍及全球,发达国家件杂货运输的集装箱化程度已达80%以上。这个时期,船舶运力、港口吞吐能力和内陆集疏运能力3个环节之间衔接和配套日趋完善,与集装箱运输有关的硬件和软件日臻完善,各有关环节紧密衔接、配套建设;集装箱运输多式联运获得迅速发展,发达国家之间的集装箱运输已基本实现了多式联运,发展中国家多式联运的增长势头也十分可观。

采用集装箱组织货物运输有以下优点。

(1) 提高装卸效率,减轻劳动强度。

集装箱运输扩大了运输单元,规范了单元尺寸,为实现货物的装卸和搬运机械化提供了条件,明显提高了货物装卸和搬运的效率。例如,在港口普通码头上装卸件杂货船舶,其装卸效率一般为35~100t/h,并且需要配备装卸工人约17人,而在国外的集装箱专用码头上装卸集装箱,其效率可达60~100TEU/h,按每箱载货10t计,生产效率已达600~1000t/h,而配工人数最多只有4人,装卸效率大幅提高。

(2) 减少货损、货差,提高货物运输的安全与质量。

采用件杂货运输方式时,由于在运输和保管过程中货物不易保护,尽管采取了一些措施,但货损、货差情况仍较严重。而采用集装箱运输方式时,由于采用强度较高、水密性较好的箱体对货物进行保护,从发货人装箱、铅封到收货人收货,一票到底,货物在搬运、装卸和保管过程中不易损坏,不怕受潮。同时,通过采用"门到门"的多式联运方式,货物途中丢失的可能性大大降低,货物完好率大大提高。例如,用铁路装运玻璃器皿的一般破损率为30%左右;改用集装箱运输后,其破损率下降到5%以下。

(3) 缩短货物的在途时间,加快车船的周转。

集装箱化给港口和场站的货物装卸、堆码的全机械化和自动化创造了条件。标准化的货物单元使装卸搬运动作变得简单和有规律。因此,在作业过程中能充分发挥装卸搬运机械设备的能力,便于实现自动控制的作业过程。机械化和自动化可以大大缩短车船在港站停留时间,加快货物的送达速度。同时,由于集装箱运输方式减少了运输中转环节和收发货的交接手续,从而方便货主,提高了运输服务质量。据航运部门统计,一般普通货船在港停留时间约占整个营运时间的56%,而采用集装箱运输,则在港时间可缩短为仅占整个营运时间的22%。

(4) 节省货物运输包装,简化理货手续。

集装箱箱体作为一种能反复使用的包装物,虽然一次性投资较高,但与一次性的包装方式相比,其单位货物运输分摊的包装费用投资反而降低。例如,采用集装箱装运电视机比原先杂货运输方式节省包装费用约50%。在运输场站,由于集装箱对环境要求不高,节省了场站在仓库方面的投资。此外,件杂货由于包装单元较小、形状各异,理货核对较为困难。而采用标准集装箱,理货时按整箱清点,大大缩短了检查时间,同时也节省了理货费用。

(5) 减少货物运输费用。

集装箱运输除了节省船舶运输费用外,由于采用统一的货物单元,使换装环节设施的效能大大提高,从而降低了装卸成本。同时,集装箱货物运输的安全性明显提高,使保险费用有所下降。英国在大西洋航线上开展集装箱运输后,运输成本仅为普通杂货船的1/9。

(6) 推动包装的标准化。

集装箱作为一种大型标准化容器的普遍使用,促进了商品包装的进一步集装化和标准化。目前,我国的包装国家标准已接近400个,这些标准大多采用或参照国际标准,并且许多包装标准与集装箱标准箱相适应。

(7) 有利于组织多种运输方式的联合运输。

由于各种运输工具各自独立地发展,装载容积无统一考虑的依据,给货物的换装带来了困难。随着集装箱作为一种标准运输单元的出现,各种运输工具的运载尺寸向统一的满足集装箱运输需要的方向发展。因此,根据标准化集装箱设计的各种运输工具将使运输工具之间的换装衔接变得更加便利。

二、集装箱规格尺寸国际标准

集装箱标准按照使用范围可以分为国际标准、国家标准、地区标准和公司标准4种,随着经济全球化、贸易一体化和多式联运发展,集装箱国际标准化趋势愈加显著。国家标准集装箱指根据ISO-104制定的国际标准来建造和使用的国际通用的标准集装箱。

国际标准化组织ISO-104技术委员会自1961年成立以来,对集装箱国际标准作过多次补充、增减和修改,现行国际标准为第一系列共13种规格,其宽度均一致(2438m),主要有4种箱型,即A型、B型、C型和D型。它们的尺寸和质量依据《系列1 集装箱 分类、尺寸和额定质量》(GB/T 1413—2008/ISO 668:1995)制定,见表10-1。

第一系列集装箱规格尺寸和总质量　　　　　　　　　　表10-1

规格 (ft)	箱型	长		宽		高		额定总质量(总质量)	
		米制 (mm)	英制 (ft in)	米制 (mm)	英制 (ft in)	米制 (mm)	英制 (ft in)	(kg)	(lb)
45	1EEE 1EE	13716	45′	2438	8′	2896 2591	9′6″ 8′6″	30480	67200

续上表

规格(ft)	箱型	长		宽		高		额定总质量(总质量)	
		米制(mm)	英制(ft in)	米制(mm)	英制(ft in)	米制(mm)	英制(ft in)	(kg)	(lb)
40	1AAA 1AA 1A 1AX	12192	40′	2438	8′	2896 2591 2438 <2438	9′6″ 8′6″ 8′ <8′	30480	67200
30	1BBB 1BB 1B 1BX	9125	29′11.25″	2438	8′	2896 2591 2438 <2438	9′6″ 8′6″ 8′ <8′	30480	67200
20	1CC 1C 1CX	6058	19′10.5″	2438	8′	2591 2438 <2438	8′6″ 8′ <8′	30480	67200
10	1D 1DX	2991	9′9.75″	2438	8′	2438 <2438	8′ <8′	10160	22400

在上述4类集装箱中,以A类与C类(规格为40ft和20ft)最为通用,且数量也较多。为了便于计算集装箱数量,一般以20ft集装箱作为换算标准箱(简称TEU,Twenty-foot Equivalent Units)。即:

(1)40ft集装箱=2 TEU。

(2)30ft集装箱=1.5 TEU。

(3)20ft集装箱=1 TEU。

(4)10ft集装箱=0.5 TEU。

第一系列集装箱长度之间的比例关系如图10-1所示。

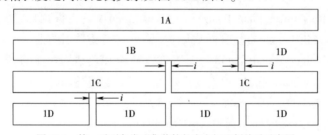

图10-1 第一系列各类型集装箱长度之间比例关系示意图

1A型-40ft(12192mm);1B型-30ft(9125mm);1C型-20ft(6058mm);1D型-10ft(2991mm);i(间距)-3in(76mm)

各种集装箱箱型之间的尺寸关系如下:

$$1A = 1B + 1D + i = 9125 + 2991 + 76 = 12192 (mm)$$
$$1B = 3D + 2i = 3 \times 2991 + 2 \times 76 = 8973 + 152 = 9125 (mm)$$
$$1C = 2D + i = 2 \times 2991 + 76 = 6058 (mm)$$

三、集装箱结构

集装箱的结构根据箱种类不同而有差异,但就一般普通箱而言,主要由以下一些部件构成(图10-2)。

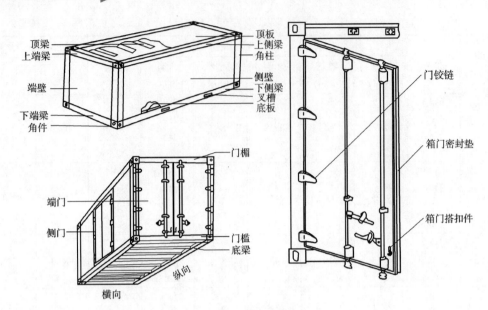

图 10-2 集装箱结构图

(1)角配件(Corner Fitting):位于集装箱 8 个角端部,用于支承、堆码、装卸和栓固集装箱。角配件在 3 个面上各有一个长孔,孔的尺寸与集装箱装卸设备上的旋锁相匹配。

(2)角柱(Corner Post):位于集装箱 4 条垂直边,起连接顶部角配件和底部角配件的支柱作用。

(3)上/下横梁(Top/Bottom End transverse Member):位于箱体端部连接顶部(或底部)角配件的横梁。

(4)上/下侧梁(Top/Bottom Side Rail):位于箱体侧壁连接顶部(或底部)角配件的纵梁。

(5)顶/底板(Roof Sheet/Floor):箱体顶部(底部)的板。

(6)顶/底梁(Roof Bows/Floor Bearers or Cross Member):支撑顶板(底板)的横向构件。

(7)叉槽(Fork Lift Pocket):贯穿箱底结构,便于空箱叉举用的槽。

(8)侧/端壁板(Side/End Panel):与上下侧(端)梁和角结构相连的,形成封闭的板壁。

(9)侧/端柱(Side/End Post):垂直支撑和加强侧(端)壁板的构件。

(10)门楣/槛(Door Header/Door sill):箱门上(下)方的梁。

(11)端/侧门(End/Side Door):设在箱端(侧)的门。

(12)门铰链(Door Hinge):连接箱门与角柱以支承箱门,使箱门能随件开闭。

(13)门把手(Door Link Handle):开闭箱门用的零件,其一端焊接在锁杆上,抓住门把手使锁杆旋转,从而使锁杆凸轮与锁杆凸轮柱啮合,把箱门锁住。

(14)锁杆凸轮(Locking Bar Cams):门锁装置中的零件之一,与门楣上的锁杆凸轮座相啮合,用以锁住箱门。

(15)把手锁件(Door Locking Handle Retainer or Handle Lock):门锁装置中的零件之一,锁杆中央带有门把手,两端部带有凸轮,依靠门把手旋转锁杆。

(16)门锁杆托架(Door Lock Rod Bracket):门锁装置中的零件之一,焊接在门上用以托住锁杆的装置。

(17)箱门搭扣件(Door Holder):保持箱门呈开启状态的零件,它分两个部分,其中一部分设在箱门下侧端部;另一部分设在侧壁下方相应的位置上。

四、集装箱标记

为了方便集装箱运输管理,国际标准化组织(ISO)拟订了集装箱标志方案。根据《集装箱 代码识别和标记》(GB/T 1836—2017)/ISO 6346:1995,集装箱应在规定的位置上标出以下内容。

1. 第一组标记:箱主代码、顺序号和核对数

(1)箱主代码(Owner No.)。集装箱所有者的代码,它由3位拉丁字母表示,具有统一性,且应向国际集装箱局(BIC)登记注册。

(2)设备识别码。设备识别是由1个大写拉丁字母表示:U——所有的集装箱;J——集装箱所配置的挂装设备;Z——集装箱拖挂车和底盘挂车。

(3)顺序号(Serial No.)。顺序号又称"箱号",为集装箱编号,按照国家标准《集装箱 代码、识别和标记》(GB/T 1836—2017)的规定,用6位阿拉伯数字表示,不足6位,则以前面加0补之。

(4)校验码(Check Digit)。校验码又称"核对数字",用于计算机核对箱主代码与箱号传递的准确性。按照《集装箱代码、识别和标记》(GB/T 1836—2017)附录A所列方法,通过主代码、设备识别码和箱号求得。

2. 第二组标记:尺寸和箱型代码

(1)尺寸代码。集装箱的外部尺寸,由2位字符组成,第一个字符表示箱长,其中10ft代码为"1";20ft代码为"2";30ft代码为"3";40ft代码为"4";5~9箱长代码为"未定号";英文字母A~R为特殊箱长的集装箱代码。第二个字符表示箱宽和箱高,其中8ft高代码为"0";8ft 6in高代码为"2";9ft高代码为"4";其他类型见表10-2。

表10-2 箱宽与箱高尺寸代码

箱 高	箱 宽 W		
	2438mm(8ft)	2438mm(8 ft) < W ≤ 2500(8 ft 2in)	W > 2500(8 ft 2 in)
2438mm(8 ft)	0		
2591mm(8 ft 6 in)	2	C	L
2743mm(9 ft)	4	D	M
2895mm(9 ft 6 in)	5	E	N
>2895mm(9 ft 6 in)	6	F	P
1295mm(4 ft 3 in)	8		
≤1219mm(4 ft)	9		

(2)箱型代号。箱型代号反映集装箱的箱型与特征,由两位字符组成,第一位为拉丁字母,表示箱型;第二位为阿拉伯数字,表示箱体物理特征或其他特性。如:类型代码为G0,"G"是通用集装箱(无通风装置)代码,"G0"表示一端或两端有箱门的通用集装箱。

3. 第三组标记:最大总质量和空箱质量

(1)最大总质量(MAX GROSS)。最大总质量又称额定质量,是集装箱的箱体质量和最

大允许载货量之和。最大总质量单位用千克(kg)和磅(lb)同时标出。

(2)空箱质量(TARE)。空箱质量是集装箱的空箱质量,包括集装箱在正常工作状态下应备有的附件和各种设备。

4. 其他标记:通行标记等

为使集装箱在运输过程中能顺利地通过或进入它国国境,箱上必须贴有按规定要求的各种通行标志,如安全合格牌照、集装箱批准牌照、防虫处理板、检验合格徽等。

五、集装箱的类型

1. 干货集装箱(Dry Cargo Container)

干货集装箱也称杂货集装箱,除冷冻货、活的动物、植物外,在尺寸、质量等方面适合集装箱运输的货物,几乎均可使用干货集装箱。这种集装箱通常为封闭式,在一端或侧面设有箱门,通常用来装运文化用品、化工用品、电子机械、工艺品、医药、日用品、纺织品及仪器零件等。这种集装箱样式较多,使用时应注意箱子内部容积和最大负荷。

2. 散装集装箱(Bulk Container)

散装集装箱主要用于运输大豆、大米、麦芽、面粉、玉米、各种饲料及水泥、化学制品等货物。散货集装箱除了有箱门外,在箱顶部还设有2~3个装货口,适用于装载粉状或粒状货物。

3. 冷藏集装箱(Reefer Container)

冷藏集装箱是指装载冷藏货并附设有冷冻机的集装箱。在运输过程中,起动冷冻机使货物保持在所要求的指定温度。箱内顶部装有挂肉类、水果的钩子和轨道,适用于装载冷藏食品、新鲜水果或特种化工产品等。

4. 开顶集装箱(Open-top Container)

开顶集装箱在集装箱种类中属于需求增长较少的一种,主要原因是货物装卸量上不去,在没有月台、叉车等设备的仓库无法进行装箱,在装载较重的货物时还需使用起重机。这种集装箱的特点是起重机可从集装箱上面进行装卸货物,然后用防水布覆盖。目前,开顶集装箱仅限于装运较高货物或用于代替尚未得到有关公约批准的集装箱种类。

5. 框架集装箱(Plat Form Based Container)

这是以装载超重货物为主的集装箱,省去箱顶和两侧,其特点是可从集装箱侧面进行装卸。在目前使用的集装箱种类中,框架集装箱稍有不同。除了干货集装箱外,散货集装箱、罐式集装箱等,其容积和质量均受到集装箱规格的限制;而框架集装箱则可用于那些形状不一的货物,如废钢铁、载货汽车、叉车等。除此之外,有相当部分的集装箱在集装箱船边直接装运散装货,因此,采用框架集装箱就较方便。

6. 牲畜集装箱(Pen Container)

这是一种专门为装运牛、马等动物而制造的特殊集装箱。箱顶和侧壁采用玻璃钢制成,能遮蔽阳光照射,便于清扫和保持卫生;侧壁安装有上折页的窗口,窗下备有饲养槽,可以定时给家禽或牲畜喂养食物。

7. 罐式集装箱(Tank Container)

这类集装箱专门装运各种液体货物,如食品、酒品、药品、化工品等。装货时,货物由液罐顶部的装货孔进入;卸货时,货物由排出孔靠重力作用自行流出或者由顶部装货孔吸出。

8. 汽车集装箱(Car Container)

这是专门供运输汽车而制造的集装箱,其结构简单,通常只设有框架与箱底。根据汽车的高度,可装载一层或两层。

六、集装箱材质与强度

集装箱在运输过程中由于经常受到各种外力的作用和环境的影响,加之考虑到装卸机械的能力以及最大限度利用集装箱的装货能力,因此,投入运营的集装箱均应满足相应的强度要求,其制造材料需要拥有足够的刚度和强度,尽量采用质量轻、强度高、耐用及维修费用低的材料。一个集装箱往往不是由单一材料做成,而是某一种材料为主,不同结构处用不同的材料。因此,按主要制造材料,可将集装箱分为以下几类。

1. 钢制集装箱

钢制集装箱优点是强度大,结构牢固,水密性好,能反复使用,价格低廉;主要缺点是防腐能力差,箱体自重大。

2. 铝合金制集装箱

铝合金制集装箱优点是自重轻,提高了集装箱的载货能力,具有较强的防腐能力;主要缺点是造价高,焊接性不如钢制集装箱,受碰撞时易损坏。

3. 不锈钢制集装箱

一般多用不锈钢制罐式集装箱。其主要优点是不生锈,防腐能力强,强度高;主要缺点是造价高,投资大。

4. 玻璃钢制集装箱

玻璃钢制集装箱优点是强度高,刚性好,具有较高的隔热、防腐和耐化学侵蚀能力,易清洗,修理简便,维修成本低;主要缺点是自重大,造价高。

第二节　集装箱运输系统

一、集装箱水路运输系统

1. 集装箱船舶类型

集装箱船舶是随着集装箱运输发展而产生的一种特殊船型。由于集装箱运输航线的货源情况变化、集装箱联运业务的发展以及船舶营运的需要,促使集装箱的装载方式发生了变化,由此产生了许多不同种类的集装箱船舶,大致可分为以下4种。

1) 普通货船(Conventional Ship)

在普通的杂货船上装运集装箱,就是在同一个货舱内将集装箱与一般件杂货混装在一起,故这种船又可称为混载型船。通常,采用普通货船时,集装箱选择在货舱舱口部位以及在上甲板上进行装载。

2) 兼用集装箱船(Convertible Container Ship)

兼用集装箱船又称可变换的集装箱船,这种船舶在舱内备有简易可拆装的设备。当不装集装箱而装运一般杂货或其他散货时,可将其拆下。散集两用船(Bulk-container Carrier)或多用途船(Multipurpose Carrier)都属于兼用集装箱船。

3)半集装箱船(Semi-container Ship)

这种船舶一部分货舱设计成专供装载集装箱,另一部分货舱可供装载一般件杂货。集装箱专用舱一般是选择在船体的中央部位,这种船也称为分载型船。

4)全集装箱船(Full Container Ship)

船舶的所有货舱是专门为装运集装箱而设计的,不能装载其他货物,这种船又称集装箱专用型船。

除上述属于吊装方式的普通船舶以外,还可以采用滚装船和载驳船的运输方式。

滚装船又可称为开上开下型(Roll On/Roll Off,RO/RO)船。用这种船舶在码头装卸集装箱不需要码头的装卸设备,而是利用船舷、船首或船尾处的开口跳板,将集装箱连同底盘车一起拖进(出)船舱。滚装式集装箱船较吊装式集装箱船的优点是:通用性较大,不仅可以装载集装箱和各种车辆,还可装运其他超大件货物;装卸货可不间断地进行流水作业,效率高,而且不受码头装卸设备的限制。其主要的缺点是:舱容利用率低,船舶造价较高。滚装船多用于近洋或沿海短航线运输,特别是在采用水陆联运方式时能收到较好的经济效果。

载驳船(Barge Carrier)又称子母船,即将驳船装入母船体内,集装箱则装在驳船上,而海上运输由母船完成。采用载驳船方式可以加快母船的周转,简化对码头设施的要求。载驳船比较适合于江海联运的情况。

2. 集装箱码头

集装箱码头是指包括港池、锚地、进港航道、泊位等水域以及货运站、堆场、码头前沿、办公生活区域等陆域范围的能够容纳完整的集装箱装卸操作过程的具有明确界限的场所。集装箱码头由于要承接大量的货物吞吐任务,并且要求货物在港口的周转速度快捷,因此,集装箱码头的建设与普通码头的建设在规模上、技术手段上有明显不同。归纳起来,一个现代化的集装箱码头应该具备以下条件。

1)具有一定规模的集装箱运输量

由于一个专用的集装箱码头造价较高(一般 1 个集装箱码头的投资约相当于 3 个件杂货码头的投资),所以只有当集装箱运量达到一定规模时,建造集装箱专用码头在经济上才是合理的。例如,美国的纽约港认为,一般一个泊位的集装箱接纳量大于 50000TEU 时,建造新泊位是合理的。在我国,一般而言,当吞吐量超过 100000TEU 时,拟建一个集装箱专用泊位;而当吞吐量不足时,可先建造所谓的多用途码头(泊位)。

2)应有足够的进港航道及港池水深条件

集装箱船舶比普通的件杂货船舶的船型和载质量大,如载箱量为 1000~2000TEU 的第二代集装箱船舶总吨位达 20000t 以上,而这样的船舶在集装箱专用船舶中已属于中小型的船舶了。这种船型的吃水要求大于 10m,而第三代集装箱船舶的吃水则需 12m。此外,为了保证集装箱运输快捷准时的需要,港口应能保证船舶进出港口不受潮位涨落的影响。

3)有宽阔的陆域面积和堆场

集装箱运输是一种高效率、快捷的运输方式,因此,需要码头能在短时间内能够接纳大量集装箱的进出。同时,港口生产又具有不平衡性,这会对集装箱及时装卸造成影响。如果没有足够面积的堆场以容纳大量在港滞留的集装箱,将会造成港口的堵塞和混乱。为此,在码头设计时就应考虑货物的入库系数(进入堆场的集装箱数与码头操作量之比)为100%,这就要求集装箱专用码头的堆场比普通码头的堆场来得更为宽阔。一般一个集装箱专用码头的陆域纵深为300~400m。

4)便利的集装箱集疏运交通运输网

为了适应集装箱在港口的快速集结和疏散,并且便于实现货物的多式联运,一个集铁路、公路、内河以及航空等集疏运方式于一体的便利的集疏运网络对于集装箱码头来说是非常重要的。

5)配备大型、高效率的集装箱专用机械和设备

集装箱专用码头应配备足够数量且技术性能较高的专用机械设备,以确保车船在港能及时换装。由于集装箱是一种单体较大的货物搬运单元,集装箱运输又是一种快捷的货物运输方式,因此,在集装箱码头上必须采用起质量大、装卸搬运效率高的设备,如集装箱桥式起重机、门式起重机、跨运车、堆高机、叉车等。

6)拥有现代化的通信和生产指挥系统

集装箱运输的高效化是以运输信息传递的便利和高速化为前提的,信息的滞后将影响集装箱运输和装卸的速度。为了满足集装箱运输高效、快捷的需要,采用先进的信息传递手段是非常必要的。这包括两个方面的信息传递:一个是码头与外部客户和相关部门之间信息联系,如电子数据交换(Electronic Data Interchange, EDI)技术;另一个是码头内部的现场指挥与生产调度中心之间的信息联系,如采用对讲机方式、移动电话。

7)具有现代化的管理手段

现代化集装箱码头的有效运作,要求员工具有较高的文化素质和较强的技术能力,同时还需要有先进的管理手段。要求全部生产管理人员能够操作计算机来编制计划,查询生产进度信息,辅助生产调度的决策等。

3. 集装箱堆场

集装箱堆场(Container Yard, CY)是指进行集装箱交接、保管重箱和安全检查箱的场所,有的还包括存放底盘车的场地。由于进出码头的集装箱基本上均需要在堆场上存放,因此,堆场面积的大小必须适应集装箱吞吐量的要求,并根据设计船型的装载能力及到港的船舶密度、装卸工艺系统、集装箱在堆场上的排列形式等因素分析确定。

1)堆场箱区划分

集装箱码头堆场计划布局时,一般按照不同功能和操作特殊要求,对堆场进行功能分类和定位,划分为不同类型的箱区(Yard Block)。

(1)按集装箱流向划分,可分为进口箱区、出口箱区和中转箱区。

(2)按集装箱货物种类划分,可分为普通箱区、危险箱区、冷藏箱区、特种箱区、非标准集装箱箱区等。

(3)按集装箱装载状态划分,可分为重箱区和空箱区。

2)堆场箱区总体布局基本规则

(1)重、空箱分来堆放。

(2)标准箱和非标准箱分开堆放。

(3)冷藏箱、危险品箱、特种重箱堆放在相应的专用箱区。
(4)进口箱和出口箱分开堆放。
(5)中转箱按海关指定的箱区堆放。
(6)出口重箱按装船要求分港、分吨堆放。
(7)空箱按不同持箱人、不同尺码、不同箱型分开堆放。
(8)重箱按堆场载荷要求堆放。

4. 集装箱货运站

集装箱货运站(Container Freight Station, CFS)是指将货物装入集装箱(装箱)或从集装箱内取出(拆箱),并对货物进行储存、保管、收发交接等相关业务的作业场所。

集装箱货运站的主要功能如下:

(1)负责集装箱货物的承运、验收、保管和交付,包括出口拼箱货的积载与装箱,进口拼箱货的拆箱和保管。
(2)负责对库存的货物进行保管、管理及有关统计管理。
(3)负责重箱和空箱的堆存和保管,整箱货的中转。
(4)负责货运单证的交接及签证处理。
(5)负责运费、堆存费的结算。
(6)负责集装箱的检验、修理、清洗、熏蒸等业务,集装箱车辆的维修。
(7)负责其他服务,如代办海关服务等。

5. 集装箱码头装卸工艺

集装箱码头的装卸工艺方式目前主要有以下两种。

(1)装卸桥-跨运车工艺方案。图10-3为装卸桥-跨运车工艺方案示意图。该方案又称为麦逊公司方式。该方案中,"船-场"作业是由装卸桥将集装箱从船上卸到码头前沿地面上,然后用跨运车再把集装箱搬运到集装箱场地的指定箱位上。其中,"场-场""场-集装箱拖运汽车""场-货运站"等作业,均可由跨运车承担。

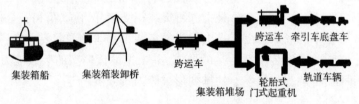

图10-3 装卸桥-跨运车工艺方案示意图

该方案的优点如下:

①码头前沿装卸船的接运采用"落地"作业方式,装卸桥从船上卸下的集装箱不需要对准跨运车,从而提高了装卸桥的装卸效率,节省了作业时间。
②机动灵活。跨运车是一种流动性较强的机械,当港口各种作业在时间上出现不平衡,在某一处作业量大时,可以相应地多配几台跨运车。
③机种少,适应性强。跨运车具有自取、搬运、堆垛以及装卸车辆等多种功能,一种机械可完成多种作业。
④能在场地上将箱子重叠堆垛,一般可堆高2~3层。与底盘车相比,可节省堆场面积。

(2)装卸桥-门式起重机工艺方案。门式起重机可以是轮胎式,也可以是轨道式。目前在我国的集装箱码头上主要采用轮胎式门式起重机。

由于门式起重机不能直接与装卸桥配合交接集装箱,所以这个方案还需要配牵引车挂车,即在码头前沿与堆场之间、前方堆场与后方堆场之间、堆场与货运站之间,需要牵引车挂车作水平搬运集装箱之用。该方案的优点是:

①单位面积堆存量大。由于门式起重机堆箱层数多,因此,单位面积堆存量较大,这在陆域较小的码头上特别显得重要。

②堆场面积利用率高。由于集装箱在门式起重机跨距内可紧密堆垛,不留通道,因此堆场面积利用率高。

③营运费用低。本系统虽初始投资大,但机械设备的维修管理费用低。

④易于实现自动化控制。门式起重机的动作易于程序化,便于电子计算机控制。

相对而言,轮胎式门式起重机比轨道式门式起重机具有更多的优点,故目前采用较多。图10-4 为装卸桥-轮胎式门式起重机工艺方案示意图。图10-5 为装卸桥-轨道式门式起重机工艺方案示意图。

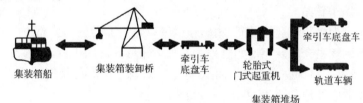

图10-4　装卸桥-轮胎式门式起重机工艺方案示意图

图10-5　装卸桥-轨道式门式起重机工艺方案示意图

二、集装箱公路运输系统

1.公路汽车集疏运集装箱工艺流程

汽车运输是集装箱多式联运物流系统中的第一个和最后一个环节。集装箱运输的经济性集中表现在"门到门"的运输,但它的实现最终只能通过汽车运输予以保证。集装箱多式联运链上的各个环节缺一不可,但从实现集装箱"门到门"运输意义上看,汽车运输更是处于举足轻重的地位,它是实现集装箱"门到门"多式联运中必不可少的环节。汽车运输在集装箱多式联运体系中的作用集中表现在以下几个方面:

(1)配合铁路部门承担铁路集装箱作业货运站与货主仓库(或货场)之间集装箱的集散运输。

(2)配合水运部门承担港口码头与货主仓库(或货场)之间集装箱的集散运输。

(3)承担一定运距范围内城市间公路干线的集装箱直达运输。

(4)承担港站与集装箱中转站或集装箱中转站与货主仓库(或货场)之间的集装箱内陆

延伸及中转运输。

港口国际集装箱的公路集疏运,通常是指将出口集装箱从货主仓库运至码头堆场的集运和将进口集装箱从码头堆场运至货主仓库的疏运。在这一过程中,由于外贸运输条款的不同和货主选择交接货地点的不同,集装箱公路运输工艺流程也不同。目前,我国公路汽车集疏运港口国际集装箱的工艺流程基本上有以下 3 种形式。

1)港口—货主

这种形式一般为整箱运输,即从港口集装箱码头堆场直接运到货主仓库及相反的过程。这种运输形式在一定运距内,对公路运输企业最为理想,可以不必投资建设仓库、堆场和购置装卸机械,运输效率也比较高,是一种典型的"门到门"运输。

2)港口—公路中转站—货主

这种形式先将集装箱从港口由码头堆场运到公路中转站堆存,然后再转运到货主仓库及相反的过程。这种中转形式一般是在码头发生阻塞、压港或者由于货主的原因而不能直接到门的情况下采用。为此,公路运输企业应具有一定能力的集装箱堆场,并配备有集装箱专用装卸机械。

3)港口—公路中转站

这种形式一般为拆装箱运输,即将集装箱从港口码头堆场运到公路中转站拆箱储存,再将箱内货物转运到货主仓库及相反的过程。这种运输形式适用于货流量较小且流向分散的拼箱货,或货主不具备接卸整箱的条件和没有足够的仓储能力的情况。它需要公路运输企业建有拆装箱作业的场地和仓库,并配备小型装卸机械。

2. 集装箱公路运输车辆

1)集装箱牵引车(Tractor)

集装箱牵引车俗称拖车,它本身不具备装货平台,必须与挂车连接在一起,才能拖带集装箱在道路上运行。

牵引车按其驾驶室的形式可分为平头式和长头式两种(图 10-6)。由于各国对公路、桥梁和涵洞的尺寸有严格的规定,车身短的平头式牵引车应用日益增加。

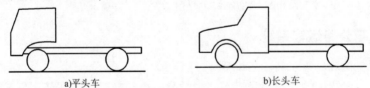

图 10-6 集装箱牵引车

集装箱牵引车按其拖带挂车的方式可分为以下几种:

(1)半拖挂方式[图 10-7a)]。它是用牵引车来拖带装载了集装箱的挂车。由图可见,集装箱的重力由牵引车和挂车的车轴共同分担,故轴压力小。另外,由于后车轴承受了部分集装箱的重力,故能得到较大的驱动力。这种拖挂车的全长较短,便于倒车和转向,安全可靠;挂车前端的底部装有支腿,便于甩挂运输。

(2)全拖挂方式[图 10-7b)]。它是通过牵引力杆架与挂车连接,牵引车本身可作为普通载重货车使用。挂车也可用支腿单独支承。全挂车是仅次于半拖挂车的一种常用的拖带方式,操作比半拖挂车困难。

(3)双联拖挂方式[图10-7c)]。它是在半拖挂方式后面再加上一个全挂车,实际上是牵引车拖带两节底盘车。这种拖挂方式在高速行进时,后面一节挂车会摆动前进;后退时,其操纵性能不好,故目前应用不广。

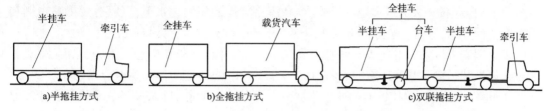

图 10-7　集装箱牵引车拖带挂车的方式

2)集装箱挂车(Trailer)

挂车是汽车列车组合中的载货部分,在牵引车的带动下实现货物的转移。挂车车身可按货物的不同要求制成各种专用或特殊结构,如罐式挂车、厢式挂车、集装箱挂车、自卸挂车等。根据牵引连接方式,挂车可分为全挂车和半挂车两种。全挂车完全靠拖挂的车辆,通过牵引钩和挂钩与牵引车相连,其本身的质量和装载质量不在牵引车上,而半挂车其部分质量通过鞍式牵引座由半挂牵引车承担。目前,集装箱公路运输车辆主要采用的是半挂车。

集装箱半挂车(Semi-trailer)有以下几种:

(1)平板式集装箱半挂车。这种半挂车除有两条承重的主梁外,还有若干横向的支撑梁,并在这些支梁上全部铺上花纹钢板或木板。同时在应装设集装箱固定装置的位置,按集装箱的尺寸和角件规格要求,全部安装旋锁件,因而它既能装运国际标准集装箱,又能装运一般货物。在装运一般货物时,整个平台承受载荷。平板式集装箱半挂车由于自身质量较大,承载面较高,所以只有在需要兼顾装运集装箱和一般长大件货物的场合才采用。

(2)骨架式集装箱半挂车。这种半挂车专门用于运输集装箱。它仅由底盘骨架构成,而且集装箱也作为强度构件,加入半挂车的结构中予以考虑。因此,其自身质量较轻,结构简单,维修方便,在专业集装箱运输企业中普遍采用。

(3)鹅颈式集装箱半挂车。这是一种专门运载 40ft 集装箱的骨架式集装箱半挂车。其车架前端拱起的部分称作鹅颈。当半挂车装载 40ft 集装箱后,车架的鹅颈部分可插入集装箱底部的鹅颈槽内,从而降低了车辆的装载高度,在吊装时还可起到导向作用。鹅颈式半挂车的集装箱固定转锁装置与骨架式半挂车稍有不同。

3. 集装箱公路甩挂运输

甩挂运输是指牵引车按照预定的运行计划,在货物装卸作业点甩下所拖的挂车,换上其他挂车继续运行的运输组织方式。牵引车与挂车的组合不受地区、企业、号牌不同的限制,但牵引车的准牵引总质量应与挂车的总质量相匹配。集装箱公路甩挂运输是一种运输组织方式,是基于既有设备的一种创新型道路运输组织形式。现阶段,我国甩挂运输的主要形式是以单体货车或半挂牵引车加挂 1 辆半挂车组成为主。

采用甩挂运输具有以下优点:

(1)运输成本低。"一车多挂"可以减少对牵引车的购置成本,提高每辆牵引车的有效工作时间,在节约了购车成本的同时,也避免了车辆无效行驶费用的发生。

(2)运输效率高。由于车辆到达目的地后,牵引车将挂车甩下,换上新的挂车运往另一个目的地,牵引车可以节约大量的装卸时间和等待装卸时间,提高了运输效率。

(3)物流成本低。由于甩挂运输具有灵活、高效、节能等特点,为生产企业实现零库存提供了条件,减少了物流成本。

(4)节能减排。大力发展甩挂运输,提高道路货运的集约化水平,可以有效提高车辆和能源的使用效率,进而大幅降低全行业的单位能耗强度和二氧化碳排放强度。

发达国家大量采用甩挂运输可追溯至20世纪40年代。最初的想法是为了满足多式联运中诸如滚装运输和驮背运输的需要,其后又推广到一些大型汽车货运企业内。

20世纪90年代,甩挂运输的理念才被引入我国。1996年,国家经济贸易委员会和交通部、公安部联合印发《关于开展集装箱牵引车甩挂运输的通知》,要求各地支持运输企业开展集装箱牵引车甩挂运输。为贯彻促进我国甩挂运输发展,2009年交通运输部、国家发展和改革委员会、公安部、海关总署和中国保险监督管理委员会五部委联合印发了《关于促进甩挂运输发展的通知》(交运发〔2009〕808号),提出通过政策引导,进一步加大对站场建设的投资力度,对传统货运站场进行升级改造,逐步构建层次清晰、功能完善、衔接顺畅的站场节点体系。2010年10月,国家发展和改革委员会、交通运输部共同制定了《甩挂运输试点工作实施方案》。2012年,财政部和交通运输部共同推出了《公路甩挂运输试点专项资金管理暂行办法》;2020年,交通运输部组织编制了《滚装甩挂运输操作规程》(JT/T 1388—2021)等4项行业标准。但是受组织化程度、货运站场功能、信息化建设及运输车辆配备等制约,我国的甩挂运输规模还较小,未来有比较大的发展空间。

4. 集装箱公路运输中转站装卸工艺

1)公路中转站的作用及其主要功能

在国际集装箱多式联运链中,公路中转站作为港口码头、铁路货站向腹地延伸的后方基地和运输枢纽,对促进外贸运输的发展和缓解码头前沿、车站货场的压力等方面,都起着重要的作用,是内陆腹地运输中的一个重要作业点。

目前,我国建设中的公路中转站其主要功能包括以下5个方面:

(1)承担港口、车站和货主之间的集装箱中转运输和"门到门"运输,实现集装箱在内地的堆场交接方式,并为组织腹地内的干支线、长短途运输或水陆联运的衔接配合创造有利条件。

(2)办理集装箱拼箱货的拆装箱作业以及货物的仓储和向货主的接取送达,起到集装箱在内地的货运站作业功能。

(3)进行空、重集装箱的装卸、堆存和集装箱的检查、清洗、消毒、维修等作业,并可作为船公司箱管部门或外轮代理部门在腹地指定的还箱点,进行箱子的调度作业。

(4)对中转站的车辆、装卸机械进行检查、清洗、维修和停放。

(5)为货主代办报关、报检、理货及货运代理等业务。

2)公路中转站站址的选择及其设置规模

正确选择集装箱公路中转站的站址,应体现其技术上可行,经济上合理,满足集装箱的合理运输需要,且投资合理:中转站建成投产后,可获得较好的社会效益和较高的企业经济效益。公路中转站站址选择的基本原则如下:

(1)站址应设在便于与港口码头或铁路车站联系的位置。

(2)站址要贴近生产地或消费地,如出口商品加工区、物资仓库区等。

(3)站址应选择在物流量大的交通枢纽或公路、铁路干线地区,以便于开展公铁水联运和公路直达运输。

(4)要避免增加运输环节和货物倒流,尽可能缩短车辆空驶里程,车辆进出站要方便。

(5)站址选定地区的地质要满足要求,站区地基土的容许承载力要大于 $5t/m^2$,地下水的最高水位要在土的冻结深度以下,要避开断层、塌方、滑坡地带,要使开挖的土石方量最少。

(6)选择站址要能尽量利用城市供水、排水管道和供电线路,从而减少站外管线的工程量,但站区内及站外 10m 以内不能接近高压输电线路。

集装箱公路中转站的设置规模,主要依据中转站设计年度的年箱运量和年堆存量而定。按照《集装箱公路中转站级别划分、设备配备及建设要求》(GB/T 12419—2005)的规定,公路中转站的规模划分为如下。

(1)一级站:

①位于沿海地区,年箱运组织量在 30×10^3 TEU 以上或年箱堆存量在 9×10^3 TEU 以上的集装箱中转站。

②位于内陆地区,年箱运组织量在 20×10^3 TEU 以上或年箱堆存量在 6×10^3 TEU 以上的集装箱中转站。

(2)二级站:

①位于沿海地区,年箱运组织量在 $16\times10^3\sim30\times10^3$ TEU 之间或年箱堆存量在 $6.5\times10^3\sim9\times10^3$ TEU 之间的集装箱中转站。

②位于内陆地区,年箱运组织量在 $10\times10^3\sim20\times10^3$ TEU 之间或年箱堆存量在 $4\times10^3\sim6\times10^3$ TEU 之间的集装箱中转站。

(3)三级站:

①位于沿海地区,年箱运组织量在 $6\times10^3\sim16\times10^3$ TEU 之间或年箱堆存量在 $3\times10^3\sim6.5\times10^3$ TEU 之间的集装箱中转站。

②位于内陆地区,年箱运组织量在 $4\times10^3\sim10\times10^3$ TEU 之间或年箱堆存量在 $2.5\times10^3\sim4\times10^3$ TEU 之间的集装箱中转站。

3)公路集装箱中转站装卸工艺

(1)公路中转站的集装箱堆场装卸工艺。在集装箱中转站内,集装箱和货物的装卸搬运工作量在中转站的全部作业量中占有很大比重。在集装箱装卸作业过程中,装卸作业的停歇时间对运输车辆的生产率和成本影响很大,而且运距越短,影响程度越大。因此,正确选择装卸工艺和装卸机械,合理组织装卸作业,使车辆停歇时间缩短、耗费的装卸劳动量减少、运输装卸成本降低,是中转站生产建设中要解决的关键问题。

集装箱中转站堆场装卸作业典型工艺方案有以下 6 种:

①采用轮胎式门式起重机的装卸工艺方案。由于目前国内公路中转站的规模都比较小,门式起重机的价格又较昂贵,故很少采用。

②采用跨运车的装卸工艺方案。目前国内公路中转站尚未采用。

③采用集装箱正面吊运机的装卸工艺方案。从国外和国内使用情况来看,该方案的使

用率正呈上升趋势,是集装箱装卸机械更新换代的产品。

④采用集装箱叉车的装卸工艺方案。目前,我国新建的公路中转站因叉车使用的机动灵活、购价较低而被广泛采用。

⑤采用汽车式起重机或轮胎式起重机的装卸工艺方案。这种方案的堆场利用率比较低,工作效率也不高。因此,一般用于集装箱堆存量较少的中转站或作为辅助备用的装卸机械。

⑥底盘车工艺方案。该方案一般适用于规模不大的中转站。

(2)公路集装箱中转站的拆装箱库装卸工艺。图10-8是拆装箱工艺示意图。集装箱拆装箱库的装卸工艺可分为机械式、人工式和输送式3种。机械式装卸工艺是指采用小型低门架叉车、电瓶叉车直接通过搭板进入箱内作业。它要与托盘配合作业,箱内货物未采用托盘码垛时,可在叉车货叉上叉一个托盘作业。有些大件货物有叉槽的,可直接用货叉搬运。人工式装卸工艺则完全采用人力作业或采用小型推车搬运堆码。输送式装卸工艺是采用输送带进行作业。

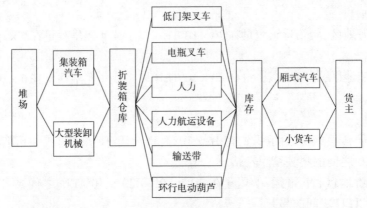

图 10-8 拆装箱工艺示意图

拆装箱库面积的确定取决于中转站的年拆装箱量、货物的仓储堆存期限、拆装箱作业的工艺方案和货物的分类。

拆装箱库面积可按以下计算公式确定:

$$A_{拆} = \frac{C_1 G S_1 g}{f} \tag{10-1}$$

式中:C_1——日平均拆装箱数量,TEU/d;

G——每箱货物的平均质量,一般取 10t/TEU;

S_1——货物平均堆存期,一般取 3~5d;

g——堆存每吨货物所需面积,一般取 2~3m²/t;

f——面积利用系数,一般取 0.5~0.6。

三、集装箱铁路运输系统

1. 铁路集装箱运输组织方式

铁路集装箱运输组织方式主要有集装箱定期直达列车、集装箱专运列车、一般快运货物列车以及普通货运列车4种。

1)集装箱定期直达列车

最早采用集装箱直达运输的国家是英国。近年来,美国、法国、德国、瑞士和比利时等国家都比较广泛地采用集装箱直达方式来组织货物运输。集装箱直达列车有以下几个特点:

(1)定点、定线、定期运行,需预报收、发货人,预约箱位,准时发到,实行有计划的接取送达,实现"门到门"的运输。

(2)固定车底,循环使用。这类列车一般白天等待装卸,晚上行车,第二天到达。短途直达列车甚至可以当晚始发,当晚到达,当晚返回原发站。

(3)对终端站要求不高,一般在一个门式起重机下有2~3股道和一条汽车通道用于中转换装。大的换装办理站线路上有2~3台门式起重机,下有6股线路。门式起重机一侧悬臂下用于存放集装箱,另一侧作为汽车通道,即可完成直达要求。

(4)列车在到达几分钟后就开始装卸。在大的中转换装站,列车从到达开始装卸,到装妥列车启程返回一般不超过2h,这对加速易腐货物的运输十分有利。

(5)列车编组不长,多为20辆专用车。

根据上述特点,集装箱定期直达列车能满足列车与列车之间的密切衔接、铁路与公路之间的密切衔接,使相互间的换装加快,从而满足货主尽快装车、尽快到达、尽快供应市场的要求。

2)集装箱专运列车

集装箱专运列车与定期直达列车的相同之处在于它们都在铁路运行图上有专门的运行线;不同之处在于专运列车虽然也是运送大批量的集装箱且运程较长,但不是定期的,可以解决货源不均衡或者船期不定的矛盾。

3)一般快运货物列车

对不能编入定期直达和集装箱专列中的小批量集装箱,可编入快运列车。

4)普通货运列车

对量小、去向不稳定的集装箱可以编入普通货运列车输运。

2. 铁路集装箱运输工艺

铁路集装箱运输基本工艺可以概括为从甲地集装箱办理站运至乙地集装箱办理站,再运至货主处。

铁路集装箱办理站主要用轨道式门式起重机进行集装箱的装卸作业,甲地集装箱办理站将承运的集装箱吊装到集装箱专用车或代用车辆上运走,到达乙地集装箱办理站后,再用门式起重机卸下集装箱,放在堆置场上。然后,由门式起重机将集装箱吊起装到拖挂车、半挂车或载货汽车上运至货主处。

如果是定期直达列车,因事先已有预报,可用门式起重机直接将集装箱吊起卸至拖挂车、半挂车、载货汽车等公路运输车辆上,直接运到货主处。

多式联运中的集装箱是从海船经岸边集装箱起重机卸至码头前沿地面上,然后用搬运机械或路运车辆把集装箱搬运到集装箱场地的指定箱位上。在有铁路专用线的港口则可用跨运车、轮胎式门式起重机、轨道式门式起重机等将集装箱由码头堆场直接装到铁路专用车或代用车上,经编组后由铁路组织输送。如果港口集装箱码头的装卸工艺是采用岸边集装箱起重机-门式起重机方案,由于门式起重机不能直接与岸边集装箱起重机配合交接集装箱,因此,尚需配备牵引车等在码头前沿与堆场之间作水平搬运集装箱之用。

3. 铁路集装箱办理站装卸工艺

1) 办理站的设置原则

设置铁路集装箱办理站应遵循以下原则:

(1) 集装箱办理站必须有足够的集装箱运量,有稳定的货源。

(2) 集装箱办理站一般设在铁路枢纽地区出入方便的车站,以便于集装箱运进和运出。

(3) 集装箱办理站具有足够的场地供集装箱办理装卸和中转,有存放空、重箱的场地,办理站内要便于车辆的取送和交接。

(4) 集装箱办理站应具备进行集装箱的装卸和中转换装能力,作业可靠,装卸和换装效率高。

2) 集装箱办理站的职能

集装箱办理站是组织集装箱运输,办理集装箱的装、卸、到、发、集并与存储等业务的车站,具体职能为:

(1) 调查货物的流量流向,把适箱货纳入集装箱运输,应按合理集结、多装直达、及时运输、减少回空的原则组织运输。

(2) 对到、发和进、出站集装箱及中转、修理集装箱必须有准确的记载,保证统计正确,防止集装箱丢失。

(3) 对进站集装箱发现破损,应及时要求送箱人办理索赔事宜。办理站每日要与站外存箱单位核对存留箱日况表,及时催还没有按时回送的集装箱。定期清理集装箱,及时上报铁路局。

(4) 在集装箱装车和卸车时,应核对箱号,检查箱体和施封情况。中转站发现中转集装箱施封丢失、封印内容不符、施封失效时,应在当时清点箱内货物、补封,并编制货运记录。中转集装箱破损的,如不危及货物安全可继续运送;如不能继续运送,应清点和检查箱内货物,进行换装、补封,并编制货运记录。办理站装车时应填集装箱专用车或货车装载清单,记清箱号和对应的施封号。卸车时发现集装箱施封锁丢失、封印内容不符、施封失效的,应在当时清点箱内货物,并编制货运记录。

(5) 具有修箱和洗箱的能力。

4. 铁路集装箱办理站布置

铁路集装箱办理站设有装卸线、作业区场地、箱区等设施。

1) 装卸线

配置装卸线的股道数及长度根据集装箱运量的大小确定,同时,与集装箱场地条件和取送车数有关。

装卸线在集装箱门式起重机下的布置方案有 3 种:跨度内靠走行轨道旁(简称跨内一侧)、跨度中间(简称跨中)、跨度外两端悬臂下(简称悬臂下)。各站可根据不同地形条件、作业性质和箱区及通道等形式来选取。选择跨内一侧方法,使箱场的布置比较协调,对装卸作业和箱场管理也有利,效率比在悬臂下布置要高,由于比跨中布置大大减少了穿越车底的次数,作业较安全,同时也比跨中布置少占用跨度的宽度,因而增加了箱位面积。

2）作业区场地

作业区场地面积大小，主要取决于集装箱货运量。根据集装箱货运量，场内存放的重、空集装箱数量，以及每日作业量、作业方式、存放集装箱数、保管期限、堆放层数、"门到门"运输比重和集装箱场地的备用系数等条件，计算办理站需要的箱位数。在此基础上，综合考虑作业区的自动化程度、装卸机械类型、道路布置形式等因素计算集装箱堆场的总面积。

集装箱堆场箱位数（E）一般可按下式计算：

$$E = a[(1-P_1)B_1 N_{卸} t_{卸} + (1-P_2)B_2 N_{装} t_{装} + \gamma(N_{装}+N_{卸})t_{修}] \qquad (10\text{-}2)$$

式中：a——在指定的集装箱运量条件下，由于货车到站不均衡所造成的装卸作业不平衡系数；

P_1、P_2——由于直接办理"门到门"运输的换装作业，而不在场内存放的集装箱数量分别占卸车或装车集装箱数量的百分数（直接换装系数）；

B_1——由于到达集装箱在规定期限内未提走而造成保管时间增加的系数；

B_2——集装箱空箱位需要量的系数；

$N_{装}$、$N_{卸}$——平均每昼夜装、卸的集装箱数；

$t_{装}$、$t_{卸}$——发送和到达的集装箱在场内的保管期，d；

γ——为保管技术状态不良的集装箱，场地需要面积的附加系数；

$t_{修}$——技术状态不良的集装箱在场内的计算保管期，d。

若该集装箱堆场除办理到达与发送集装箱作业外，还办理中转集装箱作业，则还须加算存放中转集装箱需要的箱位数。集装箱在站的停留时间，一般到达按 3d 计，发送按 2d 计，中转按 1d 计。

3）箱区

（1）到达和发送箱区。到达和发送箱区是办理到达的集装箱用拖挂车、半挂车、载货汽车送到货主处，把货主托运的集装箱送到集装箱办理站作业的场区。

到达的集装箱，应卸在靠近道路的箱位上，以便于装上汽车；发送的集装箱，则需安排在便于装上铁路车辆的箱位上。

如果办理站受场地限制，国际大型标准箱与国内箱在同一货区时，大型标准箱应设在堆场的尽头处。

（2）中转箱区。对于中转量小的集装箱办理站，中转箱区可与到发箱区混用。对于中转作业量大的集装箱堆场，应布置在便于车辆作业线之间进行换装的地方。中转时间长的集装箱可选择停放在作业不繁忙的箱位上。

（3）拆装箱区。场内拆装箱是集装箱运输的一种落后作业形式，随着集装箱运输的发展，货主的装卸设备逐渐完善，这个箱区面积将逐渐减小。拆装箱区应选择在场地较宽阔且与门式起重机或其他设备作业干扰较少的悬臂下作业，也可以单独设置在装卸场地以外。

（4）备用箱区。备用箱区可以与存放箱区视为一体，是为了满足那些不能及时取走的集装箱存放的需要，减少其占用集装箱货场主要装卸机械作业范围内箱位时间而设置的箱区。备用箱区可以提高箱位的利用率，便于对集装箱进行集中管理。

（5）维修箱区。维修箱区是用于存放待修箱和已修箱的箱区。

四、航空集装箱

1. 航空集装箱的种类

航空运输的集装箱是一种根据航空运输器容积设计的特殊的成组装运设备,它在尺寸、结构和容积方面与其他运输方式所使用的集装箱有所不同。航空公司所关心的是避免飞机的损伤和减轻集装箱的自重,所以,所有空运集装箱和国际航空协会批准的成组货载装置都比国际标准化集装箱要轻得多。

用于航空运输的集装成组用具(ULD)的主要种类如图 10-9 所示。其中,航空用成组用具是航空专用的,而非航空成组用具则是国际标准集装箱。

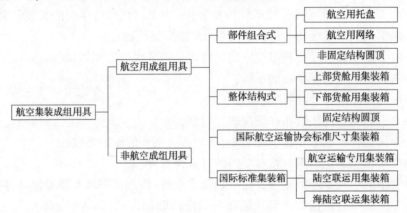

图 10-9　用于航空运输的集装成组用具(ULD)的主要种类

2. 航空集装箱的结构

装在飞机机舱内的航空专用集装箱可称为机腹式集装箱,飞机货舱分上部和下部两层,上部为客机的客舱位置。由于机舱呈圆桶形,这便要求航空集装箱外形与机舱的形状必须相匹配,以充分利用机舱的容积。机腹式集装箱根据机舱所划分的上、下两层,又可以分为上部货舱用集装箱和下部货舱用集装箱两种。上、下部货舱用集装箱又有整体形和半体形之分,半体形根据机舱位置分为左、右两种形状。

上部货舱用集装箱又称主货舱用集装箱,主货舱的位置相当于客机上客舱的位置。下部货舱用集装箱则是安放在机舱下部的集装箱。

航空集装箱依照货物要求分为空调箱、柔软箱、挂衣箱等,其尺寸、质量与海运箱都不同。一般海运箱要求坚固耐压,空运箱要求轻;海运箱方正,空运箱多有缺角者。这些不一致在一定程度上影响了海空联运的发展。

第三节　集装箱运输组织

一、集装箱水路运输组织

1. 集装箱水路运输组织的关系方

集装箱水路运输组织的相关各方,主要包括经营集装箱运输的船公司、无船承运人、集装箱出租公司、集装箱装卸作业区以及集装箱货运站等。

1) 经营集装箱运输的船公司

经营集装箱运输的船公司与经营传统的散杂货运输的船公司相比,在经营上有以下特点:

(1) 大多数公司采用舱位互租、共同派船、码头经营、集装箱互换、设备共享等联合经营方式。这是因为个别企业单独经营集装箱运输常受财力限制,同时也受到集装箱货源和船队效率的限制。

(2) 承运人的责任从船边延伸到两端陆地上、内陆腹地或其他支线集散地点,即承运人的责任从接收货物时起至交付货物时止。

(3) 在经营具体运输业务时有两套运输组织系统,即传统的货运订舱、单证签发的业务系统和集装箱经营管理系统。

2) 无船承运人

无船承运人(Non-Vessel Operating Carrier, NVOC)是指以承运人身份接受托运人的货载,签发自己的提单或者其他运输单证,向托运人收取运费,通过国际船舶运输经营者完成国际海上货物运输,承担承运人责任的国际海上运输经营活动。

无船承运人与集装箱船公司的关系有两重性。一方面,当无船承运人仅把货物交给船公司托运时,他与船公司的关系是货方与船方的关系。实际上,无船承运人并非真正的货主,而是一个中间商,尽管对真正的货主来说,他是一个承运人。另一方面,当无船承运人有权签发其自己的提单时,他又成为承运人,而船公司则成为实际承运人。

在国际集装箱多式联运中,无船承运人往往就是多式联运经营人。

《中华人民共和国国际海运条例》中所提及的无船承运业务,是指包括为完成该项业务围绕其所承运的货物开展的下列活动:

(1) 以承运人身份与托运人订立国际货物运输合同。

(2) 以承运人身份接收货物、交付货物。

(3) 签发提单或者其他运输单证。

(4) 收取运费及其他服务报酬。

(5) 向国际船舶运输经营者或者其他运输方式经营者为所承运的货物订舱和办理托运。

(6) 支付港到港运费或者其他运输费用。

(7) 集装箱拆箱、集拼箱业务。

(8) 其他相关的业务。

3) 集装箱出租公司

由于集装箱的租赁可以使船公司减少置箱成本,节省因闲置箱所产生的管理费用的支出,也可以消除因货物流量和流向的不平衡所产生的空箱运输等,所以得到了快速的发展。据不完全统计,目前世界上有影响的集装箱船公司在其航线上所配置的集装箱,有40%以上是向集装箱出租公司租赁的。

4) 集装箱装卸作业区

在集装箱运输中,集装箱装卸作业区接受船公司的委托,办理以下有关业务:

(1) 整箱货的交接、存储和保管。

(2)没有货运站时,办理拼箱货的交接和装箱、拆箱。

(3)安排集装箱船的靠泊、装卸和编制积载计划。

(4)编制有关货运单证。

(5)编制并签署集装箱及载运工具的出入及流转的单证。

(6)联系或办理集装箱及其载运工具、装卸机械的检查、维修及空箱的清扫,空箱或重箱的熏蒸工作。

(7)空箱的收发、储存和保管。

(8)安排空箱和重箱在场地的堆码和编制场地分配计划。

(9)提供冷藏集装箱所需的电源。

(10)向船公司报告到港集装箱的动态。

(11)向有关方结算费用等。

集装箱装卸作业区中的集装箱后方堆场,是船公司或其代理人调集、储存集装箱、接收货箱、货主提取空箱以及收货人拆箱后退回空箱的场地。

5)集装箱货运站

集装箱货运站接受船公司委托,代表船公司办理船货双方对拼箱货的交接。集装箱货运站代表船公司具体办理以下业务:

(1)拼箱货的理货和交接。

(2)检验货物的外表状况,验收货物,并签发港站收据,发现货物有异常时,在港站收据上做出批注。

(3)拼箱货的配箱、积载和装箱。

(4)进口货箱的拆箱、卸货和保管。

(5)货物装箱后在箱门上施加铅封。

(6)办理各项单证的签发和缮制。

(7)联系海关监装。

(8)同有关方结算费用等。

2. 集装箱水路运输组织的基本程序

1)集装箱货物的集散方式

一般情况下,集装箱货物是通过以下方式组织集散的:发货人将分散的小批量货物先在内陆一些地点集中,等组成大批量货源时,通过内陆运输将其运至集装箱码头,装船后通过海上运输运抵卸货港,再通过卸货港的内陆运输将集装箱货物运送到最终目的地。在上述集装箱货物的流通过程中,货物的集散呈现两种状态,即整箱货集散和拼箱货集散。前者由货主负责装箱,填写装箱单,并加海关封志,在集散过程中习惯上只有一个发货人和一个收货人;后者则由集装箱货运站负责装箱,填写装箱单,并加海关封志,在集散过程中涉及几个发货人和几个收货人。

2)集装箱货物的交接方式

在集装箱运输过程中,由于集散方式呈两种状态,使其交接方式可以有以下几种:

(1)门到门交接(Door to Door)。

(2)门到场交接(Door to CY)。

(3)门到站交接(Door to CFS)。
(4)场到门交接(CY to Door)。
(5)场到场交接(CY to CY)。
(6)场到站交接(CY to CFS)。
(7)站到门交接(CFS to Door)。
(8)站到场交接(CFS to CY)。
(9)站到站交接(CFS to CFS)。

3)集装箱货运组织的基本程序

(1)订舱。订舱又称"暂定订舱",是指发货人或托运人根据贸易合同或信用证有关规定,向船公司或其代理人或经营人申请订舱,填制订舱单。

(2)接受托运申请。接受托运申请又称"确定订舱",应区别接受托运申请前后两种不同的做法。

①接受托运申请前,船公司或其代理人应考虑航线、港口、运输条件等能否满足托运人的具体要求。

②接受托运申请后,船公司或其代理人应着手编制"订舱清单",分送码头堆场和货运站,据以安排空箱调运和办理货运交接手续。

(3)发放空箱。一般应区别整箱托运和拼箱托运两种情况。整箱货空箱由发货人或其货运代理人到码头堆场领取;拼箱货空箱由集装箱货运站负责领取。

(4)拼箱货装箱。由发货人将拼箱货送至货运站,由货运站根据"订舱清单"核对"场站收据"后装箱。

(5)整箱货交接。一般由发货人或其货运代理人自行负责装箱,并加海关封志,然后将整箱货送至码头堆场。码头堆场根据订舱清单核对场站收据及装箱单后验收货物。

(6)集装箱交接签证。码头堆场在验收货物和集装箱后,应在场站收据上签字,并将已签署的场站收据交还给收货人或其货运代理人,据以换取提单。

(7)换发提单。发货人或其货运代理人凭已签署的场站收据向船公司或其代理人换取提单,凭提单向银行结汇。

(8)装船。码头堆场根据待装船的货箱情况,制订装船计划,待船舶靠泊后即安排装船。

(9)海上运输。

(10)卸船。船舶抵达卸货港前,卸货港码头堆场根据装货港代理人寄送的有关货运单证,制订卸船计划,待船舶靠泊后即安排卸船。

(11)整箱货交付。如果内陆运输由收货人或其货运代理人自行安排,则由码头堆场根据收货人或其货运代理人出具的提货单将整箱货交付。否则,将由承运人或其代理人安排内陆运输将整箱货运至指定地点交付。

(12)拼箱货交付。拼箱货交付一般需在指定的货运站掏箱,然后由货运站根据提货单将拼箱货交付给收货人或其货运代理人。

(13)空箱回运。收货人或其货运代理人或货运站在掏箱完毕后,应及时将空箱运回到指定的码头堆场。

二、集装箱铁路运输组织

1. 铁路集装箱运输组织形式

铁路集装箱运输组织形式主要有以下4种。

1) 整列的集装箱运输

我国从1989年开始的大连—长春国内集装箱专列,已发展至"义新欧""汉新欧""渝新欧"等国际集装箱专列,随着"一带一路"倡议的大力推进,由集装箱专列发展到集装箱班列,并已从国内多个省份连接中亚和欧洲的多个国家。

2) 整车的集装箱运输

目前已有不少国家使用集装箱专用货车,长度在60~90ft之间,一车可装3~4TEU。为争取集装箱货源,有的国家铁路当局规定铁路集装箱运价按整车收取,即集装箱总长不得超过80ft,装多装少均按整车计费。

3) 整箱的集装箱运输

对货运量仅能装满一个整箱,但不足一整车的货物,有些国家为发展铁路集装箱运输,方便这类货主托运集装箱,则采取按整箱计收运费。

4) 拼箱的集装箱运输

拼箱的集装箱货源则是由运输部门根据不同的货主托运的货物,经整理后进行装载的集装箱货物,也就是一箱有几个货主的货物。

2. 铁路集装箱货运站的职能

铁路集装箱货运站按其业务性质与服务范围的不同可分为两种:一种是集装箱运量较大且为定期直达列车的始端或终端站,因此也有中心站之称;另一种是集装箱货运量较小,仅负责办理集装箱运输业务的,通常称为办理站。

1) 建立集装箱货运站的条件

一般说来,建立集装箱货运站必须具有以下条件:

(1) 有一定数量且又稳定的集装箱货源。

(2) 有装卸和搬运集装箱的机械设备。

(3) 有一定面积且硬化面堆场。

(4) 有办理业务的专职人员以及健全的运输组织机构。

(5) 具有与其他运输方式相衔接的条件。

2) 集装箱货运站的具体职能

从目前各种类型的集装箱货运站来看,一般都具有两种职能,即商务职能和技术职能。

(1) 集装箱货运站的商务职能:

①受理集装箱货物的托运申请。

②办理装卸箱业务。

③编制装车计划。

④向到站发出到达预报通知。

⑤编制有关单证。

⑥核收有关费用。
⑦装箱、拆箱以及加封等。
(2)集装箱货运站的技术职能：
①提供适合装货、运输的集装箱。
②安排集装箱装卸、搬运等机械。
③联系其他运输方式。
④有修箱、洗箱的能力。
⑤定期清理集装箱，及时催还未送回的空箱等。

3. 铁路集装箱货物的中转

铁路集装箱货物的中转作业主要分以下3个步骤。

1)编制集装箱货物中转配装计划

(1)详细核对中转计划表，包括方向、主要到站和站存箱数以及已开始作业和待运的站存箱数。

(2)确定中转车的去向，审核到达货票，并根据到达待送车的货票，统计中转集装箱去向，确定重车卸后的新去向。

(3)编制集配计划。集装箱包括停留在堆场的待装箱、各到达车装载的集装箱以及各货车之间相互过车的箱数(卸下的箱要确定堆存箱位)。

(4)根据集配计划，结合送车顺序，确定货车送入后的中转车作业顺序。

(5)传达中转作业计划。货运员和装卸工班对计划进行复查核对，做好作业前的准备工作。

2)安排集装箱货物中转作业

(1)确定集装箱中转作业的顺序。在货车送妥后，根据中转作业计划，首先卸下落地箱，再将过车箱装载在应过的车上，最后整理仍在车上的其他货箱。在进行车内整理作业时，要检查留在车内集装箱的可见箱体和铅封状态，以便划分责任。

(2)进行加装。

(3)作业完毕后对货车进行加封。

3)集装箱货物中转作业后的整理工作

集装箱货物中转作业后的整理工作，既是对中转工作质量的检查，也是下一次作业的开始。其作业程序包括以下内容：

(1)整理复查货位。
(2)整理复查货运票据。
(3)填写集装箱中转登记簿和有关报表。
(4)移交货运票记、报表。
(5)准备下一次中转计划。

4. 铁路集装箱货运组织的基本程序

(1)确定集装箱承运日期表。集装箱承运日期表是集装箱货物按计划组织运输的重要手段，其作用在于使发货人明确装往某一方向或某一到站的装箱日期，有计划地安排货物装箱，以及准备短途搬运工具等。

(2) 受理集装箱货物的托运。受理集装箱货物的托运一般可采取以下方法。

① 随时受理。随时受理可采取以下两种办法：

a. 按装箱计划或承运日期表规定的日期，在货物运单上批注进箱（货）日期，然后将运单退还给发货人，适用于箱源量大的情况。

b. 集中审批，由受理货运员根据货物运单，按去向、到站分别登记，待凑够一车时集中一次审批，并由发货人取回运单，适用于箱源量不大的情况。

② 驻在受理。所谓驻在受理，是指车站在货源比较稳定的工厂、工矿区设受理室，专门受理托运的集装箱货物。在货物运单受理后，批准进箱（货）日期，或由驻在货运员把受理的运单交货运室统一平衡，集中审批。

③ 电话受理。所谓电话受理，是指车站货运室根据发货人用电话登记托运的货物，统一集配，审批后用电话通知发货人进箱（货）日期；在进箱（货）同时，向货运室递交运单，审核后加盖进货日期戳记。

(3) 审核货物运单。受理货运员在接到运单后，应按有关规定逐项审核以下内容：

① 托运的货物能否装载集装箱运输。

② 所到站能否受理该吨位、种类和规格的集装箱。

③ 应注明的事项是否准确、完整。

④ 有关货物的质量、件数、尺码等是否按规定填写等。

(4) 发放空箱。车站在发放空箱时，应认真检查集装箱外表状况是否会影响货物的安全运输而产生不应有的责任。

(5) 接收和承运集装箱货物。发送货运员在接收集装箱货物时，必须对由发货人装载的集装箱货物逐箱进行检查，符合运输要求的才能接受承运。接收集装箱货物后，车站在货物运单上加盖站名、日期戳记，表明自此时起货物已承运。

(6) 装车。

(7) 卸车。

(8) 交付集装箱货物。

三、集装箱公路运输组织

1. 集装箱公路运输组织形式

1) 计划调拨运输

计划调拨运输是指由公路运输代理公司或配载中心统一受理本口岸进出口的集装箱货源，并由代理公司或配载中心根据各集卡公司（车队）的车型、运力以及基本的货源对口情况，统一编制调拨运输计划，并根据这一计划组织的公路运输。

2) 合同运输

合同运输一般是在计划调拨运输以外或有特殊要求的情况下可采用的运输形式。它是由船公司、货代理或货主直接与集装箱货车公司（车队）签订合同，确定某一段时间运箱量多少。虽然这是计划外的，但是长期的合同运输事实上也列入了计划运输之中。这对稳定货源、保证计划的完成同样具有积极的意义。

3) 临时托运

临时托运可视为小批量的、无特殊要求的集装箱运输。一般说来,临时托运不影响计划运输和合同运输的完成。这主要是一些短期、临时的客户托运的集装箱,但也是集装箱货车公司(车队)组货的一种不可缺少的运输组织形式。

2. 集装箱公路运输组织的形式

1) 委托公路运输代理公司或配载中心组货

集装箱公路运输代理公司或配载中心的组货能力很强,这不仅在于它们作为专业代理,与集装箱运输有关单位有密切的联系,业务熟谙,商务上也便于处理;更重要的是,能够方便客户,有助于提高其知名度,反过来促进其业务量的增长。

2) 建立集装箱公路运输营业受理点

集装箱货车公司(车队)在主要货主、码头、货运站设立营业受理点,有以下几个好处:

(1) 能及时了解一些客户的急需或特殊需要。

(2) 能更迅速地了解和掌握集装箱运输市场的动态信息。

(3) 在公平、公开和公正的条件下,适度竞争有利于搞活集装箱运输市场。

3) 参加集装箱联办会议和造访货主

参加集装箱联办会议,有助于及时了解港区、货代和货主的货源情况,这也是组货的一条好渠道。与此同时,要经常走访主要货主单位,与货主单位建立正常的业务联系,这是直接了解客户产销情况和集装箱运输需求变化的有效方式。

四、集装箱航空运输组织

1. 国际航空运输组织及有关当事人

1) 国际航空运输协会(International Air Transport Association,IATA)

国际航空运输协会于1945年4月16日在哈瓦那成立,是各国航空运输企业(航空承运人)之间的联合组织,会员必须是ICAO成员国的航空运输企业。该协会的最高权力机构是年会,年会选举执行委员会主持日常工作,下设财务、法律、技术和运输等委员会。协会的主要任务如下:

(1) 促进安全,并定期以经济的航空运输便利于世界人民,扶助发展空运业。

(2) 提供各种方式,以促进直接或间接从事国际空运业务的空运企业之间的合作。

(3) 促进与国际民用航空组织和其他国际组织的合作。

2) 国际货运代理人协会(International Federation of Forwarding Agent Association,FIATA)

国际货运代理人协会成立于1926年,其目的是解决由于日益发展的国际货运代理业务所产生的问题。它的会员不局限于货运代理企业,还包括海关、船舶代理、空运代理、仓库、载货汽车以及铁路等。

3) 空运代理

航空货运是一项较复杂的商业活动,处理不当就极有可能造成错误或损失,因此,一般货主较愿意委托空运代理办理有关业务。空运代理在经营出口货运时,通常向发货人提供下列业务:

(1) 从发货人处接收货物,向航空公司订舱,并按时将货物运至机场。

(2) 填写航空运单,计算运单上所列明的各项费用,保证发票及其他商业单据符合航空运输的要求。

(3) 检查进出口许可证是否完善,办理政府规定的其他有关手续。

(4) 为发货人安排保险等。

2. 空运的接箱组织

空运的接箱有两种类型:一种是接送、转运业务。在这一类型中,航程两端都用货车来完成接送业务,并用货车将货物从一个机场集疏运至另一个机场。另一种是陆运和空运相接业务。这种类型实际上属于"短程货车接送业务",即用货车在机场两端四周接送业务,且这类货物仅限于"适宜空运"的货物,具有一定价值与质量比率,因而也是能承受较高的空运费用的货物。同时,由于空运货物的包装比陆运和海运轻,因此,就集装箱本身来说,也不能进行接送和交替使用。在"短程接送业务"中,货车接送是航空运输的一个附带部分,整个航程都包括在空运提单内,空运承运人对全程运输负责,并受华沙公约严格赔偿责任制和相当高的赔偿责任限制。

第四节 国际集装箱多式联运和陆桥运输

一、国际多式联运的基本概念和特征

国际多式联运简称多式联运,是在集装箱运输的基础上产生和发展起来的,是指按照国际多式联运合同,以至少两种不同的运输方式,由多式联运经营人将货物从一国境内的接管地点运至另一国境内指定交付地点的货物运输。国际多式联运适用于水路、公路、铁路和航空多种运输方式。在国际贸易中,由于85%~90%的货物是通过海运完成的,故海运在国际多式联运中占据主导地位。

为了适应并促进国际贸易和运输的顺利发展,联合国于1980年5月在日内瓦召开的国际多式联运公约会议上,经与会84个贸发会议成员国一致讨论通过并产生了当今世界上第一个国际多式联运公约,其全称为《联合国国际货物多式联运公约》(以下简称《公约》)。《公约》全文共40条,并含有一个附件。《公约》在结构上分为总则、单据、联运人的赔偿责任、发货人的赔偿责任、索赔和诉讼、补充规定、海关事项和最后条款8个部分。

从上述定义可以看出,构成国际多式联运需要具备以下几个条件:

(1) 必须要有一个多式联运合同,明确规定多式联运经营人(承运人)和托运人之间的权利、义务、责任、豁免的合同关系和多式联运的性质。

(2) 必须使用一份全程多式联运单据。全程多式联运单据是指证明多式联运合同及证明多式联运经营人已接受货物并负责按照合同条款交付货物所签发的单据。它与传统的提单具有相同的作用,也是一种物权证书和有价证券。国际商会为了促进多式联运的发展,于1975年颁布了《联合运输单据统一规则》,对多式联运单据作了认可的规定,如信用证无特殊规定,银行可接受多式联运经营人所签发的多式联运单据。

(3) 必须是至少两种不同运输方式的连贯运输。多式联运不仅需要通过两种运输方式而且要是两种不同运输方式的组合。例如,海-海、铁-铁或空-空等,虽经两种运输工具,但由

于是同一种运输方式,所以不属于多式联运范畴之内;而海-陆、海-空、陆-空或铁-公等,尽管也是简单的组合形式,却都符合多式联运的基本组合形式的要求。所以,确定一票货运是否属于多式联运方式,是否至少两种不同运输方式的组合是一个重要因素。但是,为了履行单一方式运输合同而进行的该合同所规定的货物接送业务,则不应视为多式联运,如航空运输长期以来普遍盛行汽车接送货物运输业务,从形式上看已构成航空-汽车组合形态,但这种汽车接送习惯上视同航空业务的一个组成部分,作为航空运输的延伸,故《公约》规定,把这种接送业务排除在多式联运之外。

(4)必须是国际货物运输。这是国际方式联运区别于国内运输和是否适合国际法规的限制条件。也就是说,在国际多式联运方式下,货物运输必须是跨越国境的一种国际运输。

(5)必须由一个多式联运经营人对全程运输负总的责任。这是多式联运的一个重要特征。多式联运经营人也就是与托运人签订多式联运合同的当事人,也是签发联运单据的人,它在联运业务中作为总承运人,对货主负有履行合同的责任,并承担自接管货物起至交付货物时止的全程运输责任以及对货物在运输途中因灭失损坏或延迟交付所造成的损失负赔偿责任。多式联运经营人为了履行多式联运合同规定的运输责任,可以自己办理全程中的一部分实际运输,把其他部分运输以自己的名义委托给有关区段的运输承运人(俗称分承运人)办理,也可以自己不办理任何部分的实际运输,而把全程各段运输分别委托有关区段分承运人办理,分承运人与原发货人不发生任何联系。分承运人只与多式联运经营人发生联系,它们之间的关系是承托关系。

(6)必须是全程单一运费费率。多式联运经营人在对货主负全程运输责任的基础上,制订一个货物发运地至目的地全程单一费率,并以包干形式一次向货主收取。这种全程单一费率一般包括运输成本(全程各段运输费用的总和)、经营管理费用(如通信、制单及劳务手续费等)和合理利润。

多式联运是货物运输的一种较高组织形式,它集中了各种运输方式的特点,扬长避短、融会一体,组成了连贯运输,达到了简化货运环节、加速货运周转、减少货损货差、降低运输成本、实现合理运输的目的。它比传统单一运输方式具有无可比拟的优越性,主要表现在以下几个方面。

1. 责任统一,手续简便

在多式联运方式下,不论全程运输距离有多么遥远,也不论需要使用多少种不同的运输工具,更不论途中要经过多少次转换,一切运输事宜统一由多式联运经营人负责办理,而货主只要办理一次托运,签订一个合同,支付一笔全程单一运费,取得一份联运单据,就履行全部责任。由于责任统一,一旦发生问题,也只要找多式联运经营人便可解决问题。与单一运输方式的分段托运、多头负责相比,多式联运不仅手续简便,而且责任更加明确。

2. 减少中间环节,提高货运质量

多式联运通常是以集装箱为媒介的直达连贯运输,货物从发货人仓库装箱、验关、铅封后直接运至收货人仓库交货,中途无须拆箱捣载,减少很多中间环节,即使经过多次换装,也都是使用机械装卸,丝毫不触及箱内货物,货损货差和偷窃丢失事故就大为减少,从而较好地保证了货物安全和货运质量。

3. 降低运输成本，节省运杂费用

多式联运是实现"门到门"运输的有效方法。对货方来说，货物装箱或装上第一程运输工具后就可取得联运单据进行结汇。结汇时间提早，有利于加速货物资金周转，减少利息支出。采用集装箱运输，还可以节省货物包装费用和保险费用。此外，多式联运全程使用的是一份联运单据和单一运费，这就大大简化了制单和结算手续，节省了大量人力物力，尤其是便于货方事先核算运输成本，选择合理运输路线，为开展贸易提供了有利条件。

4. 是实现"门到门"运输的有效途径

多式联运综合了各种运输方式，扬长避短，组成直达连贯运输，不仅缩短运输里程，降低运输成本，而且加速货运周转，提高货运质量，是组织合理运输、取得最佳经济效果的有效途径。尤其是采用多式联运，可以把货物从发货人内地仓库直运至收货人内地仓库，为实现"门到门"的直达连贯运输奠定了有利基础。

二、国际多式联运经营人

1. 国际多式联运经营人的性质

国际多式联运经营人（Multi-modal Transport Operator, MTO）是指其本人或通过其代理同托运人订立多式联运合同的人。《公约》对其所下的定义是：国际多式联运经营人是指本人或通过其代理订立多式联运合同的任何人，他是事主，不是发货人的代理人或代表，也不是参加多式联运的承运人的代理人或代表，并负有履行合同的责任。

2. 国际多式联运经营人的分类

按是否拥有运输工具，国际多式联运经营人可分为承运人型和无船承运人型两种类型。

承运人型的多式联运经营人拥有（或掌握）一种或一种以上的运输工具，直接承担并完成全程运输中一个或一个区段以上的货物运输。因此，承运人型的多式联运经营人不仅是多式联运的契约承运人，对货物全程运输负责，同时也是实际承运人，对自己承担的区段货物运输负责。这类经营人一般是由各种单一运输方式的承运人发展而来的。

无船承运人型的多式联运经营人不拥有（或不掌握）任何一种运输工具，因此，只是组织完成合同规定货物的全程运输，仅是多式联运的契约承运人，对货物全程运输负责。这类经营人一般由传统意义上的运输代理人或无船承运人或其他行业企业或机构发展而成。

3. 国际多式联运经营人应具备的条件

(1) 多式联运经营人（即开展多式联运业务的企业、机构）必须具有经营管理的组织机构、业务章程和具有企业法人资格的负责人，以使之能够与发货人或其代表订立多式联运合同。

(2) 从发货人或其代表手中接收货物后，即能签发自己的多式联运单证，以证明合同的订立并开始对货物负责任。为确保该单证作为有价证券的流通性，多式联运经营人必须在国际运输中具有一定的资信或令人信服的担保。

(3) 必须具有与经营业务相适应的自有资金。多式联运经营人要完成或组织完成全程运输，并对运输全过程中的货物灭失、损害和延误运输负责，因此，必须具有开展业务所需的流动资金和足够的赔偿能力。

(4)多式联运经营人必须能承担多式联运合同中规定的与运输和其他服务有关的责任,并保证把货物交给多式联运单证的持有人或单证中指定的收货人。因此,必须具备与合同要求相适应的能承担上述责任的技术能力。

4. 国际多式联运经营人的赔偿责任

1)责任期间

国际多式联运经营人的责任期间是从接受货物之时起到交付货物之时止。在此期间,国际多式联运经营人对货主负全程运输责任。

《公约》中规定:多式联运经营人对于发生在其掌管货物期间货物的灭失损害和延误交货的损失应负赔偿责任。除非多式联运经营人能证明其本人、受雇人和其代理人或其他人为避免事故发生和其后果已采取了一切符合要求的措施。

2)责任形式和赔偿限额

根据目前国际上的做法,责任形式和赔偿限额可以分为以下3种类型:

(1)统一责任制。在统一责任下,多式联运经营人对货主负不分区段运输的统一原则责任,即货物的灭失或损坏,包括隐蔽损失(损失发生的区段不明),不论发生在哪个区段,多式联运经营人按一个统一原则负责并一律按一个约定的限额赔偿。

(2)分段责任制又称网状责任制。按分段责任制,多式联运经营人的责任范围以各区段运输原有责任为限,如海上区段按《海牙规则》、铁路区段按《国际铁路货物运输公约》、公路区段按《国际公路货物运输公约》、航空区段按《华沙公约》办理。在不适用于上述国际法时,则按相应的国内有关规定办理。赔偿限额也是分别按各区段的国际法或国内有关规定赔付,对不明区段货物隐蔽损失,或作为海上区段,按《海牙规则》办理,或按双方约定的一个原则办理。

(3)修正统一责任制。修正统一责任制是介于两种责任之间的责任制,故又称混合责任制,也就是在责任范围方面与统一责任制相同,而在赔偿限额方面则与分段责任制相同。

当前,在国际多式联运业务中采用较多是分段责任制,但从发展多式联运来考虑,分段责任制并不理想。由于各个国际法和各国国内法对责任轻重和赔偿限额高度规定都不统一,而且相互之间存在较大差别,标准不一是分段责任制的一大缺陷。目前采用统一责任制的虽为数不多,但它比分段责任制进了一大步,比较符合多式联运发展的要求,是今后发展的方向。

三、国际多式联运业务

1. 国际多式联运合同

国际货物多式联运合同是指多式联运经营人凭以收取运费、负责完成或组织完成国际多式联运的合同。该合同由多式联运经营人与发货人协议订立。

国际多式联运经营人为了揽取货物运输,要对自己的企业(包括办事机构地点等)、经营范围(包括联运线路、交接货物地域范围、运价、双方责任、权利、义务)等做广告宣传,并用运价本、提单条款等形式公开说明。发货人或他的代理人向经营多式联运的公司或其营业所或代理机构申请货物运输时,通常要提出货物(一般是集装箱货)运输申请(或填写订舱单),说明货物的品种、数量、起运地、目的地、运输期限要求等内容,多式联运经营人根据申请的内容,并结合自己的营运路线、所能使用的运输工具及其班期等情况,决定是否接受托运。如果认为可以接受，则在双方商定运费及支付形式、货物交接方式、形态、时间、集装箱提取地点、时间等情况后，由多式联运经营人在交给发货人（或代理）的场站收据的副本联上签章，以证明接受委托。这时多式联运合同即告成立。发货人与经营人的合同关系已确定并开始执行。

多式联运提单是证明多式联运合同的运输单据，具有法律效力，同时也是经营人与发货人之间达成的协议(合同)的条款和实体内容的证明，是双方基本义务、责任和权利的说明。提单填写的条款和内容是双方达成的合同的内容（除事先另有协议外）。多式联运经营人签发提单是履行合同的一个环节，证明他已按合同接受货物并开始对货物负责。对于发货人来讲，接受经营人签发的提单意味着已同意接受提单的内容与条款，即已同意以这些内容和条款说明的合同。

2. 国际多式联运业务程序

多式联运经营人是全程运输的组织者。在国际多式联运中，其主要业务及程序有以下几个环节。

1) 接受托运申请，订立多式联运合同

多式联运经营人根据货主提出的托运申请和自己的运输业务网情况，判断是否接受该托运申请。如果能够接受，则双方议定有关事项后，在交给发货人或其代理人的场站收据（空白）副本上签章（必须是海关能接受的），证明接受托运申请，多式联运合同已经订立并开始执行。

发货人或其代理人根据双方就货物交接方式、时间、地点、付费方式等达成的协议填写场站收据（货物情况可暂空），并把其送至多式联运经营人处编号，多式联运经营人编号后留下货物托运联，将其他联交给发货人或其代理人。

2) 空箱的发放、提取及运送

多式联运中使用的集装箱一般由经营人提供。这些集装箱来源可能有3个途径：一是经营人自己购置使用的集装箱；二是向租箱公司租用的集装箱，这类箱一般在货物的起运地附近提箱，而在交付货物地点附近还箱；三是由全程运输中的某一分运人提供，这类箱一般需要在多式联运经营人为完成合同运输与该分承运人（一般是海上区段承运人）订立分运合同后获得使用权。

如果双方协议由发货人自行装箱，则多式联运经营人应签发提箱单或者把租箱公司或分运人签发的提箱单交给发货人或其代理人，由他们在规定日期到指定的堆场提箱并自行将空箱拖运到货物装箱地点，准备装货。如发货人委托，也可由经营人办理从堆场到装箱地点的空箱拖运（这种情况需加收空箱拖运费）。

若是拼箱货或是整箱货但发货人无装箱条件不能自装时，则由多式联运经营人将所用空箱调运至接收货物的集装箱货运站，做好装箱准备。

3) 出口报关

若联运从港口开始，则在港口报关；若从内陆地区开始，应在附近的内地海关办理报关。出口报关事宜一般由发货人或其代理人办理，也可委托多式联运经营人代为办理。

4) 货物装箱及接收货物

若是发货人自行装箱，发货人或其代理人提取空箱后在自己的工厂和仓库组织装箱，装箱工作一般要在报关后进行,并请海关派员到装箱地点监装和办理加封事宜。如需理货,还应请理货员现场理货,并与之共同制作装箱单。若发货人不具备装箱条件,可委托多式联运经营人或货运站装箱(整箱货情况),发货人应将货物以原来形态运至指定的货运站由其代为装箱。如是拼箱货物,发货人应负责将货物运至指定的集装箱货运站,由货运站按多式联运经营人的指示装箱。无论装箱工作由谁负责,装箱人均需制作装箱单,并办理海关监装与加封事宜。

对于由货主自装箱的整箱货物,发货人应负责将货物运至双方协议规定的地点,多式联运经营人或其代理人(包括委托的堆场业务员)在指定的地点接收货物。若是拼箱货,经营人在指定的货运站接收货物。验收货物后,代表联运经营人接收货物的人应在场站收据正本上签章,并将其交给发货人或其代理人。

5) 订舱及安排货物运送

经营人在合同订立之后,应制订该合同涉及的集装箱货物的运输计划,安排货物的运输路线、区段的划分、各区段实际承运人的选择确定及各区段间衔接地点的到达、起运时间等。这里所说的订舱泛指多式联运经营人要按照运输计划安排确定各区段的运输工具,与选定的各实际承运人订立各区段的分运合同。

6) 办理货物运送保险

在发货人方面,应投保货物运输险。该保险由发货人自行办理,或由发货人承担费用,由经营人代为办理。货物运输保险可以是全程,也可分段投保。在多式联运经营人方面,应投保货物责任险和集装箱保险,由经营人或其代理人向保险公司或以其他形式办理。

7) 签发多式联运提单,组织完成货物的全程运输

多式联运经营人的代表收取货物后,经营人应向发货人签发多式联运提单。在把提单交给发货人前,应注意按双方议定的付费分工及内容、数量向发货人收取全部应付费用。

多式联运经营人有完成和组织完成全程运输的责任和义务。在接收货物后,要组织各区段实际承运人和各派出机构及代表人共同协调工作,完成全程各区段的运输及各区段之间的衔接工作,运输过程中所涉及的各种服务性工作和运输单据、文件及有关信息传递等组织和协调工作。

8) 运输过程中的海关业务

按惯例,国际多式联运的全程运输(包括进出口国内陆段运输)均应视为国际货物运输。因此,该环节的工作主要包括货物及集装箱进口国的通关手续,进口国内陆段保税(海关监管)运输手续及结关等内容。如果陆上运输要通过其他国家海关和内陆运输线路时,还应包括这些海关的通关及保税运输手续。这些涉及海关的手续一般由多式联运经营人的派出机构或代理人办理,也可由各区段的实际承运人作为多式联运经营人的代表代为办理,由此产生的全部费用应由发货人或收货人负担。如果货物在目的港交付,则结关应在港口所在地海关进行。如在内地交货,则应在口岸办理保税(海关监管)运输手续,海关加封后方可运往内陆目的地,在内陆海关办理结关手续。

9) 货物到达交付

货物运至目的地后,由目的地代理通知收货人提货。收货人需凭多式联运提单提货,经营人或其代理人需按合同规定,收取收货人应付的全部费用。收回提货单后签发提单(交货

记录),提货人凭提货单到指定堆场(整箱货)和集装箱货运站(拼箱货)提取货物。如果是整箱提货,则收货人要负责至掏箱地点的运输,并在货物掏出后将集装箱运回指定的堆场,至此运输合同终止。

10) 货物事故处理

如果全程运输中发生了货物灭失、损害和运输延误,无论能否确定损害发生区段,发(收)货人均可向多式联运经营人提出索赔。多式联运经营人根据提单条款及双方协议确定责任并做出赔偿。若能确知事故发生的区段和实际责任者时,可向其进一步进行索赔;若不能确定事故发生的区段时,一般按在海运段发生处理。如果已对货物及责任投保,则存在要求保险公司赔偿和保险公司进一步追索问题。如果受损人和责任人之间不能取得一致意见,则需通过在诉讼时效内提起诉讼和仲裁来解决。

四、集装箱陆桥运输

陆桥运输(Land bridge transportation)是指采用集装箱专用列车或货车,把横贯大陆的铁路或公路作为中间"桥梁",使大陆两端的集装箱海运航线与专用列车或货车连接起来的一种连贯运输方式。严格地讲,陆桥运输也是一种海陆联运形式。只是因为其在国际多式联运中的独特地位,故在此将其单独作为一种运输组织形式。

集装箱陆桥运输有北美陆桥运输和亚欧陆桥运输两种模式。

1. 北美陆桥运输

北美陆桥运输又可分为北美大陆桥运输、北美小陆桥运输(Mini-land Bridge)和微陆桥运输(Micro-land Bridge)。

1) 北美大陆桥运输

北美大陆桥是指利用北美的大铁路从远东到欧洲的"海陆海"联运。该陆桥运输包括美国大陆桥运输和加拿大大陆桥运输。美国大陆桥有两条运输线路:一条是从西部太平洋沿岸至东部大西洋沿岸的铁路和公路运输线;另一条是从西部太平洋沿岸至东南部墨西哥湾沿岸的铁路和公路运输线。北美大陆桥是世界上历史最悠久、影响最大、服务范围最广的陆桥运输线。从远东到北美东海岸的货物,有相当比例是采用双层列车进行运输的,因为采用这种陆桥运输方式比采用全程水运方式通常要快 1~2 周。

2) 北美小陆桥运输

北美小陆桥运送的主要是日本经北美太平洋沿岸到大西洋沿岸和墨西哥湾地区港口的集装箱货物,当然也承运从欧洲到美西及海湾地区各港的大西洋航线的转运货物。北美小陆桥在缩短运输距离、节省运输时间上效果是显著的。以日本/美东航线为例,从大阪至纽约全程水运(经巴拿马运河)航线距离 9700n mile,运输时间 21~24d。而采用小陆桥运输,运输距离仅 7400n mile,运输时间 16d,可节省 1 周左右的时间。

3) 微陆桥运输

所谓微陆桥运输,就是利用大陆桥的部分段落进行运输,由于它不通过整条陆桥,故又称半陆桥运输。

微陆桥运输是在小陆桥运输发展的基础上产生的,最早在美国取得成效和经验。小陆桥运输在发展过程中不断产生新的矛盾。例如,在小陆桥情况下,当货物由靠近美国东海岸的内地工厂运往国外、远东地区(或相反方向)时,首先要通过国内运输,以国内提货单运至东海岸,交给船公司,然后由船公司另外签发由西海岸出口的国际货运单证,再通过国外运输,运至西海岸港口或运至远东。对于这种运输,客户认为不仅增加了运输费用,而且耽误了运输时间。为解决这一矛盾,微陆桥运输应运而生。它通过国际集装箱直达列车与集装箱班列航线紧密结合,使内陆货物直接运至出海口,从而达到运输距离最短、运输速度最快和运输费用最省的目的。

2. 亚欧陆桥运输

1)西伯利亚陆桥运输

西伯利亚陆桥是世界上最著名的国际集装箱多式联运线之一,通过苏联西伯利亚铁路,把远东、东南亚和中亚地区与欧洲、中东地区联结起来,因此又称亚欧大陆桥。

西伯利亚陆桥运输大大缩短了从日本、远东、东南亚及大洋洲到欧洲的运输距离,节省了运输时间。从日本、远东经独联体太平洋沿岸港口去欧洲的海陆联运线全长 1.3 万 km,运输时间为 30~50d,而全水路运输的距离为 2 万 km(经苏伊士运河)。例如,从日本横滨到欧洲鹿特丹,采用陆桥海陆联运,运距缩短 1/3,运输时间节省 1/2。

2)新亚欧大陆桥

新亚欧大陆桥指 1990 年 9 月经我国陇海铁路、兰新铁路与哈萨克斯坦铁路接轨的亚欧大陆桥。由于所经路线很大一部分是经原"丝绸之路",所以人们又称其为现代"丝绸之路",是亚欧大陆桥东西最为便捷的通道。与西伯利亚大陆桥相比,新亚欧大陆桥具有明显的优势:

(1)地理位置和气候条件优越。整个陆桥避开了高寒地区,港口无封冻期,自然条件好,吞吐能力大,可以常年作业。

(2)运输距离短。西伯利亚大陆桥从俄罗斯的符拉迪沃斯托克到荷兰鹿特丹,全线约长 1.3 万 km,新亚欧大陆从中国的连云港到荷兰鹿特丹,全线长 1.09 万 km,新亚欧大陆桥比西伯利亚大陆桥到欧洲的运输路线缩短了 2000km 左右,中国的货物也能够直接从国内的路线通往欧洲。一般情况下,陆桥运输比海上运输节省运费 20%~25%,而时间也有不同程度的缩短。

(3)辐射面广。新亚欧大陆桥辐射亚欧大陆 30 多个国家和地区,总面积达 5071 万 km^2,居住人口占世界总人口的 75% 左右。

(4)对亚太地区吸引力大,除中国、日本、韩国以外,还有东南亚一些国家,均可利用此线开展集装箱运输。

新亚欧大陆桥运输自开展以来,内外条件日趋改善,过境集装箱运量逐步提高,吸引过境运量的范围不断拓宽。2011 年 3 月,首趟中欧班列从重庆发出开往德国杜伊斯堡,开启了中欧班列创新发展的序章。随着我国各地班列逐步开出,2016 年 6 月 8 日我国中欧铁路正式启用"中欧班列"统一品牌。

中欧班列是指按照固定车次、线路等条件开行,往来于中国与欧洲及"一带一路"周边国家的集装箱国际铁路联运班列。我国铺划了西中东 3 条通道中欧班列运行线:西部通道由我国中西部经阿拉山口(霍尔果斯)出境,中部通道由我国华北地区经二连浩特出境,东部通道由我国东南部沿海地区经满洲里(绥芬河)出境。截至 2021 年 3 月,中欧班列开行累计突破 4 万列,合计货值超过 2000 亿美元,打通 73 条运行线路,通达欧洲 22 个国家的 160 多个城市。10 年来,中欧班列开创了亚欧陆路运输新篇章,铸就了国家互利共赢的桥梁纽带。

五、集装箱多式联运信息化发展

集装箱多式联运信息化是在运输生产、经营和管理中广泛采用现代信息技术、全球定位技术、移动通信技术、电子数据交换技术、无线射频技术、企业计算机管理信息技术和电子商务技术等,使多式联运各方通过最简便的操作,在最短时间内了解货物在运输过程中位置和状态等信息,是保证集装箱运输安全、效率和效益的必要途径和重要保障。

荷兰最早从 1985 年开始由港口和运输公司联合开发的国际运输信息系统(International Transport Information System,INTIS),现在已建设了港口网络、港口信息网等信息网络,并推广了电子商务网络,通过这一信息化的公共服务平台,达到船方、货方、代理方、港方和其他海关、税务、银行、保险等多方资源及时共享和高效运作,实现无纸化作业流程,大大提高了服务效率。美国新奥尔良港在 20 世纪 90 年代初建设的"全港自动化系统",不仅实现港内应用系统集成,还加强了与外部应用系统的自动化联结,如电子化泊位申请系统、自动化船货清单系统和卸货计划系统等,深受客户欢迎。釜山港成功实现了以无线射频识别系统为基础的"Ubiquitous 港"建设,该系统可以及时掌握货物移动路径,迅速安排装备和车辆,有望提高程序效率和港口生产效率。

在国内,大连港率先实现了在海铁联运领域跨平台信息互动的实践与突破,围绕多式联运协同服务系统建设,以物流网数据采集为实现基础,通过标准化规范实现跨部门的信息交互与共享,实现了车、船、箱等信息的智能化采集与集成,以及港口与铁路信息系统的互联互通、信息共享。此后,连云港在 2011 年获准成立交通电子口岸连云港分中心,并制定了有关运输信息的采集、汇总、联结和服务管理办法,积极与铁路部门合作,在港口行政部门内部、政府部门与物流企业,以及物流企业之间建设了 EDI 系统和物流信息网络,建立了口岸共用信息平台和港口物流公共信息平台。2018 年国务院发布的《推进运输结构调整三年行动计划》(2018—2020 年)》指出,要加快建设多式联运公共信息平台。

复习思考题

1. 集装箱运输的优越性是什么?
2. 20ft 集装箱和 40ft 集装箱的主要外形尺寸是什么?
3. 试对集装箱码头装卸工艺进行比较。
4. 试述公路集装箱中转站装卸工艺方案。
5. 集装箱铁路办理站的职能和作用是什么?
6. 集装箱水路运输组织有哪些主要的关系方?
7. 试述应该如何进行集装箱水路运输组织的船港货线协调。
8. 简述集装箱水路运输组织的基本程序。
9. 简述有关的国际航空运输组织。
10. 何谓国际多式联运?
11. 试述多式联运经营人的责任形式。
12. 试述国际多式联运的发展趋势。
13. 何谓北美大陆桥、小陆桥、微陆桥运输?
14. 何谓中欧班列?请了解中欧班列的最新发展情况。

第十一章 邮政和邮件运输

第一节 概　述

一、邮政地位与作用

邮政是以传递实物信息载体为主要业务的通信服务业,具有信息传递、物品运送和资金流通3项基本功能,其内涵正在日益丰富和发展。邮政服务是指邮件的收集、处理、运输和投递的全过程,邮政服务包括邮政普遍服务和邮政增值服务两部分。

邮政是社会的基础设施,是国民经济的基础产业,对促进人类社会的政治、经济、科技、文化、教育等事业的发展起到不可替代的重要基础作用。首先,邮政履行国家义务,体现政府公共服务职能。邮政是保证国家政令安全畅通和为公民提供基本通信服务的实物通信业,承担着传递国家政令和沟通各级党政军机关之间联系、维护公民基本通信权利的历史责任,是关系国家主权、国家信息安全、事关国计民生的特殊行业。其次,邮政是社会的基础设施。邮政是面向所有公众和经济活动单位提供社会化服务的公共的开放系统,是联结城乡政治、经济活动的主要物质支撑体系,是提升人民群众生活质量,为百姓日常生活提供便利的基础服务设施。再次,邮政是经济发展的基础产业。邮政是社会实物传递的主要途径之一,它面向社会各行业、各阶层提供的方便、快捷的信息和物品递送服务,已成为促进国民经济发展,支撑各行业、各地区之间经济交流的重要基础平台。

进入21世纪,伴随着我国信息经济和知识经济的长足发展以及"提高人民生活质量、全面构筑小康社会"的伟大目标的提出,邮政业将通过产业的不断提升与改造,在充分发挥上述三大作用的基础上承担起新的历史使命。

第一,促进我国地区差异的缩小,实现社会全面、协调发展。邮政是农村、偏远地区居民能够享受到的少数几种公共服务之一,是中央政府联系该部分地区的重要渠道,是偏远和广大农村地区社会化服务和物资流通的基础平台之一。邮政事业的健康发展和邮政服务"三农"体系的建立对解决我国"三农"问题,缩小城乡差距,具有重大战略意义。

第二,加强政府与民众的沟通。随着我国经济体制改革的不断深化,参与社会活动的基本单元将逐渐变小,团体、个人与政府之间的沟通需要建立方便、顺畅的渠道。邮政依靠多年"通政""通民"的信誉与经验,借助连锁式服务网点和"三流融合"的优势,可以成为政府和老百姓沟通的重要渠道和方便百姓生活、提高民众生活质量的公益性基础设施,以满足全面建设小康社会的需求。

第三,推进国家信息化进程。邮政是城乡之间传递信息、物资,互通有无的基础桥梁,发展现代邮政业对于缩小城乡数字鸿沟具有重要作用。

第四,促进国民经济增长方式转变和国民经济结构调整。

作为服务于全社会各行各业的基础性行业，邮政业的健康发展对提高国民经济各部门的运行效率、促进地方特色经济的发展具有重要的推动作用。

二、邮政业务

邮政开办的各类业务是邮政服务的物质载体，相对邮政普遍服务和增值服务，邮政业务分为基本业务和增值业务。

邮政基本业务包括信件业务、单件质量不超过一定质量的包裹业务、单件质量不超过一定质量的印刷品业务、邮政汇兑业务和邮政法规定的其他业务；邮政增值业务包括特快专递业务及其他承担商业职能的增值业务。

第二节　邮政运输网络

一、邮政运输网络的功能

邮政运输网络是邮政企业为满足自身生产需要利用铁路、航空、公路、水运等社会交通运输资源，合理地选择和综合使用各种运输工具，采用多种方式，通过有效的生产作业组织而形成的邮件运送网络。

邮政运输网络具有以下几个特点：

(1) 是社会交通运输网络基础设施的使用者。

(2) 是非社会公共运输的提供商，不以向社会提供单纯的运输服务业务为主。

(3) 运输能力由利用社会公共运能、企业自主运能和委托运输（利用其他运输企业的运能）等多种形式构成。

邮政主要业务的特性决定了运输环节在邮政企业生产中占据着十分重要的地位。在邮政生产中，实物邮件的传递处理过程通常包括有4个主要环节，即：收寄（揽收）环节、内部处理环节、运输环节、投递环节。运输环节在生产作业中处于收寄—处理、处理—投递等环节的联结处，只有通过运输才能实现邮件的空间转移，所以有些专家认为邮政也属运输企业。

为更加直观地了解运输环节的重要性，我们以邮件处理流程为例，对邮政企业各生产环节的作用进行分析，如图11-1所示。

图11-1　邮政企业各生产环节

从流程图中可以清楚地看到，运输贯穿邮政生产过程，在邮政企业的生产活动中十分重要，也是邮政生产成本支出的重要部分。

根据运输方式和主要承载业务的不同，可以将邮政运输网络分为陆运网和航空网，见表11-1。

邮政运输网络业务表　　　　　　　　　　　　　　表11-1

网络名称	主要运输方式	主要承载业务
陆运网	公路为主，铁路为补充	快递包裹、普邮
航空网	邮航、快速汽车为骨干，民航为辅助	特快专递

二、邮政运输网络的结构

邮政运输网络是由节点和线路构成,其网络布局和网络结构受业务发展、技术进步以及采用的运输工具的特性等因素的影响。针对不同的用途与需求,其网络结构各具特点,并且会随着社会发展及影响条件的改变,不断地优化调整,以达到适应业务发展需要、降低运行成本、提高运行效率的目标。

邮政运输网络可划分为以下三级:

(1) 全国干线网。全国干线网主要负责跨省邮件的运输,是邮政运输的大通道,由省际中心,以及连接它们的省际干线邮路组成。

(2) 省内干线网。省内干线网主要负责邮件在省内的运输,由省际中心、本地中心、以及连接它们的省内干线邮路组成。

(3) 邮区网。邮区网主要负责邮件在邮区内的运输,由省际中心、本地中心、营投网点,以及连接它们的邮区内邮路组成,市内转趟网、同城网属于邮区网。

陆运网的主要节点为省际中心和本地中心,邮件分拣层以本地中心为主体,总包经转层以省际中心为主体。陆运网网络结构示意图如图 11-2 所示。

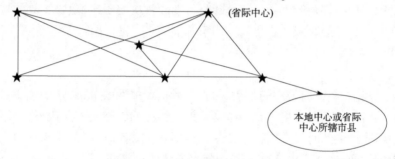

图 11-2　陆运网网络结构示意图

本地中心是本地网的基本节点,主要承担覆盖范围内邮件的进口分拣、出口集包、本地运输和干线够量直达运输,以分拣为主、分拨为辅,快速衔接干线网。本地中心主要的功能定位,一是负责出口集包和分拣,承担覆盖范围内收寄前端未集包邮件的集包分拣、大件(重件、异形件)的散件处理;二是负责进口分拣,承担进口各类邮件分拣到揽投部和县乡;三是负责本地运输,承担覆盖范围内进出口各类邮件的本地运输;四是负责干线运输,承担覆盖范围内出口达到邮路组开标准的省际路向运输。

省际中心作为干线网的核心节点,主要承担进出口邮件的总包分拨、本地分拣与干线运输,是省际出口尾量汇集的最后保障和省际进口邮件的中转点。省际中心主要的功能定位,一是负责出口总包分拨和集包分拣,承担覆盖范围内本地中心已集包邮件的总包分拨、本地中心未集包邮件的分拣和集包;二是负责进口总包分拨与散件分拣,承担对进口集包到本省际中心的总包的开拆分拣、对集包到本邮区所辖本地中心的总包的分拨、对集包到对邮区外本地中心和省际中心的总包的顺向分拨经转;三是负责干线运输,承担覆盖范围内各类邮件的省内、省际干线运输,对达到邮路组开标准的省际路向,组开省际干线运输,不够量路向邮件向其他省际中心进行尾量汇集发运。

因网络形成历史悠久,网络规模巨大,省际中心之间基本形成了网状网的结构,实现了对我国境内的全覆盖。

航空网以邮航航线和快速汽车邮路为骨干，以民航航线为补充。邮政自主航空网以南京为全国集散中心，以北京、深圳、成都、西安、沈阳、重庆、武汉、郑州、天津、广州、长沙、济南、大连、南宁、太原、昆明、长春、兰州、厦门、呼和浩特、石家庄、福州、南昌、青岛、温州等为核心节点，通达全国 26 个省（自治区、直辖市）的近 300 个地市，在重点城市之间实现了特快专递邮件的"次日递"。自主航空网是全国集中交换式分级辐射的星状网结构，如图 11-3 所示。

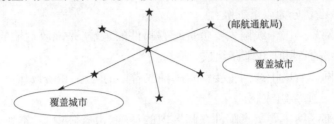

图 11-3 自主航空网网络结构示意图

三、邮政运输网络的组织与优化

邮路的组织是一项复杂的工作，包括线路、班期和频次的确定，运输工具的选择，运能的配置等。通常根据邮件的时限要求、运输距离、邮件运量、现有运输能力及条件等进行邮路的安排和定期调整。

1. 陆运网的组织

陆运网是最基础、覆盖面最广的邮政网络，它承担着邮件的分拣、运输和递送任务，是运行成本较大的网络。陆运网的组划是否科学合理直接影响着邮政寄递服务的质量和总体运营效率。在组织陆运网的时候要坚持三条基本原则：①坚持以市场需求为导向，支撑业务发展原则。陆运网的网络组织，应建立在陆运邮件流量流向调查、业务市场需求分析、陆运邮件流量流向预测的基础上，并考虑市场竞争状况。②坚持注重成本控制，提高经济效益原则。陆运网的网络组织，应以解决时限和成本矛盾为主线，合理规划汽车、火车邮路和运能，注重成本控制，减少经转次数，提高经济效益。③坚持定量研究与定性分析相结合原则。陆运网的网络组织，一方面要根据客户需求运用运筹学、统计学方法对邮路组织进行科学规划，另一方面也要充分考虑网络组织现状、当前规章制度、网运管理和研究人员的经验等。

2. 航空网的组织

航空网主要承担特快专递邮件的运输任务，是支撑特快专递业务发展的基本保障。航空网的网络组织，应建立在特快邮件流量流向调查、特快业务市场需求分析、特快邮件流量流向预测的基础上，并充分考虑市场竞争状况。自主航空网的组织，主要按照以下思路进行：①以邮航通航局为主要节点，以邮航航线和快速汽车邮路为骨干，以民航航线和高速铁路邮路为补充；②根据特快业务发展情况及重点城市间次晨达、次日递的要求，确定邮航航线和航班起降时刻；③围绕邮航飞机起降时刻，优化、调整区域快速汽车邮路及到开时间，使其与邮航飞机运行和处理中心分拣作业紧密衔接；④航空运输首先选择直达航班，其次是联航，若收寄局为通航局而寄达局不是，则选择合适的航转陆路线；若寄达局为通航局而收寄局不是，则选择合适的陆转航路线。

3. 常用网络优化/规划方法

常用网络优化方法包括覆盖性分析、密切系数法、解释结构模型法、最短路算法、有约束最小权树法等。此外，最临近法、最大节约法、蚁群算法、遗传算法、模拟退火算法、禁忌搜索算法、自适应大规模领域搜索法等 VRP 算法也逐步得以应用。

1) 覆盖性分析

覆盖性分析主要用于某个区域内(如全国或某省)邮区中心局的设置。一般说来，一个点在一定半径下所能包容的点的数量，可表示其集散能力的强弱。覆盖性分析从某个区域内各点地理位置的角度出发，通过衡量在确定的覆盖半径条件下一个点所能包容的点的数量来分析区域内各点集散能力的优劣，并结合各点业务选择权数的大小等因素，综合确定该区域内邮区中心局的设置(数量及分布)。

覆盖性分析需要用到的基础数据包括区域内各点间的距离矩阵和邮件流量流向矩阵等。另外，还需要根据邮件的时限要求、区域内道路交通状况、区域内网点分布情况等因素综合确定一个合理的覆盖半径。

覆盖性分析的具体步骤如下。

步骤1：设某区域内县市局总数为 N；县市局间邮件流量流向预测矩阵为 A，其元素为 a_{ij} $(i,j=1,\cdots,N)$，各行合计为 $y_i(i=1,\cdots,N)$，各列合计为 $q_j(j=1,\cdots,N)$；县市局间距离矩阵为 D，元素为 $d_{ij}(i,j=1,\cdots,N)$。

步骤2：计算各县市局的业务选择权数 $k_i(i=1,\cdots,N)$：

$$k_i = \sum_{j=1}^{N} \left(\frac{a_{ji}}{y_j} + \frac{a_{ij}}{q_j} \right) \quad (11\text{-}1)$$

式中：a_{ji}——i 局由 j 局的来流量；

a_{ij}——i 局到 j 局的去流量；

y_j——j 局的出口量合计；

q_j——j 局的进口量合计。

步骤3：确定覆盖半径 R，设区域总的初始覆盖率 $\eta=0$。

步骤4：计算区域内各点在覆盖半径内所能包容的点的数量 n_i。

步骤5：计算比例 $l_i = \dfrac{n_i}{N}$。

步骤6：计算综合选择权数 $f_i = l_i \cdot k_i$，寻找 $\max(f_i)$，与之对应的点为第一选择点，记为 $f_{\max}$，与之对应的 l_i 记为 $l_{\max}$，并置 $\Delta\eta = l_{\max}$，计算区域覆盖率 $\eta = \eta + \Delta\eta$。

步骤7：剔除已选入点及其所覆盖的点，在剩余点中重新计算各点在覆盖半径内所包容的点的数量 n_i，并返回步骤5。

步骤8：当 $\eta=100\%$ 时，运算停止。

应该指出，覆盖性分析也可在预先设定某些特定点为邮区中心局的条件下进行。

2) 密切系数法

密切系数法主要用于邮区中心局集散区域的划分。密切系数从业务流量流向的角度表明邮区中心局与其他若干局所之间的密切程度，可以此为依据来确定局所与邮区中心局的隶属关系。密切系数的计算公式为：

$$C_{AB} = \frac{\sqrt{\dfrac{y_{AB}}{y_A} \cdot \dfrac{y_{BA}}{y_B}}}{D_{AB}} \qquad (11\text{-}2)$$

式中：C_{AB}——邮区中心局 A 与局所 B 之间的密切系数；

y_{AB}——邮区中心局 A 到局所 B 的出口业务量；

y_{BA}——局所 B 到邮区中心局 A 的出口业务量；

y_A——邮区中心局 A 的出口业务量之和；

y_B——局所 B 的出口业务量之和；

D_{AB}——邮区中心局 A 与局所 B 之间的距离。

计算公式表明：

(1) 两局之间的业务往来是否密切，不能由一方来决定。要考虑 y_{AB} 占 y_A 的比重，也要考虑 y_{BA} 占 y_B 的比重，可采用均方值的办法，将两种比重加以综合。

(2) 从直观上看，两局间距离越近，则划分在同一个集散区域的可能性就越大；反之则越小。C_{AB} 和 D_{AB} 成反比关系。

(3) 某局到底划分在哪个邮区中心局，可以计算它到各邮区中心局的密切系数，密切系数数大者优先考虑。

3) 解释结构模型法

邮政运输网络是一个庞大的动态网络系统，网络结构的设立、调整、优化是一个连续的过程。解释结构模型法是系统结构模型之一，它从建立解释结构模型出发，应用图论中某些基本符号，从理论、概念以及计算上简化系统中各单元之间的复杂关系，并通过求解最小网络综合成本，从而确定最优网络结构。

解释结构模型法的具体步骤如下。

步骤 1：建立解释结构模型。

(1) 设邮政运输网络中有 N 个点，根据邮件流量流向调查可构建 $N \times N$ 的流量流向矩阵 W。

$$W = \begin{bmatrix} 0 & w_{12} & w_{13} & \cdots & w_{1n} \\ w_{21} & 0 & w_{23} & \cdots & w_{2n} \\ w_{31} & w_{32} & 0 & \cdots & w_{3n} \\ \cdots & \cdots & \cdots & 0 & \cdots \\ w_{n1} & w_{n2} & w_{n3} & \cdots & 0 \end{bmatrix}$$

这里 w_{ij} 代表由 i 点到 j 点的邮件流量；$i,j = 1,\cdots,N$。

(2) 根据流量流向矩阵 W，生成二元限界矩阵 A_r，其元素满足下列关系：

$$a_{ij} = \begin{cases} 1 & (w_{ij} \geq r) \\ 0 & (w_{ij} < r) \end{cases} \qquad (11\text{-}3)$$

r 为限界值，其取值范围为 $w_{\min} \sim w_{\max}$，共可取 $N(N-1)$ 个，从而形成一个二元限界矩阵族。

若形成一个完整的网络,其二元限界矩阵必须符合以下两个条件。

第一,设 M_r 为 A_r 的可达性矩阵,由于网络中不允许有孤点,因而 M_r 必须为全"1"矩阵。

第二,邮政网络中的通路是双向的,因此限界矩阵必须满足:
$$A = A^T, A^2 = (A^2)^T \cdots A^N = (A^N)^T$$
在二元限界矩阵族中寻找满足上述两个条件的限界矩阵族。

(3)计算转接系数。对满足条件的限界矩阵,分别计算其通路条数、通路长度和转接系数。其中,转接系数是指网络中经转的流量占总流量的比重。

步骤2:测算网络综合成本。

二元限界矩阵对应着以邮件流量流向矩阵中某个值为限界而得到的邮政网的网络结构。需要考虑两个问题:一是限界值取多少合理;二是网络结构的确定不能只考虑流量因素,还应考虑网络的综合效果,即需要考虑时限和成本因素。

邮政网络物理层的成本包括点的成本和线的成本。在网中,当点(中心局)确定以后,网络效果的好坏就由线来决定。当为网状网时,连接的线最多,为 $N(N-1)/2$ 条,网络的转接系数为0,网络的平均时限最短,而网络的线成本最大;当为星状网时,连接的线最少,为 $N-1$ 条,网络的转接系数最大,网络的平均时限最长,而网络的线成本最小。这样就把网络结构与成本、时限联系了起来。在此,引入以下几个定义。

定义1:转接成本——在邮政网络中,任何两点之间的流量,如果通过某点或某些点经转汇导致全网络平均时限增多,网络时限效果下降,为弥补这部分损失所产生的费用称为转接成本(用 CC_i 表示),它与网络的转接系数(用 C 表示)成正比。

定义2:线成本——邮路长度与单位运输里程平均成本的乘积即为线成本(用 LC_i 表示)。

定义3:网络综合成本——转接成本与线成本之和称为网络综合成本,它是衡量网络综合效果的重要指标。

步骤3:确定网络结构。

网络综合成本最小时,网络结构为最优。由此,确定最优网络结构的问题就转化成求网络综合成本最小的问题。

由于邮政经济核算制度不完善,特别是时限损失造成的成本无法准确计算,因此,直接求网络综合成本会存在着很大的困难。为此,可采用构造转接成本和线成本的变动函数的方法来解决这一问题。

转接成本变动函数:
$$f(X_i) = \frac{CC_i - CC_{\min}}{CC_{\max} - CC_{\min}} = \frac{qC_i - qC_{\min}}{qC_{\max} - qC_{\min}} = \frac{C_i - C_{\min}}{C_{\max} - C_{\min}} \tag{11-4}$$

式中:CC_i——转接成本;
C——转接系数;
q——常量。

线成本变动函数:
$$f(Y_i) = \frac{LC_i - LC_{\min}}{LC_{\max} - LC_{\min}} = \frac{LP - L_{\min}P}{L_{\max}P - L_{\min}P} \tag{11-5}$$

式中：LC_i——线成本；
　　　L——邮路长度；
　　　P——单位运输里程平均成本。

随着通路数的增加，转接成本不断减少，而线成本不断增加，上述两个函数的曲线在同一坐标图上必相交于某点，该点对应的通路数即为网络最佳通路数，可据此确定最优网络结构。

4）最短路算法

最短路问题是对一个赋权的有向图（其赋权根据具体问题的要求可以是路程的长度、花费的成本等）中指定的两个点 v_s 和 v_t，找到一条从 v_s 到 v_t 的最短路，这条路上所有弧的权数之和即为从 v_s 到 v_t 的最短距离。

求解最短路的 Dijkstra 算法适用于每条弧的赋权数 c_{ij} 都大于或等于零的情况，也被称为双标号法。所谓双标号，就是对图中的点 v_j 赋予两个标号 (l_j,k_j)。第一个标号 l_j 表示从起点 v_s 到 v_t 的最短路的长度；第二个标号 k_j 表示从起点 v_s 到 v_t 的最短路上 v_j 前面一个邻点的下标，从而找到 v_s 到 v_t 的最短路及 v_s 到 v_t 的最短距离。

该算法的具体步骤如下：

步骤 1：给起点 v_s 以标号 $(0,s)$，表示从 v_t 到 v_s 的距离为 0，v_s 为起点。

步骤 2：找出已标号的点的集合 I、没标号的点的集合 J 以及弧的集合 $\{(v_i,v_j)|v_i \in I, v_j \in J\}$。这里所说的弧的集合是指所有从已标号的点到未标号点的集合。

步骤 3：如果上述弧的集合是空集，则计算结束。如果 v_t 已标号 (l_t,k_t)，则 v_s 到 v_t 的最短距离即为 l_t，而从 v_s 到 v_t 的最短路径，则可以从 k_t 反向追踪到起点 v_s 而得到。

步骤 4：对上述弧的集合中的每一条弧，计算 $s_{ij}=l_i+c_{ij}$，在所有的 s_{ij} 中，找到其值为最小的弧，设此弧为 (v_c,v_d)，给此弧的终点以双标号 (s_{cd},c)，返回步骤 2。

若在步骤 4 中，使得 s_{ij} 值为最小的弧有多条，则这些弧的终点既可以任选一个标定，也可以都予以标定。若这些弧中有些弧的终点为同一点，则此点应有多个双标号，以便最终能找到多条最短路径。

5）有约束最小权树法

有约束最小权树法在多约束条件下求解一特定点对其余若干点的最佳链路组合，主要用于区域或省内干线汽运网、市内转趟网等的邮路组织。常见的约束条件包括链路长度限制、链路上连接点数限制和链路容量限制等。

有约束最小权树法从一个假想的星状树开始进行计算，以星状树的中心为特定点。先假设每个节点直接连在特定点上，然后通过新建包括两个或多个节点的段来减少相对星状树的权值。它总是首先在能使星状树的权值得到最大降低的两点之间建立链路，并根据事先设立的约束条件去检验新增链路的可行性。

该算法的具体步骤如下。

步骤 1：对具有 n 个节点的集 N，以点"1"为特定点，点"2"，点"3"…点"n"为终节点，各点之间的链路权为 w_{ij}。其中，$w_{ij}=w_{ji},w_{ii}=0;i,j=1,2,3,\cdots,n$。

步骤 2：定义 $d_i:i=1,2,3,\cdots,n$ 为终节点权的集，置 $d_i=w_{i1}$。定义 $t_{ij}:i,j=1,2,3,\cdots,n$ 为试验值的集，置 $t_{ij}=w_{ij}-d_i=w_{ij}-w_{i1}$。当 i 和 j 之间没有可行解（$w_{ij}=\infty$）时，置 $t_{ij}=\infty$，并置 $a_{ij}=0;i,j=1,2,3,\cdots,n$。其中，$a_{ij}$ 为结果矩阵中的元素。

步骤3：搜索可能的新链路，即寻找最小的 t_{ij}（点"i""j"不在同一段中）。当 $t_{ij} = \infty$ 时，运算停止。

步骤4：对找出的新链路进行约束条件的检验，如果任何一个约束条件不被满足，则置该链路对应的 $t_{ij} = \infty$，转到步骤3。

步骤5：如果所有的约束条件都被满足，则将产生新的链路，更新节点权和 t_{ij}，形成新的段，置 $a_{ij} = a_{ji} = 1$，转到步骤3。

四、邮政运输网络的运行管理

邮政运输网络的运行管理是一个按照各类邮件不同的时限要求，综合利用各种运输工具，科学组织邮路，努力实现综合效益最优的过程。邮政运输网络的运行管理主要体现在干线发运计划的编制和组织实施，以及生产运营过程中的实时调度与监控。

根据邮件运输交通工具的不同，邮运计划可分为汽车发运计划、航空发运计划和火车发运计划三大类。编制发运计划时一般要把握以下要点：①要根据各类邮件的时限要求、邮件流量分布、运输成本及可用运能情况来编制邮件发运计划；②邮件运输打破省际中心、本地中心层级限制，各级节点够量直达、应开尽开；③本地中心、省际中心自身不能直达运输的邮件，以时限最优和减少经转次数为原则，顺向汇集到其他省际中心集中发运。

邮运调度是保障全网协调统一和安全运行的必要手段，必须健全各级调度组织和建立严格的调度工作制度，如值班制度、汇报制度、工作计划总结制度、调度例会制度、邮运检查制度等。

五、邮政运输网络的信息化

邮政运输网络信息化的主体内容是：利用现代化信息手段，建设邮区中心局生产作业系统和邮运生产指挥调度系统，为各级网运管理部门提供运用信息手段直接控制生产的工具，使其在原有宏观管理职能的基础上增加微观生产控制职能，促使网络管理方式发生根本性的变化，即各级网运管理部门通过邮运生产指挥调度系统将各种调度命令转化为系统控制数据，导入中心局生产作业系统，直接控制实际生产，从根本上解决管理控制命令的衰减和失真问题，做到全部生产和管理数据清晰透明。各级网络管理部门通过邮运生产指挥调度系统实时了解和监控生产情况，根据运量分布和运能利用情况适时调整运输计划，实现动态调度，提高网络的运行效率和响应速度，增强网络的灵活性，并利用两个系统中的各类汇总和查询数据，适时主动地对生产运营情况进行分析和预测，缩短网络优化的周期。

邮区中心局生产作业系统的主体功能是：

（1）在全国所有邮区中心局实现生产作业自动化、信息处理网络化、档案管理电子化和生产管理科学化。

（2）实现邮区中心局生产作业系统内部各应用子系统及邮区中心局与邮区中心局之间稳定、开放、可扩展的网络连接。

（3）实现与综合网其他应用系统之间稳定可靠的数据交换，达到信息一次录入、全网共享，从而提高邮政通信质量和经营管理水平。

该系统包含8项具体功能：

①邮区内以及全国中心的档案管理功能；
②邮区内以及全国中心的邮运调度和基础数据管理功能；
③邮区内以及全国中心的质量管理功能；
④邮区内以及全国中心的动态监控功能；
⑤邮区内以及全国中心的跟踪查询功能；
⑥邮区内以及全国中心的统计分析功能；
⑦同综合网其他业务系统的数据交换和相关接口功能；
⑧全国范围内一级干线运费结算功能。

邮运指挥调度系统的主体功能是：利用从各生产系统采集的基础数据，及时全面地统计网络运行的各类数据，实现计算机辅助进行网络运行计划的编制，实时掌握网络运行动态信息，将事后调度逐步转变为实时调度，使邮政全网的运能和运量得到合理配置，确保全网畅通和生产作业系统的正常运转。该系统包括5项具体功能：

①综合信息管理功能；
②计划管理功能；
③运行动态调度功能；
④数据分析功能；
⑤运行监控功能。

应用信息技术实现邮政内部处理和干线运输信息化管理的一个基础工作是对内部作业流程进行必要的改造，以邮区中心局生产作业组织标准化为重点，进一步优化调整原有邮区中心局生产作业组织流程，实现实物处理与信息处理的有机融合。邮运管理信息化的主要特点是信息一次录入，全网共享。因此，必须改造邮政传统生产中明显不适应信息化要求的作业方式，减少重复劳动和不必要的生产环节，并将新的作业方式固化到信息系统中去。

第三节　邮政作业设备的自动化与智能化

一、邮政作业设备及种类

邮政作业设备指供邮件分拣、运输、搬运装卸等作业以及邮局营业使用的设备。

邮政作业设备按照作业的专业化程度可主要分为两类：一类是通用机械，如汽车、叉车、牵引车、搬运装卸和输送设备等，一般在通用物流设备的基础上，根据邮政特定作业需要进行部分改造而成；另一类是邮政专用设备，用于自动化处理邮政寄递对象，如信函分拣机、包裹分拣机、扁平件分拣机、邮袋分拣机、邮资机等设备。由于这些专用设备针对邮政寄递对象的特征和业务处理要求进行专门设计和优化，故具有高速、高效、自动化的特点。

按照设备类型分，邮政作业设备又可归纳为以下6大类。

(1) 分拣设备：包括信函分拣系统、扁平件分拣系统、包件分拣系统、邮袋分拣系统、小件分拣系统、滑块分拣机、移载分拣机等。它们的统一特征是完成根据预先制定的策略和寄递对象信息将一组寄递对象自动化地完成分类。其发展趋势体现出高速化、智能化、集成化的特点。

(2) 装卸设备：包括伸缩胶带机、装卸过桥、液压升降台等。发展过程中不断增加各类人性化、省力化的辅助功能，体现出人性化、协同化的趋势。

（3）搬运设备：包括 AGV、叉车、电动牵引车等内部动力搬运车辆及邮政集装笼/箱、拖车等无动力搬运设备。动力搬运设备与各类便携式计算终端相结合，体现出调度实时化、智能化的趋势。无动力搬运设备更多地与二维码、RFID 等多种物联网标识与识别系统相结合，为整个处理中心生产系统信息化智能化打下基础。

（4）输送设备：包括带式输送机、辊子输送机和各类垂直提升设备。随着物流自动化大潮的发展，巨大的市场和竞争正在将输送设备推向集成化、标准化、高速高可靠性的方向。

（5）运输设备：包括飞机、火车(车厢)、汽车、轮船。邮政用汽车往往对车厢进行改造，以实现运输环节的节能环保、轻量化、自动化装卸。

（6）用品用具：包括邮袋、信盒、集装箱/笼、分拣格架、手推小车等。各类的用品用具正在逐步实现标准化和信息化标识。

信函分拣系统、包件分拣系统和扁平件分拣系统是邮政专用设备中最具代表性的大型分拣设备，该类设备的自动化、智能化水平是衡量一个国家邮政现代化水平的重要标志之一。我国邮政现已完整掌握了上述 3 类设备的自主知识产权，其产品的技术水平已基本达到国际先进水平。

二、信函分拣系统

信函分拣系统由邮件分离、供信传送、光学识别、视频标码、延时输送、条码阅读、集堆器和格口等模块组成，具有自动识别邮政编码分拣、自动识别加人工助识别补码分拣或自动阅读条码分拣等功能。

信函分拣系统的技术性能指标如下。

（1）理论处理速度：36000 封/h。

（2）实际处理速度：>300000 封/h。

（3）有效分拣率：>95%。

（4）卡塞率：<0.01%。

（5）破损率：≤0.005%。

随着技术发展，信函分拣系统逐步实现了印刷汉字自动识别、网络化分拣以及可按投递顺序排序分拣等功能。

三、包件分拣系统

包件分拣系统主要由供件台、承载分拣小车、主线驱动与轨道组件、分拣格口、识别与测量系统、通信与控制系统等组成，体现出高度集成化、专业化的特点。通常采用可编程控制，具备与上位管理计算机通信和执行网络化分拣的功能。

根据承载分拣小车的动作原理，当前主流产品可以分为托盘式分拣系统、交叉带式分拣系统两大类，同时衍生出一车双带、落件式、气蛙式等多种形式。

根据主线的驱动方式可以分为橡胶链驱动、摩擦轮驱动、直线电动机驱动等方式。一般来说，摩擦轮驱动方式的机械效率较高，系统功耗相对较低。

包件分拣系统的技术性能指标如下。

（1）主线运行速度：1.6～3m/s，可多挡调速运行。

（2）分拣效率:7200~20000件/h,与承载单位尺寸有关。

（3）分拣差错率:<0.01%。

随着技术和市场的发展,越来越多地根据用户的实际生产环境定制制造个性化分拣系统。采用环形布局时,经常采用多点供件方式提高系统实际使用效率,还有些分拣系统可实现上下坡,采用双层立体布局,极大地提高了大型分拣机系统布局使用的灵活性。

四、扁平件分拣系统

扁平件分拣系统主要用于高速、自动地分拣印刷品刊物、快递文件类等扁平状寄递对象,厚度一般小于32mm,一般由人工供件台、自动供件台、供件传输、含有承载落件系统的主机组件、识别与测量系统、控制系统6大部分组成,具有自动识别邮政编码分拣,或自动阅读条码分拣等功能。

扁平件分拣系统的技术性能指标如下。

处理速度:18000件/h。

分拣差错率:<0.01%。

近年来,扁平件分拣系统增加了动态格口、自动供盒出盒系统、双面识别、厚件处理等功能,使得系统处理的邮件尺寸规格增加,处理能力提高,与其他周边自动化系统的协同集成程度不断提高。

五、矩阵分拣系统

矩阵分拣系统是邮件处理系统中的关键设备,主要用于包状类邮件和集包邮袋的自动分拣。它一般由低速胶带机、高速胶带机、转弯胶带机、伸缩胶带机、摆轮分拣模块、整位机构、斜带分配机、摆臂胶带机、滑槽、辊子输送机、六面自动条码扫描装置、模组网带、动态秤、静态DWS、RFID识读装置等组成。

矩阵分拣系统的主要技术性能指标如下。

单条粗分摆轮自动分拣线效率:≥3600袋件/h。

单条细分摆轮自动分拣线效率:≥4000袋件/h。

分拣差错率:≤0.01%。

条码识读差错率:≤0.01%。

条码拒识率:≤0.5%。

收容率:≤1%。

分拣邮件破损率:≤0.01%。

单台设备运行噪声:≤70dB(A)。

复习思考题

1. 邮件业务流程主要包含哪几大环节?邮件运输在流程中起着怎样的作用?
2. 邮政运输网包含哪几类?它们各自支撑什么业务?网络形态是什么?
3. 邮政运输网信息化的主要内容是什么?
4. 邮政作业机械设备分哪几类?各包含什么设备?

参考文献

[1] 沈志云,邓学军. 交通运输工程学[M]. 2版. 北京:人民交通出版社,2005.
[2] 胡思继. 交通运输学[M]. 北京:人民交通出版社,2001.
[3] 真虹. 港口货运[M]. 北京:人民交通出版社,2008.
[4] 真虹,刘桂云. 柔性化港口的发展模式[M]. 上海:上海交通大学出版社,2008.
[5] 宗蓓华,真虹. 港口装卸工艺学[M]. 北京:人民交通出版社,2007.
[6] 赵刚. 国际航运管理[M]. 大连:大连海事大学出版社,2006.
[7] 真虹. 集装箱运输学[M]. 大连:大连海事大学出版社,1999.
[8] 陈家源. 港口企业管理学[M]. 大连:大连海事大学出版社,2002.
[9] 王任祥. 现代港口物流管理[M]. 上海:同济大学出版社,2007.
[10] 尹东年,郭瑜. 海上货物运输法[M]. 北京:人民交通出版社,2000.
[11] 真虹. 港口管理[M]. 北京:人民交通出版社,2003.
[12] 刘红. 运载工具运用基础[M]. 北京:人民交通出版社,2003.
[13] 余佑权,徐大振,吴皋. 水路运输概论[M]. 北京:人民交通出版社,1997.
[14] 黄世玲. 交通运输学[M]. 北京:人民交通出版社,1988.
[15] 任福田,刘小明,荣建,等. 交通工程学[M]. 北京:人民交通出版社,2003.
[16] 交通大辞典编辑委员会. 交通大辞典[M]. 上海:上海交通大学出版社,2005.
[17] 陈唐民. 汽车运输学[M]. 北京:人民交通出版社,1992.
[18] 胡大伟. 公路运输枢纽规划[M]. 北京:人民交通出版社,2008.
[19] 郭晓汾,王国林. 交通运输工程学[M]. 北京:人民交通出版社,2006.
[20] 长安大学. 公路技术词典[M]. 北京:人民交通出版社,2006.
[21] 王炜,过秀成. 交通工程学[M]. 南京:东南大学出版社,2000.
[22] 胡思继. 铁路运输组织[M]. 北京:中国铁道出版社,2009.
[23] 陈家瑞. 汽车构造[M]. 北京:人民交通出版社,2003.
[24] 高红宾. 公路概论[M]. 北京:人民交通出版社,2004.
[25] 任恒山. 现代汽车概论[M]. 北京:人民交通出版社,2005.
[26] 陈旭梅. 智能交通系统[M]. 北京:中国铁道出版社,2007.
[27] 朱顺应,郭志勇,邵春福. 城市轨道交通规划与管理[M]. 南京:东南大学出版社,2008.
[28] 毛保华,姜帆,刘迁. 城市轨道交通[M]. 北京:科学出版社,2001.
[29] 裘玉,吴霖生. 城市公共交通运营管理实务[M]. 上海:上海交通大学出版社,2004.
[30] 莫露全,刘毅,蓝相格. 城市公共交通运营管理[M]. 北京:机械工业出版社,2004.
[31] 杨佩昆. 交通管理与控制[M]. 北京:人民交通出版社,1993.
[32] 袁振洲,魏丽英,谷远利,等. 道路交通管理与控制[M]. 北京:人民交通出版社,2007.
[33] 徐建闽. 交通管理与控制[M]. 北京:人民交通出版社,2007.

[34] 邵春福,周伟.交通规划原理[M].北京:中国铁道出版社,2008.
[35] 王炜,陈学武.交通规划[M].北京:人民交通出版社,2007.
[36] 王殿海,王炜.交通系统分析[M].北京:人民交通出版社,2007.
[37] 裴玉龙,严宝杰.道路交通安全[M].北京:人民交通出版社,2007.
[38] 北村隆一.汽车化与城市生活[M].吴戈,石京,译.北京:人民交通出版社,2006.
[39] 佐佐木纲.女性心像、男性心像[M].邵春福,杨海,史其信,等,译.西安:陕西科学技术出版社,1995.
[40] 奥利弗·吉勒姆.无边的城市——论战城市蔓延[M].叶齐茂,倪晓辉,译.北京:中国建筑工业出版社,2007.
[41] 理查兹.未来的城市交通[M].潘海啸,译.上海:同济大学出版社,2006.
[42] 简·雅各布斯.美国大城市的死与生[M].金衡山,译.南京:译林出版社,2007.
[43] 史蒂文·第耶斯德尔,蒂姆·希恩,塔内尔·厄奇.城市历史街区的复兴[M].张玫英,董卫,译.北京:中国建筑工业出版社,2006.
[44] 杨励雅.城市交通与土地利用相互关系的基础理论与方法研究[D].北京:北京交通大学,2007.
[45] 北京市哲学社会科学规划办公室,北京市教育委员会,北京交通发展研究基地.北京交通发展研究报告[M].北京:同心出版社,2006.
[46] 聂伟,邵春福,王雪.北京都市圈综合交通网络规划新研究[J].昆明理工大学学报(理工版),2004(6):91-97.
[47] 邵春福.公交优先与城市发展[J].建设科技,2004(12):20-21.
[48] 邵春福.建设现代化中国交通体系[N].科技日报,2004.
[49] 杨励雅,邵春福,刘智丽,等.城市交通与土地利用互动机理研究[J].城市交通,2006,4(4):21-25.
[50] 杨励雅,邵春福,聂伟.基于TOD模式的城市交通与土地利用协调关系评价[J].北京交通大学学报(自然科学版),2007,31(3):6-9.
[51] 李霞,邵春福,贾鸿飞.土地利用与居民出行生成模型及参数标定[J].吉林大学学报(工学版),2007,37(6):1300-1303.
[52] 杨励雅,邵春福,聂伟.基于混合遗传算法的城市土地利用形态与交通结构的组合优化[J].上海交通大学学报,2008,42(6):896-899.
[53] 王镜.基于博弈分析的城市公共交通定价及补贴的理论与方法研究[D].北京:北京交通大学,2008.
[54] 北京市公共交通总公司,北方交通大学.城市公共交通运营调度管理[M].北京:中国铁道出版社,2002.
[55] 北京市公共交通总公司,北方交通大学.城市公共交通科技管理[M].北京:中国铁道出版社,2002.
[56] 北京市公共交通总公司,北方交通大学.城市公共交通行车安全管理[M].北京:中国铁道出版社,2002.
[57] 北京市公共交通总公司,北方交通大学.城市公共交通服务管理[M].北京:中国铁道

出版社,2002.

[58] 北京公共交通控股(集团)有限公司.城市公共交通科技管理[M].北京:人民交通出版社,2013.

[59] 刘得一.民航概论[M].北京:中国民航出版社,2000.

[60] 李永.民航基础知识教程[M].北京:中国民航出版社,2005.

[61] 理查德·亚伯拉菲亚.民用飞机[M].李茂林,等,译.沈阳:辽宁教育出版社,2002.

[62] 高金华,王维.机场工程[M].天津:天津科学技术出版社,2000.

[63] 诺曼·阿什弗德.机场运行[M].高金华,译.北京:中国民航出版社,2006.

[64] 赖怀南,彭巍.公共航空运输概论[M].北京:中国民航出版社,2003.

[65] 耿淑香.航空公司运营管理方略[M].北京:中国民航出版社,2000.

[66] 马苏德·巴扎尔甘.航空公司运营规划与管理[M].邵龙,王美佳,译.北京:中国民航出版社,2006.

[67] 徐月芳,石丽娜.航空客货运输[M].北京:国防工业出版社,2004.

[68] 田静,竺志奇.机场服务概论[M].北京:中国民航出版社,2007.

[69] 何光勤,罗凤娥.签派程序与方法[M].成都:西南交通大学出版社,2004.

[70] 管德.坐飞机去——现代民用运输航空[M].北京:清华大学出版社,2000.

[71] 杜实,张炳祥.飞行的组织与实施[M].北京:兵器工业出版社,2004.

[72] 亚历山大·T·韦尔斯.机场规划与管理[M].赵洪元,译.北京:中国民航出版社,2004.

[73] 国际民用航空组织.国际标准和建议措施:国际民用航空公约附件6[M].北京:中国民航出版社,2006.

[74] 虞康,海连城.飞机租赁[M].北京:中国民航出版社,1995.

[75] 国际民用航空组织.国际标准和建议措施:国际民用航空公约附件14[M].北京:中国民航出版社,2006.

[76] 国际民用航空组织.国际民航运输管理手册[M].北京:中国民航出版社,1996.

[77] 顾其行.国际航空运输管理[M].北京:知识出版社,1987.

[78] 王任祥.现代港口物流管理[M].上海:同济大学出版社,2007.

[79] 姚宗明,林国龙.集装箱运输管理[M].大连:大连海事大学出版社,1995.

[80] 费名申.关于集装箱标准化的几个问题[J].集装箱化,1997(2):22-23.

[81] 真虹,朱云仙.试论集装箱柔性化运输趋势[J].集装箱化,1996(1):23-26.

[82] 胡美芬,王义源.远洋运输业务[M].北京:人民交通出版社,2006.

[83] 张敏.集装箱运输业务[M].北京:人民交通出版社,1997.

[84] 蒋正雄,刘鼎铭.集装箱运输学[M].北京:人民交通出版社,1997.

[85] 王克武.国际多式联运与铁路集装箱运输的发展[J].铁道运输与经济,1996(10):11-13.

[86] 杨志刚,王立坤,周鑫.国际集装箱多式联运实务、法规与案例[M].北京:人民交通出版社,2006.

[87] 于炳祥.新亚欧大陆桥运输[J].航运交易周刊,1998(2).

[88] 时良平.邮政技术设备与管理[M].北京:北京邮电大学出版社,1998.